中國社會科學院
古代史研究所學刊

Annals of Institute of Ancient History,
Chinese Academy of Social Sciences

中國社會科學院古代史研究所學刊編委會　編

第十三集

中國社會科學出版社

圖書在版編目(CIP)數據

中國社會科學院古代史研究所學刊. 第十三集／中國社會科學院古代史研究所學刊編委會編. —北京：中國社會科學出版社，2024.3
ISBN 978 – 7 – 5227 – 2860 – 5

Ⅰ.①中… Ⅱ.①中… Ⅲ.①中國歷史—古代史—研究—叢刊
Ⅳ.①K220.7 – 55

中國國家版本館 CIP 數據核字(2023)第 242777 號

出 版 人	趙劍英
責任編輯	李凱凱
責任校對	朱妍潔
責任印製	王 超

出　　版	中國社會科學出版社
社　　址	北京鼓樓西大街甲 158 號
郵　　編	100720
網　　址	http://www.csspw.cn
發 行 部	010 – 84083685
門 市 部	010 – 84029450
經　　銷	新華書店及其他書店

印　　刷	北京君昇印刷有限公司
裝　　訂	廊坊市廣陽區廣增裝訂廠
版　　次	2024 年 3 月第 1 版
印　　次	2024 年 3 月第 1 次印刷

開　　本	787×1092　1/16
印　　張	30.5
插　　頁	2
字　　數	588 千字
定　　價	158.00 元

凡購買中國社會科學出版社圖書，如有質量問題請與本社營銷中心聯繫調換
電話：010 – 84083683
版權所有　侵權必究

中國社會科學院古代史研究所學刊
編委會

（按姓氏筆畫排序）

卜憲群	王震中	朱昌榮	李花子	李新偉
邱源媛	林存陽	邵　蓓	孫靖國	孫　曉
烏雲高娃	康　鵬	彭　衛	解　揚	鄔文玲
趙現海	趙　凱	劉子凡	劉中玉	劉　源
鄭任釗	戴衛紅

主　　編：卜憲群
副 主 編：鄔文玲
執行編輯：張　彤　邵　蓓　陳奕玲

目 次

從"同版並卜"卜辭的契刻特徵看刻手與貞人的
　　關係 ………………………………………… 趙孝龍（1）
《〈尚書大誥〉譯證》過程稿 ………………… 顧頡剛遺稿
　　　　　　　　　　　　　　　　　　　　　張沛林整理（10）
古籍校釋五則 ………………………………………… 安子毓（41）
隋代河北地區新置縣份的命名特徵 ………………… 孫靖國（58）
敦煌文書 P. 2672V、P. 5007V + S. 6234V 所存晚唐書狀
　　整理與研究 ………………………………………… 楊寶玉（70）
《新輯宋會要·禮類》之緣祀裁制門整理稿 ………… 林　鵠（79）
《新輯宋會要·食貨類》之賑貸門整理稿 …………… 康　鵬（157）
《新輯宋會要·蕃夷類》之西南溪峒諸蠻門
　　整理稿 ………………………………………………… 孫　昊（250）
呼和浩特市萬部華嚴經塔回鶻蒙古文
　　題記 ……………………………………… 青格力　布日古德（311）
《元典章·户部·倉庫—錢糧》
　　校釋 ……………………………… 陳高華　張　帆　劉　曉（338）

— 1 —

鼎革之際：明代白銀貨幣化與清朝早期近代化
　　進程 …………………………………………… 萬　明（420）
王陽明的致良知説 ……………………………… 汪學群（452）
以正統儒家思想立國是清朝和李朝共同治國
　　理念 ………………………………………… 朱昌榮（466）

CONTENTS

The Relationship between the Engraver and the Diviner Revealed by the
    Engraved Features of the Inscription "One Oracle Bone with Divisions
    from Multiple Diviners" ·················· Zhao Xiaolong (1)

Process Draftof *Translating and Verifying of Shangshu*
    Dagao ············· Gu Jiegang's Posthumous Manuscript;
                                           Zhang Peilin's Collation (10)

FiveItems on Proofreading and Interpretation of
    Ancient Books ····································· An Ziyu (41)

Naming Fectures of Newly Established Counties in Hebei
    during the Sui Dynasty ························ Sun Jingguo (58)

Research and Annotation on the Communication Correspondences of the
    Late Tang Dynasty Preserved in the Dunhuang Manuscripts
    P. 2672V and P. 5007V + S. 6234V ············ Yang Baoyu (70)

A Draft of the Chapter Yuanshicaizhi in the Book Li of the Newly
    Compiled *Songhuiyao* ··························· Lin Hu (79)

A Draft of the Chapter Zhendai in the Book Shihuo of the Newly
    Compiled *Songhuiyao* ···················· Kang Peng (157)

A Draft of the Chapter Xinanxidongzhuman in the Book Fanyi of the
    Newly Compiled *Songhuiyao* ················ Sun Hao (250)

On Uighur-Mongolian of White Pagoda in
　　Hohhot City ················· Tsengel Bürgüd（311）
Collation and Annotation onthe Chapter Warehouse
　　and Assets in the book of Warehouse of
　　Yuandianzhang ········ Chen Gaohua, Zhang Fan, Liu Xiao（338）
Onthe Occurrence of the Great Revolution: The Monetization of Silver
　　in the Ming Dynasty and the Process of Early modernization in the
　　Qing Dynasty ······································· Wan Ming（420）
Wang Yangming's thought of "Extention of The Innate
　　Knowledge" ································· Wang Xuequn（452）
Establishmentby Orthodox Confucianism as a Common Governance
　　Philosophy in Both the Qing Dyansty of China and the
　　Li Dynasty of Korea ························ Zhu Changrong（466）

從"同版並卜"卜辭的契刻特徵看刻手與貞人的關係

趙孝龍

摘　要：甲骨卜辭中的貞人是否爲刻手這一問題，學術界存在一定的觀點分歧。然而，隨著甲骨資料的不斷整理問世，以及考古材料的出土和研究的深入，貞人並非刻手的觀點已爲多數學者所接受。本文擬以中國社會科學院古代史研究所藏甲骨中保存狀況較好的5版"同版並卜"卜辭爲樣品，利用超景深數碼顯微鏡提取文字契刻方面的微觀信息，嘗試從甲骨文字契刻特徵的角度對"貞人是否爲刻手"展開分析。分析結果顯示，"同版並卜"卜辭中的文字，其筆劃橫截面特徵、契刻筆順等皆相同，筆劃的寬度和深度也極爲接近。這表明卜辭中的貞人與刻手應該並非同一人，貞人與刻手是分管不同工作的兩類人。

關鍵詞：同版並卜　契刻特徵　貞人　刻手

引　言

甲骨卜辭中的貞人是否爲刻手這一問題直接關係着對商代貞人制度的研究，因此學術界對此備加關注。董作賓將貞人定性爲史官，他說："他們既能在骨臼上記事，刻辭，簽名；那末骨版或龜版上的卜辭，有他們書名貞問的，也當然可以是他們所寫的了。"[1] 陳夢家與董作賓的觀點有些分歧，他認爲："董氏以貞人斷代本是很重要的發明，但是他以爲'貞人'不但是命龜者的卜人，又是史官，這樣的引申，就過分了。我們既已分別書與刻爲二事，並非由一人包攬。"[2] 馮時指出，不同貞人占卜的卜辭記錄，其書法風格却多表現出驚人的一致，這意味着具

---

[1] 董作賓：《甲骨文斷代研究例》，載《董作賓先生全集》第2册，藝文印書館1977年版，第385頁。
[2] 陳夢家：《殷墟卜辭綜述》，中華書局2013年版，第15頁。

有相同書風却屬於不同貞人的卜辭肯定不會是這些貞人爲追求同一書法風格而相互模仿的作品，相反則只可能出於同一位刻手。從中國古代占卜書契的傳統分析，殷代占卜制度中的書契者應該就是當時的史官。而殷代參與占卜者，核心則爲殷王，至於衆貞人之身份，情況則比較複雜，可爲推考者固有卜官。① 賈雙喜認爲甲骨文中的"貞人"，就是卜問問龜的史官，而不是契刻甲骨文字的契刻者。② 陳瑩認爲貞卜人物司告龜以所卜之事，視兆坼以定吉凶，刻手則書命龜之事及兆於册而系之於龜，兩者相互分離，各司其職却又相互牽系。每個貞卜人物之下有 N（N≥0，即不排除貞卜人物自身從事契刻活動）個刻手，所以同一貞卜人物會呈現出多種書寫風格。而同時，同一個刻手又需要服務一個或多個貞卜人物，因此不同的貞卜人物又會有一致的書寫習慣。③

隨著材料的豐富和研究的深入，貞人與刻手並非同一人的觀點逐漸爲學術界所接受。本文擬選取中國社會科學院古代史研究所藏 5 版保存狀況良好的"同版並卜"（同一版甲骨上出現多个貞人）甲骨爲對象，從甲骨契刻特徵的角度對貞人與刻手之間的關係展開分析，希望能夠爲解決貞人與刻手的關係提供微觀方面的證據。

一　材料與方法

本文隨機選取中國社會科學院古代史研究所藏甲骨中保存狀況較好的 5 版"同版並卜"卜辭爲樣品，分別爲：468 號、520 號、1432 號、1436 號、1440 號（以上甲骨號碼皆採録於《中國社會科學院歷史研究所藏甲骨集》）④。這 5 版甲骨筆劃字口清晰，適宜做顯微分析，此外甲骨的表面已被清理乾淨，可以直接將其用於顯微分析而無需再做清理工作。"同版並卜"卜辭是非常重要的一類卜辭，它們所蘊含的信息量很大，爲從貞人角度解決甲骨斷代問題提供了重要的材料支撐。此外，不同的貞人出現在同一版甲骨上，從而使不同貞人的卜辭在文字書寫風格和契刻特徵方面具有很高的可比性。分析這些文字的不同特徵可望獲得解決貞人與刻手是何種關係的微觀證據。

---

① 馮時：《殷代占卜書契制度研究》，載《中國書法全集 1・商周甲骨文》，榮寶齋出版社 2009 年版，第 37 頁。
② 賈雙喜：《甲骨文中貞人不是卜辭契刻人——以契刻貞人字體不同爲例》，《圖書館工作與研究》2009 年第 2 期。
③ 陳瑩：《甲骨文書手刻手與貞卜人物淺論》，碩士學位論文，浙江工商大學，2012 年，第 30 頁。
④ 宋鎮豪、趙鵬、馬季凡編著：《中國社會科學院歷史研究所藏甲骨集》，上海古籍出版社 2011 年版。

本次研究所使用的實驗設備爲日本 Keyence 公司生產的 VHX – 600 型超景深數碼顯微鏡（54 million pixels with 3CCD），選用物鏡分別是：30X、50X、100X、150X、200X。利用此設備首先可以對筆劃之間的打破關係進行分析，從而確定文字的契刻筆順。其次，此設備可以將筆劃内部及其周圍的形態結構特徵清晰地顯現出來，並對筆劃的寬度和深度進行測量。

鑒於此，文章將從文字的契刻筆順、筆劃橫截面特徵（包括筆劃橫截面形狀以及筆劃的字口的寬度和深度）等方面來對文字進行分析。文字的契刻筆順來自師徒相傳，同時也是契刻者在長時間契刻的過程中形成的習慣，因此契刻筆順是否一致是判斷貞人是否爲刻手的重要條件之一。筆劃橫截面特徵是契刻者運刀時所形成的，在運刀的過程中，一些細微的變化會導致文字契刻特徵出現較大的不同，因此筆劃橫截面特徵也是衡量貞人是否爲刻手的重要條件。

二　分析結果與討論

（一）468 號甲骨

468 號甲骨共有 3 條卜辭，前 2 條卜辭的貞人是"爭"和"賓"，第（3）條卜辭貞人殘缺。前 2 條卜辭非常完整，這爲分析對比它們的契刻特徵提供了很好的條件。卜辭釋文如下：

（1）丙午卜，爭，貞其係羌。二
（2）壬戌卜，賓，貞叀甲子步。一
（3）己丑［卜］，□，貞乎……一

圖 1 – C 是卜辭（1）中"貞"字下横橫截面及筆劃數據的顯微照片，圖 1 – D 是卜辭（2）中"貞"字上橫橫截面及筆劃數據的顯微照片。根據照片可知，468 號甲骨卜辭的文字筆劃寬度一般在 400—500μm，筆劃深度相差僅在幾十微米以内。而且，兩個"貞"字的筆劃橫截面都呈正"V"形，這說明在契刻的過程中，契刻者運刀的方法是相同的。圖 1 – A 與圖 1 – B 分別是卜辭（2）與卜辭（1）中"貞"字的顯微照片，從照片中不難發現，兩個"貞"字的契刻筆順一致，都是先刻兩筆竪劃，再刻兩筆橫劃，最後刻四筆斜劃。此外，平行筆劃同側的筆端特徵一致，這表明平行筆劃是同時契刻的。

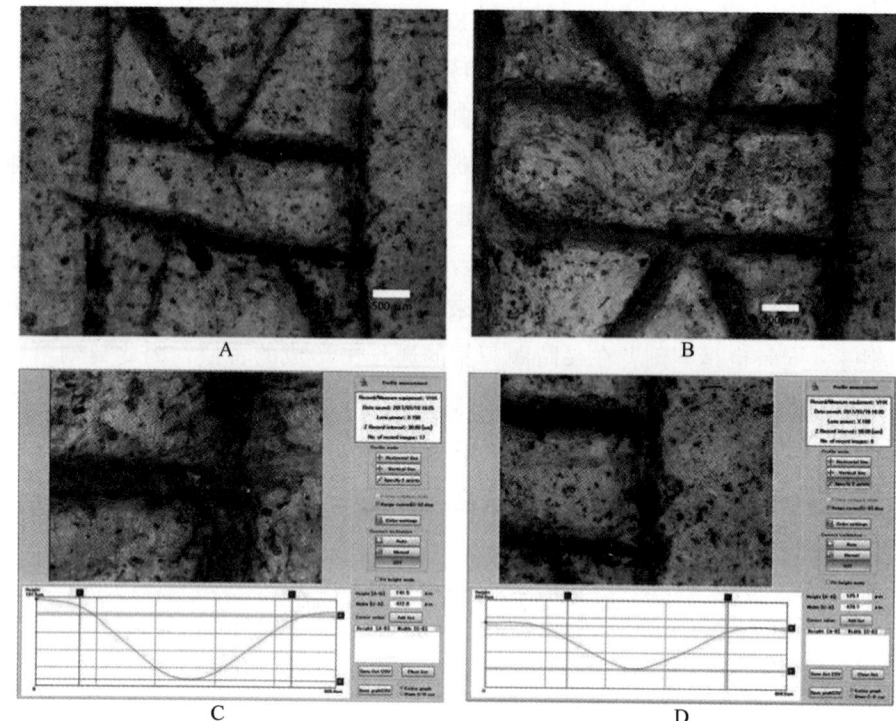

圖1　中國社會科學院古代史研究所藏甲骨468號顯微照片組合［1－A：卜辭（2）"貞"字；1－B：卜辭（1）"貞"字；1－C：卜辭（1）"貞"字下橫橫截面及筆劃數據；1－D：卜辭（2）"貞"字上橫橫截面及筆劃數據］

（二）520號甲骨

520號甲骨屬於細體大字甲骨，共包含2條卜辭，其貞人分別爲"亘"和"殼"，這2條卜辭雖有殘缺，但是剩餘的文字還是能够反映出一些契刻特徵方面的信息。2則卜辭的釋文如下：

(1)　□□［卜，亘］，貞兹雲征雨。
(2)　□□［卜］，殼，貞［屮於祖］。

根據圖2－C與圖2－D可知，520號甲骨卜辭的文字筆劃寬度一般在300—500μm，筆劃深度比較接近，最大差距在100μm左右。而且，它們的筆劃橫截面都呈正"V"形，這說明這些筆劃在契刻過程中，其刻刀與甲骨的角度基本保持垂直。

圖2-A與圖2-B分別是卜辭（2）與卜辭（1）中"貞"字的顯微照片，根據照片可以看出，這兩個"貞"字的筆順一致，都是先契刻兩筆橫劃，再契刻四筆斜劃，最後契刻兩筆豎劃。並且，文字中的平行筆劃在刻寫的過程中是一起契刻的。

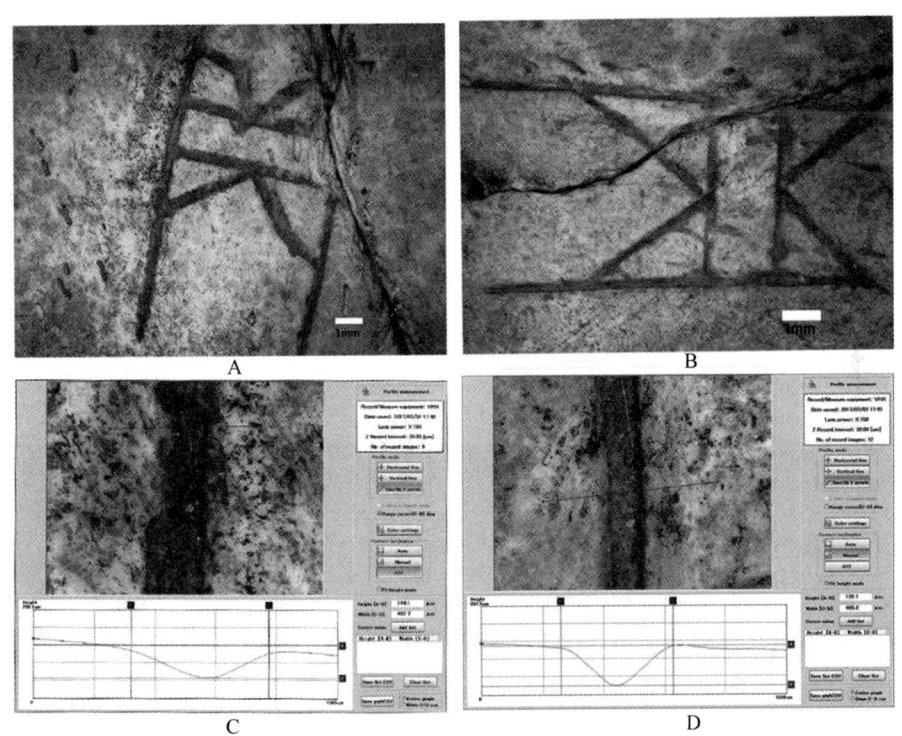

圖2 中國社會科學院古代史研究所藏甲骨520號甲骨顯微照片組合 [2-A：卜辭（2）"貞"字；2-B：卜辭（1）"貞"字；2-C：卜辭（1）"貞"字左豎橫截面及筆劃數據；2-D：卜辭（2）"貞"字右豎橫截面及筆劃數據]

（三）1432號甲骨

1432號甲骨共包含6條卜辭，共計2位貞人，分別爲"祝"和"出"。貞人"祝"出現3次，分別在第（1）、（4）、（5）條卜辭中，貞人"出"在第（2）條卜辭中，第（3）卜辭没有貞人，第（6）條卜辭殘缺較爲嚴重。此版卜辭的釋文如下：

（1）癸酉［卜］，祝，［貞］旬［亡］囚。囗［月］

(2) 癸卯卜，出，貞旬亡囚。
(3) 癸卯卜，貞旬亡囚。
(4) 癸丑卜，祝，貞旬亡囚。
(5) ［癸］丑卜，祝，貞旬亡囚。
(6) ……［旬亡］囚。

圖 3-D 是卜辭（3）中"貞"字右豎橫截面的照片，圖 3-E 卜辭（2）"卯"字左豎橫截面照片，圖 3-F 是卜辭（2）中"貞"字左豎橫截面的照片。根據這三張顯微照片可知，文字筆劃的橫截面皆呈"V"形，橫截面的深度和寬度都比較接近，深度最大差距在 80μm 左右，寬度最大差距在 100μm 左右。這說明在文字契刻的過程中，運刀的方式是相同的，力度也較爲接近。根據圖 3-A，3-B 和 3-C 所顯示的筆劃之間的打破關係可知，卜辭（2）、（3）、（5）中"貞"字的筆順是一致的，皆爲先刻兩筆豎劃，再刻兩筆橫劃，最後刻斜劃。

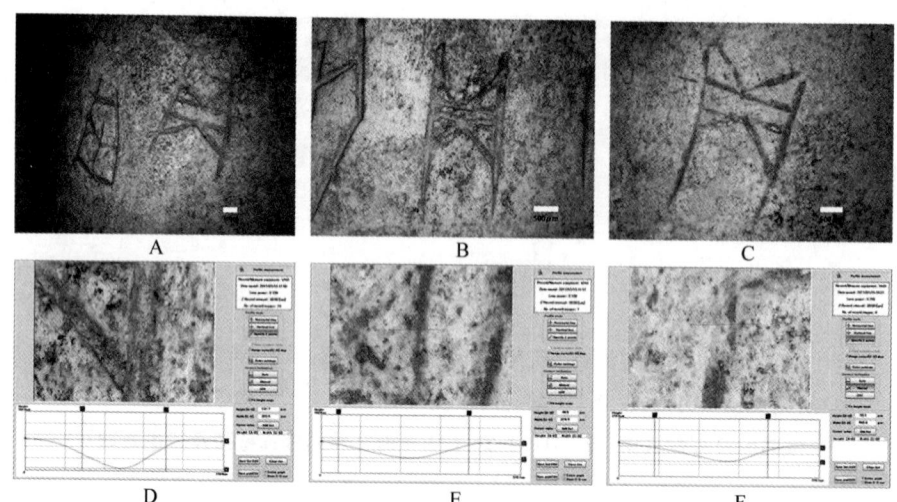

圖 3　中國社會科學院古代史研究所藏 1432 號甲骨顯微照片組合［3-A：卜辭（5）"貞"字；3-B：卜辭（3）"貞"字；3-C：卜辭（2）"貞"字；3-D：卜辭（3）"貞"字右豎橫截面；3-E：卜辭（2）"卯"字左豎橫截面；3-F：卜辭（2）"貞"字左豎橫截面］

（四）1436 號甲骨

1436 號甲骨共包含 4 條卜辭，2 位貞人，分別爲"祝"和"出"，貞人"祝"

出現3次，分別在第（1）、（3）、（4）條卜辭中。貞人"出"出現在第（2）條卜辭中。此版卜辭的釋文如下：

(1)［癸亥］卜，祝，貞［旬］亡囚。
(2) 癸酉卜，出，貞旬亡囚。四月。
(3) 癸未卜，祝，貞旬亡囚。
(4) 癸巳卜，祝，貞旬亡［囚］。

圖4-A是卜辭（2）中"貞"字的顯微照片，圖4-B是卜辭（3）中"貞"字的顯微照片。根據兩張照片所顯示的筆劃之間的打破關係可知，卜辭（2）中"貞"字的契刻筆順爲先刻豎筆，再刻橫筆，最後刻斜筆。卜辭（3）中"貞"字的契刻筆順與前者相同。根據觀察，卜辭（1）與卜辭（4）中的"貞"字筆劃順序皆與它們一致。筆劃之間的打破關係同時也顯示出，在文字的刻寫過程中，每個字的平行筆劃都是一起契刻的。圖4-C是卜辭（2）"貞"字右豎橫截面；

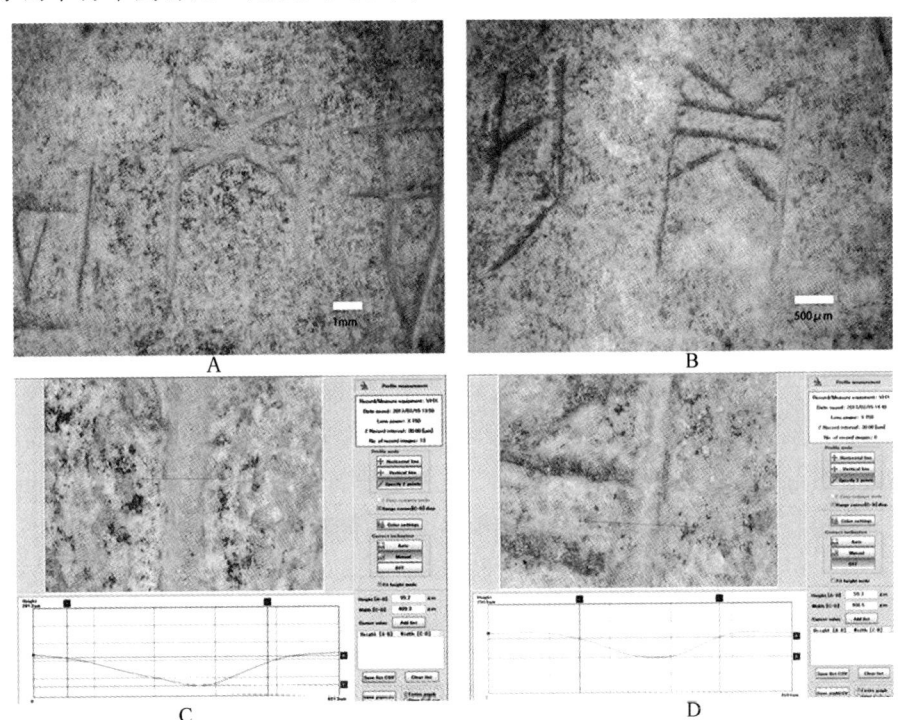

圖4 中國社會科學院古代史研究所藏甲骨1436號甲骨顯微照片組合［4-A：卜辭（2）"貞"字；4-B：卜辭（3）"貞"字；4-C：卜辭（2）"貞"字右豎橫截面；4-D：卜辭（3）"貞"字右豎橫截面］

圖 4-D 是卜辭（3）"貞"字右竪橫截面，根據顯微照片可知，"貞"字竪筆的橫截面基本呈"V"形，而圖 4-D 所顯示的另一個"貞"字的筆劃橫截面也呈"V"形，這説明文字筆劃的契刻方法是相同的。此外，筆劃的字口寬度相差僅不足 3μm，深度相差也不過 37μm，這恐怕只有同一個人進行契刻才能達到這樣的相似度。

（五）1440 號甲骨

1440 號甲骨包含 4 條卜辭，共計 2 位貞人，分别爲"大"和"出"，貞人"大"出現 3 次，分别在第（1）、（3）、（4）條卜辭中。貞人"出"出現在第（2）條卜辭中，第（4）條卜辭有殘缺。1440 號甲骨卜辭的釋文如下：

（1）癸丑卜，大，貞旬亡囚，七月。
（2）癸亥卜，出，貞旬亡囚，七月。
（3）癸酉卜，大，貞旬亡囚，八月。
（4）癸未卜，大，貞［旬］亡囚。

圖 5-C 是卜辭（2）中"囚"字右竪橫截面照片，圖 5-D 是卜辭（3）中"囚"字右竪橫截面照片，根據兩幅顯微照片可知，"囚"字的筆劃橫截面皆呈"V"形，這説明兩個文字筆劃的契刻方法是相同的。此外，這兩道筆劃的字口寬度與深度也相差無幾。圖 5-A 和圖 5-B 分别是卜辭（2）和卜辭（3）中"囚""貞"字的顯微照片，根據兩張照片所顯示的筆劃之間的打破關係可知，卜辭（2）中"貞"字的契刻筆順爲先刻竪筆，再刻橫筆，最後刻斜筆；"囚"字的筆順是先刻竪筆，再刻橫筆。卜辭（3）中"貞""囚"字的契刻筆順與卜辭（2）相同。根據觀察，其餘 2 條卜辭中的"囚""貞"字筆劃皆與它們相一致。筆劃之間的打破關係同時也顯示出，在文字的刻寫過程中，每個字的平行筆劃都是一起契刻的。

結 論

本文隨機分析了中國社會科學院古代史研究所藏的 5 版同版並卜的甲骨卜辭，得到了以下認識：

首先，"同版並卜"的卜辭雖然包含不同的貞人，但是文字的契刻筆順相一致。
其次，不同貞人的卜辭中，文字筆劃橫截面的形狀一致，並且筆劃的寬度和

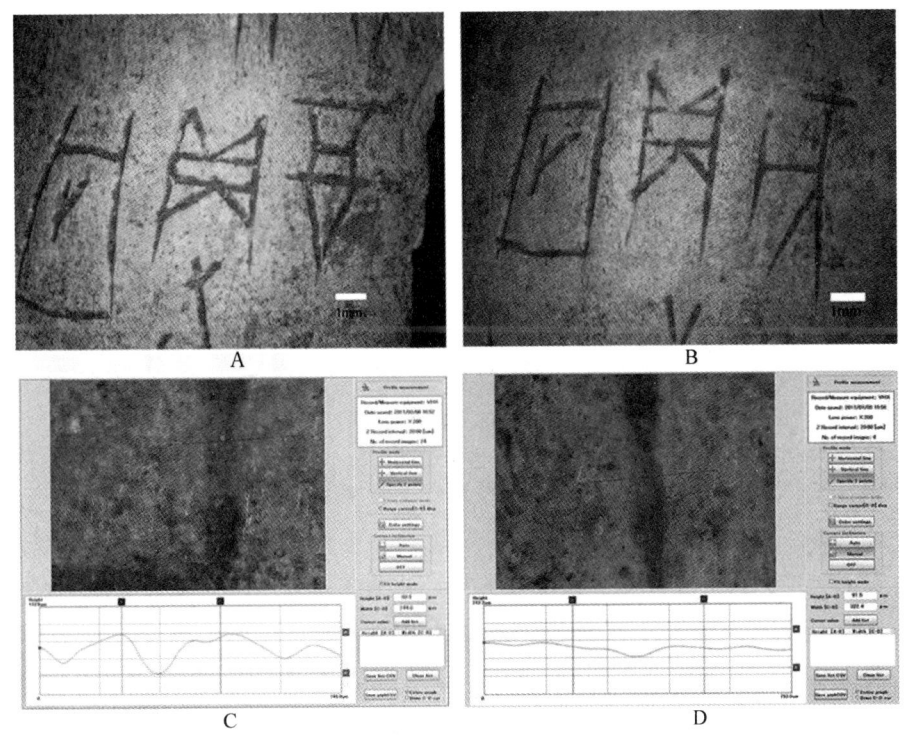

圖 5　中國社會科學院古代史研究所藏甲骨 1440 號甲骨顯微照片組合 [5 - A: 卜辭（2）"貞""囚"字；5 - B: 卜辭（3）"貞""囚"字；5 - C: 卜辭（2）"囚"字右竪橫截面；5 - D: 卜辭（3）"囚"字右竪橫截面]

深度也十分接近。此外，文字中的平行筆劃都是同時契刻的。這充分説明這些文字在契刻過程中所使用的方法和力度是相同的。

綜合以上兩方面的認識，我們認爲"同版並卜"的卜辭中雖然包含多個貞人，但文字在契刻筆順、契刻特徵等方面具有高度的一致性，這種一致性是多個契刻者無法做到的。因此祇有一種可能，那便是不同貞人的同版卜辭應該出自一人之手，即貞人並非是卜辭的契刻者，契刻卜辭的工作另有專門的刻手執掌，這個結論放到全部甲骨卜辭中也應該是適應的。概言之，貞人只負責占卜，刻手負責契刻文字，他們是負責不同工作的兩類人。

本文爲"古文字與中華文明傳承發展工程"規劃項目"甲骨文字契刻特徵的顯微分析"（項目號：G3940）的階段性研究成果。

收稿日期：2022 年 3 月

《〈尚書大誥〉譯證》過程稿

顧頡剛遺稿

張沛林整理

摘　要：2021 年 8 月，中國社會科學院古代史研究所科研處在整理所藏謝國楨、侯外廬、熊德基、楊希枚四老捐贈圖書時，在熊氏藏書中發現一册顧頡剛先生的《尚書·大誥》譯證稿。這份稿件應是其助手謄抄時，利用複寫紙完成的複寫件。但封皮上有顧先生的題簽，内容也有他校訂的痕跡。對比《歷史研究》1962 年第 4 期上登載的《〈尚書·大誥〉今譯（摘要）》和《顧頡剛古史論文集》卷十《〈尚書大誥〉譯證》等文獻，可以推斷該稿是先生研究、注釋《大誥》過程中形成的，是一份研究他的古籍整理思想、方法和他在歷史研究所任職期間工作情况的珍貴資料。稿件中一些舊行的格式、文字與標點用法，在不影響對文義理解的情况下，依照當前語言文字規範整理。

關鍵詞：顧頡剛　尚書　大誥

壹　唐石經本【1】與文字校證

【1】《唐石經》已有殘缺，依宋本（《四部叢刊》本、《相臺》本）補。《隸續》載《魏三體石經左傳》遺字，臧琳析出其中雜入之《尚書》文，内有《大誥》前半篇七十字，又中段四十三字，見其所著《經義雜記》卷十二。日本古寫本《大誥》存一百二十六字，見羅振玉《雲窗叢刻》。

大誥【1】第九【2】

【1】《唐石經》篇題之上本有《書序》，今因《書序》出於漢代，又改於魏、晉，不可與《尚書》同科，故删去；别爲附錄，次於全書之後。

【2】此《僞古文尚書》次第，有《泰誓》上、中、下，《牧誓》《武成》

《洪範》《旅獒》《金縢》至《大誥》為《周書》第九篇，今以其真偽糅雜，刪去數目字。

〔一〕王若曰猷大誥【1】爾多邦越爾【2】御事弗弔【3】天降割【4】于我家不少延洪惟【5】我幼冲人嗣無疆大歷服【6】弗造【7】哲迪民康矧曰其有能格【8】知天命已予惟小子若涉淵水予惟往求朕攸濟敷賁敷前人受命兹不忘大功予不敢閉于【9】天降威用寧王【10】遺我大寶龜【11】紹天明即命曰有大艱于西土西土人亦不靜越兹蠢【12】殷小腆【13】誕敢紀【14】其叙天降威知我國有疵民不康曰予復反鄙我周邦今蠢今翼【15】日民獻【16】有十夫予翼以于敉【17】寧武圖功我有大事休朕卜并吉肆予告我友【18】邦君越尹氏庶士御事曰予得吉卜予惟以爾庶邦于伐殷逋播臣

【1】陸德明《釋文》："馬本作'大誥繇爾多邦'。"孔穎達《正義》："猷訓道也……鄭、王本'猷'在'誥'下。《漢書》，王莽攝位，東郡太守翟義叛莽，莽依此作《大誥》，其書亦'道'在'誥'下。"是兩漢、三國各本雖或作"繇"，或作"猷"，字體有異，而此字無不在"大誥"之下。偽孔本乃移至"大誥"之上，非。今改正。

【2】《禮記·曲禮》鄭《注》引"《書》曰：'越乃御事'"，《正義》云："所引《書》者，《大誥》文也。"又《詩·思齊》鄭《箋》："《書》又曰：'越乃御事'"，《正義》云："《大誥》文"。是鄭玄本"爾"作"乃"。今以"爾"與"乃"同義，又下文屢言"爾庶邦君"，故不改。

【3】吴大澂《叔字說》："古文'淑'皆作'𠁁'，不從'水'。許氏《說文解字》有'九月叔苴'之'叔'而無'伯𠁁'之'𠁁'。蓋自漢人借'叔'爲'𠁁'，又誤'𠁁'爲'弔'，而'𠁁'字之本義廢矣。濰縣陳氏藏觚文有'𠁁'字，此'𠁁'字之最古者，象繳弋所用短矢，以生絲繫矢而射。古者男子生，桑弧蓬矢六，以射天、地、四方，故'𠁁'從人、從弓繫矢，男子之所有事也。'𠁁'爲男子之美稱，'伯、仲、𠁁、季'爲長幼之稱。引申其義，又訓爲'善'。'不𠁁'即'不善'。此'𠁁'字之本義也。'叔'字從'又'、從'朩'，以手拾朩，與'伯𠁁'之'𠁁'義不相類……漢人相因，以'叔'爲'𠁁'，又于經文'不𠁁'二字多誤爲'不弔'。《書·大誥》《君奭》之'弗弔天'，《多士》之'弗弔旻天'，皆'𠁁'字之譌……誤'𠁁'爲'弔'，因'𠁁''弔'二字相近耳。"按一九二二年洛陽所出《魏三體石經》，其《君奭篇》之"不弔天"，"弔"字三體，古文作"𠁁"，篆文作

"𠂔"，隸文作"𠀇"，古文誠如吴氏説，然隸文乃古文與篆文之簡化而非譌字。今仍其字，但讀作"淑"。

【4】《多士篇》"有命曰割殷"，《魏三體石經》古文"割"作"㓛"，篆、隸作"割"。《堯典篇》"湯湯洪水方割"，敦煌石室所出唐寫《經典釋文》，"割"作"刱"，爲"㓛"之隸變。《雲窗叢刻》載日本古寫本作"剑"，是爲由"刱"至"割"之過渡。章炳麟《石經考》："按此字右從'刀'，左從奇字'倉'。《汗簡·刃部》有'㓛'字，引孫強説爲'創'字，形聲皆合。古文'刃''刀'多相變，則'㓛''刱'同字……由今論之，讀'㓛'爲'創'，似合。唯奇字之學始於楊雄，王莽取以備《六經》……當孔安國讀壁經時，固不仞'全'爲'倉'，亦不仞'㓛'爲'創'。按《説文》'"全"，完也，從入，從工'，篆文作'全'，而《石鼓文》'工'作'上'，則'全'乃籀文'全'字。施刀於全者爲'割'，猶施攴於完者爲'寇'，乃會意字，非形聲字。"按今以楷書無"刱"字，故仍書爲"割"。《釋文》："割，馬本作'害'"，存參。

【5】于省吾《新證》："凡《尚書》'洪'字，金文皆作'弘'，《毛公鼎》'弘唯乃智''弘其唯王智'，二'弘'字與此'洪'字用法同，皆語詞。"今以本經自漢以下各本皆作"洪"，故出于説而仍其字。

【6】《隸釋》引《魏石經》，"歷"作"厤"。于省吾《新證》："厤，即'鬲'……班彝：'登于大服'，《番生敦》：'鬲于大服'，省'歷'字。""歷"爲"厤"的假借字，今依《魏石經》改從本字。

【7】王莽《大誥》作"遭"，下文"予造天役"亦作"遭"。江聲《書疏》："'造'之言'遭'也者，《吕刑》'兩造具備'，《史記》作'兩遭具備'，《史記》以訓詁代經文也。"今不改。

【8】《君奭篇》"時則有若伊陟、臣扈格于上帝"，"格"，《魏石經》古、篆、隸三體均作"格"。章炳麟《拾遺》："《説文》'佫'作'徦'，云：'至也'。古無'徦'字……此經之'佫'皆今'徦'字。"今改作"佫"，讀作"徦"。

【9】自《僞孔傳》至蔡沈《集傳》，均讀"予不敢閉于天降威用"爲句。然王莽《大誥》："予豈敢自比於前人乎，天降威明……"，是莽以"比"譯"閉"，"天降"別爲一句，無"于"字。俞樾《平議》："莽讀此誥，於'予不敢閉'絶句，其作'比'者，必今文家説，於義似短，然其句讀則是也。'于'字，莽《誥》所無……下文'天降威，知我國有疵，民不康'，無'于'字。《酒誥》曰：'天降威，我民用大亂喪德'，亦無'于'字。疑此'于'字本在'閉'字之上，'予不敢于閉'猶下文曰'敢弗于從'，傳寫誤

倒之耳。"今遵俞説，將"閟于"乙作"于閟"，於"閟"字絶句。

【10】吴大澂《文字説》："《書·文侯之命》：'追孝于前文人'，《詩·江漢》：'告于文人'……《兮仲鐘》云：'其用追孝于皇考己伯，用侃喜前文人'……《追敦》云：'用追孝于前文人'。知'前文人'三字爲周時習見語。乃《大誥》誤'文'爲'寧'，曰'予曷其不于前寧人圖功攸終'，曰'予曷其不于前寧人攸受休畢'，曰'天亦惟休于前寧人'，曰'率寧人有指疆土'。'前寧人'實'前文人'之誤。蓋因'文'字有從'心'者，或作'㪧'，或作'㪧'，或作'㪧''㪧'。壁中古文《大誥篇》，其'文'字必與'寧'字相似，漢儒遂誤釋爲'寧'。其實……'寧王'即'文王'，'寧考'即'文考'……'寧王遺我大寶龜'，鄭《注》：'受命曰寧王'，此不得其解而強爲之説者也。"此爲以金文與經書比較後的結論，解決了兩千年中没法解決的問題。按《君奭篇》"在昔上帝割申勸寧王之德"，《禮記·緇衣篇》引作"昔在上帝周田觀文王之德"，則"寧王"爲"文王"之誤，古人已有看出來的。今凡"寧王""寧考""寧武""前寧人"的"寧"字都改爲"文"字，下不復注。

【11】洪适《隸續》載《魏三體石經》殘字作"大（三體並存）係（古文）龜（隸）"。楊筠如《覈詁》："古'寶'與'保'通，'係'蓋'保'之異文也。"

【12】同上書作"粤（三體並存）兹（三體並存）㪧（隸）"。段玉裁《撰異》："古'粤''越'通用，魏時《尚書》蓋皆作'粤'，而'㪧'字據《説文》則爲古文，不知何以魏時隸不作'蠢'而作'㪧'也。"

【13】《正義》引王肅云："腆，主也。殷小主，謂禄父也。"段玉裁《撰異》："《説文》：'敟，主也'。王謂'腆'爲'敟'之假借也。經書多作'典'。"今以用"腆，厚也"之解已能解通，故不改，記此存參。

【14】王莽《大誥》云："嚴鄉侯信誕敢犯祖亂宗之序"，此或由於當時衍文的需要，或漢《今文經》"紀"作"犯"，均不可知。

【15】《爾雅·釋言》："翌，明也。"郭璞《注》："《書》曰：'翌日乃瘳。'""翌日"，今本《金縢》作"翼日"。段玉裁《撰異》："'翌'，《唐石經》及各本作'翼'，衛包所改也。"此文亦然。《撰異》又云："'翌'訓明，下文'翼'訓佐、訓敬，天寶以前字形本自分別。"今據改。

【16】《尚書大傳》："民儀有十夫"（王應麟《困學紀聞》引）。王莽《大誥》："民獻儀九萬夫。"段玉裁《撰異》："作'獻'者，《古文尚書》也。《今文尚書》'獻'作'儀'……若莽《大誥》'民獻儀'，此合今文、

古文並存之。孟康曰：'民之表儀，謂賢者'，孟此注釋'儀'字而已，非釋'獻'也。"按"獻"本作"鬲"或"䰜"，俘虜也。《敔殷》："雜孚（俘）人四百，䰜（獻）于㚔伯之所"。郭沫若《大系》："'䰜'殆'甗'之象形文，於鬲上著甑也，銘中均假爲'獻'。"（小盂鼎）又《令殷》："姜商（賞）令貝十朋，臣十家，䰜百人。"《大盂鼎》："王曰：'錫女邦司四伯，人䰜自馭至于庶人六百又五十九夫；錫夷司王臣十又三伯，人䰜千又五十夫'。"郭沫若云：" '人䰜'，即'民獻'，此乃古文家誤認'䰜'之象形文字爲'甗'而致譌變。"按"䰜"爲本字，"獻"爲引申字。《説文・犬部》："獻，宗廟犬名羹獻，犬肥者以獻之，從犬，鬳聲。"蓋"䰜"爲俘虜，於宗廟中行獻俘禮則曰"獻"。本篇的"民獻"和《洛誥》的"獻民"，都是獻於宗廟的俘虜。俘虜的領袖則稱爲"邦司伯"或"夷司王臣"。

【17】山井鼎《考文》校足利學所藏古本，云：" '以于敉寧武圖功' '敉'作'撫'，下'敉寧王大命'同。"然"撫前人成功"不若"終前人成功"義長。又《陳侯因齊錞》云："叟（紹）踵高祖黃帝，侎飼（嗣）桓、文"，謂齊威王上紹黄帝，下嗣齊桓、晉文的霸業。此云"敉文、武"，正與錞銘所云"侎嗣桓、文"同義，"敉"與"侎"同字。今不改。

【18】吴汝綸《書故》：" '友邦'，有邦也。《牧誓》'友邦'，《史記》作'友邦'。"這話很對，這裏所說的"友邦"即是"庶邦"，並没有含"友好"的意義。今改正，使得免致誤會爲周的敵體的國家。下同。

〔二〕爾庶邦君越庶士御事罔不反曰艱【1】大民不靜亦惟在王宫邦君室越予小子考翼不可征王害不違卜肆予冲人永思艱曰嗚呼【2】允蠢鰥寡哀哉予造天役遺【3】大投艱于朕身越予冲人不卬自恤【4】義【5】爾邦君越爾多士尹氏御事綏予曰無【6】毖于恤不可不成乃寧考圖功已予惟小子不敢替【7】上帝命天休于寧王興我小邦周寧王惟卜用克綏受兹命今天其相民矧亦惟卜用嗚呼天明畏【8】弼我丕丕基【9】

【1】《隸續》引《魏石經》作"囏"，"艱"之古文。

【2】《魏三體石經》數見"烏虖"字，知今本"嗚呼"悉出衛包所改，今改正。

【3】于省吾《新證》：" '役遺'二字乃'伇遺'之譌。《舀鼎》'伇'作'𠂤'，與小篆'役'作'𢓡'相似。《明公尊》'遺'作'𨒌'。《旅鼎》'遺'作'𨓈'；《王孫遺者鐘》'遺'作'𨗻'，清人誤釋爲'遣'。《廣雅・師古》：

'"遺"，讀'，'遺'即'譴'之譌。《麥鼎》：'無遣小臣夌'，'無遣'即'無譴'。"如于說，此文應作"予造天伋遣"……"伋"即"及"，見《爾雅·釋詁》。今改"役遺"爲"及遺"。

【4】《說文·比補》："毖，慎也……《周書》曰：'無毖于卹'。"《魏三體石經》古、篆二文亦作"卹"。明"恤"字是衛包改。今與下文"無毖于恤"一併改正。

【5】山井鼎《考文》據足利學古本："'義'作'誼'。""義""誼"古字通。于省吾《新證》："'誼'即'宜'……亦作'叡'，語詞。"

【6】山井鼎《考文》據足利學古本："'無'作'亡'。""亡""無"古字通，今不改。

【7】王莽《大誥》："予不敢僭上帝命。"洪适《隸續》載《魏三體石經》"不敢晉"，三體皆不作"替"，觀篇末"天命不僭"，則此文亦必作"僭"無疑，今改正。

【8】王莽《大誥》作"天明威"。"威""畏"古通用，今仍之。

【9】段玉裁《撰異》："'丕丕基'，莽作'大大矣'，以'大大'訓'丕丕'……以'矣'訓'基'，蓋《今文尚書》作'丕丕其'也……《立政篇》'丕丕其'見《隸釋》，故知此亦當同也。"按"其"爲"基"之初文。

〔三〕王曰爾惟舊人爾丕【1】克遠省爾知寧王若勤哉天閟毖【2】我成功所【3】予不敢不極卒寧王圖事肆予大化誘我友邦君天棐【4】忱【5】辭【6】其考我民予曷【7】其不于前寧人圖功攸終天亦惟用勤毖我民若有疾予曷敢不于前寧人攸受休畢

【1】王莽《大誥》："爾不克遠省"，"丕"作"不"，二字古通用。按此爲質問舊人之辭，所以引起下文"爾知文王若勤哉"語，則文雖作"丕"而義實爲"不"。

【2】《爾雅·釋詁》："毖，慎也。"王莽《大誥》："天毖勞我成功所"，孟康注："慎勞"，亦是以"慎"釋"毖"，無"悶"字。今本《正義》云："悶，慎也。"段玉裁《撰異》："《尚書》斷無複用'悶毖'二字之理。玩孔《傳》上文'無毖于卹'釋曰'無勞于憂'，此處'毖'字再見，則分析之曰：'悶，慎也'……慎者必勞，故'毖'得兼二訓。淺者以上文'毖'訓'勞'，此不當訓'慎'，則以爲'悶'之義與'慎'近，增'悶'字於旁，云'悶毖'，以傳合《傳》之'慎勞'。蓋作《正義》時尚未舛誤，故云

'"毖',慎",《釋詁》文,而改'"閟",慎'者在後也。"楊筠如《覈詁》:"'閟''毖'本爲一字,蓋古文作'閟',今文作'毖',僞孔本誤兩存之,如'民獻',今文作'民儀',《漢書》遂兩存之而作'民獻儀'矣。"今據此刪"閟"字。

【3】于省吾《新證》:"按'所'乃'匹'之譌。《弓鎛》'所'作'盻',《录白毁》'匹'作'阶',二字形最易渾,故漢人切'匹'爲'所',遺誤至今……天閟毖我成功所者,天密告我以成功而爲之匹也……'匹''配'古同訓,'匹天'即'配天'。《君奭》:'故殷禮陟配天'。《吕刑》:'今天相民,作配在下'……《洛誥》:'其作周匹休'。然則'匹天''配天''作配',皆周人語例。"今依于説改。

【4】朱熹《語類》:"諸家'棐'字並作'輔'字訓,難曉。後讀《漢書》顔師古注云:'"匪""棐"通用',如《書》中'棐'字正合作'匪'字義。"孫詒讓《釋棐》:"'棐'字之見于《書》者凡十有一,皆當爲'匪'之借字,其義爲非,爲不,爲不可,謂未及。《大誥》云:'天棐忱辭',"棐忱",班固《幽通賦》用作'匪諶',其義猶《詩·蕩》云:'天生烝民,其命匪諶'。"今據此,改"棐"爲"匪",免致眩亂。

【5】段玉裁《撰異》:"古'忱''諶'通用。《詩》'天難忱斯',《説文》作'諶'。《詩》'其命匪諶',《説文》作'天命匪忱'。"按《君奭篇》即有"天難諶"句,"難諶"即"匪忱"也。

【6】于省吾《新證》:"'辭'本應作'辝','辝'讀爲《湯誓》'非台小子'之'台',訓'我'……《齊鎛》:'枼萬至于辝孫子',言'枼萬至于我孫子'也。《邾公牼鐘》:'鑄辝龢鐘二鍺',言'鑄我龢鐘二堵'也。"今依于説,改"辭"爲"辝"。

【7】"曷"本作"害",衛包所改。今本《湯誓》:"時日曷喪",《孟子·梁惠王篇》引作"時日害喪"可證,今改正;下諸"曷"字同。

〔四〕王曰若昔朕其逝朕言艱曰思若考作室既厎法厥子乃弗肯堂【1】矧【2】肯構【3】厥父菑厥子乃弗肯播矧肯穫厥考翼其肯曰予有後弗弃【4】基肆予曷敢不越卬敉寧王大命若兄考乃友【5】伐厥子民養【6】其勸【7】弗救

【1】《漢書·肅宗紀》:"不克堂、桓",注引《尚書》"乃不肯堂矧肯桓"。知漢人本子"弗肯"有作"不克"的。至"構"之作"桓",乃是宋代刻《漢書》的人避宋高宗趙構的諱而改。

【2】《正義》："《定本》云：'矧肯弗構''矧弗肯穫'，皆作'弗'字。檢孔《傳》所解，'弗'爲衍字。"段玉裁《撰異》："'矧弗肯構''矧弗肯穫'猶言'益弗肯構''益弗肯穫'也。"按不增此二"弗"字，義亦明了；記此存疑。

【3】"矧肯構"下，《正義》引鄭、王本有"厥考翼其肯曰予有後弗棄基"十二字。孔穎達曰："然取喻既同，不應重出，蓋先儒見下有而上無，謂其脱而妄增之。"段玉裁《撰異》："此顛倒見也。其事既別，理應重出；淺者以其重複而妄删之。"吴汝綸《書故》："明此經爲偶儷，非單文也；下'肆予'句乃用單文結束耳。重疊言之者，氣所驅也，所謂'辭之重焉，言之複焉'者也。"今據段、吴之説，依鄭、王本增此十二字。

【4】段玉裁《撰異》："'棄'，唐石經作'弃'，此以隸體中有'世'字，故避之而用古文。"按"世"字爲唐太宗李世民之諱，故唐人避之。今仍改作"棄"。

【5】王莽《大誥》："廼有效湯、武伐厥子"，是讀"友"爲"效"。段玉裁《撰異》："蓋'㕛''爻'二字音與形俱相似，《今文尚書》'㕛'蓋作'爻'説，今文家必云'爻者，效也，效湯、武也'，故莽用其説。"今存參。

【6】王莽《大誥》作"民長其勸弗救"，則"養"字作"長"。今存參。

【7】于省吾《新證》："'勸'乃'觀'之譌。《君奭》：'割申勸寧王之德'，《多方》：'不克終日勸于帝至迪'，'勸'，皆'觀'之僞文。金文'觀'作'雚'，漢人遂寫作'勸'也……蓋'雚'爲初文；從'見'爲'觀'，從'力'爲'勸'，乃後起字。"今依改。

〔五〕王曰嗚呼肆哉爾庶邦君越爾御事【1】爽【2】邦由【3】哲亦惟十人迪知上帝命越天棐忱爾時罔敢易法【4】矧今天降戾【5】于周邦惟大艱人誕鄰【6】胥伐于厥室爾亦不知天命不易予永念曰天惟喪殷若穡【7】夫予曷敢不終朕畝天亦惟休于前寧人予曷其極卜敢弗于從【8】率寧人有指【9】疆土矧今卜并吉肆朕誕以爾東征天命不僣卜陳惟若茲

【1】山井鼎《考文》據足利學古本，云："'王曰嗚呼肆哉爾庶邦君越爾御事'作'王曰嗚呼肆告我爾庶邦冢君越爾御事'。謹案：無'哉'字，多'告'字、'我'字、'冢'字。"楊筠如《覈詁》："按'肆哉'二字不辭。古本'我爾'連文亦不可通。疑本作'我告'，故以形近誤作'哉'。上文'肆予告我友邦君'，'肆予告'即'肆我告'，是其證。"今據楊説改定足利

學本，惟删去"冢"字，因爲本篇他處都無"冢君"之稱。

【2】于省吾《新證》："此篇'爽邦由哲'與《康誥》之'爽惟民迪吉康'，'爽惟天其罰殛我'，三'爽'字乃'奭'之僞。《矢尊》：'奭肩右于乃寮以乃友事'，'奭'作'奭'，不可識，漢人誤仞爲'爽'也。惟其字用於一句之首，蓋語詞也。"按"奭"字既不可識，故今仍而不改。

【3】山井鼎《考文》據足利學古本，云："'由'作'用'。"按"由""用"本通用字，今不改。

【4】王莽《大誥》作"爾不得易定"。王鳴盛《後案》："王莽以'法'與'戾'皆爲'定'，疑'法'本'定'字。《説文·广部》云：'宔'，古文'法'。'字與'定'相似，故誤也……言爾無敢改易天之定命，况今天已降定命于周邦乎！下文'爾亦不知天命不易'，'不易'即'定'也。"王説殊有條理，今據改正。

【5】王莽《大誥》作"况今天降定於漢國"，以"定"代"戾"。按《詩·小雅·雨無正》："周宗既滅，靡所止戾"，毛《傳》："戾，定也"；鄭《箋》："無所安定也"。又《大雅·桑柔》："民之未戾，職盗爲寇。"毛《傳》同上，鄭《箋》："爲政者主作盗賊爲寇害，令民心動搖不安定也"。是王莽以訓詁字易經字。

【6】《雲窗叢刻》載日本古寫本作"厸"。于省吾《新證》："古寫《隸古定尚書》'鄰'作'厸'，與《汗簡》所引《古尚書》合。按'厸'乃'以'之譌。漢隸'以'作'㠯'，形相似也。'誕以'乃古人語例，下文'肆朕誕以爾東征'可證。"今據于説改正。

【7】《隸釋》載《漢石經·無逸篇》作"啻"。段玉裁《撰異》："'穡'，莽作'嗇'，通用。"

【8】王莽《大誥》作"害敢不卜從"，疑誤，詳解釋。

【9】段玉裁《撰異》："今《經》《傳》'旨'作'指'，而《正義》中三云'旨意'皆作'旨'，知《經》《傳》爲衞包所改，《正義》則其所未改者也。莽《大誥》正作'有旨疆土'，師古訓'美'，蓋《今文尚書》與《古文尚書》同也。"今據段説改正。

貳　解釋選録

大誥【1】　　　　　　　　　　　　　　　　　　　周書四【2】

【1】蔡沈《集傳》："篇首有'大誥'二字，編書者因以名篇。"

【2】依二十八篇的舊第，《大誥》是《周書》中《牧誓》《洪範》《金縢》下的一篇，應爲第四，故出此字。依全書算，這是第十五篇。

〔一〕王若【1】曰大誥繇【2】爾多邦越【3】爾御事【4】弗弔天降割【5】于我家不少延【6】洪惟【7】我幼冲人【8】嗣無疆大厤服【9】弗造哲【10】迪民康【11】矧【12】曰其有【13】能洛知天命【14】

【1】王引之《釋詞》："《書》稱'王若曰''微子若曰''父師若曰''周公若曰'者，並與'乃曰'同義。"

【2】章炳麟《拾遺》："（《爾雅》）《釋詁》：'繇，道也'……'道''導'古今字。'大誥繇爾多邦'，謂大誥導爾多邦也。《多士》：'王曰："猷告爾多士"'，《多方》：'王若曰："猷告爾四國多方"'，'王曰："烏呼，猷告爾四方多士"''猷告'即'導告'，與言'誥猷'者文有先後之殊，義並得通。"

【3】王引之《釋詞》："《周書》'越'字與'與'字同義者甚多……《大誥》曰：'大誥猷爾多邦越爾御事'，又曰：'肆予告我友邦君越尹氏、庶士、御事'，又曰：'爾邦君，越爾多士、尹氏、御事'，又曰：'肆哉爾庶邦君越爾御事'是也。"

【4】王國維《釋史》："史爲掌書之官，自古爲要職。殷商以前……大小官名及職事之名多由史出。《説文解字》：'事，職也，從史，屮省聲'。又：'吏，之人者也，從一、從史，史亦聲'……殷、周間……天子、諸侯之執政通稱'御事'，而殷虛卜辭則稱'御史'，是御事亦名史也。"按"多邦"是諸侯，爲外官；"御事"是朝臣，爲内官。

【5】按《詩·小雅·節南山》："不弔昊天"，《小旻》："昊天疾威，敷于下土"，《大雅·瞻卬》："不弔不祥"，《召旻》："昊天疾威，天篤降喪"，《書·多士》："弗弔旻天大降喪於殷"，綜此數語觀之，知"不弔天"即疾威降喪的天。《毛公鼎銘》："敃天疾畏"，"敃"即"旻"，字從"攴"，含有打擊之意。這可知此文所云"不弔天降割"即是天不佑周，武王病逝的事情。"降割"正與"降喪"同義。

【6】《爾雅·釋詁》："延，長也。"《左傳》成十三年《傳》："君亦悔禍之延"，杜《注》同。楊筠如《覈詁》："'延'，《釋詁》：'間也'。《釋言》：'間，息也'。是'延'亦猶'息'也。"按此謂武王去世後，三監及淮夷叛，連遭大變，禍患没有停息過。

— 19 —

【7】王引之《釋詞》："'惟'，發語辭也。"又："'洪'，發聲也，《大誥》曰：'洪惟我幼冲人'，《多方》曰：'洪惟圖天之命'，皆是也。"

【8】《盤庚下篇》："肆予冲人非廢厥謀"，《僞孔傳》："'冲'，童。童人，謙也"。即此可知"予冲人"和"予小子"都是天子自稱的謙辭，並不是真說他自己是一個小孩。漢代經師過分拘泥文字，把謙辭當作了實意，而且加以誇張，司馬遷受了他們的影響，所以《史記·魯世家》裏會有"武王既崩，成王少，在强葆（今人寫作襁褓）之中"的話。但看那諄諄戒衆遷都的盤庚却一樣自稱爲"予冲人"，難道也可以說他還在襁褓之中嗎？這類名詞，因爲現代漢語中没有可以適當地用來作譯的，所以只譯爲"我"。

【9】"禹服"指周天子統治下的人民和疆土。"禹"，義爲俘虜（見第三節"民獻"）。"服"，如《國語·周語》及《禹貢篇》中"五服"之服，義爲疆域。《梓材篇》："皇天既付中國民越厥疆土于先王。"《大盂鼎銘》："雩我其遹省先王受民受疆土。"《左氏》定四年《傳》："聃季授土，陶叔授民，命以康誥，而封於殷虚。"這可見天子、諸侯都以人民和疆土作爲他的兩件主要的產業。在當時的人民裏，奴隸數量最多，故總稱爲"禹"。此猶"衆"本是奴隸，轉化爲一般人的通稱，《盤庚上》："王命衆悉至于廷"，這"衆"便是貴族了。

【10】王莽《大誥》："予未遭其明哲"，是"遭"爲遇見之義，這句話是說没有碰到明哲之人。下第六節"予造天及遣"的"造"，莽《誥》亦作"遭"，今解爲"遭逢天譴"。

【11】章炳麟《拾遺》："'迪'，雅訓爲'道'，亦訓爲'進'……《說文》：'進，登也'。"以釋此文，爲登民於安康之境。

【12】《爾雅·釋言》："矧，況也"。

【13】黄式三《啓幪》："'有'，讀曰'又'。"

【14】章炳麟《拾遺》："《說文》'俗'作'假'……古無'遐'字，依《說文》當作'假'，云：'大遠也'……言弗能以智道民於安，況又能遠知天命！"

〔二〕已【1】予惟小子【2】若涉淵水【3】予惟往求朕攸【4】濟【5】敷賁【6】敷前人受命茲不忘大功【7】予不敢于閉【8】

【1】《僞孔傳》："'已'，發端歎辭也。"王莽《大誥》："熙，我念孺子……"段玉裁《撰異》："'熙'即今之'嘻'字。"

【2】"惟"，語助詞，無義。"予惟小子"即"予小子"，猶《禹貢》"齒革羽毛惟木"即"齒、革、羽、毛、木"也。

【3】《詩·邶風·燕燕》："其心塞淵"，毛《傳》："淵，深也"。《小雅·小旻》："如臨深淵"，可見水深的地方叫作"淵"。按古人交通工具不良，渡河是一件極危險的事情，所以《周易》裏屢有"利涉大川"的繇辭，來安慰渡河人的心。《泰》九二："包荒，用馮河"，"包"即"匏"，"荒"即"大"，就是抱了大葫蘆來渡河。《管子》説："中流失舟，一壺千金"，"壺"即"瓠"，這就是說如果船破了，一個葫蘆等於現在的救生圈，會有千金的價值。爲了渡河是一件很不容易的事情，所以這裏用了涉水來比喻當前的困難環境。

【4】王引之《釋詞》："'攸'，猶'所以'也……某氏（《僞孔傳》）曰：'往求我所以濟渡'，是也。"

【5】陳大猷《書傳》："渡水曰'涉'，渡訖曰'濟'。"

【6】"敷"，《僞孔》釋爲"布陳"。章炳麟《拾遺》："賁者，（《爾雅》）《釋魚》：'龜三足，賁'；此以爲龜之大名，即下言'用寧王遺我大寶龜'是也。《春官·大卜》有'陳龜''作龜''貞龜''命龜'。'陳龜'正此所謂'敷賁'矣。此誥屢以'卜吉'關衆口，故'陳龜'與'陳前人受命'視之相準。《大雅》云：'考卜惟王，宅是鎬京，維龜正之，武王成之'，則平居且有以'龜'與'武王'等量並稱者。""敷賁"自來未有的解，今得章説，以《大雅·文王有聲》語作比較，其義方顯。

【7】王引之《述聞》："'忘'與'亡'同，言不失前人之大功也。"又《釋詞》："兹者，承上起下之詞。昭二十六年《左傳》曰：'單旗、劉狄帥群不弔之人以行亂於王室……兹不穀震盪播越，竄在荆蠻。''兹'，猶今人言'致令如此'也。"按此言惟其能敷賁，且能敷前人受命，致令不失前人之大功，與王引《左傳》語氣同。

【8】孫星衍《書疏》："韋昭注《晉語》云：'閟，壅也'。若《君奭》云'遏佚前人光'。"俞樾《平議》："上文云'敷賁，敷前人受命'，此'閟'字正與兩'敷'字相應，惟不敢閟故敷陳之也。"

〔三〕天降威用【1】文王遺我大寶龜紹天明【2】即命曰【3】有大艱于西土西土人亦不靜越兹蠢【4】殷小腆【5】誕【6】敢紀其叙【7】天降威知我國有疵【8】民不康曰予復【9】反鄙我周邦【10】今蠢今翌【11】日【12】民獻【13】有十夫予翼【14】以于【15】敉【16】文武圖功【17】我有大

事【18】休【19】朕卜并吉【20】

【1】孫詒讓《駢枝》：“案此王自述卜命龜得吉兆之事。‘用’當屬下讀，言用文王所遺大寶龜以卜也。”

【2】黃式三《啓幪》：“‘紹’，兆通，寶龜紹發天之明意。”孫詒讓《駢枝》：“紹當訓爲‘助’，謂輔助天之明命以示人也。”按二家説義相近。楊筠如《覈詁》：“‘明’與‘命’通，《易·賁·釋文》：‘“明”，蜀本作“命”’，即其證。凡言‘天命’‘天明’，皆善意。”又云：“‘天降威’與‘紹天明’相對成義；《吕刑》：‘德畏惟威，德明惟明’，亦‘威’‘明’對舉也。”

【3】金履祥《書注》：“‘即命’，猶云‘即命于元龜’也。‘即命曰’者，命龜之詞也。”孫詒讓《駢枝》：“古者凡卜必先告龜以所卜之事，謂之‘命龜’……‘命’爲命龜之辭。（《周禮·大卜注》云：‘命龜，告龜以所卜之事。’）《金縢》云：‘今我即命于元龜’，並謂就龜而命卜事，與此義同。自‘有大艱’以下至‘我有大事’並述命龜之語，謂今東方諸國叛亂爲西土之大難，西土人亦或應之而不靜，於此蠢動……述命龜語既訖，乃云‘休，朕卜并吉’，則王以喜得卜兆，故舉以宣示庶邦君等，冀決東征之議也。”今從其説，以“天降威”至“朕卜并吉”爲一節。

【4】《爾雅·釋詁》：“蠢，動也。”金履祥《書注》：“‘西土’，謂周邦也。‘西土人’，謂管、蔡也。其命龜之詞曰：‘今日有艱于我西土周邦，雖本爲我西土之人者亦不自且靜，爲兹蠢動……’”簡朝亮《述疏》：“‘今蠢’者，古語之常也。昭二十四年《左傳》云：‘今王室實蠢蠢焉’。”王引之《釋詞》：“《夏小正》曰：‘越有小旱’，《傳》曰：‘越，于也’。‘于’猶今人言‘於是’也。”按“越兹蠢”之“越”即作“於是”解。

【5】《説文·肉部》：“腆，設膳腆腆多也。”《左氏》僖三十三年《傳》，鄭商人弦商曰：“不腆敝邑爲從者之淹”，文十二年《傳》，西乞術曰：“不腆敝器，不足辭也”，成二年《傳》，齊侯曰：“不腆敝賦，詰朝相見”，杜《注》：“腆，厚也”。是“不腆”爲自謙之辭，謂不能多有。這裏説的“小腆”，是殷紂亡國之後，武王封禄父（武庚）於其舊地，到武王死時，殷的國勢又小小地豐厚起來了。

【6】王引之《釋詞》：“‘誕’，發語詞也。《書·大誥》曰：‘殷小腆誕敢紀其叙’，又曰：‘誕鄰胥伐于厥室’，《君奭》曰：‘誕無我責’……諸‘誕’字皆發語詞。説者用《爾雅》‘誕，大也’之訓，則詰鞫爲病矣。”

【7】《正義》引王肅云："大敢紀其王業。"江聲《書疏》："'紀',理;'叙',緒也。言殷小小之國,不敢紀理其已墜之緒。"此語謂武庚欲恢復其固有的王業。

【8】《釋文》引馬融云："'疪',瑕也。"王鳴盛《後案》："天降威于我國,使我主少國危,骨肉自相讒賊,是推言殷所以敢紀其緒之由。"

【9】林之奇《全解》："有三叔流言之疪,民將不安,武庚知之,故其言曰:'我將紹我湯之業而光復之',殷既復則反以我周家爲鄙矣。"

【10】王鳴盛《後案》："宣十四年《左傳》,華元曰:'過我不假道,鄙我也',注云:'以我比其邊鄙。'成十八年,宋西鈕吾曰:'大國無厭,鄙我猶憾',注云:'以我爲鄙邑,猶恨不足。'襄八年,鄭子展曰:'鄙我是欲',注云:'楚欲以鄭爲鄙邑。'此即'鄙我'之義。周目殷'小腆',據今勢;殷謂周爲'鄙',追昔事。周之先蓋世爲殷家西陲荒裔小君長,則武庚之叛必有'鄙周'之言可知。"按卜辭有"令周侯"的話,可證商王確曾以周爲屬國。

【11】"翼",《僞孔傳》解爲"今之明日",知字當作"翌"。俞樾《平議》："《説文·羽部》:'翊,飛貌'。'翌'即'翊'之變體。'蠢'以蟲喻,'翊'以鳥喻。字又變作'䎀',《文選·吳都賦》"趁譚䎀[磔]"李注云:'相隨驅逐,衆多貌。'上文'越茲蠢'專以武庚言,此文'今蠢,今翌'則見武庚蠢動而淮夷從之,䎀[磔]衆多也。"

【12】"日"字向來上屬,以"今翼日"爲句。俞樾《平議》："'日'字屬下爲義。文七年《左傳》:'日衛不睦'……昭十六年《傳》:'日起請夫環',並與此'日'字同,蓋《左氏》正因《尚書》有此文法而循用之耳。'日民獻有十夫予翼',言近日民之賢者十夫來翼佐我也。"今從俞説斷句。

【13】據壹·一·15所證,"日民獻有十夫予翼"即是説俘虜之中有十個人出來輔佐了我去東征。或疑既爲俘虜如何起得了作用,按古代每一奴隸主或封建領主即爲其家族内的領袖,各有其部下人民,猶後世的"部曲"(《國語·晉語》:"欒昭子,其富半公室,其家半三軍",按一軍爲一萬二千五百人,半三軍則爲一萬八千餘人。晉之欒氏家衆如此之多,其他貴族可知),所以只要他肯歸順新朝,仍然是一個有力分子。《左傳》哀十七年,楚子穀説:"觀丁父,鄀俘也,武王以爲軍率(帥),是以克州、蓼,服隨、唐,大啓群蠻。彭仲爽,申俘也,文王以爲令尹,實縣申、息,朝陳、蔡,封畛於汝。唯其任也,何賤之有!"彭仲爽本是申國的貴族,爲楚文王所俘,楚文王就利用了他的力量滅了申國,把申地作爲楚縣。從可知這篇所説的"民獻",即使

是周人所得的殷俘，只要他們本身是貴族而又真心實意地倒了過來，也正可輔助周公往諸武庚。十夫的姓名，沒有傳下來。據李亞農《西周與東周》第四章《周初的民族鬥爭》中依據金文舉出的奔走臣服於周天子的殷貴族不少，詳本篇《考證》。

【14】朱彬《考證》："'予翼'，連上之辭，猶《皋陶謨》之言'汝翼'……不曰'翼予'而曰'予翼'，文偶倒爾。"簡朝亮《述疏》："'予翼'，猶'翼予'，若《左傳》之言'余畀''余毒'也……昭十三年《左傳》云：'是區區者而不余畀'，僖二十八年《左傳》云：'莫予毒也已'，皆古之倒文也。"

【15】《詩·小雅·雨無正》："維曰予仕"，《毛傳》："'于'，往也"。《大雅·棫樸》："周王于邁"，鄭《箋》："'于'，往也"。此"于"字亦當訓"往"。

【16】《爾雅·釋言》："'彌'，終也。"黃式三《啓幪》："'敉'，彌通，終也。"按之《陳侯因資錞》言"伖嗣桓、文"，知"伖""敉""彌"是一字的分化。"敉文、武圖功"，就是完成文王、武王的功績的意思。

【17】王引之《釋詞》："上文曰：'敷前人受命，茲不忘大功'，又曰：'不可不成乃寧考圖功'，'圖功'即'大功'也，'寧考圖功'即'此所謂前寧人圖功'也……曰予曷其不于前寧人圖功攸終'，言曷不于前寧人大功用終也。"楊筠如《覈詁》："古'圖''大'聲近。《釋詁》：''都'，大也。'古'圖''鄙'字皆止作'啚'，'都''鄙'同義，故亦有'大'誼也。"

【18】《左》成十三年《傳》，成康公云："國之大事，在祀與戎。"這裏所說的"大事"就是舉兵東征的事情。

【19】《爾雅·釋詁》："'休'，美也。"這是一字一句，猶今言"好！"

【20】《正義》引鄭玄《注》："'卜并吉'者，謂三龜皆從也。"《金縢篇》云："乃卜三龜，一習吉"，也就是"卜並吉"。

〔四〕肆【1】予告我友邦君越尹氏【2】庶士【3】御事曰予得吉卜予惟以爾庶邦【4】于【5】伐殷逋播臣【6】

【1】《詩·大雅·大明》："肆伐大商"，鄭玄《箋》："'肆'，故今也"。這猶今語"所以，現在……"。

【2】王國維《詩尹氏説》："內史之長曰'內史尹'……《師兌敦》："王呼內史尹册命師兌……是也。亦單稱'尹氏'，《詩·大雅》：'王謂尹氏，

命程伯休父。'……是也。'作册''尹氏'皆《周禮》內史之職，而尹氏爲其長。百官之長皆曰'尹'（《書》有'庶尹''百尹'），而內史尹、作册尹獨單稱'尹氏'者，以其位尊而地要也。尹氏之政掌書王命及制祿命官，與太師同秉國政，故《小雅》曰：'赫赫師尹，民具爾瞻'……又曰："'尹氏''太師'，惟周之氏，秉國之鈞"，詩人不敢斥王，故呼二執政者而告之……《書·大誥》曰："肆予告我友邦君越尹氏、庶士、御事"，《多方》曰：'告爾四國多方，惟爾殷侯、尹民'（'民'當爲'氏'字之誤也），'尹氏'在'邦君''殷侯'之次，蓋謂侯國之正卿，殷、周之間已有此語。"按如王説，"尹氏"如今稱"秘書長"。

【3】"庶士"，猶説許許多多的官員，是一個集體的稱呼。

【4】這裏所以獨言"庶邦"而不及"庶士、御事"，爲的是許多邦君都有他的軍隊，可以帶去伐殷；而庶士、御事們則没有。

【5】"于"也是"往"，見二·〔三〕·15。

【6】《説文·辵部》："'逋'，亡也。"江聲《書疏》："殷雖于周爲客，然既受周之封，不得全無臣禮；既臣於周而猶叛，則是叛亡之臣矣；故目之爲殷逋播之臣。"黄式三《啓幪》："'播'，叛通。"楊筠如《覈詁》："'逋播'，雙聲連語。"按"臣"的初誼是奴隸，用此以斥殷人，猶後世稱敵人爲"虜"。

〔五〕爾庶邦君越庶士御事罔不反曰艱大【1】民不靜亦惟在王宫邦君室【2】越予小子【3】考翼【4】不可征王害【5】不違卜

【1】鄭玄《書注》（《正義》引）："汝國君及下群臣不與我同志者，無不反我之意，云三監叛，其爲難大。"

【2】江聲《書疏》："三監，武王之弟，於成王爲叔父，故云……在王宫、邦君之室。"簡朝亮《述疏》："《左傳》（定四年）曰：'管、蔡啓商，惎間王室'。今言'王宫、邦君室'者，蓋謂管、蔡爲王室之親而不斥言之也。"

【3】王引之《釋詞》："'越'猶'惟'也。《書·大誥》曰：'越予小子'，言'惟予小子'也。又曰：'越予沖人'，言'惟予沖人'也。"按諸家多以"予小子"爲成王自稱，然從上文"罔不反曰"到下文"王害不違卜"，語本一氣貫注，以文義求之，此"予小子"實爲邦君等自稱。蔡沈《集傳》："越我小子與父老敬事者皆謂不可征"，此説可擇從。

【4】"翼"，自來據了《爾雅·釋詁》："'翼'，敬也"之訓，説"考翼"爲父所敬事之人。但此閒説"予小子考翼，不可征"，橫插"敬事"，於文不順。孫詒讓《釋翼》："'翼'本訓鳥翅，此訓'敬'訓'恭'者，蓋'趩'之叚借字。'趩'本爲拱趩之容，引申爲恭敬，因之所尊敬之人亦得稱'翼'。此其義見於《詩》《書》……《詩·大雅·文王有聲篇》云：'詒厥孫謀，以燕翼子'，翼子者，猶言子之尊貴者，與'胄子''元子'義蓋相近，上句言詒其謀猷於孫，下句言以安爾之尊貴之子，義正相承貫也……'翼子'爲尊貴之子，故又借以爲兄長之稱。《書·大誥》云：'爾庶邦君……越予小子考翼不可征'……大恉謂邦君、庶士等咸謂與殷民爲不靜者，乃惟在王家及邦君家與我之父兄，此等皆親貴，故不可遽征伐之也。蓋《釋親》（《爾雅》）云：'父謂"考"'因之諸從父亦得謂之'考'，'翼'本尊敬之稱，因之兄長亦謂之'翼'，其義例本同也。"如孫説，"翼"當作"趩"。今仍其文而著其説於此。

【5】"害"，同"曷"。凡古本《尚書》的"害"，衛包已盡改作"曷"。獨有這裏的"王害不違卜"因《僞孔傳》解作"王室有害"，故未改。《爾雅》曰："曷，盍也"，郭《注》："盍，何不也"。蔡《傳》云："王曷不違卜而勿征乎？"體會語氣甚是。

〔六〕肆予沖人永思艱曰烏虖允蠢鰥寡【1】哀哉予造天役遣【2】投大艱于朕身越予沖人不卬【3】自恤【4】義【5】爾邦君越爾多士尹氏御事綏【6】予曰無毖【7】于恤不可不成乃文考【8】圖功

【1】王引之《釋詞》："'允'，猶'用'也"……"'允蠢鰥寡'，言用動鰥寡也。"姚鼐《筆記》："'鰥寡'，析言之，則老而無夫、無妻之名，通言之，則但被傷殘死生之餘者皆可名也。《大誥》之'允蠢鰥寡'，《吕刑》之'鰥寡無蓋'，其訓皆如此。"簡朝亮《述疏》："'鰥寡哀哉'，猶《詩·鴻雁》所謂'哀此鰥寡'也。"

【2】于省吾《新證》："莽《誥》讀至'遣'字句絶，'造'作'遭'，是也……'予造天役遣'，與《文侯之命》'嗣遭天丕愆'語例適合。'役'即'及'……'大'，語詞。言予遭天與以譴責，惟投艱于朕身也。"

【3】《詩·邶風·匏有苦葉》："人涉卬否"，《小雅·白華》："卬烘于煁"，毛《傳》並云："'卬'，我也"。《爾雅·釋詁》文同，郭璞《注》："'卬'猶'姎'也，語之轉耳"。按"卬""姎"並即今日方言中作爲第一

身稱的"俺"。

【4】《說文·血部》"卹",《心部》"恤",皆云"憂也"。《詩·小雅·蓼莪》:"出則銜恤",《大雅·桑柔》:"告爾憂恤",鄭《箋》並云"憂也"。"不卬自卹"與下文"無毖于恤"文相承接。朱彬《考證》:"'無毖',毖也。言當戒慎于所憂恤。"劉逢禄《集解》:"'毖',慎也,誠也。言於我不知自憂,爾君臣猶宜勸予曰:'其誠於憂,不可不成前寧人所圖之功'也。"按這是說如果成王"不卬自卹",邦君、御事們就當勸他"無毖于恤",即是當戒慎於其所應憂。簡朝亮《述疏》:"'不卬自恤',蓋倒文也,猶《詩·小旻》所謂'不我告猶',《詩·谷風》所謂'不我屑以'也。"

【5】王引之《釋詞》:"'宜',語助詞也……通作'義'。《書·大誥》曰:'義爾邦君越爾多士、尹氏、御事綏予曰:"無毖于恤,不可不成乃寧考圖功"','義'助語詞,言'爾邦君及爾多士、尹氏、御事當安勉我'也,猶上文言'爾庶邦君越庶士、御事'矣。"于省吾《新證》:"'義'……亦作'叡',語詞。《沈子它殷》:'叡吾考克淵克'。《小臣謎殷》:'叡東尸(夷)大反'。此'義爾邦君'即'叡爾邦君'也。"是"義"亦發語辭。

【6】按此"綏"有勸止的意思。《國語·齊語》:"以勸綏謗言",韋昭注:"綏,止也",是其證。

【7】《說文·比部》云:"'毖',慎也。"《正義》:"'毖',勞也。"段玉裁《撰異》:"慎者必勞,故'毖'得兼二訓。"按"無",發語之辭,無義。《詩·大雅·文王》:"無念爾祖",毛《傳》:"'無念',念也。"《左氏》隱十一年《傳》:"無寧茲許公復奉其社稷",杜《注》:"'無寧',寧也。"故此"無毖"即"毖"。此文所云"無毖于恤",按照上4解,當作"其可不勞于憂乎"解。

【8】《逸書·太誓》記武王語云:"予克紂,非予武,惟朕文考無罪。紂克予,非朕文考有罪,惟予小子無良。"(《禮記·坊記》引)從這兩句話看,可知必要文王的兒子才可稱文王為"文考"。《洛誥》,周公對成王說:"王命予來承保乃文祖受命民",又說:"乃單文祖德",因為文王是成王的祖父,就稱為"文祖"了。這裏的王稱文王為"文考",也是周公稱王的證據之一。

〔七〕已予惟小子不敢僭上帝命【1】天休【2】于文王興我小邦周文王惟卜用克綏【3】受茲命今天其相【4】民矧【5】亦惟卜用【6】烏虖天明威弼我丕丕基【7】

【1】《漢書·翟義傳》顏《注》："'僭',不信也。言順天命而征討。"段玉裁《撰異》："'天命不僭',謂天命無不信也。'不敢僭上帝命',謂不敢不信天命也。天命見於卜吉,篇中曰:'格知天命',曰'迪知上帝命',皆能信天命者也。"

【2】《爾雅·釋詁》:"'休',美也。"黄式三《啓幪》:"'休','庥'同,庇也。"二説正相應,惟其美之,所以庇之。

【3】楊筠如《覈詁》:"'綏'讀爲'緌',《詩·車攻》《韓奕》《釋文》並云:'"緌"本作"綏"。'《釋詁》:'緌,繼也',猶言'承'也,繼也。"這是説文王爲了用卜,故能承接天命。

【4】《盤庚下篇》:"予其懋簡相爾",《僞孔傳》:"'相',助也"。《吕刑》:"今天相民",馬注同。

【5】王引之《釋詞》:"'矧',猶'又'也……'矧亦惟卜用',言又亦惟卜用也。"

【6】按此爲倒語,以其"亦惟卜用",故能知"今天其相民"。

【7】《説文·弼部》:"'弼',輔也。"《爾雅·釋訓》:"'丕丕',大也。"《淮南子》高誘注:"'基',業也。"戴鈞衡《補商》:"告庶邦當畏天以輔我之意……言天明顯而可畏,爾等當畏天以輔成我大基業也。"按《立政篇》言"亦越武王率惟敉功(終文王之功)以並受此丕丕基",義與此同。

〔八〕王曰爾惟舊人【1】爾丕克遠省【2】爾知文王若【3】勤哉天毖【4】我成功所【5】予不敢不極卒【6】文王圖事【7】肆予大化誘【8】我有邦君天匪忱辭【9】其考我民【10】予害其【11】不于【12】前文人【13】圖功攸【14】終天亦惟用勤【15】毖我民若有疾【16】予害敢不于前文人攸受休畢【17】

【1】戴鈞衡《補商》:"'惟',乃也。言邦君、御事乃武王舊臣也。"按武王在位不久,本篇又少説武王,多説文王,則此等邦君、御事乃文王舊臣。

【2】《論語·學而》:"吾日醒吾身",陸德明《釋文》:"'省',視也。鄭云:'思察己之所行也。'"是"省"義爲察視。江聲《書疏》:"'丕'讀曰'不'。舊人當遠識故事,爾國君及衆臣亦惟舊人,爾乃不能省識於遠……責其不知。"

【3】王引之《釋詞》:"《史記·禮書》《正義》曰:'"若",如此也。'《書·大誥》曰:'爾知寧王若勤哉',言如此勤也。"按《無逸篇》云:"文王卑服,即康功田功。徽柔懿恭,懷保小民,惠鮮鰥寡,自朝至于日中昃,

不遑暇食，用咸和萬民"，可見文王既親身從事農業勞動，又是接近群衆，做好政治工作，以致從早到晚，連吃飯的時間都擠不出來，是爲此文"文王若勤"的解釋。

【4】朱彬《考證》："'毖'，慎'，《釋詁》文，然其意未盡。《釋言》：'"誥""誓"，謹也'，則'謹慎'與'誥誓'近。'毖'之訓'慎'亦與'誥戒'相近。'天毖我成功所'，密戒我之成功也。(《酒誥》)'厥誥毖庶邦、庶士越少正、御事'，誥戒庶邦、庶士、少正、御事也。'汝劼毖殷獻臣'，戒謹殷之賢臣也。'汝典聽朕毖'，言康叔亦常聽朕之教戒也。"又引王念孫語云："《廣雅》云：'"慎"，敕也'，'慎'與'敕'同義，即是'戒慎'之'慎'。又《爾雅》：'"誥""誓"，謹也'，郭《注》云：'皆所以約勒謹戒衆'。《周官·士師》：'以五戒先後刑罰，一曰誓，二曰誥'，則謹字自是'謹戒'之義，非謂'謹慎'也。"王國維《論成語書》亦云："《酒誥》：'汝典聽朕毖'與上'其爾典聽朕教'文例正同，則'毖'與'誥教'同義。"

【5】見壹·三·3引于省吾《新證》，謂天告我以將成功而與天相匹配。王國維《論成語書》："《毛公鼎》：'皇天弘厭厥德，配我有周，膺受大命'。又云'丕巩先王配命'。'配命'，謂天所畀之命……(《詩·文王》)'永言配命'，猶云'永我畀命'，非我長配天命之謂也。"移以解此，則此句之義當爲天教戒我以將成功而畀我命。今遵後說作譯。

【6】王引之《述聞》："'極'當讀曰'亟'。《爾雅》曰：'"亟"，疾也'，'"亟"，速也'亟卒寧王圖事者，速終文王所謀之事也。古字'極'與'亟'通。《墨子·雜守篇》：'隊有急，極發其近者往佐'，即'亟發'也。"

【7】王樵《日札》："曰'事'，曰'功'，曰'休'，蓋互言之，大抵寧王、寧人以除亂安民爲事，而成功於時、受休於天者。今適不幸有武庚之亂，不能討定，則前事有不卒、前功有不終、前休有不畢矣。不訖事之咎，我固不敢辭，爾舊人……昔日同功一體者亦何以自解乎。"

【8】黃式三《啓蒙》："'誘'，'牗'通，道也。"吳汝綸《書故》："'化'者'訛'之省文。《爾雅》：'"訛"，言也'。"是"化誘"亦即篇首"誥獻"之義。

【9】于省吾《新證》："'棐'……訓我，言天非信我，其須考之于我民也。"

【10】姚永樸《誼略》："《檀弓》'邾妻考公'，《注》：'"考"或作"定"'，是'考'有'定'義也。《釋名》：'"考"，成也'，'成'與'定'

義亦近,言天……其定我民耳。上文,《詩》所謂'皇矣上帝,臨下有赫'也。此句則所謂'監觀四方,求民之莫'也。"孫詒讓《駢枝》:"'天棐忱',猶《詩·大雅·蕩》云:'天生蒸民,其命匪諶',惟天命無常,不可信也……下言或成我民,或勤勞我民,善否並陳,即由'天棐忱'之意。"

【11】王引之《釋詞》:"'其',語助也",引本句及《康誥》"未其有若女封之心"、《召誥》"不其延"等予爲例。

【12】王引之《釋詞》:"'于',猶爲也。《孟子·萬章篇》曰:'惟茲臣庶,女其于予治','于',爲也。'爲',助也。趙《注》曰:'惟念此臣衆,女故助我治事'是也。"按此文兩言"不于前文人","于"即上義,謂予不敢不爲文王終其功,不敢不助文王除其疾也。

【13】本篇"寧王"字六見,"寧人"字一見,"前寧人"字三見,"寧考"字一見,"寧武"字一見。"寧"爲"文"字之誤,已依吳大澂說更正。按周人稱文王爲"文人",如《詩·大雅·江漢》:"告于文人,錫山土田",此增封召公邑而告於文王廟也。亦稱"前文人",《追殷》:"用追孝于前文人",《兮仲鐘》:"用侃喜前文人",此鑄器者欲使自己得直接爲文王神靈服務也。不但文王稱"文人",武王亦稱"武人",《易·履》六三:"武人爲于大君",這就是武王克殷而爲衆諸侯的大君,故《師》上六:"大君有命:開國承家",爲的是武王克殷,分封了好多諸侯。

【14】楊筠如《覈詁》:"'攸',猶'是'也。《詩·蓼蕭》:'萬福攸同',《長發》'百祿是遒','攸''是'同宜。"

【15】戴鈞衡《補商》:"'勤',勞也,即征伐之事。"

【16】楊筠如《覈詁》:"'有',王引之謂猶'爲'也。成十年《左傳》:'疾不可爲也',《山海經》:'旋龜可以爲底','爲'並治療之意。"

【17】孫詒讓《駢枝》:"古者攘除疾病,蓋或謂之'畢'。《月令》季春:'命國難,九門磔攘以畢春氣',鄭《注》引《王居明堂禮》曰:"季春出疫于郊,以攘春氣",是《月令》之'畢'即《逸禮》之'出疫'。故此云'若有疾,予曷敢不于前寧人攸受休畢'謂對于前文人受其休美而畢除其疾。《康誥》亦云:'若有疾,惟民其畢棄咎','畢棄咎'即攘除棄去疾病也。(《爾雅·釋詁》云''咎',疾也')。"

〔九〕王曰若【1】昔朕其逝【2】朕言【3】艱日思【4】若考作室既厎法【5】厥子乃【6】弗肯堂【7】矧肯構厥考翼其【8】肯曰予有後弗棄基厥父菑【9】厥子乃弗肯播矧肯穫厥考翼其肯曰予有後弗棄基肆予害敢不越卬【10】敉文王大命

【1】王引之《釋詞》："'若'，詞之'惟'也……《大誥》曰：'若昔朕其逝'，《君奭》曰：'若天棐忱'，《吕刑》曰：'若古有訓'，'若'字皆語助之'惟'。"

【2】吕祖謙《書説》："若昔者，非古昔之昔；前日之言，今日舉之，亦謂之'昔'。"蔡沈《書傳》："猶《孟子》'昔者'之昔。"吴汝綸《書故》："《吕覽·音初》《注》：'"之"，其也'，'其''之'同訓。'逝''誓'同聲。《説文》：'"逝"，讀若"誓"。'《詩》：'逝將去女'，《公羊疏》引作'誓'。前告庶以吉卜，是昔之誓也。"黄式三《啓幪》："'若者'，如前也。'逝''誓'通，猶'誥'也。"如諸家之説，此句只該解爲"像我前面所説過的話"。也許在此誥以前尚有一誥，但無法證實。

【3】楊筠如《覈詁》："'言'，裴學海謂《孟子》'宰我、子貢善爲説辭，冉牛、閔子、顔淵善言德行'，'言'與'爲'對文，皆猶'於'也。'朕言艱日思'猶言'朕於艱難日思'也，與上文'永思艱曰'之意相近。"

【4】戴鈞衡《補商》："朕亦言其事之難而日思之矣，而有不可安於難者。"按此文必依戴説，始可引起下文"若考作室"一段話來，今依譯。

【5】《爾雅·釋詁》："'厎'，定也。"《禮記·少儀》："工依於法"，鄭《注》："法，謂規矩尺寸之數也。"這裏所言的定法，即是説造屋的事情已有一定的準備。

【6】王引之《釋詞》："'乃'猶'且'也……'厥子乃弗肯堂，矧肯構……厥子乃弗肯播，矧肯穫'，'乃'字並與'且'同義。"

【7】俞樾《平議》："古所謂'堂'者有二：其一爲前堂後室之堂，其一爲四方而高之堂。《禮記·檀弓篇》：'吾見封之若堂者矣'，鄭注曰：'堂形四方而高'，是知古人封土而高之，其形四方，即謂之堂。故《文選·西京賦》《注》引宋均《太玄經》曰：'"堂"，高也'；《廣雅·釋詁》曰：'"堂"，明也。'堂之制爲高爲明，則堂之制可見矣。《金滕篇》《釋文》曰：'"壇"，馬云："土堂"。《楚辭·大招篇》：'南房小壇'，王逸《注》曰：'"壇"猶"堂"也'。夫'壇'與'堂'得通稱，則堂之制又可見矣……此經以'堂''構'對言，見封土以爲堂且不肯，又安責其構立屋乎！"

【8】王引之《釋詞》："'其'，猶'甯'也"，引此句及《盤庚篇》"不可鄉邇，其猶可撲滅"，《多士篇》"我其敢求位"爲例。

【9】田中除草和翻土皆叫"菑"。郭璞《爾雅注》："今江東呼初耕地反草爲菑。"

【10】黄式三《啓幪》："'越卬'，及身也。言今我曷敢不于我身終定寧

王之大命乎。"

〔十〕若兄考【1】乃友伐厥子民養【2】其勸【3】弗救

【1】吴汝綸《書故》："考者，死也。《洪範》：'考終命'，'考'亦'終'也……《左傳》：'下臣獲考'，謂得死也。"吴闓生《大義》："以兄死爲喻，尤爲哀痛迫切之音。"按依此説，亦見此誥出自周公。

【2】蘇軾《書傳》："養，厮養也。"章炳麟《拾遺》："《司馬法》云：'廄養五人。''民養'，猶言'甿隸'，喻諸臣僚。"按《戰國策·韓策一》，張儀爲秦連橫説韓王曰："大王之卒，悉之不過三十萬，而厮徒負養在其中矣。"《公羊》宣十二年《傳》："楚伐鄭，厮役扈養死者數百人。"何《注》："炊烹者曰養。"宋代小説中稱女僕爲"養娘"爲其遺語。此句係就家庭比喻國事，故舉奴隸以儗臣僚。前人以"民長"釋之，則上下文就不貫穿了。

【3】"觀"，猶豫觀望也。

〔十一〕王曰烏虖肆我告爾庶邦君越爾御事爽【1】邦由哲【2】亦惟十人【3】迪【4】知上帝命越天匪忱【5】爾時罔敢易定【6】矧今天降戾【7】于周邦惟大艱人【8】誕以胥【9】伐于厥【10】室爾亦【11】不知天命不易【12】

【1】"爽"，語詞，見壹·三·2。

【2】陳大猷《書傳》："爽明國事，實由哲人。'爽邦'猶言通達國體也。"此説可擇從。大抵謂治好國事須由哲人。

【3】"十人"，向多説爲即上文民獻之"十夫"。但此文以"爾時"與"今"對言，以"十人"屬爾時，分明以"十夫"屬今，則人數雖同而非一時事。故蔡沈《集傳》云："言昔武王之明大命於邦皆由明智之士，亦惟亂臣十人蹈知天命……以克商受。爾於是時不敢違越武王法制，憚於征役，矧今武王死……首大難之四國大近相攻於其室，事危勢迫如此，爾乃以爲不可征，爾亦不知天命之不可違越矣。"就文勢論，蔡説爲長，此"十人"當如《君奭篇》所舉的虢叔、閎夭、散宜生、泰顚、南宫括等，即《論語》及戰國《太誓》之"亂臣十人"（《左》昭二十四年《傳》引）。姚永樸《誼略》："案《逸周書》：'武王克殷，毛叔鄭奉明水，衞叔傅禮'，又云：'命衞叔出百姓之囚'，《史記》：'弟叔振鐸奉陳常車，衞康叔封布兹'，時康叔年少，已親其役，知當日十人皆有力焉，故追言前事，亦惟此十人迪知天命也。"按

汪中《釋三九》説明古人往往以三與九爲虛數，較多的言"三"，甚多的言"九"。此篇"十夫"與"十人"恐也是虛數，不是恰恰各有十個人，而是相當於現在所説的"一群人"。

【4】王引之《釋詞》："'迪'，詞之'用'也……《大誥》曰：'亦惟十人迪知上帝命'，言惟此十人用知上帝命也。"吴汝綸《書故》："《立政》'迪知'與'忱恂'對文……迪知者，誠知也。"

【5】"亦惟"至"匪忱"十三字當作一句讀，以"十人"爲主詞，"迪知"爲動詞，"越"爲連繫詞。董鼎《纂疏》："亦惟此十人深知帝命及天之匪忱"，其説是。這十個人既能知上帝命，那麼這個"天棐忱"就不能解作"天不可信"，而只該解作"人們不可無條件地依賴天"，因爲真知上帝命的人一定像文王這樣努力地取得勝利，不能説我已得到天命，就可以一切任天了。

【6】"易"，變也，改也。"定"爲天的定命，見壹·五·4。王鳴盛《後案》："下文'爾亦不知天命不易'，'不易'即'定'也。"按莽《誥》作"爾不得易定法"，"定"與"法"兩字並存，蓋亦如"民獻儀"之例。

【7】"戾"亦爲"定"，見壹·五·5。按《魏三體石經·多士篇》"戾"作"犾"，從立，從犬。如此爲會意字，則"立"與"定"義亦近。吴汝綸《書故》："'降戾'者，下定也。"案蔡《傳》以"降戾"爲"降禍"，則與得吉卜適反，且在出征之際而出此言，如何可以振作士氣，故知"戾"字必是安定的意思。

【8】林之奇《全解》："'大艱人'，謂三監也。三監以兄弟手足之親挾武庚之叛，間釁王室，以是大近相伐於其室家之中。"除"大近"係誤釋"誕鄰"外，可從。

【9】《爾雅·釋詁》："'胥'，相也。"《詩·小雅·角弓》："兄弟昏姻，無胥遠矣"，鄭《箋》同。

【10】劉逢禄《集解》："言三監同謀，欲代我室，正天之黜殷命而使之自伐也。"按此文既言"厥室"，知即指叛者之家。

【11】吴汝綸《書故》："'亦'，猶'乃'也。《無逸》：'乃不知稼穡之艱難'，宋刻本'乃'作'亦'。《康誥》'時乃不可殺'，《潛夫論》'乃'作'亦'……言爾乃不知天命之不可變易乎。"

【12】孔穎達《正義》："汝……亦不可知天命之不可變易也"，訓"不易"爲"不變"。楊筠如《覈詁》："'不易'謂不可常也。《詩·文王》：'宜鑒于殷，駿命不易'……《敬之》：'天維顯思，命不易哉'，皆言其難恃耳。"這話初看似是，但細想正當出師之際就説這樣的洩氣話，與蔡《傳》

釋"今天降戾"爲降災同樣的不對頭，故維持《正義》舊說。

〔十二〕予永念曰天惟喪殷若稽夫【1】予害敢不終朕畝天亦惟休于前文人予害其極卜【2】敢弗于從率【3】文人有旨【4】疆土矧今卜并吉肆【5】朕誕【6】以爾東征天命不僣卜陳惟若茲【7】

【1】《僞孔傳》："稼穡之夫除草養苗，我長念天亡殷惡主亦猶是矣。"

【2】"極卜"和上文"極卒"兩"極"字同義，亟也。戴鈞衡《補商》："言我可以亟於求卜耶。"

【3】按"于"，往也，釋見前。"從"，順也，見《禮記·樂記》"率神而從天"鄭《注》。"順"，循也，見《淮南·時則》"順彼遠方"高《注》。"循"，遵也，見《楚辭·天問》"昏微遵迹"王《注》。是"從""順""循""遵"四字同義。"率"，據王引之《釋詞》有"用也"及"語助也"兩訓，其語助條引《湯誓》的"夏王率遏衆力"及《君奭》的"率惟茲有陳"爲例。此篇"率"字亦爲語助詞，自"敢弗"至"疆土"十一字爲句，其義爲"不敢不往遵守文王所留的疆土"，即謂抗拒殷人的侵略。後人因讀《顧命篇》的"率循大卞"語，誤認"率"爲"循"義，而不知真爲"循"義的乃是"從"，"率"固無義也。

【4】于省吾《新證》："按'指''稽'古通……《管子·君臣》：'是以令出而不稽'，注：'稽'，留也。'率寧人有指疆土'者，率循文人有留之疆土也。《盂鼎》：'𩁹我其遹省先王受民受疆土'，《宗周鐘》：'王肇遹省文、武勤疆土'，語例略同。"按于氏於"率循"語猶因舊說，應改。

【5】王引之《釋詞》："《爾雅》曰：''肆'，故也。'《書·大誥》曰：'肆朕誕以爾東征'……王莽仿《大誥》作'故予大以爾東征'。"

【6】王引之《釋詞》："'誕'，句中助詞也，《書·大誥》曰'肆朕誕以爾東征'是也。說者訓爲'大'，亦失之。"

【7】吳汝綸《書故》："薛綜《東京賦注》：'"惟"，有也。'《齊語》：'相陳以功'，注：'陳，示也'……卜陳惟若茲者，兆示有如此也。"

叁　章句及注音

大誥　　　　　　　　　　　　　　　　　　　　　　　　周書四

〔一〕王若曰："大誥猷爾多邦越爾御事：弗弔【1】天降割于我家，不少延。

洪惟我幼冲人嗣無疆大歷【2】服，弗造哲，迪民康，矧曰其有能格【3】知天命！

　　本節説明周武王逝世的不幸和自己不能好好處理國家大事的苦悶。
　　【1】shú　　【2】lì　　【3】xiá

〔二〕"已！予惟小子若涉淵水，予惟往求朕攸濟。敷賁【1】，敷前人受命，兹不忘大功；予不敢于閉。

　　本節説明困難必須克服和克服困難的兩項方法（敷賁，敷前人受命）。
　　【1】fén

〔三〕"天降威，用文王遺我大寶龜紹天明，即命曰：'有大艱于西土，西土人亦不靜，越兹蠢。殷小腆【1】，誕敢紀其叙；天降威，知我國有疵，民不康，曰："予復！"反鄙我周邦。今蠢，今翼。日民獻有十夫予翼，以于敉【2】文、武圖功。我有大事！'休，朕卜并吉！

　　本節叙述禱天卜問之辭和所得卜兆的吉利。
　　【1】tiǎn　　【2】mí

〔四〕"肆予告我有邦君越尹氏、庶士、御事曰：予得吉卜，予惟以爾庶邦于伐殷逋【1】播臣！

　　本節堅決地發出興師東征的動員令。
　　【1】bū

〔五〕"爾庶邦君越庶士、御事罔不反曰：'艱大，民不靜，亦惟在王宫、邦君室，越予小子考翼，不可征。王害【1】不違卜？'

　　本節叙述邦君、御事們對於出兵的兩項顧慮（艱大、考翼不可征）。
　　【1】hé，下"害"字均同。

〔六〕"肆予冲人永思艱，曰：烏虖！允蠢，鰥寡哀哉！予造天及遭，投大艱于朕身。越予冲人不卬【1】自邮，義爾邦君越爾多士、尹氏、御事綏予曰：'無

— 35 —

毖【2】于邮！不可不成乃文考圖功！'

　　本節叙述自己爲國爲民的苦痛心情，並責備邦君、御事們應當幫助自己提高警惕。
　　【1】áng　【2】bì

〔七〕"已！予惟小子不敢僭上帝命。天休于文王，興我小邦周。文王惟卜用，克綏受兹命。今天其相民，矧亦惟卜用。烏虖，天明威，弼我丕丕基！"

　　本節舉出文王用了占卜得受天命的事實，證明現在又得吉卜，必然得到天的幫助，邦君們應當畏天以輔成我的基業。

〔八〕王曰："爾惟舊人，爾丕克遠省？爾知文王若勤哉？天毖我成功所，予不敢不極卒文王圖事。肆予大化誘我有邦君：天匪忱辞【1】，其考我民，予害其不于前文人圖功攸終？天亦惟用勤毖我民，若有疾，予害敢不于前文人攸受休畢！"

　　本節責備舊人們不該不想着文王時的艱苦情況和當前的天意，必該和自己一起去完成文王所没有做完的功業。
　　【1】yí

〔九〕王曰："若昔朕其逝，朕言艱日思。若考作室，既厎【1】法，厥子乃弗肯堂，矧肯構；厥考翼其肯曰：'予有後，弗棄基'？厥父菑【2】，厥子乃弗肯播，矧肯穫；厥考翼其肯曰：'予有後，弗棄基'？肆予害敢不越卬敉文王大命！

　　本節用了造物和耕田兩個比喻，舉出不可不完成文王未竟之功的道理。
　　【1】zhǐ　【2】zī

〔十〕"若兄考，乃友伐厥子，民養其觀弗救？"

　　本節説王室遭殃時人們不該持袖手旁觀的態度。

〔十一〕王曰："烏虖！肆我告爾庶邦君越爾御事：爽【1】邦由哲，亦惟十人迪知上帝命越天匪忱，爾時罔敢易定。矧今天降戾于周邦，惟大艱人誕以胥伐于厥室，爾亦不知天命不易！

　　本節再述文王時得人之盛和天命的有定，提醒邦君、御事們，認識現在的情況也正是這樣。
　　【1】此字本作"爽"，今尚不識，無從定音姑讀爲 ghuǎng。

〔十二〕"予永念曰：天惟喪殷，若穡夫，予害敢不終朕畝！天亦惟休于前文人。予害其極卜？敢弗于從率文人有旨疆土；矧今卜并吉。肆朕誕以爾東征！天命不僭，卜陳惟若兹！"

　　本節總結東征的幾個原因（天喪殷、天休文王、守疆土、卜并吉），說明戰事的必然勝利，根本駁斥了"害不違卜"的失敗主義者。

肆　今語譯文

大誥　　　　　　　　　　　　　　　　　　　　周書四

〔一〕周王說道："我現在鄭重地向你們許多國君和管理政事的官員們【1】講一番話：那個嚴厲的天給我們王家降下了許多災難，沒有停歇過。我繼承了這份廣大無邊的人民和疆土兩項產業，只爲沒有找着本領高強的輔佐，來不及提高我們人民的生活到安樂的境地，我怎可以説我自己已經遥遠地認識了天命呢！

　　【1】案本篇中，周王講話的對象，第一節說"爾多邦越爾御事"，第四節說"我有邦君越尹氏、庶士、御事"，第五節說"爾庶邦君越庶士、御事"，第六節說"爾邦君越爾多士、尹氏、御事"，第十一節說"爾庶邦君越爾御事"，除"多邦"（庶邦）和"御事"必有外，"尹氏"和"庶士"（多士）則或提或不提，但這四種人都在那裏聽王的講話則是無疑的。現在覺得，我們不能太拘泥了文字來翻譯，所以"尹氏、庶士、御事"總譯爲"管理政事的官員們"或"大大小小的官員們"。

〔二〕"唉！我好像一個站在岸邊準備渡過深川的人，我必須尋求怎樣才可以渡過去的方法。因此，我應當把大龜的證據舉出來，再把我們先王接受天命的道理講出來，這樣才可以不失掉先王建立起來的大功；我是一定不敢把這些重要事情掩藏着的。

〔三〕"自從上天降下了威嚴,我就用了文王傳給我們的大寶龜來接受上天的命令,我禱告說:'有很大的困難落到我們西方來,就是由西方派出的人們現在也不安靜,我們的敵人是這般地蠢動起來了。殷邦剛剛恢復了一點力量,竟敢重新理起他們早已失掉的權勢。在您向我王家降下威嚴的時候,他們知道我們國內有病痛,人民也不安樂,誇口道:"我們光復舊業的機會到了!"他們還想把我們周邦作爲他們的附屬地。自從殷人蠢動之後,有些國家也跟着他們鬧了起來。幸而近日在投降我們的人民裏跳出了十個豪傑來輔佐我們,得到他們的幫助,一同上前綫,必然可以完成文王和武王的功動。現在,我準備出兵了,問問您可以不可以【1】?'好呀,在我這回的占卜裏果然全都得到了吉兆!

【1】原文只有"我有大事"句,但這篇話是在占卜前禱告上帝之辭,必須有了詢問可否的話,語氣方能完足,故今補入這八字。

〔四〕"所以,我要告給我們的許多國君和各級官員們:我已經在上帝那裏得到了吉利的卜兆,我要帶着你們許多國家的軍隊去討伐那些殷商叛亂集團的亡命的奴才!

〔五〕"想不到在你們許多國君和各級官員裏倒有好些和我的意見相反的,這班人的意思是說:'事情是如此地艱難而嚴重,内部的人民又不安靜,並且這些亂子就出在我們王的宮裏和國君們的家裏,他們都是我們家族中的父兄輩,打不得的,王呀,您怎麼不違背了占卜?'

〔六〕"所以我爲了這個困難問題作了深深的思考,長長地歎了一口氣道:這個事變大大地震動了我們,使得我們人民流離失所,多悲哀呀!我不幸遭受了上天的譴責,把這樣艱苦的任務壓上了我的肩頭。如果我還不懂事,不爲這事而憂慮起來,我代你們許多國君和大大小小的官員們設想,你們必須該提醒我道:'您爲什麼不去仔細地考慮呢!您的先人文王的大功是不該不由您去完成的呀!'

〔七〕"唉!我決不敢不信上帝的命令。上天對於文王保護周至,才把我們小小的周邦興盛了起來。文王使用着占卜,所以會得接受這天命。現在我們再去使用占卜時,知道上天又要幫助我們人民了。啊,上天正在顯示它的威嚴,你們都該幫助我成就偉大的基業呀！"

〔八〕王接着説道："你們這些人當中，許多是我們先王的舊臣，你們爲什麽不能把過去的事情想一想？你們知道文王爲了國家是多麽地勤勞呀！現在上天已把成功的天命付給我了，我實在不敢不急速地完成文王的大事。所以我要懇切地對你們諸位國君説：上天並不是隨便信任我個人的，它爲的是要安定我們的人民。在這樣好的情況下【1】，我爲什麽不爲文王的功業爭取一個最後的勝利？現在，上天的意思又要勤勞我們的人民了【2】，我們國内好像忙於治好瘟疫似的，我哪敢不爲先王所受的上帝命令設想而堅決地除去了這個瘟病！"

【1】此八字增入。
【2】即指東征之事。

〔九〕王又説："像前面我對你們説的，我天天在考慮這件困難的工作，可是我知道我們不該爲困難所嚇倒。這可以把造屋作個比喻【1】。有一個父親想造屋子，他已經定好了規模，他的兒子連堆土打好堂基的事情都不肯做，哪裏會去搭柱裝椽；在這般情形下，他老人家難道還肯説一句'我有好兒子，他不會抛棄我的基業'的話嗎？再把種田來作比喻。要是有位父親已經翻好了土地，做兒子的連播種尚且不肯，更不必説去收穀子，到了這時，難道他老人家還肯説'我有好兒子，他不會抛棄我的基業'嗎？爲了這個類似的原因，所以我就不敢不趁在我的世裏把文王所受的大命好好地獲得一個結果。"

【1】爲了使得譯文的上下文可以連接起來，所以加上上面二十五字。下面種田一喻同。他處亦有增入，如"在這般情形下"等。譯者爲表達出語義，有時不能拘守文字小節，這是一例。

〔十〕王歎了一口氣，又説道："你們許多國君和管事的官員們應當知道：以前我們國家任用了本領高强的十位賢人治好了這個國家，他們都能認識上帝的旨意和天命的不可無限地依賴，那時他們都緊緊地守住了上帝的定命，所以我們會得興了起來【1】。到今天，上天又要把這定命降給我們周邦了【2】，那些發難造反的人必然會得自食惡果，眼看他們的家都打破了，難道你們不知道上帝的命令是改變不得的嗎？

【1】此十字增入。

【2】前文的天的定命是文王和武王的克殷，這時天再給周定命的證據，是（一）吉卜，（二）民獻有十夫。

〔十二〕"我現在經過了長久的考慮，可以對你們講：殷邦的喪亡原是上帝早已决定了的事，我們好像一群農夫，有一連串的農業工序等待着我們去做，我哪敢不把它做好呢！上天對於先文王是永遠懷着好感的，那就永遠會保佑我們【1】。再説，我爲什麽要趕快去占卜？那就爲了不敢不守住文王留遺下來的疆土；何況現在的占卜都得了吉兆，大家更可放心了【2】。所以我就要帶着你們軍隊向東方進軍了！天命是沒有不可信的，試看占卜上所表示的已是這般地清楚呵！"

【1】此九字增入。
【2】此七字增入。

收稿日期：2022 年 3 月

古籍校釋五則

安子毓

摘　要：《國語·周語下》"星與日辰之位"當作"星與晨之位"，因形近而致訛。《管子·四時》中央之"德"不當爲"土"，而應爲"歲"。其"氣"當爲"雨"，"雨"所生的元素爲"土"與"皮"。《呂氏春秋·季冬紀》"星迴于天"一句，"星"之所指當爲北斗。《史記·秦始皇本紀》所載秦始皇四年"十月庚寅"一句當作"七月庚寅"。《史記·秦本紀》所載秦莊襄王"四年"二字無誤，不當刪。秦孝文王實去世於秦昭襄王五十六年年底，未及入新年，秦莊襄王實在位四年。其後史官奪莊襄王元年予孝文王，遂使莊襄王紀年產生了兩種説法。

關鍵詞：國語　管子　五行　呂氏春秋　史記　理校法

一　《國語》校勘一則

《國語·周語下》云：

> 王曰："七律者何？"對曰："昔武王伐殷，歲在鶉火，月在天駟，日在析木之津，辰在斗柄，星在天黿。星與日辰之位，皆在北維。顓頊之所建也，帝嚳受之。我姬氏出自天黿，及析木者，有建星及牽牛焉，則我皇妣大姜之姪，伯陵之後，逄公之所憑神也。歲之所在，則我有周之分野也。月之所在，辰馬，農祥也，我大祖后稷之所經緯也。王欲合是五位三所而用之。自鶉及駟，七列也，南北之揆，七同也，凡人神以數合之，以聲昭之，數合神和，然後可同也。故以七同其數，而以律和其聲，於是乎有七律。①

---

① 徐元誥撰，王樹民、沈長雲點校：《國語集解》卷三《周語下》，中華書局2002年版，第123—126頁。

上述記載涉及武王伐紂年代，故學界多有研究。然而蹊蹺的是，一些學者在引用這段史料時，却將"星與日辰之位"一句引作"星與辰之位"。① 查諸前後文，可以發現，這些引文當非誤引，而係有意略去。

關於"辰"，韋昭注云：

> 辰，日月之會。斗柄，斗前也。②

其説與《漢書·律曆志》所載劉歆③之説略同，④ 釋"辰"爲"日月之會"，即朔日；至於"斗"，結合下文，是將其釋爲南斗，即二十八宿中的斗宿了。

然既稱"月在天駟，日在析木之津"，則二者並未相會，又何來"辰在斗柄"呢？《漢書·律曆志》云：

> 自文王受命而至此十三年，歲亦在鶉火，故《傳》曰："歲在鶉火，則我有周之分埜也。"師初發，以殷十一月戊子，日在析木箕七度，故《傳》曰："日在析木。"是夕也，月在房五度。房爲天駟，故《傳》曰："月在天駟。"後三日得周正月辛卯朔，合辰在斗前一度，斗柄也，故《傳》曰："辰在斗柄。"明日壬辰，晨星始見。癸巳武王始發，丙午還師，戊午度于孟津。孟津去周九百里，師行三十里，故三十一日而度。明日己未冬至，晨星與婺女伏，歷建星及牽牛，至於婺女天黿之首，故《傳》曰："星在天黿。"⑤

依此説，"歲在鶉火，月在天駟，日在析木之津"是武王發兵時的天象，而"辰在斗柄"則是數日之後的天象。此説爲韋昭注繼承，影響甚廣，今人之研究亦多受此説之影響。

---

① 江曉原、鈕衛星：《回天：武王伐紂與天文歷史年代學》，上海人民出版社 2000 年版，第 102 頁；黃榮武：《〈周易〉革卦中的武王伐紂日——"戊子"説質疑》，《北京化工大學學報》（社會科學版）2004 年第 3 期。
② 徐元誥撰，王樹民、沈長雲點校：《國語集解》卷三《周語下》，第 124 頁。
③ 《漢書·律曆志》云："至元始中王莽秉政，欲耀名譽，徵天下通知鐘律者百餘人，使羲和劉歆等典領條奏，言之最詳。故删其僞辭，取正義，著于篇。"《漢書·楚元王傳》云："太后留歆爲右曹太中大夫，遷中壘校尉，羲和，京兆尹，使治明堂辟雍，封紅休侯。典儒林史卜之官，考定律曆，著《三統曆譜》……劉氏《洪范論》發明《大傳》，著天人之應；《七略》剖判藝文，總百家之緒；《三統曆譜》考步日月五星之度。有意其推本之也。"是知《律曆志》之説當襲自劉歆。參見《漢書》卷二一上《律曆志上》、卷三六《楚元王傳》，中華書局 1962 年版，第 955、1972—1973 頁。
④ 參見《漢書》卷二一下《律曆志下》，第 1015—1016 頁。
⑤ 《漢書》卷二一下《律曆志下》，第 1015 頁。

依此,"星與日辰之位,皆在北維"一句中"日"的位置,可有兩解,然仔細析之,却皆難以成立:

其一,以"辰在斗柄"爲據,斗宿正屬於北宫,則其時"日"固在北維。然"辰"既已有"日月之會"之意,何必複言"日"字?若必求全,"月"字爲何又被遺漏?行文如此,實在不知所謂。

其二,以"日在析木之津"爲據,"日"之位當在"析木"。韋昭注云:

> 析木,次名,從尾十度至南斗十一度爲析木,其間爲漢津。謂戊子日宿箕七度也。①

《漢書·律曆志》之解釋與此略同。② 依此,析木對應尾宿的一部分、箕宿全部以及斗宿的一部分。這三個星宿中,尾、箕兩宿皆屬東宫蒼龍,只有斗宿屬於北宫玄武而已,以此將"析木"視爲"北維"未免牽強過甚。若依上引韋昭注,"日"的精確位置爲"箕七度"的話,更是和"北維"毫無半分的關係了。

綜上,此句中"日"字實難索解,而所謂"星與日辰之位"的"與"字位置又不合一般表達習慣,是知此處"日"字當有訛誤。

筆者以爲,此誤當因形近所致。"辰"與"晨"在先秦時本相通假,《詩·齊風·東方未明》有云:

> 不能辰夜,不夙則莫。③

相關研究者指出,此句中"辰"與"晨"通。④ 類似的用法在《漢書》中亦存在。上引《漢書·律曆志》對"星在天黿"的解釋云:

> 己未冬至,晨星與婺女伏,歷建星及牽牛,至於婺女天黿之首,故《傳》曰:"星在天黿。"⑤

顏師古注云"晨,古晨字也"。

---

① 徐元誥撰,王樹民、沈長雲點校:《國語集解》卷三《周語下》,第 123—124 頁。
② 《漢書》卷二一下《律曆志下》,第 1006 頁。
③ 程俊英、蔣見元:《詩經注析》,中華書局 1991 年版,第 273 頁。
④ 參見程俊英、蔣見元《詩經注析》,第 273 頁;《辭源》,商務印書館 1998 年版,第 3049 頁。
⑤ 《漢書》卷二一下《律曆志下》,第 1015 頁。

同樣對於"星在天黿"一句，韋昭注云：

> 星，辰星也……己未晦，冬至，辰星與須女伏天黿之首也。①

"須女"即"婺女"，亦即二十八宿之女宿，此句與《漢書》所述顯爲同一天象。是知所謂"晨星"，實即"辰星"，即水星。

綜上，可知辰、晨二字當可互通。其原文應爲"星與晨"，傳抄時誤將"晨"字拆爲"日辰"二字耳——此誤並非孤例，傳世《戰國策》將"觸龍"誤爲"觸讋"，其致誤之因與此極類。② 是知《國語》此句原文當作"星與辰之位，皆在北維"，"日"字實爲錯衍。

二　《管子》校勘一則

《管子·四時》云：

> 南方曰日，其時曰夏，其氣曰陽。陽生火與氣，其德施舍修樂。其事號令，賞賜賦爵，受禄順鄉，謹修神祀，量功賞賢，以動陽氣。九暑乃至，時雨乃降，五穀百果乃登，此謂日德。
>
> 中央曰土，土德實輔四時，入出以風雨。節土益力，土生皮肌膚，其德和平用均，中正無私，實輔四時。春嬴育，夏養長，秋聚收，冬閉藏。大寒乃極，國家乃昌，四方乃服，此謂歲德。
>
> 日掌賞，賞爲暑。
>
> 歲掌和，和爲雨。
>
> 夏行春政則風，行秋政則水，行冬政則落……夏雨乃至也。③

《四時》這段文字中，"中央曰土"一節有竄誤。清人張文虎指出：

> 此節不當錯出於此，當在下文"夏雨乃至也"下。

近人許維遹亦云：

---

① 徐元誥撰，王樹民、沈長雲點校：《國語集解》卷三《周語下》，第124頁。
② 參見裘錫圭《〈戰國策〉"觸讋說趙太后"章中的錯字》，《文史》第15輯。
③ 黎翔鳳：《管子校注》第四十篇《四時》，中華書局2004年版，第846—847頁。段落爲筆者所分。

張説近是。惟"中央曰土"至"歲掌和和爲雨"當在夏末秋前"夏雨乃至也"下,"日掌賞賞爲暑"本在"此謂日德"下,今本錯亂……今本《管子》"中央曰土"一節蓋有脱文,校者無所附麗,遂移在日德下,則與"日掌賞賞爲暑"隔間,其錯亂痕跡,可推知矣。①

黎翔鳳《管子校注》却不同意此觀點:

春秋冬三季皆先言德而後言掌。土輔四時而事無所掌,係於日德之後,其義至當。蓋土必言歲德,置在日掌之前。若係於夏末秋初,必在"夏雨乃至也"之後,於德置於掌前不一律也。不細思考,逞其臆説,謬矣。②

按張、許二人所言甚是,然其注意力僅放在"中央曰土"一段文字之位置,對文字細節之竄誤未加措意,以致黎先生猶有此誤。

表1　　　　　　　　今本《管子·四時》各元素對應關係

東方曰星	其時曰春	其氣曰風	風生木與骨	此謂星德	星掌發	發爲風
南方曰日	其時曰夏	其氣曰陽	陽生火與氣	此謂日德	日掌賞	賞爲暑
中央曰土	土德實輔四時		土生皮肌膚	此謂歲德	歲掌和	和爲雨
西方曰辰	其時曰秋	其氣曰陰	陰生金與甲	此謂辰德	辰掌收	收爲陰
北方曰月	其時曰冬	其氣曰寒	寒生水與血	此謂月德	月掌罰	罰爲寒

依張、許之説,試列本篇各節關鍵元素如表1。此篇中,東、南、西、北對應的四德分别爲星德、日德、辰德、月德,而木、火、金、水四行則分别爲此四德對應之"氣"所派生。而"中央曰土"一節將"土"直接配與中央,又稱爲"土德",與其他四節頗不協調。其後"土生皮肌膚"一句亦與其他幾節"風生木與骨""寒生水與血"等語不類,而"皮"與"肌膚"又形成了重複。察之後文,又有"此謂歲德……歲掌和,和爲雨"一句,與其他各節"此謂星德。星掌發,發爲風""此謂辰德。辰掌收,收爲陰""此謂月德。月掌罰,罰爲寒"等語遥相呼應,而"風""陰"與"寒"正是"東""西"與"北"對應的"氣","星""辰""月"則是"東""西"與"北"對應的"德"。由此可見,中央所對應的

---

① 以上張、許兩説見《郭沫若全集》歷史編第七卷《管子集校(三)》,人民出版社1985年版,第16—17頁。
② 黎翔鳳:《管子校注》第四十篇《四時》,第849頁。

"德"當爲"歲",其德對應的"氣"當爲"雨"。可知此節原文本當爲"中央曰歲","歲德實輔四時入出","其氣曰雨","雨生土與皮"。①

"歲"所指當爲歲星,即木星,其公轉週期大約是十二年,先秦時代的曆算家曾以其在天球面的位置紀年,故名歲星。中央之德既不固定配於某個季節,而是"輔四時入出",故以紀年之星配之,甚爲恰當。

將日、月、星、辰、歲並稱的情況在另一部先秦典籍裏可以得到印證。上節所引《國語·周語下》即云:

歲在鶉火,月在天駟,日在析木之津,辰在斗柄,星在天黿。②

此處所列的五個紀時天體,恰爲日、月、星、辰、歲,與《管子》此文若合符契,足見這五個天體在先秦受重視之廣泛。可見中央之德確爲"歲德",黎先生所謂"土輔四時而事無所掌"實爲誤解,未足爲訓。

此外,"南方曰日"一節中,"其氣曰陽,陽生火與氣"一句與後文"此謂日德。日掌賞,賞爲暑"一句亦存在矛盾。依照其他幾節之例,"暑"當爲南方之"氣",然獨此節另定其氣爲"陽"。此外,從體系來看此節亦頗爲不倫,"陽"既爲"氣"的一種,又何以能生"氣"?若南方之"氣"爲"陽",則與西方之"陰"氣對應;若南方之氣爲"暑",則與北方之"寒"氣對應。按照一般習慣來看,似以南北相對爲是。若如此,秋之"陰"氣却又缺了對應的"陽"氣,再考慮到夏與秋、南與西本不相對,則秋之"陰"氣亦有竄亂之嫌。材料既乏,此問題亦無可深究,然其間必存在訛誤當無疑問。

綜上,試列校勘後各元素如表2。

表2　　　　　　　　校勘後《管子·四時》各元素對應

東方曰星	其時曰春	其氣曰風	風生木與骨	此謂星德	星掌發	發爲風
南方曰日	其時曰夏	其氣曰暑	暑生火與?③	此謂日德	日掌賞	賞爲暑
中央曰歲	歲德實輔四時	其氣曰雨	雨生土與皮	此謂歲德	歲掌和	和爲雨
西方曰辰	其時曰秋	其氣曰?	?生金與甲	此謂辰德	辰掌收	收爲?④
北方曰月	其時曰冬	其氣曰寒	寒生水與血	此謂月德	月掌罰	罰爲寒

① "肌膚"當爲注文衍入正文。
② 徐元誥撰,王樹民、沈長雲點校:《國語集解》卷三《周語下》,第123頁。
③ 或當爲"肉"。此處對應的當爲動物身體的某一組成部分,幾個重要組成部分中,"肉"尚未被列入,且與北方之"血"有對應關係。
④ 以上三處對應的當係某一常見自然現象,或當爲"雲"。氣流移動則風起,氣流靜止則雲易生,風吹則雲散,恰爲一對矛盾。以"發"對"風",以"收"對"雲",似亦有一定合理性。

三　《吕氏春秋》考释一则

《吕氏春秋·季冬纪》云：

> 是月也，日穷于次，月穷于纪，星迥于天，数将几终，岁将更始。①

关于"星迥於天"一句，其所指爲何，並不明朗。舊注或云：

> 日有常行，行於中道，五星随之，故曰"星迥于天"也。②

此说当以盖天说"七衡六间"爲言，③ 其思想亦可见於《吕氏春秋》：

> 极星與天俱遊，而天极不移。冬至日行遠道，周行四极，命曰玄明。夏至日行近道，乃参于上。當樞之下無畫夜。④

依此注，所謂"行於中道"當即春分。然此天象在白天固可靠立表测影得出，對夜晚五行却並無明顯徵兆，難以如此解釋。况所謂"五星"，即五大行星，其在天球面的位置並不固定，更不會以年爲單位回歸原位，何談"星迥于天"？或云：

> 星迥于天，謂二十八宿更見于南方，是月迥于牽牛，故曰"星迥于天"也。⑤

然二十八宿一般皆以角宿爲首，此以"迥于牽牛"爲終，實不免牽强附會。

按，揣此句之句意，是指一年到了歲尾，各項計時天體回歸原位，重新開始

---

① 許維遹撰，梁運華整理：《吕氏春秋集釋》卷一二《季冬紀第十二》之《一曰季冬紀》，中華書局2009年版，第260頁。
② 許維遹撰，梁運華整理：《吕氏春秋集釋》卷一二《季冬紀第十二》之《一曰季冬紀》，第260頁。
③ 在《周髀算經》所載的傳世蓋天說中，有一張著名的"七衡六間圖"。這張圖以北極爲圓心，畫了七個同心圓，象徵太陽的運行軌迹。其中，第一、四、七圓分別象徵夏至、春分秋分、冬至的太陽運行軌迹，可分別名爲內衡、中衡、外衡。這張圖表示了"蓋天說"對太陽運行的理解：太陽以北天極爲軸作圓周運動，夏至日接近北天極，繞小圓做運動，冬至日則遠離北天極，繞大圓作運動。
④ 許維遹撰，梁運華整理：《吕氏春秋集釋》卷一三《有始覽第一》之《一曰有始覽》，第281—283頁。
⑤ 許維遹撰，梁運華整理：《吕氏春秋集釋》卷一二《季冬紀第十二》之《一曰季冬紀》，第260頁。

新的一年。除日、月以外，先秦時代重要的計時天體還有歲星、大火星與北斗，"星"之所指，不外乎此三者。

如前文所述，歲星亦即木星在先秦是用來紀年的天體，十二年左右方返回原位，自當不是年終時"星迴于天"之所指。

大火星，又名心宿二，即天蝎座α星，也是先秦時一個重要的計時天體，《詩經》有云：

> 七月流火，九月授衣。①

《左傳》有云：

> 陶唐氏之火正閼伯居商丘，祀大火，而火紀時焉。②

關於大火星所紀之歲首尚有爭議，然或言在大火星於黃昏初現的春夏之交，③或言在大火星偕日而出的秋冬之際，④並無以冬春之際作爲歲首之説法。

排除上述二者，重要計時天體便只剩北斗了。先秦時，不但以北斗指示方位，亦以之計時，以初昏時北斗斗柄指向區分一年四季。是以《鶡冠子·環流》云：

> 斗柄東指，天下皆春；斗柄南指，天下皆夏；斗柄西指，天下皆秋；斗柄北指，天下皆冬。⑤

北斗臨近北天極，處於恒顯圈内，四季可見，其斗柄像一個巨大的指針一樣，初昏時的位置隨天而轉，指示四季，至年終時回復原位，與"星迴于天"四字恰相切合。今西南諸多少數民族所過的火把節又名"星迴節"，即以北斗指向爲言，⑥正可與《吕氏春秋》此記載相印證。是知所謂"星迴于天"，與五星、二十八宿無涉，實當指北斗而言。

---

① 程俊英、蔣見元：《詩經注析》之《豳風·七月》，中華書局1991年版，第407頁。
② 楊伯峻編著：《春秋左傳注·襄公九年》，中華書局2009年版，第964頁。
③ 龐樸：《火曆鈎沉——一個遺失已久的古曆之發現》，《中國文化》1989年第1期；王小盾：《火曆論衡》，《中國文化》1991年第2期。
④ 馮時：《殷代農季與殷曆曆年》，《中國農史》1993年第1期。
⑤ 黄懷信：《鶡冠子彙校集注》卷上《環流第五》，中華書局2004年版，第76頁。
⑥ 張君：《六月六、伏日與星迴節——源於北斗和大火星神崇拜的三個古代節日》，《安徽史學》1992年第4期。

四 《史記·秦始皇本紀》校勘一則

《史記·秦始皇本紀》云：

> （秦始皇）四年，拔畼、有詭。三月，軍罷。秦質子歸自趙，趙太子出歸國。十月庚寅，蝗蟲從東方來，蔽天。天下疫。百姓内粟千石，拜爵一級。①

然查《六國年表》，是年秦國紀事爲：

> 七月，蝗蔽天下。百姓納粟千石，拜爵一級。②

梁玉繩《史記志疑》云：

> 表作"七月"是也。《史詮》曰："今本'七'作'十'，誤"。③

按，西漢隸書中"七"字的寫法與"十"非常相似，極易混淆。由此形近問題造成的訛誤，在古籍中不勝枚舉，今人對此已有不少研究，④ 而其中以陳勱燎先生的《"七""十"考》對"七""十"寫法之演變總結最詳。

然"七""十"形近僅爲訛誤之原因，紀、表孰是孰非尚難依此決斷。⑤ 梁玉繩既未細述理由，而十月之蝗災精確到日，看起來似精確至極，無可懷疑，是以張文虎金陵書局本、中華書局 1959 年標點本、2013 年修訂本皆未采梁說，仍書爲"十月"。

"七月""十月"雖只一字之爭，實則關乎當時的曆法問題。關於秦統一六國

---

① 《史記》卷六《秦始皇本紀》，中華書局 1959 年版，第 224 頁。
② 《史記》卷一五《六國年表》，第 751 頁。
③ （清）梁玉繩：《史記志疑》卷五《始皇本紀第六》，中華書局 1981 年版，第 168 頁。
④ 陳勱燎：《古文獻論叢》之《"七""十"考》，巴蜀書社 1990 年版；陳直：《漢書新證》之《張陳王周傳第十》，中華書局 2008 年版，第 256 頁；曾維華：《王陵卒年考》，《中國史研究》1994 年第 1 期；鄭慧生：《"七""十"互訛之疑團》；黃文傑：《"七""十"辨》，載黃文傑《秦至漢初簡帛文字研究》，商務印書館 2008 年版，第 135—136 頁；鄒維一、曾維華：《〈史記〉〈漢書〉"七""十"互誤考四則》，《中國典籍與文化》2011 年第 4 期。
⑤ 陳勱燎等先生指出，就訛誤比例而言，以"七"誤爲"十"的情況較爲普遍。但相反情況亦所在多有，故難以此作爲確據。參見陳勱燎《"七""十"考》；鄒維一、曾維華《〈史記〉〈漢書〉"七""十"互誤考四則》，《中國典籍與文化》2011 年第 4 期。

— 49 —

前的曆法，有夏曆、顓頊曆兩説。傳統上，許多學者以秦始皇二十六年統一六國後"改年始，朝賀皆自十月朔"的記載爲據，認爲秦廷從此時才開始採用以十月爲歲首的顓頊曆，之前所用爲夏曆。但近現代以來，根據傳世與出土文獻，[①] 絶大部分曆法專家皆認爲秦統一之前已採用顓頊曆。[②]

顓頊曆既以十月爲歲首，而此段記載前文已云"三月"，故此處若爲"十月庚寅"，其所行曆法只能是夏曆，而非顓頊曆。是以陳勳燎先生以"十月"不符顓頊曆爲由，指出此記載有誤。[③]

此外，以物候常識思之，亦不難發現本紀記載之不確。蝗蟲性喜温熱，又需以農作物爲食，故其爲災多在夏秋之間。而對於地處黄河流域的關中地區而言，十月已是初冬，天氣已趨於寒冷，[④] 作物已收穫完畢，[⑤] 飛蝗在此之前多已死亡殆盡。其間雖有三五異種能以成蟲越冬，然不過蟄伏於岩穴之中避寒而已，[⑥] 焉能成群？退一步來講，即便蝗蟲果真成群，對農事亦無半分侵害，又何須行納粟拜爵之事呢？[⑦]

是知《秦始皇本紀》所謂"十月庚寅"實爲"七月庚寅"之訛，梁氏所言甚是。[⑧]

五　《史記·秦本紀》校釋一則

《史記·秦本紀》云：

[①] 如睡虎地秦簡云："（昭王）五十六年，後九月，昭死。"睡虎地秦墓竹簡整理小組：《睡虎地秦墓竹簡》（平裝本）之《編年記》，文物出版社1978年版，第6頁。

[②] 參見張培瑜《三千五百年曆日天象》，大象出版社1997年版；朱桂昌《顓頊日曆表》，中華書局2012年版；王雙懷《中華通曆·秦漢》，陝西師範大學出版社2018年版。

[③] 陳勳燎：《古文獻論叢》，第36頁。

[④] 查諸張培瑜《三千五百年曆日》，秦始皇四年顓頊曆"十月庚寅"在公元前244年11月30日，夏曆"十月庚寅"在公元前243年11月26日，氣候皆已趨於嚴寒。

[⑤] 古今氣候雖略有差異，但作物收穫時間的變動並不太大。如《吕氏春秋》云"季秋之月……農事備收"（許維遹撰，梁運華整理：《吕氏春秋集釋》，第194—195頁）；《説文解字》云："禾，嘉穀也，二月始生，八月而孰。"（湯可敬：《説文解字今釋》卷二《草部》，嶽麓書社1997年版，第948頁）

[⑥] 《中國動物志·昆蟲綱》第四卷，科學出版社1994年版，第84—88頁；王振莊：《在河北省以成蟲越冬的四種蝗蟲》，《河北農學報》1984年第2期。

[⑦] 與此類似，《左傳》中亦記載了孔子以天象、物候判定當時的曆法有誤："冬，十二月，螽。季孫問諸仲尼，仲尼曰：'丘聞之，火伏而後蟄者畢。今火猶西流，司曆過也。'"按，時魯曆建子，其十二月即當夏曆、顓頊曆十月。是以杜預注云"周十二月，今十月，是歲應閏，而失不置。雖書十二月，實爲之九月。司曆誤一月。九月之初尚温，故得有螽。"按，魯哀公十年當置閏，應是曆官錯過此次置閏而導致月份錯位。參見《左傳·哀公十二年》，上海古籍出版社2016年版，第1025、1027頁；張培瑜《三千五百年曆日》。

[⑧] 查諸張培瑜《三千五百年曆日》，是年夏曆七月朔日爲"丙辰"，是月無"庚寅"。而顓頊曆七月以"丁亥"爲朔日，初四爲"庚寅"，正合本紀所載之干支。

> 莊襄王……三年，蒙驁攻魏高都、汲，拔之。攻趙榆次、新城、狼孟，取三十七城。四月日食。王齕攻上黨。初置太原郡。魏將無忌率五國兵擊秦，秦却於河外。蒙驁敗，解而去。五月丙午，莊襄王卒，子政立，是爲秦始皇帝。①

按此，蒙驁攻魏、王齕攻上黨、信陵君擊秦等事皆發生在莊襄王在位的最後一年。但是，在中華書局1959年版《史記》所據金陵書局底本及其他諸多傳統版本中，"四月日食"與"王齕攻上黨"兩句之間却有"四年"二字。若依此記載，莊襄王在位紀年當爲四年，上引諸事並不發生在同一年。

然梁玉繩《史記志疑》云：

> 莊襄無四年，此乃"三年"之誤。②

張文虎《校刊史記集解索隱正義札記》則云：

> 王齕攻上黨，《六國表》書在三年，不誤。此"四年"二字，涉上四月而衍，觀下文五月即接上文四月，其證也。三年上已書，何必復出。③

據此，中華書局1959年標點本《史記》删"四年"二字，2013年修訂本《史記》亦云"'四年'二字疑衍"。④按《秦始皇本紀》贊語後所附秦世系云：

> 莊襄王享國三年。⑤

《六國年表》莊襄王在位亦爲三年。此外，如修訂本《史記》校勘記所舉，⑥《睡虎地秦簡·編年紀》亦云：

> 莊王三年，莊王死。⑦

---

① 《史記》卷五《秦本紀》，第219—220頁。
② ［清］梁玉繩：《史記志疑》卷四《秦本紀第五》，第162頁。
③ 張文虎：《校刊史記集解索隱正義札記》，中華書局1977年版，第67頁。
④ 《史記》（點校本二十四史修訂本）卷五《秦本紀》，中華書局2013年版，第283頁，校勘記。
⑤ 《史記》卷六《秦始皇本紀》，第289頁。
⑥ 《史記》（點校本二十四史修訂本）卷五《秦本紀》，第283頁，校勘記。
⑦ 睡虎地秦墓竹簡整理小組：《睡虎地秦墓竹簡》（平裝本）之《編年紀》，第6頁。

這樣看來，莊襄王在位確爲三年，《秦本紀》中似確衍"四年"二字。但錢穆先生《先秦諸子繫年》却提出了另一種解釋：

  孝文王……前後三日而卒，莊襄王處此變例，雖非弑君自立之比，而即以是年稱元，不復以先王三日之位，而虛一年之號，亦自在情理之中。《秦本紀》據當時變禮實況計之，故爲四年；始皇紀及年表依常例，仍定孝文王在位一年，則莊襄王自祇三年也。①

  按，錢氏此論甚通達，但論據尚嫌不足，故未引起學界相應的重視。事實上，仔細比對《史記》相關文字，是不難發現這一修改端倪的。如前所引張文虎語，《六國年表》中，秦莊襄王紀年爲三年。《年表》孝文王元年與莊襄王元年紀事與《秦本紀》相類，依此，似乎《秦本紀》所載"四年"二字確實爲衍。然細察下來，却非如此。依《年表》記載，蒙驁擊趙得三十七城一事在秦莊襄王二年亦即公元前248年，王齕攻上党一事在秦莊襄王三年亦即公元前247年。若刪"四年"二字，則《秦本紀》將此二事皆繫在同一年，即公元前247年，與《年表》不符。如若不刪，則二事分列莊襄王在位最後兩年，雖因紀年方法不同看似與年表有異，實則其所指同爲公元前248年、公元前247年，本質上是完全相符的。

  這樣看來，秦莊襄王元年之紀事自當以傳統版本的《秦本紀》爲准，在公元前250年，《年表》在修改紀年方式時誤將此紀事推後一年至公元前249年，而公元前250年則作爲孝文王元年存在且無事可記，這在戰國末期的多事之秋是頗爲少見的。

  如果說上述論斷尚缺確據的話，下述天文證據當可使此說成爲定讞。

  如上所述，無論"四年"二字存刪與否，"四月日食"一事均發生在莊襄王三年。若依今本刪"四年"二字，則莊襄王三年爲其在位最後一年，當公元前247年。但根據張培瑜先生《三千五百年曆日》所列日食表，是年四月並無日食，日食發生在秋季，與此記載不合，且西安地區食分僅0.42，並不明顯。②

  而若莊襄王在位四年，則莊襄王三年爲公元前248年，情況大有不同。查張先生《三千五百年曆日》日食表，公元前248年4月24日有日食，干支紀日爲戊子。③

---

① 錢穆：《先秦諸子繫年》，商務印書館2001年版，第36頁，自序。
② 張培瑜：《三千五百年曆日天象》，第993頁。
③ 張培瑜：《三千五百年曆日天象》，第993頁。

再以朔閏表換算之，依顓頊曆此日爲是年四月朔日。① 此次日食，西安地區所見食分高達 0.97，接近全食，自屬天象有異，故得列本紀。

是知莊襄王確以昭襄王病故次年爲元年，其紀年本爲四年，《史記》傳統版本所載爲原始記錄，"四年"二字實不當删。

既然《秦本紀》以莊襄王紀年爲四年，則自不當有所謂"孝文王元年"。今本《秦本紀》所載孝文王元年紀事爲：

赦罪人，修先王功臣，襃厚親戚，弛苑囿。

此與莊襄王元年所載莊襄王即位後之措施竟極其一致，甚至文字亦爲雷同：

莊襄王元年，大赦罪人，修先王功臣，施德厚骨肉而布惠於民。

細察之前之後秦王即位之記載，皆無類似文字，可知此文字並非秦王即位之格式化具語，此種雷同實當因二者本出同源所致。當系司馬遷整合兩種不同的紀年方式而有未善，以致如此。

那麼，莊襄王奪孝文王元年之緣由又何在呢？如上所述，錢穆先生認爲，由於孝文王在位僅三天，故莊襄王在位時未行逾年改元之制，徑以是年爲莊襄王元年。錢氏此論雖合情理，但根據曆日推算，却並不合朔閏表。《秦本紀》云：

孝文王除喪，十月己亥即位，三日辛丑卒，子莊襄王立。②

秦孝文王元年當公元前 250 年。依白光琦先生推算，顓頊曆是年十月朔日爲壬寅，③ 是月無己亥、辛丑。張培瑜先生《朔閏表》與此相同，可見此記載確誤。白光琦先生推測，此處"十月"當爲"十一月"之訛。白先生推算，顓頊曆是年

---

① 張培瑜：《三千五百年曆日天象》，第 54 頁。如上文所論，有觀點認爲，在秦始皇統一後，以十月爲歲首的顓頊曆才被採用。但根據文獻記載、考古發現、曆日推算，秦實早以十月爲歲首。如白光琦先生所論，此處日食記錄亦爲一證，若采夏曆，由於前一年有閏月，故日食在夏曆三月初二，與此記載不合。惜白先生所用《史記》版本或非中華書局 1959 年本，故對莊襄王紀年歧異未加措意。參見（宋）吕祖謙《大事記解題》卷七，清同治退補齋本，第 5—6 頁；（清）張文虎《校刊史記集解索隱正義劄記》，第 64 頁；錢穆《先秦諸子繫年》，第 38—39 頁，自序；睡虎地秦墓竹簡整理小組《睡虎地秦墓竹簡》（平裝本）之《編年記》，第 6 頁；林劍鳴《秦漢史》，中國人民大學出版社 2009 年版，第 280 頁；白光琦《顓頊曆三事考》，《自然科學史研究》2002 年第 2 期。
② 《史記》卷五《秦本紀》，第 219 頁。
③ 顓頊曆以十月爲歲首，故其十月實在前一個公曆年，亦即公元前 251 年。

十一月朔日爲壬申，廿八日爲己亥，十二月朔日爲辛丑。依張先生之表，顓頊曆是年十一月朔日爲辛未，廿九日爲己亥，十二月朔日爲辛丑。然若辛丑日在下一月，將其與己亥叙在同一月實不合史書體例，當重標月才是，白先生此説恐難成立。①

筆者以爲，孝文王實當即位於昭襄王五十六年後九月。按張先生之表，昭襄王五十六年後九月朔日爲壬申，廿八日爲己亥，三十日爲辛丑。司馬遷所據史料或未算閏月，故誤書爲十月。孝文王實卒于昭襄王三十六年年底，未及入新年，是以方有莊襄王徑以次年爲莊襄王元年之事。蓋在莊襄王卒後，秦廷或後世史家以孝文王無紀年不妥，故奪莊襄王元年予孝文王，遂使莊襄王紀年產生了兩種説法。

六　餘論

除第三節外，本文其餘各節皆涉及文字校勘，在論證過程中，多用理校之法，因此本節想對理校之法及相關校勘問題進行探討，以就教於方家。

古籍校勘之學，自清代以來蔚爲大觀，而關於校勘方法，自乾嘉以來亦爭論頗多。段玉裁與顧廣圻之爭無疑是乾嘉時期校勘學方面影響最大的事件，二人之爭論最終不了了之，而後世之校勘界則多是顧而非段。

然後人對顧氏學説的理解亦有偏差，顧氏倡言"不校校之"②，遂被葉德輝稱爲"死校"③，今之學界亦多將其法與陳垣先生總結的"不校是非"的"對校法"④相提並論。然細察其與段玉裁相爭之始，曾以唐石經爲據，斷定《禮記·禮器》存在衍文，而段氏反認爲不衍。⑤是知顧氏校法絶非"不校是非"，且參用了本校、他校之法。則其與段氏之主要爭論實僅在於兩點：（1）是否改底本；（2）是否參用理校。

後世校勘理論界雖多是顧，然實踐中實未曾嚴格遵循顧氏之法。清末以來史

---

① 此外，依《睡虎地秦簡》所載，昭襄王卒于昭襄王五十六年後九月。若孝文王即位於十一月底，則相距二月有餘，實未免太長。漢初皇帝即位相距先皇之卒時間極短，經常不過是數日之事，多不過二十餘日。此制當本于秦制，則孝文王相隔二月余方即位殊難理解。參見《史記》卷八《高祖本紀》、卷一〇《孝文本紀》，第392、433頁。《漢書》卷二《惠帝紀》、卷五《景帝紀》、卷六《武帝紀》，第85、137、153、155頁。
② 王欣夫輯：《顧千里集》卷六《思適寓齋圖自記》，中華書局2007年版，第86頁。參見余敏輝《段、顧之爭與校勘原則》，《社會科學戰綫》1997年第3期。
③ 《藏書絶句　流通古書約　古歡社約　藏書十約》，古典文學出版社1957年版，第50頁。
④ 陳垣：《校勘學釋例》卷六《校例·校法四例》，中華書局1959年版，第144頁。
⑤ 漆永祥：《論段、顧之爭對乾嘉校勘學的影響》，《古籍整理研究學刊》1991年第3期。

籍之整理本多改底本，當今標點本、整理本亦多如此。這實際上是學術發展所導致的正常結果，無可厚非。古時刻版印刷多費時日，書籍流傳有限，其刻版實有保存古書原貌之意義。且古代學術宣導"通"，所謂"一物不知，儒者之恥"，是以顧氏引北齊邢卲之典故，認爲從原始版本出發可以更全面的掌握學術：

> 不校之誤使人思，誤於校者使人不能思，去誤於校者而存不校之誤，於是日思之，遂以與天下後世樂思者共思之……①

然世易時移，時至今日，古籍之原貌已可通過影印及電子化手段保存，而學術則進一步走向分工作業，標點整理本之意義本在於便利學者在校勘基礎上進一步研究，則底本之改字是自然之事，只要校勘記能夠做到詳盡勿遺，改底本實更爲便利。

不過顧氏之論在校勘實踐方面確也有重要影響。如當今校勘界所采之"對校法"，實多未遵循陳垣先生"不校是非"之訓，對底本之明顯失誤多據他本校正，這實即顧氏之法的運用。② "不校是非"是爲了保持客觀性，但事實上，在底本選擇之初，已包含校勘者的主觀判斷，故對這一點實不應過分強調。只要保證校勘記足夠精審，其客觀面貌即已保留，今人之校是非自有其道理所在。

顧氏之論的另一個影響則是校勘界對理校法的排斥。如前所述，顧氏實參用對校、本校、他校之法，可稱爲版本校，其與段氏之爭的一個關鍵點即是否參用理校法。

所謂"理校法"，其概念始自陳垣先生"校勘四法"之歸納，然其實際應用却可謂源遠流長。《吕氏春秋》所載子夏辨析"晋軍三豕涉河"一句之誤，③ 即是理校法的典型應用。是後鄭玄、杜預等經學大家在注經時亦多用此法。④ 然此法之應用却頗令人糾結，非但段、顧有此爭執，在後世亦是讓人兩難的選擇。如梁啓超即謂：

> 更有第二條路是：並無他書可供比勘，專從本書各篇所用的語法字法注

---

① 干欣夫輯：《顧千里集》卷六《思適寓齋圖自記》，第86頁。參見古薇《顧千里研究》，《東南文化》1994年第4期。
② 梁啓超先生在《中國近三百年學術史》中提出的"第一種校勘法"雖言及"兩本對照""記其異同"，却又強調"擇善而從"，其意亦略與顧氏相類。參見梁啓超《中國近三百年學術史》第十四章《清代學者整理舊學之總成績（二）》，嶽麓書社2010年版，第238頁。
③ 許維遹撰，梁運華整理：《吕氏春秋集釋》卷二二《慎行論第二·六日察傳》，第619頁。
④ 參見賈廣瑞《理校方法論》，碩士學位論文，山西大學，2006年。

意，或細觀一段中前後文義，以意逆志，發見出今本訛誤之點。這種工作，非眼光極銳敏、心思極縝密，而品格極方嚴的人不能做。清儒中最初提倡者爲戴東原，而應用得最純熟矜慎卓著成績者爲高郵王氏父子。這種方法好是好極了，但濫用它，可以生出武斷臆改的絕大毛病，所以非其人不可輕信。①

陳垣先生則云：

段玉裁曰："校書之難，非照本改字不訛不漏之難，定其是非之難。"所謂理校法也。遇無古本可據，或數本互異，而無所適從之時，則須用此法。此法須通識爲之，否則鹵莽滅裂，以不誤爲誤，則糾紛愈甚矣。故最高妙者此法，最危險者亦此法。②

從梁、陳二位先生的論述中，不難看出其糾結之處。大師尚如此糾結，則後學排斥此法固屬情理之中。儘管王重民先生曾從敦煌文獻出發，證明段氏之校多合於古字，③然其法依舊曲高和寡，少人跟從。

之所以如此，是因爲理校法與其他三種版本校法實有本質的不同。版本校在本質上是文字對勘，有簡明而嚴格的準繩，發揮餘地較小。而理校法本質上其實是屬於考證之學，其準確性受史料、史識、邏輯等各方面因素之影響，評判標準相對繁難而主觀，波動較大。正因爲此種標準之不穩定，④難以統一，今之標點整理本的校勘多以對校之法爲絕對主流，偶用本校、他校之法，對於無版本依據的理校之法多采敬而遠之的態度。

然理校之法確有不可替代之處。段玉裁有云"自唐以來積誤之甚者，宋本亦多沿舊，無以勝今本"，又云"未有真古本漢本，而徒沾沾于宋本，抑末也"。⑤此語並非徒逞意氣，實有其深意所在。刻本時代之開啓，始于宋代，顧氏之法所

---

① 梁啓超：《中國近三百年學術史》第十四章《清代學者整理舊學之總成績（二）》，第239頁。
② 陳垣：《校勘學釋例》卷六《校例·校法四例》，第148頁。
③ 王重民：《敦煌古籍敘錄》，商務印書館1958年版，第14頁。參見薛惠媛《段玉裁校勘學研究》，碩士學位論文，山東大學，2007年。
④ 學界對於理校法還有一層擔心，即其所考證出的錯誤或爲作者自身之誤，改之反失其舊。然古書在歷史上不斷的傳抄與刻板的過程中，竄誤與臆改層出不窮，對於鈔本時代成書的先秦秦漢古籍尤其如此。版本校法對比出的差異，到底哪些是作者或對或錯的原文，哪些是後人修改或筆誤，同樣是難以證明的，實亦只能擇其合理者而從之已。是知版本校法之所以成爲校勘基本方法，實是因爲其標準簡明嚴格帶來的普適性，而非其能復現作者原文。
⑤ 段玉裁：《經韻樓集》卷一《十三經注疏釋文校勘記序》，上海古籍出版社2007年版，第2頁。參見漆永祥《論段、顧之爭對乾嘉校勘學的影響》，《古籍整理研究學刊》1991年第3期。

能依據的善本，實亦以宋本爲主，唐以前之抄本大多皆已散佚。以《史記》爲例，傳世唐以前之抄本不到全書的十分之一。① 對於宋以後之著作，固可多用顧氏版本校之法，而少用甚至不用理校之法，然對於之前的著作顯然不能如此簡單處理。尤其是先秦秦漢之古籍，距宋本書已逾千年，超過宋代距今的時間，而其時處於鈔本時代，每次傳抄即相當於一次製版，其訛誤的累積無疑是驚人的。換言之，對先秦秦漢古籍而言，刻本時代所積之訛誤較之鈔本時代不過九牛一毛而已，汲汲于一毛而無視九牛，又何談"存真復原"呢？

綜上所述，理校在古籍校勘有着重要作用，對先秦秦漢早期古籍意義尤大，實應予以重視。當然，如梁、陳二位先生所述，由於理校法具有較強的主觀性，危險性較強，因而對其的處理應該審慎一些。事實上，中華書局 1959 年版《史記》對"褚先生曰"等明顯非司馬遷原文的文字保存原文而縮兩格排版處理，② 即是一種審慎理校的方法。當然此種方法僅限於大段文字，對於細節訛誤還需依靠校勘記。不改原文而於校勘記中細緻出注，或當是理校之基本原則。

本文承蒙匿名評審專家惠賜寶貴意見，在此謹表謝忱！
本文爲"古文字與中華文明傳承發展工程"協同攻關創新平臺研究成果。

收稿日期：2022 年 4 月

---

① 參見張玉春《〈史記〉版本研究》，商務印書館 2001 年版。
② 中華書局 2013 年修訂本《史記》亦承此法。

隋代河北地區新置縣份的命名特徵

孫靖國

摘 要：作爲最爲穩定的政區單元，縣的名稱構成了中國政區地名的主體。隋代是中國行政區劃調整的重要階段，也是政區地名體系調整的重要階段。文章以河北地區爲對象，梳理並總結了隋代在該區域新設置縣份的命名特徵。總結出隋代河北地區新設置縣份的命名主要有五類特徵：（1）廢縣復置，恢復原名；（2）附郭縣以州郡爲名；（3）因境内或附近古迹而得名；（4）因境内山川而得名；（5）嘉名。

關鍵詞：隋代 河北 新置縣 地名

隋朝建立之後，面對西晋末年以來數百年的割據戰亂所導致的政區體系混亂局面，以及官員冗多、行政負擔沉重等負面效應，着手進行了調整。開皇三年（583年）十一月，河南道行臺兵部尚書楊尚希上書，指出："自秦併天下，罷侯置守，漢、魏及晋，邦邑屢改。竊見當今郡縣，倍多於古，或地無百里，數縣並置，或户不滿千，二郡分領。具僚以衆，資費日多；吏卒又倍，租調歲減。清幹良才，百分無一，動須數萬，如何可覓？ 所謂民少官多，十羊九牧。琴有更張之義，瑟無膠柱之理。今存要去閑，併小爲大，國家則不虧粟帛，選舉則易得賢才。敢陳管見，伏聽裁處。"隋文帝接受了楊尚希的這一建議，"於是遂罷天下諸郡"①。開皇七年（587年）併後梁，九年（589年）滅陳後，進而在南方推廣。

儘管隋代統治時間短暫，但對行政區劃進行了較大幅度的調整，除了撤掉郡一級行政單位之外，對於州縣也進行了多次調整，從縣這一層級來看，在不同時期，也歷經了省併和增設，從裁汰冗餘，提高行政效率角度來看，幾次省併的意義自不待言，但在開皇六年（586年）和十六年（596年）又分別增置了五十九縣和一百二十八縣，據施和金的研究，這兩次析置很可能與户口因素有關，前者

---

① 《隋書》卷四六《楊尚希傳》，中華書局2019年修訂本，第1413頁。

是在北齊舊地的山東地區進行括户的結果，後者是隋代十餘年局勢穩定、經濟發展、人口增殖的結果。① 無論是省併縣份，還是增設縣份，在行政區劃調整的同時，也導致了相關縣份地名的整理與變化。這些新置縣份如何定名，體現出隋代政府地名規範活動的具體實施。

在唐代李吉甫的《元和郡縣圖志》以及北宋初年樂史的《太平寰宇記》中，都對隋代新置縣份名稱的原因進行過記述與探討，如欒州柏鄉縣，《元和郡縣圖志》載："柏鄉縣，本春秋時晋鄗邑之地，漢以爲縣，屬常山郡。後漢光武帝即位于鄗南千秋亭五城陌，因改曰高邑，屬常山國。高齊天保七年，移高邑縣于漢房子縣東北界，今高邑縣是也。隋開皇十六年，于漢鄗城南十八里改置柏鄉縣，遥取古柏鄉縣以爲名，屬欒州。"② 又如定州深澤縣，《太平寰宇記》記曰："深澤縣……蓋漢南深澤縣也，以涿郡有深澤縣，故此加南以別之，以界内水澤深廣，名之，屬中山國。高齊省，隋開皇六年分安平縣於滹沱河北重置，屬定州。"③ 華林甫對此進行了專門的研究，他總結了《元和郡縣圖志》和《太平寰宇記》中提出的地名命名原則，如"因水爲名""因山爲名""因原爲名""因鄉爲名""年號地名""取其嘉名""因事名之""因祠爲名""因江洲得名""以陵爲名"等。又對隋代省併、整理重複縣名進行了研究。④ 在此之後，在他與賴青壽、薛亞玲合著的《隋書地理志彙釋》中，將關於隋代政區沿革考證的諸多重要論著集於各條之下，對隋代政區地名研究頗有助益。⑤

在此基礎上，本文以河北地區爲對象，梳理、總結這一重要轉折時期的縣級地名規律，期冀對中國地名學史研究有所裨益。需要說明的是，在叙述縣名時，前面會加上統縣政區名稱以便辨識，但由於隋代河北地區經歷了州—郡—縣三級制、州—縣兩級制和郡—縣兩級制三個階段，統縣政區變動較大，所以本文縣名前所繫統縣政區係按設縣時爲准。另外，爲免冗文，若重要史籍記載内容並無牴牾，則不一一枚舉。

一 廢縣復置，恢復原名

北朝時期，政局不穩，戰亂頻仍，政區廢置無常，進入隋代以後，也經歷過

---

① 周振鶴主編，施和金著：《中國行政區劃通史·隋代卷》，復旦大學出版社2017年版。
② 《元和郡縣圖志》卷一七《河北道二》，中華書局1983年版，第491頁。
③ 《太平寰宇記》卷六〇《河北道九》，中華書局2007年版，第1239頁。
④ 參見華林甫《中國地名學考論》，社會科學文獻出版社2002年版；華林甫《中國地名學源流》，人民出版社2010年版。
⑤ 華林甫、賴青壽、薛亞玲：《隋書地理志彙釋》，安徽教育出版社2019年版。

若干調整，導致某些縣份被裁撤，所以在開皇六年和十六年的兩次增置中，有相當一部分是恢復北齊和隋代罷廢的縣份，因此縣名依然如舊。

因這些縣份的資料比較集中，大部分都出自《隋書》卷三〇《地理志中》，所以不一一羅列原文，具體情況詳見表1。

表1

序號	置縣時州名	縣名	廢罷時代	復置年份	頁碼
1	魏州	平邑	後齊	開皇十六年	946
2	魏州	元城	後齊	開皇六年	946
3	魏州	魏縣	後齊	開皇六年	946
4	魏州	頓丘	後齊	開皇六年	946
5	魏州	臨黃	後齊	開皇六年	946
6	棣州	厭次	後齊	開皇十六年	946
7	德州	繹幕	後齊	開皇十六年	947
8	德州	般縣	後齊	開皇十六年	947
9	德州	廣川	後齊	開皇六年	947
10	冀州	堂陽	後齊	開皇十六年	948
11	冀州	武邑	後齊	開皇六年	948
12	冀州	南宮	後齊	開皇六年	948
13	冀州	觀津	後齊	開皇十六年	948
14	貝州	鄃縣	舊廢	開皇十六年	948
15	貝州	臨清	後齊	開皇六年	948
16	貝州	經城	後齊	開皇六年	949
17	貝州	茌平	後齊	開皇六年	949
18	衛州	內黃	舊廢	開皇六年	950
19	衛州	湯陰	舊廢	開皇六年	950
20	懷州	溫縣	—	開皇十六年	950
21	懷州	河陽	舊廢	開皇十六年	950
22	懷州	共城	後齊	開皇六年	950
23	邢州	任縣	東魏北齊	開皇十六年	957
24	邢州	南巒	—	開皇六年	957
25	洺州	肥鄉	東魏	開皇十年	958
26	趙州	元氏	後齊	開皇六年	958

續表

序號	置縣時州名	縣名	廢罷時代	復置年份	頁碼
27	欒州	欒城	—	開皇十六年	958
28	欒州	柏鄉	—	開皇十六年	958
29	趙州	房子	後齊	開皇六年	958
30	定州	唐縣	後齊	開皇十六年	959
31	定州	深澤	後齊	開皇六年	960
32	瀛州	束城	後齊	開皇十六年	960

表1列舉三十二縣，其中明言北齊省廢者有二十二縣，按北齊天保七年（556年）有過一次大規模省併政區的舉措，"於是併省三州、一百五十三郡、五百八十九縣、二鎮二十六戍"[1]。加上洺州武安縣爲東魏罷廢，所以可以看出恢復舊縣名稱者大多數爲北朝後期所省併縣份，去隋不遠，復置後自然保留其原名。

另外有幾個縣，《隋書·地理志》並未指出其廢罷時間，現分析如下。

懷州溫縣與河陽二縣：《隋書·地理志》河內郡下載："溫，舊縣，開皇十六年置……河陽，舊廢，開皇十六年置。"按溫縣乃戰國秦漢時著名商業都會，此縣與河陽兩漢時期均屬河內郡，西晉與北魏時期亦然。[2] 在《魏書·地形志》中，懷州河內郡下無溫縣，而有河陽縣，並注云："二漢、晉屬，後罷，孝昌中復。"[3] 則此二縣在六鎮之亂後應皆被廢，孝昌中復河陽，之後很可能在東魏北齊後又廢。

尚有所復幾縣，其舊縣年代較遠，如邢州南欒縣，《隋書·地理志》襄國郡鉅鹿縣條載："開皇六年置南欒縣，後廢入焉。"[4] 按，此地本漢南欒縣地，《漢書·地理志》屬鉅鹿郡，《舊唐書·地理志》曰："隋於漢之南欒置鉅鹿縣。"[5]《太平寰宇記》載："因《隋圖經集記》曰：'開皇六年於此置鉅鹿縣，屬趙州，遙取漢縣鉅鹿爲名也。'"[6] 則此縣亦應遙取漢縣南欒爲名。又如欒州柏鄉縣，《隋書·地

---

[1]《北齊書》卷四《文宣帝紀》，中華書局1972年版，第63頁。關於對此省併政區的研究，請參見侯旭東《地方豪右與魏齊政治——從魏末啓立州郡到北齊天保七年併省州郡縣》，《中國史研究》2004年第4期；周振鶴主編，牟發松、毋有江、魏駿傑著《中國行政區劃通史·十六國北朝卷》，復旦大學出版社2017年版。

[2] 參見《晉書》卷一四《地理志上》，中華書局1974年版，第417頁；周振鶴主編，胡阿祥、孔祥軍、徐成著《中國行政區劃通史·三國兩晉南朝卷》，復旦大學出版社2017年版，第600頁；譚其驤主編《中國歷史地圖集》第四册《東晉十六國·南北朝時期》，中國地圖出版社1982年版，第46頁；《中國行政區劃通史·十六國北朝卷》，第543頁。

[3]《魏書》卷一〇六上《地形志上》，中華書局2017年修訂本，第2718頁。

[4]《隋書》卷三〇《地理志中》，第957頁。

[5]《舊唐書》卷三九《地理志二》，中華書局1975年版，第1500頁。

[6]《太平寰宇記》卷五九《河北道八》，第1220頁。

理志》趙郡下載："柏鄉，開皇十六年置。"①《元和郡縣圖志》載："柏鄉縣，本春秋時晉鄗邑之地，漢以爲縣，屬常山郡。後漢光武帝即位於鄗南千秋亭五城陌，因改曰高邑，屬常山國。高齊天保七年，移高邑縣於漢房子縣東北界，今高邑縣是也。隋開皇十六年，于漢鄗城南十八里改置柏鄉縣，遙取古柏鄉縣以爲名，屬欒州。"② 按柏鄉縣不見於《續漢書・郡國志》，當係新莽或東漢時已經廢掉，所以此縣也是遙取漢代舊名。

又：瀛州束城縣，《隋書・地理志》河間郡下載："束城，舊曰束州，後齊廢。開皇十六年置，後改名焉。"③ 按先秦兩漢不乏以"州"爲名之地，隋代州爲通行之政區，爲免混淆，故改之。

二　附郭縣以州郡爲名

1. 冀州長樂縣

《隋書・地理志》信都郡長樂縣條載："長樂，舊曰信都，帶長樂郡，後齊廢扶柳縣入焉。開皇初郡廢，分信都置長樂縣。十六年又分長樂置澤城縣。大業初廢信都及澤城入焉。"④《太平寰宇記》載："開皇六年又於州理置長樂縣。"⑤ 可知隋初冀州長樂郡郡治爲信都縣，開皇六年析信都置長樂，則長樂縣當在原長樂郡附郭縣信都境內，其得名，當由長樂郡而來。

2. 相州相縣

《隋書・地理志》魏郡安陽縣條載："周大象初，置相州及魏郡，因改名鄴。開皇初郡廢，十年復，名安陽，分置相縣，鄴還復舊。"鄴縣條載："東魏都。後周平齊，置相州。大象初縣隨州徙安陽，此改爲靈芝縣。開皇十年又改焉。"⑥ 此段表述不很清晰，梳理而論，則是北周滅齊後，將其都城司州魏郡鄴縣改爲相州魏郡鄴縣，大象二年（580年），韋孝寬擊敗尉遲迥後，毀鄴城，將司州魏郡鄴縣遷徙到漳南。開皇十年（590年），將漳南之鄴縣更名爲安陽縣，廢鄴城復置鄴縣。同時，在安陽析置相縣，其得名當係由相州而來。

---

① 《隋書》卷三〇《地理志中》，第958頁。
② 《元和郡縣圖志》卷一七《河北道二》，第491頁。
③ 《隋書》卷三〇《地理志中》，第960頁。
④ 《隋書》卷三〇《地理志中》，第948頁。
⑤ 《太平寰宇記》卷六三《河北道十二》，第1284頁。
⑥ 《隋書》卷三〇《地理志中》，第949頁。

三　因境内或附近古迹而得名

有相當數量的縣份，係開皇六年因大索貌閱而括出大量隱匿户口而新置，其得名取自境内或鄰近地區先秦秦漢時期的故城、歷史名勝、古迹等，特舉例如下：

3. 魏州馬陵縣

《隋書·地理志》武陽郡元城縣條載："後齊廢。開皇六年置，又置馬陵縣，大業初廢入焉。"①《元和郡縣圖志》魏州元城縣條載："馬陵，在縣東南一里。齊將孫臏破魏軍，殺龐涓於此。"②

4. 魏州堂邑縣

《隋書·地理志》載："堂邑，開皇六年置。"③《元和郡縣圖志》載："因縣西堂邑故城爲名。"④

5. 魏州冠氏縣

《隋書·地理志》載："冠氏，開皇六年置。"⑤《元和郡縣圖志》載："因古冠氏邑爲名。"⑥

6. 棣州蒲臺縣

《隋書·地理志》載："蒲臺，開皇十六年置。"⑦《元和郡縣圖志》云："北有蒲臺，因爲名也。""蒲臺，在縣北三十里。秦始皇築此臺以望海，於臺下縈蒲繫馬，今蒲生猶縈結。"⑧按所謂縈蒲繫馬之事或爲後世附會，但此臺爲當地著名古迹，此縣亦以此得名。

7. 德州將陵縣

《隋書·地理志》載："將陵，開皇十六年置。"⑨《元和郡縣圖志》云："取安德縣界故城爲名。"⑩按將陵爲西漢所封侯國，置於元康三年（前64年），廢於神爵四年（前58年），此城即在安德縣附近。⑪

---

① 《隋書》卷三〇《地理志中》，第946頁。
② 《元和郡縣圖志》卷一六《河北道一》，第449頁。
③ 《隋書》卷三〇《地理志中》，第946頁。
④ 《元和郡縣圖志》卷一六《河北道一》，第457頁。
⑤ 《隋書》卷三〇《地理志中》，第946頁。
⑥ 《元和郡縣圖志》卷一六《河北道一》，第450頁。
⑦ 《隋書》卷三〇《地理志中》，第946—947頁。
⑧ 《元和郡縣圖志》卷一七《河北道二》，第498—499頁。
⑨ 《隋書》卷三〇《地理志中》，第947頁。
⑩ 《元和郡縣圖志》卷一七《河北道二》，第495頁。
⑪ 馬孟龍：《西漢侯國地理》，上海古籍出版社2013年版，第489頁。

8. 德州弓高縣

《隋書·地理志》載："弓高，舊廢，開皇十六年置。"①《太平寰宇記》定遠軍東光縣條記："廢弓高縣……漢縣也，屬河間國，漢文封韓頽當之邑，莽曰樂成。按弓高，今屬阜城縣界弓高故城也，晉廢，隋開皇十六年復置，移於今理。"② 如此則毋寧說弓高係遥復久廢之弓高縣，不若說以當時尚存故城之漢弓高爲名。

9. 德州胡蘇縣

《隋書·地理志》載："胡蘇，舊廢，開皇十六年復。"③《太平寰宇記》滄州臨津縣條云："本漢東光縣地，《漢書·地理志》云：'東光有胡蘇亭。'隋開皇十六年於此置胡蘇縣，因胡蘇亭爲名。"④

10. 冀州澤城縣

據前文可知澤城縣係開皇十六年析長樂郡而置，《太平寰宇記》河北道冀州目下載："故澤城，西晉末劉石之亂，人相率共築此城於柳澤畔。"⑤ 則澤城縣當由縣境内澤城而得名。

11. 貝州歷亭縣

《隋書·地理志》清河郡下載："歷亭，開皇十六年分武城置。"⑥《元和郡縣圖志》叙其梗概曰："本漢東陽縣地，屬清河郡，後漢省東陽縣，其地屬鄃縣。隋開皇十六年於此置歷亭縣，遥取漢歷縣爲名。"⑦《太平寰宇記》載："按《地里志》，歷縣屬信都國，在脩縣界，王莽改爲歷寧。隋開皇六年，於今縣東永濟渠南置歷亭縣，屬貝州，遥取漢歷縣爲名。"⑧ 按歷縣，《漢書·地理志》屬信都國，注曰："莽改歷寧"⑨，則歷亭應以鄰近之舊縣而得名。

12. 衛州繁陽縣

《隋書·地理志》汲郡内黄縣條載："十六年分置繁陽縣，大業初廢入。"⑩ 詳見魏州繁水縣條。

13. 懷州新鄉縣

《隋書·地理志》河内郡載："新鄉，開皇初年置。"⑪《太平寰宇記》衛州新鄉

---

① 《隋書》卷三〇《地理志中》，第947頁。
② 《太平寰宇記》卷六八《河北道十七》，第1379頁。
③ 《隋書》卷三〇《地理志中》，第947頁。
④ 《太平寰宇記》卷六五《河北道十四》，第1333頁。
⑤ 《太平寰宇記》卷六三《河北道十二》，第1285頁。
⑥ 《隋書》卷三〇《地理志中》，第948頁。
⑦ 《元和郡縣圖志》卷一六《河北道一》，第464頁。
⑧ 《太平寰宇記》卷六〇《河北道九》，第1239頁。
⑨ 《漢書》卷二八下《地理志下》，第1633頁。
⑩ 《隋書》卷三〇《地理志中》，第950頁。
⑪ 《隋書》卷三〇《地理志中》，第950頁。

縣下云："本漢汲縣、獲嘉二縣之地，《漢書》：'武帝將幸緱氏，至汲縣之新中鄉。'即此處也。隋開皇六年於兩縣地古新樂城中置新鄉縣，屬衛州，取新中鄉爲名。"[1]

14. 定州新樂縣

《隋書·地理志》博陵郡下載："新樂，開皇十六年置。"[2]《元和郡縣圖志》曰："取新樂故城爲名也。新樂者，漢成帝時中山孝王母馮昭儀隨王就國，王爲建宮於樂里，在西鄉，呼爲西樂城，時人語訛，呼'西'爲'新'，故爲新樂。"[3]

從上文中所舉縣份之例來看，根據文獻或者現存遺迹來命名縣份，是當時設置新縣時常用之方法。

四 因境內山川而得名

以境內山巒、丘埠、河流、湖沼、島洲、海岸等自然地貌、實體爲政區名稱，是中國歷史時期地名的通例，前述《括地志》《元和郡縣圖志》等古代地理圖籍，以及華林甫等現代學者都已論及，此不贅述，試舉例如下。

15. 魏州繁水縣

《隋書·地理志》載：開皇"六年置縣，曰繁水"[4]。《史記正義》引《括地志》云："繁陽古城在相州內黃縣東北二十七里。應劭云繁水之北，故曰繁陽也。"[5] 按內黃與繁水縣鄰近，所以此縣當以此水而得名。

16. 魏州漳陰縣

《隋書·地理志》武安郡魏縣條載：開皇"十六年析置漳陰縣，大業初省入焉"[6]。《元和郡縣圖志》魏州魏縣條載："舊漳河，在縣西北十里。新漳河，在縣西北二十里。"[7] 則魏縣當在漳河之南，漳陰既析自魏縣，應亦在漳河之南，故名漳陰。

17. 魏州河上縣

《隋書·地理志》武安郡臨黃縣條載：開皇"十六年分置河上縣，大業初省

---

[1] 《太平寰宇記》卷五六《河北道五》，第1153頁。按：《隋書·地理志》繫新鄉縣於河內郡（懷州）下，《元和郡縣圖志》與《太平寰宇記》皆曰屬衛州，施和金引清代張駒賢《元和志考證》與顧祖禹《讀史方輿紀要》，認爲此處當有錯誤，應爲屬懷州。按新鄉位於懷衛二州交界處，抑或先置於衛州，再割屬懷州（河內郡），亦未可知。

[2] 《隋書》卷三〇《地理志中》，第959頁。

[3] 《元和郡縣圖志》卷一八《河北道三》，第511頁。

[4] 《隋書》卷三〇《地理志中》，第946頁。

[5] 《史記》卷四三《趙世家》，第1830頁。

[6] 《隋書》卷三〇《地理志中》，第946頁。

[7] 《元和郡縣圖志》卷一六《河北道一》，第449頁。

入焉"①。當以其鄰近黃河而得名。

18. 魏州武水縣

《隋書·地理志》載："開皇十六年置。"②《元和郡縣圖志》載："在武水溝之南，因名之。"③

19. 棣州鬲津縣

《隋書·地理志》渤海郡樂陵縣條載：開皇"十六年分置鬲津縣，大業初廢入焉"④。《太平寰宇記》滄州樂陵縣條載："鬲津枯河。《爾雅》云'九河之一'，在縣西三里。東北流入饒安界入海。"⑤

20. 棣州滴河縣

《隋書·地理志》載："開皇十六年置。"⑥《元和郡縣圖志》載："因北有滴河以名之。"⑦

21. 棣州無棣縣

《隋書·地理志》載："無棣，開皇六年置。"⑧《元和郡縣圖志》云："以南臨無棣溝，因以爲名。"⑨又《太平寰宇記》曰："無棣溝……河在今無棣縣。按其溝東流經縣理南，又東流與鬲津枯溝合而入海。"⑩

22. 棣州浮水縣

《隋書·地理志》載："鹽山，舊曰高成。開皇十六年又置浮水縣。"⑪《太平寰宇記》滄州鹽山縣條云："浮水。《水經注》云'浮水東北經高成縣之宛鄉城北'，即過今邑界。"⑫《漢書·地理志》渤海郡下有高成縣，⑬即爲此地，則此縣當以浮水而得名。又《魏書·地形志》瀛州有浮陽郡，治浮陽縣，亦以此水而得名。

23. 冀州衡水縣

《元和郡縣圖志》曰："本漢桃縣之地，隋開皇十六年於今縣置衡水縣，縣在

---

① 《隋書》卷三〇《地理志中》，第946頁。
② 《隋書》卷三〇《地理志中》，第946頁。
③ 《元和郡縣圖志》卷一六《河北道一》，第457頁。
④ 《隋書》卷三〇《地理志中》，第946頁。
⑤ 《太平寰宇記》卷六五《河北道十四》，第1329頁。
⑥ 《隋書》卷三〇《地理志中》，第946頁。
⑦ 《元和郡縣圖志》卷一七《河北道二》，第498頁。
⑧ 《隋書》卷三〇《地理志中》，第947頁。
⑨ 《元和郡縣圖志》卷一八《河北道三》，第520頁。
⑩ 《太平寰宇記》卷六五《河北道十四》，第1331頁。
⑪ 《隋書》卷三〇《地理志中》，第947頁。
⑫ 《太平寰宇記》卷六五《河北道十四》，第1333頁。
⑬ 《漢書》卷二八《地理志上》，第1579頁。

長蘆河西。長蘆河則衡漳故瀆也，因以爲名。"① 衡漳即衡水,② 所以該縣是以境內河流而得名。

24. 相州淇陽縣

《隋書·地理志》魏郡林慮縣條載："開皇初（林慮）郡廢，又分置淇陽縣。"③ 按酈道元《水經注》，"淇水出河內隆慮縣西大號山……又逕南羅川，又歷三羅城北……又東北歷淇陽川，逕石城西北……又東逕馮都壘南，世謂之淇陽城……淇水又南，歷枋堰，舊淇水東南流，逕黎陽縣界南入河"。④ 從淇水流路來看，地處太行山東麓的相州恰在其途上，則此縣當位於淇水以北，以河流而得名。

25. 衛州清淇縣

《隋書·地理志》汲郡衛縣條載：開皇"十六年又置清淇縣"⑤，當和清、淇二水有關。

26. 衛州陽源縣

《隋書·地理志》汲郡隋興縣條載："後析置陽源縣，大業初併入焉。"⑥《元和郡縣圖志》衛州衛縣下云："陽河水，出縣西北平地，即紂斮朝涉之脛處。"⑦

27. 衛州臨河縣

《隋書·地理志》汲郡下載："臨河，開皇六年置。"⑧ 衛州南臨大河，當因此得名。

28. 衛州澶淵縣

《隋書·地理志》汲郡下載："澶水，開皇十六年置。"⑨ 按此應爲避唐高祖之諱，當爲澶淵縣，以近澶水而得名。

29. 懷州濟源縣

《隋書·地理志》河內郡下載："濟源，開皇十六年置。"⑩《元和郡縣圖志》河南府濟源縣下云："隋開皇十六年，分軹縣置濟源縣，屬懷州，以濟水所出，因名……濟水，在縣西北三里。"⑪

---

① 《元和郡縣圖志》卷一七《河北道二》，第486頁。
② （北魏）酈道元注，楊守敬、熊會貞疏，段熙仲點校，陳橋驛復校：《水經注疏》卷一〇《濁漳水》，江蘇古籍出版社1989年版，第592頁。
③ 《隋書》卷三〇《地理志中》，第949頁。
④ 《水經注疏》卷九《淇水》，第847—857頁。
⑤ 《隋書》卷三〇《地理志中》，第949頁。
⑥ 《隋書》卷三〇《地理志中》，第950頁。
⑦ 《元和郡縣圖志》卷一六《河北道一》，第461頁。
⑧ 《隋書》卷三〇《地理志中》，第950頁。
⑨ 《隋書》卷三〇《地理志中》，第950頁。
⑩ 《隋書》卷三〇《地理志中》，第950頁。
⑪ 《元和郡縣圖志》卷五《河南道一》，第145頁。

30. 邢州青山縣

《隋書·地理志》襄國郡龍岡縣條載：開皇"十六年又置青山縣，大業初省入焉。有黑山"①。按龍岡縣治今河北邢臺市，地處太行山東麓，《太平寰宇記》在此縣下記録有土山、石門山、風門山、百巖山、鵲山、石井岡、夷儀嶺等諸多山嶺，②故青山縣亦應以此地貌而命名。

31. 洺州清漳縣

《隋書·地理志》武安郡下載："清漳，開皇十六年置。"③應係以鄰近漳水而得名。

32. 洺州洺水縣

《元和郡縣圖志》曰："隋開皇六年，以縣西近洺河改爲洺水，屬洺州。"④

33. 磁州臨洺縣

《元和郡縣圖志》洺州臨洺縣下曰："隋開皇十年，移邯鄲縣理陟鄉城，城在今邯鄲縣界，仍於北中府城別置臨洺縣。"又曰："隋開皇十年置磁州，邯鄲縣屬焉。大業二年廢磁州，縣屬洺州。"在永年縣下記："洺水，在縣南三里。"⑤此縣當亦以洺水而得名。

34. 趙州（欒州）贊皇縣

此縣設置年代，《隋書·地理志》載開皇六年，《元和郡縣圖志》《太平寰宇記》曰開皇十六年，姑且存疑。⑥據《元和郡縣圖志》，"縣南有贊皇山，因以爲名"⑦。

35. 趙州靈山縣

《隋書·地理志》趙郡元氏縣下載：開皇"十六年分置靈山縣"⑧。《大明一統志》云："靈山在元氏縣西三十里……乃縣界名山六之一也"⑨，則此縣當得名於此山。

36. 恒州滋陽縣

《隋書·地理志》恒山郡下載："滋陽，開皇六年置。"⑩《元和郡縣圖志》恒州九門縣下記："滋水北去縣三十里。"⑪

---

① 《隋書》卷三〇《地理志中》，第957頁。
② 《太平寰宇記》卷五九《河北道八》，第1217頁。
③ 《隋書》卷三〇《地理志中》，第958頁。
④ 《元和郡縣圖志》卷一五，第431頁。
⑤ 《元和郡縣圖志》卷一五，第431—434頁。
⑥ 詳見《中國行政區劃通史·隋代卷》，第361頁。
⑦ 《元和郡縣圖志》卷一七《河北道二》，第492頁。
⑧ 《隋書》卷三〇《地理志中》，第958頁。
⑨ （明）李賢等撰：《大明一統志》卷三《真定府》，三秦出版社1990年版，第52頁。
⑩ 《隋書》卷三〇《地理志中》，第959頁。
⑪ 《元和郡縣圖志》卷一七《河北道二》，第479頁。

37. 恒州鹿泉縣

《隋書·地理志》恒山郡石邑縣下載：開皇"十六年析置鹿泉縣，大業初併入"①。《元和郡縣圖志》恒州獲鹿縣下記："以鹿泉在漢縣南，因爲名。"②

38. 井州房山縣

《隋書·地理志》恒山郡下載："房山，開皇十六年置。"③《元和郡縣圖志》云："因縣北房山爲名。"④

五 嘉名

以"嘉名"來命名地名，這一觀念與方法在先秦時期就已產生，在漢魏時逐漸成爲通則。⑤

39. 衛州隋興縣

《隋書·地理志》汲郡下載："隋興，開皇六年置。"⑥

40. 定州隋昌縣

《隋書·地理志》博陵郡下載："隋昌，後魏曰魏昌，後齊廢。開皇十六年復，仍改焉。"⑦

41. 定州義豐縣

《隋書·地理志》博陵郡下載："義豐，開皇六年置。舊有安國縣，後齊廢。"⑧按此地之前未有義豐一名記載，開皇六年未復其安國舊名，而名之曰義豐，當係繫之以嘉名。

綜上所述，有隋一代在河北地區的新設縣份，主要是在開皇時期，其命名除恢復前朝舊縣名外，多以境內或附近的自然、人文地理要素作爲命名依據，同時亦有以統縣政區名稱來命名新設縣份，以及賦以嘉名等方式，體現了中古時期縣名的命名方式，對於今天地名工作當有一定程度的借鑒意義。

收稿日期：2022 年 4 月

---

① 《隋書》卷三〇《地理志中》，第 959 頁。
② 《元和郡縣圖志》卷一七《河北道二》，第 480 頁。
③ 《隋書》卷三〇《地理志中》，第 959 頁。
④ 《元和郡縣圖志》卷一七《河北道二》，第 481 頁。
⑤ 詳見《中國地名學史考論》，第 17—20 頁。
⑥ 《隋書》卷三〇《地理志中》，第 950 頁。
⑦ 《隋書》卷三〇《地理志中》，第 959—960 頁。
⑧ 《隋書》卷三〇《地理志中》，第 960 頁。

敦煌文書 P. 2672V、P. 5007V + S. 6234V 所存晚唐書狀整理與研究

楊寶玉

摘 要：本文首先探討了 P. 2672、S. 6234 + P. 5007 三號寫卷物質形態問題，認爲是類似於經折裝的存藏方式導致了 P. 2672 書狀面第一紙磨損嚴重，難以識讀。進而討論了各紙的黏接順序與書狀和詩作的較爲妥洽的校錄次序。在對三卷所存書狀重新校注的基礎上，本文重審書狀結構，提出了 P. 2672V 所抄兩通書狀實屬一件複書的觀點。關於諸狀的授書者，本文認爲書寫於 P. 2672V 的複書與幸賴 P. 5007V + S. 6234V 保存下來的那件書狀的授書人相同，其時正任職於涼州，爲河西都防禦判官，與受書人關係密切，會依時令常例經常致書問候；而 S. 6234V 中後部抄存書狀的筆迹與上述各狀明顯不同，行文語氣亦有差別，很可能與其他書狀的作者并非同一人。至於受書人，本文贊同爲唐五代時期在敦煌長期任職并留居該地的唯一外來文士張球的觀點，亦據三卷所抄詩作對此觀點進行了補充論證。

關鍵詞：P. 2672V、P. 5007V + S. 6234V　仿經折裝存藏方式　涼州　敦煌　張球

據内容字迹與抄寫狀況等，學界已推知法藏敦煌文書 P. 2672[1]、P. 5007[2] 與英藏敦煌文書 S. 6234[3] 原本屬於一卷[4]，今分藏於兩國，係因原卷斷裂後分别被

---

[1] 文書圖版見上海古籍出版社、法國國家圖書館編《法國國家圖書館藏敦煌西域文獻》第 17 册，上海古籍出版社 2001 年版，第 179—181 頁。

[2] 文書圖版見上海古籍出版社、法國國家圖書館編《法國國家圖書館藏敦煌西域文獻》第 34 册，上海古籍出版社 2005 年版，第 11 頁。

[3] 文書圖版見中國社會科學院歷史研究所、中國敦煌吐魯番學會敦煌古文獻編輯委員會、英國國家圖書館、倫敦大學亞非學院編《英藏敦煌文獻（漢文佛經以外部分）》第 10 卷，四川人民出版社 1994 年版，第 209—210 頁。

[4] 徐俊《敦煌詩集殘卷輯考》首先揭示了三號文書之間的拼合關係，并特意説明"斯六二三四與伯五〇〇七綴合，由榮新江先生示知"。中華書局 2000 年版，第 651 頁。

伯希和、斯坦因携走所致。這三號文書的兩面均寫有大量文字，一面爲詩作集抄（學界習稱其爲"詩集"。爲行文簡捷，下文沿用此稱），這乃是學界關注的焦點所在；另一面所存則主要爲數通自涼州發往敦煌的書狀，書狀行間及狀後空白處亦夾寫有少量詩稿。關於這三號文書，近百年來學界已刊布了十餘種著錄成果或專題論文①，極大地推進了有關研究。因課題任務需要，近年筆者也格外關注三卷，在勉力研讀文書與認真拜讀前賢論著的過程中，逐漸就幾個具體問題形成了一些個人看法，其中針對"詩集"部分的整理與研究，因篇幅過長，詳見另文。②本文擬僅探討三號文書寫本形態等方面問題，并着力校注解讀寫卷所存四通書狀。不當之處，敬請方家教正。

一 關於三號文書原黏接順序及書狀與詩作妥洽校錄順序的推測

前已言及，學界已考出這三號文書原屬同卷，榮新江《唐人詩集的鈔本形態與作者蠡測——敦煌寫本 S.6234 + P.5007、P.2672 綜考》③ 還對寫卷用紙情況進行了更深入細緻的分析，指出："事實上，書札一面應當是先寫的正面，而詩集一面則是背面。故此我們可以把前人習慣指稱爲正面的詩集改作背面，書札所寫改作正面。之所以這樣強調原本的正背關係，因爲這和詩歌的創作和抄寫密切相關。"

筆者完全贊同榮先生的上述觀點，只是考慮到刊布文書圖版的圖錄、網站等已將文書正背表述方式固化，爲避免混亂，後文行文仍依各圖錄等的標注，必要時做適當說明。

在前揭文中，榮先生又提道："因爲這些書札是隨意黏貼而成，所以我們不能判斷 P.5007 + S.6234 和 P.2672 誰前誰後，目前我們也無法確定背面詩集兩個斷片的前後關係。不論是從詩集所錄各詩的內容上來看，還是從地理位置、時間上來看，似乎都沒有規律可循。"於此，今知學界刊發的關於三卷的最新成果——李

---

① 早在20世紀30年代，王重民先生即於《伯希和劫經錄》中著錄了 P.2672 與 P.5007，并探討了前者所抄詩的作者問題，認爲"作者大概是開元間人，曾在張掖作官，又曾在涼州，沙州，甘州，西州遊歷"。因當時尚不知兩號本屬同卷，王先生沒能參考 P.5007 存詩內容。王重民：《伯希和劫經錄》，載商務印書館編《敦煌遺書總目索引》，中華書局1983年版，第270頁。
② 拙文《敦煌文書 S.6234 + P.5007 + … + P.2672 所存佚名詩抄校理》已投交中國社會科學院古代史研究所主編《古文書研究》。
③ 榮新江：《唐人詩集的鈔本形態與作者蠡測——敦煌寫本 S.6234 + P.5007、P.2672 綜考》，《項楚先生欣開八秩頌壽文集》，中華書局2012年版，第141—158頁。下文引用該文時，一般不再標示副標題。

軍《敦煌本〈唐佚名詩集〉作者再議》① 亦不甚確定，推測"構成《詩集》的三件文獻，其排列次序或爲 P. 2672V、S. 6234V + P. 5007V、P. 2672"。

因整理詩集所需，筆者反復觀察比對了三號寫卷兩面的抄寫情況與現存狀況，注意到屬於 P. 2672 的兩紙中，書狀一面的第一紙上的文字大多損泐漫漶，無法識讀，但另面抄寫的詩作却大多清晰可辨，至於第二紙兩面與屬於 S. 6234 + P. 5007 的另外兩紙的兩面的文字則均保存得相當完好（S. 6234 部分字迹之所以難以確認，是因爲目前我們看不到該號文書彩色圖版，而《英藏敦煌文獻（漢文佛經以外部分）》公佈的黑白圖版相當模糊）。那麽，在相對於四紙而言的正背共八個頁面中，爲什麽僅 P. 2672 書狀面第一紙現存狀況明顯差於其他部分呢？

筆者推想，原卷係由每紙各寫有一通書狀的至少四張紙黏接而成，平素收藏時一般不會全部攤開，當是或者捲成一卷平放或立放，或者以類似經折裝的方式疊放（此處所言非謂該寫卷是標準的經折裝，而是指其收藏方式參照了經折裝形式。敦煌藏經洞中留存有不少經折裝文書）。從現存狀況看，更似後者。經折裝初始摺疊和展開閱覽時均有内外之分，如果折葉數量爲偶數，疊放時外向面的首頁和末頁也就類似於封面和封底。具體説到我們討論的三號文書，黏接這四通書狀的目的是利用空白紙背匯抄詩作，這樣，持有者更看重的自然是抄寫詩作的一面，從而會將該面向内摺，使書狀面在外。筆者以爲，當初很可能是一紙一摺，P. 2672 書狀面第一紙因被摺在最外面，經長期暴露和磨損就變成了今天的樣子。又由於原書狀用紙較好較厚，這一紙上的詩作被摺在裏面，故還多可辨識。這似乎是依據現存綫索我們能夠找到的相對而言較爲合理的解釋。

筆者之所以不厭其煩地討論這三號寫卷可能的存放情況，是因爲它直接決定我們該按怎樣的次序校錄文書——對文書書寫形式的考察分析往往會促成對文書内容的深度整理和深入研究。具體説到此三號文書，雖然當初是因要利用書狀紙背空白而黏接書狀，但此四紙的黏接還是有規律可循的，且黏成之後匯抄數十首詩時更是有一定次序的，只有依原來的匯抄順序漸次校錄，纔更有利於深度分析各詩内容與寫作背景。這樣，如果上述以仿經摺裝方式摺疊長卷的推論不誤，從書狀面看，當初的黏接次序即是 P. 2672V、P. 5007V + S. 6234V（此係圖錄標注方式，實爲相應文書正面），因兩面文字上下同序，另面詩作的抄集順序便是與之相反的 S. 6234 + P. 5007、P. 2672，故我們也應以此爲序進行校錄。至於書狀面行間空白處零零散散地書寫的幾首詩稿，其彼此之間及與另面詩集之間的書寫次第，實難確斷。依常理，似以各書狀尚保持原狀未被塗寫時粘接更爲合理，如是，則

---

① 李軍：《敦煌本〈唐佚名詩集〉作者再議》，《敦煌學輯刊》2017 年第 1 期。

當是先利用空白卷背集抄諸詩，待卷背用完後，再於書狀面的字裏行間夾寫。換言之，寫於書狀行間的散詩當於另面詩集之後校錄。

二　書狀重録并校注

前已言及，這三號文書是由各寫有一通書狀的四紙黏接而成。四通書狀均爲原件，不僅字迹工整、行距頗大、行款嚴謹，其中一通上還鈐有"河西都防禦使印"①。榮新江先生已刊布了書狀録文。今筆者所録與榮先生的録文之間存有多處差異，校録序次亦與榮先生先録 P. 5007 + S. 6234 再録 P. 2672② 不同。爲後文行文方便，試依原卷行款，逐一重録③於次，并酌加註釋及擇要說明與榮先生録文之間的差異，以便參酌。

（一）P. 2672V（實應爲正面）所抄第一通

1. 伏以運在□堯(?)，節應周正④。伏惟
2. 判官：景□惟新，應時納
3. 慶。未由展(?)□⑤，□積瞻(?)勤⑥。伏〔惟〕
4. 昭（照）察。謹狀
5. 　　　　都防禦判官將仕郎試弘文館校書郎何□狀⑦

（二）P. 2672V（實應爲正面）所抄第二通

1. 竊以道途迢遞，艱阻是常⑧。

---

① 僅憑目前所見圖版無法識別印文，此係榮新江先生據原卷所録。
② 此處榮先生係據文書實際使用情況稱正背，在相關圖録中則被誤標爲背面。
③ 校録過程中得到了成都文理學院長於書法的管靖先生及其友人的熱情指點幫助，特於此誠致謝忱！
④ 節：榮新江《唐人詩集的鈔本形態與作者蠡測》録作"印"。周正：周曆正月，即農曆十一月。《史記·曆書》："夏正以正月，殷正以十二月，周正以十一月。"是知本書狀寫於某年十一月。
⑤ 展(?)：據依稀殘迹校録，榮先生未録。
⑥ 積：榮先生録作"精"。瞻(?)：據依稀殘迹校録，榮先生未録。
⑦ 此落款損泐嚴重，原卷行右有後人對此落款的摹寫，亦損。此係參酌該行摹寫及 P. 5007V + S. 6234V 所存書狀落款校録。榮先生録作"都防禦判官將仕郎 試 弘文館校 書 郎何慶狀"，并將摹寫行録入了書狀。
⑧ 原卷行右有後來人對此行字的摹寫，不録。榮先生將摹寫行亦録入書狀。

2. 判官絕地當官，請俸甚尠①。凡遇八節②，
3. 乞不遠馳信禮，惟垂　信鑒。謹狀
4. 　　　　　　　　　　狀③

（三）P. 5007V + S. 6234V（實應爲正面）所抄書狀

1. 改年④。伏惟　歡☐
2. 感慶兼極。孟春猶寒，伏惟⑤
3. 判官尊體動止萬福。即日鎮⑥
4. 寧覲蒙恩⑦，未由展
5. 賀，但積瞻依⑧。謹奉狀，不宣，謹
6. 　　　正月一日河西都防禦判官將仕郎試弘文館校書郎何☐狀⑨
7. 判官 閣下
　　　 謹空

（四）S. 6234V（實應爲正面）所抄書狀

1. 不審近日　尊履與　雅致何似⑩？伏惟

---

① 請俸：亦作"請奉"，指薪俸。
② 遇：榮先生錄作"過"。八節：古代以立春、立夏、立秋、立冬、春分、夏至、秋分、冬至爲八節。《周髀算經》卷下："凡爲八節二十四氣。"趙爽注："二至者，寒暑之極；二分者，陰陽之和；四立者，生長收藏之始；是爲八節。"
③ 據字迹、墨色可知，本行"狀"字之前文字均係後來詩作者書寫，而非書狀作者署名，或原署名已被詩作者塗改爲詩作的用字。此處鈐有朱印，榮先生據原卷錄印文爲"河西都防禦使印"。
④ 改年：改換年號。
⑤ 本行與下一行之間的上部空白處有後人雜寫"動止萬福"。
⑥ 鎮：以小字書寫，位置亦偏行右，顯然是致書人之名。榮先生錄作"☐（小字人名）"。今將該文書彩色圖版進行局部放大後，可見該字相當清晰。
⑦ 寧覲：返里省親。
⑧ 瞻依：瞻仰依恃，敬仰依戀，用於表示對尊長的敬意。語出《詩·小雅·小弁》："靡瞻匪父，靡依匪母。"鄭玄箋："此言人無不瞻仰其父取法則者，無不依恃其母以長大者。"
⑨ 此行落款現存於 S.6234，目前能查閱的最清晰圖版即《英藏敦煌文獻（漢文佛經以外部分）》第 10 卷刊布的黑白圖，仍相當模糊，人名處可見個別筆劃，《斯坦因劫經錄》據縮微膠卷識讀爲"皮"，《英藏敦煌文獻（漢文佛經以外部分）》第 10 卷推斷爲"成"，榮先生錄作"慶"。
⑩ 尊履：問候對方時的敬稱，舊時多用於書信。履：步履。（宋）歐陽修《與蘇編禮》："得書，承尊履休康，并以爲慰。"雅致：高雅的意趣。上文以"尊履"問候對方的身體康健與否，此處則以此表示對對方情緒是否愉悅的關心。此句，榮先生錄作"尊體（？）與雅☐何似"。

2. 俱遂愜適。
3. 眷私過深①，榮翰稠沓②，兼貶示
4. 盛製③，輒成吟諷，如扣琳瑯。永爲篋
5. 笥之珍④，復仰　波瀾之大⑤。其於傾
6. 歎，不廢夢魂。欵悟未期⑥，詠戀徒
7. 積。同人勿怪　芳示⑦，續更有狀⑧。伏惟
8. ▭▭▭▭▭▭▭▭▭▭　□狀⑨

三　書狀諸問題探析

（一）P.2672V 所抄兩通書狀實屬一件，係複書

仔細分析 P.2672V 所抄兩通書狀，會發現第一通僅問候起居，全無具體內容，而第二通全無問候語，徑直言事，兩通的字跡又明顯相同，當爲一人一時之作。

因而，筆者認爲，它們屬於複書，第一通爲問候起居的正狀，第二通爲陳述具體事項的別紙，而也正因爲其爲別紙，纔以印章代替手書落款。換言之，P.2672V 所抄實係由兩紙組成的複書，兩紙的寫成與送達時間一致，內容互補。這是學界以前沒有注意到的問題。

另外，筆者認爲，據書狀內容，各狀均明顯爲私書而非公文，之所以鈐有朱印（如印文確爲"河西都防禦使印"，則爲官印，至於其緣何可以動用官印，則當追究授書者的職任），除該通爲別紙外，當還與授書人與收書人相當熟落親密有關。

（二）三件（四通）書狀的授書人當爲兩人

榮新江《唐人詩集的鈔本形態與作者蠡測》在談及 P.2672 存有兩通書狀

---

① 眷私：垂愛，眷顧。榮先生錄作"春（？）以"。
② 榮翰：惠函，對他人來信的敬稱。榮先生錄作"景□"。稠沓：意謂多而重複。
③ 貶示：意近"辱示""垂示""賜示"等。（宋）毛滂曾做《累蒙周開祖使君貶示佳章才拙思荒愧不能報謹勉次韻一篇少叙敬避老匠之意》，即以"貶示"稱呼使君將所做詩文送給自己。貶：榮先生未錄。
④ 篋笥：藏物的竹器。（唐）杜甫《留別公安太易沙門》詩："數問舟航留製作，長開篋笥擬心神。"篋：榮先生錄作"筐"。
⑤ 波瀾：比喻詩文的跌宕起伏，有時也可用來喻指起伏變化的思潮。
⑥ 欵：拜謁。榮先生錄作"穎"。
⑦ 同人：志同道合的朋友。（唐）陳子昂《偶遇巴西姜主簿序》："逢太平之化，寄當年之歡，同人在焉，而我何歎？"榮先生錄作"因人"。
⑧ 續：榮先生錄作"繼（？）"。
⑨ "狀"字之前致書人的名字僅見部分筆劃，字形與第一、三狀署名之字略似，榮先生均錄作"慶"。

（榮先生稱爲"書札"）後稱："S.6234＋P.5007也是兩通書札，至少和P.2672第一首書札的作者是同一個人，即'河西都防禦判官將仕郎試弘文館校書郎何慶'，第二首署名不清，視字體也應當是同一人所書。而且，P.2672第二首書札署名處，鈐有'河西都防禦使印'。按P.3863《中和四年（？）河西都防禦招撫押蕃落等使翁郜牒》、P.2696《光啓元年（885）車駕還京師大赦詔》均鈐有同一方'河西都防禦使印'，則這幾件文書都是河西都防禦使府的應用文書。"可見榮先生認爲至少P.2672第一通與S.6234＋P.5007抄存的兩通，共三通，可能還包括P.2672第二通，即全部四通書狀的作者均是何慶。李軍《敦煌本〈唐佚名詩集〉作者再議》更明確稱"P.2672、P.5007、S.6234等三件文獻的正面本爲河西都防禦判官何慶寫給某位判官的四通書札，尤其是第四通書札的署名處還鈐有'河西都防禦使印'，證明這些書札是由設置於凉州的河西都防禦使府發出的官方文書"。由於對原卷各紙排列黏接的理解不同，李軍先生此處所説的第四通書札即筆者上錄文中的P.2672V所抄第二通書狀（第一通的別紙）。不管怎樣，李軍先生也是認爲各狀作者均爲何慶。關於S.6234所存書狀作者的名字，還有兩種不同識讀結果，其一爲"何皮"，見於劉銘恕《斯坦因劫經錄》[①]，其二爲"何成"，見於《英藏敦煌文獻（漢文佛經以外部分）》第10卷的文書擬名。

　　筆者認爲，既然P.2672V所抄兩通書狀本屬一件，授書人（或曰致書人）自然也是同一人，即"都防禦判官將仕郎試弘文館校書郎何□"。關於其名字究爲何字，目前筆者尚無定見。考P.5007V＋S.6234V所抄書狀落款署爲"河西都防禦判官將仕郎試弘文館校書郎何□"，與P.2672V所抄書狀字迹一致，官銜亦同，授書人爲同一人應該是沒有問題的。令人費解的是，P.5007V第三行之末有一偏右寫成的小字"鎮"。無論將其置於上下文中考量，還是分析其書寫格式，均可知該"鎮"字爲授書人自稱。但是，現存於S.6234V首行的該書狀落款中的授書人之名筆劃殘迹却不似"鎮"。於此，筆者頗爲困惑，疑"鎮"或爲授書人的親眷？暫存疑。不過，據授書人官稱仍可知其在使府中執掌文辭之責，故自可接觸到官印，但竟然用於私書，的確非常罕見唐突，其與收書人的關係顯然非比尋常。

　　至於S.6234V中後部所存書狀的字體與前述各狀則明顯有異，狀末落款僅有兩個字，頗似"慶狀"，這或許就是榮先生將各書狀作者均錄爲"何慶"的依據。但是，這一狀的筆迹及行文語氣與前兩件書狀相差過大，實不似同一人所寫。

---

① 前揭《敦煌遺書總目索引·斯坦因劫經錄》，第238頁。

（三）各書狀的受書人即諸詩的作者，係曾在歸義軍政權中擔任軍事判官的著名文士張球

關於受書人（或曰收書人），學界一致同意即另面詩歌作者的觀點，但對於其究竟是誰，又存有多種看法，其中近年出現的翁郜説與張球説尤其引人注目。

榮新江《唐人詩集的鈔本形態與作者蠡測》率先提出："何慶狀中的判官即咸通十二年至乾符三年間任此職的翁郜。""正面書札的收受者和詩歌的創作者，即涼州都防禦判官翁郜其人，他也應當就是背面詩集的作者。"[1]

李軍《敦煌本〈唐佚名詩集〉作者再議》則認爲詩集作者"可能並非出自河西都防禦使府，而是在沙州任職的官員，或即長期出任沙州軍事判官及歸義軍節度判官的張球"。該文提出了五點論據：書劄行文不是河西都防禦使府同僚之間問候的口吻；從詩集歌頌對象推測其作者當係歸義軍節度使而非河西都防禦使屬下；張球與涼州及河西都防禦使府有密切聯繫，張球爲作者的推測可以合理解釋書劄入藏敦煌藏經洞問題；現有材料不足以證明翁郜曾在河西西部及西域地區活動，而詩集反映的作者遊歷範圍與張球的活動情況大致對應；詩集筆迹與張球相符。

於此，筆者認爲李軍先生的推論更爲合理，表述得也相當充分，并且筆者還可再做一點補充。既然受書人即是諸詩的作者，我們便可以對詩文再下些功夫。據英藏敦煌文書S.2059《〈佛説摩利支天菩薩陀羅尼經〉序》中的張球自述"□□□州山陰縣人張俅[2]"及《張淮深碑》抄件卷背詩中張球對早年故鄉生活的回憶可知，張球本爲越州山陰人，成年之後纔來到歸義軍政權中任職爲官并留居於此。他在敦煌生活了五六十年，憶舊思歸便成了其詩文的一大主題，而S.6234+P.5007、P.2672三號文書所抄詩作在追憶故鄉時提到的均明顯是江南風物，正與張球的情況相符。例如：《重陽》一詩在"薆眼顰媚（眉）望故鄉"之後有"雎鳩歌詠兩三行"，雎鳩是張球出生地越州山陰所屬的江東地區常見的水鳥。又如，《因國十一求乾脯》有言"更堪思曝脯"，所求所思的也是南方人喜愛的食品。而據《十國春秋》卷九七所載"翁郜字季長，長安人"[3]，上述那些具有濃郁南方特色的風物均與長安無關。因而，這些發自河西都防禦使所在地涼州的書狀的受書人，確

---

[1] 前揭榮新江《唐人詩集的鈔本形態與作者蠡測》，載《項楚先生欣開八秩頌壽文集》，第147—148頁。

[2] 張俅，係張球之別名。其名字在敦煌文書和敦煌古碑銘中有至少四種寫法，除已言及的兩種外，還有張景球、張景俅。詳參拙文《晚唐敦煌寺學名師張球名字之異寫》，載《童蒙文化研究》第六卷，人民出版社2021年版，第60—71頁。

[3] （清）吴任臣：《十國春秋》，中華書局1983年版，第1392頁。

應是來自江南的張球，書狀的撰作時間就應是張球尚任軍事判官的咸通年間及稍後數年。①

四　餘論

以上筆者勉力探討了 P. 2672、S. 6234 + P. 5007 三號寫卷物質形態方面的一些問題，認爲是類似於經摺裝的存藏方式導致了 P. 2672 書狀面第一紙磨損嚴重，難以識讀。由此，筆者進而討論了各紙的黏接順序與書狀和詩作的較爲妥洽的校錄次序。在對三卷所存書狀重新校注的基礎上，筆者重審書狀結構，提出了 P. 2672V 所抄兩通書狀實屬一件複書的觀點。關於諸狀的授書者，筆者認爲，書寫於 P. 2672V 的複書與幸賴 P. 5007V + S. 6234V 保存下來的那件書狀的授書人相同，其時正任職於涼州，爲河西都防禦判官，與受書人關係密切，會依時令常例經常致書問候；而 S. 6234V 中後部抄存書狀的筆迹與上述各狀明顯不同，行文語氣亦有差別，很可能與其他書狀的作者並非同一人。至於受書人，筆者則贊同爲唐五代時期在敦煌長期任職並留居該地的唯一一位外來文士張球的觀點，亦據三卷所抄詩作進行了補充論證。

還可補叙的是，其一，P. 2672V 所抄在涼州任職的何某寫給張球的書狀中有言："道途迢遰，艱阻是常。判官絶地當官，請俸甚尠。"顯然，彼時涼州的官員已視敦煌爲"絶地"，對身處其中的張球不得不應對的困苦深表同情，涼州人士的自信與優越感躍然紙上，而這當是以相對於敦煌而言涼州地位重要、交通發達、社會先進爲依託的。其二，S. 6234V 中後部抄存的那件書狀表明，授書人對收書人張球文學才華的賞識讚譽溢於言表，收書人張球與外界聯絡之廣及才學之受推崇尊重於此可見一斑。誠然，張球的文學功力和成就難以與彪炳史册的聖賢文宗碩儒巨匠相比，但是，肯於和敢於在艱危變亂的晚唐親身奔赴異域絶地，并將自己的一生都貢獻給了敦煌的文士，今知僅此一位，我們應對其人其事其文予以高度重視和認真研究。

本文爲國家社科基金課題"晚唐敦煌文士張球與歸義軍史研究"（項目編號：16BZS007）的階段性成果。

收稿日期：2022 年 11 月

---

① 關於張球任職遷轉的大致情况，請參拙文《晚唐文士張球生平索隱》，《敦煌研究》2021 年第 6 期。

《新輯宋會要·禮類》之緣祀裁制門整理稿

林 鵠

摘 要：《永樂大典》"祀"字韻"歷代群祀"事目收錄有篇幅相當長的《宋會要》佚文，《宋會要輯稿》標目作"群祀"。根據他處所見《宋會要》佚文及《唐會要》《五代會要》《中興禮書續編》相關門名，可以確定這部分佚文正文出自《緣祀裁制門》。而佚文注文部分，從內容判斷，應當分別出自《告禮門》和《大禮五使門》。

關鍵詞：宋會要 永樂大典 緣祀裁制 告禮 大禮五使

題解：本門據《宋會要輯稿》（以下簡稱《輯稿》）禮一四之一至一〇八整理，其文錄自《大典》卷一三八四一至一三八四三"祀"字韻"歷代群祀"事目。其記事起太祖建隆四年四月七日，迄寧宗嘉定四年十一月三日，主要內容爲大、中、小祀臨事所作補充規定。

《輯稿》禮一四之一書手題有"宋會要"三字，下有行草批目"群祀"，正文首行上有楷書眉批"太祖至英宗"；禮一四之四〇書手題"祀"字，下有楷書批目"群祀二"，右旁行草批目"宋會要"，正文首行上有楷書眉批"神宗至欽宗"；禮一四之七五書手亦題"祀"字，下有楷書批目"群祀三"，正文首行上有楷書眉批"高宗至孝宗""禘附"。今案，《輯稿》禮四二之九嘉祐七年八月一日條注云"議具《緣祀裁制》"，所指即《輯稿》禮一四之三六嘉祐七年八月一日條。又《唐會要》《五代會要》俱見《緣祀裁制》，係關於群祀臨事所作補充規定，本門內容與之相合。《中興禮書續編》亦立《緣祀裁制》一門。可知原標"群祀"不當，本門應爲"緣祀裁制"。

《大典》"歷代群祀"事目宋代部分以本門爲主，在太宗太平興國九年十一月十一日條下，插入《告禮門》序文，并以該門太祖朝文作注。以下分別于太宗至高宗諸朝及孝宗乾道末，以《告禮門》相應條目作注。淳熙已降，則以《大禮五

— 79 —

使門》相應條目作注,且每條各據時序,散入本門諸條下。寧宗嘉定五年已降四條,實屬《大禮五使門》,本應爲注,誤作正文。今以告禮、大禮五使諸條分別歸入《告禮》《大禮五使門》,其餘各條留於本門。

國朝凡大中小祠歲一百七:大祠十七,昊天上帝、感生帝、五方上帝、九宫貴神、五福太一宫、皇地祇、神州地祇、太廟、皇后廟、景靈宫、朝日、高禖、夕月、社稷、禣祭百神、五嶽。中祠十一,風師、雨師、海瀆、五鎮、先農、先蠶、五龍、周六廟、先代帝王、至聖文宣王[一]、昭烈武成王。小祠十四。司中、司命、司民、司禄、靈星、壽星、馬祖、先牧、馬社、馬步、司寒、山林、川澤、中霤。著《禮令》,用日者五十九[二],立春祀青帝于東郊,太一宫、東嶽天齊仁聖帝、東鎮東安公、東海淵聖廣德王、東瀆大淮長源王。上辛祈穀,祀昊天上帝于圜丘,前二日奏告太宗皇帝室;祀感生帝于南郊,前二日奏告僖祖皇帝室[三]。吉亥饗先農于東郊,後甲祀風神。仲春上丁釋奠至聖文宣王,上戊釋奠昭烈武成王。春分朝日于東郊,祀高禖,開冰祭司寒。春分前後戊日祭太社、太稷。季春吉巳饗先蠶。立夏祀赤帝于南郊,太一宫、南嶽司天昭聖帝、南鎮永興公、南海洪聖廣利王[四]、南瀆大江廣源王。後申祀雨師、雷師。夏至祭皇地祇于方丘,前二日奏告太祖皇帝室。季夏土王,祀黄帝于南郊[五],中霤、中嶽中天崇聖帝、中鎮應聖公。立秋祀白帝于西郊,太一宫、西嶽金天順聖帝、西鎮成德公、西海通聖廣潤王、西瀆大河顯聖靈源王。後辰祀靈星。仲秋上丁釋奠至聖文宣王,上戊釋奠昭烈武成王。秋分夕月于西郊,饗壽星于南郊。秋分前後戊日祭太社、太稷。立冬祀黑帝于北郊,太一宫、北嶽安天元聖帝、北鎮廣寧公、北海冲聖廣澤王、北瀆大濟清源王。後亥祀司中、司命、司民、司禄。十月十五日朝拜景靈宫。冬至祀昊天上帝于圜丘,前二日奏告太祖皇帝室。上丁,貢舉人謁至聖文宣王廟[六]。臘日禣祭百神于南郊,太社、太稷,臘饗太廟、皇后廟。有時月而無日者四十八。孟春薦饗太廟、皇后廟,朝謁祖宗神御。仲春祀九宫貴神、五龍、馬祖、先代帝王、汾陰后土、周六廟,遣官朝拜諸陵,祭汴口。孟夏薦饗太廟、皇后廟,雩祀昊天上帝于圜丘,前二日奏告太宗皇帝室。仲夏祭先牧、周六廟。孟秋薦饗太廟、皇后廟。仲秋祭先代帝王、汾陰后土、九宫貴神、周六廟、馬社,遣官朝拜諸陵。季秋大饗明堂,前二日奏告英宗皇帝室。孟冬薦饗太廟[七]、皇后廟,祭神州地祇于北郊。前二日奏告太宗皇帝室。仲冬祭馬步、周六廟,藏冰祭司寒。四時月薦新。司天監於季前預擇之,供報禮院看詳,牒祠部以聞,詔有司行焉,謂之"畫日"。古者大祀散齋七日,致齋三日,誓於散齋之始,通日爲十。今則先祀七日,太尉帥祠官受誓戒於尚書省,退而散齋四日於正寢,致齋二日於本司,一日於祠所。中祀散齋三日,致齋二日。小祀散齋二日,致齋一日。無本司者,於武成王廟。皇帝親祀,散齋於别殿,致齋於大慶殿,從祀官致齋於朝堂及本司之在内庭者。車駕出則從，而齋宿於祀所。凡祝詞，皇帝親祀則書之册，封禪用玉，餘用竹，皆中書省主之。有司常祀則書之方版，秘書省主之。歲之常祀率用舊文，其特祭如有祈請，則學士院撰文，應書御名者進書之。國初親郊，朝饗太廟，中書侍郎讀册文。乾德中用中書舍人，咸平後復侍郎。凡玉、幣，少府供玉，太府供幣，其長一丈八尺。郊丘配帝幣初用蒼，乾德後改用白。凡祭器藏于少府監，有祀事則掌供。凡酒齊，皇帝初獻用玉斝，亞獻用金斝，終獻用瓢斝，餘皆用爵，並實以法酒。

〔一〕至聖文宣王　"聖"原作"神"，據下注文"仲春上丁釋奠至聖文宣王"等改。

〔二〕用日者五十九　"者"字原脱，據《玉海》卷一〇二《熙寧太常祠祭總要》條及下文"有時月而無日者"例補。

〔三〕前二日奏告僖祖皇帝室　"日"原作"百"，據下高宗建炎四年十一月六日條、《政和五禮新儀》卷九《序例》及《中興禮書》卷九〇《昊天上帝一》改。

〔四〕南海洪聖廣利王　"洪"原作"供"，據《輯稿》禮二一之九等改。

〔五〕祀黃帝于南郊　"黃"原作"皇"，據上下文例及《雞肋編》卷中改。

〔六〕貢舉人謁至聖文宣王廟　"人"字原脱，據《通考》卷四三《學校考四》補。

〔七〕孟冬薦饗太廟　"冬"原作"春"，據上下文例及《宋史》卷一〇〇《禮志三》改。

太祖建隆四年四月七日，詔曰："祠祀大事，居處必莊。如聞行禮之時，供帳不備。自今祠祭宿齋，並令儀鑾司陳設幄幕，務令嚴潔，稱朕意焉。"

五月十二日，詔自今祠祭並委司天臺擇日。先是止委太卜局故也。

乾德四年八月十四日，太常寺言："祠祭祝文係禮院版，秘書省書版，當寺差郊社直官請赴祠所，文多差誤。欲令禮官檢詳《開寶禮》《郊祀錄》及諸禮例，定本錄付秘書省。又准《開元禮》，祝文皇帝並全稱尊號。舊祭四鎮，唐天寶十載封霍山爲應聖公，增爲五鎮。釋奠文宣、武成王祝板皆不御書名。望遵此施行。"並從之。

六年九月十四日，南郊禮儀使言："舊制，皇帝致齋於崇元殿[一]。伏見乾元殿乃正寢受朝之所，宜爲齋庭。"詔宿齋乾元殿。

　　[一] 皇帝致齋於崇元殿　"元"原作"先"，據《輯稿》禮二八之七一等改。

十月二十七日[一]，判太常寺和峴言："建隆四年郊祀，望燎之位去燎壇遠，有司不聞告燎柴之聲。臣時爲禮官，親聞德音，令舉燭相應。按《史記》，秦常以十月郊見，通權火[二]。其狀若井之桔橰[三]，欲令光明遠照，通於祀所。有以知宸心博達[四]，冥合古典。方今再行郊禮，望下禮院與少府監率循前制，編入儀注。"從之。

　　[一] 十月二十七日　《太常因革禮》卷二九《冬至祀昊天上帝於圜丘一》作"十一月一日"，《長編》卷九作"十一月癸巳（十四日）"。又，檢《太常因革禮》卷二九《冬至祀昊天上帝於圜丘一》，十月二十七日和峴曾因他事上奏。

　　[二] 通權火　"火"字原脱，據《太常因革禮》卷二九《冬至祀昊天上帝於圜丘一》、《長編》卷九補。

　　[三] 其狀若井之桔橰　"井之"原作"今"，據《太常因革禮》卷二九《冬至祀昊天上帝於圜丘一》、《漢書》卷二五《郊祀志上》張晏注改。

　　[四] 有以知宸心博達　"以"原作"人"，據《太常因革禮》卷二九《冬至祀昊天上帝於圜丘一》改。

開寶四年十一月二十七日冬至[一]，親郊，宿齋文明殿，始用繡衣鹵簿。先是大駕鹵簿衣服旗幟止以五綵繪畫，自是盡易以繡。

　　[一] 開寶四年十一月二十七日冬至　"七"原作"四"。案《輯稿》禮二八之六九云："開寶元年十一月二十四日、四年十一月二十七日、九年四月三日，並親郊。"又，是年親郊乃二十七日冬至，可得《輯稿》禮二八之三、《長編》卷一二及《玉海》卷八〇《開寶繡衣鹵簿》條、卷九三《乾德南郊行禮圖》條印證，據改。

九年四月二日，幸西京親郊，齋于文明殿。

太宗太平興國三年十一月十一日，冬至親郊，復齋乾元殿。

九年十一月十一日，禮儀使扈蒙言："郊祀受誓戒，文武百僚於尚書省，亞獻、三獻於中書。其諸王如赴尚書省，緣在宫城内，慮恐不及。又亞獻、三獻及諸王隨皇帝，宿齋於何處？"詔韓王元休以下三人及皇姪孫惟吉隨亞獻於中書受誓戒，仍於本宫廳内宿齋〔一〕。

〔一〕仍於本宫廳内宿齋　下"又古者天子巡狩"條係《告禮門》序文，注引《續會要》太祖朝文係《告禮門》正文，俱改移彼處。注又引《通鑑長編》卷四太祖乾德元年六月丙申條，今删。

端拱元年八月二十三日〔一〕，秘書監李至言："著作局撰告饗宗廟及諸祠祭祝文稱尊號，唐室已來，惟《開元禮》有之，稽古者以爲非禮。會昌中從禮官議，但稱'嗣皇帝臣某'，則是祝文久不稱號明矣。且尊號起於近代，請舉舊典，告饗宗廟稱'嗣皇帝臣某'，諸祠祭稱'皇帝'，斯爲得禮。"從之。

〔一〕端拱元年八月二十三日　"端拱"上原有"太宗"，據凡例删。

淳化二年七月十一日〔一〕，秘書監李至上新撰《正辭録》三卷，凡百九十三首，八十四新制〔二〕，餘仍舊辭。詔永爲定式。

〔一〕淳化二年七月十一日　"十一"原作"三十"，《玉海》卷五八《淳化正辭録》條、卷一〇二《淳化正辭録》條俱云"戊申"，卷一〇二且注云："三十日。"然是月僅二十九日，戊申實乃十一日，"三十"應爲"十一"之訛。

〔二〕凡百九十三首八十四新制　《太常因革禮》卷一一祝詞同。《玉海》卷一〇二謂"舊一百九首，增撰八十一首"，又注稱别本云"凡百九十三首，内八十四首新制"。卷五八則謂"撰成數百首"，亦稱别本云"凡百九十三首，内八十四首新制"。

十二月二十九日，詔："應祠祀壇壝近墳塚者，悉移爽塏寬廣之地。"

三年八月七日，秘閣校理吴淑言祠祭有未合典禮二十七事，詔中書門下參酌以聞。李昉等言："舊制差監察一員充監祭，近歲多以他官攝。

今請復舉舊制，差官、祭器、禮料不如禮者[一]，仍並委糾舉。其局當以祠祭，中使望停罷。應祠酒並以法酒充。祭器、神厨、什物有破弊者，委逐司點檢雅飾。齋宮常令洒掃，有壞即時完葺。祀官舊制各第給食錢，三局每祭勘請。勘會每年八十四祭，太廟朔望、四祭太一宮不給外，餘五十六祭計給食錢百八十三千。望每歲併付御史臺，逐祭委監祭使給。諸寺觀祈禱雨雪，至報賽日，請令各給事務錢五千造供食三牙盤，神廟即令御厨造祭食各一牙盤。"詔並從之，仍令先造祭食一牙盤進呈，以爲定式。

〔一〕禮料不如禮者　"料"原作"科"，據《太常因革禮》卷三《行事官上》改。

九月二十一日，侍御史王洞言："祠祭祝板承前皆御書名以表虔恭，近日所司因循寢罷。自今大祠祝板望令著作局選官撰定，內八作司擇板，選能書令史寫進。板、幣之類皆合用箱、帊嚴護，望別製新竹箱、黃帊，以表嚴肅。又所設拜席本太府寺供，近來止用一席，兼給數位，望令別以净席百領供用。又諸司供給有不依禮例，及人吏過犯者，今請於御史臺或府縣抽雜職隨行。"從之，其祝文仍令學士院寫進。

十一月，詔："祠祭差金吾清道人，各支食錢四十文，逐季牒三司支給。大祠左右街共十五人，中祠十三人，並充引唱、清道、隨從祗候；小祠監祭使不赴，止差六人充引唱、清道。委獻官點檢，如有闕失，牒監祭使施行。"

四年四月十七日，秘書監李至言："奉詔祀神州地祇及黑帝，壇並在墳冢之間，望遣官檢行移徙。"詔可，仍令禮官徧視四郊壇位，詳定大小祠神壇設壝步數以聞。太常寺上言："城東青帝、朝日二壇，城南黃帝、百神、靈星三壇，城西白帝、夕月、馬祖三壇，城北皇地祇[一]、黑帝、司中司命司人司禄三壇，並請移徙。準禮例，圜丘、方丘三壝，天地五郊，三百步內不得葬埋，壝外三十步不得耕種，壝內不許人行及樵牧。今詳圜丘、方丘已有制度，及先農壇近準敕設兩壝外，其餘祠壇，禮文並無壝制步數。請大祠各設兩壝，中小祠一壝，每壝二十五步，各於壝內安壇。"並從之。

〔一〕城北皇地祇　"地"原作"帝"，案"皇帝祇"不辭，上言"夏至祭皇地祇于方丘"，方丘正在城北，因改。

五月三日，吏部侍郎陳恕言："奉詔立夏祀赤帝，升壇告潔迴，見祭器堆聚，齋室塵垢甚多，即躬視滌濯，及以禮料付廚，請攝光禄卿賈守正視其饌造，烹牲、割胙皆自省閲。欲望自今並委祀官振舉，前一日先監滌祭器、潔鼎鑊。凡饌造什物洗拭訖，方赴壇省告，稍至怠慢，即以名聞。其神位席褥請委逐司長官封送祀所，禮畢，監祭使封還。脯醢魚鱐之類〔一〕，請委御厨別設祭饌庫貯之。"詔有司詳定，請皆如恕奏，詔從之。

〔一〕脯醢魚鱐之類　"之"下原衍一"之"字，今删。

至道三年九月二十八日真宗即位未改元〔一〕，山陵儀仗使牛冕言："靈駕發引後，諸司祠祭禮料、沿路橋道神祠之祭，舊例别無官員監轄。今請應啓攢宫後，諸色祭尊並委權主判監祭使、屯田郎中楊延慶點檢。"詔以延慶爲監祭使。其後明德園陵亦命監察御史嚴穎爲監祭使，別命秘書丞、直史館、判太常禮院姜嶼一路監禮，點檢行事。莊穆園陵亦然。真宗山陵命侍御史王貽序爲監祭使，同監禮點檢行事。後遂著爲定式〔二〕。

〔一〕真宗即位未改元　原脱，據凡例補。
〔二〕後遂著爲定式　下注引《續會要》太宗朝及真宗景德元年三月文係《告禮門》正文，今改移彼處。

真宗咸平二年閏三月十五日，監祭使張利涉言〔一〕："上辛祀昊天上帝及祀感生帝，少府監供圭玉，其色赤，恐未合典禮。"詔太常禮院詳定。禮官言："按《周禮·典瑞》云：'四圭有邸，以祀天，旅上帝。'後鄭云，祀天，夏正郊祀感生帝也，旅上帝，謂祀五帝也。《大宗伯》青圭等以祭五方天帝，此用四圭有邸而祭者，彼則四時迎氣及總饗於明堂，是常也，此因有故而祭之也。又《郊特牲正義》云〔二〕：'祭感生帝，玉與牲、幣宜從所尚之色。'今詳四圭合用赤色，難於改易。"詔如所議。

〔一〕監祭使張利涉言　"祭"原作"察"，據下十月十八日條改。

〔二〕郊特牲正義云　"正"字原脱，據《太常因革禮》卷一四《祭玉》補。

四月十一日，詔遣中使檢視諸祠祀祭器、禮料，務令精潔。自國初至是，每歲祠祭煩數，有司供辦禮料或尚乖祗肅，非薦誠爲民之意，故特詔檢責之。

十月十八日，學士院言："監祭使每言祝文差誤，凡祝文皆當直學士及待詔、孔目官等勘比進御書名，不當更有錯誤。今睹所奏，緣祝板已焚，無以辨正。自今本院欲差孔目吏同送監祭使交付，具無差互公文回報。"從之。

二十八日，監祭使張利涉請："祠祭祝版，前三日致齋時，集衆官看讀。如有錯誤，可以改換，既無闕事，亦免飾非。"從之。

四年十二月十日，上封者言："郊廟大禮，有司多觭蠲絜，望令致齋之所增給幄幕。"詔："應祠祭行事官所須帳幔、氈席、什物，令儀鸞司供給，無得闕悮。"

六年正月三日，省南郊供辦物十萬六千數，減功九萬九千。先是三司使梁鼎以郊祀經費頗多，請止行謁廟之禮。宰臣言："前代因災沴停郊祀則有之，改以謁廟，則典禮無據〔一〕。"真宗曰："郊祀天地，安議所費？"故止令省不急之用。

〔一〕則典禮無據　"無"原作"元"，蓋"无"之訛。

景德元年二月，太常禮院言："舊制，四季祠祭令監禮博士赴諸壇廟點檢。近來或遇闕官，牒監祭通攝。欲望自今委判院官攝博士監禮，點檢行事；如遇祭多闕官，亦仰禮直官覺察。"從之。

十二月二十三日，命知制誥李宗諤、楊億、崇文院檢討陳彭年詳定《正辭錄》。宗諤等言："經典之内，堯、舜、禹、湯或以名，或以諡，若從回互，足表致虔。《正辭錄》内堯、舜惟稱陶唐氏、有虞氏，其夏王禹、商王湯伏請除去'禹''湯'字。商中宗、高宗既有廟號，固令避名，伏請除去'帝大戊''帝武丁'字。"從之。因詔："自今御書名祝板，令秘閣吏書寫時進書。"商王祝版差誤不謹，故有是命。

二年九月二日，上封者言："郊丘天地神位版〔一〕，有司臨時題寫，多不嚴肅。望令重造。"詔鹵簿使王欽若與內臣詳閱修製。十一月一日，位版成，王欽若等呈於便殿，貯以漆匣、昇床，覆以黃縑帕。壇上四位朱漆金字，第一等黑漆金字，第二等黑漆黃字〔二〕，第三等已降黑漆朱字。天地、祖宗各爲一匣，餘十二陛共爲一匣。詔付有司，郊祀日差官專掌，每行禮日，以長竿床昇赴祠所。

〔一〕郊丘天地神位版　"丘"原作"正"，據《長編》卷六一改。
〔二〕第二等黑漆黃字　"等"原作"位"，據《長編》卷六一改。

十六日，判太常寺李宗諤言："四郊諸壇及齋宮近各修飾〔一〕，欲自來年，本寺四時差太祝、奉禮二員巡行，有隳損，即寺司移牒三司修整，仍判寺官春秋躬自按視。望著定式。"詔從之。

〔一〕四郊諸壇及齋宮近各修飾　"齋"原作"官"，據《太常因革禮》卷五《壇壝上》改。

十二月二日，詔："南郊禮畢，從祀行事官當賜胙者，五使、亞獻、終獻、司徒、司空、太常卿、親王、樞密院凡十六段並賜牲，使相至知雜御史凡五十二段並賜羊、豕。"

六日，詔光禄寺："自今祀天地、社稷、宗廟，牲牢等俟禮畢，有司方得進胙，分賜臣僚。"

十七日，詔："應郊廟祀事，車服、儀仗自今闕誤不恭，不在赦原之限。"

三年八月二日，詔："自今夏至祭皇地祇，孟冬祭神州地祇、二社，臘祭太社、太稷，春秋二仲祀九宮貴神，春秋分朝日、夕月，臘蜡百神，立春祀青帝，立夏祀赤帝，季夏土王祀黃帝，立秋祀白帝，立冬祀黑帝，凡十四祭，宜並用樂。"

九月，太常禮院言："孟冬薦饗宗廟，伏緣明德皇后其月園陵，已準敕命禁止在京音樂。將來薦饗日，登歌樂望準大祠與國忌同日例，備而不作。"詔恭依。

四年七月，詔："自今祠祭，不以臺官或餘官監祭，其監祭司手分亦須致齋日赴祠所祗應〔一〕。如監祭、監禮官或見違犯不能糾察，許攝祭公卿併以名聞〔二〕。"

〔一〕其監祭司手分亦須致齋日赴祠所祗應　"亦"原作"迹"，文意未安，據《輯稿》禮一四之一一二等改。

〔二〕許攝祭公卿併以名聞　"祭"原作"察"，于此不諧，據《輯稿》禮三之一一一等改。

八月十一日，詔："自今祠祭祝版，令秘書省官提舉精謹書寫校讀〔一〕，乃得進書御名。如有差謬，當重寘其罪。"

〔一〕令秘書省官提舉精謹書寫校讀　"讀"原作"書"，據《宋大詔令集》卷一四八《政事一·祠祭祝板令秘書省常切提舉精謹書寫詔》改。

十四日，衛尉少卿姚坦上言："諸州知州祭境內山川多不盡精專，以致水旱〔一〕。望加戒勵。"詔曰："祠祭之儀，當思嚴肅。如聞列郡不切遵依，將罄寅恭，時行戒喻。自今諸州祠祭並依禮例，官吏務在嚴恪，不得違慢。"

〔一〕以致水旱　"旱"原作"早"，據文意改。

十月十二日〔一〕，詔："四郊壇壝，悉令嚴飾〔二〕，圭幣、牲牢、豆籩之數，令禮官檢討，未及古制者增之。御史臺所差監祭使，自今可定差二人，以監察御史俞獻可、張士遜充，與禮官同檢之，月給錢十千，免其出使。"

〔一〕十月十二日　"十月"原作"十二月"，據《長編》卷六七改。《宋大詔令集》卷一四八《政事一·令有司豢養犧牲詔》作"九月"。

〔二〕悉令嚴飾　"飾"，《長編》卷六七同，《宋大詔令集》卷一四八《政事一·令有司豢養犧牲詔》作"潔"。

十四日〔一〕，詔："自今御書名祠祭祝版自內中降出後〔二〕，令秘閣却用木匣封鎖，付吏人擎昇赴祠所。行事官看讀訖，準前封鎖給付，以至祠所。"

〔一〕十四日　《太常因革禮》卷一一《祝詞》引《國朝會要》作景德元年八月十一日，《中興禮書》卷一五六《祀祭祝文一》引《太常因革禮》同。

〔二〕自今御書名祠祭祝版自內中降出後　"祭"下原衍"祀"字，今據《太常因革禮》卷一一《祝詞》引《國朝會要》删。

大中祥符元年二月十九日，皇城使劉承珪言："準詔新造郊祀壇昊天上帝、皇地祇配座，太祖、太宗神位版。"詔有司藏於嚴潔之所，以備親祠。

四月二十八日，監祭使歐陽載言："少府監洗滌祭器，請置漆木檻充用。"從之。

六月二十二日，詔："聞遣使外州祠祭，而禮料皆無定式，州縣因緣須索，頗致煩擾。宜令有司具數頒下。"

八月一日，詔："大祠諸壇祭器並從上設下〔一〕，無令執事者踐履不恭。"

〔一〕大祠諸壇祭器並從上設下　"設"原作"殿"，據《長編》卷六九改。

九月一日，詔："郊祀所設褥位不得跨越，行事官及樂工自今並致齋沐浴，諸壇星辰龕位專差官監視，祭器、法物並躬親浣滌。仍委監祭使覺察。"

十二月二十一日，詔："五嶽四瀆祝文自今並進御書名〔一〕。"舊制，常祀祝文秘書省主之，特祭祝文學士院主之。而秘書省嶽、瀆並御書名，學士院惟五嶽御書名，而四瀆則否。故有是詔。

〔一〕五嶽四瀆祝文自今並進御書名　"五嶽"原脫，據《太常因革禮》卷一一祝詞引《國朝會要》補。

二年四月五日，詔兩制、龍圖閣待制與太常禮院，取秘書省、學士院祝版，據《正辭錄》重定，付有司遵用。

三年九月四日，入內殿頭史崇信言："準詔詣陝府祭告黃河，其緣祭禮料，本府以太常禮院移牒未至，不即供給。"詔："自今所遣官先於禮院取禮料文字齎往。"

十二月十日，詔曰："朕以親祀后祇，昭告祖考，詳觀定議，有所未安。入廟則步武正門，至庭則回班東向。且躬伸祇見[一]，禮尚尊嚴，當罄寅恭，庶申誠慤。謁廟日，朕當自南東偏門入，至殿庭，不得令百官回班，仍付所司。"

〔一〕且躬伸祇見　"伸"原作"神"，據《輯稿》禮一七之一一、《宋大詔令集》卷一四八《政事一·謁廟至殿廷不得令百官回班詔》改。

四年正月十五日，詔："大祀酹酒沙羅，止用乘輿常御者，非朕恭潔之意。其令有司特造十五枚，付光祿寺別貯，仍勒字志之，無得他用。"

八月二十二日，監祭使俞獻可言："四郊祀壇，值雨雪泥淖，例於齋宮望祭。竊緣祀前一日，官吏悉集齋宮，惟南郊外，餘皆逼隘。望令增設廳屋，或於齋宮前建亭，以備望拜。又祀官幕次在壇內，皆乘馬直至次前。按祠祭令，中祠以上並官給明衣。斯禮久廢，望付禮官詳酌。"詔太常寺與禮院官詳定以聞。判太常寺李宗諤等言："值雨雪，望祭日不設登歌，祀官以公服行事[一]。如建廳宇，不惟逼隘，典禮無據。望令增葺齋宮，每望祭日，委監祭使檢校，務令精潔。又壇壝之內，本禁行人乘馬往來，固為瀆禮。自今欲設次於外，則下馬無嫌。明衣絹布，唐禮具存，然停廢既久，望且仍近例。"奏可。

〔一〕祀官以公服行事　"以"下原衍一"以"字，據《大金集禮》卷三八《沿祀雜錄》刪。

五年七月十九日，太常寺言："準詔定冬至祀圜丘神位版，依《開寶禮》六百九十位，增獻官十三員。請增置齋室、器用，仍委內臣規度其事。"從之。

八月二日，詔："學士院撰青詞、齋祝、祭文，除舊式稱'嗣天子''嗣皇帝'外，其餘止稱'皇帝'。"時學士院引端拱中李至奏請秘書省祝冊不稱尊號，乞比類施行，故有是命。

七日，權判宗正寺趙世長言："應祠祭前一日，少府監洗滌祭器鹵莽不潔。望自今諸祠祭並委行事官一員監滌濯，太廟仍令宮闈令同知。"

奏可。

十一月八日，詔南郊齋宮自今遣軍士五人代鄉耆守護，常令完潔。時修葺畢工也。後五帝壇悉居此制。

十二月十五日，詳定所言："《正辭錄》祝文'唐元宗明皇帝'，今請止稱'明皇帝'；'梁國公房元齡'，本名喬，以字行，今請云'房喬'。"從之。

六年十月十八日，詔："太府寺自今祠祭，行禮官及設道場，並令於入内内侍省請御封香。"

十二月二十一日，詔："太常寺每季前期具祠祭合使香數，牒翰林司、内侍省差中使同監，精潔修合，仍加數準備非常使用，送太府寺封鑰收管。每祠祭前，本司封印送齋所。非常祭告，以準備香充用。"

七年正月十三日，禮儀院言："南郊合祭天地，承前太府寺供到幣七十八段，除正位十三段外，自餘施於内官則有餘，用於中外官、嶽瀆則不足。竊尋禮制，内外官、海嶽幣從方色。欲望皇帝親祀昊天上帝、皇地祇、配帝、五方帝、日、月、神州、天皇、北極，及内官五十四，中官百五十九[一]，外官百六，嶽、鎮、海、瀆十八，請並供制幣，各如方色，著爲定制。"從之。

〔一〕中官百五十九　"五"，《輯稿》禮二六之三同，禮二五之五一作"三"。

二月九日[一]，詔曰："朕躬承鴻貺，欽翼元符。每祇展於盛儀，乃奉置於前殿[二]。爰修馨薦，必涉廣庭，未協寅恭，是從詳正。自今天書在朝元殿，朕由右昇龍門入，自東上閤門，就東階赴殿焚香。所司著爲定式。"

〔一〕二月九日　《長編》卷八二、《太平治迹統類》卷四作"乙丑"，同。《宋大詔令集》卷一四八《政事一·令天書在朝元殿由右昇龍門入詔》作"三月甲子"，案是年三月無甲子，"三"蓋"二"之訛，二月甲子乃八日。

〔二〕乃奉置於前殿　"於"原作"廣"，據《宋大詔令集》卷一四八《政事一·令天書在朝元殿由右昇龍門入詔》改。

十五日，詔："昨太廟行禮次，登歌始作，而奏嚴不已，恐未中禮。而合朝饗宗廟、郊祀將行禮，嚴警悉罷，俟禮畢歸幄殿復奏嚴。郊壇祭畢，警場、鼓吹乃振作。用爲永式。"

二十四日，詔曰："朕祗見真宇，對越太宮，暨肆類於郊丘，並夙嚴於容衛。方結佩而精享，遽望蹕而歡呼。當仰接於明靈，慮有虧於祗肅。肇頒新制，用表至虔。自今玉清昭應宮、太廟、郊壇薦享行禮前，衛士等不得迎駕起居呼萬歲。"

四月十六日〔一〕，禮儀院言："舊制，中祠以上並博士監禮，自後判院官多知制誥〔二〕、待制、及編修官，故更不赴祠祭。今判院官直史館張復、楊嶠不兼他職，望令依舊與監祭使同往點檢，稍涉不恭，糾舉聞奏。監禮、監祭不恭，即更相彈糾。"奏可。

〔一〕四月十六日 "四"原作"二"，案《長編》卷一一一之五月庚辰條云："大中祥符七年四月，敕同判院官四員張復、楊嶠專領祠祭。"因改。

〔二〕自後判院官多知制誥 "院"字原脫，"誥"原作"告"，按《長編》卷一一一之五月庚辰條云："同判院官皆帶館職，因而更不赴。"因補改。

五月三十日，詔："今後供祠祭酒，宜令法酒庫別置庫嚴潔醞釀，非祀事勿給。"

七月五日，禮儀院言："準詔定軒轅廟祝文。按唐《郊祀錄》，追尊舊稱爲德明皇帝，祝文稱'孝曾孫嗣皇帝臣，謹遣攝太尉敢昭薦于德明皇帝'。今請祭軒轅皇帝祝文曰：'嗣皇帝臣名，謹遣攝某官，敢昭告于聖祖上靈高道九天司命保生天尊大帝。'其禮料不用脊血。"從之。

八月十八日，詔："祠祭壇位雖有壇壝壕塹，行事官多不知有條約，致誤犯失儀。自今宜令監祭、監禮預行告示，仍於壇壝外明設標記。如行事官尚不依稟，當劾罪，重寘之法。或不行告示，致有違越，罪主監祭使等。"先是郊社齋郎張寔立秋行事，輒越壕塹入壇壝，坐是罰金。帝以條約未明，故有是命。

八年五月二十九日，禮儀院詳定："自今大禮，皇帝位褥位，舊例及別敕絕紅紫羅外，其逐時詣宮觀寺院焚香並用黃絁。群臣行事，齋醮宴設、謝恩拜表，並用紫紬。永爲定式。"先是儀鸞司乞製錦褥，帝曰：

"朕内庭中未嘗踐錦繡。"因命有司詳定,仍自乘輿爲始。

七月五日〔一〕,禮儀院言:"朝服法物庫所掌臣僚祭服、法物〔二〕,三司見行製造。準典禮,衮冕之製,黝衣繡裳。今得少府監修製官狀稱,自來皇帝衮冕及諸臣祭服並一色用深青爲衣,茜緋爲裳。參詳盖是染人不知各有定色制度。欲定下三司靳染院計會〔三〕,本院差修製官依禮指畫出染。"從之。

〔一〕七月五日　"五日",《太常因革禮》卷二六《輿服六》作"二十二日"。
〔二〕法物　"物"原作"服",據《太常因革禮》卷二六《輿服六》改。
〔三〕欲定下三司靳染院計會　"靳"字未安,《太常因革禮》卷二六《輿服六》作"指麾染院"。檢《輯稿》禮一七之八七云"令雜買務勒行人收買","靳"疑"勒"之訛。

九年三月十四日,禮儀院言:"諸郊廟御書名祝版及大祠祭玉,職掌止置於齋房;及點饌,即覆以箱、帕,呈視衆官。望自今應祝板御書名訖,與祭玉並置齋宮之廳。行禮前一日,太尉與監禮、監祭官同閱,太祝習讀。又冬至郊祀昊天上帝神座,本合司天監陳設,近止委官健。又少府祭器亦無職官檢校。望自今遣内侍及司天監官各一員躬親布置,仍請於神座側增設燭籠、燎臺,以禦勁風。又按禮例,南郊籩豆饌物並於壇下設幔,自來有司饌畢,即實籩豆,有經宿者。望令三司、光禄寺規度,接神厨起屋,饌畢即納匱中,將行禮時,分實籩豆。仍選内侍二員,俟公卿點饌畢,專主饌造。監禮、監祭官同省滌祭器,務令豐潔。行禮次,令親事官十人於壇外察視。又郊祀壇值雨雪,止就太尉齋廳設望祭之禮,既爲宿舍,而祇祀上帝,似未嚴恭。望令於齋宮門内建望殿,自餘諸壇悉準此建殿。諸司齋房舊止二間,亦望量增其數。舊例,大祀止太府寺供香,自今望内降御封香。"詔並從之,修建宇委内侍鄧守恩管勾〔一〕。

〔一〕修建宇委内侍鄧守恩管勾　"宇"上當有脱字。

二十五日,詔光禄、司農寺,自今祠祭禮料並置漆匱,判寺官緘送祀所。初,禮儀院言,諸祭禮料皆旋傭擔力齎持而往。帝以非嚴祝之意,故有是命,仍令鄧守恩造漆匱給之。

六月十六日，詔：“自今遣官奉青詞、祝版、御封香往諸處祭告，並令緘封護持。每至驛舍，安置靜處，務極嚴肅。違者重科其罪。合遣使臣者，即選奉職已上齎送。”先是，殿侍張信乘傳齎香合、祝版赴南海致祭，信實于馬上，頗虧恭潔。至中路震死，其左右聞空中有言曰：“無損祝版、香合！”知襄州孫沖以聞，因有是詔。

天禧元年正月十二日，禮儀院言：“皇帝行禮，典儀贊拜，群臣並拜。望自今皇帝一拜畢，在位官乃拜。”從之。

三年五月十七日，監祭使呂言言：“光禄寺祭饌造畢，監祭閲視，復貯神厨，慮爲人竊取。望造漆櫝扃鎖，俟將行禮，設於籩豆。暑月别造紗蒙漆櫝。”從之。

九月二十四日，國子監言：“祠祭行事官條制：廟社不許致齋，止宿武成王廟。近以員多，分宿當監，燈燭非便，望令專宿武成王廟。”詔禮院與本監詳定，復上言曰：“武成王廟齋廳位四十餘間，今請不許官司拘占，悉留充齋宿之所。如發解鎖宿廟内，即權徙尚書省。”從之。

四年五月四日，同判太常禮院楊崵言〔一〕：“祠祭攝官，舊禮躬親滌爵酌酒。近來禮直官止引至罍洗，悦手訖，便赴神位前，未嘗滌爵。所司已酌酒實爵，獻官即取致奠，殊爽禮文。望自今依舊行事。”從之。

〔一〕同判太常禮院楊崵言　“崵”原作“隅”，據《太常因革禮》卷四《行事官下》及上文大中祥符七年四月十六日條改。

八月二十一日，同判太常禮院陳寬言：“郊廟致齋日，左右街司承例遣雜職隨行。按令文：散齋之後，不行刑罰。欲望自今罷之。其祇事人吏不謹職者，俟祭畢，付有司科罰。又諸司祇應人點饌後，多肆出入。望自今點饌後，不得輒出齋宮。又每禮畢，諸色人競上壇，並以撤祭器爲名，分取祭餘果饌。望自今監祭御史監勒，□祭依均胙例分給執事人〔一〕。”從之。

〔一〕□祭依均胙例分給執事人　前文謂“撤祭器”，此疑缺字爲“撤”字。

五年正月十三日，詔："自今每大祀，中書攝事，賜錢五萬爲酒殽之費[一]。"

〔一〕賜錢五萬爲酒殽之費　下注引《續會要》真宗朝文係《告禮門》正文，今改移彼處。

仁宗天聖二年四月六日，詔："宮闈令如有期周喪在家在外，並給假二日。遇朔望祼祭行事，即權差人祇應，假滿仍舊。"是年七月，宮闈令王文濟妻卒，依上給假二日，假滿依舊赴職，惟遷神主時權差官而已。

三年五月二十七日，太常禮院言："郊壇詣祠祭神位前，遇陰晦，乞添用燭籠、䆛盆。"從之。

五年十月十一日，禮儀使劉筠言："準儀制，登歌作豐安之樂，諸太祝各入室徹豆。欲望差禮生七人各引本室大祝，庶協禮文。"從之。

二十五日，知祥符縣事丁慎修言："祠祭，開封府準例差水夫供燒䆛盆。或同日數祭，即差所由行官、店户、村民，貧弊不肅。欲望自今令步軍司以剩員祇應。"事下太常禮院，本院移光禄寺："每祭供燒粖盆人夫，大祠四人，中祠三人，小祠二人。"又得南郊橋道頓遞使牒："郊廟燒粖盆人皆八作司卒。今詳擡盤水夫自係光禄所管，望令如舊。供燒粖盆人夫，望如慎修所請。"從之。

六年二月六日，同知禮院王皡言："四郊齋宮疎漏[一]，望下有司修葺，增設什物。又行事官所請祭服不整齊，差攝之官皆是外任替還，供應生疎。望令少府監，自今隨祭器請領祭服，曾差軍士齎赴祠所[二]，臨事供應。又大祠進胙皆人吏齋擎入内，欲望自今監祭使與光禄寺官封進。"事下太常禮院。禮院上言："齋宮已準近敕修整。比來牲牢、禮料皆納監祭使，别無庫屋，又無監禮房。請下三司刷蓋牲牢禮料庫及監禮房。後有疎漏，委太常寺移牒三司修葺。祭服請下三司委本判官詣庫點檢，别行製造，不堪用者，依禮文焚之。仍下馬步軍司選剩員十五人，隸少府監，齎送祭服。除中書門下攝事依舊差人請領外，自餘俟至幕次，供與祭官，祭畢，却送本庫。餘如晫請。"從之。

〔一〕四郊齋宮疎漏　"漏"原作"滿"，據下文"後有疎漏"改。

〔二〕曾差軍士齋赴祠所　"曾"字未安，按《輯稿》兵一之一七有"量差軍兵"，"曾"疑"量"之訛。

三月〔一〕，太常禮院言："準詔詳定供備庫副使、勾當儀鸞司魏餘慶所請：'南郊青城拘占民田，南北四百步，望給錢收買。又青城內暖殿七間，自來彩木結縛爲棟宇之象，欲用瓦木蓋造，至時却以綵帛鞔設。青城周圍自來索木絞縛，畫甎甋幕以爲城牆，祀事既畢，更無拘占。欲望於前所買地，四邊築露牆遮迎，至時依舊立爲青城。城內空閑處種蒔花果，每歲出課資官。'本院檢詳禮典，曆代郊祀天地制度，即無郊兆內外營構宮宇之文。聖朝每行郊祀，皆營構青城幄殿，即《周禮》之大次也。又於東壝門外設更衣殿〔二〕，即《周禮》之小次也。符合禮經，初無異議。今餘慶乞瓦木蓋造暖殿，至時依舊用綵帛蓋覆。伏緣至尊所御，務求牢固，在於幄內，於禮無妨。又乞和買地土，修築露牆，至日却於牆上修立青城。今參詳郊禋之歲，雖妨耕稼，儻優給價直，除破租稅，公私亦便。垣牆之內栽種花果，本無資於翫好，豈復計其課入？伏請不行。"詔依奏。

〔一〕三月　《太常因革禮》卷三一《冬至祀昊天上帝於圜丘三》作"八年十一月十九日"。

〔二〕又於東壝門外設更衣殿　"壝"原作"壇"，據《太常因革禮》卷三一《冬至祀昊天上帝於圜丘三》改。

八年十月〔一〕，詔："南郊行事官除合破著公衫人引接外，其餘臣僚不得令公人着緋紫寬衫及公服祇應。朝服、法物內衣物，新衣庫除合請儀注衣服外，不得支借。如違，閤門、御史臺舉察。"

〔一〕八年十月　《輯稿》食貨五二之一六作"八月"。

景祐元年七月十三日，禮官言："按禮部式：天地五郊等壇，三百步內不得葬埋。今參詳三百步外焚殯，煙氣實亂薰潔。自今每遇諸壇祭祀，令監祭預牒開封府，前三日權令去壇五百步内禁斷。"

二年正月二十一日，上封者言："每年春秋遣官朝拜諸陵，及祀神州地祇，太祖配座唯太府寺供香，於禮不稱。乞並降御封香。"從之。

八月十九日，詔："薦獻景靈宫、朝饗太廟、郊祀天地，自今並同日受誓戒。"故事，受誓戒凡三日。先是天聖五年將祀南郊，帝以爲禮煩，問於宰臣，王曾等奏曰："薦饗太廟等處，本來只爲郊祀有此禮例，只合一次詣南省受誓戒，方協事宜。此蓋自前朝已來，久相因襲，當須改革。候後次郊禋，令有司詳定取旨釐正。"至是始下太常禮院檢唐故事，著爲定制。

十月十一日，詔："訪聞祀天地、社稷、宗廟，簠簋籩豆祭器多是損壞，收掌不得嚴潔。令太常禮院相度修整，不堪者别行創造，净潔處置庫收盛。"

十二日，太常禮院言："郊廟之禮，準故事，惟設更衣幄，而未有小次。皇帝久立版位，比及成禮，則已踰時，非所以裕至尊、究恭虔意也。謹按《周官》：'朝日、祀五帝則張大次、小次。'朝覲會同亦如之。鄭康成謂大次，所止居也；小次，既接祭〔一〕，退俟之處。引《祭義》：'周人祭日，以朝及闇。'雖有彊力，曷能支之，是以退俟，與諸臣代有事焉〔二〕。故説者以爲祀昊天上帝亦張大次、小次。古者大次，壇壝之外，猶今更衣幄殿也。小次在壇之側，今所未行。按魏武帝《祠廟令》：'降神禮訖，下階就蕝而立，須奏樂畢，似若不愁列祖，遲祭不速訖也，故吾坐俟樂闋送神乃起爾〔三〕。'然則武帝坐俟〔四〕，容須别設近次，與《周官》義符。參檢前代，謂宜設小次於皇帝版位少東，每獻畢，降壇若殿，就小次。俟終獻撤豆，則皇帝復就版位，他如常禮。如此，則奉神之意在久益虔，執禮之容有恭無闕。"詔如典禮。

〔一〕既接祭　"接"原作"按"，據《太常因革禮》卷三一《冬至祀昊天上帝於圜丘三》《周禮注疏》卷五改。

〔二〕與諸臣代有事焉　"與"字原脱，據《太常因革禮》卷三一《冬至祀昊天上帝於圜丘三》《周禮注疏》卷五補。

〔三〕故吾坐俟樂闋送神乃起爾　"坐"原作"座"，據《太常因革禮》卷三一《冬至祀昊天上帝於圜丘三》《曹操集》卷二《春祠令》改。

〔四〕然則武帝坐俟 "坐"原作"座",據《太常因革禮》卷三一《冬至祀昊天上帝於圜丘三》《曹操集》卷二《春祠令》改。

十三日,太常禮院言:"將來南郊,三聖皆侑,設神位外,安排樂架隘窄。乞依太廟例,置抹綠床應奉。"從之。

三年三月二十一日,太常禮院言:"監祭使劉夔請於四齋宫側建屋十間,安泊諸色人;去除逐壇草穢,修疊道路。"從之。

寶元元年九月二十五日,詔:"應緣祀事,已受誓戒而不虔恭者,毋得以赦原。"

康定二年七月九日,詔:"將來南郊,應係天地宗廟祀物,並於大禮外乘輿服御,諸道供意物,令三司相度減省,務要簡約。宫殿什物不須修飾,不得循例申舉。"

慶曆元年十月十五日,同判太常寺吕公綽言:"郊廟所陳罇罍之數皆準古,而不實以五齊、三酒,及用明水、明酒,有司相承,名爲'看器'。其郊廟天地配位惟用祠祭酒一等分〔一〕,大祠、中祠位二升,小祠位一升。止一罇酌獻,一罇飲福酒,餘皆虚器。按《開寶禮》〔二〕《崇祀錄》:昊天上帝、皇地祇六罇,太罇爲上,實以汎齊;著樽次之,實以醴齊;犧樽次之,實以盎齊〔三〕;象樽次之,實以醍齊;壺樽次之,實以沈齊〔四〕;山罍爲下,實以三酒。配帝著樽爲上,實以汎齊;犧樽次之,實以醴齊;象樽次之,實以盎齊;山罍爲下,實以清酒。皆加明水、明酒,實於上樽。五方帝、北極、天皇大帝、神州地祇、大明、夜明太樽,實以汎齊。五星十二辰、河漢象樽,實以醍齊。中官壺樽,五方山、林、川、澤蜃樽,並實以沈齊〔五〕。外官概樽,五方丘、陵、墳、衍、原、隰散樽,並實以清酒。衆星散樽,實以昔酒〔六〕。皆加明酒,各實於上樽。宗廟每室設斝彝、黄彝、著樽。斝彝、著樽之上樽皆實以明水〔七〕,黄彝實以鬱鬯,著樽實以醴齊。又司烜氏'以鑑取明水於月'，鄭康成云：'鑑，鏡類取水者〔八〕，世謂之方諸〔九〕。取月之水，欲得陰陽之潔氣也。'臣謹以古制考，五齊、三酒即非難得之物，將來郊廟祭享，宜詔酒官依法制齊酒，分實樽罍。仍命有司取明水對明酒〔一〇〕，實於上樽。或陰鑑方諸之類未能猝辦，請如唐制，以井水代之。"下博士議，而奏曰："比郊廟祠祀，壇殿上下所設樽罍，惟酌獻、飲福二樽實以祠祭酒，餘皆徒設器，而不實以五齊、三酒、明水、明酒，誠於禮爲闕。然五齊、三酒，鄭康成注《周禮》，惟引漢時酒名擬之，而無製造之法。今欲仍舊用祠祭酒一等，其壇殿上下樽罍，有司不得更設空器。其明水、明酒並以井水代之。其正、配逐位酌獻、飲福，舊用二升者〔一一〕，各增二升。從祀神位並用舊升數實諸樽罍，配以明水、明酒。"從之。

〔一〕天地配位惟用祠祭酒一等分　"祭"下原衍"果"，據《愧郯錄》卷五《齊酒廢革》引《國朝會要》、《太常因革禮》卷一三《五齊三酒》刪。

〔二〕《開寶禮》　"寶"原作"元"，據《太常因革禮》卷一三《五齊三酒》改。

〔三〕犧樽次之實以盎齊　原脱，據《太常因革禮》卷一三《五齊三酒》、卷三五《大享明堂中》補。

〔四〕實以沈齊　"沈"原作"汎"，據《太常因革禮》卷一三《五齊三酒》、卷三五《大享明堂中》改。

〔五〕並實以沈齊　"沈"原作"汎"，據《太常因革禮》卷一三《五齊三酒》、卷三五《大享明堂中》改。

〔六〕實以昔酒　"昔"原作"旨"，據《太常因革禮》卷一三《五齊三酒》、卷三五《大享明堂中》改。

〔七〕犖彝著樽之上樽皆實以明水　"犖彝著樽"，《愧郯錄》卷五《齊酒廢革》引《國朝會要》、《通考》卷七一《郊社考四》脱。

〔八〕鏡類取水者　"鏡"字原脱，據《周禮注疏》卷三六補。

〔九〕世謂之方諸　"世"原作"也"，據《愧郯錄》卷五《齊酒廢革》引《國朝會要》、《太常因革禮》卷一三《五齊三酒》改。

〔一〇〕仍命有司取明水對明酒　"仍"原作"乃"，據《愧郯錄》卷五《齊酒廢革》引《國朝會要》、《太常因革禮》卷一三《五齊三酒》、《通考》卷七一《郊社考四》改。

〔一一〕舊用二升者　"二"原作"一",據《愧郯録》卷五《齊酒廢革》引《國朝會要》、《太常因革禮》卷一三《五齊三酒》、《通考》卷七一《郊社考四》改。

三年三月,詔太常禮院[一]:"諸小祠獻官皆常服行事,不合禮文。自今並服四品以下祭服。非時告祭,用香幣禮器者[二],亦如之。"

〔一〕詔太常禮院　"常"字原脱,據《長編》卷一四〇補。
〔二〕用香幣禮器者　"用"上原衍"不",據《太常因革禮》卷二六《輿服六》、《通考》卷一一三《王禮考八》、《宋史》卷一五二《輿服志四》刪。

七月九日[一],右正言余靖言:"三王郊禮一用夏正,今正月上辛之祀是也。王肅云:'冬至之日祀昊天上帝於圜丘,立春又一祭,以祈農事。'鄭康成云:'太微五帝迭王四時,王者之興,必感其一。因其所感,別祭尊之。'此皆上辛之祭,而王、鄭兩學互相師祖,各成一家之論。唐武德初祀感生帝於南郊[二],以元皇帝配享。顯慶初廢感帝祀,以爲祈穀。開元中修禮官王仲丘議,感帝祀與祈穀二禮並行,自此始也。今國家以正月上辛之日祀昊天上帝於圜丘[三],以太祖配;又祭感生帝於南郊,以宣祖配。此雖二祀並行,其禮當異,禮官失於援考,昊天上帝用四圭有邸,其色尚赤,同於感帝之祀。臣愚以爲,昊天上帝當用蒼璧,以正祀天祈穀之禮,感生帝乃用四圭有邸,其色尚赤,以表本朝火德應興之感。則二禮並行,各從其本。"事下禮官,李仲容等議曰:"按《周禮》典瑞、玉人職,蒼璧以祀昊天上帝,四圭有邸以祀感生帝及旅上帝[四]。今孟春祈穀,祀昊天上帝於圜丘,祀感生帝於赤帝壇。二祭同日別行,而並用四圭有邸,皆以赤色[五],誠爲失禮。乞依靖奏,自今祀昊天上帝即用蒼璧,祀感生帝即用四圭有邸,仍從赤色。"從之。

〔一〕七月九日　《太常因革禮》卷一四《祭玉》作"四月"。
〔二〕唐武德初祀感生帝於南郊　"生"字原脱,據《太常因革禮》卷一四《祭玉》補。
〔三〕今國家以正月上辛之日祀昊天上帝於圜丘　"昊"原作"皇",據《太常因革禮》卷一四《祭玉》改。
〔四〕四圭有邸以祀感生帝及旅上帝　"生"字原脱,據《太常因革禮》卷一四《祭玉》補。

〔五〕皆以赤色 "以"原作"有",據《太常因革禮》卷一四《祭玉》改。

九月二十七日,侍御史趙及等言〔一〕:"太廟、后廟近日居民,當告祭時樂作,其外或有哭聲相聞,於禮非便。請徙其民。"詔令遇行事時,權止哭泣,勿遷之。

〔一〕侍御史趙及等言 "等"字原脫,據《長編》卷一四三補。

四年十月二十四日,太常禮院言:"新修祀儀並據通禮。郊廟所設樽罍之數,與通禮不同。南郊配帝位舊設犧罇二〔一〕、著罇二、山罍二,今宜如通禮,犧罇之次,益以象罇二;其下壇午階之東舊設象樽二〔二〕、壺樽二、山罍二,今宜如通禮,增山罍為四。"從之。

〔一〕南郊配帝位舊設犧罇二 "犧罇二"原脫,案下云"犧罇之次",疑犧罇亦二。

〔二〕著罇二山罍二今宜如通禮犧罇之次益以象罇二其下壇午階之東舊設象樽二 "著罇二"至"舊設"原脫,據《宋朝事實》卷一一《儀注一》補。

七年六月十二日,太常禮院言:"按禮,祀昊天上帝、日月星辰,並用藁秸,五方帝用莞〔一〕,至唐始加褥。今南郊配位各設席加褥,而無藁秸與莞。又禮,以茅縮酒,今但供零陵香灌其上,殊無所稽。將來奉祠郊廟,宜更制藁秸、莞席為藉,而縮酒用茅。"從之。

〔一〕五方帝用莞 "方"原作"人",據《中興禮書》卷八《郊祀禮料二》改。

皇祐二年四月二十七日,太常禮院言:"聖駕詣宮觀行禮及燒香,其從入殿庭及升殿人數,各著定式。"從之。入內內侍省都知〔一〕、押班、帶御器械不限員數外,勾當翰林、儀鑾司使、副各二員,閤門祇候四員,入內內侍省供奉官以下二十人,內侍省供奉官以下十人,以上並許升殿,餘兩省供奉官以下止於當兩廊祇候。中書、樞密院、親王帶從人二人入殿庭,不升殿;其餘臣僚並不許帶從人入。其隨駕從物椅子、御燎等不上殿,御馬、逍遙子不入殿庭。駕入殿庭不鳴鞭,諸軍班等並至中三門外止。

〔一〕入內內侍省都知　"侍"下原衍一"侍"字，今刪。

五月十一日，三司言："明堂法駕自宣德門抵太廟道路，準郊例，當預爲土埒。俟乘輿將出，番布黄道東西，八作兩司領徒護作，實用黄壤土十七萬一千餘畚，爲役程二萬一千餘功，比舊例無慮省土畚、人程六分之五。"南郊舊例，黄道土埒高四尺五寸，廣六尺，番布黄道時土厚二寸五分。天聖五年約其制，土埒高二尺，廣四尺，番布時厚一寸二分。

六月十一日，禮儀使移下諸司，戒以庀具儀物，各令申警備豫，無使至時闕供。儀物、法駕、鹵簿，兵部主之。宫縣、登歌、鼓吹、警場立金雞、擊鼓，太常寺主之。車輅、儀仗法物，太僕寺主之；六軍儀仗法物、警場應奉，六軍諸衛主之。左右金吾儀仗法物、御前勘箭，左右金吾仗主之。芳亭、鳳輦、香蹬、腰輿、繖扇、中嚴外辦褥位，殿中省主之。立金雞，將作監主之。祭器、朝服、祭服、諸司法物，少府監朝服法物庫主之。冕服、鎮圭、通天冠、絳紗袍、拂翟、殿上扇，宣徽院主之。凡文武百官次舍、器用，開封府主之。捧寶令史、贊者、牙版、位版，門下省主之。凡御幄、大小次、黄道、蠟燭、御位席褥、明堂張設，儀鸞司主之。明堂、太廟、后廟、奉慈、九宫貴神，並車駕出内前一日祭告神祠、供備牲牢、禮料、祭器，光禄、太常、太僕、太府、司農、宗正寺、秘書省、少府、將作監共主之〔一〕。皇帝位版、修撰儀注、移牒諸司詳定儀仗法物及贊引行事，太常禮院主之。明堂、太廟、景靈宫祝册文及册案、沿册法物，中書省主之。警場喝探，左右街司主之。明堂衆星位版并刻漏時辰，司天監主之。

〔一〕將作監共主之　"作"字原脱，據上文補。

八月五日，禮儀使言："明堂行禮，文武臣僚各將冗從，於幕次更服，慮雜揉不可辨詰，望令御史臺、閤門詳品位定數，許給方號爲識，仍具當得數豫關所由司。"從之。按《周禮·司常》："官府各象其事，州里各象其名〔一〕，家各象其號。"鄭康成云："事、名、號者，徽識〔二〕，所以題别衆臣〔三〕，置之於位，朝各就焉。徽識之書，則云某某之事〔四〕、某某之名、某某之號，以相別也。"國朝每親祀大禮，儀衛之中皆給印號以爲徽識，亦其制也。除中書直省官，行省、樞密院知客、押衙、當直樞使官外，宰臣、親王、樞密使各五人；參知政事、樞密副使各四人；三司使，學士至待制，閤門、團練使以上，文班少卿監、武班大將軍以上，各三人；文班尚書省五品、武班將軍、內諸使司以下，各二人。

〔一〕州里各象其名　"州"原作"別"，又"名"下原衍一"名"字，並據《周禮注疏》卷二七改。

〔二〕徽識　"徽"原作"微"，據《周禮注疏》卷二七改。

〔三〕所以題別衆臣　"衆"原作"象"，據《周禮注疏》卷二七改。

〔四〕則云某某之事　"云"原作"去"，據《周禮注疏》卷二七改。

十二日，御史臺言："準詔與禮院詳定大禮諸司例假緋紫寬衫并文武官當直從人所假青錦窄袍儀注、色號、以數、衰等，望爲永制。"從之。三司、御史臺、尚書都省、理檢院、登聞鼓院、開封府、提舉在京百司、審官院、流內銓、糾察司、銀臺司、群牧司、諫院〔一〕、審刑院、刑部、太常寺、大理寺、四省及諸寺監，係應奉祀事者，兩省五品以上官非主判司局，各假緋紫寬衫，自三十領至二領。宣徽使、御史中丞、知雜御史、左右金吾、僕射、觀文、資政殿大學士，翰林學士、承旨至龍圖、天章、寶文閣直學士，太常卿、左右丞，諸行侍郎，節度使留後至團練使，給事中、諫議大夫、中書舍人、知制誥、待制，大卿監司使，權知開封府、三司副使，自四十領至十五領，青錦窄袍居三分之二，錦絡縫衫帽居三分之一。少卿監、起居郎、起居舍人、侍御史、正刺史、諸行郎中、宣慶使至皇城諸司使、樞密院副承旨、閤門副使、殿中侍御史、左右司諫、諸行員外郎、左右正言、監察御史、省府推判官，自十領至八領，青錦窄袍、絡縫衫帽各半。太常博士至太子洗馬、諸司副使、閤門祇候，各錦絡縫寬衫四領。應不任在京職事者皆減半。其皇親從人並依官品假給〔二〕。

〔一〕諫院　"諫"原作"練"，據文意改。

〔二〕其皇親從人並依官品假給　"官"原作"宮"，據文意改。

十四日，閤門言："宮廟明堂行禮，車駕出入宮廟殿門，準舊儀，皆《勘箭勘契》。宣德門出入勘箭，景靈宮、太廟門入勘箭，出則否。凡勘箭，皆左右金吾衙仗司主之。箭笴長二尺五寸，雕羽，金鐉筈，鍮石鏃[一]，闊二寸，方斜，形如匕。二箭合鏃，有鑿枘[二]，爲雄雌。一爲雄鶻箭，藏内中，一爲辟仗箭，藏本司，皆韜以絳羅銷金囊。每車駕至門，閤門使持雄鶻箭，贊云：'勘箭官來前！'勘箭官稱喏，跪受箭，以左右箭相合，奏云：'内外箭勘同。'閤門使承宣云：'準敕行勘。'勘箭官稱：'軍將門仗官來前！'軍將門仗官二十八人齊聲喏[三]。勘箭官言：'呈箭！'又聲喏。勘箭官云：'某年月日，皇帝宿齋于某殿。某日，具天仗迎鑾駕出入某門，次詣某所行禮。内出雄鶻箭一[四]，外進辟仗箭一，準敕付左右金吾仗行勘。'勘箭官稱：'合不合？'和箭門仗官皆稱：'合。'如此再問對。又問：'同不同？'和箭門仗官皆稱：'同。'如此亦再問對。勘箭官乃伏奏云：'左右金吾引駕仗勾畫都知具官臣姓名，對御勘同，其雄鶻箭[五]，謹奉閤門使進入，諸司準式。'和箭官聲喏。奏畢，奉箭付閤門使。勘箭官即起居，三呼萬歲，開門進輅。凡宣德門，出，左仗主之；入，右仗主之。景靈宮，入，右仗主之。太廟門，入，左仗主之。南薰門，入則勘，出則否。文德殿門，出入勘契。凡勘契，皇城司主之。契有左右，各長尺有一寸，博二寸八分，厚六分。以香檀木爲之，刻魚形，爲鑿枘相合，縷金爲文。凡左契雄，刻云'某禁門'，左木契藏内中。右契雌，刻云'某禁門'，右木契藏本司。皆金填字，韜以絳羅銷金囊、髹漆匣，中以帊褥覆藉。匣有衣，亦絳羅銷金。本司勘契官二人，贊聲親事官二十人。每車駕至門，勘契官執右契[六]，稱：'門仗官來前！'贊聲官皆和應之。即奏云：'大内皇城司勘契官具官臣姓名[七]，奉敕勘契。'閤門使降左契，言：'準敕行勘。'勘契官跪受左契，以左手持右，右手持左。勘畢，奏云：'内外契合。'即問云：'從北來者何人？'閤門使答：'皇帝大駕。'復問云：'是不是？'贊聲齊言：'是。'又問：'合不合？'贊聲齊言：'合。'又問：'同不同？'贊聲齊言：'同。'勘契官奏：'某年月日，皇帝宿齋于某殿，某日出某門，詣某所行禮。右契留本司收掌，左契謹付閤門奉進。'引聲絶，贊聲官並和，乃起居，三呼萬歲畢，開門，車駕乃出。其還入門，即云：'行禮畢。'若親郊出入朱雀門，亦並勘契。

望如儀施行。"詔可。

〔一〕鍮石鏃　"鏃"原作"鏃",據《太常因革禮》卷二一《勘箭勘契》、《宋朝事實》卷一三《儀注三》改。

〔二〕有鐐枘　"枘"原作"柄",據下文改。

〔三〕軍將門仗官二十八人齊聲喏　"八"字原脱,據《太常因革禮》卷二一《勘箭勘契》、《宋朝事實》卷一三《儀注三》補。

〔四〕内出雄鵽箭一　"一"字原脱,據《太常因革禮》卷二一《勘箭勘契》補。

〔五〕其雄鵽箭　"其"原作"某",據《太常因革禮》卷二一《勘箭勘契》、《宋朝事實》卷一三《儀注三》改。

〔六〕勘契官執右契　"勘契"原作"契勘",據《太常因革禮》卷二一《勘箭勘契》乙。

〔七〕大内皇城司勘契官具官臣姓名　"勘"原作"堪",據《太常因革禮》卷二一《勘箭勘契》改。

十六日,大禮使司言:"定臣僚從人假紅錦窄袍,以官序立數,每遇大禮,準所定數申大禮使司,取判付本庫支給。如敢違犯,其請人、主者悉以罪論。"從之。宰臣、親王、樞密使各十六,參知政事、樞密副使各十四,宣徽使十二,三司使十,學士、中丞、知開封府、節度至觀察使各八,大禮等五使各二。

五年九月十一日,詔中書省:"自今南郊添竹册一副,並沿册法物。"先是南郊壇正、配四位用竹册四副,至是南郊三聖並侑,遂復增一焉。

嘉祐六年十月,太常禮院言:"明年正旦大慶殿受朝賀,其三日上辛祈穀于上帝,前三日不作樂,請如慶曆二年故事,改用次辛。"從之。

七年八月一日,翰林學士王珪等言:"準詔詳定太常禮院所議秘閣校理裴煜奏:'大祠天地、日月、社稷,其行禮日與國忌同者,伏請用樂。又諸祠所用香殊爲尠少,不稱崇祀之意。禮院請依唐舊制及國朝故事,廟祭與忌同日,並縣而不作。其與别廟諸后忌同者作之。若祠天地、日月、九宫太一及禓百神，並請作樂。社稷以下諸祠既卑於廟〔一〕，則樂不可爲。如此，則雖純用三代之禮，亦可廣孝思之至。太府寺所供香，宜中祠視大祠之半，小祠視中祠之半。凡大祠則請降御封香，如祀昊天上帝之禮。'珪等議：社稷，國之所尊，其祠日若與別廟諸后忌同者，伏請亦不去樂。餘並如禮官所議。"詔恭依。煜議具《雅樂門》。

〔一〕社稷以下諸祠既卑於廟 "卑"原作"畢"，據《長編》卷一九七改。

八年五月十日〔一〕英宗即位未改元〔二〕，太常禮院言："大祠請用乾興故事，備樂不作，祔廟畢如故。"從之〔三〕。

〔一〕八年五月十日 "十"下原衍"五"字，據《輯稿》禮二九之三八刪。
〔二〕英宗即位未改元 原脱，據凡例補。
〔三〕從之 下注引《續會要》仁宗朝文係《告禮門》正文，今改移彼處。

英宗治平二年十二月十七日，太常禮院言："准畫日來年正月上辛祈穀祀昊天上帝，同日祀感生帝。准閤門儀制，祀天地致齋，則皇帝不遊幸、不作樂。緣正月三日壽聖節在致齋之中，如用嘉祐七年正旦受賀例改用中辛，即當用正月十六日。又緣十四日例當詣慈孝寺、集禧觀行禮，及觀燈作樂。謹按祭統，君子將祭乃齋，齋者不樂，言不敢散其志也。然則君子所以齋者，爲將接神，故不以聲音蕩其志意。如遣官攝事，則於禮無不聽樂之文。元日朝會及壽聖節多與上辛日辰相近，如常改用中辛，即非尊事天神之意，嘉會合禮又不宜撤樂。今請每遇元正御殿、聖節上壽，雖在上辛，祠官致齋日亦用樂，其大宴即移日或就賜。"從之〔一〕。

〔一〕從之 下注引《續會要》英宗朝文係《告禮門》正文，今改移彼處。下又別紙小字抄《續會要》三條禓祭事，分繫太宗太平興國五年、真宗咸平四年、高宗紹興三十一年，乃《輯稿》禮四八之一《禓祭門》全文之復文，眉批："此下至所在州縣官充從之止原粘在本卷弟六頁前半。加四年下。"案《輯稿》禮一四之六乃注引《告禮門》太祖朝文。今俱刪。

神宗熙寧四年二月十八日〔一〕，太常禮院言："準詔，三司織造圜壇地衣。今檢到前後典禮並南郊一行儀制，即無地衣制度。"詔依典禮，不用地衣。

六月十一日，參知政事王珪言："前爲南郊禮儀使，竊見乘輿所過，必勘箭然後出入。此盖天子師行故事，大駕既動，禮無不備。及入景靈宮、太廟門，則恐不當行勘箭之禮。伏請下禮官考詳，如別無禮意，宜從罷去。"詔太常禮院詳定以聞。禮院言："檢會本院儀注，皇帝親行大祠，所過宣德門、景靈宮、太廟門，出入勘箭；南薰門入則勘，出則否；至於文德殿門，並親郊出入朱雀門，則並行勘契。本院考詳勘契之制，即唐交魚符、開閉符之比，用之車駕所過宮殿、城門，所以嚴至尊、備非常也。惟勘箭即不見所起之因，當是師行所用，施於宮廟，似非所宜，誠可廢置。其宮殿門並太廟係車駕齊宿，請行勘契。景靈宮止是少留薦饗，至於勘契，亦乞不用。"從之。

六年八月十八日，詳定行户利害條貫所言："稬米、蕎麥等薦新，望罷行户供買，令後苑及四園苑供應〔一〕。"從之。

〔一〕令後苑及四園苑供應　"令"原作"今"，據《長編》卷二四六改。

七年八月九日，大禮使韓絳乞差檢正中書禮房公事向宗儒提點南郊事務，從之。

十一月六日，詔御史臺、閤門整肅禁衛所。大禮，文武班列執事之人出入禁衛者，務在嚴整，無俾混雜。如有關防未盡未備，詳具條例以聞。

九年十一月二十三日，詔："自今每遇大禮，從中書選官二員提點一行事務，仍著爲定式。"元豐後，以左右司郎官一員充。十年三月二十二日，中書門下請差人吏等五人，詔並減半，候降御札即差。

十年正月九日，太常禮院言："今以慶曆五年以後祠祭沿革參酌編修成祀儀三本，乞一本留中，餘付監祭、監禮司。"從之。

十月六日，幹當雜賣場周延年言："昨東作坊退賣祭服、簪環、履韉，及三司斥賣長源王佩劍〔一〕、帶。臣竊謂凡祭祀之物轉移他用，則非所以尊奉神靈。故記曰：'祭服敝則焚之，祭器敝則埋之，龜筴敝則埋之，牲死則埋之。'示不欲褻也。願下禮官詳定，凡天地宗廟、社稷、山川、百神之祀，有器服之敝者，焚埋如禮。"從之。

〔一〕及三司斥賣長源王佩劍　"王"原作"玉"，據《長編》卷二八五改。

元豐元年正月十三日，提點南郊事務所向宗儒言："將來郊禋，宜自東壝門內布黃道至望燎位。"詔送詳定郊廟奉祀禮文陳襄等。

七月二十三日，太常禮院言："按儀注，親祠，皇帝所過之門皆勘箭、契。自熙寧四年始罷勘箭，而猶存勘契之禮。若車駕入太廟、皇城、京城門，鹵簿前仗已從門入，而天子將至，則復閉中門，稽留御輅。竊詳此禮，於衆人則通之，於至尊則限之，非所以爲順也。所有太廟及宣德、朱雀、南薰門勘契伏請不行，明堂、文德殿門亦乞準此。"從之。

九月十四日，詳定郊廟禮文所言："景靈宮薦饗儀注：'設爟火於望燎位之東南，送神樂一成，皇帝就望燎位，舉爟火。'注云：'如質明行禮，即不舉。'伏見景靈宮行禮，日幾中矣，猶舉爟火，此有司之失也。謹按《前漢志》：'秦以十月郊見，通爟火。'注云：'欲令光明遠照，通於祀所。漢祀五時於雍，五十里一烽火。凡祭祀通舉火者，或以天子不親至祀所而望拜，或以衆祀各處，欲一時薦享，宜知早晏，故以火爲節也。'則以爟火之設，本爲燎壇相遠，舉以爲節。若宮庭行事，燎壇稍近，無事於此。伏請將來景靈宮薦饗，不設爟火。"又言："親祀南郊，皇帝自大次至位版，內臣二人執翟羽前導，號曰拂翟。歷考前代禮典並無此制，惟《國朝會要》御殿儀稱：'五代漢乾祐中，宮中導從童子執絲拂二人，高髻青衣；執犀盤二人〔一〕，帶髼頭，黃衫；執翟羽二人，帶髼頭，黃衫。本朝太平興國初，稍增其制，捧真珠七寶翠毛花二人，衣緋袍；捧金寶山二人，衣綠繡袍；捧龍腦合二人，衣緋銷金袍；執翟拂二人，髼頭，衣黃繡袍。今南郊式，尚衣庫供拂翟〔二〕，內侍省差內侍二員執之，各公服，繫鞋。每大慶殿宿齋，景靈宮、太廟、南郊自大次至小次皆用之。原其所出，乃漢乾祐宮中導從之物，其制不經。今郊廟大禮乃用此以爲前導，失禮尤甚，伏請除去。"並從之。

〔一〕執犀盤二人　"執"下原衍一"執"字，今删。
〔二〕尚衣庫供拂翟　"供"原作"拱"，據《長編》元豐三年九月丙子條改。

又言："古者朝、祭異服，所以別事神與事君之禮。今親祠郊廟，皇帝袞冕，而侍祠之官止以朝服，豈禮之稱哉！請親祠郊廟景靈宮，除導駕、贊引、扶持、宿衛之官外，其侍祠及分獻者並服祭服，以稱國家事神之禮。"又言："本朝祠祭，遇雨則望祀，而服公服，非所以奉神。請遇雨望祀服祭服。"並從之。

十一月二日，又言："郊廟有司攝事服祭服，不合古制。謹按《周禮》，司服供王祭祀之服〔一〕，'祀四望山川則毳冕，祭社稷、五祀則希冕，祭群小祀則元冕'。注：'群小祀，林澤墳衍、四方百物之屬。'孔穎達謂：'此據地之小祀。以血祭社稷爲中祀，貍沉以下爲小祀也。若夫天之小祀，則司中、司命、風師、雨師，鄭雖不言，義可知矣。'又按《記》曰：'天子元冕，朝日於東門之外。'先儒謂日月皆爲次祀，言朝日，則夕月亦用元冕可知，以天神尚質故也。社稷中祀而用希冕者，以粉米有養人之功故也。國朝祀儀，祭社稷、朝日、夕月、風師、雨師皆服袞冕，其蜡祭、先蠶、五龍亦如之；祭司命、户、竈、門、厲、行皆服鷩冕；壽星、靈星、司中、司命、司寒、中霤、馬祭皆服毳冕，而不及希冕、元冕，殊失先王之制。今天子六服，自鷩冕而下，既不親祠，廢而不用，則諸臣攝事，自當從王所祭之服。伏請依《周禮》，凡祀四望山川則以毳冕，祭社稷、五祀則以希冕；朝日、夕月、風師、雨師、司命、司中則以元冕。若七祀、蜡祭百神、先蠶、五龍、靈星、壽星、司寒、馬祭等，蓋皆群小祀之比，合服元冕。其攝事之臣，不繫其官，共從所祭而服。"從之。

〔一〕司服供王祭祀之服　"王"原作"主"，據《周禮注疏》卷二一改。

是日，又言："郊禮遇雨，朝服望祭，不設樂。按《禮記》曰：'大夫冕而祭於公，弁而祭於己。'則是臣子助祭不以朝服也。又曰：'年穀不登〔一〕，祭事不懸。'則是於祭之時，既行吉禮，樂不當徹也。本朝祠祭遇雨則望祀，不爲違禮，然而服公服，又不設樂，則非所以稱奉神之意。伏請遇雨望祀，服祭服，仍設樂。"從之。

〔一〕年穀不登　"不"下原衍一"不"字，今刪。

二年七月〔一〕，判尚書禮部錢藻言："竊見五帝壇齋宫率皆狹隘，而望祭殿處其中，居常與祠，執事之人取便坐卧；或值雨雪，即奉安神座於其上。加以前事之夕，牲牢脯醢將登諸俎豆，以備薦羞，而曾無净室，以嚴守護。兼每遇祠事，輒旋挈持祭器來去，疲老之兵，休息之際，縱横塗路之側，非所以交神明、致吉蠲之道。乞命有司仿南郊齋宫，一新其制，神厨外别創神饌庫屋，嚴設扃鐍。及每處量造祭器，更不挈持往來。庶幾上稱朝廷以誠感格、爲民祈福之意。"太常禮院乞依所請，别建神厨庫，使與祀事相稱。見用祭器，據逐郊歲祀合用數目，分置五帝齋舍，係帳收管，有餘藏在太常，以備社稷、文宣、武成等廟祠祀。從之。

〔一〕二年七月　"二"上原有"元豐"二字，據凡例删。

八月，郊社令辛公佑言："五郊齋宫，除南郊外，其餘並未增修，恐非朝廷所以恭肅祠享之意。况赤帝乃本朝感生帝，崇奉之禮宜在四郊諸帝之先，今之宫壇全未增廣。並皇地祇齋宫、望祭殿損壞，并乞全葺。"詔將作監約度，先次展修。又言："靈星、風師、雨師、先農等壇，去齋宫甚遠，齋宿之夕，須中夜赴壇行禮，雖有肅恭之心，且將怠矣。又懼風雨，陳列祭器無由嚴備。欲乞就近别建舍宇，所貴便於行禮。"從之。

九月二十一日，郊社令言："皇地祇、神州地祇、黑帝三壇各去齋宫迂遠。竊見近北有廢罷驍胏宫營，皆近諸壇，欲乞就彼修建，兼隨宜創新蓋造。"從之。

三年六月二十八日〔一〕，詳定郊廟奉祀禮文所言："《唐六典》：'中書侍郎掌貳令之職，凡臨軒策命大臣，令爲之使，則持册書以授之。若自内册，則以册書授使者。'又曰：'送置中書堂密詔。'《周官》内史掌王之八柄，掌書王命，蓋中書之任也。古者爵有德而禄有功，必賜爵禄於太廟，故命内史讀册。《開寶禮》及郊廟明堂儀注，告神之册而使中書侍郎讀之，殊爲舛誤。蓋贊祠接神者莫如祝，故《郊特牲》曰

'祝將命'也。《周禮》：'太祝，下大夫二人，上士四人，掌六祝之辭，以祀鬼、神示。'此則讀册之任也。《開元禮》郊廟明堂讀祝並命太祝，最爲近古。伏請郊廟明堂讀册改命太祝。"詔差史官攝太祝。

〔一〕三年六月二十八日　"六"原作"四"，據《輯稿》禮一之七、《長編》卷三〇五改。

又言〔一〕："謹按《周禮·大宗伯》：'以玉作六瑞，以等邦國，王執鎮圭。'《典瑞》：'王搢大圭〔二〕。'然則鎮圭者，王執以爲瑞；大圭者，搢以爲笏。《開元禮》《開寶通禮》及儀注，明堂、太廟，皇帝親祠，至罍洗、奠玉幣、飲福皆云'搢鎮圭'。此既非笏，不當搢。觀禮曰'奠圭於繅上'，説者謂釋於地也。諸侯見於天子，奠圭，則天子祇事天地、祖宗，亦當奠圭于繅上。所有儀注，親祠奠玉幣之時'搢鎮圭'，伏請改奠圭。其盥手、飲福，謂宜使人接圭。"從之。

〔一〕又言　"又"上原有"六月"，據《長編》卷三〇五，元豐三年六月庚子條，此亦係二十八日事，因删。
〔二〕王搢大圭　"王"原作"玉"，據《長編》卷三〇五，元豐三年六月庚子條改。

又言〔一〕："謹按唐《開元禮》並本朝《開寶通禮》〔二〕，皇帝致齋前一日，尚舍奉御設御座於正殿西序及室內，俱東向。《儀禮注》：'堂東西墻謂之序〔三〕。'至日，皇帝出自西房，即御座，東向。又唐《郊祀録》，凡致齋必東向者，變聽政之位也，蓋取論語'齋必變食'，殊爲舛誤。伏請南郊致齋，皇帝自內寢居大慶殿御幄，易服，有司奏（事）〔中〕嚴外辦畢〔四〕，即大慶殿御座南向，百官北面再拜奏請訖，皇帝降就齋所，更不設東房、西房及御榻東向位。明堂致齋文德殿依此。"從之。

〔一〕又言　"又"上原有"二十八日"，據凡例删。
〔二〕謹按唐《開元禮》並本朝《開寶通禮》　"通"下原衍"用"字，今删。
〔三〕堂東西墻謂之序　"墻"原作"壇"，據《儀禮注疏》卷三五改。
〔四〕有司奏中嚴外辦畢　"中"原作"事"，據《長編》卷三〇五改。

是日，又言："古者祀天神燔柴，祭地祇瘗埋。蓋燔柴則升烟于上，瘗埋則達氣于下，求神必以其類故也。王涇唐《郊祀錄》，凡祭地祇則爲瘗埳於神壇之壬地，方深取足容物；祭訖，置牲、幣、祝、饌於其中而埋之。熙寧祀儀，祭皇地祇、神州地祇皆爲燎壇，方一丈二尺，開上南出戶，方六尺，在壇南二十步丙地；祭太社、太稷，又設燎柴於西神門外道。此以地祇而同於天神之祀，殊悖於禮。伏請自今祭皇地祇、神州地祇、太社、太稷，其祝版與牲幣饌物並瘗於埳，不設燔。所有皇地祇、神州地祇燎壇並乞除去。"從之。

七月十四日，又言："謹按《周禮·大宗伯》：'以玉作六瑞，以等邦國，王執鎮圭。'言天子受瑞於天，諸侯受瑞於天子，故諸侯見王，執命圭以爲瑞，而奉祭祀，亦執鎮圭以爲瑞也。說者曰，此鎮圭，王祭祀時執。《典瑞》云：'王搢大圭，執鎮圭，繅藉五采五就以朝日。'則餘祭祀亦執之。孔穎達引鄭志云：'天子執鎮圭以朝日、夕月，及祭天地、宗廟。'蓋天子奉祭祀〔一〕，執鎮圭者其摯也，搢大圭者其笏也。《禮記》曰：'見於天子，與射，無說笏。入太廟說笏，非古也。'釋者以爲，凡言吉事，無所說笏；入太廟之中，唯君當事說笏。時臣驕泰，僭仿於君，當事亦說笏，故《禮記》明之〔二〕，云臣入太廟當事說笏，非古也。唐禮，親祀天地神祇者搢大圭，執鎮圭；有事宗廟，則執鎮圭而已。王涇《郊祀錄》：'大圭，質也，事天地之禮質，故執而搢之。鎮圭，文也，宗廟之禮亦文，故無兼執之義。'是不知大圭，天子之笏，其用通於郊廟。伏請自今皇帝親祠郊廟，搢大圭，執鎮圭。每奉祀之文，既接神，再拜，則奠鎮圭爲摯，執大圭爲笏。當事則說笏，蓋臣卑，則當事搢笏，君尊則不搢，別於臣下也。"從之。

〔一〕蓋天子奉祭祀　"祭"下原衍一"祭"字，今刪。
〔二〕故禮記明之　"禮記"下原衍"者"字，今刪。

九月，臣僚言："乞立四表，以陳二舞。"詳定郊廟奉祀禮文所言："看詳葉防所陳，與詳定朝會儀注所稱定舞表，事體頗同。見已教習，乞下太常寺，於明堂、景靈宮、太廟施用新定二舞。所執之器亦乞所屬製造。"從之。

四年六月十三日，詳定郊廟奉祀禮文所言："請祭天別設主日、配月之位，從以百神。"從之。

十月十五日，又言："《周禮》：'典祀，中士二人，下士四人'，'掌外祀之兆守。若以時祭祀，則率其屬而修除，召役于司隸而役之'；'守祧，奄八人，女祧每廟二人'，'掌守先王、先公之廟祧。若將祭祀，則各以其服授尸。其廟，則有司修除之'。今之郊社令，則古之典祀也；宮闈令，則古之守祧也。古者凡祭祀，必於前期掃除，未有於祭日之旦即布神座，即出神主，而方行掃除者。今儀注，親祠太廟大祀，宮闈令詣室開埳，奉神主至於座。文武陪祀之官、諸方客使、宗室子孫俱就位，而禮直官引司空行掃除。如祀圜丘，則祀前一日晡後，司天官屬、郊社令各帥其屬升設神座於壇上及諸陛。祀日未明二刻，御史、太祝行掃除。未明一刻，司空行掃除。皆不應典禮。伏請自今祠太廟，於享日未明三刻，宮闈令帥其屬掃除訖，監察御史按視於殿之上下。俟皇帝立于阼，然後開埳，奉出神主，置於座。如圜丘，則祀前一日晡後，郊社令帥其屬掃除，御史按視〔一〕。所有司空、太祝行掃除乞罷。"從之。

〔一〕御史按視 "視"原作"祀"，據上文改。

六日，又言："天地之德至大，故用文舞以祀。《周禮》曰'舞《雲門》以祀天神'，《雲門之舞》〔一〕，冬日至於地上之圜丘奏之。《雲門》則黃帝樂，所謂文舞也，於天之德，用此以求稱。近世南郊，樂舞兼用武舞，即記所謂干戚之舞，非備樂也。既非古制，則又不足以稱天地之德。請南郊樂舞純用羽籥，庶合禮意。"從之。

〔一〕雲門之舞 "雲"原作"云"，據上下文改。

又言："天道遠而難致也，故常以神道致之；以其尊而難親也，故常以人事親之。《易》曰'聖人亨以享上帝'，人事親之也；《禮》曰'郊血'，神道致之也。本朝郊禮，薦熟之外，不設血，殊爲闕禮。伏請南郊先薦血于神座前，盛以槃，次薦腥，次薦熟。其北郊準此，仍先瘞以致神。"從之。

又言："《儀禮·特牲饋食禮》曰：'厥明夕，設壺禁在東序，豆、籩、鉶在東房，南上，几席兩敦在西堂。宗人升自西陛，視濯。'此滌濯之節也。又曰：'夙興，實豆、籩、鉶，陳于房中如初。盛兩敦，陳于西堂如初。'此實豆、籩之節也。又曰：'主婦薦兩豆，葵菹蝸醢。佐食舉牲鼎，贊者錯俎。俎入，設于豆東。主婦設兩敦黍稷于俎南，及兩鉶于豆南。'此薦饋之節也。又曰：'祝命徹阼俎豆籩〔一〕，設于東序下。祝執俎以出，佐食徹阼俎〔二〕，堂下俎畢出。'此降徹之節也。後世王者祭祀之禮不備，隆士大夫禮以行之。故《曾子問》有祭前陳祭器之序，《周禮》亦著夙興陳饌于堂東及實簠簋之文。又《大宗伯》：'凡大祭祀，王后不與，則攝而薦豆籩，徹。'又内宗之職，'及以樂徹，則佐傳豆籩'；'王后不與，則贊宗伯'。於此知薦徹饋饌。釋者曰：司馬主羊，司士主豕，明還遣此二人舉俎。於此知薦徹三牲俎者，司徒、司馬、司空之職也。本朝郊廟祭器，陳設既已無法，至臨祭之旦，實籩、豆、簠、簋者皆賤，有司紛然雜亂，非復禮制。其三牲之俎，獨以司徒一官奉之而不徹；其籩、豆、簠、簋之薦皆不屬大宗伯，而又不徹。伏請祭前一日，司尊彝以監祭器官攝〔三〕，帥其屬以法陳祭器于堂東。陳設之法具別圖上。僕射、禮部尚書視滌濯、告潔祭之旦，光禄卿率其屬取籩、豆、簠、簋實之；既實，反其位。及薦腥之初，禮部尚書帥其屬薦豆、簠、簋，户部尚書、兵部尚書、工部尚書薦三牲之腥俎，又薦熟俎。禮畢，禮部尚書徹籩豆，户部尚書、兵部尚書、工部尚書徹三牲之俎，皆有司受之以出。"從之。

〔一〕祝命徹阼俎豆籩　"阼"原作"作"，據《儀禮注疏》卷四六改。
〔二〕佐食徹阼俎　"阼俎"原作"作豆俎"，據《儀禮注疏》卷四六改。
〔三〕司尊彝以監祭器官攝　"尊"原作"奠"，據下《輯稿》禮一四之五二等改。

又言："古者郊廟助祭之臣，皆親疎異等，貴賤異位，主客異儀，夷夏異制，然後禮容不亂，而君道益尊。故《儀禮·特牲饋食禮》有門外之位以省事，有堂下之位以行禮，親者在東，疎者在西，貴者在北，賤者在南，尊者在前，卑者在後，主人在東，衆賓在西。而《明堂位》，夷狄之位皆在門外，諸侯之位皆在門内。皆不可得而易也。國朝之制，天子親祠南郊，亞、終獻及百官統于至尊之後，而公卿與分獻執事之臣獨在內壝東門之外。又太廟、明堂，公卿在東，宗室在西，皆無親疏尊卑之別。伏請親祠南郊，設助祭公卿位于亞、終獻之南，設分獻官位于卿之後，執事者又在其後。每等異位，俱重行，西向北上。太廟設亞、終獻位於階東，設宗室位於其後，皆東向北上。設蕃客位于門外，隨其方國。"詔太常禮院將新定《朝會圖》又行禮處地步參定。

"太廟約到殿庭東西地步難以立班[一]，其景靈宮助祭班位亦乞參定。"從之。

〔一〕太廟約到殿庭東西地步難以立班　其上當有脫文。

又言："《周禮》太宰之職：'祀五帝則掌百官之誓戒，祀大神祇亦如之，享先王亦如之。'又《大司寇》：'禋祀五帝，則戒之日涖誓百官，戒于百族。'蓋王者奉天地、祖宗之神，必具百官，以揚其職；百官廢職，則服大刑。非先事聚衆以警之，使失禮而入刑，則亦罔人而已。太宰，治官，所以佐王事神祇、祖考，獨掌誓戒者，欲人之聽於一也。大司寇，刑官，戒之日涖誓者，失禮乃入刑故也。國朝沿唐制，以太尉掌誓戒。太尉，三公官，所謂坐而論道者，非掌誓之任，未合禮意。伏請親祠，命吏部尚書一員掌誓戒，刑部尚書一員涖之。"從之，內掌誓戒以左僕射，闕即以右僕射。

十一日，又言："謹按《周禮·大宗伯》：'以禋祀祀昊天上帝，以實柴祀日月星辰，以槱燎祠司中、司命、風師、雨師。'所謂周人尚臭，升煙以報陽也。夫天神，陽祀也；煙，陽之氣也。陽祀而用陽之氣以求之，所謂本乎天者親上，亦各從其類也。近世唯親祠昊天上帝燔栢柴外，其餘天神之祀唯燔祝版，實爲闕禮。請凡天神之祀皆燔牲首。五帝、日月、司中、司命、風師、雨師、靈星、壽星，並請以栢爲柴升煙，以爲歆神之始。"從之。

十一月十日，詳定郊廟奉祀禮文所言："臣等謹按禮，於祭之末不忘至賤，而以其餘畀之。故賜胙，貴者取貴骨，賤者取賤骨，雖煇炮翟閽，罔不均及。非明足以見，仁足以與，其孰能行之！本朝親祠賜胙，自宰臣等而下之至祝官，雖有多少之差，而無貴賤之等。伏請三師，三公，侍中，中書令，尚書令，尚書左右僕射，大禮使同。親王，亞、終獻同。開府儀同三司，門下侍郎，中書侍郎[一]，尚書左右丞，知樞密院事，同知樞密院事，禮儀使，儀仗鹵簿頓遞使：牛肩、臂、臑五，不足，即以正脊、橫脊、正脅、短脅、代脅及肺代。羊肩、臂、臑五，豕肩、臂、臑五。太子三師，特進，觀文殿大學士，太子三少，御史大夫，六尚書，金紫光禄大夫，銀青光禄大夫，節度使，觀文殿學士，資政殿大學士，翰林承旨，翰林、資政端明殿、翰林侍讀侍講、龍圖天章寶文閣學士，左右散騎常侍，尚書列曹侍郎，樞密、龍圖天章寶文閣直學士，光禄大夫，正議大夫，御史中丞，太子賓客，太子詹事，給事中，中書舍人，通議大夫，節度使觀察留後，左右諫議大夫，知制誥，龍圖天章寶文閣待制，太中大夫，秘書、殿中監，中大夫，太常，宗正卿，觀察使：牛肩、臂、臑三，不足，即以正脊、正脅代。羊肩、臂、臑三，豕肩、臂、臑三。入内内侍省内侍省押班、副都知，光禄卿，監祭，禮官，博士：牛脊、脅三，不足，即以脾、膊、胳代。羊脊、脅三，豕脊三。太祝，奉禮，司尊彝，郊社令，太廟、宮闈令，監牲牢、應祠事內臣：羊髀、膊、胳三，豕髀、膊、胳三。應執事，職掌，樂工，門幹，宰手，馭馬，御車人，並均給。髀、肫、胳、縠及腸、胃、膚之類。有司攝事，執政，親王，宗室使相，禮部、户部尚書，禮部侍郎，宗室節度使正任以上：羊肩、臂、臑五，豕肩、臂、臑五；應用牛牲處，除進胙外，加牛肩、臂、臑五。不足，即以正脊、直脊、橫脊、橫脅、短脅、代脅及肺代。太常卿少，光禄卿，禮部祠部户部兵部工部郎中、員外郎，監祭，禮官，博士：羊肩、臂、臑三，豕肩、臂、臑三；應用牛牲處，除進胙外，加牛肩、臂、臑三。不足，以正脊、正脅、髀、膊、胳代。太祝，奉禮，社稷令，宮闈令，齋郎：羊膊、胳三，豕膊、胳三。應執事，職掌，樂工，門幹，宰手，馭馬，從人以上並均給。髀、肫、胳、縠及腸、胃、膚之類。"從之。

〔一〕中書侍郎　"中"上原衍"尚"，今刪。

二十一日〔一〕，又言："歌者在上，匏竹在下，貴人聲也。匏竹在前，鍾鼓在後，貴人氣也。《書》曰'搏拊琴瑟以詠'，此堂上之樂。又曰'下管鼗鼓，合止柷敔，笙鏞以間'，此堂下之樂。堂上之樂以象朝廷之治，堂下之樂以象萬物之治。後世有司失其傳，歌者在堂，兼設鍾磬，宮架在下，兼設琴瑟，堂下匏竹，置之於床，並失其序。伏請每遇親祠宗廟，歌者在堂，更不兼設鍾磬；宮架在庭，更不兼設琴瑟；堂下匏竹，更不置之於床。其郊壇上下之樂，亦乞依此正之。有司攝事準此。"詔依。元豐元年明堂，殿上即用金鍾、玉磬各一架。

〔一〕二十一日　原脫，據《輯稿》樂三之三二、《長編》卷三二〇元豐四年十一月癸卯條補。又，此條原附十月十一日條下，今改置此處。

五年七月五日〔一〕，尚書禮部奏："太常寺參詳：雩壇當立圜壇於南郊之左己地，依郊壇遠近，高一丈，廣輪四丈，周十二丈，四陛，爲三壝，二十五步，周垣四門，燎垣一如郊壇之制。"從之。

〔一〕五年七月五日　"五年"上原有"元豐"，據凡例刪。

二十九日，太常寺言："丙申詔書：'季秋祀英宗於明堂，推以配上帝，其餘從祀群神悉罷。'臣等以類推之，猶有未盡善者。《周頌·噫嘻》春夏祈穀于上帝，本朝啓蟄而郊，龍見而雩，有司尚緣近制，皆以群神從祀。臣等伏乞將來孟夏大雩，惟祀上帝，以太宗配，餘群祀悉罷〔一〕，以明事天不二。"又言："按禮，雩壇在國南，今寓圜丘，非是。乞改築。"並從之。

〔一〕臣等伏乞將來孟夏大雩至餘群祀悉罷　"臣等"至"餘"原脫，據《長編》卷三二八補。

十一月二日，詳定郊廟奉祀禮文所言："《周禮·小宗伯》'禱祠肆儀爲位'，後漢肆司徒府，皆不於祠所，以遠慢戒瀆。本朝親祠南郊，習儀於壇所，明堂習儀於大慶殿〔一〕，皆近於瀆。伏請南郊習儀於青城，明堂習儀於尚書省，以遠神爲恭。"從之。

〔一〕明堂習儀於大慶殿　"習儀於"原脫，據《長編》卷三三一、《宋史》卷九八《禮志一》補。

六年正月二十三日，尚書禮部言："舊禮，大祀前七日平明，太尉誓百官於尚書省。近制，親祠南郊、明堂，太尉掌誓戒，用左僕射，闕，即以右僕射；以刑部尚書涖之。今有司攝事，大祠即初獻官掌誓戒，前期七日，南嚮讀誓文，無涖誓之官。又吏部、刑部官於歲時常祭皆不聯事，實爲闕誤。臣切惟，祭祀之有誓戒，所以要之以刑，重失禮也。古者掌誓戒有專官，欲人之聽於一也。周以太宰掌百官之誓戒，謂其爲天官之長，且佐王治；而以大司寇涖百官，戒於百族，蓋言失禮則入刑也。唐以太尉掌誓戒，亦緣任隆公輔，地居冢司故也〔一〕。《周禮》三公無官，必兼冢宰，然後可以任王治。《書》曰：'惟周公位冢宰，正百工。'故以太宰掌百官之誓戒。今以宰相、親王、執政官、宗室使相、郡王、節度使以上爲初獻，即掌誓戒，得其職矣，蓋與周冢宰、唐之太尉同意。自餘初獻止是禮部尚書以下，既不爲攝太尉，而亦掌誓戒，誤矣。臣又按《周禮·小宰》'以官府之六聯合邦治，一曰祭祀之聯事'，謂一官不能獨舉，則六官共有事於此，故曰官聯。今尚書六曹乃六官之任，諸祠祭以禮部爲獻官，以户部、兵部、工部爲奉俎官，而吏部、刑部無事於其間，非所謂官聯也。伏請自今大祠，宰相、親王、執政官、宗室使相、郡王、節度使以上爲初獻行事，依舊掌誓戒，餘以吏部尚書或侍郎掌之。蓋吏部，天官之任也。仍用刑部尚書涖誓，闕即以侍郎，並不散齋、致齋，不與行事，其掌誓之西別爲一班，亦南嚮〔二〕。受誓戒者，獻官、禮官以西爲上，奉俎官以東爲上，分獻官立于獻官之後，並北嚮。監祭使執事位自如故事。親祠即依元豐四年十月六日詔，用左右僕射掌誓〔三〕，刑部尚書涖誓。"又言："陽祀升煙，所以達氣于天，爲降神始也。今燔柴用栢，甚微。親祠以百束，有司行事，上帝四祀以二十斤，餘自五方帝、大明、夜明、九宫貴神而下並以十斤，無大、中、小祀之別。欲乞親祠依舊用百束，餘大祠皆準親祠之半，中、小祠又遞減半，止用雜薪。其燎壇制度當再考。"從之。

〔一〕地居冢司故也　"冢"原作"家"，據《輯稿》禮二八之七三改。
〔二〕亦南嚮　"嚮"原作"誓"，據《輯稿》禮二八之七三改。
〔三〕用左右僕射掌誓　"用左"下原衍"用左"二字，今刪。

二月二十四日，太常寺言："郊廟用樂二十虡，若遇雨雪，則覆以幕，臨祭恐不能應辦。自今如望祭，即設於殿上。"從之。

是日，監察御史王桓言："祭祀牢醴之具皆掌於光禄，而寺官未嘗臨涖，失事神之恭。伏請大祠皆輪光禄卿、少，朔祭及中祠輪丞、簿，監視宰割，禮畢頒胙。有故及小祠，聽宫闈令或太祝、奉禮攝。其應進胙者，卿、少望闕再拜進。"並從之。

三月二十四日，詔禮部官一員提點南郊事務，仍止就本部行移，更不特稱官司。

七月二日〔一〕，詳定編修諸司敕式所言："南郊事務，令所屬本曹郎官一員點檢。舊大禮差提點頓遞六員，後止以一員提點一行事務。今郎官惟專本部之事，而新制官曹事務析正，與舊不同，兼郊廟禮文所改革去留，事目不少。謂宜將來大禮，且仍舊專差官提點一次，所貴協相熙事。"詔曰："析令新正之初〔二〕，誠慮及期有司奉行疑惑，於事舛錯有害，不悦造令之人得以藉口〔三〕，歸咎成法〔四〕。且諳詳始末，惟本司官吏最爲可委檢察應接。宜依所奏，止就差本司官提點應式令所該一行事務。"

〔一〕七月二日　《長編》卷三三六作閏六月壬寅（二十八日）。
〔二〕析令新正之初　《長編》卷三三六作"式令析正之初"。
〔三〕不悦造令之人得以藉口　"人"下原衍一"人"字，今刪。
〔四〕歸咎成法　"咎"上原衍"舊"字，據《長編》卷三三六刪。

八月十三日，詔自今小祠亦供冰鑑〔一〕，從監察御史翟思請也。

〔一〕詔自今小祠亦供冰鑑　"冰"原作"水"，據《長編》卷三三八改。

二十八日，詔："南郊式有皇帝稱臣遣使，所遣官不稱臣。自今依舊儀，皇帝稱臣，遣官亦稱臣。"先是，沈括上《南郊式》，以爲被遣官亦稱臣不應禮，改之。至是復舊。

九月二十七日，尚書禮部言："《周禮》凡大祭祀，王出入則奏王夏〔一〕，明入廟門已用樂矣。今既移祼在作樂之前，皇帝詣罍洗奏乾安，則皇帝入景靈宮門及南郊壇門，亦當奏乾安樂，庶合古制。"從之。

〔一〕王出入則奏王夏　"王夏"原作"三夏"，據《長編》卷三三九改。

十一月十日，權直學院蔡卞言："大禮祝册舊式，前十日，學士院進書訖，送禮部。近詔親祠圜丘、景靈宫、太廟，並於行事日未明之前，各就齋殿進書。而未進書以前，止在學士院幕次〔一〕，誠未足稱嚴奉之意。望於皇帝致齋前三日進書付禮部。"從之，仍著爲令。

〔一〕止在學士院幕次　"幕"下原衍一"幕"字，今刪。

七年五月二十七日，尚書禮部、太常寺言："被詔自四月朔、七月晦，凡中下祠，前期一日皆命有司供冰鑑。今歲藏冰少，望令不設。"從之。

　　六月六日，尚書禮部言："親祀之歲，夏至祀皇地祇於方丘，遣冢宰攝事，禮容樂舞謂宜加常祀。而其樂虞二十，樂工百五十有二，舞者六十有四，與常歲南郊上公攝事無異，殆未足以稱明詔欽崇之意。乞親郊之歲，方丘所用樂舞，如親祠用三十六虡，工人三百有六，舞人百三十有四〔一〕。"從之。

　　〔一〕舞人百三十有四　"百"字原脱，據《長編》卷三四六補。

　　七日，禮部言："親祠儀注，饗太廟、祀圜丘，皇帝並服鞾袍至大次。伏緣車駕自大慶殿赴景靈宫、太廟，次赴南郊，並服通天冠、絳紗袍。且禮以進爲文，宜有隆而無殺，前一日既盛服以赴祠所〔一〕，及行事之旦，所謂三日齋一日用之者也，乃服鞾袍至大次，未協禮意。謹按《郊特牲》曰：'祭之日，王皮弁以聽祭報。'報〔二〕，謂小宗伯告時、告備也。説禮者以通天冠猶古之皮弁，則通天冠者齋服也。今禮部奏中嚴外辦，所謂告時、告備者。伏請太廟、圜丘祭日之旦，自齋殿赴大次，服通天冠、絳紗袍。"從之〔三〕。

　　〔一〕前一日既盛服以赴祠所　"盛"原作"成"，據《長編》卷三四六改。
　　〔二〕報　原脱，據《長編》卷三四六補。
　　〔三〕從之　下注引《續會要》神宗朝文係《告禮門》正文，今改移彼處。

　　哲宗元祐元年八月五日，禮部言："明堂、景靈宫皇帝親行儀注，復設小次〔一〕。緣近儀，設皇帝版位於阼階之上，其小次合於明堂阼階之東丹墀之上，西向陳設。"從之。

　　〔一〕復設小次　"復"原作"服"，據《長編》卷三八四改。

　　六年九月三日，禮部、太常寺言："自來正月上辛、四月雩祀、九月明堂、十一月冬至，上公攝事，四祀上帝，降神之樂，並通用一章。近詔明堂祀上帝，不可寓於圜丘。乞將南郊齋宫望祭殿權爲明堂〔一〕，以祀上帝。其降神樂章內有'夙設圜壇'之句，與禮意不協，乞下學士院修改。"從之。

〔一〕乞將南郊齋宮望祭殿權爲明堂　"殿"原作"奠"，據《輯稿》禮一四之四四等改。

紹聖二年七月六日，大禮使司言："百司應舉明堂諸事，望令於八月中旬以前申請了當，庶免迫期誤事。"從之。

三年六月二十七日，權尚書禮部侍郎黃裳言："北郊配帝之牲用赤，與南郊用牲，其色不同。竊以帝王德配天地，則其牲、幣，宜從所配之色。請皆用黃。"又言："南郊設十二鎛鍾，北郊設十二特磬。按《開元》《開寶通禮》，夏至祭地于方丘，設十二鎛鍾於編架之間。今親祠皇地祇，請增鎛鍾十二。"並從之。

八月十五日，權禮部侍郎黃裳言："先王資陰陽之用，取明水火以共祭祀。淮南子以大蛤爲方諸，李真以此得水數斗，蓋有已試之驗。今以明水難取，遂兼明火弗用，非所以祇事大神祇之意。乞再下有司訪求所以取明水之法，天下必有能知之者。"詔令禮部講求試驗以聞。

元符元年六月三日，詔："今後大禮，提點事務官令禮部申尚書省取旨差。其天授傳國受命寶依令奏請降出。"先是元祐七年并紹聖二年，皆朝旨差提點事務官，又奏請降出天授傳國受命寶亦未有成法，有司奏稟，故有是詔。

二十二日，將作監言："被詔修建南郊青城齋宮，今已繪圖進稟。緣大禮日逼，望且先次修建寢殿等，餘候禮畢興修。宮外城圍亦預計工力。"從之。十一月十四日，齋宮殿宇工畢，凡爲屋九百一十三間。

十月二日，左司員外郎曾旼言："伏考典禮，以氣臭事神，自周人始，至於近世，易之以香。謹按先儒何佟之議〔一〕，以爲'南郊、明堂用沉香，本天之質〔二〕，陽所宜也。北郊用上和香，以地於人親，宜加雜馥'。前代祀志，實存其說。今北極天皇而下皆用濕香，至於眾星位，香則不復設，竊恐於義未盡。臣等看詳元豐親祠儀，南郊龕陛及壝內從祀神位已有立定上香儀，而内壇之外衆星未有立定香數。神位繁密，難以遍設香爐，欲比附壇内從祀神位，每陛設香爐一，其濕香各以四兩爲定制。"從之。

〔一〕謹按先儒何佟之議　"佟"原作"於"，據《隋書》卷六《禮儀志一》改。

〔二〕本天之質　"質"原作"資"，據《隋書》卷六《禮儀志一》改。

二年二月十日，詔將作監修建北郊帷宮望祭殿〔一〕。

〔一〕詔將作監修建北郊帷宮望祭殿　下删注引《續會要》哲宗朝文係《告禮門》正文，今改移彼處。

徽宗崇寧二年三月六日〔一〕，太常少卿席旦言："本寺見用元祐祀儀，自元豐元年被旨編修，至元祐三年而書成。恭惟神宗制禮作樂，以貽萬世，且詔有司講求奉祀禮文而修飾之。其每歲常祀，上自昊天，下逮七祀，其事有制，其名有義，其容有度，其物有數，其疏數有節，其設飾有文。其書不獲成於元豐之時，皆嘗討尋案牘，以年月寖遠，往往不全。今略加檢會，見用祀儀内有漏落及有增損事節，未經修入改正者甚多。望下本寺，將《元祐祀儀》與增損漏落事件，許令本寺官屬重加討論看詳，修載成書。仍乞以崇寧祀儀爲名，庶昭神考制作之盛，以廣陛下繼述之志。"從之。《崇寧祀儀》不見成書年月。

〔一〕徽宗崇寧二年三月六日　"宗"原作"宫"，今改正。

十二月十一日〔一〕，詔："景靈宫、太廟、郊壇登歌不兼設鍾磬，並依元豐舊制。"先是元符元年十一月，已詔登歌依元豐四年指揮，不設鍾磬。建中靖國元年，郊廟登歌復兼用之。至是，以禮部、太常寺申請，故有是詔。

〔一〕十二月十一日　"日"字原脱，據文意補。

四年八月二十一日，詔："天地、宗廟、社稷、百神之祠，所有御封香、青詞、表祝，自來止使臣取降及執事人齎往，未至嚴潔。宜令有司製造朱紅匣並檐床共十二事，覆以黄帕、油帕，錦帽、錦絡縫、紫寬衫四十八事，均送入内内侍省、學士院、秘書省。仍造兩幅黄絹袷帕五十，銅香合二百具，方二尺五寸，黄絹袷帕二百條，付入内内侍省。製朱紅小匣二十，付學士院秘書省。自今祝版及青詞、表文既進，降出，即置於匣，親事官四人服所給錦帽等奉至祠所。皇城司每半年差親事十八人，内節級二人，分於學士院、入内内侍省檐擎御封香、青詞、表祝。"

五年十一月二十八日，禮部、太常寺言："準令，諸壇置守壇户洒埽除治，大祠二人，中、小祠一人。所有南郊及雩祀上帝、北郊皇地祇壇壝三重，亦止二人，請各增爲六人。餘大、中祠壇各增爲四人。"從之。

大觀元年七月十七日〔一〕，資政殿學士鄭居中言〔二〕："竊以國家祈報社稷，崇奉先聖，上自京師，下逮郡邑，以春秋上丁社日行事。然太社、太學，獻官祝禮皆法服，至於郡邑，則用常服。欲命有司降祭服于州郡，俾凡祭祀，各服其服，以盡事神之儀。"詔以衣服制度頒之，使州郡自製〔三〕，敝則聽其改造，庶簡而易成。

〔一〕大觀元年七月十七日　"十七日"，《輯稿》輿服四之二二作"十六日"。
〔二〕資政殿學士鄭居中言　《輯稿》輿服四之二二作"議禮局札子"，《通考》卷一一三《王禮考八》、《宋史》卷一五二《輿服志四》作"議禮局言"。
〔三〕使州郡自製　"使"字原脱，據《輯稿》輿服四之二二補。

二年八月十九日，詔："禮以序人倫，爲卑尊後先之等，以辨上下〔一〕。故知禮之序，然後可以制禮。禮壞久矣，失後先之序，無復統紀。考於《周書》，其制具在。以禋祀祀昊天上帝，以實柴祀日月星辰〔二〕，以槱燎祀司中、司命、風師、雨師，以血祭祭社稷、五祀、五嶽，以貍沈祭山林川澤，以疈辜祭四方百物，以肆獻祼享先王，與禴祠烝嘗，爲吉禮之事，而冠不在焉。盖先天而後人，爲禮之序，不可踰也。今以義起，於千載廢闕之後，不追述先王制作之原，以冠爲吉禮之

— 123 —

首，失先王之意遠矣。可並改正，依周吉禮之制。"

〔一〕以辨上下　"辨"原作"辯"，據《宋大詔令集》卷一四八《政事一·依周吉禮之制御筆手詔》改。

〔二〕以實柴祀日月星辰　"星辰"原作"晨星"，據《宋大詔令集》卷一四八《政事一·依周吉禮之制御筆手詔》改。

十一月十五日，兵部尚書、議禮局詳議官薛昂奏："有司所用禮器，如尊、爵、簋、籩之類，與士大夫家所藏古器不同。蓋古器多出於墟墓之間，無慮千數百年，其間製作〔一〕，必有所受，非偽爲也。傳曰'禮失則求野'，今朝廷欲訂正禮文，則苟可以備稽考者，宜博訪而取資焉。欲乞下州縣，委守令訪問士大夫或民間有蓄藏古禮器者，遣人即其家圖其形製，送議禮局。"從之。

〔一〕其間製作　"製"字原脱，據《長編紀事本末》卷一三三《議禮局》補。

四年四月二十八日〔一〕，議禮局言："臣等聞，古之祭祀，必七日戒、三日齋。戒者，防其非僻以無爲也；齋者，一其思慮以無思也。無爲無思以致一，則能神明其德〔二〕，然後可以交於神明，所以齋則見其所爲齋者。有能一日盡其誠於此，則可以承祭祀矣。必期以十日者何也？人之精神，動而難静，非俟之以久，則夜氣之所息，不足以勝旦晝之所爲。今夫自甲至癸，日一周也；五行剛柔，氣一成也。《周官·太宰》：'祀五帝，則前期十日，帥執事而卜日，遂戒。'謂散齋七日、致齋三日也。秦變古法，改用三日。漢則天地七日，宗廟五日，魏晉因之。唐則大祀七日。雖多寡不同，皆非先王之制。欲乞明詔有司，應郊廟大祭祀，皆前期十日而戒，散齋七日以定之〔三〕，致齋三日以齊之〔四〕，以應典禮。"手詔曰："祭祀雖有不同，而其齋明致一，以交神明，不可異也，宜依所奏。"

〔一〕四年四月二十八日　《政和五禮新儀》卷首謂下手詔在三月九日，此上言當更在其前。

〔二〕防其非僻以無爲也至則能神明其德　"非僻以無爲也"至"則能神明其"原脱，據《政和五禮新儀》卷首補。

〔三〕散齋七日以定之　"七"原作"十"，據《政和五禮新儀》卷首改。

〔四〕致齋三日以齊之　"齊"原作"齋"，據《政和五禮新儀》卷首改。

又言[一]："按《周官》：'凡以神仕者，掌三辰之法，以猶鬼、神、祇之居，辨其名物。'釋者曰，居謂坐也。凡郊之布座，皆有明法焉。夫神、鬼、祇各有居，以辨其名物，則若今之神位版是也。昔祖宗接五代禮廢之後，每遇大禮，至或以紙書神號，而以飯帖於版者。逮乎治具日修，禮文日焕，而版位始以朱漆金字，稍稍嚴潔。臣等猶以爲未盡也。謹按《周禮·職金》：'旅于上帝，則共其金版。享諸侯，亦如之。'蓋旅上帝，非一帝也，享諸侯，非一侯也，故必有版，以辨其名與位焉。而版必以金爲之者，蓋禮之大者，莫過乎事上帝與享賓客，所以極其嚴潔，而不敢忽也。伏請凡祀昊天上帝、皇地祇、五方上帝、神州地祇、大明、夜明，與配神之帝，皆以黄金飾木爲神位版，鏤青爲字。其餘則用朱漆金字，以是爲尊卑之差。"

〔一〕又言　《中興禮書》卷五三《明堂擇日神位》引《國朝會要》繫上言神位版事于大觀四年四月二十八日，《長編紀事本末》卷一三三《議禮局》同。

又言："按《周官·大宗伯》：'凡祀大神、享大鬼、祭大示，詔大號。'說者：'詔大號者，謂大宗伯告太祝出祝辭也。'又言《禮記·禮運》曰'作其祝號'，說者謂祝爲主人享人神辭也。古先聖王嚴恭祀事，以謂交三靈而通之者，莫重乎此，故其辭，太祝作之，大宗伯詔之。至後世始相沿襲，其所謂'詔大號'、'作祝號'者廢矣。且以宗廟言之，曰'晷度環周，歲序云及，永懷追慕，伏增遠感'者，唐開元禘祫之辭也；曰'晷運環周，歲序云及，永懷追慕，伏增遠感'者，本朝開寶禘祫之祝辭也；曰'晷度環周，歲序云及，永言追慕，伏增遠感'者，崇寧禘祫之祝辭也。夫册祝以交神明，而循歲習傳，恐非古者嚴恭祀事之意。況因太平盛時，陛下恭承先志，以制大禮，其册祝豈可因舊而弗改乎？臣等欲乞特詔儒臣，分撰以成一代之典。"

又言："按《春秋傳》曰：'祝史正辭，信也。'蓋祭祀以誠意爲主，誠意不可盡見，則達之於言辭。先王先成民而後致力於神，則必著之話言，而立之祝史之官，陳情薦信，以告于神明。祝史既擇精爽不携貳者爲之，又有方册以備謬誤。自百名以上則書之策，不滿百名則書之方，臨事執讀，以號詔於天地之間。所謂民力普存，三時不害，上下嘉德之意，得以昭格幽明，交通神人，其事不亦重乎！自魏以後，郊祀有祝文，無策文，晉宋因之，並用祝版。唐則隨文之多少、名之疎密，爲大小長短之制，及所用之木，亦有意義。今祠祭祝版皆以栿木爲之，未合古制。乞依唐制，以梓楸木充。"

又言〔一〕："《祭法》曰：'燔柴於泰壇，祭天也〔二〕；瘞埋於泰折，祭地也。'諸儒皆以謂，祭天即南郊所祀感生之帝，祭地即北郊所祭神州之神。歷代崇奉，以爲天地大祠，故牲以繭栗，席以藁秸，器以陶匏，其儀必與昊天上帝、皇地祇等。今太常祠感生帝、神州地祇儀注，牲用繭栗，席用藁秸，已合古禮，而所用之器與宗廟同，則爲非稱。伏請自今祠感生帝、神州地祇，並用陶匏。"

〔一〕又言　《輯稿》禮二五之六八繫此條于大觀四年四月二十八日。
〔二〕祭天也　"也"原作"地"，據《輯稿》禮二五之六八改。

又言〔一〕："《周禮》大司樂之職：'分樂而序之，以祭以祀。乃奏黃鍾，歌大呂，舞雲門，以祀天神；乃奏太簇，歌應鍾，舞咸池，以祭地祇。'鄭康成謂：'天神者，祭受命之帝於南郊；地祇者，祭神州之神於北郊也。'按今國朝《郊祀儀注》，皇帝親祠，則設宮架、登歌，用文武二舞；其有司行事，唯祀昊天上帝、皇地祇及明堂、雩祀、祈穀，皆如親祠之儀。其感生帝、神州地祇，國家崇奉爲大祠，以僖祖、太宗配侑，而有司行事，不設宮架、二舞，殊失所以尊祖侑神作主之意。伏請常祀感生帝、神州地祇，皆設宮架、二舞，庶幾尊事神祇祖宗，名物皆稱。"並從之。

〔一〕又言　《長編紀事本末》卷一三三《議禮局》繫此條于大觀四年四月二十八日，《宋史》卷一二九《樂志四》唯作四月。

二十九日〔一〕，議禮局言："牙盤上食，非古也。唐天寶之末，韋彤等據經而議，謂褻味多品，不可交於神明，欲罷去之。乞祭惟藉以席，不用牙盤。"從之。

〔一〕二十九日　《輯稿》禮一五之一三至一四作"二十八日"，《長編紀事本末》卷一三三《議禮局》同。

又言〔一〕："國家崇奉赤帝爲感生帝，以僖祖配侑，與迎氣之禮不同，尊異之也。而乃祀於立夏迎氣之壇，甚不稱所以尊異之意。請於南郊別立感生帝壇，依赤帝高廣之制。"從之。

〔一〕又言　《輯稿》禮二五之七七、二八之六四及《長編紀事本末》卷一三三《議禮局》俱繫此條于大觀四年四月二十八日。

七月十三日，詔："近聞祠祭所多不肅靜，有違誓戒，甚失嚴奉之意。宜令太常寺常切檢察，務要嚴肅，不得喧瀆。"

政和二年八月二十四日，太常寺言："宗廟、太社、太稷並爲大祠。今太社、太稷，登歌而不設舞，獨爲未備，宜用宮架。緣太社太稷迎神、送神樂曲係兩壇合奏，今用宮架、樂舞，則迎神、送神、詣罍洗、歸復位、捧俎、退文迎武、亞終獻、望燎樂曲，並合用宮架樂，設於北鏞之北。"從之。

三年五月十四日，太常寺言："諸大中小祠，祀儀所載，並前一日太官令帥人以鸞刀割牲〔一〕。今獨親祠行禮有鸞刀，諸大中小祠亦乞製造〔二〕，依儀施行〔三〕。"從之。

〔一〕並前一日太官令帥人以鸞刀割牲　"刀"字原脫，據下文補。

〔二〕諸大中小祠亦乞製造　"祠"原作"詞"，據上文改。又，"亦"下原衍一"亦"字，今刪。

〔三〕依儀施行　"儀"原作"議"，據前文"祀儀"改。

十月二日，詔令諸州縣祭祀，於式內添入前一日點饌。

三日，詔："朕若古之訓，惟天爲大，天下萬物，無以稱之。故先王以類而求，祀於圓丘，象其形；奠以蒼璧，仿其色；冬日之至，取其時；大裘而冕，法其幽。而未有以體其道。夫天元而地黃，元，天道也。朕荷天顧諟，錫以元圭，內赤外墨，尺有二寸，旁列十有二山。蓋周之鎮圭，有法乎是。祇天之休，于以昭示上帝而體其道，過周遠矣。將來冬祀，可搢大圭，執元圭，庶格上帝之心，以敷佑於下民。永爲定制。"

十四日，手詔："先王制器，必尚其象，然後可以格神明、通天地。去古云遠，久失其傳。哀集三代盤匜罍鼎，可稽考取法，以作郊廟禋祀之器，煥然大備，無愧於古矣。可依所奏，載之祀儀。"先是，臣僚言："陛下覽觀三代，一新祭器，肇造盤匜，增備罍鼎，及禮料容受之數，不無增損。欲乞報太常、光禄寺等處，修入祀儀。"故有是詔。

四年五月六日，大禮使司言："大禮禮料所用形鹽，舊例唯以散鹽印造，未應典禮。今後乞並團作虎形。"從之。

十三日，詔："今後夏祭地祇，遇雨，令行事官就齋宮望祭殿行禮。"

六年閏正月十一日，太官令熊倩言："凡祠祭奠幣，讀祝官皆跪，太官酌酒、獻官受爵不跪。謂宜跪酌跪受，以盡嚴事之宜。"下禮制局看詳，請如所乞施行，從之。

六月十二日，宣和殿學士、禮制局詳議官蔡攸言："臣昨面受睿旨，討論位版之制也。退考太史局所掌見用版位，皆無所稽據。謹按《周官》'猶鬼神祇之居'，則知凡祀未嘗無位；'旅上帝供金版'，則知凡位未嘗無位版。唯長短廣狹厚薄之數，不見於書。謹參考禮文，傅以經誼。伏請昊天上帝位版長三尺，以取參天之數；厚九寸，以取乾元用九之數；廣一尺二寸，以取天之備數；書徽號以蒼色，以取蒼璧之義。皇地祇位版長二尺，以取兩地之數；厚六寸，以取坤元用六之數；廣一尺，以取地之成數；書徽號以黃色，以取黃琮之義。仍取《周官》之制，皆以金爲之飾。又謹按春秋公羊傳，周之郊祭社稷〔一〕，王者必以祖配也。'自内出者無匹不行，自外至者無主不止。'而何休以謂匹，合也，無所會合則不行，得主人乃止。蓋郊所以明天道也，而天道未易明，宜推人道以接之。《詩序》所謂'尊祖后稷，故推以配天'者如此。其配位位版〔二〕，在冬祀則宜與昊天上帝同制，在夏祭則宜與皇地祇同制，以稱尊祖以配天地之義。又謹按，周之盛時，郊祀后稷以配天，宗祀文王於明堂以配上帝。則祖遠而尊，故推以配天；禰近而親，故推以配上帝，其義一也。蓋天以體言，帝以用言，其實無二。其明堂位版宜與冬祀同制，配位位版宜與祖配同制。"從之。

〔一〕周之郊祭社稷　"社"字原脱，據《愧郯錄》卷一三《金版》補。

〔二〕其配位位版　原脱一"位"字，據下文及《愧郯錄》卷一三《金版》補。

七月五日，禮制局言："皇帝親祠南北郊〔一〕，自齋宮赴壇，故事，乘大輦。今請造大輅，如玉輅之制，唯不飾以玉；所駕之馬，其數如之；唯繁纓一就，以稱尚質之義。仍建大旂十有二旒，龍章日月，以協象天之義。至禮畢還齋宮，則御大輦，於禮無嫌。"從之。先是，言者以禮，親祠天地，皆乘玉輅以赴齋宮，至壇正當祀事之時，乃乘大輦，疑非禮意。下禮制局討論，故有是請。

〔一〕皇帝親祠南北郊　"南"下"郊"上原爲空格，據《通考》卷一一七《王禮考一二》、《宋史》卷一四九《輿服志一》補。

八月十四日，禮部言："州縣召募禮生習五禮新儀，未有定立州縣合募人數，及許支給稟名則例〔一〕。檢會政和格，禮生，州二人，縣一人。"詔召募人數，依禮部所申，止於吏人內依格選補，兼月添料錢一貫、米一石。諸路依此。

〔一〕及許支給稟名則例　"則"下原衍一"則"字，今刪。

九月二十五日，禮制局言："太廟祭器，舊每室籩、豆十有二〔一〕，簠、簋各二，蓋用有唐開元之制。乞盡循周制，籩、豆各二十有六，簠、簋各八。"從之。

〔一〕豆十有二　"豆"原作"各"，據《輯稿》禮一二之一〇、《長編紀事本末》卷一三四《禮制局》改。

十二月十三日〔一〕，詔："今後導駕官并朝服結佩，應親祠除祭服外，餘並朝服，不得常服。"時方議親耕籍田儀注，因詔定輦輅駕仗之文，并有是命。

〔一〕十二月十三日　《能改齋漫錄》卷一事始"導駕官朝服"條作"政和元年十二月戊戌"。

二十日，禮制局言："伏見太廟祭器內，鉶用三，登用一〔一〕。竊考鉶與登皆盛羹之器，祭祀烹牲於鼎，升肉於俎，其滀芼以醯鹽菜〔二〕，實之於鉶，則謂之鉶羹；不致五味，實之登，則謂之大羹，《周官·亨人》'祭祀共大羹、鉶羹'是也。且宗廟之祭用太牢，而三鉶實牛〔三〕、羊、豕之羹，固無可論者；至於大羹，止設一登，不知果以何牲之滀而實之耶？議者惟知《儀禮》鉶芼有'牛藿〔四〕、羊苦〔五〕、豕薇'之文，故用三鉶而不疑，至大羹無一定之説，所以止用一登也。以《少牢饋食禮》考之，則少牢者羊、豕之牲也，上佐食羞兩鉶，司士進二豆湆。兩鉶，鉶羹也，二豆湆，大羹也。少牢之鉶、豆用二，則三牲之祭，鉶既設三，登亦用三，無疑矣。伏請太廟設三登，實牛、羊、豕之湆以爲大羹，明堂亦如之。其賜宰執與高麗祭器，亦乞增一爲二，於禮爲合。"從之。

〔一〕登用一 "登"原作"祭"，據《輯稿》禮一五之一五、《通考》卷九八《宗廟考八》改。

〔二〕其湆芼以醢鹽菜 "醢"字原脱，據《通考》卷九八《宗廟考八》補。

〔三〕而三鉶實牛 "三"字原脱，據《輯稿》禮一五之一五、《通考》卷九八《宗廟考八》補。

〔四〕議者惟知儀禮鉶芼有牛藿 "鉶芼"原作"芼鉶"，據《儀禮注疏》卷二六《公食大夫禮》改。

〔五〕羊苦 "苦"原作"若"，據《長編紀事本末》卷一三四《禮制局》、《儀禮注疏》卷二六《公食大夫禮》乙。

七年正月二十七日〔一〕，禮制局言："昨討論大駕六引，開封令、開封牧乘墨車〔二〕，兵部尚書、禮部尚書、户部尚書〔三〕、御史大夫乘夏縵。已經冬祀陳設訖，所有駕士衣服尚循舊六引之制，宜行改正。況天子五輅，駕士之服各隨其輅之色，則六引駕士之服亦當如之。請墨車駕士衣皂，夏縵駕士皂質繡五色團花，於禮爲稱。"從之。

〔一〕七年正月二十七日 "二"字原脱，據《輯稿》禮二之三六、輿服二之一補。

〔二〕開封牧乘墨車 "乘"下原衍"畢"字，據《輯稿》禮二之三六、輿服二之一刪。

〔三〕户部尚書 "書"下原衍一"書"字，今删。

四月十日，太常寺言："將來奉上后土、皇地祇徽號册寶，及親祠大禮所差供獻亞終獻匏、爵、金罍、疊、洗并甒、櫃、木爵等供祠執事官，欲乞並服祭服。"從之。

十八日，禮制局言："謹按《易·鼎·彖》：'以木巽火，亨飪也。

聖人亨以享上帝。'《周禮》小司寇祀五帝則實鑊水，士師沃鑊水。蓋濟以木爨火之事而成之，佐王事上帝，刑官與有力焉。亨飪於禮爲最重，而易取象甚大。今之神厨，鑊水乃委於庖吏之賤。伏請進熟，神厨仿《周禮》，以刑部尚書實鑊水，刑部侍郎增沃鑊水，庶合禮經之意。"從之。

六月二十四日，詔："天下州縣歲祭社稷、雷風雨師及釋奠文宣王，而冠服悉循其舊，形制詭異，在處不同。可令禮制局造樣，頒下轉運司，令本司製造，下諸州，州下縣。庶衣服不二，以齊其民〔一〕。疾速施行。"

〔一〕以齊其民　"以"下原衍一"以"字，今删。

八年四月九日，吏部尚書許光疑言："乞自今應祀事前一日，神位版即安奉於祠所幄次，初獻以下悉詣幄次恭視，庶幾仰副陛下崇奉之意。"詔："祠神位版理當嚴奉，可依奏行下。"

宣和元年五月二十七日，永興軍路安撫使董正封言："竊惟朝廷講明祀事，頒降五禮規矩，儀式具備。然而祠祭所用樽、俎、籩、豆、簠、簋之類或有未應法式去處。如臣前任知鄆州，及今來永興軍，釋奠祭祀所用禮器，一切損弊。及臣前任知杭州日，蒙朝廷降式樣，製造上件禮器，與今來逐處見用全然大小不同，恐失朝廷奉祀之意。望下有司彩畫式樣，降付逐路製造，以供祭祀，所貴上尊朝廷奉祀之禮意。"詔送禮制局繪圖頒降，令諸路州軍依圖製造。內有銅者，以漆木爲之。

十月二十一日〔一〕，太府卿盧法原言："頃者冬祀而天神降，夏祭而地祇出，圜丘、方澤，靈應變異，萬目咸睹，曠古所未聞也。固嘗下詔，以其日名天應寧貺節，且禁刑殺、止屠宰，所以承神祇之休，無所不至。竊謂凡遇親祠，雖行事等官受誓戒，及有司不奏刑殺文書，其餘百司庶府及四方郡縣，蓋未嘗有禁也。緣親祠之日各隨冬夏之日至，與天應寧貺節日每不同，伏望凡遇冬祀、夏祭親祠之日，俾天下並止刑殺、屠宰一日，著之於令。"詔："今後冬祀、夏祭親祠日，禁止刑殺、屠宰一日。"

〔一〕十月二十一日　"十月"，《輯稿》禮二八之七四作"十一月"。

二年五月十一日，蘄州司録宋惠直言："恭以國家寅奉天地、社稷、百神之祀，凡在有司，罔不祇肅，而外之郡縣吏或不虔。歲時祠祭，長吏所當率先奉行，往往臨時託故避免；或詣祀所，而以他官奠拜；或祀所致齋，而擅便歸回廨宇；或祭服、士服，輒已置而不用；以至犧牲器幣、籩豆酒醴，類不蠲潔。祀典所載，殆成虛文，甚非所以欽明神而承上意。欲望朝廷申敕有司，嚴恭祀事。委自監司按察施行。"太常寺檢會政和七年十一月敕："新差知潭州陸藻言：'陛下飭躬備禮，以先天下，而郡縣之間，或者長吏不親臨，而委事於其副；贊相不預置，而用之於臨時。故籩豆黍稷，不備不充，薦裸興俯，不中儀式。五齊、三酒各有法也，率未嘗宿醖；犧牲滌養各有期也，率未嘗素養。齋被簡慢，牲酒瘠酸，誠意不加，神不顧享。願訓飭有司，申明告戒，篤誠裡潔，遵奉禮文。'詔：'應郡縣祭祀不如禮，令許所部監司糾劾，廉訪使覺察聞奏。'"

二月二十二日〔一〕，尚書虞部郎中舒彦言："恭惟陛下纂紹以來，據發聖思，緝熙墜典，乃詔大晟頒降樂器於方國。於是薄海內外，始識明聖之述作，而聞咸韶之音。然伏睹近者獻議之臣，謂州郡行户下等爲樂工免行爲不便，乃欲選廂卒充樂工。以謂廂卒，役兵也，又其間有出於配隸之餘。夫州郡春秋祠祭社稷、風師雨師與釋奠宣聖，禮至重也，而樂工乃以黥卒爲之，誠恐文不相稱也。欲望詔州郡，將使院與諸司帖書籍其數，取其粗曉文禮者充樂工，從逐州公使庫量與月給。惟三歲科場許差謄録，餘差使悉聽免。其應選而偷墮，不願爲樂工，與習而不能精者罷之，不得爲貼書，選以次者輔之〔二〕。於以事鬼神而召豐年，其與用廂卒爲樂工，豈不有間哉！"詔諸路州軍如有貼書可選差去處〔三〕，許差，餘依奏〔四〕。

〔一〕二月二十二日　此條在五月條下，二者疑有一誤。
〔二〕選以次者輔之　"輔"字未安，疑"補"之訛。
〔三〕詔諸路州軍如有貼書可選差去處　"詔"字原脫，據文例補。

〔四〕餘依奏　下注引《續會要》徽宗朝文係《告禮門》正文，今改移彼處。

高宗建炎四年十一月六日，工部侍郎韓肖冑言："車駕巡幸，惟宗廟之祭行奉安，所在天地、五帝〔一〕、日月星辰、社稷大祀廢而未舉。望詔有司以時舉行。所有器服并牲牢、禮料，恐國用未充，難如舊制，即乞裁定，省繁就簡，仰副爲民求福之意。"從之。禮部、太常寺："謹按每歲祭祀天地、社稷合行事件：孟春上辛日祈穀，祀昊天上帝，前二日奏告太宗皇帝。同日上辛祀感生帝，前二日奏告僖祖皇帝。孟夏雩祀昊天上帝，前二日奏告太宗皇帝。夏至日祭皇地祇，前二日奏告太祖皇帝。季秋祀昊天上帝，前二日奏告神宗皇帝。立冬後祭神州地祇，前二日奏告太宗皇帝。冬至日祀昊天上帝，前二日奏告太祖皇帝。春秋二社并臘前一日祭太社、太稷，依例於天慶觀設位望祭，止祀正、配位。合用祝文，舊制秘書省定詞書寫請降，今秘書省未復，欲令禮部郎官、太常博士分撰書寫，進訖降付祠所〔二〕。其祝版令文思院并所至州軍應副。合用御封降真香，入內內侍省取降供應。祀天玉以蒼璧〔三〕，皇地祇以黃琮，感生帝以四圭有邸〔四〕，神州地祇、太社、太稷以兩圭有邸。若省簡，止依方色奠幣，權不用玉。依儀用祭服、禮器、太樂、牲牢，差三獻官〔五〕、捧俎官等。前十日受誓戒，前三日致齋。今欲省簡〔六〕，每位止用尊一，并羃、杓〔七〕。爵〔八〕、籩、豆各一，實酒、脯、鹿臡，并合用幣帛〔九〕、縮酒茅〔一〇〕、蠟燭、燎草、炭火、罍洗、神席。差獻官、奉禮郎、太祝、太官令各一員，依奏告禮例行事，止用常服，更不受誓戒，前一日致齋。所有祠祭禮料物色，令所至州軍應辦。天地初獻，依條降敕差宰執。內祀感生帝、祭神州地祇太社太稷，依大祀〔一一〕，輪差禮部尚書侍郎、太常卿少、禮祠部郎官。內前二日奏告，差宗室。如闕，以太常寺官。奉禮郎、太祝太官令，吏部差待次官充，及所至州軍差官。祠祭時日，太史局預先選定，前一季報寺。神位朱漆位版一十片，令本局製造收掌，逐時書寫神位，赴祠所供設。應合用祭器、酒脯等，行事官致齋什物、幕次炭火喫食茶湯酒菓，從太常寺具數，報所至州軍應辦。"詔依〔一二〕。

〔一〕五帝　"帝"原作"常"，據《宋史》卷九八《禮志一》改。

〔二〕進詫降付祠所　"付"原作"附",據《中興禮書》卷九〇《昊天上帝一》改。

〔三〕祀天玉以蒼璧　"玉"原作"王",據《中興禮書》卷九〇《昊天上帝一》改。

〔四〕感生帝以四圭有邸　"四"原作"兩",據《輯稿》禮二六之一、《中興禮書》卷九〇《昊天上帝一》改。

〔五〕差三獻官　"三"原作"二",據下紹興三年四月十五日條及《中興禮書》卷九〇《昊天上帝一》改。

〔六〕今欲省簡　原脱,據《中興禮書》卷九〇《昊天上帝一》補。

〔七〕并罷杓　原作正文,據《中興禮書》卷九〇《昊天上帝一》改。

〔八〕爵　"爵"下原衍"一"字,據《中興禮書》卷九〇《昊天上帝一》删。

〔九〕并合用幣帛　"并合用"原脱,據《中興禮書》卷九〇《昊天上帝一》補。

〔一〇〕縮酒茅　"縮"原作"綿",據《中興禮書》卷九〇《昊天上帝一》改。

〔一一〕依大祀　"祀"原作"祝",據《輯稿》樂四之六改。

〔一二〕詔依　原脱,據《中興禮書》卷九〇《昊天上帝一》補。

紹興元年正月二十三日,奉迎神主護從提點所言:"太廟神主見在溫州奉安祭享,依禮例,用純白羖羊,竊慮軍州難得應辦,却致搔擾,欲今後權用純白雄羊。其餘禮料遇闕本色,亦乞隨宜權行充代。"從之。

五月十九日,工部言:"文思院料到製造大禮壇上合用飲福渾金注椀一副、爵坫一副、金鍍銀湯瓶一隻、火撮子一副、索子全過羅子一柄。什物:朱紅漆卓子一隻、金漆桌子二隻。"詔金銀令户部依數應副,候用了畢並赴左藏庫寄納。

二年二月十五日,太常少卿程瑀等言:"奉詔,遇祀昊天上帝、太社、太稷、高禖,並於天寧觀望祭。其行事官宿齋等位次,望下臨安府於本觀止修葢席屋二十間。"從之。

三月十八日,太常少卿王居正言:"每遇祀祭天地宿齋,緣天寧觀所葢席屋間例窄狹,欲乞祠前一日赴祠所點饌畢,内有職任官各宿於本司。如合趁赴朝參立班，並免。"從之。

閏四月二十六日，太常少卿王居正等言："望自今後應祠祭祝文，於祠前二日令秘書省依自來禮例，用木匣封鏁，降付祠所，望祭殿上安放看守，其檯擎人候禮畢歸省。所貴奉神嚴潔。"從之。

三年四月十五日，司封員外郎鄭士彥言："頃因臣僚建議〔一〕，如社稷、高禖之祀悉已舉行。至於春分朝日，秋分夕月〔二〕，立春、立夏、季夏土王、立秋、立冬祀五帝于四郊，亦祀之大者，何獨廢而不舉？望詔禮官講求典禮，舉而行之。"禮部、太常寺討論："合用牲牢、禮料，設十二籩、豆，差三獻官，捧俎兵、工部郎官。欲依見今祭神州地祇，不用牲牢，止設一籩一豆，差獻官一員，依奏告禮例行事。"從之。

〔一〕頃因臣僚建議　"僚"下原衍"言"字，據《中興禮書》卷一二五《朝日夕月》刪。

〔二〕秋分夕月　"月"原作"日"，據《中興禮書》卷一二五《朝日夕月》改。

四年四月十六日，禮部、太常寺言："明堂大禮，依儀合設從祀百神，應內壝諸神有名者三百餘位〔一〕，壝外十二階位設三百八十位〔二〕，即無神名，欲於逐階各并設三五位。其行事官、祇應人、祭器、禮料、法服等，從太常寺別行裁定。"從之。以臣僚言明堂大禮如非祀禮、賞軍，其他冗費每事減節故也。

〔一〕應內壝諸神有名者三百餘位　"者"原作"各"，據《中興禮書》卷五一《明堂議禮七》、卷五三《明堂擇日神位》改。

〔二〕壝外十二階位設三百八十位　"八"，《中興禮書》卷五一《明堂議禮七》、卷五三《明堂擇日神位》作"六"。

六月十六日，左諫議大夫唐煇言："今歲明堂大禮，伏見御輦院已雅飾平輦，復製造逍遙子，約用金九十餘兩。雖已降旨用銀，而塗金。聞其他所須物料，皆非尋常易得者，恐難於卒辦。望權住製造。"從之。

六年正月十五日，太常少卿何憨言："在京祭祀天地、五方帝等壇壇齋宮，並在四壁城外建置。今欲權宜於惠照院一處望祭神位，並充行事宿齋處所。"從之。先是尚書省言："圜丘、方澤、社稷之祭，見於臨安府天慶觀小屋。卑陋湫隘，軍民雜居，其間糞壤充積，喧呶雜亂，每遇暑濕陰雨，穢氣達於祠所，不便。"至是令臨安府踏逐到城外惠照院堪充望祭齋宮[一]，故有是請。

〔一〕至是令臨安府踏逐到城外惠照院堪充望祭齋宮　"到"字原脫，據《中興禮書》卷九二《皇地祇》補。

七年五月十一日，太常博士黃積厚言："百神之祀，曠歲弗修。頃因議者有請，雖次第舉行，然大祀之未舉者如熒惑、大蜡，中祀如嶽、瀆、農、蠶，小祀如司中、司命之類是也。爲國爲民所禳，而神人相依之道，實不可廢。望條舉而行之。"從之。

六月十九日，詔："明堂大禮合用玉爵，係是宗廟行禮使用。今來闕玉，權以石代之。可令知福州張致遠收買壽山白石，依降樣製造，務在素樸。"

九年二月二十八日，國子監丞張希亮言："望以天地、宗廟、社稷、五帝、夫子等祠，下禮部、太常寺討論。舊典，凡大祠用十二籩豆。夫子仍舊日郡國中祠之例。五帝、日月與十有五祭亦依曩時牲牢之享。"禮部太常寺看詳："見今祀祭天地、宗廟、社稷，所設籩豆委是未應國朝儀注，今欲設十二籩豆。春秋上丁行在釋奠至聖文宣王，雖於宣和年間升爲大祀，今權取中祠禮例，用羊、豕，設十籩豆，差三獻官行禮。其祭五方帝等處，且依見今禮例，止用酒脯行禮。俟將來軍事寧息，別行條具。"從之。

十月二十二日，禮部、太常寺言："將來明堂大禮合用爵斝，昨權以木爲爵形，而背上負尊。按郊廟奉祀禮文，象爵之形，中有鬯酒，又持之也。臣僚以謂不應古制，欲仿古刻爲爵形，鑿其背以實酒，以應《說文》'中有鬯酒'之義。又考禮象，銅爵之制，有首、有尾、有柱、有足、有柄，正得古制。兼紹興七年明堂大禮，御前降到銅古爵，依得禮象制度。今合將木爵改正，用銅製造。皇帝飲福爵，依《禮經》用玉，欲權以金代。"從之。

十年七月二十五日，太常少卿陳桶言："明堂大禮，依儀，户部、兵部、工部尚書奉俎入門，舉鼎人入至西階下，太官令以匕於鼎升熟體[一]，載於俎。合製造舉鼎官祭服三十二副。"從之[二]。

〔一〕太官令以匕於鼎升熟體　"熟"下原衍"於"字，據《輯稿》禮二四之九三、《中興禮書》卷六八《明堂行事官一》刪。

〔二〕從之　下刪注引《宋史》本紀："紹興十年，以釋奠文宣王爲大祀。"

十二年四月二十六日[一]，權禮部侍郎施坰等言："近討論到大行皇后合行典禮，内停宗廟祭及中小祀，係用孝明皇后、章穆皇后故事。竊詳二后之喪，所以止停宗廟祭及中小祀者，盖是引用《禮經》'惟祭天地、社稷，爲越紼而行事'之文。謹按《禮經》，越紼行事盖爲三年之喪七月未葬之時，故上文云'喪三年不祭'。經傳凡稱三年之喪者，皆爲父母之喪。《儀禮》曰爲妻之服期，《檀弓》説魯哀公有爲妻齊衰之文。今以齊衰期喪而引用三年之喪禮，殊失先儒不以卑廢尊之義，竊恐難以遵用。况祭祀不行[二]，乃國之大事，臣子所不敢忽。今大行皇后之喪未祔廟以前，宗廟祭及中小祀望特不停罷。非惟有合《禮經》，且使舛繆之典釐正於聖朝，庶幾後世無得而議之。"詔依[三]。

〔一〕十二年四月二十六日　"十二年"上原有"紹興"，據凡例刪。

〔二〕况祭祀不行　"祀"原作"祝"，據《中興禮書》卷一〇一《時饗太廟别廟一》、卷二七七《懿節皇后》改。

〔三〕詔依　原脱，據《中興禮書》卷一〇一《時饗太廟别廟一》、卷二七七《懿節皇后》補。

十三年二月二十七日，臣僚言："昨者親祠，内出古制爵坫，以易雀背負酸之陋。然而籩、豆、尊、罍、簠、簋、彝、鼎諸器，至今依禮圖既知其非[一]，猶且循襲。竊聞已得宣和博古圖，欲乞頒之太常，俾禮官討論，釐正改造。將來大禮祭器[二]，悉從古制。"詔令秘書省給降一部。

〔一〕至今依禮圖既知其非　"依"字原脫，據《中興禮書》卷九《郊祀祭器一》補。

〔二〕將來大禮祭器　"將來"原脫，據《中興禮書》卷九《郊祀祭器一》補。

三月二十二日，禮部侍郎王賞言："郊祀大禮，依儀，前期獻景靈宮、朝饗太廟，合排設鹵簿儀仗車輅。緣行在街道與在京事體不同，欲乞權依四孟朝獻禮例，並服履袍，乘輦。俟太廟行禮畢，排設鹵簿儀仗，皇帝服通天冠、絳紗袍，乘玉輅詣青城齋宮。"從之。

六月二十九日，禮部、太常寺言："紹興十年明堂大禮，所設神位，係設昊天上帝、皇地祇、太祖皇帝、太宗皇帝。天皇大帝、神州地祇以下從祀四百四十三位，共四百四十七位。今來郊祀大禮，合添設衆星三百二十四位，通共七百七十一位。"從之。

十月二十一日，禮部言："將作監收買黑羊皮，製造大裘。緣江浙即非出產，欲依元祐故事，隨宜權用黑繒爲裘。"從之。

十一月二十一日，太常博士劉嶸言："昨自南渡〔一〕，草創未能備物，凡遇大小祠祭，並權用奏告禮，一籩一豆，酒脯行事。今時方中興，容典寖備，禮有大於此者，雖已畢備，唯茲常祀，因循未復其舊〔二〕。甚者如日月、五帝，且不得血食；神州、感生，以祖宗配，亦削去牲牢。簡神瀆禮，於是爲甚。釐而正之，其可緩邪！望明詔有司，講求祀典。凡所謂大祀，與夫風雨雷神、嶽鎮海瀆蠶農之祭，不可闕者，並先次復舊，其他以次舉行。所有牲牢、禮料、登歌之類，務令如禮，無或簡略，實國家之先務〔三〕。"從之。

〔一〕昨自南渡　"渡"原作"度"，據《建炎以來繫年要錄》卷一五〇改。

〔二〕因循未復其舊　"其"下原衍一"其"字，今刪。

〔三〕實國家之先務　"實"原作"寶"，蓋形近致訛，今改正。

二十九日，禮部、太常寺言："已修建圜壇了畢，以後祀天，及非時慶賀奏告，並乞依在京禮例，於本壇行禮。"從之。

十四年七月八日，上諭宰執曰："國有大禮，器用宜稱。如郊壇須用陶器，宗廟之器亦當用古制度。卿等可訪求通曉禮器之人，令董其事。"既而命給事中段拂、户部侍郎王鈇、内侍王晉錫充。

十五年十二月十七日，上諭宰執曰："將來禮器造成，宜以制度頒示州縣，俾之遵用，庶革舛誤。"先是有詔討論製造南郊大禮祭器，故有此宣諭。

十六年十月二日，上御射殿，宰執進呈禮器。宰臣秦檜曰："考古制度，極爲精緻。"上曰："所用皆足備，今次祀上帝、饗太廟，典禮一新，誠可喜也。"於是監董官吏第一等各轉兩官，第二等各轉一官，減二年磨勘，第三等各轉一官。

二十三年二月十七日，吏部郎中、兼權太常少卿沈虚中言："仰惟陛下昭事上帝，登禮百神，凡所以供祀事者必蠲必潔。惟是實設禮料、醯醢之屬，制之藏之，皆在市司，慮其不虔。望委有司隨宜措置，凡曰禮料，市司造訖，藏之齋坊，仰稱饗神之誠。"詔置光禄寺丞一員，依在京例措置。

二十七年五月二十七日，禮部、太常寺言："奉詔舉行大祀一十三祭。其四郊方位，緣今來壇壝齋宫未備，欲乞立春日祀青帝、春分朝日、季春出火祀大辰、臘前一日蜡祭東方百神，權於東青門外長生院齋宫行事[一]。立夏日祀赤帝、季夏土王日祀黄帝，於利涉門外净明寺齋宫行事。立秋日祀白帝、秋分夕月、季秋内火祀大辰、臘前一日蜡祭西方百神，於錢湖門外惠照院齋宫行事。立冬日祀黑帝，於餘杭門外精進寺齋宫行事。立夏祀熒惑合於南方，緣净明寺已充同日祀赤帝[二]，行事相妨，欲於錢湖門外惠照院齋宫行事。立冬後祭神州地祇合於北方，緣精進寺齋宫地步窄隘，難以安設登歌、宫架、樂舞，欲於錢湖門外惠照院齋宫行事。所有祀五方帝，合設從祀神位，欲依見今祀祭天地禮例，權不設從祀。及祭神州地祇，係用牛犢，欲依見今祀祭天地禮例，止用羊、豕。"從之。先是，侍御史周方崇言："祭祀之禮，自郊禋、明堂之外，載於典籍者，有大、小、中三等之别。紹興之初，軍旅搶攘，日不暇給，迺不得已而殺禮。大祀三十有六，而今所行者二十有三而已，其一十三祭止作中祀，誠爲闕文。望命有司將一十三祭依舊作大祀。"太常寺條具上之，故從其請。

〔一〕權於東青門外長生院齋宮行事　"東青"原作"青東"，據《中興禮書》卷二《郊祀議禮》乙。

〔二〕緣净明寺已充同日祀赤帝　"充"原作"共"，據《中興禮書》卷二《郊祀議禮》改。

六月二十五日，太常博士張庭實言："望依《政和五禮新儀》，今後宗廟冬饗則設配饗功臣，臘饗則設七祀。"從之。

二十八年正月二十五日，禮部言："奉詔審辨改正祭祀禮料：蜃醢、蠃醢、按《周禮正義》《爾雅》，蠃謂爲蚌之屬，而蚌之脩者爲蠃；又謂蜃爲大蜊，蠃爲小蛤。今取蛤之大者，則蜃醢當以石決明；取蚌之脩之，則蠃醢當以蟶。以蚳醢〔一〕、按《爾雅》，蚳謂飛蟻之子。又據皇朝類苑，飛蟻入水爲蝦。今當用蝦代。鮑、按《周禮正義》，鮑者，於楅室槀乾之，出江淮。今當用乾魚。豚拍、按《周禮正義》謂豚，脇也。今當用豚脅。麷、按《周禮正義》，熬麥曰麷。今當用熬麥。鹿臡、雁醢。按《周禮正義》，有骨曰臡，無骨曰醢。"從之。先是太常丞任文薦、太常博士張庭實擅改易祀天地、宗廟、社稷禮料，有詔各罰銅十斤，令禮部審辨改正，至是上之，故有是請。

〔一〕以蚳醢　"以"字疑衍。

二十九年二月二日，太常丞張庭實言："檢照郊祀大禮按沓敕：'諸大禮應奉人乖違失儀者杖一百〔一〕。應緣大禮行事有違犯，不以本年赦降原減。'元係太常寺省條法。從前每遇大禮，只引律文：'諸祭祀行事失錯及違失儀式者，笞四十。'皆引赦原，更無斷罪條法。恐大禮應奉人懈怠不肅，無以懲戒，有失祖宗立法之意。望送敕令所，以紹興敕內修入，永久遵守。"從之。

〔一〕諸大禮應奉人乖違失儀者杖一百　"乖"原作"乘"，據《輯稿》禮一五之四一"乖違"例改。

七月九日，監察御史任文薦言："祀者國之大事，禮者法之大分，名實之間，不可不謹。今考其未合於經者言之。五齊、三酒，所以實八尊也。今醴齊、緹齊、盎齊〔一〕、沈齊、泛齊，不曰齊，而曰酒，此名有未正者。七菹、三臡，所以實四豆也，今七菹不曰菹，而曰醃，糜臡不曰糜，而曰麖，此名有未正者。蘴、蕡、白、黑，皆熬用也，稽先儒注義，參郊廟禮文，則蘴為熬麥，蕡為熬蔴，白為熬稻，黑為熬黍矣。今蘴已用熬麥，而蕡、白、黑猶生用之，此制度有未合者。形鹽，鹽之為虎形者，《左氏》所謂'羞嘉穀，鹽虎形'是也。今饌牒謂之'形鹽虎'，此文義有未安者。《經》曰：'鋪筵席，陳尊俎，列籩豆，以升降為禮者，禮之末節也，故有司掌之。'然禮之所尊，其義也。名實差訛，沿襲日久，不可不察。望參照禮文釐正，庶幾不叛於經，以稱祀事。"詔令禮部、太常寺檢照郊廟禮文釐正。

〔一〕盎齊 "盎"原作"央"，今改正。

三十一年五月二十一日，太常寺言："政和禮制局定郊用特，而明堂用牛、羊、豕；郊用匏爵，而明堂用玉爵。其餘豆、登〔一〕、簠、俎、尊、罍，並用宗廟之器，但不設彝，不祼〔二〕。所有今來明堂大禮，欲依上件典故。"從之。

〔一〕登 原作"祭"，據《輯稿》禮二四之六〇改。
〔二〕不祼 "祼"原作"課"，據《輯稿》禮二四之六〇改。

二十四日，臣僚上言："明堂大禮專以誠意為主，除諸軍支賜今依舊例外，有禮文在。今日多事之際，謂宜頗從減省，以寬費用。望詔有司條具裁酌。"禮部、太常寺看定："昨知臨安府趙子瀟所進明堂大禮排辦例冊〔一〕，內有不必創置添修換造者，不得枉費錢物，裁定申朝廷外，其所設幣帛、牲牢、籩豆、祭器、禮料、酒齊、登歌、宮架、樂舞等〔二〕，並依大禮祀神之物實用之數，於禮文即無合省減事節。"從之。

〔一〕昨知臨安府趙子瀟所進明堂大禮排辦例冊 "瀟"原作"淵"，據下紹興三十二年九月二十四日條、《輯稿》禮四九之二六改。
〔二〕樂舞等 "樂"字原脫，據下淳熙十三年十二月二十七日條等改。

八月二十三日，太常少卿王普言："在京有冰井務，季冬藏冰，仲春開冰，先饗司寒，凡祭祀共冰如禮。今行在三衙所藏冰雪甚多，唯祭祀未嘗用之，誠爲闕典。況將來明堂大禮，天氣尚温，前一日晡時宰割牲牢，隔夜制造神食，若無冰鑑，恐不鮮潔。望下三衙，本寺關報應副神厨合用冰雪，仰稱明德，以薦馨香之意。"從之。

十二月八日，太常少卿王普言："兹者鑾輿順動，而百官留務皆在臨安行宫。望詔有司，凡祭祀之禮，舉行如舊，各揚其職，無或不恭。"從之。

三十二年七月十一日孝宗即位未改元，殿中侍御史張震言："養兵御戎，在今爲急；豐財節用，於事宜先。陛下紹膺皇圖，祇見祖廟，所嚴在乎禮，所貴在乎誠。至如百官有司勤恪奉祀，群公卿士奔走侍祠，蓋國之常，亦臣之職。況陛下登極疏恩，咸徧中外[一]，今錫類復加，則稠疊已甚者。神宗皇帝親郊，執政以國用不足辭賜，司馬光以爲救災節用，且自貴近始，可聽其辭，又乞自文臣兩省、武臣宗室刺史以上皆減半賜。事雖中沮，識者是之。況今邊備方興，不獨救災節用而已。乞凡臣僚執祀事者，痛裁無益之賜。仍以臣章宣示宰執，庶幾臣子之分，得以少安。"詔劄下都大主管所。

〔一〕咸徧中外　"徧"原作"偏"，蓋形近致訛，今改正。

九月二十四日[一]，知臨安府、兼權户部侍郎趙子潚言："内外財賦支用日廣，宜先撙節。自今遇典禮，應諸色執掌行事等官吏，乞朝廷預減人數，庶免冗濫妄費。仍更不支降料次折食錢。"從之[二]。

〔一〕九月二十四日　"二"下原衍"月"字，今删。
〔二〕從之　下注引《續會要》高宗朝文係《告禮門》正文，今改移彼處。

孝宗隆興元年正月二十一日[一]，秘書省言："春分祀高禖、帝高辛氏，祝文内一字與御名同音，未敢修寫。"詔係太上皇帝御製，更不須改。

〔一〕孝宗隆興元年正月二十一日　"隆興"原誤倒作"興隆"，今乙。

二年正月一日，宰執進呈南郊詔："乘輿服御及中外支費，並從省約。"上曰："是朕志也。"從之。先是，上問宰執："郊祀與明堂費用何如？"陳康伯對曰："戶部尚書韓仲通謂郊祀比明堂幾增一倍[一]。侍郎錢端禮謂不過增二十萬[二]。若遵祖宗故事，事神及賞軍外一切從儉，自宜大有減省。"上曰："如此甚善。"乃降詔。同日，禮部、太常寺言："準已降旨，條具約省事。如端誠殿并青城及侍班屋等，乞令兵部同臨安府照今約省指揮，申請太廟齋殿者，餘屋令官檢計，量行修整。皇帝位版[三]、亞終獻及公卿位版、腰舁、帕匣，例合修製者，止添修黃羅夾帕一、公卿位版七十番衾用，餘止量行雅飾。祇候庫冠冕、朝祭服并諸色人法衣等，委無干礙官點檢，內有可用，更不修換。餘非破損，止令染整。其餘中外支費，並下所屬照應省約。"從之。自後遇郊，並依此條具。

〔一〕戶部尚書韓仲通謂郊祀比明堂幾增一倍　"仲"字原脫，據《朝野雜記》甲集卷二、《輯稿》職官四〇之一三補。

〔二〕侍郎錢端禮謂不過增二十萬　"增"字原脫，據《朝野雜記》甲集卷二補。

〔三〕皇帝位版　"版"下原衍一"版"字，今刪。

二月八日，禮部侍郎黃中言："竊詳《禮經》'玉輅以祀'，鄭氏釋曰：'王乘一輅，以其餘輅從行，亦以華國。'然則金、象、革、木四輅，不過為一時觀美。乞因時之宜，止用玉輅，餘四輅權不以從。"湯思退等奏："近得旨，將來郊祀除玉輅、逍遙、平輦外，餘並省約。"上曰："大安輦，祖宗時亦無，承平所用。已諭有司更整計節省事。"

三月三日，禮部、太常寺言："每遇大禮，門下省掌設八寶，非事神儀物。乞依昨明堂例免用。并至期，車駕經由門，省攝城門郎二人。"從之。日後遇郊並用。

五月五日，禮部、太常寺言："準已降旨，大駕鹵簿儀仗依紹興二十八年郊祀人數權行減半，隨宜排設。內嚴更警場，并大駕鹵簿六引、駕前後部鼓吹振作，比儀仗人數稀少，乞將鼓吹八百八十四人、警場二百七十五人，並三分減一。其鼓吹導引、六州、十二時、奉禋歌[一]、降仙臺詞，本寺具申學士院修潤，降下教習。合借差軍兵[二]，依今已減例，下所屬借差。其鼓吹警場服著、奏嚴鼓角、執色樂器、宣赦鼓籌等，歲深脫落，乞依人數具報所屬揀換修飾。"並從之。

〔一〕奉禮歌　"禮"字原脫，據《輯稿》輿服一之四〇補。
〔二〕合借差軍兵　"合"原作"今"，據《輯稿》輿服一之四〇改。

六月十九日，郊祀大禮提點一行事務朱夏卿言："今從省約條具事務，內人吏、手分、書寫人元各四名，欲各減一名。事畢結局，合得恩賞，減磨勘二年者止減一年。通引官二名減一名，巡視親事官六名減二名。及依舊例關借禮部奉使印，損人吏等添食錢。"並從之。

七月十三日，戶、禮部言："郊廟合用正副牛犢并母共三十副，轉運司準備牛犢十五副，及祀神臘燭，係兩浙轉運司收買澆造。并景鍾梁木，已降旨令軍器所斟酌修飾。今準牛犢十五副不合收買外，其牛犢蠟燭係事神儀物〔一〕，除合用數〔二〕，乞令收買處毋得過數科率〔三〕，其景鍾梁木亦不許過數收買〔四〕。"從之。初，臣僚言："郊祀所用雜物，令轉運司及臨安府以見錢收買。或州縣已買到，即指定上供錢或經總制錢，依直支還。"有旨令戶部、禮部一日看詳，至是上之，乃有是命。

〔一〕其牛犢蠟燭係事神儀物　"牛犢""儀物"原脫，據《中興禮書》卷七《郊祀禮料一》補。
〔二〕除合用數　"除"字原脫，據《中興禮書》卷七《郊祀禮料一》補。
〔三〕乞令收買處毋得過數科率　"令"原作"合"，"買"原作"賣"，據《中興禮書》卷七《郊祀禮料一》改。
〔四〕其景鍾梁木亦不許過數收買　"收"字原脫，據《中興禮書》卷七《郊祀禮料一》補。

十二月十二日，禮部、太常寺言："南郊從祀神位內，已設赤帝位于第一龕，而正月上辛有司合祀感生帝，欲依淳化典故更不別祀。及本季月內朔祭權停。其孟春亥日享先農，與大禮同日，權選以次亥日行禮。立春後丑日祀風師於錢湖門外，其日大禮受誓戒，權祀於明慶寺。"並從之。

乾道三年三月二十三日，臨安府守臣言："昨因內殿奏事，面奉宣諭，今歲郊禮務欲節省，如寢殿在易安齋，相去稍遠，只於端誠殿後旋設殿，可省造露屋等。乃同儀鸞司官屬等相視，端誠殿後除小次地步外，後空九丈。欲徙净明寺舊熙成殿三間，就端誠殿後增換，以充寢殿，計深四丈。以寢殿前空地三丈搭造兩廊〔一〕，後去山趾尚二丈，可充宿衛廈屋。其禁中事務并應奉官幕次，於小次對廊通露過龍華寺〔二〕，以法堂東西廊擗截。外有宰執宿齋幕次，以近寢殿，徙就净明寺。如此，可省青城至易安齋露屋六十間，及就用龍華寺廊屋充應奉官幕次，又減搭盖屋二十八間。畫到圖本。"從之。

〔一〕以寢殿前空地三丈搭造兩廊　"搭"原作"塔"，蓋形近致訛，今改正。

〔二〕於小次對廊通露過龍華寺　"通露"云云，疑有脱訛。

七月十一日，詔："近來宗廟祠祭多不嚴潔，令禮部、太常寺、御史臺同共措置，申尚書省。其他祠祭依此。"同日，上宣諭宰執曰："昨夜月犯心星，朕甚憂之。"陳俊卿奏曰："自古聖賢之君，惟修德可以弭災變。"蔣芾奏曰："陛下恐懼修省如此，天變自消。"上曰："卿等更相與警戒，庶幾可以感動天意。"於是下太常寺、御史臺，凡宗廟等祠祭務要嚴潔。既而御史臺、禮部、太常寺乞每遇祭饗郊廟及其餘祠祭，於未實設前，光祿丞、太官令監視供官將神食、禮器、蠟燭，依儀式實設已定，次光祿卿、次監察御史升壇殿點閱。其酒齊亦於未實設前，光祿丞、太官令監視供官先點數〔一〕，然後實入尊罍。如有餘酒，於殿側設定，俟光祿卿及監察御史再行點閱。至行禮畢，監察御史升殿，同太官令監視元設禮料、酒齊，內蠟燭俟收徹畢熄減。收徹並訖，方退。應祠前一日，依時太官令監視牛羊司宰殺牲牢，洗滌潔净。除打割合造神食外，餘胙肉，太官令監視牛羊司封閉用鎖。候行事收徹畢，監察御史到，開鎖，同太官令以餘胙并奠餘酒之類，令牛羊司等人依元斤重數目呈驗，枰量俵散，不得退換喧爭。所用祭器，委本寺官監視人吏督責祭器司於祠前一日嚴加洗滌，監察御史親行檢察。其行事官祭服并祇應人法衣並令鮮潔〔二〕，祇候庫揀擇供應；如無，下文思院修葺換造。其行事官稱疾請假〔三〕，牒醫官局看驗，詐妄者彈奏。待禮以前未經薦祭，如先取祭肉等，許糾告施行。太常寺及奉安所置牌，於致齋日付行事官從人，每員許帶三名止宿，監祭司、禮直官、贊者許各帶一名。遇祠所致齋，官吏等不得聚飲喧笑。其牲牢、器皿、禮料等如不蠲潔，并行事執事官吏、祇應人等或不嚴肅，及違犯今來約束，並令監察御史彈奏取旨，無官人送大理寺斷遣。內祠祭無察官處，即委本祭獻官檢察。並從之。

〔一〕太官令監視供官先點數　"供官"原作"官供"，據前文乙。

〔二〕其行事官祭服并祇應人法衣並令鮮潔　"衣"原作"依"，據《中興禮書》卷一〇二《時饗太廟別廟二》改。

〔三〕其行事官稱疾請假　"稱"字原脫，據《中興禮書》卷一〇二《時饗太廟別廟二》補。

九月十四日，右諫議大夫陳良祐言："郊祀犧牲牛犢，所備頗多，皆是供納禮料儀物，所用不一，亦係敷買，官中不必支錢〔一〕，支亦不到人户，何以昭事天之誠？欲照郊祀禮料，並令右藏庫降錢收買。如牛犢之類已敷取民間者，降錢下縣，當官給還。及科買市肆客人物，並令臨安府、兩浙轉運司分認，當官給價，毋得容公吏過有除剋。"從之。

〔一〕官中不必支錢　"不"原作"下"，據文意改。

十一月三日，太常少卿王瀹言〔一〕："將來郊祀鋪設祭器，如太廟係於殿內，至圓壇則露設。若望祭殿內，係乾潮沙鋪地。雖本寺官吏前期洗滌，於龕陛依儀鋪設，然慮不測風起，數日積塵，則所設祭器無以遮蔽，再加盥洗不及。欲將壇上正、配位祭器，以新鮮黃帕遮覆；龕上并內外壝、望祭殿用青布實設。至時去之，禮畢令元置官司拘收。"從之。

〔一〕太常少卿王瀹言　"瀹"原作"淪"，據下四年十一月二十七日條等改。

四年九月十九日，禮部員外郎李燾言："祠祀舊典在紹興間悉已復行，所未復者惟嶽、鎮、海、瀆、先農、先蠶、風雨雷師等八九所。今但告以酒脯，恐於交神之道有所未備。訪諸有司，歲用羊、豕共不過六十餘。乞令有司並復舊典。"從之。

十月十一日，禮部、太常寺言："準已降旨〔一〕，復嶽、鎮、海、瀆等祠，有合修換樂章、教習樂工、措畫致齋設位，今立冬日逼，辦集不逮，乞自十二月三十日立春祭東方嶽、鎮〔二〕、海、瀆爲始。"從之。祝幣、牲牢、禮料、酒齊〔三〕、登歌、樂舞〔四〕、行事、致齋等，並依中祀。其嶽、鎮、海、瀆樂架各隨方色，惟不設從祀神位，餘皆如禮例。

〔一〕準已降旨　"旨"原作"皆"，據上隆興二年正月一日條等改。

〔二〕鎮　原脱，據前後文補。

〔三〕酒齊　"酒"字原脱，"齊"原作"齋"，據《輯稿》禮一七之三八等補改。

〔四〕樂舞　"舞"字原脱，據《輯稿》禮八之九等補。

十一月二十七日，太常少卿王瀹等言："歲中祠祀禮料，臨安府應辦牲用、醯醢、酒齊，籍田司供備粢盛、蔬菜、果實。昨自籍田司權罷，併令本寺官掌之。所有種植供應禮料甲頭元以十人爲額，皆用仁和、錢塘縣納料諳練農事之人，免中下等行役差科，無他請給。既權罷籍田司，減甲頭七人，而是年少卿王普請益粢盛禮料三倍，歲中九十餘祭，近又復嶽、鎮、海、瀆等九祭，所用禮料愈多，人力不勝。乞量增三人種植應辦。"從之。

五年六月二十四日，太常少卿林栗言："朝獻行禮前一日，欲令宰執並赴尚書省宿齋。或值雨分詣，則行事官皆已齋戒，於禮爲宜。"從之。

九月十一日，林栗等言："祀帝于郊，在國之南，就陽位也。今歲中祀上帝者四：春祈、夏雩、秋饗、冬報。其二在南郊圓壇，其二在城西惠照院望祭齋宮。盖在京日，孟夏大雩，別建雩壇於郊丘之左；季秋大饗，有司設事就南郊齋宮端誠殿。今未建雩壇及端誠殿，遂權就城西望祭齋宮。然於就陽之義無所依據。欲歲中四祭並即圓壇，以遵舊制。"從之。

二十七日，禮部言："林栗等以季秋祀上帝，有司攝事行禮當在國南，已得旨於郊丘行事。然尚有可議者，唯明堂當從屋祭，不當在壇。元祐中太常博士趙叡乞季秋大享，有司攝事只就南郊齋宮。今來郊壇之隅有净明寺，每祠事遇雨，望祭於此。乞遇明堂親饗，則依紹興已行典禮；如常歲有司攝事，則仿元祐臣寮所陳，權寓净明寺行禮。"從之。

六年閏五月十四日，中書門下省檢正左右司言："郊祀事務合歸有司者，乞並不申三省。"從之。數內每郊太常寺申朝廷取旨者：左右僕射誓行事官、宗室，五使按雅樂、警場，宮廟郊禮習儀，及本寺定習儀，受誓日合用幕次、什物、燈火，并受誓日早開太廟門，太廟縛露屋，景靈宮設大次，殿門外趯那宮架，大慶殿奏請致齋，東西房設御榻，麗正門降輦，次德壽宮進胙器物，大禮冊文稱呼，户部陳諸州歲貢，有司薦饗安穆皇后，關報別廟儀注，青城行事等官幕次，修築幔道，諸處設爵坫柷敔等，贊者所服襆幘衣帶，及差分獻官、贊者、供官、約攔看管擡擎親事[一]、扛擡祝版祭器禮料等軍兵，景靈宮焚燎，差監洗滌官，關入內內侍省差供祠執事官、吏部差捧俎分詣等官，所屬給鞍馬、控馬人，行事等官有私喪服者亦令赴，禮畢祭謝嶽、瀆、鎮香燭。已上逐項，自今本寺一面檢舉，排辦施行。其禮部備申朝廷降旨者，如檢舉排辦事務，依前郊大禮及郊祀竹冊添修沿冊、法物等，左藏庫供應幣帛，臨安府官宿守禮料，轉運司澆造蠟燭，太常寺官視滌祭器等，催差供官，申嚴約束，及借差贊者，五使按樂作休務假支排日，工墨錢等事，自今本部徑下太常寺，照例報所屬排辦。又每遇大禮前，入內內侍省降香，預告宮觀等處，禮畢告謝降香，於天慶觀各設道場，係本省申朝廷批送禮部，下太常寺供申本部，取朝廷指揮，今止令本省照應逐次禮例施行。又臨安府於郊祀前買造桶、杓，并打割羊、豕、牛犢按床，係臨安府具申太常寺，寺申禮部取旨；及翰林司排辦果實等，係翰林司申禮部，亦皆申取朝廷指揮。今止從本部行下，照例毋得過數增添。內鞍轡庫修換御座鞍轡等，係駕部備申朝廷，行下軍器所、文思院修換；馳坊每象掛塔、蓮花座、法物、頭帽、衣帶等，內有不堪，合添修換造，并象屋地步，駕部合前期申朝廷，今止令本部一面關牒所屬排辦。其象屋并盛貯法物、草料等，多有欹倒疎漏，駕部申朝廷，下所屬檢計修整，今止令本部移文。其車輅院修換庫屋，及權牽駕車輅出屋，差殿前司駕士、班直、軍兵人員等，駕部合申朝廷，今止令本部一面依令施行。騎御馬直等指揮人兵繐衣衫帶等，駕部合申朝廷修換，今於本部一面關牒所屬。見管儀仗、旗幟、馬、執從物、器械、衣甲等，如有損壞，兵部合申朝廷添修，今止令本部照例下所屬施行。其排設儀仗，兵部合申朝廷，候得旨，關報所屬以差撥人數隨宜排設；內千牛衛將軍并諸司使副攝，兵部合申朝廷，候得旨，關尚書右選差撥；統制官、將官、旁頭并執擎儀仗人兵鞍馬等，兵部合申朝廷，候得旨，牒殿前司差撥；又兵部及左右金吾衙仗，儀仗司所管執擎儀仗人兵，禁軍天武、捧日、拱聖、廣勇、驍勝、宣武、寧朔、虎翼，本部合申朝廷，候得旨，牒殿前司差撥。已上逐頂並止令本部一面關報逐處，照例施行。先是，是年二月二十二日，因臣僚上言，有旨令檢正都司條具三省瑣碎不急之務合歸有司者申尚書省〔二〕。至是條上，故有是詔。

〔一〕約攔看管擡擎親事　"攔"原作"襴"，據《輯稿》禮九之二七等改。

〔二〕有旨令檢正都司條具三省瑣碎不急之務合歸有司者申尚書省　"檢"字原脫，"正"原作"止"，據《輯稿》職官一之六二補改。

十月二十四日，禮部、太常寺言："金國賀生辰使人朝辭赴宴，其日係皇帝散齋內不用樂外，有歸驛賜御筵并夜筵一節。"詔令用樂。後並如之。

十二月十八日，禮部、太常寺言："來年正月六日上辛祈穀祀上帝，前一日金國賀正旦使人赴宴作樂，在祠官致齋之內。"詔依治平二年元正御殿典故用樂施行。後並如例。

九年十月十八日〔一〕，禮部、太常寺言〔二〕："秘書省著作郎、兼權禮部郎官蕭國梁言〔三〕：'國之大事在祀，而郊祀爲尤大。祀前一日，朝饗太廟，三獻之禮，自有明文，宜無異同之論。今議者援紹興三十二年已降旨，將逐時祭饗，亞獻既入太室，即引終獻相繼行事，欲於今次郊饗比附施行。竊謂若依逐郊亞獻行禮復位，方引終獻，恐失於太拘；若如今來所乞，亞獻既入太室，即引終獻相繼行事，恐失於太懸。惟《政和新儀》，皇帝將詣小次，禮直官〔四〕、太常博士引亞獻詣盥洗位，亞獻行禮將畢，次引終獻，此爲適中〔五〕。'欲依《政和新儀》施行，仍增太官令一員酌終獻酒。"從之〔六〕。

〔一〕九年十月十八日　"九"原作"七"，上古本（第七九四頁）衡以《南宋館閣錄》載蕭國梁出任著作郎之時間，據《中興禮書》卷三四《郊祀儀注一》改。今從。

〔二〕禮部太常寺言　原脫，據《中興禮書》卷三四《郊祀儀注一》補。

〔三〕兼權禮部郎官蕭國梁言　"禮"字原脫，據《中興禮書》卷三四《郊祀儀注一》補。

〔四〕禮直官　"直"原作"真"，據《中興禮書》卷三四《郊祀儀注一》改。

〔五〕此爲適中　"適"原作"通"，據《中興禮書》卷三四《郊祀儀注一》改。

〔六〕從之　下注引《續會要》孝宗隆興初至乾道末文係《告禮門》正文，今改移彼處。

淳熙元年四月二十八日，詳定一司敕令所言："重擬修祀令：諸祀天地、宗廟、神州地祇、太社、太稷、五方帝、日月、熒惑大神、太一、九宮貴神、蜡祭百神、太廟七奏告，孟春上辛祈穀祀上帝及祀感生帝，孟夏雩祀，夏至祭皇地祇，季秋大饗明堂祀上帝，孟冬祭神州地祇，冬至祀昊天上帝，各告配帝本室。文宣王，爲大祀。州縣釋奠，用中祀。后土、嶽、鎮、海、瀆、先蠶、風師、雨師、雷神、五龍、前代帝王、武成王，爲中祀。司中、司命、司禄、司寒、先牧、馬祖、馬社、馬步、七祀、司命、户、竈、中霤、門、厲、行。諸星、山林川澤之屬，及州縣社稷、風師、雷神、雨師，爲小祀。諸州縣春秋社日祭社稷，社以后土勾龍氏、稷以后稷氏配。牲用羊一、豕一，黑幣二。二月八月上丁釋奠文宣王，以兗國、鄒國公配。牲用羊一、豕一，白幣三。祀風師以立春後丑日，牲用羊一、豕一，白幣一。祀雨師、雷神以立夏後申日。牲用羊一、豕一、白幣二，牲並純也。"從之。

七月十八日，著作佐郎楊恂言："昨因檢點太史局，竊見昊天上帝、皇地祇、太祖、太宗皇帝位版與日月星辰、嶽瀆諸神雜置小室間，甚非寅畏天地、虔奉祖宗之意，乞詔有司講求施行。"既而禮部、太常寺同相度："乞於太史局修建小殿屋三間，安奉御書天、地、聖祖、太祖、太宗、徽宗神位六位；兩廊小屋各三間，安奉上十位神位：天皇大帝、青帝、赤帝、白帝、黑帝、黄帝、北極、夜明、神州地祇、大明。并造聖祖、徽宗神位二位，木罩匣二〔一〕。上十位用朱紅漆匣，日月星辰、嶽瀆神等用黑漆匣。仍令太史局不時點檢，遇祠祭，於前二日躬親點檢畢，祠前一日用腰捭抬擎〔二〕，覆以黃帕，奉赴祠所，設幄安奉，以候鋪設行禮。"從之〔三〕。

〔一〕木單匣二　"木"原作"未"，據《中興禮書》卷四《郊祀神位》改。

〔二〕祠前一日用腰捭抬擎　"抬"字原脫，據《中興禮書》卷四《郊祀神位》補。

〔三〕從之　下注引《續會要》孝宗淳熙三年九月十四日、六年七月五日兩條係《大禮五使門》復文，今刪。

四年二月二十七日〔一〕，詳定一司敕令單夔言："春秋釋奠至聖文宣王，在京爲大祀，州縣仍舊爲中祀。"從之。詳見《釋奠》。

〔一〕四年二月二十七日　"月"原作"年"，"日"字原脫，據《輯稿》禮一六之一改補。

六年十月十七日，禮部侍郎齊慶冑言："《政和五禮新儀》舊嘗給降印本，散于州郡中更多〔一〕，故往往失墜。郡縣循習苟簡，或出於胥吏一時省記。今春秋釋奠、祈報社稷〔二〕、祭祀風雨雷師，壇墠器服之度，陞降跪起之節，率皆鄙野不經。乞令禮部、太常寺參稽典故，將州縣合置壇墠器服制度、合行禮儀節次，類成一書，鏤板頒下四方。"既而禮部、太常寺條具諸路州縣釋奠祀祭合用祭器："檢照大中祥符間頒降制度圖本，並係以竹木爲之。今臨安府釋奠、祭社稷、祀風師雷神，亦用竹木祭器〔三〕。今來頒降州縣制度，乞從大中祥符制度圖本。又諸路州縣釋奠祀祭合置壇墠、冕服，及行禮儀注，參考類成一書，委臨安府鏤版印造，從禮部頒降，以《淳熙編類祀祭儀式》爲名。"從之〔四〕。

〔一〕散于州郡中更多　"散"字原脫，據《紹熙州縣釋奠儀圖》載《淳熙編類祀祭儀式指揮》補

〔二〕祈報社稷　"祈"原作"所"，據《紹熙州縣釋奠儀圖》載《淳熙編類祀祭儀式指揮》、《玉海》卷一〇二《淳熙編類祭祀儀式》條改。

〔三〕亦用竹木祭器　"木"原作"本"，據前文改。

〔四〕從之　下注引《續會要》孝宗淳熙九年九月二日、十二年十月十三日兩條係《大禮五使門》復文，今刪。

十三年三月二十三日，太常少卿朱時敏等言：“郊祀大禮所設昊天上帝、皇地祇、太祖皇帝、太宗皇帝神位版，止用朱漆面，鏤青爲字；五方帝、神州地祇、大明、夜明、天皇大帝、北極神位版，却係明金面，青入字。竊恐尊卑之差未盡。照得《中興禮書》所載，紹興元年所造神位版，緣文思院製造日逼，不用明金，權以朱漆青字。因循至今，未曾改正。兼歲中每遇祈穀、雩祀，夏至、季秋、冬至祀祭天地，亦用上件神位版。乞下太史局，令所屬依典禮製造鋪設，庶以仰稱嚴恭之意。”詔令太常寺同太史局照應典禮，如法修飾施行。

十二月二十七日，太常少卿朱時敏等言：“檢照國朝大觀四年四月二十八日，議禮局言：‘國朝每歲正月上辛祀感生帝，以僖祖皇帝配侑〔一〕；立冬後祀神州地祇，以太宗皇帝配侑。器以陶、匏，牲用羊、豕，登歌、宮架、樂舞、三獻差官並與郊祀一等，惟籩、豆之數止用一十有二，簠、簋各二。’蓋緣向來車駕巡幸之初，禮器未備，省繁就簡，止設一籩一豆，後來漸已增復，至今未備，乃以天地、祖宗之意，下同諸侯所用籩、豆、簠、簋之數。照得紹興十六年討論天地、宗廟禮器之數，每神位籩、豆各二十有六，簠、簋各八。將來祀感生帝、神州地祇，所用籩、豆、簠、簋之數亦合如之，庶幾仰稱國家嚴恭尊事神祇、祖宗之意。”從之。

〔一〕以僖祖皇帝配侑　"祖"原作"宗"，今改正。

十六年閏五月十四日〔一〕光宗即位未改元〔二〕，禮部、太常寺言：“國朝祀典，歲中祀四饗上帝，冬祀圜丘則以太祖皇帝配，春祈穀、夏大雩、秋明堂則以太宗皇帝配〔三〕。蓋以太祖肇造王業，太宗混一區夏，所謂祖有功而宗有德，故推以配上帝。恭惟高宗皇帝身濟大業，紹開中興，揖遜之美，超越千古，功德茂盛，爲宋高宗。竊謂時饗上帝，所宜奉以升侑仰繼太祖、太宗之隆，以彰高宗配天之烈，以稱皇帝尊祖之誠。今乞將冬祀圜丘及祈穀、大雩，依見行祭饗配位外，其秋饗明堂以高宗皇帝配位。”又言：“按《詩·我將》‘祀文王於明堂’，實在成王之時。《孝經》雖云周公宗祀文王於明堂，蓋謂周公攝政，始舉此禮，由成王言之，則以祖配。治平初，知制誥錢公輔、知諫院司馬光、呂誨皆嘗建議，以爲周祀明堂，其實嚴祖。今若以高宗配饗明堂，尤合周制。"詔恭依。

〔一〕十六年閏五月十四日　"十六"上原有"淳熙"，據凡例删。
〔二〕光宗即位未改元　原脱，據凡例補。
〔三〕秋明堂則以太宗皇帝配　"宗"原作"祖"，據《宋史》卷一三一《樂志六》改。

十月十九日，臣寮言："凡祭以質明行事，今祀儀用丑時，已太早矣。又以禮生、樂工之流寢處不便，欲畢事而速歸，或夜行禮。乞遇祀祭，依時行事，不得先於丑刻。"從之。

紹熙元年正月二十九日，秘書監楊萬里言："春分日祀高禖、帝高辛氏，祝文内'修身而慎'，乞改以'修身而謹'。"從之。"慎"字與孝宗皇帝御名同音，隆興間得旨，係是高宗皇帝御旨，更不須改，至是萬里請改之。

二年六月二十二日，太常少卿耿秉言："竊見祠祭祝文，自紹興年間撰製，一向不曾改易，其間亦有不可用於今日者。乞委館職重行分撰。"從之。既而著作郎黄艾等分撰進呈四孟薦饗祝文：春令、端月始和，嘉生載俶。懇惟休饗，國有故常。載瞻威靈，丕衍慶裕。夏令、長嬴御時，庶物繁膴。蠲祠有舊，絪縕無窮。所覬威神，永垂慶佑。秋令、金行御辰，摯歛攸戒。懇惟休饗，國有故常。載瞻威靈，丕衍慶裕。冬令、良月甫臨，寒令初飭。蠲祠有舊〔一〕，絪縕無窮。所覬威神，永垂慶佑。祫饗、伏以日星回薄，時肇閉藏。威神在天，祠廟有恤。靈承嘉薦，裕祀孔時。庶幾鑒歆，永幬厥後。東嶽、洪惟岱宗，作鎮東土。朝隮寸雲，夕冒方夏。王略未復，柴燎莫覯。肅瞻嚴嚴，神豈予遠。東海、海奠四極，萬折必東。民資魚鹽，舟達商賈。肆嚴春祀，思假靈休。濤波不驚，以時潮汐〔二〕。昭烈武成王春季、維師尚父，聖人之隅。左右文武，無競維烈。思古名將，有威元勳。廟于國庠，式遵舊典。先蠶、衣被天下，神寔思之。其相我民，靡怠歲事。條桑孔時，獻繭無數。英略公春季、惟公奮不顧生，義存趙嗣。死雖至難，公處則易。風烈如在，陰相趙宗。介我于孫，於千萬世。啓佑公、惟公光輔晉國，名重列卿。翊啓瑢源，天相其成。萬世之功，盛德之祀。昭報無窮，永我皇祚。西嶽、洪惟太華，一氣所鍾。少陰之位，永奠西極。繄予故壤，尚隔時巡。明靈不遐〔三〕，望秩惟謹。昭烈武成王秋季、惟王克相義德，爲文武師。戡定禍亂，韜略無遺。永懷鷹揚，肆伐是資。聿修彝典，祀事孔時。**英略公秋季**、惟公抱義戴仁，見危致命。易孤存趙，視死如歸。忠賢神明，克成厥志。精爽如在，風烈凜然。祐我國家，子孫千億。聿修時祀，維以薦誠。**北嶽**、恭惟縣亘北垠，奠兹冀土。陰威有煒，綏佑我民。版圖未歸，瞻望永慨。諒惟聰直，來鑒吉蠲。**北鎮**、惟神巋然朔野，寔限華戎〔四〕。保障中區，繁神是賴。爰修祀事，用薦潔誠。尚顯靈休，侑我國王。**太稷**、自天降康，興我良耜。維時陰隲，屢錫豐年。率循舊章，敢忘祇事。**后稷氏配東蜡**、爰以蜡日，祀于大明。惟神履武赫靈，覃訏稟質。教民粒食，民以弗飢。月臨嘉平，土反其宅。司嗇之祀，敢效吉蠲。**南嶽**、惟神配地作鎮，盤踞离宮。銓德鈞物，有赫威靈。昭祀孔時，聿修彝典。有嚴祇事，用介繁禧。**南瀆**、洪惟大江，導自岷山。源流險固，實紀南國〔五〕。於皇昭報，聿舉彝章。祀事惟寅，神其昭格。**周世宗**、惟帝身濟多難，功高五代。載遵祀事，典禮攸宜。**夏禹**、惟王道冠三王，功垂萬世。風獸浸遠，陵廟斯存。永言顧瞻，敢忘欽承。奉載祀事，維以告虔〔六〕。

〔一〕蠲祠有舊　"祠"原作"詞"，據前文改。

〔二〕以時潮汐　"汐"原作"汝"，蓋形近致誤，今改正。

〔三〕明靈不遐　"靈"下原衍一"明"字，今刪。

〔四〕寔限華戎　"戎"原作"成"，蓋形近致誤，今改正。

〔五〕實紀南國　"實"原作"寶"，據《藝文類聚》卷三七《人部二一》引梁裴子野《劉虯碑》改。

〔六〕維以告虔　下注引《續會要》光宗紹熙二年九月二十五日、五年八月十三日兩條係《大禮五使門》復文，今刪。

寧宗慶元二年四月十三日〔一〕，禮部、太常寺言："祠祭天地、祖宗，御書神位，無官主之。乞令太史局差官一員專一主管。其每遇祀祭，係設神位二座，欲差擡擎軍兵八人，執打燭籠二人。除太史局見管五人，餘闕少人兵，令本局前期報臨安府揍數。時暫貼差軍兵五人，於祠前二日赴局，候禮畢發遣。仍下太史局遵守施行。"從之。先是臣僚言："國家祭祀，遣官分職非不嚴切，而御書天地、祖宗神位有未盡尊敬之義。且神位至尊，在太史局乃無官主之。雖有殿宇，而不藻飾，却與衆星位版混處。每遇祠祭，則軍兵或和雇人衩袒擡擎，更無部押。寅夜往來，又無燈燭呵喝迎引之儀。途遇轎馬，乃復回避。及至祠所，棄之僻地。初無幕帘，庸夫賤隸，坐卧其側。臨祭之時，始置于位，敬何在焉！且如頭冠、八寶及祭肉牲牢等，尚使輦官呵喝迎引，安有天地、祖宗御書反輕褻若此！乞下局藻飾殿宇，專一室，建官主之。每歲祀祭時日，自正月上辛至十二月臘蜡，共五十餘數。內正月上辛、四月孟夏、夏至〔二〕、九月季秋、十一月冬至，大祀五祭並用郊祀所設高宗御書天地〔三〕、祖宗神位；並二月春分祀高禖及泛祭，皆是宰執行事。乞下所屬，於諸軍差撥曾經應奉擡舉神位軍兵，每位用擡擎八人、執打燭籠四人，管押一人，並著法衣。在道則管押軍兵呵喝迎引，使人知所趨避。迨至祠所，則用黃幕安設於望祭殿，就差當日報時剋擇官押置神位，庶幾不至褻瀆。"下禮部看詳，故有是命〔四〕。

〔一〕寧宗慶元二年四月十三日　"寧宗"原脫，據凡例補。

〔二〕夏至　"夏"字原脫，據上高宗建炎四年十一月六日條、孝宗淳熙元年四月二十八日補。

〔三〕大祀五祭並用郊祀所設高宗御書天地　"郊"下原衍一"郊"字，今刪。

〔四〕故有是命　下注引《續會要》寧宗慶元三年八月二十三日、十二月八日、六年八月二十五日、嘉泰三年八月二十五日、開禧二年七月二十七日、嘉定二年八月四日六條係《大禮五使門》復文，今刪。

嘉定四年十一月三日，臣僚言："奏告者，祭祀之至大者也。一年之間，大祀凡六，當以祖宗爲配。每祭必先一日行奏告禮於太廟之室，而後奉迎神位，同赴祭所以配焉。蓋神位即天地神祇與夫祖宗神靈之所在，其禮尊嚴，抑可知矣〔一〕。今奏告之禮，惟命一宗親行之〔二〕，而神位則徒委一剋擇官夜半扶舁而出。既至祭所，置神位於敗廊之角，坐臥諠笑，不勝瀆汙。欲望其饗，臣不信也。臣謂宜於奏告之官，或專委一官，以迎送神位爲職。既迎奉神位，乘騎以隨，命剋擇者與太常使臣、禮直官及一行執役人等，皆以序列於前，前導以燭，後障以蓋。先祭一日，於祭所之左，潔一安奉神位之地，命迎奉官守之。及祭之時，獻官盛服，迎神位置之祭所。行事既畢，少徐徹俎，命獻官歸神位於輦，使迎奉官如初禮以送之。不肅者，命監祭官行罰。此今日之闕禮，亦不可忽也。"禮部、太常寺看詳："一年六次奏告，專請宗室行事。今欲令吏部每遇奏告，更添差職事官或京局官一員，以迎送神位爲名，於當日赴太廟同致齋。候宗室官奏告畢，即請本官常服前往太史局神御殿迎奉

— 155 —

神版。未迎奉前一日，太史局掃除，編排明燭，燒香。候官到，令剋擇官請神版授之，迎奉官置之腰轝之內。腰轝以黃幃遮護，值雨以油幃。當以序行，先以長紗籠十對或八對在前，使臣、剋擇官各服其服，乘騎。馬，官差。於紗籠之次，執役人以序行于後，繼以腰轝。每一轝前用黃紗籠三對，後用一對，仍以黃繖遮障。又準備大雨祇候前行。迎奉官常服乘騎於腰轝之後。迎奉官破燭籠各一〔三〕，須要行列整肅，綏幔不令行道者攙蹂。先於致齋日，其一行人姓名呈迎奉官，至時不到，或不嚴肅，申監察御史官員決罰。行至祭所，先一日於祭所之東擇潔淨屋宇，障以黃幕，遮以新簾，腰轝以次序雙排於幕帝之內，前設黃幃、香按，命迎奉官燒香，時暫安奉。遇夜，每轝點燭四條。候祭時，三獻官或迎奉官親舉神位版，各置之祭所訖，迎奉官退就位，然後行事。事畢，迎奉官迎神版復置之腰轝，如前儀送還神御殿。"從之〔四〕。

〔一〕抑可知矣　"可"下原衍一"可"字，今刪。

〔二〕惟命一宗親行之　"惟"原作"維"，蓋形近致訛，今改正。

〔三〕迎奉官破燭籠各一　按《宋史》卷一四六《儀衛志四》有"昇香案、行馬，執燭籠各四人"，疑此處"破"應作"執"。

〔四〕從之　下嘉定五年九月二日、八年八月六日、十一年八月四日、十四年八月十四日四條係《大禮五使門》復文，今刪。

收稿日期：2022 年 4 月

《新輯宋會要·食貨類》之賑貸門整理稿

康 鵬

摘 要：本文是對《宋會要·食貨類·賑貸門》進行的復原和整理，包括題解、原文標點、校勘記三部分内容。

關鍵詞：宋會要 食貨 賑貸

題解：本門據兩部分整理：一是《宋會要輯稿補編》（以下簡稱《補編》）頁五八三上至五九九上，其文輯自《大典》卷一七五四二至一七五四三"貨"字韻"食貨二十七至二十八·宋"事目；二是《宋會要輯稿》（以下簡稱《輯稿》）食貨六八之七四至一一一，其文輯自《大典》卷一五〇〇三"貸"字韻"賑貸二"事目。

因《大典》不同事目各自摘錄《宋會要》相關記載，本門乾道九年之前的内容有三處復文：（一）《輯稿》食貨六八之二八至七三，其文輯自《大典》卷一五〇〇二"貸"字韻"賑貸一"事目。（二）《補編》頁四九七下、《輯稿》食貨五七之三至五八之一二，其文輯自《大典》卷一五二三九"惠"字韻"事韻"，因劉富曾等整理時存一删一，遂散在兩處，今按時序合而爲一。（三）《輯稿》食貨五七之一至二、《補編》頁八〇九下至八一六下、《輯稿》食貨五九之一三及一六至五二，其文輯自《大典》卷二〇八九八"恤"字韻"賑恤三·五代至宋"事目。這部分復文將"賑貸""恤災"之事合二爲一，劉富曾等整理時則删一割三，使之散在四處，今仍按其時序將之合並。三處復文，文不盡同，限於篇幅，姑且從略。

本門整理的第一部分，即與上述復文第一部分内容重出，所記皆爲太祖建隆元年正月至孝宗乾道九年閏正月的賑濟寬貸等故事；首行皆有書手原題"宋會要"，以示其照抄了《大典》所錄《宋會要》之文；其下皆有同一字跡之行草批語，前者爲"賑貸重出"，復文中爲"賑貸"；這都是因爲兩者分在《大典》不同

— 157 —

字韻、事目之故。鑒於《大典》"貨"字韻"食貨"事目的宋代部分，完整抄錄了《宋會要·食貨類》乾道九年以前的內容，本書凡例食貨類整理凡遇內容重出，皆以《大典》"食貨"事目所錄爲正，餘爲復文；因而本門乾道九年以前內容的整理，亦以《補編》爲主參校其他部分。本門整理的第二部分，所記爲孝宗淳熙元年至寧宗嘉定十六年的賑貸故事。其首行亦有書手原題"宋會要"，其下有與前同一字迹的行草標目"賑貸二"，意即這部分內容爲其前批《宋會要》"賑貸"部分的續篇。

這幾處行草批目"賑貸"甚符本門的內容，《輯稿》食貨六六之三〇嘉定二年七月十二日條原注："詳見賑貸門。"所指即本門嘉定二年七月十二日條，是本門應名"賑貸"。又，《文獻通考》卷二六《國用考四》有"賑恤門"，卷七《田賦考七》、卷二一《市糴考二》皆述及"賑恤門"，《宋史》卷一七三《食貨志上一》有"振恤"門；前述本門復文中的《輯稿》食貨五七之一、五九之一三、《補編》頁八〇九下及八一〇上，首行皆有書手原題"宋會要"，其下皆題"賑恤"，所記故事皆見於本門。是本門亦可名"賑恤"，似屬兩本會要立門有別，而《賑恤》兼有恤災之故事。由於本門之后別有《恤災門》，今姑定本門名"賑貸"。

本門原序已佚，記事起太祖建隆元年正月，迄寧宗嘉定十六年閏二月九日，兩宋賑濟寬貸之故事大體仍存。

太祖建隆元年正月，命使往諸州賑貸。

二年三月，以金、商、延州鼠食田苗，民飢，遣使賑之。
十一月，詔以濠、楚民乏食，令長吏開倉賑貸。

三年正月，以揚、舒、滁、和、廬、壽、光、黃、濠、泗、楚、海、通、泰等十四州民乏食，令逐路長吏開倉賑給之。
三月，賜沂州民種糧。
六月，詔宿州發稟賑飢民。
十二月，蒲、晉、磁、隰、相、衛六州飢，詔所在發廩賑之。

四年二月，命使臣往澶、滑、魏、衛、晉、絳、蒲、孟等州，發廩賑飢民。

乾德二年二月，陝州言民飢，遣給事中劉載往賑之。

四月，詔延州貸粟五千碩濟麟州飢民。又靈武言飢殍者甚衆，命以涇州官廩穀三萬碩賑之〔一〕。

〔一〕命以涇州官廩穀三十碩賑之　"三萬"原作"三十"，據《輯稿》食貨六八之二八、五七之一、《補編》頁四九七下及《續資治通鑑長編》（以下簡稱《長編》）卷五改。

四年三月，淮南諸郡言："江南飢民數千人來歸。"詔所在長吏發廩賑之〔一〕。

〔一〕詔所在長吏發廩賑之　"長吏"原作"長史"，據《輯稿》食貨五七之一、《補編》頁四九七下改。

六年正月，詔陝州集津鎮、絳州垣曲縣、懷州武陟縣民飢，發廩以賑之。

開寶四年二月，詔諸道賑貸，借人户義倉斛斗。

是月，平劉鋹，詔："廣南管內州縣應鄉村不接濟人户闕少糧食者，委本州官吏取逐縣委實户數，於省倉內量行賑貸，候豐稔日，令只納元數。"

六年二月，曹州言民飢，詔運太倉米二萬碩往賑之〔一〕。

〔一〕詔運太倉米二萬碩往賑之　"運"字原脱，據《輯稿》食貨五七之一、六八之二八及《補編》頁四九七下補。

七年正月，詔通事舍人杜繼儒赴揚、楚等州開倉賑貸。

六月，詔河中府發廩粟三萬碩賑飢民〔一〕。

〔一〕詔河中府發廩粟三萬碩賑飢民　"賑"字原脱，據《輯稿》食貨五七之一、六八之二八及《補編》頁四九七下補。

太宗太平興國二年四月，詔延州以倉粟二萬斛貸與貧民，歲飢乏食故也。

六月，知秦州張炳言："部民艱食，臣已矯詔開倉救急，願以抵罪。"詔釋之。

八年三月，同州言歲飢，發倉粟四萬碩賑之。

雍熙二年四月，以江南數州去歲微旱[一]，民頗艱食，遣監察御史安國祥，太常丞馮拯、榮見素，左贊善大夫馬得一、王茂之、張茂才、樊素，著作佐郎宋鎬、張維嵩、張濤，分往虔、吉、洪、撫、饒、信等州，與長吏度人户闕食者賑貸。仍將廩穀減價出糶。并訪察州縣官吏爲政善惡、民間利病以聞。

〔一〕以江南數州去歲微旱　"去歲"，《輯稿》食貨五七之一、六八之二九作"去秋"。

三年八月，劍州言穀貴，詔遣使以官粟賑飢民，仍分命使者督捕盜賊。

五年正月，成都府言："部内比歲不稔，穀價翔貴，請發公廩賑糶，以濟貧民。"從之。

端拱二年八月，乾寧軍言民飢，詔以官粟二萬碩賑之。

淳化元年二月九日，京東轉運使何士宗言："登州歲飢，文登、牟平兩縣民四百一十九人飢死[一]。"詔遣使發倉粟賑貸，死者官爲藏瘞，以錢五百千分給之，其逐州官吏不早具奏，仍劾罪以聞。

〔一〕文登牟平兩縣民四百一十九人飢死　"飢死"，《輯稿》食貨五七之一、六八之二九、《補編》頁四九七下作"餓死"。

二十六日，河北轉運使樊知古言深、冀州民飢，詔遣殿直成庭玉馳傳發倉粟貸之，人五斗。

是月，登州再言文登縣民二千六百六十二人飢死，詔悉令賑恤。

七月，河南府言洛陽等八縣民飢，詔發倉粟賑之，人五斗。又以京師米貴，遣使臣開倉減價分糶，以賑飢民。

二年正月，詔："永興、鳳翔、同、華、陝等州歲旱，民多流亡，宜令長吏設法招携。有復業者，以官倉粟貸之，人五斗，仍給復二年。"

四月，詔："嶺南管内諸州官倉米〔一〕，先是每歲糶之，斗爲錢四五，無所直。自今勿復糶〔二〕，以防水旱飢饉，賑貸與民。"

〔一〕嶺南管内諸州官倉米　"米"，《輯稿》食貨五七之三、《補編》頁八〇九下同，《輯稿》食貨六八之二九作"粟"。

〔二〕自今勿復糶　"勿復"原作"無復"，據《輯稿》食貨五七之三、六八之二九、《補編》頁八〇九下改。

三年二月，汝州言歲飢，詔以官倉米貸之，人三斗。

四年二月，懷州言："去年穀不登，民無藁秸以食牛，牛多死。"詔本州官草留三年準備外，餘悉貸之。

十二月，詔："民被水潦之患，飢饉者衆，令開倉減價糶，貧窮乞丐者，爲滓糜以賜之。"

五年正月十六日，命直史館陳堯叟、趙況、曾會、王綸等并内臣四人，往宋、亳、陳、潁等州出粟，以貸飢民，每州五千碩及萬碩，仍更不理納。

二十一日，詔："諸道州府被水潦處，富民能出粟以貸飢民者，以名聞〔一〕，當酬以爵秩。"

〔一〕以名聞　"聞"原作"門"，據《輯稿》食貨五七之三、六八之三〇及《補編》頁八〇九下改。

至道元年二月六日，遣將作監丞榮宗範馳往漳、泉州、興化軍，賑貸貧民，以去年旱艱食故也。

十七日，亳州、房州、光化軍言歲飢，民乏食〔一〕，詔遣使者分往，發倉粟貸之，人五斗。

〔一〕民乏食　"乏"原作"之"，據《輯稿》食貨五七之三、六八之三〇及《補編》頁八〇九下改。

三月，詔以官倉豆數十萬碩貸京畿及內郡民為種。有司言，請量留以供國馬，帝曰："甘雨沾洽，土膏初起，民無種不能盡地利，但竭廩以給之。至秋，有百倍之獲。國馬食以芻藁可矣。"

真宗咸平元年九月，詔兩浙路留諸州運米以濟飢民。
十月，詔兩浙轉運使察管內七州乏食處〔一〕，賑貸訖以聞。

〔一〕詔兩浙轉運使察管內七州乏食處　"乏"原作"之"，據《輯稿》食貨五七之三、六八之三〇及《補編》頁八〇九下改。

二年正月，江、淮、兩浙制置鹽茶王子輿言〔一〕："兩浙諸州經旱，民戶未至飢殍，賑貸斛斗亦皆有備。"帝覽奏，因詔郡縣長吏常切體量，如稍有飢民，畫時支與口食，無令失所。

〔一〕江淮兩浙制置鹽茶王子輿言　"江淮"原作"江南"，據《宋史》卷二七七《王子輿傳》、《長編》卷四五真宗咸平二年九月壬寅條及《玉海》卷一八一"食貨・鹽鐵・淳化制置茶鹽使"條改。

三月，遣度支郎中裴莊、內殿崇班閤門祇候史睿、秘書丞李防、供奉官閤門祇候杜睿，分往河南、兩浙諸州，發倉廩賑給飢民〔一〕。

〔一〕發倉廩賑給飢民　"賑給"，《輯稿》食貨五七之三作"廣為賑恤"，《輯稿》食貨六八之三一、《補編》頁八〇九下作"賑貸"。

閏三月，筠州請發廩賑給，從之〔一〕。

〔一〕筠州請發廩賑給　"賑給"，《輯稿》食貨五七之三、六八之三一作"賑貸"，《補編》頁八〇九下作"賑饑民"。

四月，兩浙轉運司言〔一〕："先撥常、潤州廩米五萬碩賑貧民，尚未足，請更給五萬碩〔二〕。"從之。

〔一〕兩浙轉運司言　"言"字原脫，據《輯稿》食貨五七之三、六八之三一及《補編》頁八〇九下補。

〔二〕請更給五萬碩　"萬"字原脫，據《輯稿》食貨五七之三、六八之三一及《補編》頁八〇九下補。

七月，度支判官陳堯叟廣南奉使還〔一〕，言西路諸州旱，命國子博士彭文寶往權轉運司事，賑飢民。

〔一〕度支判官陳堯叟廣南奉使還　"奉使還"，《輯稿》食貨五七之三、六八之三一及《補編》頁八〇九下皆作"使還"。

十月，以兩浙、荆湖旱，命庫部員外郎成肅、比部員外郎劉照、太常博士李通微、閤門祇候李成象往體量賑恤。

十一月，兩浙轉運司請出常、潤州廩米十萬碩賑糶。從之。

四年閏十二月，命左司諫知制誥梁顥、供備庫副使潘惟吉往河北東路，禮部郎中知制誥薛映、西京左藏庫使李漢贇往河北路，發倉廩賑飢民。帝召宰臣，以河北諸州物價示之，其中陳豆、紅粟斗不下百錢。又出麻滓〔一〕、蓬實，曰〔二〕："民已食此矣，速當拯濟。"故命顥等焉。

〔一〕又出麻滓　"麻滓"原作"麻子"，據《輯稿》食貨五七之三、六八之三一及《補編》頁八〇九下、《長編》卷五〇改。

〔二〕曰　原作"而"，據《輯稿》食貨五七之三、六八之三一及《補編》頁八〇九下改。

五年二月，遣中使詣雄、霸、瀛、莫、深、滄州、乾寧軍〔一〕，爲粥以賑飢民。

〔一〕遣中使詣雄霸瀛深滄州乾寧軍　"乾寧軍"原作"乾德軍"，據《長編》卷五一、《文獻通考》卷二九六《物異考二》、《宋史》卷六一《五行志一》四改。

六年二月，遣朝臣、使臣分往京東西〔一〕、淮南水災州軍，賑恤貧民，疏理刑獄。

〔一〕使臣分往京東西　"使臣"二字原脫，據《輯稿》食貨五七之三、六八之三一補。

景德元年二月，陳、蔡、沂、密等州言民飢[一]，命太常丞梁象、秘書丞李遹乘傳發粟以賑之。

〔一〕陳蔡沂密等州言民飢　"民飢"原作"飢民"，據《輯稿》食貨五七之三、六八之三一乙。

九月，鄂州言民飢，詔開倉減價出糶救之。

二年正月六日，詔："河北轉運司副使分詣管内諸州軍[一]，按視飢民，賑給之，口一斛，戶五斛爲限。"帝以戎寇之後，居民失業，慮其飢饉流離，故有是命。

〔一〕詔河北轉運司副使分詣管内諸州軍　《長編》卷五九謂"令河北轉運使賑饑民"，疑此處"副使"當作"使副"。

八日，令蘄、黃州賑恤飢民。

十七日，令淮南諸州以上供軍儲賑飢民。

二十六日，令常參官二人分往荊湖北路[一]、淮南諸州，出官粟，作糜粥，以養飢民。仍令擇幕職使臣強幹者專司其事，長吏常按視之，每十日具所賑糜粥之數以聞[二]。自是，全活者甚衆。

〔一〕令常參官二人分往荊湖北路　"令"，《輯稿》食貨五七之四、六八之三一作"命"。

〔二〕每十日具所賑糜粥之數以聞　"賑"原作"賦"，據《長編》卷五九改。

二十九日，河北轉運使盧琰言："天雄軍見管米麥萬九千五百餘斤，澶州四萬二千二百餘斤。"詔給兩處飢民。

二月二日，京西轉運司言："襄、許、陳、蔡等州民飢，請減價糶倉粟賑救。"從之。

十日，命太常丞艾仲孺乘傳詣澶州，以陳粟四萬碩分賑飢民。

三月，大名府飢，命轉運司發廩賑救。

四月八日，命鄂州發惠民倉粟賑飢民。

十六日，以京師穀貴，出倉粟減價出糶，以惠貧民。

二十八日，潭州言："茶園乏食，請賑以官米。"從之。

十一月，詔於京城出倉粟減價出糶。以汴流阻淺，運舟不至，穀價騰貴故也。

三年正月六日，遣著作佐郎劉昱往開封府諸縣，與令、佐等於近便出廩米賑救災傷之民，家給兩碩，仍貸與種糧。

十四日，又遣太常博士王汝勵，殿中丞李道，太子中允嚴登、耿說，著作佐郎張士遜、陳從易等，馳傳分往尉氏、陳留、襄邑、雍丘、太康、咸平等縣，發廩賑貧民，及貸種糧。

十七日，令京西轉運司出倉粟米賑貧民，仍命著作佐郎周儀馳傳詣汝州賑貸。

十八日，詔："京西轉運司體量轄下州軍，民有不能自給者，時分遣職官徑往逐處，出廩粟賑貸。"

二十五日，遣殿中丞王穆、太子中允朱友直、太子洗馬盧昭華，分往封丘、酸棗、長垣等縣發廩貸貧民〔一〕，仍給種糧。

〔一〕分往封丘酸棗長垣等縣發廩貸貧民　"廩"字原脫，據《輯稿》食貨五七之四、六八之三二補。

二十六日，詔京東轉運司："應齊、淄、青、濰、登、萊等州人户有缺食者，依近降敕命，於封椿倉分支遣賑貸，不得差民轉般。如近西州軍，即委三司自京津置往彼支遣。屯田郎中楊覃馳往河北，與轉運使體量澶、濱、棣、德、博等州民〔一〕，如有缺食處，即出廩粟賑貸。"

〔一〕與轉運使體量澶濱棣德博等州民　"棣"字原闕，據文淵閣四庫全書本《長編》卷六二、《宋史》卷三〇七《楊覃傳》補。

三月，詔："開封府、京東西、淮南、河北州軍縣人户缺食處，已行賑貸。其客户宜令依主户例量口數賑貸，孤老及病疾不能自存者，本府及逐路轉運使〔一〕、副并差去臣僚，同共體量，出省倉米救濟。仍便告示，更不收理。"

〔一〕本府及逐路轉運使　"逐路"，《輯稿》食貨五七之四同，食貨六八之三三作"諸路"。

四月，侍御史知雜王濟言："伏覩國初嘗置義倉，以備賑濟，今義倉已廢，每州郡小有水旱，朝廷即詔出太倉粟借貸農民，及稔歲，復多蠲放，慮有損軍食。今後如有賑貸，望本縣置簿，以時理納，庶獲兼濟。"從之。

四年六月，詔河北轉運司："如聞雄州、安肅、廣信軍人頗艱食，宜以食米萬斛減價出糶以濟之[一]。"

〔一〕宜以食米萬斛減價出糶以濟之　"食"疑當作"倉"。

大中祥符元年正月，陝西轉運黃觀言慶州麥、粟踴貴，詔出官米萬斛減價糶之。

四月，府州言民飢，命賑之。

六月，環、慶民飢，發廩粟賤糶以濟之。

二年二月，詔賑同、華等州民，去歲逋稅悉蠲之。

四月，詔陝西州軍，民缺糧糗者，發廩賑之。

五月，詔西京出廩粟賤糶，以惠貧民。

六月五日，令韶州出廩粟賑糶，以濟貧民。

十二日，令慈州出廩粟賑部民[一]。

〔一〕令慈州出廩粟賑部民　"慈州"，《長編》卷七一作"磁州"。

十一月，知鄧州、右司諫、直史館張知白言："陝西流民相續入境，有欲還本貫而無路糧者。臣諭勸豪民出粟數千斛，計口給半月之糧，凡就路者，總二千三百家，萬二百餘口。其支貸有餘者，悉給貧老之人。及無主死人[一]。"詔獎之[二]。

〔一〕及無主死人　《輯稿》食貨五七之五同，食貨六八之三四作"仍葬其死人"，此處疑有脫誤。

〔二〕詔獎之　"獎"原作"焚"，據《輯稿》食貨五七之五、六八之三四及《長編》卷七二改。

三年三月，詔戎、瀘州民艱食者賑之，仍給復一年。

八月[一]，詔淮南諸州發廩米賑貸及賤糶，以濟貧民。

〔一〕八月　"八月"原作"八年"，據《輯稿》食貨五七之五、六八之三四改。

四年四月四日，以登、萊州艱食，令江、淮轉運司雇客船轉粟賑之。

十六日，同、華州飢，民有鬻子者，遣太常博士舒賁馳驛存撫賑濟之[一]。

〔一〕遣太常博士舒賁馳驛存撫賑濟之　"撫"原作"無"，據《輯稿》食貨五七之五、六八之三四改。

五月，京兆府旱，詔賑之。

六月，劍、利、閬、集、壁、巴等州飢[一]，詔賑之。

〔一〕劍利閬集壁巴等州飢　"州"字原脫，據《輯稿》食貨五七之五、六八之三四補。

十二月十一日，江、淮發運使邵曄言："淮南路準詔賑貸及減價出糶，計廩粟三十萬碩。"

十六日，京城穀貴，詔發惠民倉粟，賤糶以濟之。

五年正月，詔河陽出粟米萬斛[一]，減直給糶，以惠貧民。

〔一〕詔河陽出粟米萬斛　"粟米"，《輯稿》食貨五七之五、六八之三四作"廩米"。

二月，詔："京西諸州軍昨以穀貴，雖已減價出糶，尚慮民有缺食者，宜令轉運司諭轄下州軍，委實有飢民之處，多方勸誘蓄積之家除留支用外，將餘剩斛斗分散救濟，仍差公幹官量口數監散。內有願減半價出糶者，亦聽，並當等第酬獎[一]，無令減剋邀難及接便煩擾。"

〔一〕並當等第酬獎　"並當"，《輯稿》食貨五七之五同，食貨六八之三四作"並將"。

五月，詔江、淮南發運司留上供米二百萬斛，以備賑糶。

十月十日，詔："如聞建安軍等處自秋霖雨，頗妨農事，宜委轉運、發運使體量賑恤。"

十二月六日，令三司出炭四十萬秤，減市價之半以濟貧民。時連日大雪苦寒，京城鬻炭者，每秤錢二百，故有是命。仍遣使臣十六人分置場，以內供奉官二人提總之。自是小民奔湊，至有踐死者，乃命都巡檢張旻遣軍校領徒巡護〔一〕，賜死者家緡錢，無親族者官為埋瘞。仍令三司常貯炭五七十萬秤，如常平倉之制，遇價貴則賤出之。

〔一〕乃命都巡檢張旻遣軍校領徒巡護　"張旻"原作"張文"，據《輯稿》食貨五七之五、六八之三四及《長編》卷七九改。

二十二日，泗州飢，官給米十萬碩以賑之。

六年四月十九日，詔："如聞淮南諸州罷糜粥之賜，尚慮貧民未濟，可令依舊，俟其足食乃止。"

七年二月，泰州、淮陽軍言民飢，詔發官粟賑之。

三月，儀州言民飢，詔發官粟賑之。

十月，淮南飢，詔本路轉運、發運使發廩賑恤。

八年二月，令淮南路發廩粟為糜粥，以濟飢民。

八月，詔京兆府、河中府、陝、同、華、虢州以麥種借之貧民〔一〕。

〔一〕虢州以麥種借之貧民　"虢"原作"號"，據《輯稿》食貨五七之五、六八之三五改。

九年二月十六日，詔陝西州軍減價糶粟，以賑貧乏。令本路都轉運使李迪提舉。

二十二日，上封者言："延州蕃部闕食，正當農時，望發鄰州廩米貸借。"從之。

六月，令廣州出廩米萬碩選官出糶，以濟居民。穀貴故也。

八月，令江、淮發運司歲留上供斛斗五十萬碩，以備賑濟。

九月，詔："如聞廣南東、西路物價稍貴，宜令轉運司、提點刑獄官分路撫恤，發官廩減價賑糶。"

十二月，詔："江南、淮南諸州軍穀價稍貴，人民闕食，其無常平倉處，令本路轉運司以省倉斛斗除留準備外，接續出糶。即不得糶與興販及形勢之家。違者，重寘之法。"

天禧元年三月八日，衛州民飢，命發倉廩粟萬碩貸之。

十八日，兩浙提點刑獄鍾離瑾言："衢、潤二州闕食，官設糜粥，民競赴之[一]，有妨農事。請下轉運司量賑米二萬碩，家不得過一斗。"從之。

〔一〕民競赴之　"競"原作"兢"，據《輯稿》食貨五七之六、六八之三五及《長編》卷八九改。

二十五日，詔："諸州官吏如能勸誘蓄積之民以廩粟賑恤飢乏，許書曆爲課。"

四月四日，詔："河北大名府、磁、相、澶州、通利軍，兩浙越、睦、處州，去秋災傷，民多闕食，令轉運司運米賑濟之。"

十一日，以趙州民飢，出廩粟萬碩賑之。

二十八日，江、淮、兩浙制置發運使李溥言："江、淮去歲乏食，有富民出私廩十六萬碩糶施飢民[一]。"

〔一〕有富民出私廩十六萬碩糶施飢民　"施"字原脫，據《輯稿》食貨五七之六、六八之三六及《長編》卷八九補。

五月二十四日，殿中侍御史張廓言："奉詔京東安撫。民有儲蓄糧斛者，欲勸誘舉放，以濟貧民，候秋成，依鄉例償之。如有欠負，官爲理償。"從之。

八月六日，知并州周起言："河北民逐熟至州境者[一]，州民施飯一月[二]。"詔獎起，仍令召出米人宴犒之。起又請發廩粟萬碩減價出糶，以濟飢民。從之。

〔一〕河北民逐熟至州境者　"熟"原作"縣"，據《輯稿》食貨五七之六、六八之三六及《長編》卷九〇改。

〔二〕州民施飯一月　"州"字原脱，據《輯稿》食貨五七之六、六八之三六及《長編》卷九〇補。

二十五日，詔河北州軍，今年夏麥不豐，民乏種糧者，官貸之。

九月十五日，詔京東西、陝西、河北災傷州軍，民闕麥種者，發官廩貸之。

十六日，詔河東流民有復業者，發倉粟賑之〔一〕。

〔一〕發倉粟賑之　"倉粟"，《輯稿》食貨五七之六同，《食貨》六八之三六作"廩粟"。

十二月，遣使臣置場，減價鬻官炭十萬秤。以寒故也。

二年正月八日，詔江、淮運米十萬斛付京東，及令河北轉運使出廩賑糶。以兩路粟貴故也。

二十二日，青州請以官廩粟豆二千斛設粥，米萬斛減價出糶，以惠貧民。從之。

二十五日，詔諸路災傷州軍並設粥、賤糶，以惠貧民。

二月，京西轉運使言〔一〕："管內貧民甚多，無以賑濟，望發絳州粟十萬斛赴白波出糶。"從之。

〔一〕京西轉運使言　"使"，《輯稿》食貨五七之六、六八之三六皆作"司"。

三月，知虢州查道言〔一〕："春雨滋洽，麥苗尤盛，民間多乏種糧。州倉麥除留贍用外，餘四千碩，望以賑貸。"從之。

〔一〕知虢州查道言　"虢"原作"號"，據《輯稿》食貨五七之六、六八之三六改。

十月，同、耀州飢，民多流亡，詔轉運司賑之。

四年正月，令利州路轉運司賑貸貧民，以旱故也。

二月一日，以淮南、江、浙穀貴民飢，命都官員外郎韓億、閤門祇候王君訥乘傳安撫，發常平倉粟減直出糶以賑之。民有以糧儲濟衆者，第加恩獎〔一〕。其乏食持仗盜糧者，並減等論罪。

〔一〕第加恩獎　"恩"原作"思"，據《輯稿》食貨五七之六、六八之三七改。

是月，詔曹、濮、鄆、單、徐州、淮陽軍賑貸民，以河決爲害故也。

三月一日，令淄州以粟貸州民飼牛。

七日，令府州賑貸藩部，以去歲旱故也。

五月，令永興、鳳翔減價糶糧，以濟階、成、秦、鳳州流民。

六月，太常少卿、直史館陳靖言："朝廷每遇水旱不稔之歲，望遣使安撫，設法招誘富民納粟，以助賑貸。"從之。

乾興元年二月八日，蘇、湖、秀州雨壞民田，穀貴人飢〔一〕，命出倉粟賑貸之。

〔一〕穀貴人飢　"人"，《輯稿》食貨五七之六同，食貨六八之三六作"民"。

十一日，徐州民飢，詔發廩粟賑貸。

仁宗天聖三年三月，京西轉運使張意言："襄、潁、許、汝等州經水，損惡斛斗八萬餘碩，不堪支遣，請分給闕食之民。"從之。

四年十二月，詔："諸處州軍經春有斛斗價高處，慮人户失所，宜令京東、京西、河北、淮南轉運司選官，將本處常平倉斛斗減價出糶。或無常平倉處，即以省倉斛斗除留準備外，出糶以濟貧民。"

六年三月，成德軍言："元氏縣民飢，請支借斛斗。"從之。

五月，河北路體量安撫王沿言："保州、永定軍百姓艱食，已令逐處發倉廩各萬碩減價出糶。自邢、趙、真定府等處，各令支借種糧與歸業人户，并與倚閣今年夏秋稅賦，及令逐處倍加安恤"。從之。

治平四年，神宗即位，未改元。六月十八日，詔："在京永泰、景陽、通天、安肅四門，此月十七日給河北流民米，止六月終。仍曉諭以河北

— 171 —

近得雨，令歸本貫。其不願歸，勿彊之。仍曉令河北轉運司，應災傷州軍縣分，依此曉告，倍加安存。"以臣僚上言河北訛傳京師散流民米[一]，恐未流移者因兹誘引，皆來入京，故約束之。

〔一〕以臣僚上言河北訛傳京師散流民米　"臣"字原脱，據《輯稿》食貨五七之七、六八之三八及《補編》頁八一○上補。

神宗熙寧元年七月，詔恩、冀州河決水災，令省倉賜粟。詳見《恤災門》[一]。

〔一〕詳見恤災門　此五字原脱，據《輯稿》食貨五七之七、六八之三八補。

二年四月，降空名祠部五百道付兩浙轉運司，令分賜本路曾經水災及民田薄收州軍，相度災傷輕重，均其多寡，召人納米或錢，以備賑濟。

七月十八日，詔："水災州軍，令本路轉運使判官、提點刑獄分往被災處照恤。貧民闕食者，支廣惠倉斛斗賑濟。如不足，量支省倉物。仍於人户便近處減常平物價就糶。若貧人無錢，相度賒糶，令至秋送納。其非税户，即與遠立日限納價錢，並委就近施行訖奏。"

三年五月八日，詔雄州以兩屬人户如遇災傷，即特貸糧，接續俵散，分作料次送納。

六月，詔："在京諸倉米斛之數已豐，訪聞日近民間粳米價直稍貴，所有淮南上供新米，仰酌中估定錢數，遣官分詣市置場出糶，以平物價。"

四年二月十三日，詔："河北轉運、提刑司體量貝、冀徹邊少雨雪州軍乏食飢歉人户，多方賑貸存恤。其見欠殘零税賦，並權與倚閣。"

三月十六日，詔判永興軍郭逵，如本路州軍有飢荒處，並以官廩賑濟。詳見《恤災門》[一]。

〔一〕詳見恤災門　此五字原脱，據《輯稿》食貨五七之七、六八之三九補。

十八日，詔："緣邊熟户及弓箭手見欠貸糧未經除放[一]，其見今闕食者〔二〕，安撫司更量與賑貸。"

〔一〕緣邊熟戶及弓箭手見欠貸糧未經除放　"及"字原脫，"未"原作"米"，據《輯稿》食貨五七之七、六八之三九及《補編》八一〇上補改。

〔二〕其見今闕食者　"其"字原脫，"者"原作"着"，據《輯稿》食貨五七之七、六八之三九及《補編》八一〇上補改。

六年六月七日，中書門下言："檢正刑房公事沈括狀，乞今後災傷年分，如大段飢歉更合賑救者〔一〕，並須預具合修農田水利工役人夫數目，及召募每夫工直申奏，當議特賜常平倉斛錢，召募闕食人戶，從下項約束興修。如是災傷本處不依敕條賑濟，並委司農寺點檢察舉。"從之。

〔一〕如大段飢歉更合賑救者　"大"字原脫，據《輯稿》食貨五七之八、六八之三九及《補編》頁八一〇上補。

七年五月六日〔一〕，中書門下言："戶房聞災傷路分募人工役〔二〕，多不預先將合用人數告示，以致飢民聚集〔三〕，却無合興工役。欲乞下司農寺〔四〕，令逐路有合興工役，並依所計工數曉示，逐旋入役，免致飢民過有聚集，以致失所。"從之〔五〕。

〔一〕七年五月六日　按此條原繫年於天聖，據《輯稿》食貨五九之一、六八之一一二及《補編》頁八一〇上、《長編》卷二五三，知其係熙寧間事，今移至此。

〔二〕戶房聞災傷路分募人工役　"戶房聞"，《輯稿》食貨五九之一、六八之一一二及《補編》頁八一〇上作"戶房申訪聞"；"工"原作"功"，據《輯稿》食貨五七之七、六八之三八改。

〔三〕多不預先將合用人數告示以致飢民聚集　"告示以致"原作"告以示致"，據《輯稿》食貨五七之七、五九之一、六八之三八、六八之一一二及《補編》頁八一〇上改。

〔四〕欲乞下司農寺　"欲乞"原作"並依所"，據《輯稿》食貨五九之一、六八之一一二及《補編》頁八一〇上改。

〔五〕從之　"從之"二字原無，據《輯稿》食貨五九之一、六八之一一二及《補編》頁八一〇上、《長編》卷二五三補。

八年十二月二日，詔："河東歲歉，移屯戍兵馬五千歸營，以其餘糧賑濟飢民，仍具次第以聞。"

九年二月五日〔一〕，河北西路提刑司言："邢、懷州連年災傷，若令應副十分春夫，必難勝任。欲乞特賜免放一半。"從之。

〔一〕九年二月五日　按此條原繫年於天聖，據《輯稿》食貨五九之一、六八之一一一二，知其係熙寧間事，今移至此。

十月十二日〔一〕，中書門下言："廣東經略、轉運使等言：潮州海陽潮漲〔二〕，推流屋舍、田苗，死失人口。乞令本路提刑司躬親前去，依條存恤。"從之。

〔一〕十月十二日　按此條原繫年於天聖，據《輯稿》食貨五九之一、六八之一一一二及《補編》頁八一〇下、《宋史》卷六一《五行志一》，知其係熙寧間事，今移至此。

〔二〕潮州海陽潮漲　《輯稿》食貨五九之一、《補編》頁八一〇下皆謂"潮州海陽、潮陽兩縣人户被海潮漲"；《宋史》卷六一《五行志一》亦稱"海陽、潮陽二縣海潮溢壞廬舍"，此處當有脱文。

十二月十三日〔一〕，詔淮南東西、兩浙路〔二〕："應勸誘人户所出賑濟斛斗免欠未納數目，特與免放。其熙寧八年已後勸諭已納斛斗人户，候向去合行勸誘，即擬數却與免放。"

〔一〕十二月十三日　此句前原有"九年"二字，據凡例刪。

〔二〕詔淮南東西兩浙路　"淮南"原作"淮西"，據《宋史》卷八八《地理志四》改。

十年二月二十五日，詔："應經賊殺戮之家餘存人口，委是孤貧不能自活者，所在州軍勘會詣實，特日給口食米：十五歲以上一升半〔一〕，以下一升，五歲以下半升，至二十歲止。仍令相度每五日一支。"

〔一〕十五歲以上一升半　"半"字原脱，據《長編》卷二八〇補。

元豐元年正月十五日〔一〕，賜廣濟河輦運司上供米十萬碩〔二〕，付徐州、淮陽軍，糶與水災飢民。

〔一〕元豐元年正月十五日　"十五日"，《輯稿》食貨五七之八、六八之四〇及《補編》頁八一〇下皆作"十二日"，《長編》卷二八七爲十三日己未。

〔二〕賜廣濟河輦運司上供米十萬碩　"十"原作"一"，據《輯稿》食貨五七之八、《長編》卷二八七改。

閏正月十三日，詔河北路以常平米賑濟飢民。

三十日，詔河北被水災戶如過河逐熟，即於白馬縣河橋差官賑之。

四月七日，詔以瀛州陳次米依災傷及七分例，貸第四等以下戶，不得抑配，免出息。

八月二十八日，詔濱、棣、滄三州第四等以下被水災民〔一〕，令十戶以上立保，貸請常平糧，四口以上戶借一碩五斗，五口以上戶借兩碩，免出息，物稅百錢以下權免一季。

〔一〕詔濱棣滄三州第四等以下被水災民　"棣"字原闕，據《輯稿》食貨五七之八、六八之四〇及《補編》頁八一〇下、《長編》卷二九一補。

二十九日，詔："青、濟、淄三州被水流民，所在州縣募少壯興役。其老幼疾病無依者，自十一月朔依乞丐人例給口食。候歸本土及能自營，或漸至春暖，停給。"

二年正月二十三日，上批："聞階、成州去秋災傷，艱食之民流者未止，官司初不經畫賑濟。可下司農并本路提舉司疾速施行。"

二月十二日〔一〕，詔："聞齊、兗、鄆州穀價貴甚，斗直幾二百，艱食流轉之民頗多。司農寺其諭州縣，以所積常平倉穀通比元入斗價不及十錢，即分場廣糶。濱、棣、滄州亦然〔二〕。"

〔一〕二月十二日　"十二日"，《輯稿》食貨六八之四〇、《補編》頁八一〇下同，食貨五七之八作"十三日"，《長編》卷二九六爲十一日庚戌。

〔二〕濱棣滄州亦然　"棣"字原闕，據《輯稿》食貨五七之八、《長編》卷二九六補。

同日，三司言："濟、淄等州穀貴，春夏之交，慮更艱食，請輟廣濟河所漕穀二十萬碩減價糶〔一〕。"從之。

〔一〕請輟廣濟河所漕穀二十萬碩減價糶　"漕"原作"濟"，據《輯稿》食貨五七之八、六八之四〇改。

二十六日，知滄州張問言："民飢至相食。今州倉大豆四萬九千餘碩，可支五年，漸有陳腐，乞留二年外，斥其餘以賜飢民，可活良民三萬口。"上批："可下提舉常平事李孝純速相度施行。"

四月十二日，詔河北東路提舉常平倉司，所散濱、棣、滄州飢民食〔一〕，至五月止。

〔一〕所散濱棣滄州飢民食　"棣"字原闕，據《輯稿》食貨五七之八、六八之四一及《長編》卷二九七補。

三年七月十三日，入内東頭供奉官、瀘州勾當公事韓永式言："利州路雨水，溪江泛漲，漂流民田，物價增長，民未安居。乞下本路轉運并提舉司賑濟。"詔提舉司依條施行。

九月二日，權知都水監丞公事蘇液言："河北、京東兩路緣河決被患人户，蒙朝廷賑濟放税，乞以其事付史館。"從之。詳見《恤災門》〔一〕。

〔一〕詳見恤災門　此五字原脱，據《輯稿》食貨五七之八、六八之四一補。

四年二月二十九日，詔："聞階、成、鳳、岷州人户闕食流移，令逐路第四等以下人户支借常平糧斛，每户不得過兩石，仍免出息。"詳見《恤災門》〔一〕。

〔一〕詳見恤災門　此五字原脱，據《輯稿》食貨五七之九、六八之四一補。

五年六月十一日，詔："宜州主管谿、峒、安化三州連歲荐飢〔一〕，已差官廣爲賑濟。朝廷之意非欲取其地〔二〕，但欲各免飢殍侵略之災。"

〔一〕宜州主管谿峒安化三州連歲荐飢　"峒"原作"洞"，據《長編》卷三二七改。

〔二〕朝廷之意非欲取其地　"地"原作"他"，據《長編》卷三二七改。

六年六月二十七日，詔："甚災傷處，第四等以下户缺乏糧種，雖非給散月，許結保借請。雖有欠闕，亦聽支給〔一〕，限一月〔二〕，免納息。"

〔一〕亦聽支給　"支"字原脱，據《長編》卷三三五補。
〔二〕限一月　《長編》卷三三五作"限一年輸納"。

七年四月二十五日，河東路提舉常平司言："去年災傷，民户缺食，義倉穀不多，乞於常平封椿糧支三五萬碩賑濟。"從之。

六月一日，詔："五路提舉保甲司已撥常平糧準備賑濟，令相度保甲户遇災傷不及五分當如何等第賑濟，條具以聞。"後提舉河東路保甲王崇拯言："賑濟災傷，保丁四等以下，本户災傷及五分以上，即依常平司七分以上法。"從之。河北、陝西、開封府界準此。

七月九日，詔尚書户部員外郎張詢、幹當御藥院劉惟簡，賑濟西京、大名府被水災軍民。詳見《恤災門》〔一〕。

〔一〕詳見恤災門　此五字原脱，據《輯稿》食貨五七之八、六八之四二補。

二十一日，詔："河北、河東路被水保甲，令州縣考實賑濟，小保長保丁一碩，大保長二碩，都、副保正三碩。提舉保甲官分詣諸縣照管，具賑濟人數以聞。"

八月十四日，詔洺州水災，許借鄰近州縣常平倉米麥、小豆共五萬碩。

哲宗元祐元年二月一日，詔："大名府自經水災，民田尚多淤浸，人户艱食，向雖賑濟，尚慮官吏拘文，使被水災之民未蒙恩澤，宜委大名府路安撫使韓絳詢訪賑濟。"

四日，詔淮南東、西路提舉常平司體量饑歉，以義倉及常平斛斗依條賑濟訖聞奏。

三月二十六日，詔："府界并諸路提點刑獄司體訪州縣災傷，即不限放稅分數及有無披訴，以義倉及常平米斛速行賑濟，無致流移。"

同日，夔州路提舉常平官傅傳正言："州軍去年災傷〔一〕，放稅分數不多，亦有全不申訴者。臣見民間困急，不敢坐視，已於災傷及七分以上賑濟〔二〕。所有專輒之罪，謹自劾以聞。"詔特放罪，仍候到闕日優與差遣。

〔一〕州軍去年災傷　"年"字原脫，據《輯稿》食貨五七之九、六八之四二及《補編》頁八一一下、《長編》卷三七三補。

〔二〕已於災傷及七分以上賑濟　"於"，《輯稿》食貨五七之九、六八之四二及《補編》頁八一一下、《長編》卷三七三皆作"依"。

四月二日，左司諫王巖叟言："訪聞淮南旱甚，物價踴貴，本路監司殊不留意。"詔發運司截留上供米一十萬碩，比市價量減出糶與闕食人戶，每戶不得過三碩。其糶到錢起發上京。

四日，詔："開封府諸路災傷，逐縣令、佐專切體量，人戶委有缺食，速具事實申州及監司。仍許一面將本縣義倉、常平穀斛賑貸〔一〕，據等第逐戶計口給曆，大者日二升，小者日一升，各從民便。五日或十日至半月〔二〕，齎曆詣縣，請印給遣。若本縣米穀數少，先從下戶給，有餘則并及上戶。候夏秋成熟日，據所貸過數隨稅納。闕食之民，貧乏不能自存，或老幼疾病不任力役者，依乞丐法給米豆。其賑濟糶穀，並據鄉村缺食應糶之數給曆，許五日或十日一糶，無令抑遏。此外若令、佐別有良法，使民不乏食而免流移者，申州及監司相度施行，半月一具賑濟次第聞奏。仍體量令、佐有能用心存恤闕食人戶，雖係災傷並不流移者，保明聞奏，當議優與酬獎。其全不用心賑貸〔三〕，致戶口多有流移者，取勘聞奏，特行停替。"從三省請也。

〔一〕仍許一面將本縣義倉常平穀斛賑貸　"本縣"原脫，據《輯稿》食貨五七之九、六八之四二及《補編》頁八一一下、《長編》卷三七四補。

〔二〕五日或十日至半月　"至"，《長編》卷三七四作"或"。

〔三〕其全不用心賑貸　"賑貸"，《輯稿》食貨五七之一〇、《補編》頁八一二上同，《食貨》六八之四三、《長編》卷三七四作"賑濟"，當是。

同日，詔："江、淮發運司體量災傷州縣缺食處，仍令宿、亳州分析不申奏災傷次第，及具見今斛斗價例，各疾置以聞。"時宿、亳災傷尤甚，監司並無奏報，右諫議大夫孫覺言："淮、浙災傷，米穀踴貴，慮盜賊因緣而起，乞差官體量，廣行賑濟。遍下諸路轉運、提刑司，災傷各以實言，不實者坐之。災傷雖小，而言涉過當者不問。如此，則諸路不敢不言。朝廷隨災傷之大小，賑濟而防虞之，則四海之內無倉卒之憂矣。"

二十六日，殿中侍御史林旦言："都城比來米麥價長，若翔踴不已，恐細民蒙害。望下户部，依條通計米麥元價，令司農寺止以逐倉官吏每月更代管勾[一]，置四場出糶，以濟闕乏。"從之，仍令户部差官置場。

〔一〕令司農寺止以逐倉官吏每月更代管勾　"代"原作"貸"，據《輯稿》食貨五七之一〇、六八之四三及《補編》頁八一二上改。

五月十六日，尚書省言："元豐六年，江、淮等路發運司奏兑置在京封樁闕額禁軍糧米五十萬碩，價錢限半年上京送納。今淮南災傷，賑濟慮有闕乏。"詔令淮南轉運司相度，本路如闕斛斗，仰依元豐六年例。

六月二十六日，詔河北路監司分詣諸州，以義倉、常平穀賑濟被水闕食人户。

十一月二十八日，權發遣淮南路轉運副使趙偁言："楚、海等州水災最甚，乞發運司於常、潤州收糴稻種十萬碩，以備楚、海等州來春布種，以糴以貸。"從之。

同日，户部言："左司諫王巖叟言：'賑濟人户，必待災傷放税七分以上方許貸借，而第四等以下方免出息，殊非朝廷本意。乞如舊法，不限災傷分數，並容借貸，不拘等第，均令免息[一]。'看詳：元豐令'限定災傷放税分數支借種子'條合依舊外，應州縣災傷人户闕乏糧食，許結保借貸常平穀。"從之。

〔一〕不拘等第均令免息　"不拘"原作"不均"，據《長編》卷三九二改；"均"原作"仍"，據下文十二月十八日條、《輯稿》食貨五七之一〇及六八之四四、《長編》卷三九二改。

十二月十八日，侍御史王巖叟言："伏覩十一月二十九日敕，户部看詳元豐令'限定災傷放税分數支借種子'條合依舊存留外[一]，舊法災傷無分數之限，人户無等第之差，皆得借貸，均令免息，新條必待災傷放税七分以上，而第四等以下方許借貸免息，殊非朝廷本意，故乞均令借貸，以濟其艱。今户部復將支借種子條依舊存留。竊以災傷人户既闕糧食，則種子亦闕，豈可種子獨立限隔？臣欲乞通爲一法，於所修'糧食'字下添入'并種子'三字，庶使被災之民廣霑惠澤。"從之。

〔一〕合依舊存留外　"存"字原脱，據《輯稿》食貨五七之一〇、六八之四四及《補編》頁八一二上補。

二年二月四日，詔左司諫朱光庭乘傳詣河北路，與監司一員徧視災荒賑濟。有未盡事，並得從宜；事體稍重，即奏稟官吏；奉法不虔，即按劾以聞。是歲十一月二十六日，監察御史趙挺之、方蒙言："去年北邊州郡被水災，光庭奉使體訪賑濟，不問民戶之等〔一〕，一概支貸。蓋一出使，而河北措置之財遂空，乞行黜降，以允輿論。"詔光庭具析以聞。

〔一〕不問民戶之等　"之"原作"三"，據陳師道撰、任淵注《後山詩注補箋》卷二"嗚呼"行注文改。

十一月六日，詔運淮南、兩浙穀四十萬斛賑濟京東路。

三年正月十二日，詔發京西南路闕額禁軍糧穀五十餘萬斛，減市價出糶，至夏麥熟日止。以雪寒，物價翔踴也。

二月六日，詔以常平錢、穀給在京乞丐人，至季春止。

同日，詔："開封府界自冬至春陰雪，民間有願借糧種者，令提刑司量度戶等第給貸訖，具數以聞。"

二十八日，詔陝西路轉運判官孫路賑濟鎮戎軍被傷及劫虜民戶。

十二月十六日，知永興軍韓縝言："本路比歲災傷闕食，請於法所給米豆更不限數。"從之。

五年二月七日，詔："災傷處令、佐賑救人戶不致流移所推酬獎：災傷五分已上，與第五等；七分已上，與第四等。"以戶部言於熙寧敕係第五等，於元祐敕係第四等，分數未盡立法之意故也。

六年七月二十二日，侍御史賈易言："浙西災荒，朝廷選差轉運使岑象求、判官楊瓌寶賜米百萬斛〔一〕、錢二十餘萬緡，俾之拯救，州縣自亦依條賑濟。欲乞明詔本路具災荒分數賑貸，次第以聞。"

〔一〕判官楊瓌寶賜米百萬斛　"瓌"原作"瑗"，據《輯稿》食貨六八之

四五、《長編》卷四六二改。

八月二十八日，監察御史虞策言〔一〕："兩浙災傷州縣糶米，多為販夫與公吏相結冒糶，次及彊壯之人，其飢羸者轉受困餓，或被踩躪死傷。乞下本路監司覺察。"詔："轉運、提刑司提舉分布諸處賑糶〔二〕，務要實惠飢民。內興販及彊壯者，不得一例糶散。如官吏措置乖方，及公人用情，並令依法。"

〔一〕監察御史虞策言　"策"原作"榮"，據《輯稿》食貨五七之一一、六八之四五及《補編》頁八一二下、《長編》卷四六四補。

〔二〕詔轉運提刑司提舉分布諸處賑糶　"詔"字原脫，據《長編》卷四六四補。

八年四月十一日，兩浙路轉運、提刑司申："檢會浙西州縣累經災傷，蒙朝廷相繼發米赴本路賑濟，除接續賑糶過外，其逐州有見管淮南、江西等路發到賑糶不盡米四十餘萬碩，別無支用，欲趁此蠶月鄉民闕食之際，各許令人戶赴官請借。每一斗，候至向去秋成，納新米八升還官，仍限四年均隨本戶苗稅帶納。"詔："其米許兌充軍糧外，餘數仰置場減價出糶。"

十二月十四日，以京師流民，詔特出錢、米各十萬付開封府，計口支給。

紹聖元年二月十四日，三省言："北京、澶、滑州民被災最重，艱食者多，及軍食闕，未見監司奏請。"詔呂希純、井亮采因按視河北所至〔一〕，體訪所當施行，疾速具奏。

〔一〕詔呂希純井亮采因按視河北所至　"井"原作"并"，據《輯稿》食貨五七之一一、《補編》頁八一三上改；"按視"，《補編》頁八一三上同，《輯稿》食貨六八之四四作"按閱"。

三月二十二日，三省言："準詔賑恤流民，令還本業。昨已降旨揮，應流民支與口食，遣還本土，所在官司闕官屋權令宿止，疾病者醫治，仍不限戶口，米豆碩斗賑濟。令戶部旨揮災傷路分監司，嚴加督責州縣推行，務要民受實惠。如更有合行賑恤事，令速施行。"上曰："聞京東、河北之民乏食流移，未歸本土，宜加意安恤，給糧種，差官就諭，使還農桑業。"范純仁等對曰："今已給常平米〔一〕，又許旨所養牛質取官緡錢，免租税，貸與穀麥種矣〔二〕。"上曰："更思其未至者行之。"

〔一〕今已給常平米　"已"原作"年"，"給"字原脱，據《輯稿》食貨五七之一一、六八之四六改補。

〔二〕貸與穀麥種矣　"貸"字原脱，據《輯稿》食貨五七之一一、六八之四七及《補編》頁八一三上補。

九月六日，詔遣監察御史劉拯乘傳按河北東、西路水災州軍，賑濟闕食人户，應合行事，令條具以聞。

二十九日，詔："府界、京東、京西、河北路應流民所過州縣，令當職官存恤誘諭，遣還本土。内隨行别無資蓄者，仍計口給曆，經州縣排日給食。至本處如合賑濟，依災傷放税五分法。内老幼疾病未能自還及不願還者，計口給。"

十月十七日，詔："京西南、北路提舉司官躬按州縣，督視賑濟，無令流殍，旬具所存活數申尚書省。"

二十一日，詔："河北東、西路被災經放税户雖不及五分，所欠借貸錢斛并抵當牛錢等倚閣，候豐熟日，分十料輸〔一〕。其非被災放税户所欠錢斛視此〔二〕，仍除結保均陪之。令流民在他路者，官吏以至意諭曉使歸業，給券使所過續食〔三〕，不願者，所在廩給之。"

〔一〕分十料輸　"料"原作"科"，據《輯稿》食貨五七之一二、六八之四七及《補編》頁八一三上改。

〔二〕其非被災放税户所欠錢斛視此　"其"原作"具"，據《輯稿》食貨五七之一二、六八之四七及《補編》頁八一三上改。

〔三〕給券使所過續食　"券"原作"養"，據《輯稿》食貨五七之一二、六八之四七及《補編》頁八一三上改。

二十三日，詔："滑州委官於浮橋北岸諭南來流民，以朝廷寬逋移粟賑恤曲折使歸業〔一〕。"

〔一〕以朝廷寬逋移粟賑恤曲折使歸業　"寬逋"原作"寬連"，據《輯稿》食貨五七之一二、六八之四七及《補編》頁八一三上改。

同日，詔："近者大河東隄防未及增繕，以故瀕河被害者衆，南來者多留京師，流離暴露。隆冬日迫，陷於死亡，坐視不恤，其謂朝廷何？既詔有司悉意賑贍，其令開封府即京城門外行視寺院、官舍以居之，至春諭使復業。"

　　二十五日，詔："河北路監司，令州縣官諭富民有積粟者毋閉糶〔一〕，官爲酌立中價，毋得過，犯者坐之。"

　　〔一〕令州縣官諭富民有積粟者毋閉糶　"糶"原作"糴"，據《輯稿》食貨五七之一二、《補編》頁八一三上改。

　　同日，詔賑濟司："河北重兵所宿，費不貲，其審閱老弱疲癃不能自存者，厚廩食之，毋專以多散蓄積爲功，而實惠不及於民。乃遣使本意〔一〕，仍具措畫方略申尚書省。"

　　〔一〕乃遣使本意　"本意"上疑脫一"諭"字。

　　二十六日，詔給空名假承務郎敕十〔一〕、太廟齋郎補牒十、州助教不理選限敕三十、度牒五百付河北東、西路提舉司，召人入錢、粟充賑濟。

　　〔一〕詔給空名假承務郎敕十　"郎"原作"即"，據《輯稿》食貨五七之一二、六八之四八及《補編》頁八一三下改。

　　二十八日，宰臣章惇言："軍食不可闕，請通約它司米、豆足支一年，悉斥其餘以廩飢民。即米、豆闕，散常平錢之在官者。民得錢，亦可以市糟酵糠籺。"上惻然曰："飢火所迫，麻籸亦以爲食〔一〕，何暇擇？其爲朕亟行散錢之令。"

　　〔一〕麻籸亦以爲食　"籸"原作"粉"，據《輯稿》食貨六八之四八、《補編》頁八一三下改。

　　十一月十九日，詔："河北路州縣當職官賑濟有方〔一〕，能撫存飢民，才能顯著者，具事狀以聞。府界、京東、京西等路有河北流民所聚州縣，仰逐路監司準此。"

　　〔一〕河北路州縣當職官賑濟有方　"方"原作"才"，據《輯稿》食貨五七之一二、六八之四八及《補編》頁八一三下改。

二十一日，詔："河北路災傷州軍賑濟，並四月終住給口食外，非老幼疾病之人，候至三月終，併支與四月分合給糧食，發遣歸業。"

二十三日，權發遣河北路轉運副使張景先言："恩、冀、瀛、莫、雄州、順安、廣信軍，約定合用糶、貸糧斛共五十三萬碩。緣本路斛斗不多，慮有闕乏。"詔逐州除準備軍糧及賑濟外，方許出糶，仍不得一例借貸。

十二月六日，詔京東西、河東路提舉司，將放稅不及五分者，審驗得災傷稍重，闕食不能自存，或老幼疾病之人，並權依五分法賑濟。

二年二月十一日，詔："河北、京東路賑濟災傷，各令轉運、提刑、提舉司依先分定州縣巡曆，如官吏奉行不盡，或措置乖方，以名聞。仍令逐路安撫司常切覺察。"

十四日，詔內藏庫支錢十萬貫、絹十萬疋，分賜河北東、西兩路提舉司，準備賑濟。從御史董敦逸請也。

四年九月一日，左司諫郭知章言："兩浙歲旱，淮南又不常全稔，乞下本路監司按視，早備賑貸。"詔兩浙路轉運、常平司應荒政並舉行，及預那移廩粟。

元符三年三月二十六日，<small>徽宗已即位，未改元。</small>戶部言："河北被災諸郡，近據東路提舉常平司申，撥賜到措置斛斗四十五萬碩，若賑給至四月終，委有餘剩數目，即許接續出糶。其西路下提舉常平司，將來罷賑濟後民倉尚艱，即令按條減價出糶常平斛斗[一]，並候二麥收成日住罷。其行商興販斛斗往災傷去處糶賣，乞依已得朝旨，與免商稅，至五月終。"從之。

〔一〕即令依條減價出糶常平斛斗　"依"原作"披"，"斗"原作"米"，據《輯稿》食貨五七之一三改。

五月二十七日，詔知太原府范純粹專切體量賑恤河東流亡飢殍之人，河北、陝西帥臣準此。

十二月六日，詔以大雪，令有常損價出糶倉米[一]，以惠細民。

〔一〕令有常損價出糶倉米　"有常"疑當作"有司"。

徽宗崇寧三年正月二十四日，户部言："新兩浙路提點刑獄公事周誼奏：'常、潤兩州去秋蝗旱，春夏之際糧食尤闕，欲乞量展賑濟月分至四月末。'看詳：欲下兩浙轉運、提刑、提舉司體度，如委有災傷人户闕食，至三月終末可住罷。"從之。

十月十四日，詔："兩浙杭、越、温、婺州秋苗不收，人户失於披訴，並量與檢放。其孤貧不濟人户，仰提舉司廣行賑濟。如物價增長，即速以常平米平價出糶。"詳見《恤災門》[一]。

〔一〕詳見恤災門　此五字原脱，據《輯稿》食貨五七之一三、六八之四九補。

五年正月二十五日，詔兩浙路提舉司賑濟水災乏食者。

大觀二年八月十九日，工部言："邢州奏：鉅鹿下埒大河水注鉅鹿縣，本縣官私房屋等盡被湆浸。"詔："見在人户依放税七分法賑濟，如有孤遺及小兒，並送側近居養院收養。内有人户盡被漂失屋宇或財物，仍許依七分法借貸，不管却致失所，仍具賑濟居養存恤次第事狀聞奏[一]。"詳見《恤災門》[二]。

〔一〕仍具賑濟居養存恤次第事狀聞奏　"第"原作"具"，據《輯稿》食貨五七之一三、六八之五〇改。

〔二〕詳見恤災門　此五字原脱，據《輯稿》食貨五七之一三、六八之五〇補

九月二十九日，水部員外郎陳長孺言[一]："奉詔體量邢州鉅鹿縣被患甚重，欲旨揮本路監司下所屬，疾速將本縣被水第三等人户亦依第四等敕條賑貸。"從之。

〔一〕水部員外郎陳長孺言　"陳"原作"東"，據《輯稿》食貨六八之五〇及《補編》頁八一四下改。

十月七日，詔："秦鳳路流民盡赴熙河路州軍[一]。本路備邊，羅買爲重，深慮流移民户積日浸久，耗蠹並邊糧食。可下常平司悉心措置賑

— 185 —

濟存撫，早令復業。仍具流移户口確實數目及賑濟措置次第以聞。"

〔一〕秦鳳路流民盡赴熙河路州軍　"秦"原作"奉"，據《輯稿》食貨五七之一三、六八之五〇及《補編》頁八一四下改。

三年八月十七日，詔常、潤州米價踴貴，可量發常平斛斗賑濟人民。

九月六日，詔："東南路比聞例有災傷，斛斗踴貴。仍下諸路監司，仰依實撿放秋苗分數，仍依條賑濟。"

四年三月二十六日，詔潤州、饒州災傷至甚，賑濟米、豆並展至四月終。

四月二日，詔："荆湖北路去歲災歉，推行賑濟，本路倉廩物斛所蓄不多，不接支用，可相度給降空名度牒二十道，借、奉職、假將仕郎告敕各七道，量度數目多寡，并逐色所直錢數目，付本路監司，與席貢同共分擘付逐州軍，曉諭民間依陝西、河北人户入粟事體入中物斛。如米、豆、大小麥，計所入數合支價直，以前項物充折，別項拘收應副：奉職六千貫，借職四千五百貫，假將仕郎二千二百貫，度牒二百貫。"

四日，詔："東南六路災傷，倉廩物斛不接支用，江南西路給降奉職、借職、假將仕郎各七道，度牒二十道，江南東路、淮南、兩浙、湖南路各給降奉職告三道、借職告四道、將仕郎補牒三道、度牒二十道，並依湖北路已得指揮施行。"

政和三年三月二十三日，詔："潤州丹陽、丹徒兩縣災傷，放稅及七分以上，常平賑貸在法至三月終罷。緣今歲有閏，田事必晚，可展至四月終。應有類此災傷州縣，亦依此施行，可疾速行。"

五年三月二十五日，梓州計度轉運使趙遹言："瀘州管下夷人結集作過，緣邊一方户口數千〔一〕，糧斛、財產盡被劫掠，不惟夏麥收成不得，秋穀又失種蒔，悉皆失業。除已行下抄劄，逐急以係省錢糧支借存撫外，欲望朝廷詳酌，特降指揮，下本路提舉常平司措置，優加賑濟施行。"從之。

〔一〕緣邊一方戶口數千　"方"原作"萬"，據《輯稿》食貨五七之一四、六八之五一及《補編》頁八一五下改。

六年三月十日，詔："浙西常、湖、秀州、平江府等處自去歲水災，秋成尚遠，其貧闕不濟人戶，仰本路提舉常平司通融那移一路應管常平、義倉，與朝廷封樁米斛，權依乞丐人法，不限戶口、碩數，特加賑給。"

四月八日，詔添入湖州，並以七分災傷條例。

七月六日，知杭州徐鑄言："奉詔賑給錢塘、仁和、鹽官、餘杭、富陽縣去歲水災貧闕人戶，自四月十五日接續賑給，止六月十五日，尚未有米穀相繼上市，已一面行下展至六月終。"從之。

八月十八日，兩浙提舉常平司言："奉詔常、秀、湖州、平江府等處水災，權依乞丐人法賑給。今據逐州管下共二十五縣〔一〕，賑濟總四十三萬餘口，乞至收成日住給。"從之。

〔一〕今據逐州管下共二十五縣　"今"原作"本"，據《輯稿》食貨五七之一四改。

十月十九日，詔平江府管下屬縣有水災去處，令依十分法賑濟。

八年七月十六日，詔高陽關路去歲賑濟，全活百餘萬人，河間府、滄州為多。安撫使吳玠特降詔獎諭，官吏推恩有差。

八月二十五日，詔："江、淮、荊、浙被水州軍漲水已退，殘潦餘浸占田無藝，民不得耕，比屋摧圮，無以奠居。可令郡守、令佐悉心賑救，提舉司於上供或封樁斛斗內，量人戶多寡截充賑濟，即不得爭占。候將來豐熟，於常平司撥還。上等四十萬碩，中等三十萬碩，下等二十萬碩。"

九月二十七日，詔："江、淮、荊、浙以被水人戶多寡，分上、中、下三等，許截上供斛斗賑濟。可依已降處分〔一〕，亦作三等，截留四十萬碩〔二〕。如違，以大不恭議。"其後，宣和元年正月七日，臣僚言："兩浙廉訪所申：'據轉運司申："截撥到本路米一十二萬七百碩，其餘分下平江府、湖、秀州收糴應副〔三〕。"又於鎮江府截住常州米綱樁充賑濟，而轉運司稱係來年額斛之數，令起發渡江。恐致生靈不得均受朝廷惠養。'"詔："昨降御筆，截上供米賑濟飢民，非不丁寧，而姦吏公然違慢，不行截撥，更於缺食之地收糴以充賑給〔四〕，是乃重困飢民，乖方若此。仰提刑司并廉訪使者驗實，人吏依法決訖，配千里，轉運司官追三官勒停。"其後，轉運司奏："已支撥賑濟米四十萬碩，足備無缺。"詔副使蔣彞以應奉宣力，特免勒停追官，改作降官，依舊在職。

〔一〕可依已降處分　"分"字原脫，據《輯稿》食貨五七之一四補。

〔二〕截留四十萬碩　"碩"字原脫，據後文及文意補。

〔三〕其餘分下平江府湖秀州收糴應副　"糴"原作"糶"，據《輯稿》食貨五七之一四、六八之五二及《補編》頁八一六下改。

〔四〕更於缺食之地收糴以充賑給　"糴"原作"糶"，據《輯稿》食貨五七之一四、六八之五二及《補編》頁八一六下改。

十月八日，詔："諸路民被水患，深淺不同，州縣賑給，不可一概限滿住罷。仰監司、州縣悉心體究，如被水尤甚，民力未能自營，不得便住賑給。務在存活人命，亦不可濫冒惠姦。"

重和元年十二月十九日，詔："淮南被水，楚州山陽、鹽城二縣下戶飢殍，三萬二千餘人無業可歸〔一〕，縣官悉令放散，遂攜老扶幼號訴監司。而常平官告諭爲乞米未下，各令歸業，轉於溝壑者已不少。指揮到日，於已截斛斗支撥賑救，不足，於鄰州鄰路發義倉兌撥支遣〔二〕。其郡守、知縣、常平官先次勒停，受訴監司降兩官，並令提刑司取勘，限十日奏。"

〔一〕三萬二千餘人無業可歸　"三"原作"二"，據《輯稿》食貨五七之一五、六八之五三及《補編》頁八一六下改。

〔二〕於鄰州鄰路發義倉兌撥支遣　"兌撥"原作"兌換"，據下文宣和元年二月十八日條改。

宣和元年二月十八日，尚書右丞范致虛言："奉詔楚州山陽、鹽城二縣被水〔一〕，令截撥斛斗賑救，不足，於鄰州鄰路發義倉兌撥支遣。

竊以災傷路分廣遠，自江、淮、荊湖、兩川，各被水患，物價騰踴。方春正多飢殍，彊壯者流爲盜賊，類多乞丐，以市斛斗，或采在田蔬茹之類，甚者無從得食，老稚轉徙，甚可哀痛。按義倉法，唯充賑給，不得他用，比歲數豐，未嘗支遣，諸路義倉之粟甚多。欲望睿旨，應去歲災傷州縣，並量從覈實災傷人數及外來流民，並給義倉物斛賑濟。數係災傷官司以前不曾檢行，特與放罪。若今來指揮到，依前庇隱，令廉訪使者按劾以聞。若常平及本州通用諸縣義倉物斛計度俵散不足，並許依楚州兩縣所得前件指揮，於鄰州鄰路發義倉兌撥支遣。"詔："京西路潁、汝、陳、蔡等州，見今民已流移飢殍，監司、州郡並不申奏，運司庇隱，不放租稅，致不得依災傷賑濟，遂使斯民轉於溝壑。吏爲姦罔，不奉法令〔二〕，以致如此，爲之惻傷。可令新京西漕臣李祐放謝辭，星夜乘騎前去體量。常平官孫延壽先次勒停，餘監司并守臣一一並具名奏。應一路義倉，可並特通融支撥賑濟施行。應災傷流移地分，並令依法放免租稅，疾速行下。"

〔一〕奉詔楚州山陽鹽城二縣被水　"二"字原脫，據《輯稿》食貨五七之一五、五九之一六、六八之五三補。

〔二〕不奉法令　"不"字原被塗去，據《輯稿》食貨五七之一五、五九之一六、六八之五四補。

五月二十九日，詔："淮、浙去歲被水，田業多荒。今雨暘順適，耕種是時，民無力施工，可令兩路提舉常平官散倉廩廣行借貸，毋或失時。施行訖，具奏。"從兩浙轉運司請也。

二年六月四日，詔："開封府賑濟乞丐二萬二千餘人，當職官吏推恩有差。"

十月九日，詔："淮南災傷，飢民流離，常平官其躬至所部，竭力賑濟。"

十二月二十五日，詔睦州及管下應避賊人，令所在官司依條賑濟。詳見《恤災門》〔一〕。

〔一〕詳見恤災門　此五字原脫，據《輯稿》食貨五七之一五、六八之五四補。

三年正月十四日，詔：“宣、歙、杭、睦州民居，緣兇賊劫略逃避〔一〕，既無所得食，遂致失所。慮其間少壯之人或聚爲盗，老弱幼小不能自存，轉於溝壑，深可矜惻。仰江南、兩浙路漕臣、憲司、提舉常平及所在處郡守、倅當職官等多方撫諭，優加存恤。如有闕食之人，官爲賑濟，務在安集，毋令失所。仍各具知稟狀以聞〔二〕。”

〔一〕緣兇賊劫略逃避　“緣”字原脱，據《輯稿》食貨五七之一五、六八之五四補。

〔二〕仍各具知稟狀以聞　“各”字原脱，據《輯稿》食貨五七之一六、六八之五四補。

二十六日，詔：“兩浙、江東路避賊士族、百姓流離，無以自給及無居止，宵旰惻然，令州縣措置賑給，借與官舍，勸誘歸業。”

八月十二日，詔：“徽州已降指揮，依七分法借貸，被賊燒劫州縣人户，依災傷流移法賑濟。其兩路復業人户，若闕少牛具、種糧等，仰提舉司審度，量行借貸訖奏。”

四年十二月十三日，詔：“德州有京東路西來流民不少〔一〕，本州知、通張邦榮、王景溫等見行賑濟，於在城并安德、平原縣三處措置宿泊計六百三十一户，除已該給券還鄉外〔二〕，尚有五百餘户各得均濟。仰本路提點刑獄司究實聞奏，取旨量推恩。其餘路分遇有流移人户，不即依條存恤者，並仰監司、廉訪使者按劾以聞。”

〔一〕德州有京東路西來流民不少　“京東”原作“京州”，據《輯稿》食貨五七之一六、五九之一九、六八之五五改。

〔二〕除已該給券還鄉外　“券”原作“養”，據《輯稿》食貨五七之一六、五九之一九、六八之五五改。

五年正月四日，臣僚言：“聞蜀父老謂本朝名臣治蜀非一，獨張詠德政居多〔一〕，如賑糶米事，著在皇祐甲令，常刻石遵守，至今行且百年。其法：一斗止糶小鐵錢三百五十文〔二〕，人日二升，團甲給曆赴場請糶〔三〕，歲計六萬碩，始二月一日，至七月終。貧民闕食之際，悉被朝廷實惠。比年漕臣不職，米直漸增，或陳腐不堪，雜以糠粃，不獨損六萬之數，且幾察不嚴，乞賜施行。"詔漕臣檢會皇祐條例，措置以聞。

〔一〕獨張詠德政居多　"張詠"原作"張永"，據《輯稿》食貨五七之一六、五九之一九、六八之五五改。

〔二〕一斗止糶小鐵錢三百五十文　"小"下原衍一"錢"字，據《輯稿》食貨五九之一九刪。

〔三〕團甲給曆赴場請糶　"請"字原脫，據《輯稿》食貨五七之一六、五九之一九、六八之五五補。

十月二十八日，詔："大河暴漲，由恩州清河縣王餘渡東向泛溢〔一〕，衝蕩大名府宗城縣〔二〕。本縣被水人戶，令本州提舉常平官親詣流移所在，遍行賑濟。"

〔一〕由恩州清河縣王餘渡東向泛溢　"清河"原作"河清"，據《宋史》卷八六《地理志二》乙。

〔二〕衝蕩大名府宗城縣　"宗"原作"采"，據《宋史》卷八六《地理志二》改。

六年五月十三日，前知平陽軍府事商守拙言："契勘諸路州縣給散乞丐人米，依條立期五日一給，不以所居遠近，皆集一處給散。欲乞遇風雪權令就近支散，庶不失所。"從之。

八月十八日，收復燕雲，敕："應貧乏及飢民，並以係官錢、米賑濟，無令少有失所。"

十月二十七日，詔："浙西諸郡夏、秋水災，穀貴艱食，民戶流移，已降指揮，於所在依條賑濟。訪聞常平司見管米斛數少，可於本路實有見在米或見起上供米內截撥五七萬碩付提舉常平官，躬親往常、秀、平江等處隨宜分擘，應副賑給，務令實惠均及飢民。"

十一月十七日詔："河北、京東夏秋水災，民戶流移，係踵於道。可令應所過州軍隨宜接濟〔一〕。若常平、義倉不足，即發封樁應干斛斗賑給，令實惠及人。"

〔一〕可令應所過州軍隨宜接濟　"所"原作"付"，據《輯稿》食貨五七之一六、五九之二〇、六八之五六改。

高宗紹興元年五月十四日，詔："諸路見今米價踴貴，細民缺食，令州軍將常平倉見在米量度出糶。仍廣行勸誘富家，將願糶米穀具數置曆出糶，州委通判，縣委令、佐。如糶及三千石以上之人，與守闕進義副尉；六千石以上，與進武副尉；九千石以上，與下班祗應；一萬二千石以上，與進義校尉；一萬五千石以上，與進武校尉；二萬石以上，取旨優異推恩。如已有官蔭，不願補授名目，當比類施行，並令州軍保奏。通判、令、佐勸誘人户出糶數多，令本路監司保奏，等第推恩〔一〕。務要實惠及民，即不得虛椿數目，陳乞推恩。仍令監司覺察。如違，按劾取旨，重作責罰。"

　　〔一〕等第推恩　"恩"原作"息"，據《輯稿》食貨五七之一七、五九之二二、六八之五六改。

　　二年八月十一日〔一〕，詔："福建路亢旱，米價翔貴，令本路提刑司將泉、福州寄卸廣南米取撥三萬石賑糶〔二〕，仍斟量逐州軍豐歉次第分撥。"

　　〔一〕二年八月十一日　"二年"原作"三年"，據《輯稿》食貨五七之一七、五九之二三、六八之五六改。
　　〔二〕令本路提刑司將泉福州寄卸廣南米取撥三萬石賑糶　"本"字原脱，據《輯稿》食貨五七之一七、五九之二三、六八之五六補。

　　三年六月十二日，荆湖南路宣諭薛徽言："已檄州縣勸誘上户借貸種，本月終考曆〔一〕，以多寡爲殿最。其上三名與免公罪杖一次，稍多者又與免科役一次，優異者保明申本司。又就全、永間通那省米應副借貸，應第四等以下户計人爲一甲〔二〕，於本州給據，自賫赴撥米州軍請領。"於是户部言："人户災傷，在法以常平錢、穀應副，不足，方許勸誘有力之家出辦糶貸。兼已劃刷湖南有米州軍支撥二萬石付本路提刑司，專充賑濟支用。今乞下提刑兼提舉常平司遵已降指揮施行，毋致人民流移失所。"從之。

　　〔一〕本月終考曆　"終"原作"給"，據《輯稿》食貨五七之一七、五九

《新輯宋會要·食貨類》之賑貸門整理稿

之二三改。

〔二〕應第四等以下户計人爲一甲　"計"疑當作"十"。

　　五年四月十四日，中書門下省言，勘會民間米斛踊貴。詔令户部借支神武中軍糧食一月，令盡數出糶。

　　九月七日，殿中侍御史王繢言："應民旅般販米斛往旱傷州縣出糶，依日前指揮，許就官司判狀執據，與免經由場務力勝，亦賑救之一也。"從之。

　　十二月七日，江南西路轉運司言："筠、袁、洪、吉、江、撫州、臨江、興國軍及臨江軍新喻縣災傷，乞支降本路苗米五七萬石，委提舉司以州縣災傷分數取撥，比市價減十分之三糶。及令州縣勸喻有力之家入納粳米〔一〕，每一千石或稻穀每二千石，如係曾得文解人，三代中有文官無刑責，補迪功郎，餘人補承信郎，依獻納人例，理選限陞陟，從本州保奏，給降付身，便作官户，免身丁差役，免審量，令本路帥司舉辟合入差遣。其入納到米，即減價賑糶。並令州縣出給公據，勸諭商賈收糴斛斗〔二〕，從便出糶〔三〕，與免力勝税錢，每米百石，許附帶貨物約百貫。詢訪停塌斛斗之人，勸諭量取利息，責認石斗數目，出糶接濟。及飢民合納米豆〔四〕，雖放税不及七分縣分，亦許賑給〔五〕。委提舉司審度，若常平穀不足，聽取撥入納到米謂今來因災傷勸誘到者。支給，候將來有納到義倉斛斗，却行撥還州縣。當職官賑濟有方者，委提舉司保明，提刑司覈實以聞，優與旌賞。"詔："已令收糴米斛六萬碩準備賑濟，令乞支苗米，難議施行。内勸諭人納稻穀依入納米補官便作官户一節，見別作施行外，餘並依。仍委知、通勸諭有力之家出糶斛斗接濟〔六〕，不得搔擾。"

〔一〕及令州縣勸喻有力之家入納粳米　"入"原作"人"，據《建炎以來繫年要録》卷九六改。

〔二〕勸諭商賈收糴斛斗　"糴"原作"糶"，據《輯稿》食貨五九之二五、《建炎以來繫年要録》卷九六改。

〔三〕從便出糶　"糶"原作"入"，據《輯稿》食貨五七之一七、五九之二五、六八之五八及《建炎以來繫年要録》卷九六改。

〔四〕及飢民合納米豆　"納"，《輯稿》食貨五九之二五同，食貨五七之一

— 193 —

七、六八之五八作"給"。

〔五〕亦許賑給　"賑給"原作"販納"，據《建炎以來繫年要錄》卷九六改。

〔六〕仍委知通勸諭有力之家出糶斛斗接濟　"家"，《輯稿》食貨五七之一七、五九之二五、六八之五八皆作"人"。

六年正月十三日，詔令湖南轉運司於已科撥去年上供米內存留三萬石，從本路帥司量度災傷輕重，分撥付州縣專充賑濟使用。

二十六日，上宣諭輔臣曰："歲飢，民多流殍，朕心惻然。官爲發廩以賑給之，則民受實惠，苟爲不然，雖詔令數下，恐徒爲文具耳。宜申飭有司多方措置米斛[一]。"

〔一〕宜申飭有司多方措置米斛　"宜"原作"宣"，據《輯稿》食貨五七之一七、五九之二六、六八之五八改。

二月一日，詔令江西轉運司於去年上供米內支撥一萬碩，付本路帥司勘量災傷輕重，與常平米相兼均俵，賑濟支用。

七日，右諫議大夫趙霈言："去秋旱傷，連接東南，今春飢饉，特異常歲。湖南爲最，江西次之，浙東、福建又次之。伏覩累降指揮賑濟，固備盡矣，然今日賑救有二，一則發廩粟減價以濟之，二則誘民户賑糶以給之。諸路固嘗許借常平、義倉米，又常令州縣賑糶，艱難之際，兵食方闕，州縣往往逐急移用，無可賑給，唯勸誘賑糶尤爲實惠。然自來官中賑濟，多止在城郭，而不及鄉村[一]。願以上户所認米數，紐計城郭、鄉村人户多寡，分擘米數，縣差丞、簿，於在城及逐鄉要鬧處監視出糶，計口給曆照支，或支五日，或併支十日，其交籌收錢，並令人户親自掌管，官司不得干預。既無所擾，人亦願從。乞申嚴戒諭，如當職官不親詣鄉村監糶米斛[二]，與故縱人吏科擾，令監司按劾，及許人户越訴，其官吏重行竄斥。"從之。

〔一〕而不及鄉村　"在"字原衍，據《輯稿》食貨五七之一八、五九之二六、六八之五八删。

〔二〕如當職官不親詣鄉村監糶米斛　"糶"原作"糴"，據《輯稿》食貨五九之二六改。

三月七日，成都、潼川府、夔州、利州路安撫制置大使、兼知成都府席益言："東、西兩川，去秋荒歉，及成都府路田事不登〔一〕，物價騰踴。欲令四川都轉運司，不以是何名色米，權行截撥，專充賑濟，或減價出糶，以平米價。"詔令趙開除應副軍糧外，將其餘應干米斛寬剩撥付四川安撫制置大使司，量度逐路災傷去處，均行賑糶。

〔一〕及成都府路田事不登 "路田"原作"田路"，據《輯稿》食貨五七之一八、五九之二六、六八之五八乙。

二十九日，殿中侍御史周秘言："去歲旱傷，小民艱食，命所在勸誘積粟之家置曆出糶，過三千碩者，等第推恩。而州縣奉承不恪，勸導無方，乃謂富民頑悍，說諭不從，遂降指揮，許令一面酌情斷遣，州縣官吏不問民之有無，而專以刑威逼使承認，善良之民被其害矣。欲望再降指揮，專委諸路提舉官徧詣所部，戒約守令多方勸誘，務令民戶樂從，無因今來酌情斷遣指揮，輒有分毫搔擾。"詔依，令諸路提舉常平官躬親遍詣所部州縣巡按覺察，如有違戾去處，按劾聞奏〔一〕。其提舉官失覺察，令御史臺糾劾。

〔一〕按劾聞奏 "劾"原作"刻"，據《輯稿》食貨五七之一八、六八之五九改。

四月十二日，江南西路安撫制置大使、兼知洪州李綱言："已遵睿訓勸誘，出牓置曆，差官分詣諸州，委知、通、縣官召上戶積米之家，許留若干食用，其餘依市價量減，盡數出糶。其流民，官中賑給。竊恐秋成尚遠，難以接濟，已一面勸誘上戶納錢、米入官，以助賑濟，乞許給官告、度牒之類，折還價直。"從之。

二十三日，詔筠州高安、上高兩縣當職官各先次特降一官放罷，令本路提刑司取勘，具案聞奏。以提舉常平司言："賑濟乖方，至有盜賊竊發，殍亡暴露，田畝荒萊，飢民失所。"故有是命。

五月一日，荊湖南路安撫制置大使、兼知潭州呂頤浩言："被旨，令廣西提刑韓璜收糴米三萬石般發前來賑濟。已節次催促，至今並無顆粒到來。望將上件米斛委韓璜催督水運至湖南，却委本路運使分撥州軍交卸，以濟飢民。"詔令劉鵬、向伯奮疾速般發〔一〕。

〔一〕詔令劉鵬向伯奮疾速般發　"奮"原作"舊"，據《輯稿》食貨五七之一九、五九之二八、六八之五九改。

二十六日，詔知婺州周綱除直龍圖閣，知撫州劉子翼除直秘閣，並特令再任。以中書言並治郡有方，賑濟宣力，故有是詔。

八月二十九日，詔韶州李紹祖特與減二年磨勘，以廣西提舉常平韓璜言起發湖南賑糴米有勞故也。

十二月十四日，尚書省言江東、西、湖南路去歲旱傷，近據申奏，賑濟飢民萬數不少，其逐路帥司及常平官措置有方，甚稱委寄。除江東帥臣葉宗諤已別作施行外，詔帥臣呂頤浩、李綱、提舉趙不已、吳序賓，令學士院降詔獎諭。

同日，尚書省言："去秋江、湖旱傷，人民缺食，朝廷支撥米斛，及委帥臣、監司并州縣守令賑給，竊慮其間奉行滅裂，却致死損流移數多，合行比較優劣。"詔令逐路帥臣、監司，於本路旱傷州縣各比較三兩處，保明取旨賞罰。

十五日，詔："四川去歲旱荒之後，繼以疾疫，流亡甚眾，深用惻然。其郡守、縣令有能賙給困窮，撫存凋瘵，善狀最著者，令席益體訪詣實，保明來上，當議獎擢，以爲能吏之勸。或廢慢詔令，坐視不恤，按劾聞奏，亦當重真典憲。"

七年十月八日，詔："潼川府守臣景興宗陞一職，廣安軍守臣李瞻、果州守臣王驚、前吏部郎官馮楫、漢州守臣王梅各轉一官，知成都府席益令學士院降詔獎諭，仍令四川安撫大使司開具其餘合轉官人職位、姓名以聞。"以四川安撫制置使席益言諸州賑貸有方，活飢民甚眾，内馮楫出米四百石以助賑濟，故有是命。

九年十一月六日，臣僚言："曩者旱暵爲災，官嘗發廩勸糴，而州縣奉行，姦計百出。有民戶初非情願，均令認數以應期限，而平時儲積之家得以幸免者；有所在初無收成，勒令轉糴以賑城郭，而本鄉流離不暇顧恤者。願詔執事選擇廉謹彊明之吏，推行德意，務使實惠及民，盡革前弊。"詔令戶部約束。

十年三月十九日，臣僚言："諸處糶米賑濟，只及城郭之內，而遠村小民不霑實惠〔一〕。向陳正同通判婺州，賑濟極有條理，雖窮谷深山之民，無不普霑實惠，而州縣之吏亦不至勞。乞令陳正同條具賑濟事件，付戶部看詳，遍下諸路依此施行。"從之〔二〕。

〔一〕而遠村小民不霑實惠　按此句下原有"六月三司言"等七條事目，據《輯稿》食貨四二之六及四六之六，知其實爲眞宗天禧二、三年漕運事，顯非本門條目，今刪。

〔二〕向陳正同通判婺州至從之　此段原脫，據《輯稿》食貨五七之一九、五九之三〇、六八之六〇補。

十二年三月二日，詔："紹興府旱傷秋苗，令於義倉米內支撥一萬石，置場出糶。

十三年三月十八日，詔令淮東總領呂希常於大軍米內支三千石量度分撥於鎮江府，委官管押前去米價踊貴去處，減價出糶。仍令淮西總領吳彥璋契勘本路如合出糶，依此施行。

十四年六月十五日，上宣諭輔臣曰："福建、浙東被水災去處，已令寬恤賑濟，尚恐州縣滅裂。令逐路監司各躬親前去悉力奉行，務要實惠及民，不得徒爲文具。"

十五年七月三日，知泉州吳序賓言："汀、虔盜賊聚集，泉南七縣罹其荼毒，且致飢餓，雖軍儲不足，而義倉積粟見存七萬石，欲開倉賑貸。內殘破四縣，乞比附災傷七分之法，各借種子三千石，自第四等以下戶委縣官隨便借貸。"詔每縣於義倉米內支撥二千石應副借貸。

十八年十一月二十三日，上諭輔臣曰："紹興府災傷，闕食人戶以義倉米賑濟，無使失所。如別有災傷去處，亦令戶部多方措置。"
十二月十二日，上宣諭輔臣曰："近令提舉常平官躬親詣災傷去處賑濟，竊恐所轄州縣闊遠，點檢遲滯，可更令分委屬官悉力賑濟。將來春耕合用種糧，須令預先措置，臨期借給，使之耕種及時，則贍養、供輸公私兩濟〔一〕。"

〔一〕十二年三月二日至供輸公私兩濟　此六條原脫，據《輯稿》食貨五七之一九至二〇、六八之六〇補。

十九年二月四日，上諭輔臣曰〔一〕："春雨膏潤，於農事極利。農事種糧爲急，若種糧不足，則秋成無望。昨已降指揮，災傷去處令提舉常平司借給，可更丁寧户部應副。"

〔一〕上諭輔臣曰　"上"字原脫，據《輯稿》食貨五七之二〇、五九之三二補。

十九日，詔："逐路災傷去處〔一〕，可令縣官措置齎發米斛就鄉村賑給。逐州委通判點檢，逐路委提舉常平官按察，仍令御史臺覺察彈劾。"

〔一〕詔逐路災傷去處　"詔"原作"紹"，據《輯稿》食貨五七之二〇、五九之三二、六八之六〇改。

二十八日，詔："近有紹興府等處飢民在此求乞，日有飢死者，可令臨安府日下給米賑濟。"

三月二日，上諭輔臣曰："近日紹興飢民多有過臨安者，深可憐憫，蓋是保正、副抄劄漏落，是致流移，可令臨安府多方措置賑濟，户部應副米斛。其諸路州縣災傷去處，宜申飭監司、守臣依已降指揮，貸給種糧，庶幾秋成可望。"

四月六日，上諭輔臣曰〔一〕："兩浙等路災傷去處，可令提舉常平官親詣所部借貸種糧，務要寔及飢貧民户，毋令州縣及當行人侵剋，徒爲文具。"

〔一〕上諭輔臣曰　"臣"原作"曰"，據《輯稿》食貨五七之二〇、五九之三二、六八之六〇改。

九月十三日，詔兩浙東路提舉常平秦昌時除直秘閣、兩浙東路提點刑獄公事。以安撫司言紹興府、明、婺州水旱災傷，昌時悉力賑濟，乞賜褒擢。故有是詔。

二十四年五月十七日，尚書省言："衢州闕食人戶，令本路常平官賑濟外，竊慮未到之前，人戶闕食，有妨歸業。"詔令本州日下賑濟，仍曉諭各令歸業。

六月一日，上諭輔臣曰："官司賑濟，止及近郭遊手之人。其鄉村遠處，宜令提舉官及州縣常平官躬親措置，務使實惠及於貧下。"

二十七年十月二十九日，詔令四川制置司、總領所并逐路轉運、常平司，各具管下州縣有無旱傷聞奏。如有實被旱傷去處，仰支撥常平錢、米賑濟。或支用不足，即於存留舊宣撫司椿積錢、米內量度取撥。

二十八年八月十六日，上諭輔臣曰："浙東、西瀕江海去處，田苗爲風水所損，平江府最甚，紹興次之。已將常平米賑濟，尚慮貧弱下戶去秋成尚遠，無錢可糴，深軫朕懷。卿等可令發義倉米賑濟。"宰臣沈該等奏曰："在法，災傷及七分以上，合行賑濟。當遵稟聖訓，就委趙子瀟、都絜依此施行。"詔："紹興、平江府被風水損傷，可令趙子瀟、都絜體訪委是災傷去處，將第四等以下缺食人戶量行賑濟，候晚禾成日住罷。仍具逐處賑濟人戶及支撥過米數申尚書省。"

九月二十九日〔一〕，詔："在法水旱檢放苗稅及七分以上賑濟。緣田土高下不等，若通及七分方行賑濟，竊慮飢荒人戶無以自給。可自今後災傷州縣檢放及五分處，即令申常平司取撥義倉米量行賑濟。"

〔一〕九月二十九日 "月"原作"年"，據《輯稿》食貨五七之二一、五九之三四、六八之六一改。

二十九年二月二十五日，詔令逐處守臣於見管常平、義倉米內取撥二分，減市價二分賑糶，內臨安府於行在椿積米內借撥。

四月二十六日，詔："紹興府山陰縣檢放賑濟不均去處，令浙東常平官再驗合放實數申。其第四等以下不曾經賑濟者，令遵節次已降指揮賑濟施行。"

閏六月四日，提舉兩浙路市舶曾愭言："去秋州縣有被水災傷去處，細民艱食，多方賑濟，及將常平米減價出糶，飢民賴以全活。而其間奉行不至者，其弊有三：賑濟官司，止憑耆保、公吏抄劄第四等以下逐家人口，給曆排日支散，公吏非賄賂不行，或虛增人口，或鐫減寔數，致姦僞者得以冒請，飢寒者不霑實惠，其弊一也；賑糶常平米斛，比市價低小，既糶者不分等第，不限口數，則公吏、倉斗家人等多立虛名盜糶，遂使官儲易於匱乏，其弊二也；賑濟戶口數多，常平樁管數少，州縣若不預申常平司於旁近州縣通融那撥，米盡旋行申請，則中間斷絕，飢民反更失所，其弊三也。欲望行下有司嚴立法禁，力革其弊。公吏抄劄不實，與夫州縣申請失時者，並寘嚴科。委提舉官往來部內賑濟去處體訪，如有違戾，按劾以聞。"從之。

三十一年正月二十六日，詔令逐州府差官抄劄實貧乏之家，於見樁管常平錢、米內依臨安府例賑濟，分委有心力官俵散，務在寔惠，不得減剋。仍具支過錢、米數目以聞。

八月三日，都省言："淮西州軍先因欠債逃避出沒之人，理合賑給，令淮西提舉常平官日下於附近州軍取撥常平、義倉米三千石，前去濠州賑給，仍令龔濤、劉光時照會，常切存恤，毋致失所。"

三十二年二月三日〔一〕，詔兩淮歸業民戶艱於食用〔二〕，令本路常平司賑濟。如缺米，於浙西、江東常平米內各取撥一萬石，應副支散。

〔一〕三十二年二月三日　"二日"，《輯稿》食貨五七之二一、五九之三七、六八之六二作"三日"。

〔二〕詔兩淮歸業民戶艱於食用　"艱"原作"難"，蓋因形近致訛，今改。

五月二十七日，特進、觀文殿大學士、判建康軍府事張浚言："體訪得東北今歲米價踴貴，欲乞朝廷多撥米斛、錢物，赴淮南賑濟支用。"詔令浙西、江東常平司各更於近便州軍支撥常平米一萬石。以上《中興會要》。

孝宗隆興元年二月十八日，尚書戶部員外郎、奉使兩淮馮方言："據高郵軍百姓狀，自前年金賊犯順，燒毀屋宇、農具、稻斛無餘，歸業之始，無以耕種。欲乞就附近支撥常平及義倉米〔一〕，委本路提舉司令高郵軍措置借貸，抱認催索，趁此農時，早得布種，以寬秋冬艱食之憂。其餘兩淮州縣經賊馬侵犯去處，亦令依此體例施行。"從之。

〔一〕欲乞就附近支撥常平及義倉米　"米"原作"等"，據《輯稿》食貨五八之一、五九之三八、六八之六二改。

三月二十九日，詔曰："霖雨爲沴，雖側身修行，尚恐誠意未孚。可令諸路監司、守令應遇災傷去處，常切賑恤困窮，糾察刑禁。仍各條具聞奏。"

六月十八日，詔："兩浙、江東下田傷水，衝損廬舍，理宜寬恤。令逐路常平司行下州縣，將被水人戶疾速依條借貸，以備布種。將來見得損傷，即從寔檢放。其衝損廬舍之家，多方存恤賑濟，措置安泊，無令失所。"

七月十九日，權知盱眙軍周淙言："泗州、盱眙軍去歲虜人驚移，不曾耕種，近淮北流移之民稍多，米價頓長，極邊之地販運不通，已將本軍米斛比市價減半置場出糶，每日糶及五十石，但去秋成稍遠，而本軍米斛已盡，乞支撥三千石廣行賑濟。"從之。

九月二十四日，詔："紹興府飢民，以義倉米依紹興十八年例賑濟之〔一〕。"從知府事吳芾請也。

〔一〕以義倉米依紹興十八年例賑濟之　"賑"字原脫，據《輯稿》食貨五八之二、五九之三九、六八之六二補。

十月二十一日，知紹興府吳芾言："本府今年災傷異常，豪右之家閉糶待價。欲招誘出糶最多之人，從本府保明，申取朝廷詳酌推恩。"從之。

二十七日，兵部尚書、兼湖北、京西路制置使虞允文言〔一〕："京西一路今歲旱蝗，乞下本路常平司，候開春日，將所管常平、義倉米廣行賑濟。"從之。

〔一〕兵部尚書兼湖北京西路制置使虞允文言　"京"原作"荆"，據《輯稿》食貨五九之三九、《盤洲集》卷一三《賜兵部尚書湖北京西路制置使虞允文乞宮觀不允詔》改。

二年三月十日，詔："徽州旱蝗爲災，可將常平、義倉米出糶賑濟，如本路州軍亦有似此去處〔一〕，依此施行。"

〔一〕如本路州軍亦有似此去處　"此"原作"以"，據《輯稿》食貨五八之二、五九之三九、六八之六二改。

二十七日，德音："高、藤、雷、容州應曾被焚劫逃避人户，仰守、令多方招誘歸業。内缺食不能自存之人，依災傷法賑恤。即雖歸業而無力耕種者，令提刑司以牛具〔一〕、種糧借貸之。"

〔一〕令提刑司以牛具　"具"原作"且"，據《輯稿》食貨五八之二、五九之三九、六八之六二改。

七月二十四日〔一〕，臣僚言："建康、鎮江、平江府、常、秀等州，今年秋淫雨不止，大水爲災，目今米價見已翔踴。乞命提舉司依條賑濟農民，不可使至流徙。仍行下諸州，勸諭居停米穀之家平價出糶。"從之。

〔一〕七月二十四日　"七"原作"十"，據《輯稿》食貨五八之二、五九之四〇、六八之六二改。

八月二十三日，詔："臨安府米價增貴，細民艱食，令常平出米二萬碩賑糶。"

二十八日，詔："訪聞淮東有被水去處，人户遷徙，可令錢端禮於本路見管米斛内支撥一萬碩，措置賑濟。如不足，於淮東總領所大軍米内取支。"

九月四日，知鎮江府方滋言："丹徒、丹陽、金壇三縣，今秋雨傷稼穡，已委官詣金壇縣取撥義倉米二千碩，丹陽縣一千碩，各依乞丐法賑濟。尚慮管下少有客販米斛，及乘時射利，高擡價直，民户艱於收糶，遂措置就委官於金壇縣添撥米一千二百碩，丹陽縣添撥米八百碩，丹徒縣撥米五百石，並各減價，每升作二十五文省，置場賑糶，每人日糶不得過二升〔一〕。竊慮豪右之家閉糶待價，除已勸諭賑糶外，乞依紹興九年七月二十九日指揮，將出糶米穀人依立定格目推賞。仍乞立定有官人糶米比類遷轉賞格行下。其或他州之人有能般販前來賑糶〔二〕，及得數目，亦與一例保明推恩。"從之。其後方滋又言："今歲江東、二浙皆是災傷去處，獨湖南、廣南、江西稍熟，相去既遠，客販亦難，勢當有以誘之。欲乞朝廷多出文牓，疾速行下湖、廣諸路州軍，告諭客人，如般販米斛至災傷州縣出糶，仰具數目，經所屬陳乞，並依賞格即與推恩。州縣出糶官米，往往只在近郭，勸諭民間出糶者，亦多般入城市，以至村落山谷之民無處告糴。乞敦請土人及寄居之忠寔可委者，四散監糶，庶被惠者廣。州縣閉糴，朝廷舊有約束，今聞州縣不務均濟，往往禁人般販。乞委監司嚴行覺察，將閉糴之官按劾施行。"從之。

〔一〕每人日糴不得過二升　"糴"原作"糶"，"二"原作"一"，據《輯稿》食貨五八之二、六八之六三改。

〔二〕其或他州之人有能般販前來賑糶　"來"原作"米"，"糶"原作"濟"，據《輯稿》食貨五八之二、五九之四〇、六八之六三改。

十九日，詔："今秋霖雨害稼，細民艱食〔一〕，出內庫銀四十萬兩付戶部變轉，收糴米斛賑濟。"

〔一〕細民艱食　"食"原作"倉"，據《輯稿》食貨五八之三、五九之四〇、六八之六三改。

二十一日，中書門下省言："今歲浙西、江東州軍內有水傷去處，損害禾稼，竊慮民戶流移闕食，乞下江西常平司，於見管常平、義倉米內取撥二十萬碩賑濟。"從之。

閏十一月十九日，臣僚言："淮南流移百姓見在江、浙州軍，無慮十數萬衆〔一〕，雖欲賑濟，緣官司米斛有限。近降指揮，有田一萬畝，出糶米三千碩，其餘萬畝以下，却有不曾經水災收蓄米斛之家，糶價倍於常年〔二〕。今相度，欲委逐州見不曾經水災處，占田一萬畝以下、八千畝以上，立定出糶米一千五百碩。如此，可以廣有出糶之數，應接急闕支遣。"從之。

〔一〕無慮十數萬衆　"萬衆"原作"衆萬"，據《輯稿》食貨五八之三、五九之四〇、六八之六三乙。

〔二〕糶價倍於常年　"常"原作"當"，據《輯稿》食貨五八之三、五九之四〇、六八之六三改。

二十五日〔一〕，上封事者言："虜騎犯邊，兩淮之民皆過江南。緣鎮江潮閘不開，老小舟船艤泊江岸者數千隻，近日大雪，皆有暴露絕食之患，欲乞廣行賑濟。"詔專委浙西、江東提舉照應見行條法〔二〕，通融取撥一路常平米斛，躬親賑濟。臣僚又言："近嘗具奏，乞賑給兩淮流移之民。伏蒙施行。竊覩近日有司措置，於多田之家廣加和糴，今諸處各有糴到米斛。欲望於浙西、江東、西諸郡和糴到米內取撥二三十萬石，令逐路轉運司日下措置般運〔三〕，分往兩淮經殘破州縣鄉村，委逐處守、令遍行賑濟，招誘流民歸業。其貧困之人不能自存者〔四〕，日計口數給糧。"詔依。

〔一〕二十五日 "二"原作"十"，據《輯稿》食貨五八之三、五九之四一、六八之六三改。

〔二〕詔專委浙西江東提舉照應見行條法 "照"原作"詔"，據《輯稿》食貨五八之三、五九之四一、六八之六三改。

〔三〕令逐路轉運司日下措置般運 "路轉"原作"轉路"，據《輯稿》食貨五八之三、五九之四一、六八之六三乙。

〔四〕其貧困之人不能自存者 "困"字原脱，據《輯稿》食貨五八之三補。

十二月十三日，詔："兩浙路州軍內有災傷民户缺食去處，專委本州守、倅以常平米措置減價賑糶。"

乾道元年正月十九日，詔："已降指揮，逐路州軍災傷去處，措置賑濟。訪聞州縣止是抄劄城內缺食之人，其鄉村貧民多不霑惠。令逐路轉運司行下逐州，委官遍詣鄉村賑糶，并勸糶民間米斛，不得因而搔擾。"從中書門下請也。

二十一日，詔："紹興諸縣米價騰踴，飢民缺食，沿湖之民多有死損，理宜賑恤。可專委徐嚞、喻樗多方措置賑糶〔一〕，務要寔惠及民。仍委提刑司體究逐縣死損過人數以聞。"從中書門下請也。

〔一〕可專委徐嚞喻樗多方措置賑糶 "委"原作"奏"，據《輯稿》食貨五八之三、五九之四一、六八之六四改。

同日，詔："浙西州軍被水災去處，已令賑濟。訪聞湖、秀州流移之人甚衆，竊慮州縣奉行不虔，可令曾懆躬親前去，多方措置賑濟，無令失所。將州縣官措置有方保明聞奏，其弛慢去處，具名按劾〔一〕。"從中書門下請也。

〔一〕具名按劾　"具"原作"其"，據《輯稿》食貨五八之三、五九之四一、六八之六四改。

二月三日，詔："兩浙、江東州軍緣去歲間有水傷去處〔一〕，至今春米價翔踴，細民流移，甚可矜恤。仰守、令多方措置賑濟，於本州應管錢、米內取撥應副。仍籍定數目，隨管內寺觀大小均定人數，賑濟柴、錢，責付主守掌管支用，務令實惠均及流民，毋致殍餓。如奉行滅裂，仰提刑司按劾，重寘典憲。賑濟有方，具名聞奏，當議旌賞。"

〔一〕兩浙江東州軍緣去歲間有水傷去處　"間"原作"聞"，據《輯稿》食貨五八之四、五九之四一、六八之六四改。

六日，中書門下省言："兩浙東、西路緣水傷，細民艱食，累降指揮令諸州縣賑濟，及勸上戶糶米，并造粥給食，非不詳盡。竊慮州縣奉行滅裂，未見實惠及民。"詔浙西委吏部郎官魯詧、浙東委司封郎官唐閱，躬親遍詣諸路州縣檢察，如有違戾去處，具當職官姓名申尚書省。其措置有方，亦仰保明聞奏。

八日，詔："高郵軍、壽春府流移之民，令淮東總領所將太平州蕪湖縣起到江西常平米內取撥一千石〔一〕，應副高郵軍；於滁州金人遺棄下米內取撥二千碩，應副壽春府賑濟。"從江、淮都督軍馬楊存中之請故也〔二〕。

〔一〕淮東總領所將太平州蕪湖縣起到江西常平米內取撥一千石　"米"字原脫，據《輯稿》食貨五八之四、五九之四二、六八之六四補。

〔二〕從江淮都督軍馬楊存中之請故也　"中"原作"忠"，據《輯稿》食貨五八之四、五九之四二、六八之六四及《盤洲集》卷二三《江淮都督楊存中父震國公制》改。

九日，詔："臨安府諸縣賑濟，竊慮奉行不虔，差監察御史程叔達日下躬親前去檢察，如有違戾去處，具當職官姓名申尚書省，其措置有方，亦保明聞奏。"

十一日，中書門下省言："臨安府內外飢民頗多，竊慮有賑濟未盡者。"詔委姜詵〔一〕、韓彥古同臨安府專一措置賑濟，毋致失所，仍約束所差官吏不得作弊滅裂。

〔一〕詔委姜詵 "姜詵"原作"差詵"，據《輯稿》食貨五八之四、五九之四二、六八之六四改。

三月十三日，詔："嚴、衢、婺、處州荒歉，發常平米以賑之。"從殿中侍御史章服請也。

四月十三日，尚書度支員外郎曾惇言："今歲浙西災傷，諸縣勸諭大姓出米賑濟者，即是給與；賑糶者，姑損其直；賑貸者，責認其償。欲乞將逐縣勸諭到賑濟米，謂如三千碩者，知縣與減一年磨勘，計其多寡，以爲之等差。賑貸三百碩〔一〕，比賑濟一百碩。州郡於諸縣數外自措置到賑濟、賑糶數，及委令佐分鄉勸諭者〔二〕，守臣與令、佐賞亦如之。大、小麥減米數之半以計其數。"詔令有司第賞格行下，浙西提舉常平保奏施行。

〔一〕賑貸三百碩 "貸"原作"濟"，據《輯稿》食貨五八之四、五九之四二改。

〔二〕及委令佐分鄉勸諭者 "者"原作"若"，據《輯稿》食貨五八之四、五九之四二、六八之六四改。

五月二十四日，詔："廣、英、連、韶州、肇慶、德慶府，以峒民殘破，令廣東提舉常平司依條賑濟。"從廣東提刑石敦義請也。

同日，詔："光州屢經兵火，令淮西總領所撥會子一萬貫、江西轉運司支米五百碩賑濟之。"

六月十八日，知宣州王佐言："本州自五月七日至二十六日，雨如傾注，山發洪，被水之人闕食者衆。欲將見管常平糶米錢八萬餘貫循環作本，差官收糶米斛賑濟。"從之。

二年二月三日，兩浙路轉運判官姜詵言："浙西州縣災傷，民戶闕食，乞下諭州軍府官守臣疾速措畫，其闕食民戶量行賑濟，勸諭田主豪右之家借貸種糧。"詔令浙西提舉常平官相度措置。

九月七日，詔："浙東提舉常平宋藻前去溫州，將常平、義倉米賑濟被水闕食人戶。如本州米不足，通融取撥。"權發遣溫州劉孝韙言："本州八月十七日風潮，傷害禾稼，漂溺人命。所有義倉米五萬餘碩，先蒙奉使司農少卿陳良弼盤量在倉，不得支借。若候申稟，深恐後時，逐急一面賑給外〔一〕，有不候指揮先次開發之罪，乞施行。"得旨放罪。

〔一〕逐急一面賑給外　"給"原作"急"，據《輯稿》食貨五八之五、五九之四三、六八之六五改。

十一日，詔："溫州水災，差度支郎中唐琢、同提舉常平宋藻、守臣劉孝韙遍詣被水去處，覈寔賑濟。"

三年八月二十五日，詔："諸路州縣約束人户，應今年生放借貸米穀，只備本色交還，取利不過五分，不得作米、錢筭息。"以臣僚言："臨安府諸縣及浙西州軍，舊來冬春之間，民户闕食，多詣富家借貸，每借一斗，限至秋成交還，加數升或至一倍。自近年歲歉艱食，富有之家放米人立約，每米一斗，爲錢五百。細民但救目前，不惜倍稱之息，及至秋收，一斗不過百二三十，則率用米四斗方糶得錢五百〔一〕，以償去年斗米之債。農民終歲勤動，止望有秋，舊逋宿欠，索者盈門，豈不重困？夫民之貧富有均，要是交相養之道，非貧民出力，則無以致富室之饒，非富民假貸，則無以濟貧民之急，豈可借貸米斛，却要責令還錢。"故有是命。

〔一〕糶得錢五百　"得"字原脫，據《輯稿》食貨五八之五、五九之四三、六八之六五補。

十二月二十六日，左朝散郎孫觀國言："四川州郡亢旱，内綿、劍州尤甚，乞遣金字牌行下制總諸司多方賑濟。"上曰："此去麥熟尚遠，想見飢民狼狽，當依所奏。"

四年四月十一日，司農少卿唐琢言："福建、江東路自今春米價稍高，民間缺食。郡縣雖已賑糶，止是行之坊郭，其鄉村遠地不能周遍。"詔："逐路提舉常平官疾速措置津發見椿米斛，分委州縣清強官廣行賑糶，或勸諭積穀之家接續出糶，不得因而抑勒搖擾，諸路依此。"

六月四日，詔："建寧府、衢州、袁州、建昌軍米價翔踴，人民缺食，並出常平米賑濟之。"

二十六日，詔："襄陽府水旱民飢，令本府寄椿大軍米内支降二萬石賑濟之。"

十二月二十六日，雷州言："八月一日，海潮暴漲，渰浸東南鄉民，缺食者衆。"詔令禮部給降度牒十道，付廣西提刑司變賣〔一〕，措置賑濟。

〔一〕付廣西提刑司變賣　"賣"原作"價"，據《輯稿》食貨五八之五、五九之四四、六八之六六改。

五年三月六日，提舉江東常平公事翟紱言："竊見饒州諸縣去年被水災傷，合行賑糶〔一〕。乞將常平舊管米一千六百五十二石九斗六升五合，并收到乾道四年分義倉米五千二百一十五石二斗九升五合，委官賑糶外，其池州建德縣與饒州接連，飢荒尤甚，更乞將常平米內支撥七百一十九石六斗二升，并拘到乾道四年義倉米內支撥二百二十二石一斗七升，將約度被水第四等、第五等以下大小人口，量行賑濟。"從之。

〔一〕合行賑糶　"糶"原作"濟"，據《輯稿》食貨五八之五、五九之四四、六八之六六改。

九日，知鎮江府陳天麟言："本司昨奉指揮，將歸正人顧正等二百一十八戶〔一〕，大小計一千一百一十口，并續括責到高琮等五十一戶〔二〕，計二百三十六口，許令於常平、義倉米內取撥賑濟，至乾道五年五月終，合行住支，竊慮狼狽失所，兼本府又不住有一般歸正人楊貴等四十三戶陳乞賑濟，欲將逐項歸正人更與展支一年，庶幾小民始終得霑恩惠。"從之。

〔一〕將歸正人顧正等二百一十八戶　"正"，《輯稿》食貨五九之四四同，食貨五八之五、六八之六六作"政"。

〔二〕并續括責到高琮等五十一戶　"琮"原作"綜"，據《輯稿》食貨五八之五、五九之四四、六八之六六及兵一五之一九改。

四月十四日，詔："饒、信州連歲旱潦〔一〕，細民艱食，可出常平、義倉米以賑之〔二〕。"

〔一〕饒信州連歲旱潦　"歲"原作"城"，據《輯稿》食貨五八之六、五九之四四、六八之六六改。

〔二〕可出常平義倉米以賑之　"倉"原作"食"，據《輯稿》食貨五八之六、五九之四四、六八之六六改。

同日，權發遣江南東路計度轉運副使趙彥端等言："臣等近恭奉御筆處分，以饒、信二郡嘗有水患，令臣等協力應辦儲蓄賑濟。臣等措置，將信州合起赴建康府大軍米一萬五千石截留樁管，及將合起赴鎮江府米二萬碩內，將一萬碩就便樁管，將一萬石往饒州準備支使。今據饒州知州黃玠劄子稱：'雖蒙提刑司撥到義倉米六千八百餘石，不了一月賑糶之數。乞備申朝廷，於樁留米內支撥二萬石添助賑糶。'臣等照得饒州合發上供米斛除樁留外，尚有合起赴行在米一萬一千九百六十石，臣等除已一面逐急行下饒州，於內先次取撥一萬石量度市直減價賑糶外，候信州起到米一萬石，却行拘收，理充合起之數。兼慮信州亦有似此缺食去處〔一〕，臣等已行下信州取撥米五千石，依此減價賑糶去訖。所有饒州前後樁留米四萬碩，欲乞早降指揮，許再撥一萬石，更令接續賑糶。"從之。

〔一〕兼慮信州亦有似此缺食去處　"似"原作"以"，據《輯稿》食貨五八之六、五九之四五、六八之六六改。

五月十日，提舉江南東路常平茶鹽公事翟紱言："臣近因巡歷到饒、信州，面諭逐州知、通，委請諸縣令、佐勸諭上戶，將積蓄米穀減價出糶，接濟細民食用。今饒州并諸縣申到，依應勸諭得上戶願糶米穀共計一十九萬六千六百石六斗五升，并轉運司支撥到上供米一萬石，付饒州賑糶。緣逐項米數委可接濟細民食用，所有臣先來奏乞更乞支米一萬石，欲乞住撥，候所糶米穀盡絕，如民間尚缺米穀，即別具奏乞支撥施行。"

十月四日，詔台州出常平、義倉米賑濟被水之民。

六日，權發遣兩浙路轉運副使劉敏士言："溫、台二州近因風水飄損屋宇、禾稼，雖將義倉米賑濟，緣被水丁口至多，竊慮來年秋成尚遠，將何以繼？臣今措置，欲令各州勸募上戶〔一〕，官借其貨，就浙西諸州豐熟去處般販米糧〔二〕，中價出糶，至來年秋間，却輸納錢本還官。庶幾般販既多，米稍停蓄〔三〕，其價自平。今來溫州已募上戶，借與錢本，見行措置，唯是台州財賦窘迫，無以為計。臣欲支錢五七萬貫給與台州，令勸募上戶般販米斛，以濟飢民。"詔令兩浙轉運司差撥人船，於近便州軍戶部樁管米及常平、義倉米內取撥三萬石，前去台州，委官於被水去處減價出糶，其糶到錢，令本司拘收，撥還元取米去處。

〔一〕欲令各州勸募上戶　"州"下原衍一"縣"字，據《輯稿》食貨五八之六、五九之四五、六八之六七刪。

〔二〕就浙西諸州豐熟去處般販米糧　"州"字原脱，"販"原作"賑"，據《輯稿》食貨五八之六、五九之四五、六八之六七補改。

〔三〕米稍停蓄　"停"原作"存"，據《輯稿》食貨五八之六、五九之四五、六八之六七改。

十七日，新權發遣福建路轉運副使趙彥端言："竊見饒、信之間，地瀕湖江，連有水患。欲望每歲於饒、信兩州上供米內各截留數萬石，若次年不曾出糶，或有出糶未盡之數，即行起發，却以當年新米代充，稍仿常平以新易陳之意。"詔今後每歲逐州各截留三萬碩，準備出糶。

二十八日，知揚州、主管淮東安撫司公事莫濛言："契勘本路楚州、盱眙軍沿淮鄉村間有旱傷，訪聞得鄉民漸至艱食。揚州總領所樁積米內見有一萬餘碩，乞令楚州、盱眙軍般取前去賑糶。所有價錢，赴總領所輸納，却令徑自糶米，依舊樁積。不唯接濟飢民，又得以陳易新，委是兩便。"從之。

十一月十五日，詔："今歲淮東州軍間有旱傷去處，竊慮冬春之交米價增長，民間或致闕食，可將淮東見管常平米三萬六千六百餘碩，令淮東常平司相度委官置場，量行減價賑糶。糶到價錢，令項樁管〔一〕，候將來秋成日，却行收糴補還。"

十二月二十四日，成都府、潼川府、夔州、利州路安撫制置使、兼知成都軍府晁公武言："成都府自天聖間，知府韓億於本府南倉創永利敖，每歲出糶，以六萬碩為準，以拯貧民，自二月一日糶賣，至八月終止。又有拘收到戶絕官田廣惠倉米，歲給養病貧民。崇寧五年準詔旨，成都糶賣貧民米如有闕數，許轉運司樁錢，對糶常平司應副，仍不得妨常平司支用。大觀二年，知府席旦奏請，成都府每歲糶米六萬碩，近來轉運司以無米，應副三分之一，不足以賑惠貧弱，乞下四川，每年如米價稍貴，委逐州長吏體量，將義倉米依常平法減價出糶。至宣和五年，又準詔旨，成都府今後如遇米價踴貴，依席旦已得指揮，將義倉米減價出糶，收樁價錢，歲稔却行收糴。自此之後，間遇荒歉，緣義倉所收數少，賑惠不足，臣自到任後來，節次措置，糴買到米四萬二千九百六十餘碩，通本府遞年積到常平、義倉米二萬九百八十餘碩，差官抄劄府城內外貧民，給牌曆，置場減價糶賣，以濟飢民。本府雖有所收義倉米斛，一年止有八千餘碩，見根刷本府公使等庫并制置司激賞庫錢物三十餘萬貫，差官往瀘、叙、嘉、眉等州乘時收糴米斛，約可得六萬餘碩，津運前來府倉別敖收貯，復韓億永利敖所樁歲糴之數，仍以廣惠倉爲名，每斗減價作三百五十文，專充賑糶，不許他用。拘收本錢，循環添貼日後本府諸庫價積到錢物糴買，以備久遠賑濟，仰副朝廷勤恤民隱之意。"詔依，其糶到錢，日後專充賑糶本，不得他用，晁公武令學士院降詔獎諭。

六年閏五月十一日，詔："浙西州軍大水，令吕正己前去措置賑濟。"既而臣僚言："已差吕正己措置浙西被水居民，乞就委漕臣於本路取見州縣被水實數，官爲貸其種穀，再種晚稻。將來秋成，絶長補短，猶得中熟。諸路如有似此去處，亦乞依此施行。"從之。

六月十二日，權江南東路轉運副使張松言："寧國府、建康府、太平州、廣德軍圩田均被淙没。委寔災傷，逐州差官賑濟被水人户，一依太平州例，每月支散錢、米。所有第四等人户，依條不該賑濟，乞將常平米減價出糶。"從之。

十八日，提舉福建常平茶事鄭伯熊言："福建路八州軍府縣自入夏以來〔一〕，闕少雨澤。其上四州軍府雖時得甘雨，猶未霑足，早禾多有傷損，下四州軍亢旱尤甚，晚種有不得入土者。乞將所在米價依條支撥常平米斛賑濟。"從之。

〔一〕福建路八州軍府縣自入夏以來 "入"原作"八"，據《輯稿》食貨五八之七、五九之四六、六八之六八改。

八月二十四日，詔淮南路轉運司於廬州樁積米内取撥三千碩，應副濠州賑糶。

九月十四日，詔於建康府樁管米内取撥一十萬碩，限一月津發赴廬、和州樁管，準備賑糶。

十月二十一日，詔淮東總領所於揚州樁管米內，撥一萬碩應副楚州賑糶，五千碩應副盱眙軍賑糶。

十二月二日，詔江東轉運司將江西路合起赴建康府米三十萬碩內，取撥十萬碩赴太平州，五萬碩赴池州樁管，準備賑糶[一]。

〔一〕準備賑糶　"賑"字原脫，據《輯稿》食貨五八之八、五九之四七、六八之六八改補。

九日，詔湖州將樁積和糴米五萬碩賑糶水災之民。

同日，詔淮東總領所於揚州見管米內取撥一萬碩[一]，分淮東州軍賑糶。

〔一〕詔淮東總領所於揚州見管米內取撥一萬碩　"撥"字原殘，據《輯稿》食貨五八之八、五九之四七、六八之六八補。

二十六日，詔和州旱澇，禾麥損傷[一]，可借撥米一萬碩賑糶飢民。

〔一〕禾麥損傷　"損"原作"積"，據《輯稿》食貨五八之八、五九之四七、六八之六八改。

七年正月八日[一]，詔兩浙路轉運判官胡堅常同浙西路提舉常平司措置賑糶，務施寔惠。

〔一〕七年正月八日　此句前原有"乾道"二字，據凡例刪。

十三日，江東轉運副使沈度言："廣德軍災傷尤重，欲望支降米二萬碩，水運至本軍，委自守、倅拘收賑糶。"詔令沈度取撥二萬碩，措置津運赴廣德軍，委本軍守、倅賑糶。

二十二日，利州觀察使、知襄陽府韓彥直言："去歲秋苗不登，乞於本府寄樁大軍米內支降三萬碩賑濟。"從之。

二十九日，詔浙西常平司於平江府常平、義倉米內借撥五萬碩，應副湖州賑糶，接濟飢民。從知州向均之請也[一]。

〔一〕從知州向均之請也　"向均"，《輯稿》食貨五八之八、五九之四七、六八之六八、六八之八七同，《輯稿》選舉三四之二六、職官七一之九、兵一五之一〇作"向沟"。

二月六日，詔招信縣荒歉，已支米二千石賑濟，更於揚州樁管米內撥三千碩賑糶。

八日〔一〕，權知高郵軍劉彥言：「本軍高郵興化縣人戶旱澇，又有黑鼠傷稼，乞於本軍大軍倉內取撥米一萬碩，每斗作價錢一百五十文省出糶。遇豐熟日，却從收糴。」從之。

〔一〕八日 原作"八月"，據《輯稿》食貨五八之八、五九之四七、六八之六八改。

同日，廬州言：「本州旱傷，據合肥等縣人戶陳乞借貸，及有歸正人乞賑濟，近蒙支撥常平米五萬碩付廬州、和州準備賑糶，於內已撥一萬碩賑糶與和州闕食人戶。今欲更撥一萬碩，借貸與前項飢民及歸正人，候將來成熟日撥還。」從之。

四月十五日，光州觀察使、高郵軍駐劄御前武鋒軍都統制兼知楚州陳敏言：「本州去年因黑鼠傷稼，兼秋間水旱，農民饑饉，蒙下通州撥五千碩〔一〕，又下總領所支米一萬碩，以通州水路遙遠，止就揚州般到米一萬碩賑糶。本州戶口既繁，食用日廣，賑糶官米今已不多，欲望再撥米一萬碩付本州賑糶〔二〕。」詔令本路常平司，將通州未撥米五千碩疾速科撥應副。

〔一〕蒙下通州撥五千碩 "通州"原作"通判"，據《輯稿》食貨五八之八、五九之四七、六八之六九改。

〔二〕欲望再撥米一萬碩付本州賑糶 "碩"字原脫，據《輯稿》食貨六八之六九補。

七月六日，詔：「江西州軍間有闕雨去處，合行措置收糴米斛，準備賑糶。可令龔茂良拘收單夔已刷到發運司奏計錢，並江州有發運司貿易等官會子〔一〕，共湊二十萬貫，於江、浙豐熟去處收糴米斛一十萬碩，均撥赴最不熟州軍樁管，申三省、樞密院〔二〕。」

〔一〕並江州有發運司貿易等官會子 "等"原作"管"，據《輯稿》食貨五八之八、五九之四八、六八之六九改。

〔二〕申三省樞密院 "密"原作"省"，據《輯稿》食貨五八之八、五九之四八、六八之六九改。

同日，詔："江西路今歲間有旱傷州縣，責在守、令究心賑恤。可令本路帥臣將旱傷州縣守、令精加審量，如內有老謬不能究心職事之人，先次選擇清強能吏前去對易，措置賑濟存恤施行，開具已對易官職位、姓名，及見作如何賑恤事件聞奏。"八月一日，詔湖南旱傷州縣亦合依此施行。

十三日，詔："昨發運司於潭[一]、衡、全、道、邵州、桂陽軍和糴米斛，未曾支撥。可令湖南轉運司將糴到米撥赴災傷州軍樁管，賑濟、賑糶。"

〔一〕昨發運司於潭　"昨"原作"作"，據《輯稿》食貨五八之九、五九之四八、六八之六九改。

八月一日，詔江州今歲旱傷，見今已有流民，守臣坐視，不據寔申奏。專委漕臣一員日下起發前去江州，同守臣將見管常平、義倉米斛四萬四千餘碩措置賑糶。如不足，即仰收糴客米。或尚缺少，仰於本州見樁管朝廷米內逐急借兌賑糶。仍具已如何措置及賑糶過數目，并委官起發月日以聞[一]。"從中書門下請也。

〔一〕并委官起發月日以聞　"聞"原作"間"，據《輯稿》食貨五八之九、五九之四八、六八之六九改。

同日，詔："饒州旱傷，除已存留米一萬碩賑糶外，可於本州米內更存二萬碩，通三万碩[一]，日下措置賑濟。"

〔一〕通三万碩　"三"原作"二"，據《輯稿》食貨五八之九改。

同日，中書門下省言："湖南、江西間有旱傷州軍，竊慮米價踴貴，細民艱食，富室上戶如有賑濟飢民之人，許從州縣審究詣寔，保明申朝廷，依今來立定格目給降付身[一]，補受名目。無官人：一千五百碩，補進義校尉；願補不理選限將仕郎者聽。二千碩，補進武校尉；如係進士，與免文解一次；不係進士，候到部，與免短使一次。四千碩，補承信郎；如係進士，與補上州文學。五千碩，補承節郎。如係進士，補迪功郎。文臣：一千碩，減二年磨勘；如係選人，循一資。二千碩，減三年磨勘[二]，如係選人，循兩資。仍各與占射差遣一次；三千碩，轉一官，如係選人，循兩資。仍各與占射差遣一次；五千碩以上，取旨優與推恩。武臣：一千碩，減二年磨勘，陞一年名次；

二千碩，減三年磨勘，占射差遣一次；三千石，轉一官，占射差遣一次；五千碩以上，取旨優與推恩。其旱傷州縣勸諭積粟之家出米賑濟，係敦尚義風，即與進納事體不同。"詔依，其賑糶之家，依此減半推賞。如有不實，官吏重作施行。尋詔江南東路、荊湖北路依此制。

〔一〕依今來立定格目給降付身　"付"原作"赴"，據《輯稿》食貨五八之九、五九之四八、六八之六九改。

〔二〕減三年磨勘　"三"原作"二"，據《輯稿》食貨五八之九、五九之四八、六八之六九改。

八日〔一〕，兩浙路轉運判官胡堅常言："昨蒙朝廷委以賑糶，平江府常熟知縣趙善括，勸誘上户米數倍於諸邑；崑山知縣聞人大雅，委之吏輩，夤緣爲姦。欲望朝廷將此二人量賜懲勸。"詔趙善括特轉一官，聞人大雅特降一官。

〔一〕八日　"日"原作"月"，據《輯稿》食貨五八之九、五九之四八、六八之七〇改。

十六日，權發遣隆興府龔茂良言，以本路旱荒，御膳進素，而臣忝一路兵民之寄，合賜罷斥。詔："龔茂良爲一路帥臣，當茲旱暵，而乃引咎自歸，欲求閑退，非朕責任帥守之意也。可劄與龔茂良，宜講救荒之政，散利薄征，以至攘除盜賊，勉修乃職，安輯一路之民。所請不允。"

二十二日，資政殿學士、知建康府洪遵言："饒州、南康軍今歲旱災非常，早種不入土，晚禾枯槁，兩郡飢民聚而爲盜，乞檢照江西、湖南已行賑濟體例，憑遵施行。"從之。尋詔本路提舉常平司更於附近州軍取撥常平〔一〕、義倉米五萬碩付饒州，五萬碩付南康軍，應副賑糶。

〔一〕尋詔本路提舉常平司更於附近州軍取撥常平　"詔"原作"語"，據《輯稿》食貨五八之九、五九之四九、六八之七〇改。

二十五日，權發遣隆興府龔茂良言："本路州軍被災輕重不等：贛州、南安、建昌早禾小損，晚稻無傷；次則吉、撫、袁州，時有雨澤，所損亦有分數，惟是隆興、江、筠州、興國、臨江軍荒旱尤甚〔一〕，早禾皆死，晚稻不曾栽插，自來未嘗似此飢歉。已分委官前去，同守、令講究利害。相度欲將江、浙糴到米就近徑赴建康或鎮江總領交納，却就截本處上供米賑濟，理充所糴之數。大姓、巨商勢必閉糴〔二〕。本府已立下價值，每碩止一貫五百四十文足，比之市價，折錢七百六十文足，以一名若認糴二萬碩，共折錢一萬五千二百餘貫足。若不優異推賞，恐無人願就。今進納迪功郎係八千貫文省，比之以二萬碩米中糴入官折閱之數〔三〕，不啻過倍。欲乞補充迪功郎有官人許轉一官資，及見係理選限將仕郎並許參部注受合入家便差遣〔四〕。"從之。

〔一〕惟是隆興江筠州興國臨江軍荒旱尤甚 "隆興"下疑脫"府"字。

〔二〕大姓、巨商勢必閉糴 "巨"原作"臣"，據《輯稿》食貨五九之四九、六八之七〇改。

〔三〕比之以二萬碩米中糴入官折閱之數 "官"原作"賞"，據《輯稿》食貨五八之九、五九之四九、六八之七〇改。

〔四〕及見係理選限將仕郎並許參部注受合入家便差遣 "入"原作"八"，據《輯稿》食貨五八之九、五九之四九改。

九月七日，詔："江南西路諸司申到江州旱傷最甚，除已降指揮許截留并令諸司科撥米外，可令劉孝韙日下躬親前去江州，將本路常平米接續賑糴。"

十一日，詔："訪聞湖南今歲亢旱，民頗流離，令禮部給降度牒一百道，左藏南庫支降會子一十萬貫，付湖南提舉胡仰之收糴米斛，措置賑糴。"

二十二日〔一〕，敷文閣待制、提舉江州太平興國宮張運言："居閑躬耕，儲粟二千餘石〔二〕，適逢今歲旱歉，敢助賑濟。"詔令學士院降詔獎諭。

〔一〕二十二日 "日"原作"年"，據《輯稿》食貨五八之一〇、五九之四九、六八之七〇改。

〔二〕儲粟二千餘石 "儲"下原衍一"米"字，據《輯稿》食貨五八之一〇、五九之四九、六八之七〇刪。

二十五日，白劄子："江東、西、湖南州軍今歲旱傷，欲乞依紹興九年指揮，將本路檢放展閣之事則責之轉運司，遇軍糧闕乏處，以省計通融應副〔一〕。糴給借貸則責之常平司，覺察妄濫則責之提刑司，體量措置則責之安撫司。"詔依，仍令逐司各務遵守，三省歲終考察職事修廢以聞，送敕令所立法。本所看詳："災傷去處，全在賑濟，若不分隸，責之帥臣、監司，竊慮奉行違戾。諸司設有違戾，若不互相按舉，亦無以覺察。今參詳，許逐司互相按舉，及將已行事件申尚書省，以憑考察，仍立爲三省通用及職制令。"從之。

〔一〕以省計通融應副 "融"原作"支"，據《輯稿》食貨五八之一〇、五九之四九改。

是日，宰執進呈江東、西、湖南旱傷依紹興九年諸司分認賑恤事，上曰："它路或遇災歉，並當依此。然轉運司止言檢放一事〔一〕，猶恐未盡，它日賑濟之類，必不肯任責。"虞允文奏曰："轉運司管一路財賦，謂之省計，凡州郡有餘不足，通融相補，正其責也。"上曰："然今降指揮止以'檢放'爲文，它日以此藉口逃責，何所不可？"允文奏曰："乞立法，遇諸郡有災傷處，以省計通融應副。"上曰："如此，則盡善矣。"故令立法。

〔一〕然轉運司止言檢放一事 "事"原作"案"，據《輯稿》食貨五八之一〇、五九之四九、六八之七一改。

十月七日，詔："江州旱傷，節次以降指揮〔一〕，取撥本州常平、義倉米四萬四千餘碩，及兌截上供米六千五百餘碩，勸諭上戶認糴米二萬八千六百餘碩，截留贛州米一萬碩，及支糴本錢四萬餘貫收糴米斛，並令漕臣取撥本路常平米一十萬碩〔二〕，吉、筠等州見起建康米八萬餘碩，未起朝廷椿管米九萬七千餘碩，及江州元管收糴米均撥付本州賑糴，並立賞格，勸諭上戶出米賑濟〔三〕、賑糴，倚閣夏稅，檢放秋苗，地主、佃戶資助賑給，並將禁軍、土軍、弓手免起發〔四〕，存留防賊。可令帥、漕、提舉官多出文牓，候歲終比較殿最。如官吏奉行滅裂，委御史臺覺察，按劾以聞。"

〔一〕節次以降指揮 "節"原作"而"，據《輯稿》食貨五八之一〇、五九之五〇、六八之七一改。

〔二〕並令漕臣取撥本路常平米一十萬碩 "臣"原作"運"，據《輯稿》食貨五八之一一、五九之五〇、六八之七一改。

〔三〕勸諭上户出米賑濟　"户"字原被塗去，據《輯稿》食貨五八之一一、五九之五〇、六八之七一補。

〔四〕并將禁軍土軍弓手免起發　"土軍"二字原脱，據《輯稿》食貨五八之一一、五九之五〇、六八之七一補。

同日，詔："饒州旱傷，已降指揮取撥本州常平、義倉米八萬餘碩，及於附近州縣常平、義倉米内取撥五萬，並截留本州見起椿管上供米三萬碩，及獻助米二千碩付本州，並勸諭上户賑糶、賑濟，又倚閣夏税，檢放秋税，及地主、佃户資助賑給，並將禁軍、土軍、弓手並免起發，存留防賊，可令江東帥、漕、提舉官多出文榜，督責守、令多方措置存恤，歲終比較殿最。如官吏奉行滅裂，委御史臺覺察，彈劾以聞。"

十日，權發遣隆興府龔茂良言："竊詳所立賞格，除出米納官不請價錢即合推賞，所有賑糶係減半推賞，然不可一槩。若依市價以收厚利，商賈之流販賤賣貴，較其石數，則盡合補授，如此，賞典皆可濫及，飢民不蒙其利。在法，官爲立中價，不得過爲虧損。今欲將賑糶之家並令官司差人監視給曆，記糶過之數，究實保明，申朝廷依格補轉。其客販米數或兑便上供米前來中糶入官〔一〕，如願依立定價例賑糶推賞之人，並一體施行。兼上户若在豐腴處，即合指闕食州縣接濟，合隨本處時價減三分之一，官司給據，照證般載往災傷地分賑糶，即行理賞〔二〕。"從之。

〔一〕其客販米數或兑便上供米前來中糶入官　"販"原作"賑"，據《輯稿》食貨五八之一一、五九之五〇、六八之七一改。

〔二〕即行理賞　"即"原作"依"，據《輯稿》食貨五八之一一、五九之五〇、六八之七一改。

十二日，知饒州王秬言："昨蒙朝廷支撥本州椿管米三萬碩，緣軍糧不繼，已兑那支遣〔一〕，乞別借錢、會糴米〔二〕，來歲稍稔，却當拘納。"詔令左藏南下庫支會子五萬貫，餘依。

〔一〕已兑那支遣　"支"原作"知"，據《輯稿》食貨五八之一一、五九之五〇、六八之七一改。

〔二〕乞別借錢會糴米　"糴"原作"糶"，據《輯稿》食貨五八之一一、五九之五〇、六八之七一改。

二十三日，直秘閣、權發遣徽州趙師夔言："本州管下旱傷，有婺源縣遊汀、來蘇兩鄉尤甚，臣措置到錢一萬五千貫，欲於本州及諸縣常平、義倉米內依立定價回糴米五千碩，就便給散賑濟。乞令提舉官樁管上件錢，俟開春收糴，補還元數。"從之。

十一月十二日，知建康府洪遵言："太平州蕪湖知縣呂昭問以和糴米爲名，禁止米斛不得下河。饒州旱傷，前來收糴米七百五十餘碩，本縣抄劄，不令交還。"詔呂昭問降一官放罷。

十九日，湖南轉運副使吳龜年、司馬倬等言："本路旱傷，唯潭最甚，昨來黃鈞趲剩米四萬碩，乞充賑糴使用。"詔糴到價錢，循環作本收糴米斛賑糶。

二十二日，權發遣隆興府龔茂良言："乞差新知興國軍、右朝請郎陳寅往來被旱州縣，同共措置檢察〔一〕。乞量差兵級，破本官驛券，行移作本司措置賑濟官。"從之。

〔一〕同共措置檢察　"共"原作"供"，據《輯稿》食貨五八之一一、五九之五一、六八之七二改。

八年二月八日，權發遣隆興府龔茂良言："本路去歲荒旱異常，如隆興府、江、筠州、臨江、興國軍五郡，各係災傷及七八分以上，雖已依條將老幼疾病之人先行賑給，緣人口幾及百萬，委是賑給不周。乞將已得旨取撥到米一十萬碩，并更勸諭上戶賑濟給散，庶幾稍宣德意。"詔將續撥義倉米五萬碩令龔茂良充賑給使用，餘常平米五萬碩依舊循環賑糶。

三月十五日，敷文閣待制知潭州陳彌作、直徽猷閣荆湖南路計度轉運副使司馬倬言："潭州安化縣上戶進武校尉龔德新，平時兼并，遂至巨富，以進納補官。比至旱傷闕食，獨擁厚資，略不體認國家賑恤之意。"詔龔德新追進武校尉一官勒停，送五百里外州軍編管〔一〕。

〔一〕送五百里外州軍編管　"管"原作"官"，據《輯稿》食貨五八之一二、五九之五一改。

四月一日，權發遣隆興府龔茂良言："本路旱荒，細民艱食，若不廣行賑給，無由可救。竊覩張鞏昨緣獻米賑濟，除閣職，又得添差本貫兵官〔一〕，富民歆慕。欲乞明降指揮，出米賑給者，除依格補官外，特與添差本路合入差遣一次〔二〕，仍依離軍人例減半支給。蓋富民本非急禄，止欲以此爲榮，誇其閭里，如依所乞，必翕然聽從，速得米斛，濟此目前，非小補也。"從之。

〔一〕又添差本貫兵官　"添"原作"忝"，據《輯稿》食貨五八之一二、五九之五一、六八之七二改。

〔二〕特與添差本路合入差遣一次　"一"字原闕，據《輯稿》食貨五八之一二、五九之五一、六八之七二補。

十五日，湖北常平司言："鄂州有紹興十一年至建炎年間歸正人，委是年深，各以樂業，今來却欲同三十一年以後歸正人請錢、米，深慮諸州災傷難以支給。"詔令紹興三十年終以前人免支，自三十一年以後歸正人，照應赦文賑濟。

八月七日，詔："四川自入夏以來，陰雨過多，沿流州縣多被其患，如嘉、眉、邛、蜀等州最甚。令四川宣撫司審寔被水去處〔一〕，措置賑恤。"從知成都府張震請也。

〔一〕令四川宣撫司審寔被水去處　"審"字原脱，據《輯稿》食貨五八之一二、五九之五一、六八之七二補。

八月〔一〕，權發遣隆興府龔茂良言："本司勸諭上户出米賑濟、賑糶，緣所立賞格比尋常鬻爵計之，其直不啻過倍〔二〕，又有運載之費，欲更少加優異。紹興三十二年閏二月十九日指揮：'進納迪功、承信郎，並理爲官户。内迪功郎與免試，先次注授差遣，依奏蔭人例；承信郎、進武、進義校尉，並與免試弓馬及短使，先次注授差遣。'今來勸諭賑濟告敕，元降指揮係敦尚義風，即與進納不同〔三〕。見得事理尤重，雖各係理選限及先與添差本路合入差遣，緣許理官户一節，及將來到部免試先次注授依奏蔭人例等事，未嘗立法。"吏、户部看詳："欲將承信郎比附承節郎，上州文學比附迪功郎，依條遇赦注授簿、尉差遣。餘並依紹興三十二年閏二月十九日已得指揮，仍比擬獻納已降指揮，理爲官户。"從之。

〔一〕八月　按上條爲"八月七日"事，疑此處"八月"或爲"八日"

之誤。

〔二〕其直不當過倍　"當"原作"止"，據《輯稿》食貨五八之一二、五九之五一、六八之七二改。

〔三〕即與進納不同　"納"原作"內"，據《輯稿》食貨五八之一二、五九之五一、六八之七三改。

十月十五日，詔陳寅特轉一官，徐大觀、向士俊、翁蒙之各減三年磨勘，李宗質、王日休、江溥、向澹、戴達先、王澋、胡振、蒲堯仁、汪賡各減二年磨勘，謝諤、劉清之、薛斐、董述、黃晏、趙不比、王杞、鄭著、趙永年、趙公迴各減一年磨勘。以賑濟有勞，從江西安撫龔茂良之奏也。

十一月六日，詔應材與轉一官，羅全略、王阮、陳符、陳確、呂行己、孫逢辰各與減三年磨勘。以賑濟有勞，從湖南安撫使陳彌作、提舉湖南常平胡仰之奏也。

同日，詔道州營道縣主簿卨大和糴到賑濟米四萬碩，與減二年磨勘。從湖南提舉常平胡仰之請也。

九年閏正月十七日，詔："雪寒，細民艱食，令臨安府將貧乏不能自存之家，令左藏南庫支會子六千貫，豐儲倉撥米三千石，付臨安府分委有心力官，日下巡門俵散賑濟，每名支錢二百文、米一斗，務在實惠，不得減尅。"以上《乾道會要》。

淳熙元年二月二十一日，詔："台、處州去秋大旱，仰於逐州椿管常平米內〔一〕，令守貳約合用實數申常平司，速行取撥賑濟。衢、婺之間似此去處，比類施行。"從浙東安撫錢端禮請也。

〔一〕仰於逐州椿管常平米內　"米"原作"宋"，蓋因形近致訛，今改。

四月七日，詔："訪聞關外四州去歲秋旱災傷，米價踴貴，竊慮民間闕食，致有流移，可令戶部郎官、四川總領趙公亮同本路提舉常平官，日下津運常平、義倉米並附近椿積米前去賑糶。"

二年六月十九日，詔："湖南、江西將實被茶寇殘擾及逃移人戶疾速招撫復業，仍支常平米賑濟。"

九月七日，詔："淮南今歲間有水旱，民户艱食，流移失業。可令淮南運判趙思日下取撥常平、義倉米賑糶。"

閏九月二日，詔："諸路常平司每歲於秋成日，視所部郡縣豐歉，其合賑糶、賑給處，仰約度所用及見管米斛，或闕少合如何措置移運，仍須於九月初旬條具聞奏。"以中書門下省言諸路監司言災傷故也。

二十八日，詔："淮東總領錢良臣體訪淮東旱傷次第分數，於朝廷見樁管米斛内量行取撥，減價出糶：揚州米一萬五千碩就本州支，真州一萬碩於揚州般運，滁州一萬石就便於建康府樁管米内取撥，高郵軍五千二百石就本軍支，楚州五千石於高郵軍般運，盱眙軍四千八百石就本軍支。"從良臣請也。

十月九日，詔："建康府災傷，可於樁管朝廷米内借米五萬石，令守臣劉珙措置賑濟。"

二十五日，淮南漕臣言："今歲和州旱傷尤甚，乞將屯田莊所管稻穀比市價減糶，及濠州樁積米四千五千餘石取撥賑糶[一]。"從之。

〔一〕及濠州樁積米四千五千餘石取撥賑糶　"五千"，疑當作"五百"。

十二月三日，詔："寧國府、廣德軍、太平軍旱傷至重，所放苗税統縣皆不及七分，若不行賑濟，竊恐實被災傷及七分以上貧民下户向後闕食[一]，流移失所，委提舉常平官督責守、令，將逐鄉村災傷至重人户從實括責，依條賑濟。寧國府、廣德軍、池州並諸縣分各有常平、義倉並樁管米，申提舉常平司支撥。"

〔一〕竊恐實被災傷及七分以上貧民下户向後闕食　"貧"原作"貪"，蓋因形近致訛，今改。

三年正月十三日，詔："淮東旱傷，已節次支降米斛賑糶。其賑貸等事，令常平官依條以時奉行，務要實惠及民。"

二十一日，淮東總領錢良臣言："去歲淮東旱傷州軍，今來中、下之家無種可種。本所見有馬料稻子一萬二千七百餘石，欲行借撥，應副作種，至秋拘收樁管。"從之。

七月五日，詔："去歲江東荒歉，安撫使劉珙賑濟有方，米價不至翔踴，居民並無流移。可令學士院降詔獎諭。"

九月十六日，詔："湖北州軍間有旱傷處，於常平司疾速措置賑濟，毋致人戶失業。"

十月一日，詔："金、洋州、興化府間有旱傷，竊慮民戶艱食。可令四川總領李蘩分差官屬前去〔一〕，將椿積米粟減價出糶。其糶到價錢，候豐熟日補糴，依舊椿管。"

〔一〕可令四川總領李蘩分差官屬前去 "蘩"原作"繁"，據《宋史》卷三九八《李蘩傳》及《輯稿》兵六之二淳熙四年七月十六日條改。

三日，詔："湖北州軍間有旱傷處，已令常平司疾速依條賑濟，其京西州縣可依湖北已措置事理施行。"

四年九月二十一日，詔："湖廣總領所就於襄陽府見椿管朝廷米内，取撥次等米一萬五千石應副本府，充賑給歸正貧民支用。"從知襄陽府張子顔請也。

五年十一月二十三日，詔："高郵軍、楚州於高郵軍椿管米內各支一萬石，泰州於本州支一萬五千石，通州、楚州並於鎮江府賑糶米内各支一萬五千石，並充賑貸。"以淮東提舉司言："通、泰、楚州、高郵軍已熟之米爲田鼠所傷，乞於逐處椿管米内支給賑濟。"故有是命。

六年四月二十七日，詔："衢州遭水，米價踴貴，可於義倉米内撥米五千石出糶賑濟。"

十二月二十四日，詔："和州近緣雨雪，凍餒者多，可於本州椿積米内支借一萬石賑貸。"從守臣請也。

七年二月十七日，詔湖南安撫辛棄疾於前守臣王佐所獻椿積米内支五萬石，應副邵州二萬石、永州三萬石賑糶。以棄疾言溪流不通，舟運艱澀故也。

八月十三日，詔："近緣河港淺澀，行在米價稍增。可令司農寺行下諸倉，於朝廷椿管米內共分撥一十萬石，專委臨安府守臣措置，多差官屬，分頭置場，低價出糶，務要惠細民，不許上戶及米鋪戶計囑糴買。"

二十一日，詔："今歲旱傷，令戶部於諸倉撥米十萬石，低價令臨安府置場一十五處委官出糶。訪聞所委官多至巳時出糶，午時閉場，致所糶不廣。令自今須至申時住糶，不得阻節，及不得將糠粃和雜作弊。如違，重寘典憲。"八年十二月十七日同〔一〕。

〔一〕八年十二月十七日同　按此句原係正文，《輯稿》食貨六八之七六地腳注謂"此句有誤"。據下文八年十二月十七日條，知此句實爲注文，並無訛誤，今改。

九月十三日，詔："今歲江東州軍亢旱，令本路提舉常平司所部州軍應管常平、義倉錢米通融寬數，支撥賑糶。廣德軍、南康軍，將去年未起米一萬石添助。"以三州旱猶甚故也。

同日，詔："鎮江府以常平米賑濟外，更於椿管米內取撥三萬石貼助賑濟。"以守臣曾逮言本州旱甚故也〔一〕。

〔一〕以守臣曾逮言本州旱甚故也　"曾"原作"會"，據《皇宋中興兩朝聖政》卷五八、《宋史全文》卷二六下，知是年知鎮江府者爲曾逮，據改。

十七日，詔："淮西轉運司差官檢踏本州軍實有旱傷處，依條賑濟。"從知舒州李異請也。

同日，江西漕司言："本路旱傷，細民闕食，本司舊有上供米一十四萬石，見在諸州椿管，乞令逐州知、通認數賑糶。"從之。

二十一日，江東安撫使陳俊卿、運判王師愈言："本路九郡除太平州外，餘皆阜傷〔一〕，乞行賑糶。"

〔一〕餘皆阜傷　"阜"，疑當作"旱"。

同日，詔："饒州旱傷處，令本路提舉將常平、義倉錢米通融寬數支撥外，其淳熙六年椿留米盡行賑糶。"從守臣徐湑請也。

二十三日，秀州守臣言："本州旱歉，見措置賑濟，用米甚多。本州並諸縣共有常平、義倉米十五萬餘石〔一〕，恐未足用，乞於本州舊椿管和糴米內支撥一十萬石應副賑糶〔二〕。"詔借五萬石。

〔一〕本州并諸縣共有常平義倉米十五萬餘石　"常平義倉"原作"常義平倉"，據上條及文意改。

〔二〕乞於本州舊椿管和糴米內支撥一十萬石應副賑糶　按"應副賑糶"至下文十一月十九日"遂命秘書"計八百九十五字，原竄入《輯稿》食貨六八之七九至八一淳熙九年九月十七日條"令守臣多方措置收糴米麥菽粟之屬二分賑"句下，致文意扞格不通，據尹波《宋會要輯稿錯簡脫漏析例》（《文史》2014年第3輯，第198頁）移入。

二十八日，詔："台州今歲旱傷，細民闕食，於平江府見管淳熙四年和糴米內借撥二萬石，專作賑糶。"以本府請也。

十月二日，詔："和州旱傷，令無為軍於見椿管陳次米內支撥二萬石，付本州借貸闕食人戶，候來歲得熟，却行拘納新米椿管。"從守臣張詔請也。

十九日，詔："興國軍旱傷差重，已令借撥總領所米五千石，恐未能均濟，可更於江州大軍倉取撥一萬石賑糶。"

十一月四日，詔紹興府將今年合納湖田米五萬石在州賑糶。從本府請也。

十二月十五日，詔："江西轉運司斟酌江州旱傷輕重，將許借撥、準納、和糴、椿管米分撥前去應副賑糶〔一〕。"

〔一〕將許借撥準納和糴椿管米分撥前去應副賑糶　"借撥"原作"借發"，按《輯稿》食貨六八之八九謂"借撥米一十一萬石"云云，知"借發"有誤，據改。

八年正月十六日，詔："浙西州軍去秋旱傷處，五分以上量行賑濟，五分以下量行賑糶。"從提舉常平趙伯澐請也。

二十二日，詔："無為軍將椿管米內有陳腐不堪支遣二萬二千餘石撥付本軍，盡行賑給。"從守臣朱宋卿請也。

四月十三日，知廣德軍耿秉言："去歲旱傷，賴朝廷賑救，今去秋成之日猶遠，欲於鎮江府椿管陳次米內支二萬石出糶。"從之。

六月十一日，知紹興府張子顏言："今歲諸縣民田湮沒太半，復須賑濟。所有見管義倉米斛數少，乞依去年例，將諸縣湖田米就府送納，應副賑糶。"從之。

八月二日，臣僚言："在法，災傷及七分，則賑濟、貸給。竊見州郡檢放，自來統以一縣災傷紐筭分數。然一縣之中，各鄉土壤高下不齊，此熟彼凶，有至相絶，謂如一鄉災傷及十分，若使統計一縣不及七分，則遂不被惠。乞自今紐筭災傷分數各以逐鄉爲率，凡及七分以上，並令依條施行。"從之。

十五日，江西轉運司言："本路旱傷，乞將諸州軍樁管準納等米一十四萬餘石，令知、通認數減價賑糶。"從之。

十八日，詔："兩淮州縣今歲間有不熟處，深慮民間闕食。可令漕臣於逐路樁管米内各取撥二萬石，以補救荒，仍多方賑恤，務令安業。"

九月十九日，臣僚言："賑濟、賑糶，其弊甚多，若州縣無術，舉而付之吏胥，吏胥責之里正，則侵剋詐欺，無所不有，幸而及民者鮮矣。望詔監司，凡發官廩付之土著、寄居及上户、士人，逐鄉分團抄劄饑民户口，各就傍近請米給糶，務令實惠及民。"從之。

二十四日，淮南運判趙彦逾言："和州、無爲軍渡口有江、浙等處流移人頗多，已行下所指州縣，路逐寺觀及空閑屋宇安存〔一〕，量給口食賑濟外，緣本路今歲亦係旱傷去處，方賑救不暇，竊慮冬深流民益衆，州縣不能贍給，乞督責逐州守臣務加安集，毋令流徙。"詔令臨安府、寧國府、徽、嚴、婺州守臣各行下諸縣，將闕食人户多方賑濟，不管更有流徙。仍令趙彦逾委所部守、令加意存恤，毋致失所。

〔一〕路逐寺觀及空閑屋宇安存　"路"，疑當作"踏"。

十一月十九日，宰臣王淮等奏，外路流民頗多。上曰："可差館職已下官一兩人往按視賑濟。"遂命秘書省著作郎兼權吏部郎官袁樞往淮南，將作主簿王謙往兩浙、江東躬親按視點檢，有措置事件，開具以聞。

二十七日，詔："豐儲倉撥米三萬石付臨安府屬縣，二萬石付嚴州及諸縣賑濟。"

二十八日，知臨安府王佐言："奉詔措置賑濟城外饑民，已於諸處寺院差官監視煮糜粥，給散養濟，更乞撥省倉米三千石。"從之。

十二月，詔："左藏南庫支會子二十萬貫，浙東路常平、義倉錢内支一十萬貫，付浙東提舉朱熹措置循環糶米，充一路賑濟。"

十七日，詔："行在米價稍增，可於諸倉樁管米內共取撥七萬石，專委臨安府守臣差官置場賑糶。"

九年正月十一日，詔鎮江府於見樁管會子內取撥三萬貫，付淮南運判趙彥逾貼助賑濟。

同日，詔："浙西州軍去歲旱傷處，可於鎮江府見樁管陳次米內支撥二萬石，付提舉司通融賑濟、賑糶。"從提舉張均請也〔一〕。

〔一〕從提舉張均請也　按《輯稿》瑞異二之二五、職官六二之二四、兵六之四淳熙九年並見"浙西提舉張枃"，《宋史》卷三六一《張枃傳》謂枃於孝宗時曾提舉浙西，疑此處"張均"當爲"張枃"之誤。

二十一日，詔："嚴州撥米三萬石專充賑糶可改作賑濟，仍更撥米三萬石招集流移，作借貸計辦種子。"從知州楊布請也。

同日，詔徽州將見管義倉錢四萬八千餘貫借充循環糶〔一〕。從守臣呂大麟請也。

〔一〕詔：徽州將見管義倉錢四萬八千餘貫借充循環糶　"糶"下疑脱"本"字。

二十六日，詔江州守臣於本州見樁管米內借撥一萬石，專充賑糶。

二十七日，詔京西常平司於見管常平米內借撥五千石，於本路通融賑糶。

二月十二日，詔荊門軍於見樁管米內支一千八百石，借撥三千石，接續賑糶〔一〕。

〔一〕接續賑糶　"接"原作"按"，蓋因形近致訛，今改。

十三日，詔復州將見管湖廣總領所糶到樁管米內支撥一千石，補助本州賑濟饑民。從守臣請也。

同日，臣僚言："朝廷給米於州郡，或賑濟以周急，或賑糶以減價，皆以爲民也。頗聞州郡或截以爲軍糧，或留以贍州用〔一〕，或出納不謹，乾没於吏輩之手，至於及民者無幾。乞令各路提舉司覺察體訪。"從之。

〔一〕或留以贍州用　"贍"原作"瞻"，蓋因形近致訛，今改。

三月一日，詔四川制置司分撥米斛，於恭、涪、忠、萬州賑濟。從制置陳峴請也。

九日，詔鄞州旱傷，可於屯田穀內借撥八千石賑糶。

十一日，詔德安府於樁管米內借撥三千石付江陵府，二千石付信陽軍，並充賑濟。

十三日，知鎮江府錢良臣言："乞於本府轉般倉米內支米一萬石，接續賑濟。"從之。

二十一日，詔降空名度牒二十道付合州，專糴米以備賑給。從守臣何正仲請也。

二十五日，詔平江府於樁管米內支四千石應副常州賑濟。從提舉張均請也〔一〕。

〔一〕從提舉張均請也　按《輯稿》瑞異二之二五、職官六二之二四、兵六之四淳熙九年並見"浙西提舉張杓"，《宋史》卷三六一《張杓傳》謂杓於孝宗時曾提舉浙西，疑此處"張均"當爲"張杓"之誤。

七月六日，知隆興府留正言："本路州軍旱傷之甚，諸郡常平、義倉米約有三十萬餘石，及漕司樁管米十萬餘石，通共四十萬有餘石，乞立價預行賑糶。"從之。

十三日，降空名度牒三百道，及於南庫支會子一十五萬貫，令浙東提舉朱熹量度州郡旱傷輕重，均撥專糴米賑濟，毋得他用。

九月十七日，詔："昌、合、普、資四州旱荒，可於四川總領新樁管錢引內支十萬貫，隨宜給散，令守臣多方措置收糴米麥菽粟之屬，二分賑濟〔一〕，八分賑糶。"從瀘南安撫趙雄請也。

〔一〕二分賑濟　"二分賑"下原有"應副賑糶"至"遂命秘書"計八百九十五字，係上文淳熙七年事竄入，致文意扞格不通，據尹波《宋會要輯稿錯簡脫漏析例》（《文史》2014年第3輯，第198頁）移出。

十年二月八日，詔："四川總領所支錢引一萬道、米五千石付潼川運副張竑，專用賑濟。"以竑言旱傷故也。

二十二日，知潭州李椿言："去年本州諸縣緣闕雨旱傷，乞下本路提舉常平司措置倉米二萬石下本州，從已降指揮賑濟。"從之。

三月十二日，右諫議大夫張大經言："乞令兩浙、江東、西漕司戒飭旱傷州軍縣分措置賑恤，毋令流徙。"從之。

六月四日，詔臨安府富陽縣及嚴、婺州遭水處，可於常平錢米內給借種糧。

九月十五日，詔江西提舉司於鄰州支米二萬石付興國軍，充賑濟、賑糶。從安撫程叔達請也。

十二月十五日，詔："建康府於見椿管糴還米內支撥一萬九千石，委本路帥、漕、提舉司通融應副本州賑濟，務要實惠及民。"從帥臣、漕司請也。

十一年正月十一日，浙西提舉劉穎、權知鎮江府耿秉言："被旨同共措置鎮江府丹徒、丹陽縣賑糶事。臣等今措置，於提舉司取撥義倉米三千七百二十六石六斗，令本府照先來散給次第，接續更行賑濟兩月，庶可接新，不致人戶闕食。欲那撥官錢收糴新米，依市價出糶，一則可以抑定米價，二則中、下之家皆可收糴。詢訪鄉民，皆稱利便。提舉司令撥錢一萬貫文付鎮江府，同本府那移錢，委官於比近豐熟處糴米四萬石，從本府分給兩縣，只依原價出糶。若其米出糶通快，拘收價錢循環作本收糴〔一〕，將來委是可以接濟鄉民食用。"從之。

〔一〕拘收價錢循環作本收糴　"糴"原作"糶"，據文意改。

二十一日，知江陵府、荊湖北路宣撫使、沂國公趙雄言："荊門軍連遭災傷〔一〕，細民闕食，本軍闕米支遣官兵俸糧。照得十年五月八日指揮，令荊門軍將糴還淳熙九年分借撥賑糶米二千石認數椿管〔二〕，非奉朝廷指揮，不得擅行支使。"認令荊門軍將前項見椿管米二千石借充賑糶并俸糧支遣〔三〕，候來年秋成日，依舊撥還。

〔一〕荊門軍連遭災傷　"連"原作"運"，蓋因形近致訛，今改。

〔二〕令荊門軍將糴還淳熙九年分借撥賑糶米二千石認數椿管　"賑"原作"賬"，蓋因形近致訛，今改。

〔三〕認令荊門軍將前項見椿管米二千石借充賑糶并俸糧支遣　"認"，疑當作"詔"。

二十三日，湖廣總領蔡戡言："知襄陽府王卿月申，本府今春播種，中、下人戶並無種糧。臣已逐急權借穀四萬石應副，其借貸過穀，並乞令知、通認數置籍，候今年秋成日，拘收新穀入府城椿管。"從之。

二十七日，知襄陽府王卿月言："本府今歲旱傷，米價騰貴，民間闕食，乞於本府見管樁積米內更賜支撥米六七千石，以充賑糶、賑濟。"詔令王卿月更於本府見樁管米內借撥五千石，專充賑糶支用，仰將逐項糶到價錢，並行樁管，却於秋成糴還。

二月十四日，詔："金州洵陽、上津兩縣闕食民户，令利州路提刑勾躍行下所委官，同金州知、通等措置存恤，務要實惠及民，毋致流移失所。"

六月二十二日，詔："諸路轉運司行下所部州軍，自今年為始，得逐色稻種，並每歲約度措置糴買樁管，準備人户欠闕支借。"

十月十六日，中書門下省言："廣東諸郡，聞有因夏旱，早米薄收、米價翔踴去處。"詔本路漕臣、提舉官，各將所部內似此郡縣鄉村措置賑糶，毋致闕食。

十二年正月二十四日，福建安撫使趙汝愚言："福、泉等州旱甚重，詢問得廣東潮、梅、循州、江西贛州、建昌軍去歲亦甚旱，米價甚貴，汀、漳數縣正與三路相連，其地皆深山窮谷，平時固多盜賊，實為可憂。乞下三路轉運、提舉司暫寬逐郡財賦，仍多方般運米斛，責委守、令措置賑給。如措置乖方，致有盜賊竊發，守、令乞先次取旨責罰。其有奉行如法，能使一方之民不至失所，許令逐司公共保奏，特與推賞。"詔檢坐已降指揮，劄下趙汝愚照會施行。如逐路守、令奉行不虔，仰本路安撫、轉運、提舉司公共覺察，按劾以聞。

二月四日，權發遣興元府張孝言："本路金、洋州、興元府去年闕雨，竊慮今春合行賑濟。一、金州已將常平司銀二萬兩、糴米錢五千六百餘道、制置司錢二千二百道收糴斛斗，通常平、義倉見在并總領所發到樁積斛斗三萬二千餘石，可足用外，尚餘錢六千七百三十餘道、銀二十二兩有零。一、洋州見在常平斛斗不多，已移文利州路常平司，將金州餘在錢銀補洋州之不足，又於本司那撥錢引一千五百道送洋州收糴，準備賑濟。興元府自今物價甚平，亦無流徙之人，見行措置錢米，準備賑濟。"詔依，仍行下逐州府，各將賑濟斛斗務要實惠及民，不致闕食。

十三年十二月二十二日，詔右司員外郎京鏜同臨安府通判應藏密依已降指揮，於封樁庫豐儲倉支撥錢、米，將城內外貧乏老疾之人措置計口賑濟，候韓彥質歸府，一就同共給散。既而知臨安府韓彥質等言："奉旨：'賑濟細民，令京鏜同應藏密候韓彥質歸府，一就同共給散。'今措置：欲以二十萬人爲率，將所委官當日抄劄到貧乏老疾之家人口，每名先支錢四百文、米二斗，計錢八萬貫、米四萬石。候抄劄盡絕，將散不盡錢、米再行均給。"從之。

十四年正月二十一日，詔："訪聞金、洋及關外四州緣去秋雨水頻併，今歲艱食，可令四川總領所於逐州樁積米內各借一萬石，共六萬石，撥隸利州路提刑兼提舉張縯躬親前去措置貸濟〔一〕。如將來有支使不盡之數，即逐一具奏，却發還總領所，依元案名樁管。其已用數目，候豐熟日，仰提舉司以常平錢糴買補填。務要實惠及民，毋致流徙。"

〔一〕撥隸利州路提刑兼提舉張縯躬親前去措置貸濟　"兼"原作"簾"，蓋因形近致訛，今改。

二十二日，兵部侍郎兼知臨安府韓彥質言："恭奉聖旨支降錢一十萬貫、米五萬石，令臣同京鏜等措置賑濟實係貧乏老病之人。已具奏聞，每口支錢四百文、米二斗，分委府官及差人吏遍於城內外巡門抄劄，及別委官俵散。唯是城外南、北兩廂地分極闊遠，貧乏之家甚多，今欲於本府有管錢、米內支撥，接續俵散賑濟"從之。

七月十七日，浙西提舉羅點言："本路惟秀州旱勢最甚，海鹽、崇德漸有流徙，已下本州措置安集。照得已起和糴米數內第十綱正耗米二萬一千石，已差官押發前去，緣河港乾淺，舟船不前，在彼擺泊，至今二十來日尚未起發，綱稍逐日侵耗，必致折閱。除已拘回上件第十綱米前來平江府和糴場樁管，乞賜行下併與截留，準備將來充賑恤支用。"詔依，於內取撥二萬石委官同秀州措置賑恤，務實及貧民，毋致流徙。

十九日，臣僚言："今歲兩浙路間有旱傷州縣，深恐貧乏卜民或致闕食，乞令戶部檢坐賞格，許官、民戶赴官輸米，以備賑濟。仍專委知、通認數令項樁管，却申朝廷差官同共盤量，如無欠少，保奏推賞，更不經由諸司及戶部、司農寺之類，免致迂枉費用。其人戶賑糶，委艱稽考〔一〕，乞令州縣徑自措置，聽從民便，不在推賞之限。"詔令戶部條具申尚書省。本部條具如後："一、乞下兩浙路諸州軍，仰從今來奏請施行，并本部行下，仍約束不得於路外循例泛濫。一、數內官、民戶輸米在官，乞申朝廷差官同共盤量，如無欠少，保奏推賞，更不經由諸司等處。竊詳上件米斛準備應副緩急賑濟支用，務要實數在官，今乞下本處，遇有官、民戶納到米斛，徑申朝廷差官同共盤量，如無少欠，保奏推賞。一、本部條具：如遇官、民戶納到米斛數目，委自知、通認數令項樁管，須管別置敖眼，分明排立字號盛貯，以備賑濟支用，不得擅自妄行支借移易，務要實惠及民。仍每季具見樁管無侵移數目申尚書省。如遇災傷去處，若官司賑濟不敷，仰本軍將已納在官米斛先次取撥，賑濟闕食民戶，具取撥數目報提舉司委官檢察，庶幾不致闕悞。如遇賑濟有合約束事件，並乞依前項節次已降指揮。"從之。

〔一〕委艱稽考　"艱"，疑當作"難"。

同日，浙東提舉田渭言："紹興、婺、台、處四州為旱特甚，明、衢旱損抑又次焉，訴旱之人千百為群，常平、義倉所存無幾，儻不為備，則來年春夏必有流離乞丐、棄死溝壑之患。乞檢會近年浙東常平提舉官朱熹所乞賑濟錢、米數目，斟酌給賜。"詔令常平司依條糶、濟，將來少闕，計申取指揮〔一〕，於州軍見樁管米內支撥。

〔一〕計申取指揮　"計"，疑當作"許"。

二十五日，詔："支豐儲倉樁管米二萬石付浙東提舉司，同紹興府措置，於鄉村賑濟、賑糶，務要周及貧民，毋致失所。"以紹興府旱，從本路提舉田渭請也。

八月二十五日，臣僚言："竊惟荒年饑歲，發倉廩以賑貧民，雖不可緩，然有賑濟、賑糶。鰥寡孤獨而不能自存者，予之可也，非鰥寡孤獨而可以存，豈能人人而予之哉？故賑糶者，救荒之中制也。曩者，見知湖州向均論賑糶之法：當先計其一縣幾鄉，一鄉幾村，一村幾里，於各鄉村酌道理遠近之中，而因其地之有僧寺、有道觀、有店鋪而為賑糶之所。大率不出數里而為一所，限其界至，擇各處僧道與富民之忠實可倚仗者，每處三二人而主其事。凡數里之內，所謂貧不能自食之人，使主事者括其數，而州爲計數支給米，立價直，就委之賑糶。人日食米二升，小兒一升，各給印曆一道，就令支請狀批鑿，每次總計米若干，度可爲旬日之用，逐旋將以糶錢還官，復給米若干，周流不已。往來舟車與收支錢米並不入胥吏[一]、保正之手，使各任其責，而多予其舟車顧人工食之費。官爲各書其本處貧不能自食者姓名若干人，牓於其所，而使其人於此而取食焉。又分委本處鄉官與見在官者往來譏察，嚴其賞罰。所謂寺觀與夫富民鋪既任其責，而視其不能自食者，皆其鄰里與平日之所素習者也，故抄括之際有所隱[二]，而不患乎不盡，授給之際不敢有所利，而不患乎不及。儻抄括有不盡，授給有不及，其必與主事終身爲仇，故利害相關，不敢不盡心，而人得以受賜。其與付之胥吏、保正之手，乍出乍入，騷擾乾沒者，萬萬不侔。深山窮穀之民，自然無有不被實惠者。此前人之所已行矣，其法或可爲今日之用。乞劄下兩浙、江東、西、淮西、湖北帥、漕及常平提舉官，行下各處所部州縣，仿此斟酌施行。"詔劄下諸路帥、漕司，各行下所部州縣，專委守、令恪意奉行，如敢違戾，覺察按劾。

〔一〕往來舟車與收支錢米並不入胥吏　"車"原作"軍"，據後文改。
〔二〕故抄括之際有所隱　"有所隱"前疑脫"不敢"二字。

十一月十八日，臨安府言："監登聞鼓院張澈等申，措置本府賑錢塘等九縣旱傷，比較今年輕重，支撥米斛賑給饑民。緣今年諸縣置場，逐旋起糶官米[一]，難以[二]，令鰥寡孤獨、貧病不能自存之人反未得被朝廷賑救之賜。"詔令豐儲西倉先次撥米一萬石付臨安府[三]，專充旱傷縣分賑濟。

〔一〕逐旋起糶官米　"逐"原作"送"，蓋因形近致訛，今改。
〔二〕難以　此句下疑有脫文。
〔三〕詔令豐儲西倉先次撥米一萬石付臨安府　"西"原作"而"，據《咸淳臨安志》卷九《行在所錄》、《夢梁錄》卷九《諸倉》改。

十二月十七日，兩浙轉運副使趙不流等言："承省劄，據本路州軍奏請荒政事件，詔令臣等審度聞奏數內一項：嚴州乞撥錢六萬貫文發下本州，充六縣接續賑濟等事。照得嚴州今歲旱傷最重，提舉司近撥米一萬石，湊本州所管常平、義倉米共一萬五千石，準備糶濟。續據本州申：'從來體例，止是將錢責付上户自備舟船，於豐熟去處運米出糶，循環作本。今來若令泝流般運，水脚費重。止乞撥米五千石，其餘却乞撥錢。'提舉司已撥錢二萬貫，及就平江府撥米五千石，通本州所管共一萬五百石。今來所乞，量行支借，發下本州守臣責令交管，措置運米接濟出糶，候將來荒政結局日，令本州盡數拘納，發還元措去處。"詔令封樁庫借撥樁管會子二萬貫，餘依。

十五年正月二十九日，詔："建康府將所糴樁管米取撥二萬石賑濟貧民。"以本府諸縣旱傷，從守臣錢良臣請也。

六月十九日，知臨安府韓彥質言："昨承指揮，於豐儲倉借撥米一十一萬石，應副錢塘等九縣賑糶、賑給饑民。彥質遂與宗正寺主簿張澈、監文思院上界游九言面議，斟量旱傷輕重去處，均撥米斛付諸縣官賑糶、賑給。今來諸縣申到昨賑給月日保明，自去秋至目下即無流移之人，並已結局。"詔韓彥質令學士院降詔獎諭，張澈、游九言各轉一官。

十六年三月六日，詔："昨令濠州支樁管米五千石，賑糶本府去年被水土著及歸正主、客戶。尚慮逐色人闕錢收糴，可特改作賑濟。"

六月十一日，詔："臨安府城內外細民理宜存恤，可令封樁庫支見錢二十三萬貫，委守臣將貧乏老疾之人措置賑給。大人每名一貫，小兒伍伯，仍委官巡門俵散。"先有旨支二十萬貫，於是張杓等言："在城九廂，城南、城北兩廂共抄劄到二十六萬八千餘口，及養濟兩院并逐處病坊雞在耆界，亦宜賑給，計用二十三萬貫文，除已降數外，尚欠三萬貫，乞行揍數給散。"從之。

同日，廣東運判管鑑言："廣南小官流落狼狽、亡歿官員之家，饑寒無依，廣州根刷已百餘口，其他州縣率皆有之。淳熙十四年九月二日指揮，拘沒官田產估賣。廣州拘到沒官田，本司依價收買，拘收租課，專一樁管，充前項賑給。并於廣州城內創建廣安宅一所，約可住五十餘家，應亡歿官員，許令從便前來居止，在外計口日給，願還鄉亦量給其歸。尚慮來者不絕，大可憐憫。照得廣州尚有淳熙十四年九月二日以前拘到户絶没官田産，無人承買，每年紐計租米七百六十三石一斗四升一合，租錢九百四十四貫七百七十八文，係在承準截日出賣指揮之前，見係人户租佃，合助常平賑濟之用。乞許將二件撥付本司，添湊所買官田租課，永充前件支用，庶幾落南仕族存殁被惠。"從之。

十一月十八日，詔："四川總領所於階、成、西和、鳳州椿積陳次物斛内各借一萬石，撥隸利州路運司，準備將來貸濟闕食人户。"以利州運判兼提舉宋運請也。

十二月八日，宰執進呈知溫州湯碩言："蟲傷田稼，乞令本州措置賑給。"上曰："今歲雖所至豐稔，然四方之廣，豈能一一皆同？既有損傷去處，便當隨宜賑恤。"於是詔浙東提舉司，將溫州災傷縣分闕食人户更加存恤，毋致失所流移。

紹熙元年七月七日，權利州路提刑朱致知言："階、成、西和、鳳州最係極邊，連年災傷賑濟，其所管常平錢、斛，自今年賑濟之後，已是支遣盡絶。乞預行措置收糴斛斗，專一準備緩急貸濟支用。"詔四川總領所更切契勘，如將來委有欠少，即於逐州見椿積陳次物斛内更加斟量借撥，毋致闕乏。

十月二日，詔四川總領所，將階、成、西和、鳳州借貸過斛斗均作二年理還。

十四日，夔路提舉常平楊虞仲言："本路亢旱，細民闕食，乞於鄰路有備去處共借撥三四萬石。"詔四川制置司、總領所公共詳所奏事理，於鄰近有米去處措置借撥，以備賑濟支用，毋致闕食。如見得合行賑濟，仰虞仲將今來所借米斛一面措置賑濟施行。二年正月，四川總領所於閬州糴買場内支撥三萬石應副賑濟。

二年二月六日，詔："近日雪寒，細民不易，可令豐儲倉支米五萬石，令户部同臨安府守臣措置，將城内外委係貧乏老疾之人計口賑濟，務要實惠及民，具已賑濟人數聞奏。"

三月二十二日，詔："蘄州於見椿管米數内取撥一萬石，措置接濟、賑糶，務在實惠及民。其糶到價錢，拘收令項椿管，不得移易別用。候今歲秋成日，依元數收糴，仍舊認數樁管。"以蘄州去歲旱傷，從守臣請也。

五月二十一日，四川制置司言："夔路重慶府等州去處旱傷〔一〕，目今青黃未接，民户乏食。遂將本司已運過米，并岳霖糴到米，忠、涪等州、本司賑濟米，通總令所米計五萬一千六百餘石〔二〕，并令逐州充賑濟支用〔三〕。"從之。

〔一〕夔路重慶府等州去處旱傷　"處"，疑當作"歲"。
〔二〕通總令所米計五萬一千六百餘石　"令"，疑當作"領"。
〔三〕并令逐州充賑濟支用　"逐"原作"遂"，蓋因形近致訛，今改。

十一月二十七日，南郊赦："西北歸正、歸朝民庶，不忘祖宗德澤遠來，内有老弱孤貧無依倚不能自存之人，仰州縣覈實保明，申常平司取見詣實，特與賑濟一年。"

十二月二十四日，知揚州錢之望言："本路旱傷，民户已自乏食，賑糴誠不可緩。乞就淮東諸州軍見管朝廷樁積米内先次借撥一十萬石。"又言："訪聞見用鐵錢内有破缺，并私錢艱於行使。"詔淮東帥、漕司量度闕糴去處，所附近州縣樁管米内取撥一十萬石專充賑糴〔一〕。以之望言破缺、私錢艱於行使，乞念疲民，將賑糴米每升並作二十文足，不問官錢、私錢，衮同交受。伏準十二月十日詔，支撥鎮江府陳次米十五萬石，令淮東轉運提舉司日下般取，每石計破缺錢及私錢一貫四百文足收換。又乞："已降指揮，分撥鎮江府樁管陳次米一十五萬石付本路轉運、提舉司，收換破缺及私錢，每升十四文足。乞自朝廷明降指揮，令轉運、提舉司措置分撥本路八郡。應别州縣城邑居民，每日計糴，仍逐户給憑由，許將私錢及破缺計口糴米，以防多糴不均之弊。既可以換私錢，又可以寓賑恤，實爲不費之惠。"從之。又十二月十七日詔："令淮東安撫前去鎮江府，更取撥陳次米一萬石出糴施行。"

〔一〕所附近州縣樁管米内取撥一十萬石專充賑糴　"所"，疑當作"將"。

二十八日，四川制置司言："本司訪聞簡、資、普、榮州、富順監今年旱傷，簡州尤甚，今將稅米與第五等人户盡行放免，上、中等人户減半催理。兼本司再同轉運、常平共撥錢引，於豐熟去處乘時收糴，準備將來賑糶。又資、榮、普州及富順監亦合預行措置，今輒那分撥赴逐州收糴。"詔依已行事理，仍仰制置司行下逐路轉運、常平司，通一路錢、米，多方措置賑恤，毋致民户流移失所。

三年正月四日，詔："淮南運判趙師𧇾於真州軍糧等倉陳次米内支撥五萬石，改充賑濟，却令淮東安撫、轉運司於本路椿管米内支五萬石，專充賑糶。"先是，師𧇾言："本路今歲災傷，雖蒙朝廷撥降米一十萬石賑糶，緣尚有半年不敷，乞更支撥一十萬石賑糶、賑濟。"故有是命。

二月十九日，詔淮東提舉張濤於本路州軍椿管馬料稻内斟量取撥二萬石，借貸人户作種，候秋成日拘還數足，依舊椿管。

四月十三日，四川制置使京鏜言："去秋成都、潼川兩路資、榮、普、叙、簡、隆、富順等七處歉歲艱食，已措置賑濟。資、榮二州旱荒尤甚，乞將二州租賦盡免，仍照去年奏乞度牒四百道旱賜頒降及賣糴米〔一〕，以爲四路日後水旱之備。"詔禮部給度牒一百道前去四川制置司交割，仰本司均撥付旱傷州軍變轉錢，專充糴米賑濟。仍先次措置，許令人户納米請買，出給公據，候度牒到日，即行給付。仍令總領所於近便有管米内那融應副〔二〕。

〔一〕仍照去年奏乞度牒四百道旱賜頒降及賣糴米　"旱"，疑當作"早"；"賣"前疑脱一"變"字。

〔二〕仍令總領所於近便有管米内那融應副　"那"原作"納"，蓋因音近致訛，據改。

七月二十九日，詔江東提刑、提舉司行下廣德軍、寧國府、徽州、池州，將被水之家更切賑濟，優與存恤。從本路兩司所請也。

十一月三日，知襄陽府張杓言〔一〕："本府係居極邊，殊無儲蓄，入秋江漲，居民陸種盡被水傷。本府逐歲所仰，皆自江陵、荆門、復州等處般販前來，遂至在市無米。今常出糶已盡〔二〕，深慮邊民乏食。"詔許於見管粳粟米内借撥八千石充賑糶，二千石充賑濟。

〔一〕知襄陽府張杓言　"張杓"，《攻媿集》卷三五、《宋史》卷三六一《張杓傳》作"張枃"，當是。

〔二〕今常出糶已盡　"常"下疑脫一"平"字。

　　四年二月二十九日，知江陵府章森言："本府江、漢二水暴漲非時，下田悉被淹侵。常平不過一萬三千餘石，趙雄任內糴到樁管米見在計一十五萬餘石，許令新陳兑易，散米賑濟，所當舉行。"詔江陵府於樁管米內取撥七萬石，將四萬石充賑濟之用，三萬石賑糶。其糶到價錢，候秋成日一併糴還，依舊樁管。

　　三月二十五日，詔："廬州樁管稻內借支五萬石應副本州闕食人户。"以守臣高夔請也。

　　六月十九日，詔："四川制置司、總領所各行下逐路旱傷州軍，多方賑恤，毋令失所。如旱荒州軍有未催税賦及公私債負，與權行倚閣，候豐熟日帶還，務要實惠及民。如有流移，其當職官吏重作施行。"

　　八月十二日，詔："逐路安撫、轉運提舉司，如實有旱傷州縣，許勸諭官、民户有米之家赴官輸米，以備賑濟。委知、通交量，認數樁管，相度荒歉輕重，申取朝廷指揮，方許支撥。其出米及格人，仰逐司保奏〔一〕，依立定格目推賞施行，不得科抑。"從都省檢會也。

　　〔一〕仰逐司保奏　"逐"原作"遂"，蓋因形近致訛，今改。

　　十九日，御筆："諸道郡縣類有水旱去處，理宜拯恤，三省條畫以聞。仍行下監司、守臣，令疾速各具賑捄之方，務使實惠及民，毋徒爲文具。朕將考其殿最，以示勸懲。"

　　二十四日，詔："禮部各給降度牒一百道，下江東、浙東提舉司，每道價錢作八百貫，令兩司措置出賣。人户願輸米，依市價入中，請買度牒者聽。其賣到價錢，循還作專一糴米，斟量州縣旱傷輕重，分撥糶、濟。"從兩路提舉陳士楚、李謙請也。

　　同日，詔："禮部給降度牒一百道，下淮西提舉司，仍於舒州樁管米內支撥二萬石，斟量州縣旱傷輕重，分撥糶、濟。"從提舉張同之請也。

　　二十八日，知信州石畫問言："今年本州大旱，田損七分，委是狼狽。乞於鄰郡上供米內截撥四萬石，以助軍糧。仍乞從朝廷支借會子五萬貫，以備月支及裨助荒政。"詔封樁庫借撥樁管會子二萬貫，豐熟逐旋補還。

十月十五日，詔："廣德軍將元管湖、秀州賑糶米一萬一千四百九十七石賑糶接濟廣德、建平兩縣饑民。其糶到價錢，提舉司督令別項樁管，候豐熟日，仍舊收糴補還。"從江東提舉陳士楚言也。

十二月十三日，詔："江西轉運司於淳熙十三年漕臣王回和糴米內取撥七萬石，賑糶本路被傷饑民。"從本路漕司請也。

十八日，知江陵府王藺言："本府去年災傷，蒙朝廷撥米四萬石，內將一萬石賑濟，三萬石賑糶。乞將所撥米從去年例於內撥一萬石，專充賑濟。"從之。

二十四日，詔："淮西轉運司見樁管鐵錢、交子內共支撥三萬貫，專充賑濟使用。仍下江東、西、兩浙路監司及諸州軍，各遵守前項已降指揮，不管違戾。"從淮西提舉張同之言也。

五年二月十一日，詔："於建康府、太平州樁管米內各取撥四萬石，斟量逐州旱傷輕重分撥，專委守臣措置賑糶。"從江東提舉陳士楚請也。

十四日，詔："禮部給降度牒三十道付江州，每道價錢作八百貫，措置出賣，收糴米斛，專充賑濟支用。候秋成日，計賣過度牒價錢，起赴封樁庫送納。"從守臣沈祖德請也。

二十五日，詔信州於上供米截撥一萬石，專充賑濟使用。

七月七日〔一〕，登極赦文："辰、邵州傜人昨因饑荒，輒入省地作過，已據湖南、北諸司見行招捕。竊慮省地居民逃避，未盡歸業，并人戶因官司調發般運錢糧、守把關隘，或致耕種失時，荒廢田土，雖已賑恤，尚慮未能週遍。可令逐路監司委州縣更加審實，厚加賑恤。"

〔一〕七月七日　此句上原有"五年"二字，據凡例刪。

九月二十八日，三省言："已降指揮，災傷州縣第三等以下帶產戶將來無力耕種者，仰州縣覈實，許結甲互保，將常平米量行賑貸，約來年秋熟納還，不得收息。今來種麥是時，竊恐小民無力耕種，州縣不能體認矜恤之意，是致借貸失時。"詔令兩浙、兩淮路提舉司照應已降指揮，應災傷去處，將常平錢措置收糴麥種，并給降米斛，疾速賑貸施行，毋致有失布種。

十月十二日，中書門下省言：“兩浙州縣米價踴貴，小民艱糴，其巨室富家積米至多，方且乘時射利，閉糶邀價，甚非體國恤民之意。乞下帥臣、監司更切多方曉諭，令巨室富家約度歲計食用之外，交相勸勉，將所餘米斛趁價出糶。或就在城自占地分置場，或自占某縣，或自占某鄉，或占幾都幾保，置立場鋪，隨時量減價直，接濟細民，官爲譏察數目。大概但能使所占之地百姓安業，無流離饑殍，候及食新之日，許帥臣、監司、守臣保明申奏，次第推賞。其出米最多、濟民最衆，特與優加旌擢，風示天下。如豪右之家產業豐厚，委有藏積，不遵勸諭，故行閉糶者，並令覈實奏聞，嚴行責罰，仍度其歲計之餘，監勒出糶。其州縣不恤鄰境，遏糴自便者，亦仰監司、帥臣按劾以聞，重寘典憲。”從之。

閏十月十三日，淮西提舉張同之言：“本路連遭荒歉，民貧已甚，今年被害尤酷。近來雨水連綿，得熟禾稼又多傷損，若不優加存恤，必致饑寒所迫。乞將闕食之家分三等抄劄糶濟，於本路椿管上供鐵錢或交子換到鐵錢內科撥五六萬緡，斟量州縣旱傷輕重均撥，責付守臣曉示不熟地分有稅產之家結甲赴官借支施行。如借錢納米、鈐束官吏關防詭名等弊，臣當纖悉措置，無容乖戾。”詔權撥錢五萬貫，餘依。

二十一日，臣僚言：“兩浙、兩淮災傷州軍，各已節次給降米斛、錢、會、交子、官告、度牒，分撥下州縣措置賑糶、賑濟，及貼助支遣。尚慮州縣奉行不虔，稽緩鹵莽，以致虛壞官物，小民不霑實惠。乞下州縣，將所給降及轉變到錢、米內元許貼助本州支遣之數，用以接續官兵按月糧給，不得輒作其他費用。所是糶、濟之數，將日前諸縣申到分數爲準，合以十分爲率，八九分賑糶，一二分賑濟。其賑糶之米，以目今價直量行減價，不得大段虧折元錢，仍以所糶到錢，逐旋差人於得熟地分收糶米斛，或招接客販前來再糶，不得稍有乏絕。如官米大段陳次，亦抑將在市價斟量裁減[一]，取令斂散可繼，不得以小惠沽譽，却致無以接續。仍多方安集，毋致流移。其州縣措置失當，監司常切覺察，隨宜改更，務令合理。其官吏弛慢，致有流離殍死去處，即行按劾。仍速委官權管，毋令失所，以稱朝廷優恤之意。”從之。

〔一〕亦抑將在市價斟量裁減　　"抑"，疑當作"仰"。

慶元元年正月十五日，權工部侍郎兼知臨安府徐誼言："今歲淮、浙水旱，流離之民漸集市廛，其勢不可不養。殘篤廢疾、癃老孤幼無所依倚而不能自存者，皆當次第料理。願陛下以聖意推而行之。"詔令臨安府於見賑糶米内取撥二千石，以備賑濟。

二十六日，詔："臨安府陰雨，細民不易，令臨安府將見賑糶人户特與賑濟五日。"以守臣徐誼言："臨安諸縣自昌化得熟之外，其餘八邑俱被水災，目今雖蒙降米斛減價賑糶，饑民無錢收糴，至有糟糠不充、憔悴骨立、瀕於死者甚衆。畿邑之内，均爲陛下赤子，當此荒歉，其惠愛理宜均一。乞將管下八邑見今賑糶者，與府界之民一體賑濟五日，庶得人户俱被上恩，有以見陛下加惠京邑、一視同仁之意。"從之。

二月三日，詔令内藏庫支錢一萬貫，豐儲倉更支米三千石，付臨安守臣徐誼，措置給貧病之民，務要實惠均濟。

十一日，臣僚言："朝廷荒政有三：一曰賑糶，二曰賑貸，三曰賑濟。雖均爲救荒，而其法各不同，市井宜賑糶，鄉村宜賑貸，貧乏不能自存者宜賑濟。若漫而行之，必有所不可行，官司徒費而惠不及民。竊覩歉歲穀價翔踴，多縁市井牙儈與停積之家觀望遏糴，增價以困吾民，而賑糶亦不官米[一]。若能勸諭拘集牙儈、鋪户米，官爲置場，差人管幹，隨市價出糶，或有客販及鄉村步擔米，則官出錢在場循環收糴，一從民便糶米，更不給曆。遇市上大段闕少，然後出官米，亦以市價量減三二文糶之，使市上常有米，米價自平。官米既從市價，所減不多，姦民無所牟利，而詭名給曆之弊自無，此賑糶之法也。賑貸，自來官司常患民間不能償而失陷，每都各請忠信有物力材幹上户二名，先令譏察都内闕食主户，勸諭鄉里有蓄積之家接濟，秋熟，依鄉例出息倍還。若不能徧，即令結甲具狀赴官借貸，仍令所請管幹上户保明，縣照簿稅量其產業多寡與之。若客户，則令主户與借，自行給散，至秋熟，則令甲頭催納所借。既是有產業人，又有上户保明，甲頭催理，安得失陷？縱有貧者不能盡納，計亦不多，此賑貸之法也。賑濟，則户口頗衆，不惟不能徧及，尋常官吏多與上户爲姦弊，虚作支破入己，而貧民下户初不及，縱欲稽察，而人户已流移，亦無可詢究。今鄉村既行賑貸，上户有米，無緣更來官司借貸。村落下户既有借貸，自不須賑濟，所合賑濟者，鰥寡孤獨不能自存之人。抄劄既有定數，則紐計合用米分作料次發下。所請管幹上戶處，令積聚寺觀給曆，五日一給散，分明批曆，都分雖多，所給必同日，以防兩處打請。如此，則賑濟用米不多，官吏亦無緣作弊而虛破官米，此賑濟之法也。是三者，其用意最爲詳密周備，簡便易行。但前此官司習而不察，每至歉歲，不過賑糶、賑濟，姦弊百出。既不能禁，且徒費官米而惠不及民，或高價以招米，減價以平糶，或爲粥以飼饑餓，或興造以賑貧乏，皆非計之得。"詔令逐路帥臣、監司隨宜措置。

〔一〕而賑糶亦不官米　此句疑有脫誤。

四月二十六日，詔："內藏庫支錢二萬貫，付臨安府給散貧病之家醫藥棺斂錢。竊恐止據所降錢給散，不能徧及，可更切相度，如或支散不敷，速具聞奏，更當接續支降，務在均濟。"六月十日，又詔："疾疫未及，更於內藏庫支撥錢一萬貫接續支散。"

二年十二月二十五日，諫議大夫、兼侍講劉德秀言："往者，浙東水旱，朝廷頒降賑濟錢、米若度牒，共爲緡數十萬，適監司有好名者，悉以予輕儇浮僞之人，使之分頭賑濟，往往虛作名色支給，其實掩爲己有。間有支給，則又姦弊百端，或盡已與私家之仆佃而不及他人，或任喜市恩，則雖中人自給之家，亦使之源源得請，或肆怨仇，則雖饑窮瀕死無告之人，不霑一錢一米之惠，虛負朝廷，無補事實。說者至今冤之。臣恐今者復蹈前轍〔一〕。乞下浙東常平司并被水諸郡守臣，其所差賑濟鄉官，擇老成確實、居官有廉明之稱、在鄉有公平之譽者，然後分委，毋使輕儇浮誕之徒攘臂其間，必欲幹與以濟己私。如郡守有違，許監司按劾；如監司黨庇，許御史臺糾舉，併與坐罪。如此，庶幾朝廷不致虛費，饑民得霑實惠。"從之。

〔一〕臣恐今者復蹈前轍　"轍"原作"輙"，蓋因形近致訛，今改。

四年正月十一日，權利州路提刑兼提舉霍篪言："本路闕雨，間有旱傷不等去處，已措置發運錢斛，條畫糶給〔一〕、借貸、準備賑救外，今來蓬、閬兩州旱傷良重，饑民數多，本司已遵從常平條令，通融一路錢物，移那別州常平斛斗五千石，并支銀五千五百兩，及用常平錢銀措置收糴兌買米斛共四千二百餘石，準備貸濟，尚恐未能敷及。其諸州所管錢、斛各是不多，萬一水旱荐饑，必致闕誤。乞下禮部給降度牒二百道，付本司出賣，拘收價錢，分送逐州收糴米斛樁管，準備不測賑濟支用。如將來歲或豐稔，別無支遣，即與逐州令項樁管，別聽指揮施行。"詔令禮部給降度牒三十道付本司，仍具糴到米數申尚書省。

〔一〕條畫糴給　"糴"原作"糶"，據文意改。

五年五月十七日，詔："臨安府守臣支給常平錢、米，日下差官抄劄城內外實係貧乏老病及在旅店病患闕食之人，量行賑濟。"

六年八月十九日，詔："令鎮江府於轉般倉樁管陳次米內借撥七萬石，內三萬石專充賑濟，四萬石充賑糶。其糶到錢，即便措置循環糴糶，不得有虧元數，候糶、濟畢日，申取朝廷指揮。"以本府言，管屬三縣土薄民貧，歲無積穀，故降是詔。

同日，詔："令建康府於賑糶樁管米內借撥十萬石，專充賑糶。其糶到錢，即便措置循環糴糶，不得有虧元數，候賑糶畢日，申取朝廷指揮。"以本府言，諸縣旱傷最甚，故降是詔。

十月十五日，淮東提舉高子溶言："所部揚、楚等處旱傷，本路運司有收糴到朝廷樁積米在諸州軍樁頓，乞借撥二十萬石，應副本司分撥賑糶等〔一〕。"詔於內借撥十五萬石應副賑糶使用，將糶到價錢令項樁管，候來歲秋成，依數收糴補還，不得有虧元數。又詔於內將五萬石改充賑濟。

〔一〕應副本司分撥賑糶等　"糶"原作"糴"，據後文改。

嘉泰四年三月二十五日，詔："令江西轉運司於逐處樁管米內取撥撫州一萬石、臨江軍一萬石、隆興府二千石、袁州一千石，同提舉司委官多方措置，以七分賑糶，三分賑濟，務要實惠及民，毋令流移失所。仍具已賑糶、賑濟并糶價錢數目申尚書省。"以江西提舉司申，本路去歲多有旱傷去處，常平米斛不足接濟故也。

二十七日，知撫州陳耆壽言〔一〕："本州土瘠民貧，秋苗之數不多，去歲旱歉[二]，抄劄到三萬九千户，計一十八萬五千六百九十口。有產業無經營人，賑貸；無產業有經營人，賑糶；無產業無經營及鰥寡孤獨之人，賑濟。賑貸之米，則取諸常平司；賑糶之米，則勸諭上户。惟是賑濟，非勸諭之所，及常平米數又少，乞於本州今歲合發淮西總領所米綱内截撥一萬石應副賑濟，庶幾貧下細民不爲餓殍，亦免流徙。"詔於本州今歲合發淮西總領所米内截撥七千石賑濟使用。

〔一〕知撫州陳耆壽言 "耆"原作"著"，據《輯稿》職官七三之二一、七四之一六及《寶慶四明志》卷一六、《紹定吴郡志》卷七、《咸淳臨安志》五〇改。

〔二〕去歲旱歉 "歲"字原脱，據文意補。

開禧元年十一月十七日，户部言："江西提舉司申：'權發遣臨江軍許開奏：次檄三縣令、佐，將所差措置賑濟等人，每縣量其多寡，公共推排，凡宣力而無過者，與理當大小役色一次。本司照得臨江軍屬邑清江、新淦、新喻三縣管下，每都稅錢高者多不過十數户，小者但三四户而已。今來所差監視賑濟，皆都内稅高豪富之人，今若許其免役，未免祇是中產下户專一承役，於事體亦恐未便。今相度：欲從本州銓量，將監視委有心力之人，其間是士人未曾請舉，即給學職文帖，稅户補充攝助教，各人得此，可以贖公罪杖。至於官户及請舉士人之家，如遇臨役之際，許免役兩月。'"從之。

二年正月十一日，詔："雪寒，細民不易，可於豐儲倉支米五萬石，令臨安府守臣措置，將城内外委係貧乏老疾之人計口賑濟，務要實惠及民，具已賑濟人數聞奏。仍令尚書省給降黄牓曉諭。"

十一月二十五日，樞密院言："兩淮北來人，已分撥州軍贍養外，當此寒月，理宜存恤。"詔令鎮江、平江、建康府、江陰、廣德軍、嘉興府、湖、常、衢、婺、信、饒州守臣，各仰體認朝廷優恤遠來之意，常切躬親撫存，仍措置穩便去處安泊，無令失所。如見得實係貧病不能自存之人，即仰除見給錢米外，於常平窠名内更與量行賑給，務要實惠，毋爲文具。

三年五月二十三日，江東提刑司言："去歲南康軍都昌縣十分全旱，據都昌縣申，本縣土瘠民貧，連歲饑饉，民不聊生，非廣行賑濟，決無生全之理。乞將建昌縣義倉米五千石聽本軍縣隨宜賑濟，以救一縣垂死之命。"從之。

嘉定元年十二月八日，臣僚言："都城近日糴價增長，細民艱食，嗷嗷然，皆謂目今米斗一千，未聞施惠之令。乞令臨安府守臣以禮勸諭豪富蓄米之家稍損時價〔一〕，廣行賑糶。宰執而下，顧募廉人米數多者，亦時暫裁損，以備糶、濟。諸郡有閉糴去處，從朝廷更加約束，嚴作懲治，庶幾客米日至。方此隆冬，若不早賜矜恤，都民饑寒所迫，非獨鬻妻賣子猶爲續食，深慮疫癘因之死亡，乞賜施行。"從之。

〔一〕乞令臨安府守臣以禮勸諭豪富蓄米之家稍損時價　"臨安府"原作"臨江府"，按前後文有"都城""都民"，知其當爲臨安府，據改。

十八日，詔令封樁庫支降會子二千貫，豐儲倉撥米二千石，專充賑給流民支用。以臨安府言："見存淮、浙州軍流民共五百六十戶，計二千八十一人，在府城內外客店及分撥寺院安泊，自十二月二十一日以後，每大人日支錢一十文、米一升，申乞量賜支撥錢、米，應副本府急闕給散。"故有是詔。

二年二月三日，右武大夫、忠州團練使裴良傑言〔一〕："竊見來直翔踴〔二〕，民方艱食，輒以米五千石少助朝廷賑濟，乞劄下拘收。"詔令將所獻米赴豐儲倉交納。

〔一〕右武大夫忠州團練使裴良傑言　"言"字原脫，據文意補。
〔二〕竊見來直翔踴　"來"，疑當作"米"。

四月四日，臨安府言："江、浙流民八百五十戶，計三千六百七十六人，津發回歸本貫復業。所有淮民，更與賑給錢、米兩月津發。江、浙流民合用錢九百九十一貫三百七十五文、米九十九石一斗，賑給淮民兩月用錢二千三百三十二貫九百八十文、米一千七百九十六石四斗，乞劄下豐樁庫、豐儲倉照數支降。"從之。

八日，監行在登聞檢院陳孔碩等言："承降指揮，置局修合湯藥[一]，給散病民。其間請藥之人，類皆細民，一染疫氣，即便廢業，例皆乏食。其間亦有得藥病愈之後，因出求趂，再以勞復病患，委是可憫。已具申朝廷，蒙給降會子二千貫、米一千石，除已措置支散外，所存不多，又有增添患民，必是支散不敷。乞照元申盡數給散錢、米，下局接續支散。"詔令封樁庫更支降會子三千貫，豐儲倉取撥米二千石，接續支散，毋得漏落泛濫。

〔一〕置局修合湯藥　"局"原作"拘"，蓋音形近致訛，據改。

七月十二日，起居郎兼國史院編修官、實錄院檢討官兼太子右諭德曾從龍言："勸分一說，實旱備之先務。夫所謂勸者，非可以勢力脅，非可以空言諭，要必有術以誘之而後可。出粟賑濟，賞有常典，多有者至命以官，固足以示勸矣，然應格霑賞者無一二。偏方小郡，號為上戶者不過常產耳，今不必盡責以賑濟，但能隨其力之所及，或出粟賑糶以平糶價，或假貸蠲息以賙貧民。廣而及一鄉，狹而及一都[一]，縣為之核實保明，以申於州，州申於常平司，量其多寡而與之免役。多者免一次，少者一年或半年。夫民之憚役，甚於寇盜。今既與之免役，彼將欣然樂從而無難色，此誘之之術也。乞行下旱歉州軍，今後富民上戶有能賑糶、賑貸者，並令常平司與之斟酌免役，庶幾官不失信而人皆樂從，誠旱備之助也。"從之。

〔一〕廣而及一鄉狹而及一都　兩"及"字原皆作"又"，據《輯稿》食貨六六之三〇改。

十二月十四日，臣僚言："都城內外一向米價騰踊，錢幣不通，閭閻細民饘粥不給，為日已久。今又值大雪，無從得食。羸露形體，行乞於市，凍饑號呼，僅存喘息，纍纍不絕。閉門絕食，枕籍而死，不可勝數。甚者路傍亦多倒斃，棄子於道，莫有顧者。乞將府城內外已抄劄見賑糶人戶，特與改作賑濟半月。其街市乞丐，令臨安府支給錢、米，責付暖堂，日收房宿錢之類，官為量行出備，毋復更於乞丐名下迫取。其貧民死亡無棺槨者[一]，則從本廂申府，給棺槨錢埋葬[二]。至於遺棄嬰孩，則月支錢、米，委付收生婦人權與收養，逐旋尋主申官。分付如此，則目前凍餓之民均被陛下仁心，感召和氣，而豐稔之祥，可以必致矣。"從之。

〔一〕其貧民死亡無棺槨者 "槨"原作"櫬"，蓋因形近致訛，今改。
〔二〕給棺槨錢埋葬 "槨"原作"櫬"，蓋因形近致訛，今改。

七年十月一日，詔："雨水連綿，細民不易，可令封樁庫支撥官會子七萬貫，令臨安府守臣措置，將城內外委係貧乏老疾之人計口賑給，務要實惠及民，具已賑給過人數聞奏。"

八年七月十九日，臣僚言："朝廷有賑荒之名，而小民無拯濟之實者，崇大體而忽小節之過也。謹條其三弊，爲陛下陳之。一曰差委之弊：蓋官之與民，勢常扞格，民之於吏，每懷畏忌。朝廷以賑恤之政責之郡縣，郡縣以賑恤之事付之吏胥，此曹貪欲無厭，每藉此以規利，豈能公心以爲民？加之州縣之官，視部民不啻秦越之肥瘠，且以爲浼己，又何暇計其實哉？二曰括責之弊：夫户之貧富，口之多寡，雖有藉而不足憑，故欲行賑恤，必先括其户口以爲據，此數一定，牢不可改，至所當謹也。然廂者、保正習爲吏胥巧取之弊，每遇抄劄，肆爲欺罔，賂遺所至，則資身之有策者可以爲無業，丁口之稀少者可以爲衆多，如其不然，則啼饑號寒者反置而不録，老弱猥衆者僅指其二三，不均不平，莫甚於此。三曰給散之弊：夫邑有小大，地有遠近，惟委託得人，措置有術，則可使人霑其惠。近時任事者有贏餘之利，無措置之術，故先至者可得，而後時者不復支；地近者可得，而窮僻者不及至；彊壯者可得，而羸弱者徒手而歸。或雜以糠粃，而精者則入於胥吏之家；或減其升合，而餘者則歸於里正之手。計其散於民者無幾，而化爲烏有者多矣。乞行下諸路州縣，應合賑糶、賑濟去處，並仰痛革三弊，務令實惠徧及。如有奉行鹵莽者，令御史臺、監司覺察以聞。"從之。

十月二十五日，湖南提舉司言："本司昨緣本路州縣自今年三月以來，陰雨連綿，細民艱於求趁。尋委官抄劄在城內外委的貧乏不易闕食細民，各支給常平米斛賑濟，及下諸州軍縣審度城市鄉村有無闕米、價直增長細民艱食去處，即約度支撥常平、義倉米斛，委官措置接續賑糶，抄劄被水人户，計口大人日支一升，小兒減半，支給常平米斛賑濟，及委官置場，照市直與減價錢賑糶，拘收價錢，候秋成糴填元數。"詔令湖南提舉司更切多方賑恤，毋致失所。

十一月三日，廣東提舉司言："本司體訪西北江州郡潦水，泛浸居民屋宇。竊慮闕食，尋行下逐州府被水泛浸去處，如有闕食，即照條於所管義倉米内支給賑濟，開具數目供申，不得泛濫支破。今來據英德府、封州、德慶府、韶州各狀申聞事。"詔令廣東提舉司更切優加存恤，毋致失所。候賑恤了畢，具已賑恤過錢、米數目申。

十二年十二月九日，都省言："歲晚嚴寒，細民不易，合儀優恤〔一〕。"詔令豐儲倉所於樁管米内支撥二萬石赴臨安府，日下分頭差官疾速抄劄的實貧乏人户，即遍置場賑濟五日。務要實惠及民，毋得遲延，容令吏胥作弊。候賑濟畢日，開具帳狀供申。

〔一〕合儀優恤　"儀"，疑當作"議"。

十三年四月二日，詔令封樁庫於見樁管會子內支撥一千五百二十貫，及下豐儲倉所支撥米七百三十石付臨安府，兑支過見安養并收養津發兩淮民等使用。以本府言："自嘉定十二年三月三日，有兩淮流民節次到府，逐差總轄使臣審實到鄉貫户口〔一〕，分撥寺院存著，各以人丁大小日支撥米食用，并津遣元係嚴、婺等州及本府屬縣人事欲歸本貫之人，及給養兩淮未願回歸之饑民，與津遣歸本貫復業之人。其合用錢、米，乞發下本府應副給散津發〔二〕。"故有是命。

〔一〕逐差總轄使臣審實到鄉貫户口　"逐"，疑當作"遂"。
〔二〕乞發下本府應副給散津發　"發"，疑當作"撥"。

十二月十五日，詔令封樁庫支降官會六千三百四十五貫文，充賑恤拆除蓬篅屋見在浮鋪經紀賣買人。内橋道上下每鋪支錢十貫，沿河牆下每鋪支錢五貫，其錢仰臨安府日下請領，差請彊官逐一躬親沿鋪喚集俵散〔一〕，毋令吏卒減尅乞覓，務要實惠及民。仍具所差官職位、姓名及已散給文狀申尚書省。先是，本府準省劄，將城内外居民應搭蓋蓬篅及橋道上下蓬屋浮鋪日下拆除，仍將已除拆浮鋪屋賣買等人開具申尚書省，支給錢本優恤。既而本府分委官吏逐一告諭去拆，條具來上，故有是命。

〔一〕差請彊官逐一躬親沿鋪喚集俵散　"請"，疑當作"清"。

十六年正月九日，臣僚言："江、浙水災，苗腐盈疇，麥種不入。無可糴之米，則當平價而與之糶；無可糴之錢，則當發粟以賑其饑。苟惟撥糶未多，分場未廣，不可無措置之方。民未復業，給費易窮，不可無拯贍之術。乞申命攸司增撥米斛，廣置糶場，隨民所便，城郭則分隸坊隅，不令冗遏；鄉村則參處遙近，均利往來。所給賑濟之米，或一旬半月，計其日數，先與併支，免至奔走道途，重爲勞弊。專委本路庾臣恪意奉行，憲、漕、帥臣協心究畫，逐郡選差官屬分往監臨稽違，並須劾奏〔一〕。庶幾人霑實惠，愁歎不萌，可以易災沴而爲休祥。"從之。

〔一〕並須劾奏　"並須劾"下原有"流移令總領漕司"至"如一鄉一都之內保正能收養遺"計四百二十七字，係上文淳熙初事竄入，致文意扞格不通，據尹波《宋會要輯稿錯簡脫漏析例》（《文史》2014年第3輯，第194—195頁）移出。

十八日，詔令淮東制置司日下於楚州椿管朝廷米內支撥一萬石，仰本司疾速差撥人船，逐旋運發前去海州，措置賑濟山東闕食人民。務要均給，具已取撥運發日時并賑濟過的實人數，申樞密院。從淮東制置司請也。

二月九日，詔令楚州於椿管米內支撥一萬石付京東、河北路鎮撫節制大使司，措置賑濟山西闕食人民。務實均給〔一〕，具已差官職位、姓名并賑濟過的實人數申尚書省。從京東、河北鎮撫節制大使司之請也〔二〕。

〔一〕務實均給　"實"，疑當作"要"。
〔二〕從京東河北鎮撫節制大使司之請也　"制"下原衍一"制"字，據《兩朝綱目備要》卷一及《宋史全文》卷三〇光宗嘉定十七年六月壬辰條刪。

收稿日期：2022年4月

《新輯宋會要·蕃夷類》之西南溪峒諸蠻門整理稿

孫 昊

摘 要：本文是《新輯宋會要·蕃夷類》之西南溪峒諸蠻門的整理稿，包括題解、原文標點、校勘記三部分。

關鍵詞：新輯宋會要 蕃夷 西南溪峒諸蠻門

題解：本門據《宋會要輯稿》（以下簡稱《輯稿》）蕃夷五之七三至五之八〇、五之八一至五之一〇四、五之六八至七二整理，其文分別錄自《永樂大典》卷四二二九"蠻"字韻"南蠻傳一"事目、卷四二三〇"蠻"字韻"南蠻傳二"事目、卷四二三一"蠻"字韻"南蠻傳三"事目。

《輯稿》蕃夷五之七三至五之一〇四，首行書手以楷書題"宋史列傳"，其下有後世整理者行書手批"南蠻傳"，其文載乾德三年至嘉泰四年六月十九日宋經略溪峒諸蠻事。《輯稿》蕃夷五之六八至七二，首行書手楷書題"宋會要"，次行"南蠻傳"，乃接續蕃夷五之一〇四之文字，載嘉定元年至十一年八月事。此乃近代《輯稿》整理者將《大典》卷次、史事時序顛倒所致。

《大典》編者輯錄《宋會要》時，已將本門文字拆散，附於相應事目文獻之下。全稿以《宋史·西南溪峒諸蠻》為正文，將《宋會要》文字作小字注文，並於每條前注明"會要"二字。因此已無法得見原來門名與完整的行文結構。甚至在拆編過程中，出現文字錯簡，將原屬《大典》卷四二三一，嘉定四年至五年的《宋會要》注文、《宋史》正文近千字摻入《大典》卷四二三〇的嘉泰四年文字之中。上海古籍出版社點校本《宋會要輯稿》（後簡稱"上古本"）已校出。

現參考、吸收"上古本"校勘成果，依史事時序及《大典》卷次，將《輯稿》五之六八至七二置於五之一〇四之後，刪"宋會要""宋史列傳""南蠻傳"等標目，將各篇合併為一門。"南蠻"遠大於本門"溪峒諸蠻"之範疇，當只是

《新輯宋會要·蕃夷類》之西南溪峒諸蠻門整理稿

《大典》事目名，非《宋會要》原門名。今暫從《宋史》列傳，名之爲"西南溪峒諸蠻"。因《會要》文字各條附於《宋史》正文，若刪去《宋史》之文，則其注所存《宋會要》之文即失依傍而不通、難解。今姑兩存，以《宋史》正文爲小字，改《會要》注文爲大字。

乾德三年，五溪團練使、洽州刺史田處崇上言："湖南節度馬希範建叙州潭陽縣爲懿州，署臣叔父萬盈爲刺史。希範卒，其弟希萼襲位，改爲洽州，願復舊名。"詔從其請。《會要》：仍鑄印以賜處崇。

十二月，詔溪州宜充五溪團練使，刻印以賜之。《會要》：五年七月〔一〕，鑄五溪都防禦使印賜本州。

〔一〕會要五年七月 "要"字"女"部至"七月"原闕留白。《輯稿》蕃夷五之七三眉批："此注在五年二字下，十月詔三字亦是《會要》。"按《長編》卷八，本條及下文"十月詔"分繫於乾德五年秋七月丙申、十月丁丑。嘉業堂清本即於本條前補"五年七月"，是。今據補，刪天頭原批。

十月〔一〕，詔：溪州團練使彭允足爲濮州牢城都指揮使，溪州義軍都指揮使彭允賢爲衛州牢城都指揮使，珍州録事參軍田思曉爲博州牢城都指揮使〔二〕。允足等溪峒酋豪，據山險，持兩端，故因其入朝而置之內地。

〔一〕十月 按其繫時與《宋史》卷四九三《西南溪峒諸蠻傳上》"五年冬"有異。此條似爲《會要》正文。

〔二〕珍州録事參軍田思曉爲牢城都指揮使 "爲"原作"而"，據《宋史》卷四九三《西南溪峒諸蠻傳上》改。

開寶元年，珍州刺史田景遷言："本州連歲災沴，乞改爲高州。"從之。

八年，景遷卒，其子衙內都指揮使彥伊來請命，即以爲刺史。《會要》：是年，梅山峒蠻聞江南用兵，乘間寇邵州武崗、潭州長沙。

九年，獎州刺史田處達以丹砂、白石英來貢。

《會要》：太平興國二年〔一〕，正月，邕州上言："得廣源州酋長坦綽儂民富狀言：'管內左江谿峒七源州狀稱，廣源州、武勒州、南源州、

— 251 —

西農州、萬涯州、覆和州、温州、弄州、古拂峒、八耽峒凡十首領，以嶺南日僞命詔敕十道來獻〔二〕，願比七源州內附，輸賦稅，爲思琅州蠻蔽塞，不得通，願朝廷舉兵誅思琅州，使得比內屬之人。'"詔授坦綽儂民富金紫光祿大夫、檢校司空、兼御史大夫、上柱國，仍令廣南轉運使除道以招來之。

〔一〕太平興國二年　原脱。按《長編》卷一八、《宋史》卷四九四《梅山峒蠻傳》將此條"邕州言事"及下文八月條事，皆繫於太平興國二年，據補。

〔二〕以嶺南日僞命詔敕十道來獻　按《長編》記作"以僞漢時所置十州首領詔敕來獻"，疑此處"日"前脱一"舊"字。

八月，以梅山峒蠻左甲首領苞漢陽、右甲首領頓漢凌率衆寇劫商人，於潭、邵州界屢遣使招諭，寇暴不止。遣客省使翟守素發潭州兵擊之，下詔曰："汝等保於溪峒，守在封陲。況霜露之所均，固聲名之攸暨。遽忘覆育〔一〕，敢恣睢盱，毒我齊民，撓茲戎索，亦嘗詿誘嘗〔二〕，尚或逗留〔三〕。既豺虎之難馴，當鯨鯢之盡戮。今遣馬步大軍恭行天討。尚念迷途之衆〔四〕，宜推祝網之心。更示招攜，庶幾悛改。若能知非效順，相率歸降，特與矜容，更不問罪。尚茲拒命，猶或執迷，便當分布大軍，同此並進，剋期殲殄，合勢剪除，若火燎原，不可嚮邇〔五〕。當諭好生之旨，勉思轉禍之言。無蹈駭機，自貽後悔。"漢陽猶保險拒命，守素進兵討平之。

〔一〕遽忘覆育　"遽"原作"據"，據《宋大詔令集》卷二一七改。
〔二〕亦嘗詿誘嘗　"詿"原作"常誅"，據《宋大詔令集》卷二一七改。
〔三〕尚或逗留　"逗"原作"逼"，據《宋大詔令集》卷二一七改。
〔四〕尚念迷途之衆　"衆"原作"旨"，據《宋大詔令集》卷二一七改。
〔五〕不可嚮邇　"邇"原作"爾"，據《宋大詔令集》卷二一七改。

太平興國二年，懿州刺史、五溪都團練使田漢瓊以其子弟十二人來貢〔一〕，詔並加檢校官以獎之。

〔一〕五溪都團練使田漢瓊以其子弟十二人來貢　《宋史》卷四九三《西南溪峒諸蠻傳上》在"子弟"後有"女夫大將五溪統軍都指使田漢度而下"十六字。

三年，夷州蘊任朗政等來貢。

《會要》：四年，十峒首領楊蘊送款內附。五年三月，誠州十峒首領楊通寶來貢，以通寶爲誠州刺史。七月，南州刺史向行猛遣使以方物來貢。

七年，詔辰州不得移部內馬氏所鑄銅柱。

八年，錦〔一〕、溪、叙、富四州蠻相率詣辰州，言願比內郡輸租稅。不許〔二〕。懿州刺史田漢瓊、錦州刺史田漢希上言願兩易其地，詔從之〔三〕。《會要》：溪峒之酋來請命也。

〔一〕錦　原作"綿"，據《宋史》卷四九三《西南溪峒諸蠻傳上》改。

〔二〕言願比內郡輸租稅不許　《宋史》卷四九三《西南溪峒諸蠻傳上》於"租稅""不許"間有"詔長吏察其謠俗情僞并按視山川地形圖畫來上卒"二十一字。

〔三〕詔從之　其後原有整理者下批，據《宋史》卷四九三《西南溪峒諸蠻傳上》補"又以知叙州舒德郭爲刺史"十一字，今不補，刪批注。

雍熙元年，黔南言溪峒夷獠疾病，擊銅鼓、沙鑼以祀神鬼。詔釋其銅禁。

《會要》：四年十二月，詔宜、融、柳等三州蠻界人户曰："朕撫臨萬國，安養遠人，唯推濟活之恩，各遂舒蘇之性。前知州、贊善大夫侯汀上分朝寄，全昧正經，莫能綏懷，但務侵擾，致蠻人之結集，入州境以驚騷，燒盪民居，勞動師旅。由汀濫政，致人罹災，用示誡懲，已行降黜。汝等體兹朝旨，各務安居，樂我皇風，保其生業。若或不遵撫諭，更敢猖狂，必議剿除，永去巢穴。"

淳化元年〔一〕，知晃州田漢權言砂井步夷人粟忠獲古晃州印一鈕來獻。因請命以漢權爲晃州刺史。又以五溪諸州統軍、鶴州刺史向通漢爲富州刺史，從其請也。

〔一〕淳化元年　"元年"，《宋史》卷四九三《西南溪峒諸蠻傳上》作"二年"。

《會要》：十一月，誠州刺史楊政巖遣使以方物蜀馬、錦紬、鼉鉰、犀甲來貢，亦溪峒之首也。二年，誠州楊政巖卒，其子衙內指揮使通塩表請命，詔以爲誠州刺史。是年，詔荆、湖諸州不得擅遣衙吏及禁僧道、舉人、攝官等輒入溪峒。

是年，荆湖轉運使言，富州向萬通殺皮師勝父子七人，取五藏及首以祀魔鬼。朝廷以其遠俗，特令勿問。

三年，晃州刺史田漢權、錦州刺史田保全遣使來貢。

《會要》：四年閏十月，詔富州刺史、檢校左仆射向通漢特授檢校司空。

至道二年，上親祀南郊，富州刺史向通漢上言："聖人郊祀，恩浹天壤[一]。臣雖僻處遐荒，洗心事上，伏望陛下察臣勤王之誠，因茲郊禮，特加真命。"詔加通漢檢校司徒，進封河內郡侯。《會要》：開國侯，加食邑五百户。參知政事寇準上言："通漢已嘗真命，今此奏述全以罔冒。"真宗曰："徼外蠻夷，能慕風化，宜且從所請，向去制置可也。"八月，通漢又言："父、母、妻、姑及弟、婦今遇郊禮，迄行封贈[二]。"詔惟父、母、妻循例授之。

〔一〕恩浹天壤　《宋史》卷四九三《西南溪峒諸蠻傳上》於其後有"況五溪諸州連接十洞控西南夷戎之地惟臣州自昔至今爲辰州牆壁障護辰州五邑王民安居"三十八字。

〔二〕迄行封贈　"迄"，當作"乞"。

咸平元年，通漢又言請定租賦，真宗以荒服不征，弗之許。《會要》：詔曰："汝遠遵朝闕，繼上封章。欲於陬落之田，重定賦輿之數。雖忠勤之備覩，諒播種之異宜。前典甚明，難遵什一。乃誠可尚，有煩再三。當體綏懷，更加安撫。所請宜不允。"通漢累表請定稅，帝以荒服不征，且慮姦謀擾叛，故拒之。

二年閏三月[一]，以下溪州刺史彭允殊爲右千牛衛將軍致仕，以其姪文勇爲刺史。《會要》：允殊老疾陳乞，荆湖轉運使張素上言，而有是命。

〔一〕二年閏三月　"二年"原脱，據《宋史》卷四九三《西南溪峒諸蠻傳上》補。

三年，高州刺史田彥伊遣子貢方物及輸兵器。

四年，其酋向君猛又遣弟君泰來朝。上溪州刺史彭文慶來貢水銀、黃蠟。

五年正月，天賜州蠻向永豐等二十九人來朝。夔州路轉運使丁謂言："溪蠻入粟實緣邊砦栅，頓息施、萬諸州饋餉之弊。"《會要》：十月，丁謂言："施州蠻人向者侵擾邊鄙，委逐族首領會兵討除，已獲寧靜。自後於州南界要害處建寨柵，益戍兵，兼與置屯田贍給，不煩輦運。其招到先叛去者蠻人頭首譚仲通等三十餘人，乞補職名。"帝曰："蠻人亦不可姑息太過，當諭轉運使給帖補充寨將。比來溪峒蠻人每有歸投，及殺賊得功押來赴闕，皆過乞恩澤，不惟邇遠空成往復。至於道路頗有害民，無厭請求，虛有縻費。可諭謂自今蠻人委實得功，只在彼量加支賜。若改補職名，即條奏以聞，不須發來赴闕。"〔一〕帝嘗遣使問謂如何去蠻人久遠之患〔二〕。謂言："若所委之官不邀功伐，不妄生事，常以安靜爲勝。一依前後詔條撫理制置，即蠻人不敢久遠爲非。"帝曰："邊境不寧，多因守臣生事〔三〕。國家條制甚明，苟奉而行之，必無事矣。"

〔一〕按《長編》卷五五將此段丁謂君臣對答置於六年十月辛未，並後附注文云："《會要》于五年十月載譚仲通事，又于六年十月載之，蓋誤也。今以本傳爲據削去五年十月所載。"

〔二〕帝嘗遣使問謂如何去蠻人久遠之患　"嘗"原作"常"。按，《長編》卷五五將此處丁謂上言答復繫於咸平六年十二月乙亥。至於真宗遣使詢問則無明確時間，當爲其始末文字。今據改。

〔三〕多因守臣生事　"守"原作"首"，據《群書考索·後集》卷四六《兵門》改。

六年二月，丁謂言："黔州南蠻族頗有善馬〔一〕，請致館設，給緡帛〔二〕，每歲收市。"從之。四月，詔禁蠻人市牛入溪峒。

〔一〕黔州南蠻族頗有善馬　"南"原作"高"，據《長編》卷五四改。

〔二〕給緡帛　"給"原脱，據《長編》卷五四補。

六年四月，丁謂等言，高州義軍務頭角田承進等擒生蠻六百六十餘人，奪所略漢口四百餘人。〔一〕《會要》：又詔謂，規畫久遠，蠻人不知爲非。謂言，若委得其官，不邀功，不生事，以安靜爲勝，乃可。〔二〕五月，荊湖轉運使王贄上言："近溪峒田，先以蠻人侵擾，禁其墾殖。今邊境安靜，民復耕蒔，已遣官檢拔置籍，請令依舊輸租。"詔蠲常賦之半。

〔一〕按《長編》卷五四同年、月條於其後載："初，田彥伊既輸甲兵，誓不犯邊，而溪南生蠻有背約者。謂與延賞、權知施州寇瑊等謀，遣承進率衆及發州兵擒獲之，焚其室廬，皆震慴伏罪。乃置尖木寨於施州界以控扼之。自是寇抄貼息，近溪洞田民得耕種矣。"李燾注云："《實錄》但書'候延賞'，《會要》亦無延賞名，今參取增修。"知《長編》據《宋會要》撰修此事，附於此。

〔二〕《輯稿》蕃夷五之七六於此段上有天頭眉批云："此注在'民得耕種'句下。"按，《宋史》卷四九三於六年四月丁謂言"奪所略漢口四百餘人"後有"初益州軍亂"至"邊溪峒田民得耕種"一百〇一字。批語者當以此爲脫文。今不補，刪眉批。

七月，南高州義軍指揮使田彥强、防虞指揮使田承海來貢。施州叛蠻譚仲通等三十餘人來歸。《會要》：詔悉補寨將，仍詔自今蠻人殺賊有功，就加賜賚，合補職者，具名以聞，勿須部送赴闕。

景德元年，高州五姓義軍指揮使田文䩄來貢。

《會要》〔一〕：二年正月十二日，峽路都監侯延賞上言："施、黔州等溪峒七百餘戶歸業，悉以兵器及銅印、假命符牒送官〔二〕。"

〔一〕《輯稿》蕃夷五之七六天頭眉批："此注在'存卹之惠'句下。"按此爲《宋史》卷四九三《西南溪峒諸蠻傳上》文字"富州刺史向通漢遣使潭州營佛事以報朝廷存卹之惠"，未見於此處《宋史》正文。批語者當以此爲脫文。今不補，刪眉批。

〔二〕悉以兵器及銅印假命符牒送官　"兵"原脫，"銅"原作"峒"，據《長編》卷五九補、改。

《會要》〔一〕：十九日〔二〕，知敘州舒君旺來朝，有司言："溪峒刺史舊例並不許入對，自餘拜於殿門外。"詔君旺特令入對。溪峒刺史卒，其男皆代領刺史，君旺以其初命，故且令知州，而入對特依刺史例。

〔一〕會要　其前原有《宋史》正文"夔州路降蠻首領皆自署職名請因而命之上不許第令次補牙校"。按《宋史》卷四九三將其繫於景德二年，不繫月、日，與後文《會要》文字五月"夔路轉運使薛顏等言"與之顯係一事，《長編》卷六〇亦同，皆在二年五月己未（二十一日）。今删。

〔二〕十九日　按《長編》卷五九，下文"辰州諸蠻攻下溪州爲其刺史彭儒猛擊走之"在景德二年二月辛巳（三日）；《會要》文字"十五日"在同年二年二月丁未日。知此"十九日"當承前條景德二年正月。

是歲，辰州諸蠻攻下溪州，爲其刺史彭儒猛擊走之。

《會要》[一]：二月十五日[二]，以故懿州刺史田漢希男漢能爲檢校太子賓客、知懿州。

〔一〕《輯稿》蕃夷五之七六天頭眉批："此注在'加邑封'句下。"按《宋史》卷四九三《西南溪峒諸蠻傳上》，彭儒猛擊走辰州諸蠻後有"擒酋首以獻詔賜儒猛錦袍銀帶儒猛自陳母老願被恩典詔特加邑封"，不見於此處《宋史》正文。批語者當以此爲脫文。今不補，删眉批。

〔二〕二月十五日　"二月"原脫，據《長編》卷五九補。

四月，帝謂宰臣曰："富州刺史向通漢於辰州漵浦縣、潭州益陽縣廣市土田[一]，或言謀劫内地，此爲次舍之備。可就命交州安撫使邵燁俟經其地，熟察情僞及圖利害以聞。"

〔一〕潭州益陽縣廣市土田　"潭"原作"譚"，據《輯稿》食貨三四之一五、《武經總要》前集卷二〇改。

五月，夔路轉運使薛顏等言："投降蠻人首領皆以自補職名[一]，請因而命之。"帝曰："向者川峽屢擾，多擅補巡檢將，頗桀驁縱恣[二]。今蠻酋所補復有此名，不可從也，第令次補牙校。"

〔一〕投降蠻人首領皆以自補職名　"降"原脫，據《長編》卷六〇補。

〔二〕頗桀驁縱恣　"頗"原作"領"，據《長編》卷六〇改。

十二月，荊湖北路言，溪峒團練使彭文綰送還先陷漢口五十人，詔授文綰檢校太子賓客、知中彭州。《會要》：辰州洛浦峒州衙内指揮使田允旻來貢，賜錦袍、銀帶、器幣有差。

三年，溪州刺史彭文慶率溪峒群蠻來貢。《會要》：並獻方物。帝顧文慶曰："爾善於統轄，自今益須用心[一]。"又謂諸蠻曰："自此勿更爲過，犯者不赦。"賜錦袍、銀帶、器帛有差。先是，溪峒蠻或時擾邊，自文慶總領，不敢爲非故也。

〔一〕自今益須用心　"益"原作"蓋"，據《長編》卷六二景德三年二月甲戌朔條改。

又高州諸名豪百餘人入貢。《會要》：十二月二十四日〔一〕，夔州轉運使薛顏遣侍禁韓令珪押高州新附蠻首八十九人來貢水銀、蠟燭、麝香、黃連、土布、花蓆、花幕等。

〔一〕十二月二十四日　"十二月"原脫。按，《長編》卷六四十二月己巳朔（二十三日），"高、溪州蠻酋一百六人來貢"，又李燾注云："《會要》於正月先載高州新附蠻八十九人來貢，於十二月又載此，人數並同，疑重出，今從《實錄》，止書一處。"今據補"十二月"三字，又知《宋會要》於此三年正月當亦有"高州新附蠻八十九人來貢"事，附於此。

四年五月，以高州刺史田彥伊子承寶爲寧武郎將，高州土軍都指揮使田思欽爲安化郎將。

《會要》：閏五月四日，詔："應溪峒諸處每年進奉及差人到闕，今後溪峒諸處除刺史、知州已上名目人非泛進奉，依舊例供申樞密院外，其常例進奉人員限五日内將物色進納，一面供報閤門見、辭。閤門勘會合支例物，於逐庫取索宣賜。如該説不著名目，仰比類節次施行，不得邀難住滯，違者勘斷。仍每遇冬月，所支官絁衫子，即支紫小綾錦旋襴，其皂紬衫子，即支皂紬錦袍襴。溪峒諸處進奉人員衙内都指揮使、都教練使並諸色目都指揮使、指揮使、招安巡檢使副，各賜官絁衫子、四兩銀腰帶〔一〕、絹夾袴、絹二匹、麻鞋；都押衙、都部領、大將、軍將、承引官、都知兵馬使、子城使，各賜紫官絁衫子、絹夾袴、錢一千；散從官、步奏官、子弟、僕人，各賜皂絹衫子、錢一千。富州刺史向通漢差來衙内都指揮使、指揮使、都教練使，各賜紫官絁衫子、四兩銀帶、絹夾袴、幞頭、絲鞋、絹二匹；軍將，各賜紫官絁衫子、絹夾袴、錢一千；散從、步奏官、子弟、僕人，各賜皂紬衫子、錢一千。"

〔一〕四兩銀腰帶　"腰"原作"要"，據《輯稿》禮六二之二○改。

七月，南州科事龔允進等四十二人來貢白布、班布、犀角、麝香、朱砂、黃蠟、虎皮等。

大中祥符元年三月，知元州舒君强、知古州向光普並加銀青光禄大夫、檢校太子賓客。《會要》：兼監察御史、武騎尉、知州事，皆轉運使乞加真命故也。四月，補澧州慈利縣土丁都指揮使陳士洪爲三班借職[一]，充本縣土丁都指揮使。以荆湖轉運使許遜言其在邊禦蠻有功故也。

〔一〕補澧州慈利縣土丁都指揮使陳士洪爲三班借職　"利"原作"和"，據《長編》卷七八大中祥符五年八月丁酉條、下文三年條改。

八月，黔州言磨嵯、洛浦蠻首領龔行滿等率族二千三百人歸順。《會要》：是族自唐以來未嘗歸化者。九月，高、順州貢奉蠻人入辭，帝諭曰："各安部族，勿相侵擾。"有自陳親族爲鄰峒所殺，求往復讎。帝曰："事往矣，勿復論。"咸拜而退。

十月，溪峒諸蠻獻方物於泰山。《會要》：十月，東封泰山，溪峒諸蠻並來貢方物。詔以人數稍多，命使臣專於岳下館待之。

十二月，辰州大峒狖獠蠻大都頭魏進武及峒主首領覃架圖等以方物來貢。

二年六月，叙、顯、雲三州衙内指揮使舒寶、舒富、向由等來貢端午水銀，賜銀帶、衫袴、鞋、絹有差。

三年，澧州言，慈利縣蠻相讎劫，知州劉仁霸請率兵定之。上恐深入蠻境，使其疑懼，止令仁霸宣諭詔旨，遂皆感服。《會要》：十月，以前富州刺史向通漢爲起復雲麾將軍，通漢亡母晉安郡太君黃氏贈江陵郡太君。

四年，安、遠、順、南、永寧、濁水州蠻首田承曉等三百七十三人來貢。《會要》：十二月，夔州路轉運使言："近置暗利寨，有爲惡蠻能率屬歸投者，望補其首領職名，月給食鹽。"從之。

五年二月，洛浦峒刺史田仕瓊來貢溪布三百匹，磨嵯峒主張萬錢貢溪布三百匹，賀承天節。

八月，荆湖北路轉運使陳世卿言[一]："澧州慈利縣蠻人侵擾漢土，臣已率兵逐歸溪峒，請復置武口寨控之[二]。其酉下溪州刺史彭儒猛願歲修貢職，望降詔慰獎。"從之。時又詔閤門祗候史方至澧州，同相度侵占漢地蠻人。先是，方嘗經度其事，亦稱便利。至是，荆湖轉運使司有請〔三〕，故復命之。〔四〕

〔一〕荆湖北路轉運使陳世卿言　"北路"原脱，據《長編》卷七八補。
〔二〕請復置武口寨控之　"請"原脱，據《長編》卷七八補。
〔三〕荆湖轉運使司有請　"運"原脱，據宋官制補。
〔四〕故復命之　其後當有脱文。按，《長編》卷七八大中祥符五年八月丁酉條："於是自竹竦驛至申文崖復地四百里，得所掠五百餘人，及置澧州等寨。"李燾注："《史方本傳》云置澧州、武口、楊泉、索溪四寨。按《會要》及《實錄》，但澧州、武口二寨耳。當考。"知《宋會要》於八月有史方置澧州、武口二寨事。

九月，詔荆湖北路、夔州路轉運司："今後溪峒進到户口，當議量多少支賜，更不降真命，及不令置立州名，仍分析合與支賜蠻人久例物色等第開坐以聞。"以閤門祗候史方奏："彼溪峒將略過户口却爲進貢邀恩，及乞創立州名，受真命，便預逐時進奏。每所貢甚微，所費極大。"故有是命。

五年，詔："昨許溪峒蠻夷歸先劫漢口及五十人者，特署職名，仍聽來貢〔一〕。"《會要》：十月，夔州路轉運使上言："轄下蠻峒日前因結搆爲非，發兵擒戮，始致寧靜，仍歸我所略人口。本州準所歸人口數及五十人者許量置州名，補置名目，及許差人貢奉。"帝曰："如聞此亦非便。其間遠僻蠻峒連接漢户之處，亦有旋虜充數以邀錫賚，自今嚴行禁止之。"

〔一〕按《大典》錄《宋史》正文未完，致文意有訛。《宋史》卷四九三於其下尚有"如聞緣此要利，輒掠邊民充數，所在切辨察之"。

其年，夔蠻千五百人乞朝貢。上慮其勞費，不許。《會要》：是月，溪峒蠻人請赴闕朝覲者千五百人。朝議以道途往來，公私勞費，遂令轉運使定奪以聞。除令上京奏裁外，餘止就彼犒設，量行支賜遣之。又令使臣一人沿路押伴，鈐轄齊肅，無致擾人。因詔："蠻人有來貢者，選使臣一人部押，先須搜索兵刃器械，每程與驛官同給驛料。如撫遏蠻人不致違越，理爲勞績，不即鈐轄，即行責罰。若牙校部送者，與遷一資，仍與優穩差遣。或與蠻人同爲違越，亦當停削。"

又詔：施州溪蠻朔望犒以酒肴。《會要》：閏十月四日，荊湖轉運使陳世卿言："前請於澧州慈利縣置澧州、武口二寨，今蠻人悉歸溪峒。"詔獎之。

閏十月，五溪蠻向貴升及磨嵯、洛浦蠻來貢。《會要》：十二月，溪峒蠻張文裔等八百人來朝〔一〕。

〔一〕溪峒蠻張文裔等八百人來朝　"裔"，《長編》卷七九、《宋史》卷八《真宗紀》皆作"喬"。

六年，夔州蠻彭延遛、龔才晃等來貢。《會要》：六年四月，五溪蠻向彥勝、田進戎等來貢端午水銀。辰州溪峒都指揮使魏進武率山傜數百人數寇城砦，朝廷不欲發兵窮討，乃降詔招諭。

《會要》：十月，知荊南軍府朱巽言："辰州盧溪縣土丁都頭魏進武等率山傜數百侵擾溪寨，已遣本州監押部兵掩襲。"帝以本州官不可並出，亟令留一員在州，仍降詔諭進武等令還溪峒，如有所訴，委本州裁酌施行。若無故嘯聚，即便宜撫遏，件析以聞。

七年二月，荊湖轉運使上言："魏進武已招赴盧溪縣請罪。"詔分屯諸軍，止留五百人戍縣境。

三月，詔辰州張綸於盧溪縣建道場五晝夜，仍令豐潔致祭。

七年，進武詣吏請罪，署為三班借職、監房州稅，仍賜裝錢。《會要》：進武自言房州接歸、峽山路，頗邇蠻界，乞移他所。遂改於淮南。

八年二月，邕州上言，得知思琅州儂承政狀，乞歸化從輸。詔轉運使相度，如經久不致生事，即從其請。

八年，詔中彭州彭文綰歲賜錦袍。《會要》：又賜下溪州刺史彭儒猛獎詔，以辰州言其捕獲蠻寇故也。

九年八月，詔溪峒蠻人因朝奉遣回者，並令夔州路轉運使勘會，貢方物者，人賜綵三匹、鹽二十斤；無方物者，人綵二匹、鹽半斤，其近上首領即加賜二兩銀椀一。

天禧元年，溪州蠻寇擾，遣兵討之。《會要》：十一月，以辰州溪蠻爲梗，再遣侍禁、閤門祗候劉永崇，入内供奉官江德源馳往安撫，如敢拒命，即發鼎州戍兵討之。

二年，辰州都巡檢使李守元率兵入白霧團，擒斬蠻寇，降其酋。知辰州錢絳等入下溪州，破砦柵，斬蠻六十餘人，降老幼千餘。刺史彭儒猛亡入山林，執其子仕漢等赴闕。詔高州蠻捕儒猛來獻者，厚加賞典。

《會要》：二年正月，江德源上言："辰州都巡檢使李守元部白丁會諸蠻入白霧團，討擊生擒蠻寇十五人，斬首萬級〔一〕，獲器甲二百，招降酋首董文千〔二〕、王文象等二百餘人。"詔高州蠻如能捕儒猛來獻者，當量其功，或授刺史，賜州額、牌印，其次第與補置給賜，許其進奉。二十六日，上溪州衙内指揮使魯文足等一百八十九人進奉，其賜衣服、腰帶、麻鞋分物。文足等乞比去年冬月例支賜錦衣，卒不肯受。詔所有分物，却令於逐庫送納。閏四月，補下溪州蠻彭仕漢爲右班殿直，彭儒霸、儒聰並爲三班借職，賜衣冠、緡帛。

〔一〕斬首萬級　"萬"，《長編》卷九一作"百"。

〔二〕招降酋首董文千　"董"，《長編》卷九一、《宋史》卷四九三皆作"黄"。

天禧二年閏四月二十八日〔一〕，知辰州錢絳言："正月二十七日，與供備庫副使李守元、入内供奉官江德源等入下溪州，收破寨柵，斬蠻人六十九級，降老幼千二百二十人，收器械甚衆，招獲彭儒猛男仕漢等，部送赴闕。"〔二〕

〔一〕天禧二年閏四月二十八日　"二年"原作"元年"，據《長編》卷九一天禧二年正月乙卯條改。

〔二〕此段《會要》文字原附於上文《宋史》文字"九年八月詔溪峒蠻人因朝奉遣回者"條之後。按《長編》卷九一天禧二年正月乙卯："此月二十七日辛酉又入下溪州，閏四月四日始奏到。"因移至此。

其年，儒猛因順州蠻田彦晏上狀本路，自訴求歸，轉運使以聞。上哀憐之，特許釋罪。《會要》：五月六日，夔州路轉運使上言："得順州蠻田彦晏等狀，具言彭儒猛哀訴求順嚮。"乃下詔曰："懷遠之方，推恩必厚，念勞捨過，抑有典常。下溪州彭儒猛，負釁逋逃，久困羇旅。其子仕漢等已束身歸服，並列班秩，儒猛亦遠陳誠懇，深足哀矜。俾均在宥之仁，式啓自新之路。宜特釋其罪，仍加錄用。令高州等處諸族蠻人以此招諭，如挈屬來歸，願給田耕鑿，許從所便，願還溪峒，亦聽其請。招諭之人〔一〕，亦以等第加酬獎。"是月，彭儒猛表納所略人口、器甲等，詔辰州刑通判劉仲象召至明灘，歃血爲誓，賜錦袍、銀帶遣之。

〔一〕招諭之人 "招"原作"詔"，據本文改。

富州刺史向通漢率所部來朝，貢名馬等物。《會要》：十五日，富州刺史向通漢率所部九十二人來朝，貢名馬、丹砂、銀裝劍㮇、兜鍪、錦牌。賜通漢襲衣、金帶、靴笏、器幣、鞍勒馬。其子光澤、孫守忠、甥張處厚、門客鄒師説、都知兵馬使黃德文已下，各賜衣冠、器幣有差。二十一日，向通漢表乞日奉朝請，以面天顔。帝以其遠人，且復時暑，特令五日一起居。

六月十一日，又上《五溪地里圖》一，乞留京。許之〔一〕。十三日，乃以通漢爲檢校大傅、本州防禦使，依前五溪都防禦使〔二〕，增食邑封，加保順功臣，所納疆土復賜之。以其子光澤爲右班殿直〔三〕，孫守忠爲三班借職，甥張處厚爲殿侍，門客進士鄒師説同學究出身。初，本路以富州本是蠻界，不可建置郡縣。及以吏部統轄爲請，故通漢赴闕，復有是命。

〔一〕許之 《長編》卷九二作"上嘉其意"。按下文意，實是真宗不許其留京，此處似有脱誤。

〔二〕五溪都防禦使 "五溪"下原衍"州"字，據下文三年二月十一日條刪。

〔三〕其子光澤爲右班殿直 按《長編》卷九二，光澤爲向通漢兄子。

七月，通漢再表乞留京師，詔不許。以通漢子殿直光澤監鼎州税，孫借職守忠巡轄荊南鼎州馬遞鋪，並從其請也。又言："自今賜冬服使臣望許至臣本州，所冀陬落得識使命。"從之。及入辭，特賜襲衣、金帶。通漢本青州人，唐僖宗朝隔在溪峒。因母疾，不茹葷，迨今三十年。言語與中華無異，所居與辰州接境。時王師討彭儒猛之叛，通漢表請納土入覲，故優禮之。

十二月，補辰州牙校田保崇爲三班奉職，賜公服、靴笏、銀帶、緡錢。初，下溪州彭仕漢爲盜，保崇往執而出之，故有是賞。

三年二月十一日，辰州言，富州防禦使、五溪都防禦使向通漢卒。詔賜緡帛、羊、酒，命其子光舜襲知州事。

十三日，知辰州張綸上言："下溪州蠻彭儒猛昨自爲非，結誓之後，頗恭朝命，而州民多在市侵凌，望委州將覺察。"從之。

十八日，知富州向光舜卒，請以向通漢第二子光憲繼知州事，許其進奉，從之。

六月，命內殿崇班閤門祇候張綸赴辰、澧、鼎州，安撫招捉蠻人。知辰州史方、知澧州曹克己辰澧鼎州都監巡檢使柴忠、荆南駐泊都監趙振同其事。

十二月，富州蠻首向光澤表乞納土。帝曰："得此何用？必其親族不相容爾，當令轉運使察之。"洎奏至，果如聖慮，遂不許。

初，北江蠻酋最大者曰彭氏，世有溪州。州有三，曰上、中、下溪，總二十州，皆置刺史，而以下溪州刺史兼都誓主，十九州皆隸焉，謂之"誓下州"。

《會要》：五年十月[一]，荆湖北路轉運使上言："知上溪州彭君保卒，請令其弟君佐代知州事，望降真命。"從之。

[一] 五年十月　《輯稿》蕃夷五之八一原有天頭眉批："此注在'下溪州賜以袍帶'句下。"按批語引文見《宋史》卷四九三《西南溪峒諸蠻上》，天聖五年"儒猛死仕端以名馬來獻詔還其馬命知下溪州賜以袍帶"，知批語者以此"五年"繫於天聖下。然以上《宋史》正文、《會要》文字皆爲天禧間史事，其後《會要》文字亦有"仁宗天聖"等條接續。知此"五年"繫於天禧下，當無問題。今刪眉批。

天聖七年[一]，遂以其弟仕義貢方物。[二]明道初，仕端死，復命仕義爲刺史，累遷檢校尚書右仆射。自允殊至仕義，五世矣。仕義有子師寶，景祐中知忠順州。

[一] 天聖七年　"天聖"原作"天禧"，據《宋史》卷四九三《西南溪峒諸蠻上》、《輯稿》蕃夷七之二四改。

[二] 《宋史》卷四九三《西南溪峒諸蠻上》於此句上云："五年，儒猛死，

仕端以名馬來獻，詔還其馬，命知下溪州，賜以袍帶。"

《會要》[一]：仁宗天聖元年二月，知夔州史方上言："順州蠻田彥晏、承恩等結構作過，攻施州寧邊寨。見集施、黔州義軍，令差都指揮使牟漢卿、秦施煦等捉殺到溪峒子弟，奪器甲甚衆。"詔獎之，其得功人賞以鹽、綵。

〔一〕會要 其上天頭原批"此注在'七年無他過故命之'句下"。按《宋史》卷四九三《西南溪峒諸蠻上》文字，在邵州蠻楊廣倩嘉祐五年事末。今刪眉批。

閏九月，夔州轉運使刁湛上言："順州田彥晏等各以悔過納命，已送先略生口、器甲入官，望不授以刺史，止給知州告身，自今依元定人數許令進奉。"詔授寧遠將軍，依前知順州，仍召彥晏等親赴邊寨，飲血設誓。彥晏初攻破施州寧邊寨，刁湛召令飲血結誓，乞捨過，許令依舊往。詔釋其罪，所欠金銀、匹帛、粟米特與放免，所欠户口即責近限送官。湛上言，特降敕書獎之。

二年正月，都進奏院言："有武寧州教練使吳知福等到京，稱當州本屬下溪州管下，昨有安撫使入峒安撫，起立武寧州名。今奉知本州彭仕羋、押案副使彭文述差押進奉賀正溪布上京。院司勘會：自來下溪州管下別無武寧州進奉名目，未敢依例收接表券。"詔都進奏院、客省、閤門依溪峒諸州逐年四節進奉例施行。

五月十四日，荊湖北路轉運使上言："知古州向光普置佛寺一區，乞賜寺額，及依富州例贖度行者二人。"詔以"報國"爲額，每歲度行者一名。

二十二日，知辰州劉永崇上言："攝懿州判官牟坦久在溪峒鈔奪貢奉關諜，蠻酋今捕赴闕，望與散參軍安置。"特詔黥面配京東州本城收管。

四年二月，夔州路溪峒歸順蠻人田思欽等三百二人來貢方物，時夔州路轉運使得溪峒諸州狀，即遣赴闕。樞密院奏："蠻人入貢人數非少，本路並不奏稟朝旨，輒令赴闕，乞行荊湖轉運使差官取勘。"從之。

三月，樞密院言："溪峒蠻人每年一次上京進奉人數不少，例皆凶愚，訪聞往來搔擾官私。欲下夔州路轉運使，只作在彼意度，勾喚高、順等諸州頭首審議，以蠻人進奉涉路衝寒，多有死亡，自今或只將進奉土貢物納於施州，貢表詣闕，其差來蠻人，依元定數即就施州給賜例物，發回溪峒。如得穩便，即令蠻人連書文狀，取候朝旨。若願得食鹽，亦聽就近取射數目，比折支與。若蠻人堅欲詣京買賣，即許每十人內量令三二人上京。"從之。

八月，夔州路轉運使王立等上言："臣差人喚到安遠、天賜州、南州、順州、保順州向萬勇等審問，願依今年條約，如逐州欲得上京貨易，每三年一次，於元定數十人內量差三二人上京。惟高州刺史田承進一族六州未有申報。況已有天賜等州體例，欲望一例降詔，令自天聖四年爲始。"從之。

六年七月，辰州言："知溪峒忠順州彭儒贊捉殺得賊人羅萬强等，乞依上溪州義軍都指揮使彭文貴等例支賜紅巾、錦襖、腰帶充賞，更支賜鹽三百斤。"從之。

十月，夔州路轉運使言："溪州蠻人高州刺史田彥晏等乞加恩命。"從之。

八年四月〔一〕，詔邕州："今後鈐轄所管溪峒州縣人户，令各守地分安居，不得互相劫略〔二〕。本處小事及輸税遲延，只州司移文，委本州縣勾當人員催遣，不得差人入峒。或事須追問，即選差衙前往彼勾當。仍鈐轄不得接便妄行威勢，搖擾取索良口錢物，充下擔發遣。如違，勘逐不虛，當科違制之罪。"

〔一〕八年四月　"年"原作"月"，據文意改。
〔二〕不得互相劫略　"互"原作"牙"，據文意改。

景祐二年五月，知桂州田丙言："宜州管下鎮寧州蠻莫陵等七百餘人內寇。"詔遣西京作坊使郭志高、閤門祇候梁紹熙捕討之。廣南西路轉運司復言："蠻賊莫陵、邊人覃敵爭田，互相讎殺，其衆才百餘人，而宜、融、柳州同巡檢凌仲舒妄言七百人。今既詣降，已勒誓狀，放還鎮寧州。"詔莫陵等嘗殺害官吏〔一〕，而轉運司擅釋之，並仲舒妄增賊數，並令劾罪。續詔轉運使魏瓘："宜州蠻莫陵等既請降，宜令還所略人户。若不從命，即併兵追討之。"

〔一〕詔莫陵等嘗殺害官吏 "陵"原作"凌"，據本文改。

六月，廣南西路提刑司言，高、竇州蠻獠陳友明等寇海上。遣左侍禁閤門祗候侍其洙、右侍禁米光濬捕討之。

三年正月，辰、澧、鼎等州五溪十峒巡檢安撫使張綸言："蠻首修貢如故，仍購還所略民，遣官與盟，刻石於境上。"先朝辰州溪峒蠻彭氏内寇，以綸知辰州。綸至，築逢山驛路，賊不得通，乃遁去。又修新興寨，鑿井導泉以便民，俄徙渭州。未幾，蠻復入寇，故命綸往焉。

二月，廣南西路轉運司言："邕州甲峒蠻掠思陵州馮詳峒生口〔一〕，及殺登梡鎮將等〔二〕。已會兵追擊之。"

〔一〕邕州甲峒蠻掠思陵州馮詳峒生口 "甲"原作"申"，據《長編》卷一一八改。"馮"，《長編》卷一一八、《宋史》卷四九五《甲峒蠻傳》作"憑"。

〔二〕及殺登梡鎮將等 "梡"，《長編》卷一一八作"琓"，《宋史》卷四九五《甲峒蠻傳》作"龍"。

慶曆元年十二月，湖南溪峒知徽州楊通漢貢方物。

三年九月，湖南轉運司言桂陽監蠻猺内寇。詔發兵捕擊之。事具《出師》。

四年二月，廣西鈐轄司言〔一〕，宜州蠻區希範領衆破環州，又破鎮寧州。詔本路轉運、鈐轄司亟發兵捕擊之，即毋得深入。四月，以京西轉運使、虞部員外郎杜杞爲刑部員外郎、直集賢院、廣南西路轉運按察使兼安撫使，命討宜州叛蠻。續詔出榜：有獲區希範、區正辭、蒙趕者，每一名賜錢三十萬、鹽千斤、綿襖子、銀腰帶。明年三月，杞至環州，討殺蠻賊，區希範平。

〔一〕廣西鈐轄司言 "西"原作"司"，據《長編》卷一四六改。

希範，環州思恩縣人，嘗舉進士，試禮部。景祐五年，應募從官軍擊安化州叛蠻，既而詣登聞鼓求録用〔一〕，事下宜州〔二〕，而知州馮伸己言其妄要賞，朝廷遂編管全州。未幾，輒遁歸，與其族百餘人謀爲亂，將殺伸己，據廣西一方，建"大唐國"。推白崖山酋蒙趕爲帝，叔區正辭爲奉天開基建國桂王，自爲神武定國令公、桂牧，凡僞補三十餘人。慶曆四年正月十三日，領衆二千餘人破環州，劫州印，以環州爲武成軍，又破帶溪寨，下鎮寧州及普乂寨。宜州捉賊李德用出韓婆嶺擊却之，俘僞將崔盈、譚護二人〔三〕，希範遂入保荔波峒，間出拒官軍。明年，轉運使杜杞大領兵至環州，使人誘其黨六百餘人，紿與之盟〔四〕，飲以藥酒，因得盡擒殺之。後三日，得蒙趕、區希範、區丕緒等十數人〔五〕，醻賜諸溪峒。

〔一〕既而詣登聞鼓求録用 "鼓"原脱，據《長編》卷一四六慶曆四年二月壬寅條補。

〔二〕事下宜州 "事"原脱，據《長編》卷一四六慶曆四年二月壬寅條補。

〔三〕俘僞將崔盈譚護二人 "俘"原作"復"，據《長編》卷一四六慶曆四年四月庚午條改。

〔四〕紿與之盟 "紿"原作"紹"，"盟"原作"盗"，據《宋史》卷四九五《環州蠻區氏傳》改。

〔五〕區丕緒等十數人 "區丕緒"，《長編》卷一四六慶曆四年二月壬寅條同，五朝本《長編》、《宋史》卷四九五《環州蠻區氏傳》皆作"區丕績"。

皇祐元年四月，改邕州管内溪峒波州爲安平州。

三年正月，以辰州溪峒彭師寳知上溪州，仍令乾元節貢獻如舊。師寳，仕義之子，自慶曆四年絶其貢奉〔一〕。至是，累投本路納款，求知上溪州，故特命之。

〔一〕自慶曆四年絶其貢奉 "奉"原作"舉"，按《長編》卷一七〇云"以罪絶貢獻"，據改。

三月十七日，荆湖南路安撫司言："邵州溪峒中勝州舒光銀陳述殺賊勞，乞賜中勝州名額。如不許，止乞依舊例賜鹽一千斤、絹一百匹爲酬獎。"從之。

五年八月，湖南安撫司言："邵州溪峒舒光銀捍賊有勞，請於本峒置中勝州。"從之。

至和元年五月〔一〕，廣西南路轉運司言："昨送黎賊符護奴婢十人還峒中，而符護復以所留瓊崖州巡檢三班借職慕容允則及軍士五十六人來歸，允則道病已卒。"詔軍士悉貸其罪。

〔一〕至和元年五月　"五月"原作"正月"，據《輯稿》蕃夷五之四三改。

是月，廣西路經略司言融州大邱峒首領楊光朝內附。

九月四日，夔州路轉運都監司蔣賁等言："乞施州管下元進奉蠻人向永詞等乞與量蠻人進奉，仍與永詞降賜真命歸明州都巡檢名目敕告付與。"從之。

二年正月，荊湖北路鈐轄、轉運司言：知龍賜州彭師黨以其族來歸。詔本路常加存撫之，仍議所與官及所居處授田頃畝之數以聞。是月，邕州言蘇茂州蠻內寇，命廣南西路經略安撫司發兵捕擊之。十七日，詔荊湖北路都鈐轄、轉運司體量蠻人彭仕羲即目結集蠻軍多少，欲往何處作過，仍具控扼經久利害以聞。

十月，荊湖北路轉運司言：下溪州蠻彭仕羲舉眾內寇。詔本路發兵捕擊之。

嘉祐元年三月，廣南西路安撫司言，融、桂等州蠻人楊克端等一百三人內附。

八月，詔湖北路鈐轄司："下溪州刺史彭仕羲侵擾邊境，爲患不已，其相度招安之。"

九月，詔知荊南府魏瓘〔一〕、荊湖北路轉運使王綽、知辰州竇舜卿："所奏彭仕羲遣荷內指揮使覃師明欲歸款〔二〕，須令自齎降表至澧州，始行撫納之。其十三州刺史進奉，宜與減落五七州，仍具處置次第聞奏。"

〔一〕詔知荊南府魏瓘　"詔"原脫，據《長編》卷一八四補。

〔二〕所奏彭仕羲遣衙內指揮使覃師明欲歸款　"所"原作"並"，據《長編》卷一八四改。

三年八月，荊湖北路轉運司言："已招安彭仕羲，省本路軍馬。"

仕羲蓋盤瓠之種，所居即漢黔中，唐彭水之地，其俗阻五溪，歷代荒譎不常。唐末諸酋分據其地，自置刺史，而彭氏素有溪州。晉天福五年，有彭志愁者出寇辰、錦，進圍澧州，湖南節度馬希範討不能下，遂與志愁約和，而五州酋豪既來盟，乃立五銅柱為界〔一〕，其後子孫多世襲之。國初，彭氏納牌歸順，許通市易。咸平中，降真命，賜管下二州名，許貢奉京師。至景德中，有彭文慶者來貢方物，真宗嘗面戒之。後有彭儒猛、彭文綰、彭仕漢等繼以修貢。仕羲祖父五世襲下溪州刺史，兼都誓主，其諸州將承襲，必率蠻首共議子孫若弟姪親黨之當立者，具州名文移辰州州吏保明〔二〕，止申鈐轄司，然後以聞，而賜敕告、印牌。每隔江望拜闕庭而受恩。其州有上、中、下溪、龍賜、天賜〔三〕、忠順〔四〕、保靜、感化、永順〔五〕、懿、安、遠、新、給、富、來、寧、南、順、高等州，每州有押案副使及校吏，皆自補置之。至和二年〔六〕，仕羲納其子上溪州師寶之妻，師寶乃與其子師黨投辰州，告其父之惡，且言將有謀叛。於是知辰州宋守信與通判賈師熊、轉運使李肅之共議領兵丁數千人入峒討伐，即以師寶為之嚮道。兵既至，而仕羲遁入峒，不可得，官軍戰死者十六七。後蠻獠數侵省地，不復可制。間遣吏諭以朝廷之意，使復立誓，許通貢奉，輒慢命不從。乃遣三司副使李參〔七〕、文思副使竇舜卿、侍御史朱處約、轉運使王綽經制討伐之事，大領兵問罪，令減去五七州貢奉，然後許以改過自歸。而仕羲自陳本非有侵軼不順之狀，因以子悖逆，而守信等擅伐無辜，願以二十州舊地復貢奉，永以嚮化。既又遣殿中丞雷簡夫往議，而至是以所掠兵丁共五十一人、械甲千八百九事並蠻衆七百人赴誓場飲血就降，而遣師黨知龍賜州〔八〕，戒勿殺，而荊湖之間遂無事。

〔一〕乃立五銅柱為界　"銅"原作"桐"，據《太平治蹟統類》卷一七《神宗平下溪州》改。

〔二〕具州名文移辰州州吏保明　"吏"原作"史"，據《太平治蹟統類》

卷一七《神宗平下溪州》改。

〔三〕天賜　原脫，據《太平治蹟統類》卷一七《神宗平下溪州》、《宋史》卷四九三《西南溪峒諸蠻傳上》補。

〔四〕忠順　"忠"原作"中"，據《太平治蹟統類》卷一七《神宗平下溪州》、《宋史》卷四九三《西南溪峒諸蠻傳上》改。

〔五〕永順　"順"原脫，據《太平治蹟統類》卷一七《神宗平下溪州》、《宋史》卷四九三《西南溪峒諸蠻傳上》補。

〔六〕至和二年　"至"後原衍一"聖"字，據《太平治蹟統類》卷一七《神宗平下溪州》、《宋史》卷四九三《西南溪峒諸蠻傳上》刪。

〔七〕乃遣三司副使李參　"李"原脫，據《太平治蹟統類》卷一七《神宗平下溪州》、《宋史》卷四九三《西南溪峒諸蠻傳上》補。

〔八〕而遣師黨知龍賜州　"師黨"原作"師寶"，據《太平治蹟統類》卷一七《神宗平下溪州》改。

五年六月，廣南西路經略司言〔一〕，邕州甲峒等處蠻賊五千餘人內寇。詔邕州發兵攻討之。

〔一〕廣南西路經略司言　"言"原脫，據《長編》卷一九一補。

十一月，湖南安撫司言："舊制，溪峒知州卒，令其首領推所當承襲者，許進奉爲知州，俟撫過蠻人及五年，即奏授敕告。今邵州溪峒知徽州楊光倩承其父通漢已及七年，無他過，請授以真命。"從之。

十二月，廣南西路轉運司言甲峒蠻寇邕州。詔安撫使余靖等發兵捕討之。

七年八月，開封府言："得知下溪州彭仕羲狀，乞與同誓二十州每歲入貢，於権貨務使錢五百貫，下鼎州市諸物歸峒。"從之。

八年八月二十五日，知辰州段繼文言："石馬崖客團人户爲溪州蠻彭仕羲所據，臣欲誘諭使投辰州爲漢民，緣集邊事須錢物，乞特賜錢付臣支用。"詔賜錢五百千。

治平四年十一月二十九日 神宗即位未改元。邵州管下溪峒知中勝州舒光銀進表，乞管内舒光財等同隨例進奉，及乞給券。詔許舒光財進奉，券與舒光銀等，共給六道。

十二月，荆湖北路都鈐轄轉運司言："乞今後降下溪州刺史彭仕羲敕告，與依舊於'光禄大夫'上帶'金紫'二字。以蠻人不曉品秩，累訴除落'金紫'二字，不滿其所望也。"從之。

神宗熙寧三年八月十五日，辰州言："權發遣下溪州事彭師晏言，退納喏溪地土，乞承父仕羲知州名額。州司欲乞放行進奉，及建明溪寨、通望、連雲兩堡，却於喏溪口北岸築一堡，差明溪寨兵馬監押一員並兩堡兵丁守把，據其要害，絶蠻人侵占省地便利。"詔令本路鈐轄、轉運司定奪聞奏。荆湖北路轉運司言："谿峒下溪州軍衙並誓下諸州保明故刺史彭仕羲男師晏承充下溪州知州，並師倖承任富州知州。内師倖依例進奉，候五年撫遏手下蠻民別無過犯，方與保明，奏降真命敕告。"並從之。

師晏，祖儒猛，父仕羲，世爲下溪州刺史。仕羲頗黠驁，數侵盗地，邊民不安，於辰州界嗑溪起鋪。嘉祐中，雷簡夫、竇舜卿受命招安，令仕羲歸所侵地，不肯。以兵丁逐之，暫去復來。八年，知州段繼文遣指揮曹振等以衆數千人攻之不克。至是，爲其子師綵所殺。師綵自稱權發遣下溪州，既弑其父，知衆不伏，專爲暴虐，賊殺不辜，虜其婦女，奪諸州貢物。其兄師晏結同巡檢彭仕選、都指揮使周允榮等攻圍師綵，殺之，並其黨田忠財等三十餘人皆死，納誓表並歸喏溪地，因辰州以聞之。

十一月二十七日〔一〕，知辰州張崇義言〔二〕："知下溪州彭師晏退仕羲侵地，築堡已畢，仍乞以鎮溪寨爲名。"從之，仍賜敕書獎諭及賜器幣。

〔一〕十一月二十七日 "十一月"，《長編》卷二一八繫於"十二月"。

〔二〕知辰州張崇義言 "張崇義"，《輯稿》刑法七之一五、《長編》卷二一八熙寧三年十二月癸未條皆作"宗"。此因避宋英宗舊名宗實諱，改"宗"爲"崇"。

四年二月十八日，夔州路轉運司言討殺叛賊李光吉並破本人新寨等。詔夔州路捉殺夷賊梁承秀、李光吉、王袞等一行軍兵土丁各等第與特支〔一〕，仍遣使傳宣撫問。先是，渝州南川、巴縣夷稅戶李光吉、王衮、梁承秀三族各有地客數千家〔二〕，侵害漢戶，人莫敢言。轉運使孫抃、判官張詵奉詔窮討累月，乃就誅。始復賓化縣，屬著作佐郎章惇經制，凡得三族之地云。

〔一〕王衮等一行軍兵土丁各等第與特支　"衮"原作"兗"，據《太平治蹟統類》卷一七《神宗置南平軍》改。

〔二〕地客數千家　"地客"原作"北客"，據《長編》卷二一九改。

五年二月十六日，辰州言："知下溪州彭師晏乞納馬皮、白務峒地土，依例轉刺史，改支逐年衣襖色額，加食鹽，並乞母、妻進邑號。"詔彭師晏與下溪州刺史，母、妻並與邑號，其衣襖、食鹽，令鈐轄、轉運司相度依自來體例施行。

七月，遣中書檢正官祕書丞、集賢校理章惇往荊湖南路察訪，始經制蠻事也。

閏七月二十一日，以東作坊使石鑑充荊湖北路鈐轄兼知辰州。因辰州布衣張翹上書言南、北江蠻衰弱，可郡縣之。朝廷以廣西兵馬鈐轄劉策知辰州，即圖之，策如翹請，遣其子圖上方略。未幾，策卒，乃遣鑑，始用事於南、北江也。

十月，章惇發檄喻告開梅山道，而蠻猺爭闢道路以候，得其地，東起寧鄉縣司徒嶺，西抵邵陽白沙寨，北界益陽四里河，南止湘鄉佛子嶺。

六年六月，南江向永晤等歸明二十五人，並補授以官。

九月二日，荊湖北路轉運司言，辰州南江將官楊萬與蠻鬭敵有功〔一〕。詔楊萬遷兩資〔二〕，余遷資，減磨勘。

〔一〕辰州南江將官楊萬與蠻鬭敵有功　"功"原脫，據《長編》卷二四七補。

〔二〕詔楊萬遷兩資　《長編》卷二四七於"楊萬"後有"夏方"。

六日，辰州南江歸明溪峒硤州軍牙頭首〔一〕、指揮使向真贈內殿崇班，以章惇言真說喻蠻人有勞，後為蠻舒先旦等驅略並屠其家也。

〔一〕辰州南江歸明溪峒硤州軍牙頭首　"牙"原作"于"，據《長編》卷二四七改。

十月一日，融州外略蠻人乞開通道路，抄劄人口，建置州縣城寨。從之。

是月，詔許施州蠻人將金銀估實直錢數[一]，典當糧米；如及七年不收贖，即行變轉。初，施州蠻人例因災傷，量以金銀倍估其直，質米於官，官司不能禁止。至是，始令估實直以易之。

〔一〕詔許施州蠻人將金銀估實直錢數　"將"上原衍"許"字，據《長編》卷二四七刪。

二十七日，知桂州沈起言，已差兵甲防托蠻賊，竊慮辰州討賊將卒不分蠻賊曾與不曾作過，一例殺戮，乞下章惇約束。從之。

十二月十二日，孫構奏[一]，招諭北江下溪州刺史彭師晏內附[二]，具地里四至、戶口數目以聞。詔令章惇相度處置。

〔一〕孫構奏　"構"原作"溝"，據《宋史》卷三三一《孫構傳》《輯稿》選舉三三之一三改。下同。

〔二〕招諭北江下溪州刺史彭師晏內附　"招"原作"詔"，據《長編》卷二四八改。

十三日[一]，熊本言，相度瀘州納溪寨烏蠻出入道路，令添兵防托，及移路分都監廨宇就彼。從之。

〔一〕十三日　《長編》卷二四八繫於本月辛卯（二十三日）。

八年正月二十一日，權發遣荊湖南路轉運副使蔡燁言[一]，招諭到蠻人舒光旦、楊晟堅，乞各補一官、支俸，許居依舊溪峒。詔舒光旦與右班殿直，楊晟堅與借職，餘並從之。

〔一〕權發遣荊湖南路轉運副使蔡燁言　"蔡燁"，《長編》卷二五九作"蔡曄"。

閏四月五日，知沅州謝麟言，招到溪峒草呼、古誠等州二十三州峒，二千七百一十九戶，九千四百九十六丁，情願出納課米，量支食鹽，逐州知州仍乞補授班行。詔楊光富補右班殿直[一]，楊昌進等五人並補奉職，楊晟堅等十六人並補三司軍將，候納到課米，即給以鹽。

〔一〕詔楊光富補右班殿直　"富"原闕，據《長編》卷二六三補。

八月十五日，蔡焯言："據全州並邵州關峽寨言，招諭到未歸明平水等三十團峒頭首楊晟進等乞歸明。依例出給課米，獻納器甲，所納課米乞依前來歸明團峒體認展限。"從之。

十二月十三日，荆湖北路轉運使孫構言："沅州招納偽地、林、錦等十三州歸明，得户三千九十〔一〕，丁六千四百四十一，逐州分認，歲入課米以鹽酬之，州界遠者六十里，近者四十里，請補知州等官。"詔授地、林、錦州楊昌蠻等十三人爲班行軍將。構又言："古、誠州楊昌衙等願罷進奉授官，請補昌衙右班殿直，弟、姪、男等十人爲三班奉職、借職、差使、下班殿侍、土軍都頭。"並從之。

〔一〕得户三千九十　"三千九十"，《長編》卷二七一作"三千九百一十"，疑此脱"百一"二字。

九年五月二十四日，熊本言，權梓州路轉運使陳忱措置到瀘州淯井監山前後十州〔一〕，納溪後藍、順、宋〔二〕、納四州，並安樂、武都等夷人輸款納租〔三〕，把拓邊界。賜忱襃詔。

〔一〕淯井監山前後十州　"十"原作"拾"，據《輯稿》蕃夷五之五二改。
〔二〕宋　原作"送"，據《輯稿》蕃夷五之五二改。
〔三〕並安樂武都等夷人輸款納租　"並"原脱，據《輯稿》蕃夷五之五二補。

十一月一日，荆湖北路轉運司言："勘會溪州歸明人户委得不曾作過，又本處去歲亦是災旱，今年併值霖雨，畲種失時。乞依辰州所奏，許令南江富、古等州不作過人例，候五年滿日，起納丁身税米。"從之。

元豐元年四月七日，權發遣荆湖北路轉運判官馬誠言〔一〕："體問山徭丁先鋒初因讎殺地客王聰〔二〕，其後沈大鼻等乘勢劫略，見今保險〔三〕，遷徙不常，官軍難於追逐，臣已立賞招捕。乞止令湖南差兵防截追逐赴本路出降。"詔荆湖南路安撫司曉諭徭賊於北路投首，仍多差兵丁防截，如已在南路歸窮，即安存，奏聽旨。

〔一〕權發遣荊湖北路轉運判官馬誠言　"馬誠"，《長編》卷二八九元豐元年四月己酉條作"馬諴"。

〔二〕體問山徭丁先鋒初因雠殺地客王聰　"王"原作"主"，據《長編》卷二八九元豐元年四月己酉條改。

〔三〕見今保險　"保"原作"堡"，據《長編》卷二八九元豐元年四月己酉條改。

十八日，馬誠言，徭賊丁先鋒等納木契乞降。詔誠，如首領實願降，聽收木契，毋遣人招喚。

二年四月十八日，廣南西路經略司言："順安州貢峒等舊隸邕州，昨宣撫司因收復廣源，分隸順州，乞還舊隸。"從之。

五月九日，廣南西路經略司言："順州蠻叛，內殿崇班、知古弄峒零崇檠討平之，及知歸化州、文思副使儂智會率丁壯千二百餘人應援，乞推賞。"詔崇檠爲供備庫副使，智會爲宮苑副使。

六月十九日，鼎州言，都監向世溫自陳歸明及三考，乞再任。上批："江南諸向首出歸明，最爲忠順，可依所乞。"

四年四月七日，謝麟言，招納溪峒中勝等州首領楊晟嚮等，乞補授名目。詔乞補奉職人與三班差使、借職與下班殿侍〔一〕，殿侍與軍將、軍將與守闕軍將〔二〕。麟又言："準詔，置托口、小由、古誠、奉愛四寨。既築四寨，其黔陽縣等並在腹裏，合減戍兵五百五十人防托新寨，乞置博易務〔三〕。四寨民性頑獷，幸各安居，已曉諭赴所屬寄納刀弩，欲官爲買之。溪江產麩金，欲募人淘采中賣，以業遊手。並乞蠲城寨身丁稅七年。"從之。

〔一〕借職與下班殿侍　"殿侍"原脫，據《長編》卷三一二補。

〔二〕軍將與守闕軍將　"軍將與"原脫，據《長編》卷三一二補。

〔三〕乞置博易務　"置博易務"，原作"賜博易庶務"，據《長編》卷三一二改。

八日〔一〕，詔河北轉運副使賈青相度新建溪峒徽、誠州隸屬湖南、湖北於何路爲便以聞。後青具道里以聞，乃詔誠州治渠陽，隸荊湖北路；徽州爲蒔竹縣，隸湖南邵州。

〔一〕八日　原作"八月"，據《長編》卷三一二元豐元年四月乙丑條改。

六月一日，荆湖北路轉運使孫頎等言，乞於辰州會溪城量益戍兵五七百人，漸招納上溪諸蠻，差知辰州張麟臣、通判柳檠措置。從之。

二十六日，權判湖南路轉運副使朱初平言〔一〕："徽、誠州歸明團峒，應未建城寨以前有相讎殺及他訟〔二〕，並令以溪峒舊法理斷訖，乞自今有侵犯，並須經官陳訴，如敢擅相讎殺，並依漢法處斷。其有逃避，即官司會合擒捕及本處收捉施行。"從之。

〔一〕權判湖南路轉運副使朱初平言　"判"原作"荆"，據《長編》卷三一三改。

〔二〕應未建城寨以前有相讎殺及他訟　"建"原作"見"，據《長編》卷三一三改。

十二月十七日，相度新建徽州朝散大夫賈青言："準朝旨下朱初平奏，令臣相度新建徽、誠州乞招納元屬溪峒地分道路，以至地里遠近，並附入州縣圖籍，令縣邑城寨常切開廣，於新城地買官田，及許百姓置田，其少牛具種糧之類，聽結保赴官借貸。並如初平所奏。"從之。

五年正月二十六日，客省副使、知誠州謝麟言〔一〕："本州旁近户口或遠隸他州，見有封疆不足城守〔二〕，乞增割户口〔三〕、山川，并降屬縣名額。"詔："沅州新修貫保、托口、小由〔四〕、豐山堡寨，係控扼蠻、蜑形勢之地〔五〕。宜以頻渠河貫堡寨爲治所，合置渠陽縣，隸誠州。仍以麟知沅州，主管沅、誠州沿邊安撫公事。又以西京左藏庫副使、閤門通事舍人周士隆知誠州，置兵馬監押、職官、司户參軍各一員，並令謝麟舉官一次。誠州官任滿，依沅州酬獎。"

〔一〕知誠州謝麟言　"誠州"原作"辰州"，據《輯稿》職官四七之一五、《長編》卷三二二改。

〔二〕見有封疆不足城守　"見"原作"具"，據《輯稿》職官四七之一五、《長編》卷三二二改。

〔三〕乞增割户口　"割"原作"額"，據《輯稿》職官四七之一五、《長編》卷三二二改。

〔四〕小由　"由"原作"田"，據《輯稿》職官四七之一五、《長編》卷三二二改。

〔五〕係控扼蠻蜑形勢之地　"形"原作"刑"，據《輯稿》職官四七之一五、《長編》卷三二二改。

三月十九日，湖北都鈐轄司言："準詔取問沅州龍賜、古、監三州知州、押案並頭角人等，各不願補班行，依舊進奉。"從之。

七月二日，廣西經略司言："知宜州王奇與賊鬭失利，賊兵退守大江回穴，諜知溪峒蒙承想萬餘人欲攻思立寨，已戒和斌據險拒之。"詔："就差知沅州、西上閤門使謝麟經制宜州溪峒事，宜州軍在前者，並聽麟節制，委麟選官權領沅州。"

八月二十四日，權荊湖北路轉運副使趙楊等言："巡歷至誠州，城池樓櫓足以保民防患。上江、多星、銅鼓、羊鎮等團並至城下貿易〔一〕，可漸招撫，置城寨。及下荊湖南路安撫轉運司，委知邵州關杞於蒔竹縣招諭芙蓉石驛未歸明人户。"詔且令招納，未得置城寨。

〔一〕羊鎮等團並至城下貿易　"羊鎮"原作"牛鎮"，據《輯稿》方域一九之八、《長編》卷三二九改。

十一月十二日，知誠州周士隆言："準朝旨招納上江、多星、銅鼓、潭溪、上和、雞公兩路溪峒，所有西道胡耳、塞溪等處犬牙相入，切慮犒賞不及，或不虞生事。乞下謝麟措置，或許本州撫納。"詔趙楊相度。

及荊湖南路轉運司言邵州界溪四團人户袁通曉等乞歸明，詔聽招納。

二十八日，詔誠州西路胡耳、塞溪等處更不候趙楊相度，依荊湖北路都鈐轄司所奏，令誠州一面撫納。〔一〕

〔一〕令誠州一面撫納　"誠"原作"城"，據上文改。

六年正月三日，荊湖南路轉運司言："邵州蒔竹縣接近芙蓉、石驛未歸明溪峒，各願納土，乞增賜公使錢。"詔賜錢千緡。

二十日，經制宜州溪峒、西上閤門使、知沅州謝麟言〔一〕："昨具狀乞濟師討蕩，建置城邑。奉詔'接納群首，不得進兵，巧以方略措置'。遂選差將官進屯控要縣寨，招降元謀賊首羅世念并逐峒頭領種族四千八百人，賫所劫溪峒都巡檢使印赴軍前，納衣甲、器械二萬，并生界思廣峒首長具到人煙户千四百二十七〔二〕、口六千二百六十三，納土歸順。其桀黠酋首已付有司，聽朝旨措置。"詔謝麟領果州刺史，減磨勘三年；皇城使、昭州刺史帶御器械和斌領榮州團練使，知安化州；及思廣等五十二峒首領羅世念爲内殿承制，蒙承想、蒙全聖、蒙光仲、蒙光趙並爲西頭供奉官，蒙全叫、蒙令件、蒙懷思〔三〕、蒙光速、潘曹並爲右侍禁，潘全劍爲奉職。並給俸與春冬衣。

〔一〕知沅州謝麟言　《長編》卷三三二於其前有"果州刺史"。
〔二〕并生界思廣峒首長具到人煙户千四百二十七　"二"，《長編》卷三三二作"一"。
〔三〕蒙懷思　"思"，《長編》卷三三二作"忽"。

初，安化上、中、下三州及北遐鎮月赴宜州公參及中賣板木。宜州歲四管設，及三歲聽蠻人二百九十四輸所貢兵械於思立寨，本州支答賞物及其道費；補知州奉職、監州借職，有官遷一資，其班行則加勳，皆宜州溪峒司施行。前知宜州錢師孟、通判曹覲擅裁損例册，酒食不如舊，買板木不及價，賞答貢物估價虧其實，遷補文字至五年不給，故自五年三月侵掠省地。經略司問致寇狀，而宜州但以山稻不稔、溪峒大雪、牛羊多死爲言，經略司亦不能察也。其五月，效用前如京使費萬戰死。六月，知宜州王奇戰死。事聞，詔以麟、斌經制溪峒事，以覲、師孟屬吏焉。世念兄弟、兒姪百六人，補西頭供奉官、右侍禁、披帶班下班殿侍，令麟分擘於廣南、荆湖路監當物務及指使。

四月一日，湖北路轉運司言："誠州潭溪峒直抵廣西都懷寨，若通此路〔一〕，中徹融州，實可扼三路溪峒之喉噤，望下廣西協力經營。"詔熊本應副，毋得譸張，致失機會。

〔一〕若通此路　"此"原作"北"，據《長編紀事本末》卷八八《討梅山蠻》改。

五月十三日，西上閤門使、果州刺史謝麟言："先準朝旨，撥托口、小由、貫保、豐山四寨並若水倉隸屬誠州。緣沅州與誠州元自梅口江爲界，今因割移四堡，遂以洪江口爲界。自洪江口至梅口江約三驛，又從托口寨盧陽縣界至梅口江約四驛，削取沅州封守附益誠州太廣，不惟沅州户賦、人兵不足以成郡。兼誠州見招納上和、潭溪等峒，自可以開托疆封。兼猺猂、九筒等諸峒並在托口寨西南，見隸沅州，水陸道皆在托口寨〔一〕。設或溪峒入寇，誠州地遠，力不能制，沅州又爲托口等寨所隔，難便措置，或以生事。乞以小由、托口兩寨依舊隸沅州，以大由等溪峒割隸誠州。"從之。

〔一〕水陸道皆在托口寨 "在"，《長編》卷三三五作"出"。

六月三日，詔邵州芙蓉、石驛等團峒歸明蠻頭首等與補名目人數，並依熙寧九年招納三州一鎮蠻例。

十月十八日，詔補潭溪峒歸明大首領楊晟想等二人爲三班奉職，餘補差使二人、下班殿侍九人，軍將牙職二百九人。以荆湖北路轉運司言'招納晟想等千一百二十四户獻納器械，乞歲入課米，比三州、一鎮'也。後考其實，元無課米〔一〕，乃於所給俸內，除留入官，爲課米之直。使若歸誠輸力，而實以利誘致之，三州一鎮亦皆類此。

〔一〕元無課米 "無"原脱，據《長編》卷三四〇補。

十二月三日，詔潭溪歸明人楊晟像爲右班殿直，楊晟嚮爲三班奉職，楊昌卑爲三班借職。後湖北路轉運司言〔一〕，晟嚮大首領，桀黠能用其衆。以爲左班殿直。

〔一〕後湖北路轉運司言 "後"原作"復"，據《長編》卷三四一改。

七年四月十五日，詔右侍禁劉詔遷一官，減磨勘二年；權誠州軍事推官陳尚能爲宣德郎〔一〕，軍大將蔡義轉三班借職，右班殿直楊昌堯、王戟、楊晟臻各減磨勘二年〔二〕，李開減六年；召募進士梁傳、邵州司士參軍李夔並爲三班差使；楊晟敢等十五人，授左右班殿直者七人，奉職者三人，借職者五人；楊晟臺別賜絹五十，吏兵支賜有差。以湖北轉運、都鈐轄司言招納西南一帶溪峒，並開路畢功也。

〔一〕權誠州軍事推官陳尚能爲宣德郎 "推官"，《長編》卷三四一作"判官"。

〔二〕楊晟臻各減磨勘二年 "二年"，《長編》卷三四一作"三年"。

二十五日，知荆南孫頎降敕獎諭[一]，賜銀、絹二百；轉運副使趙楊、轉運判官高鑄、知誠州周士隆各遷一官。以招納潭溪、上和等處歸明人，及開道通廣西融州王口寨功畢也。

〔一〕知荆南孫頎降敕獎諭　"敕"原作"職"，據《長編》卷三四五改。

五月十二日[一]，降詔獎諭知桂州熊本，賜銀、絹三百，廣南西路經略司主管機宜文字程節遷兩官，幹當公事程遵彦、知融州温杲、都巡檢劉舜賓、王口寨監押杜臨各遷一官，餘遷官、減磨勘年、賜絹有差。以招納廣西潯、融、王江溪峒蠻並開路功畢也。

〔一〕五月十二日　"五月"原脱，據《長編》卷三四五補。

六月二十三日，權知誠州周士隆言："準詔酬賞招納溪峒、開修道路有功人等。劉錫、田延邈、何廣各賜絹三十，以錫等蹈涉危險，極爲勞苦。田延邈乞與改官，劉錫、何廣乞各與名目，今在新路堡寨幹當[一]。"詔延邈遷一資，錫下班殿侍，廣軍將。

〔一〕今在新路堡寨幹當　"今"，《長編》卷三四六同。點校本《長編》校記云："據文義，疑'今'爲'令'之誤。"

八月一日，荆湖路相度公事所言："王江一帶自大涖口以上接連檀溪諸蠻[一]，與今道路相接。朝旨專委主管廣西經略司機宜文字程節招納措置。本處地里闊遠，蠻已歸附，須築一堡寨，以爲守備。"詔節相度。節言："王江上流地名安口，控扼諸峒，其地寬平，可建城寨。然由王口而上，其大涖口、吉老江口皆生蠻猺團族[二]，唯以略峒民板木爲生。今雖效順，各有俸給，若建城寨，亦須兵威彈壓。今欲沿江及中心嶺各治道路漸進，先置堡鋪於吉老江，量留兵丁，以防鈔截糧道，然後安口可以即功。"又言："王江一帶團峒東由王口[三]、三甲，西連三都、樂土，南接宜州安化，北與誠州新招檀溪地密相鄰。比熙寧中，嘗遣承制劉初領兵丁置寨於安口，諸蠻併力殺傷官軍，自此蠻情愈更生梗[四]。今徧招納，例皆效順，既當開道路，置堡寨驛鋪，分兵丁防守，乃爲久安之計。又緣事干兩路，須與誠州同時措置[五]，庶使諸蠻力有所分，易爲辦集。"從之。

〔一〕王江一帶自大淀口以上接連檀溪諸蠻　"檀"原作"擅"，據下文及《長編》卷三四八改。

〔二〕吉老江口皆生蠻猺團族　"吉"原脱，據本條下文及《長編》卷三四八補。

〔三〕王江一帶團峒東由王口　"王口"原作"三口"，據下文及《長編》卷三四八改。

〔四〕自此蠻情愈更生梗　"生"原作"主"，據《長編》卷三四八改。

〔五〕須與誠州同時措置　"須"原作"頃"，據《長編》卷三四八改。

十月一日，詔湖南邵州武岡縣減將下防托弩手二百，以其錢糧募土人入溪峒〔一〕。從鈐轄司請也。

〔一〕以其錢糧募土人入溪峒　"土"原作"工"，據《長編》卷三四九改。

八年二月三日，詔："邵州芙蓉、石驛、浮城等峒已修寨鋪，其歸明户及元首地百姓，如省地法應婚姻、出入、典賣、買田、招佃客，並聽從便。"從知邵州關杞請也〔一〕。

〔一〕從知邵州關杞請也　"杞"原作"祀"，據《輯稿》蕃夷五之八八、《長編》卷三五一改。

五月二十四日，荆湖北路鈐轄轉運司言，辰州江外生蠻覃仕穩等，乞納土歸明，望許依辰州熊皋所申事理招納。詔荆湖北路不得妄有招納，致生邊事。

哲宗元祐元年正月二十八日，廣南西路經略安撫司言，宜州溪峒司申莫世忍乞差人進奉。詔："許進奉，更不令赴闕。其表狀，仰收接投進；所進物，令本司椿管以聞。"

八月十八日，詔："今後朱崖、萬安、昌化軍令經略〔一〕、轉運司同奏舉大使臣充軍使兼溪峒巡檢，到任得替並轉一官。"

〔一〕昌化軍令經略　"軍"原脱，據《長編》卷三八五補。

二年七月十二日，改誠州爲渠陽軍，從荆湖北路都鈐轄、轉運、提刑司請也。

十二月二十七日，詔湖北轉運副使李茂直："溪峒非元謀爲首及徒伴脅從，聽其出入，各令以謀捕送爲首之人赴官給賞。"以樞密院言天村諸峒蠻侵掠邊户故也〔一〕。

　　〔一〕以樞密院言天村諸峒蠻侵掠邊户故也　"村"原作"材"，據《長編》卷四〇七元祐二年己亥條改。下文三年三月七日同改，不另出校。

　　三年正月十三日，詔湖北轉運副使李茂直："渠陽蠻已歸順人，賊酋即拘留，餘悉撫諭〔一〕，遣人使歸，招未順服者。即酋長終無向化意，其按舊令以從事。"

　　〔一〕餘悉撫諭　"諭"原脱，據《長編》卷四〇八補。

　　三月二日，詔："夔州路轉運司諭施州蠻田忠進，以朝旨放罪，仍限百日聽經官陳首，依舊住坐〔一〕。若及一年，能彈壓蠻衆，不復作過，即次第保奏，特與真命。"

　　〔一〕依舊住坐　原脱，據《長編》卷四〇九補。

　　七日，天村蠻寇多星堡。詔："胡田按實以聞。若因官吏侵擾生事，及不犯堡寨，有所殺略，即行撫納。若無故嘯聚，自謀作過，即立賞募人捕殺，務得首惡及合謀者，其餘徒衆諭以放罪〔一〕，使彼疑沮自解，勢不久立。仍令李茂直同措置以聞。"

　　〔一〕其餘徒衆諭以放罪　"諭"原作"喻"，據《長編》卷四〇九改。

　　四月八日，廣西路經略司言，融州蠻粟仁催、渠陽軍蠻楊晟臺等結集，往來於兩路爲民患，已督兵將討蕩。詔勿進兵深入，擇其唱率首惡之人，立賞募人捕殺。

　　五月十五日，改邕州懷化峒爲州。先是，知峒零崇槩納土，自順州廢，即棄巢穴歸省地，朝廷録其功，授以使額，而有是命。

　　七月十二日，詔："皇城使、漢州刺史、廣南西路兵馬鈐轄張整，內殿承制、閤門祇候、知融州溫冒，各降三官，張整就添差監江州稅，溫冒就差監歙州茶鹽酒稅。右侍禁、權邵州臨口寨主鍾仲仁，左侍禁、管勾融州臨溪堡事兼地分同巡檢杜震，各降兩官衝替，仍今後各不得差充廣南、荆湖路差遣。整、冒坐擅斬蠻人楊進新等十九人，仲仁、震坐誘致進新等。以邊事未寧，特免究治。"

八月二十二日，詔東頭供奉官施州歌羅寨主辛則追三官，江南西路監當。以誘誤夷人妄有殺戮、詐求功賞故也。

十月十四日，敕荆湖南北、廣南西路："朝廷疆理四海[一]，務在柔遠。頃荆湖諸蠻近漢者，無所統一，因其請吏，量置城邑，以撫治之。後來邊臣希功，獻議創通融州道路，侵逼峒穴，致生疑懼。朝廷知其無用，旋以裁減，而邊吏失於撫遏，遂爾扇搖作過。然按其地，止是道路蠻人因使臣劉宗閔焚毀舍屋，貪緣生事，殺傷兵丁，緣此自疑，不敢出首。今宗閔以追官勒停外，其湖北、廣西見作過楊晟臺等特免誅討[二]，除存留守把兵丁外，並罷添屯軍馬。其湖北所開道路，創置多星、收溪、天村、羅蒙、大由等堡寨並廢。廣西、湖南創置堡寨，令經略、鈐轄司度量准此。"

〔一〕朝廷疆理四海　"廷"原作"延"，據《輯稿》方域一九之一九、《長編》卷四一五改。

〔二〕其湖北廣西見作過楊晟臺等特免誅討　"其"原作"具"，據《輯稿》方域一九之一九、《長編》卷四一五改。

十一月十九日，樞密院言，湖北都鈐轄唐義問奏：多星堡金穀、屋宇般毀殆盡，其城堡若存舊址，即慮蠻人聚集爲姦。詔苗時中、謝麟、唐義問："以廢罷堡寨城壁，量度毀撤。其沅州渠陽寨先廢堡寨如有城壁尚存者，亦相度施行訖以聞。"

十二月三日，樞密院言："荆湖北路羅家蠻掠財物、燒廬舍，□民被其害。據唐義問累奏移廢城寨已畢，而蠻情不體寬恩，侵犯不已。若不隨宜討殺，恐益後患。欲令義問及程節開析措置以聞。如諸蠻尚潛伏屯結，即選將討捕，仍告諭歸明團峒蠻人毋輒驚擾。"從之。

四年正月二十七日，荆湖北路都鈐轄、轉運司言："蠻賊寇澧州義鏢鋪，故遺下文字，意望招安，給賜真命券曆。若墮其計，恐遠近蠻人觀望。欲召正副都頭覃文懿等并都誓主彭仕誠嚴行約束，如更透漏蠻人入省地作過，責認勒住半年或一年請受，庶幾邊境不致生事。"從之。

七月二十七日，樞密院言："邵州蠻人作過，已令湖南安撫鈐轄司處置，慮去邵州遙遠。"詔荆湖南路安撫謝麟體度蠻事，如尚未寧息，即交割潭州公事與以次官，量帶兵甲前去邵州，專一措置，候事平日歸任。繼而謝麟言："邵州關硤城步、真良等處團峒元謀作過酋首楊晟進等四十三人投降。"上批："等第補授奉職至軍將，充江浙僻郡指揮，土軍將校隨處羈管。"〔一〕

〔一〕"繼而謝麟言"至"土軍將校隨處羈管"　按《長編》卷四三七，此條在元祐五年正月丁丑。

十一月四日，溪峒知保靜州彭儒武〔一〕、押案副使彭仕貴、知永順州彭儒同、押案副使彭仕亮、知渭州彭師聰〔二〕、押案副使彭仕順各進貢興龍節、冬至、正旦節溪布有差。

〔一〕溪峒知保靜州彭儒武　"保"原作"堡"，據《輯稿》蕃夷七之四三、《長編》卷四三五改。

〔二〕知渭州彭師聰　"渭"，《宋史》卷四九三作"謂"。

十七日，溪峒知龍賜州彭允宗、押案副使彭允金、知監州彭仕明、押案副使彭儒勇、知吉州彭儒崇各進奉興龍節、冬至、正旦節溪布。

六年正月二十五日，夔州路轉運司言，施、黔州蠻人入貢，乞就本州投納貢布，止具奏狀聞奏，仍厚爲館設。從之。

二月二十二日，詔："以令供備庫使〔一〕、誠州刺史楊昌達知誠州，供備庫副使楊昌壽同知誠州。自今知州闕，遷同知州充，無，即以前知州子孫充。同知如無子孫〔二〕，令知州於同知州族內選擇忠順協力之人。令荆湖北路都鈐轄司遇有闕即保明以聞。"

〔一〕以令供備庫使　"令"原作"今"，據《長編》卷四五五改。

〔二〕同知如無子孫　此處當有脫文，《長編》卷四五五於其後有"即令新知州選擇前知州族內忠順協力之人其同知州闕即以前同知州子孫充如無子孫"三十六字。

三月二十七日，詔："自今誠州知州、同知州合承襲人，知州與供備庫使、誠州刺史，同知州與供備庫副使。"

五月十二日，樞密院言："昨渠陽貫堡寨罷戍之後，慮有遺民尚在溪峒。"令荆湖北路都鈐轄司，委忠順蠻官招致，並邊縣寨給公據津遣歸鄉。其蠻官據招到人，每名支賞錢十貫，仍以鹽綵充。

七月十三日，三省、樞密院言："通判沅州賀瑋奏，本州蠻漢雜居，相犯則漢人獨被刑，而歸明人止罰贖，實爲未當。乞將沅州、誠州蠻漢人相犯立定年限，一斷以法。下本路監司，相度到沅州歸明人，除附近城寨及與漢人雜居處，若有相犯或有相侵，合以法令從事外，有渠陽寨歸明人并去城寨至遠蠻人，欲依沅州一州敕，除彊盜殺人[一]、放火、誘略人以上罪並情理凶惡者，送本州按治，餘並令本縣寨斟酌罰贖。其去城寨至遠並渠陽寨歸明蠻人[二]，更候二三年取旨。"從之。

〔一〕除彊盜殺人　"彊"原作"疆"，形近而訛。據《長編》卷四六二改。
〔二〕其去城寨至遠並渠陽寨歸明蠻人　原脫，據《長編》卷四六二補。

八月二日，賜朝奉郎、直龍圖閣、專切措置荆湖北路邊事唐義問銀絹一百匹兩，以渠陽貫堡寨成[一]，護領居民出漢無虞也。

〔一〕以渠陽貫堡寨成　"成"字當誤，《長編》卷四六三作"罷戍"。

二十二日，詔故銀青光禄大夫、檢校國子祭酒、知溪峒新遠州田洪祐長男思遷承父故官。

閏八月八日，夔州路轉運、提刑、梓夔路兵馬鈐轄司言："今後施州清江、建始兩縣防托人户每遇輪差，在諸寨除防托外，其本寨官員、將校等如敢輒役使，並科違制之罪，赦降、去官不原，許被役人陳告。如合要修城寨，申取轉運司指揮。"從之。

七年正月一日，樞密院言："永州蠻徭因乏糧食[一]，出没剽劫，除已賑濟外，欲詔安撫、鈐轄司募勇敢、效用人及曉諭徭眾能自相捕，依格給賞。應合添使臣處，選有才略三兩員，量帶兵甲，於要害處掩殺，毋得妄誅。"從之。

〔一〕永州蠻徭因乏糧食　"因"原作"困"，據《長編》卷四六九改。

十二月二十八日，荆湖北路都鈐轄唐義問言："渠陽蠻連年作過，朝廷發近兵討蕩，已畫江立界。今雖寧帖，然不可便恃無事，不爲預備。請今後蠻人結集、輒離巢穴入寇，即量事勢，隨機殺逐出界。若在溪峒自相讎殺，但令城寨密爲防備，毋輒出兵應援。若攻犯歸明籬落，不侵省地，只令沅州依楊晟同例，量事大小，支牛〔一〕、酒、鹽、綵，令自犒召鄰近團峒救助殺逐。"從之。

〔一〕支牛　原作"斗"，據《長編》卷四七九改。

八年正月二十三日，樞密院言："湖北轉運副使喻陟、知沅州余卞奏，本州邊面寧帖，夷漢安居。今據湖北鈐轄司奏〔一〕，余卞申'楊晟好等結集溪峒，欲併楊晟同寨柵'。慮緣邊官吏初作無事，洎結集漸盛，隱庇不得方立賞逐捕。欲令指揮沅州，今後如有蠻人作過，並須覺察隄備，不得隱庇，養成邊患。"從之。

〔一〕今據湖北鈐轄司奏　"北"原作"地"，據《長編》卷四八〇改。

紹聖元年閏四月二十七日，詔："西京左藏庫副使成卓爲久在南方，與溪峒酋首及誏州知州等接熟，恐密相交結，扇搖邊事。可添差徐州兵馬都監。"

二年七月八日，詔供備庫副使秦世章等轉官、減年有差。以荊湖南路安撫司言其捕殺永州黃里峒猺賊有勞故也。

八月五日，詔左朝奉大夫、前知永州劉蒙撫遏蠻人有術，各安生業，減一年磨勘。

元符二年二月二十四日，詔故銀青光祿大夫、檢校國子祭酒、知溪峒新遠州軍州兼監察御史田思遷長男彥伊特許承襲。

徽宗崇寧元年十一月四日，樞密院言，知邵州黃克俊奏"知溪峒徽州楊光衒等乞如元豐以徽州爲蒔竹縣，并誠州各創置城寨"。詔克俊核實，如委忠順，即依所乞。

二年正月五日，中書省言："辰、沅溪峒並以納土，改誠州爲靖州，徽州爲蒔竹縣。"

四年八月六日，廣南西路經略使王祖道奏〔一〕："王江古州等處歸順，自懷遠軍至古州南，西至安化，北至靖州，廣袤二千餘里，乞置提舉溪峒官二員。"詔從之，仍以平州爲名。

〔一〕廣南西路經略使王祖道奏　"道"原作"言"，據《輯稿》蕃夷五之三四、《皇朝編年綱目備要》卷二七、《宋史》卷三四八《王祖道傳》改。

大觀二年九月一日，太師、尚書左僕射兼門下侍郎、魏國公蔡京等言："據黔南等路奏，安化上三州一鎮山河、土地盡獻納朝廷。上州周圍三千五百餘里，戶一萬，人六萬五千，永爲王民。又思廣峒蒙光明等獻納土地，周圍計一千五百里，戶八百，人九千餘。又樂安知峒程大法等獻地〔一〕，周圍二千五百里，戶八千，人四萬五千餘。又都丹團黃光明獻納土地，周圍二千餘里，戶七千餘，人四萬餘。以上計五萬一千一百餘戶，二十六萬二千餘人，幅員二萬九千餘里〔二〕，各款塞聽命，已相度列置州縣。又據靖州西道路諸蠻楊再立獻納土地二百七十五人，計七狀，周圍三千餘里，戶四千五百，人一萬一千。又辰州蠻人覃都、管罵等三十五柵團人各納土，輸出貢，周圍六百餘里，三千餘戶。及涪州夷人駱世華歸順中華，地土東西計六程，南北五程，情願請稅承輸，未耕之地並乞入官，幅員一千一百餘里，至涪州一十三程，漢夜郎地分，唐屬黔中，措置建立州縣城寨。又上夷州首領任應舉乞將所管夷州四縣進納入官，與置州縣，輸納稅賦。又下夷州首領任漢崇等各願將所管東西四程〔三〕、南北五程見佃土地即請稅承納，余盡獻入官。又南平軍夷人木攀族首領趙泰等獻土歸化，見耕佃土地請稅，作漢家百姓，其餘土地召人耕佃。管界東西五程，南北六程，周匝十八程。又播州夷人楊光榮言〔四〕，所管係唐朝所建地唐州平，生戶一萬餘家，乞獻納朝廷。又寬樂州、安砂州、譜州、四州、七源州縣先次納土歸明，願將所管州縣納稅，永爲王民，計二萬人、一十六州、三十三縣、五十餘峒，幅員之廣，又一萬里。及賫到印記三十四顆，及具地圖以聞。"上表稱賀〔五〕。

〔一〕又樂安知峒程大法等獻地　"樂"原作"落"，據《文獻通考》卷三二八、《宋史》卷四九三改。

〔二〕幅員二萬九千餘里　《宋史》卷三四八《王祖道傳》作"九千餘里"。

〔三〕又下夷州首領任漢崇等各願將所管東西四程　"崇"原作"宗"，據《輯稿》蕃夷五之三五、方域七之一〇及《宋朝事實》卷一九《升降州縣二》改。

〔四〕又播州夷人楊光榮言　"榮"字原脱，據《輯稿》蕃夷五之三五補。

〔五〕上表稱賀　《輯稿》蕃夷五之三五於其前有"宰臣等"三字。

政和三年三月二十九日，武經大夫、新差權發遣廣南西路都監、權發遣賓州黄遠奏："伏自陛下登寶位以來，尤著意於南方，而夜郎、牂柯之民一旦盡歸王化，俾遠人皆有蟻慕之心，故邕州管下右江化外之人咸欲款塞歸明，願爲王民焉。爰自右江溪峒州縣與外界蠻獠地鄰相接，煙户相望，僅五十餘處，凡省地州縣邊環外界，迤邐深入，共四百五十餘處，州蠻落疆封周幾萬里。臣與管下州縣峒首領情願持本國印記，并諸州縣銅印記、地土及首領户口獻納，盡歸皇化。乞依特磨道富州例，給賜官班、衣襖、印記與臣，依舊部轄管下州峒首領住坐，永爲省民，守禦邊疆，逐年將氈馬赴官中賣，稟聽州寨緩急使唤。如向去臣與管下首領犯朝廷恩德，在臣甘受誅戮。伏望朝廷早賜差元陳獻自杞等州邕州進士黄光收並上隆州黄遠等，前來引接臣并管下首領前去赴廣西經略司聽候指揮。"詔令王覺與黄遠同共措置。

七月六日，詔辰州升爲溪峒沿邊安撫，令知州兼領。

四年七月四日，臣僚言："湖南沿邊之地與猺人相接，其城寨巡尉官，乞從安撫司選擇武勇曉兵法能訓練士卒者爲之，勿以出職胥吏充選。"從之。

六年七月二十日，詔："晏州卜漏、沅州黄安俊、定邊軍李吡哆父子皆內附歸順，累世受恩。一旦叛逆，侵犯城寨，殺傷夷民，興師致討，凶渠授首。可令逐州梟首七日，函於甲庫，永爲叛賊之戒。"

宣和四年六月六日，臣僚言："五溪郡縣闢自先朝，中更元祐廢罷，比雖興復，然猺賊屢肆跳梁，蓋緣荆南鈐轄司去邊遠，難以彈壓。政和六年九月，詔以荆湖北路荆南、歸、峽、安、復州、荆門、漢陽軍爲荆南路〔一〕，帶都鈐轄，治荆南。以鼎、澧、岳、鄂、辰、沅、靖爲鼎澧路，帶都鈐轄，治鼎州。其未分路已前，猺賊雷平周等連年出没，致煩朝廷興師，自分路後，至今並無邊事。比者，靖州五溪楊晟寔作過，緣帥司在荆南，去邊既遠，又隔大江，難以應援，賴提舉刀弩手司唐愬調發應副，遂致賊不敢滋蔓。是則併路分路，利害相遠。乞依已降處分爲兩路。"從之。

〔一〕漢陽軍爲荆南路　"軍"原脱，據《輯稿》兵二九之七補。

光堯皇帝建炎四年九月二十六日，樞密院言："守闕進義副尉劉九狀：'昨隨父納土歸明，九係頭領，只作小兒排行稱呼。今蒙樞密院收留充使臣，欲乞改正作劉槩名字。'"從之。

紹興二年九月四日敕："四川沿邊溪峒蠻猺，慮恐非時差使，致有失所，仰帥臣嚴切約束守臣，及主管官司常加存撫，務在周卹遠人。如非時輒有科率搔擾，並按劾以聞。"

十月四日，監察御史明槖言："溪峒歸明官，應湖南邊郡及二廣皆有。自崇、觀以來，員數寖多，當時務要優卹，於是添差州郡指使，及添差酒税之類，本不取其才。及諸州措置隘寨，闕人把托，又盡令管押兵夫。所管押是鄉民，其歸明官生長溪峒，初無愛民之意，亦不習朝廷法令，貪婪無厭，鞭笞摧辱，無所赴愬。議者欲令帥臣籍其姓名〔一〕，同州縣官三年一易。或云只循舊添差，罷其管押兵夫之事。欲望劄付二廣、湖南帥臣密行措置，務令適宜，既不致歸明官失所致怨，亦無使遠民受害。"詔令廣南、荆湖路帥臣限五日措置聞奏。

〔一〕議者欲令帥臣籍其姓名　"籍"原作"藉"，形近而訛，因改。

紹興四年，辰州言，歸明保靜、南渭、永順三州彭儒武等久欲奉表入貢。詔以道路未通，俾荆湖北帥司慰諭，免赴闕。遣人持表及方物赴行在，仍優賜以答之。《會要》：紹興四年四月二十四日，辰州言歸明保靜、南渭、永順三州彭儒武等狀："於建炎元年差人員賫土貢、文表到澧州，爲道路未通，且令回峒。至今八年，乞放行進奉。"詔："令荆湖北路安撫司行下本州婉順説諭，爲道路未可前來，特免赴闕。止就辰州交割所進物色，估價優與回賜，其合用錢，本州應管轉運、提刑司錢內取撥。所有章表、進奉物色，差人押赴行在。"

九月，詔荊湖南、北路溪峒頭首土人及主管年滿人合給恩賜，俾各路帥司會計覈實以聞。《會要》：九月十五日，詔："應荊湖南、北路溪峒頭首土人內有子孫，依條合行承襲職名、差遣之人，及主管年滿之人，合得恩賜之類，並仰逐路帥司疾速取會詣實，保明奏聞。"

五年七月四日，夔州安撫司言："思州元係田祐恭兄弟地土〔一〕，政和中賜名思州，宣和中改爲務川城。紹興二年依舊改爲思州，差田祐恭知州外，乞依川峽宣撫司已行事理給降思州敕額，其餘只依務川城體例，更不贈官置吏。"從之。

〔一〕思州元係田祐恭兄弟地土 "思"原作"恩"，據《輯稿》方域七之一〇、《文獻通考》卷三三一九《輿地考》改，下同。

十年，承信郎、琴州溪峒楊進顒等，率族屬歸生界五百餘戶，疆土三百餘里，獻累世所造兵器及金爐、酒杯各一，求入覲。詔本路帥司敦遣以行。《會要》：今年秋間，前進奉一行更不破官中路費，朝旦一次。詔依，令本路帥司津遣〔一〕。

〔一〕令本路帥司津遣 "帥"原作"師"，據《宋史》正文改。

十五年，前知全州高楫言，猺人今皆微弱，砦官每縱人深入，略其財物，遂致乘間竊發，宜詔與溪峒接壤州郡毋侵猺人。帝從其言。

《會要》：二十二年十一月十八日，南郊赦："應荊湖、廣南路溪峒頭首土人內有子孫，依條合承襲職名差遣，及主管年滿人合得恩賜之類，並仰逐路帥司疾速取會詣實，保明奏聞。"

二十四年，禽楊正修及其弟正拱，送理寺獄鞫治，斬之。

《會要》：八月十八日，權知靜江府呂愿忠言："竊見紹興九年帥司亦嘗招接化外蠻人數十人至本府，日久鬬鬨，往返在道，死者幾半，而未至者不相響應，其事遂寢。今次諸蠻至境上者幾萬人，臣止令擇其渠率七百七十八人至靜江，勞以酒食，申喻朝廷威德，莫不歡欣鼓舞。已而列於庭下，奏夷樂，胡跪獻觴再三。酬祝云，誓堅嚮化之心，不復敢萌他志，子子孫孫，世爲王民。旁郡之民來觀者數十萬，闐咽衢路。比其出塞，更無一人疾病，廟社之福，天實相之。乞宣付史館。"從之。

二十六年八月十五日，戶、兵部言："珍州遵義寨沿邊管界同巡檢楊詮以蕃馬十匹，令男震詣闕進貢，所有合得回賜，乞下本路漕司，以係省錢參酌一面回賜。"詔依，楊震補進武校尉。

九月十八日，權發遣融州張希道言："沿邊溪峒猺人漸被聖化之久，近聞多因博易之際，不得均平，甚者誣以結連作禍，擅興捕捉，妄生事端，希求賞典，恐致人情不寧。乞嚴切應上溪峒沿邊州縣，常令優加撫卹，以體惠綏懷遠之意。"從之。

二十八年七月，楊進京等復求入貢。詔以道遠慰諭之。

《會要》：二十八年七月二十四日，詔："武岡軍管下溪峒首領楊進經等乞進貢朝見，可令軍婉順說諭路遠，不須赴闕。所貢物當官依實估價折還，不得少有虧損，仍於物價上更與優支五分。其錢令本路轉運司於上供錢內疾速應付，貢物附綱起發。"

十一月二十三日，敕："應溪峒日前有詞訴勾追未到，或已到而干證餘人未足，致結絶未得，禁繫日久，情實可矜，並與原放。"

三十一年五月九日，夔州路兵馬鈐轄司奏："故楊銓妻任氏乞將故翁楊文錫納土初補官資，依楊選例與楊震承襲，於見今進武校尉上改轉承節郎。"從之。

同日，兵部言："進武副尉、權珍州綏陽縣同巡檢任安壽承襲故父任應祐而補承信郎〔一〕，於安壽見任進義副尉上轉授。"從之。

〔一〕進武副尉權珍州綏陽縣同巡檢任安壽承襲故父任應祐而補承信郎　"陽"字原脱，據《輯稿》方域七之一〇、《文獻通考》卷三一九《輿地考》補。

壽皇聖帝隆興二年四月二十七日，右正言尹穡言："湖南州縣地界多與溪峒蠻猺差互連接，以故省民與猺人交結往來，以田產擅生交易。其間豪猾大姓規免稅役，多以產業寄隱猺人户下，內虧國賦，外滋邊隙。欲望下湖南安撫司，於逐州選差辦吏，親詣所屬州縣，將省地與猺人相連、舊有界至處明立封堠，自今不許省民將田產典賣與猺人，及私以產業寄隱，並許鄉保四鄰陳告，以其田土給與告人。若官吏更不檢察，停降決配。已前賣入猺户田等，難以遽行改追，祇令置籍。如有猺人情願退還所買省地田產者，州縣以官錢代支元價。仍明出榜文委曲曉諭。"從之。

乾道元年正月一日，南郊赦書："荆湖、廣南路溪峒頭首土人內有子孫，依條合承襲職名、差遣，及主管年滿人合得恩賜之類，並仰逐路帥司疾速取會詣實，保明聞奏。"

二年六月一日，詔沿邊如有溪峒侵盜，先將本地分官委帥、憲司體究，重作行遣。從知沅州曾連奏請也。連後言，溪峒侵盜，苟發所部，雖能擒捕，正許以功贖過〔一〕，更不推賞。事下刑部，以為法不可行，遂寢。

〔一〕正許以功贖過　"正"，疑是"止"之訛。

三年五月十三日，瀘南沿邊安撫司言："瀘州江安縣南、北兩岸夷人有犯，斷罪不一。自今江安縣南岸一帶夷人有犯十惡及殺傷人罪至死者，悉依漢法，餘仍舊法施行。"刑部契勘："續降紹興三十一年十月敕旨'夔州路所部州軍自今熟夷同類自相殺傷，罪至死者，於死者上減等'。瀘州夷人與夔路夷人一同，欲依紹興三十一年十月夔州路已得旨，於死罪上減等從流，罪不至死，並依本俗專法。餘沿邊溪峒有熟夷人，亦乞倣此施行。"從之。

六年，猺人楊再彤等嘯聚數千人，犯沅州界。

七年二月四日，詔荆南差官軍五百人前往彈壓。初，猺人因與省户爭，二人傷死，知州孫叔傑輒以兵巡行，破其寨栅十三，奪還省地數十里，召耕佃。於是猺人結連爲邊患，諸司以聞。調常德府戍兵三百人，且差官說諭，又慮其不服也，及更差官軍一二千人。宰臣虞允文奏曰〔一〕："守臣貪功生事，致蠻峒作過。今所仇視惟守臣，若易孫叔傑，猺人自定。亦須量發官軍，示以兵力，然後與打誓，則誓固矣。"上令就近選守臣有才力者往代之，且令開示恩信，諭以禍福，俾各安業，勿貽後悔。克家曰："故當如此施行，更須以官軍臨之，彼方肯退聽。"上然之。

〔一〕宰臣虞允文奏曰　"允"原作"九"，據《宋史》卷四九四《西南溪峒諸蠻下》改。

七年三月一日，詔沅州守臣孫叔傑放罷。其後叔傑再追三官，若溪知寨樊光遠追四官，並勒停。以光遠妄疑猺人，叔傑用謠言，遂開邊隙，死者甚衆，於是守臣葉行己撫諭復業。事聞，故有是命。

十一月二十六日，權發遣沅州，兼沿邊溪峒巡檢使葉行己言，委判官魏昌衍等往波州省地撫諭，賞犒楊再彤等，刑牲歃血，面立誓狀回歸，民夷各已安業。詔葉行己特轉兩官。其後言者論："元降詔旨令諭再彤等躬赴官稟命〔一〕，行己乃遣吏往波州，非旨揮本意，且單辭難憑，乞下湖北路諸司覈實，保明以聞。"從之。

〔一〕元降詔旨令諭再彤等躬赴官稟命　"彤"原作"舡"，據文意改。

嘉泰三年，前知潭州、湖南安撫趙彥勵上言："湖南九郡皆接溪峒，蠻夷叛服不常，制馭之方，豈無其說？臣以爲宜擇素有勇智、爲猺人所信服者，立爲酋長，借補小官以鎮撫之，安邊之上策也。"帝下其議，既而諸司復上言："往時溪峒設首領、峒主、頭角官及防遏、指揮等使，皆其長也。比年往往行賄得之，爲害滋甚。今宜一新蠻夷耳目，如趙彥勵之請，所謂以蠻夷治蠻夷，策之上也。"帝從之。

《會要》：淳熙元年九月二十八日，詔前宜州溪峒都巡檢使常恭追兩官勒停，送江州編管。以樞密院言，在職輒敢交通異域，傳送申奏，妄亂陳獻事端。故有是命。

十月十三日，詔知思州田汝弼依田汝端例，特與轉一官。以吏部言："從義郎、知思州田汝弼稱，前任思州都巡檢，通管州事，在任九考，合理三任，乞將任滿賞減半轉官。照得思州係溪峒承襲州軍，其兄田汝端知思州兩任，酬賞特轉兩官。"故有是詔。

三年四月九日，詔："靖州界猺人姚明敖等侵擾省地作過[一]，令荊鄂駐劄明椿選委有智勇才幹兵官一員，統押精銳官兵一千人疾速前去措置，會合屯戍官兵等彈壓掩捕，逼逐出界，務要邊境日下寧靜。仍令明椿面授方略，嚴行戒飭，使之速達功效，當議同推優賞。其或退懦寡謀，亦與主帥同罰。"

〔一〕靖州界猺人姚明敖等侵擾省地作過　"敖"，《宋史》卷四九四《西南溪峒諸蠻下》作"教"。

八月十三日，湖北提刑司言："靖州博米之弊，猺人用米博鹽四斤，折錢一貫，約米一石，其所散鹽不特雜和沙泥，又且減免斤兩；其所米不特大斗多量[一]，又且加耗費。乞下靖州，每歲博糴，止得差官置場，用錢用鹽，從民間情願，兩平博易，不得輒有科敷。又科鹽之弊，每歲計錢買鹽，發下屬縣塞堡，不問已經減剋折閱，每袋定要認作三百斤，每斤要錢二百五十文足。鹽價既高，又虧斤兩，多雜沙泥，無人願買。不免科率猺峒頭首人，分抑衆猺，俵鹽納錢。又丁米之弊，猺人每丁歲納三斗三升，謂之身丁米。今則應係猺人並令就州城納米，其間有去城百餘里，往返等候，動經數日。而所納米加增斛面，多收耗剩，每米一石，納得三斗三升，或又高估價直折納，縣不銷鈔，時常追呼被擾。乞下靖州，毋得將鹽科擾，其丁米止得各就近屬縣塞堡，從便平量給鈔，毋得多收斛面耗剩，及勒令折錢之類。如違，並以違制科罪。"從之。

〔一〕其所米不特大斗多量　"所"下疑脫一"納"字。

十一月十二日，南郊赦："沿邊蕃部溪峒，間因州縣失於拊循，致有侵犯省界作過，雖已招捕平定，尚慮心懷疑畏，或逃竄山谷。令帥司給牓，諭以赦恩寬宥，各令復業。以前罪犯，一切不問。其舊來通博買去處，並從其便。日後委守臣常加存撫，仍約束所部官吏，毋得少有科擾，以稱綏懷之意。"

四年二月十七日，詔湖南、北、四川、二廣州軍："應有溪峒去處，務先恩信綏遠，毋弛防閑，毋襲科擾，毋貪功而啓釁。仍委逐路帥、憲臣常切覺察。"從湖北提刑周嗣武請也。

十八日，臣僚言："辰、沅、靖三州蠻大抵散居諸洞，莫相統攝，初無叛背之意，以沿邊州縣作過之吏與姦猾小人因事逃入洞中，多方扇誘，遂致侵擾省地。乞令有司檢照條制，凡捉獲及告首謀入溪峒之人，與不能防閑而致越免者，比常法外厚立賞罰。"詔敕令所看詳立法。

五月二十日，詔瀘州安溪寨夷巡檢故王道華男王阿八之姪王鑒承襲道華元補職名。王阿八狀："曾祖王募越賜名忠順，於大觀三年内將本族父祖已業田土獻納朝廷歸順，初補從義郎，主管本地分南岸一帶巡檢職事，宣和五年身亡。祖父王道華承襲，紹興三年，奉敕補承信郎。至祖父初故，父王士宗未曾承襲，隆興二年身死。阿八當承襲，以見患風疾，不願承襲，兼亦無長成兒男。今將祖父王道華元補官職乞與的親姪男王鑒承襲幹當，依舊彈壓。"故有是命。

七月二十四日，詔："承節郎、差充承襲管轄衡州常寧縣溪峒事李昂霄男當年，特與陞轉進義副尉，同共管轄，日後承襲。"兵部照得："李昂霄祖父李明與李世和元係溪峒頭首，因開拓禁山，爲通王民，供納省稅，補三班差使。後來衡州奏世和狀稱，守把三十餘年，因猺人雷師結集黨侵入地分，係男李才勣捉獲雷師了當，若令管轄溪峒，仍乞補班行名目，許令承襲。得旨，李世和轉兩官，李才勣特與補進武校尉。今李當年，已因收捕李金賊黨，補守闕進勇副尉，與李才勣事體頗同，依法合承襲。"故有是命。

六年九月十六日，明堂赦："應荊湖、廣南、川峽等路溪峒頭首十一人内，有子孫依條合承襲職名差遣，及主管年滿人合得恩賜之類，並仰逐路帥司疾速取會詣實，保明聞奏。"

八年五月八日，詔："衡州常寧縣管下溪峒之民，毋得於省地創置産業。王民地著者，亦不許與溪洞以山林隴畝相爲貿易，稍有違戾，即實於理。守令不能遵奉條令者，坐以除籍爲民之罪。如溪洞之民願以所置產業驁與省民者聽，仍令部刺史糾察以聞。"臣僚言："溪洞之民，往往於洞外買省地之田以爲己業，役省地之民以爲耕夫，而歲以租賦輸之於官，官吏慮其生事，而幸其輸租於我，則因循而不敢問，遂致其田多爲溪洞所有，其民多爲溪洞所役。"故有是詔。

六月二十六日，詔靖州屯戍官兵聽守臣節制，其錢糧令廣西漕臣如期支撥，毋得分下州軍。臣僚言："靖之爲州，障重湖，蔽二廣，實南服之要區。凡溪洞，近連川廣，遠接生界，不知其防千百，稍失控制，群譟並起。崇寧進築之初，幾拓軍人共三千人。建炎以來，朝廷於都統司或帥司差撥二百人屯戍，知非州郡所轄，輕慢守臣，騷擾居民，通連蠻獠，私與交易。或有所犯，州郡須先關白所屬主帥，得報，方敢斷治，亦已後時。乞特降指揮，應屯戍官兵令受守臣節制。"上曰："所論亦佳。靖屬湖北，何故仰給廣西？"趙雄等奏曰："靖本溪洞，四面皆蠻猺，神宗時始開創爲誠州，元祐間嘗廢〔一〕，尋復爲軍。徽宗朝改爲靖州，與桂府爲鄰，故令廣西轉運司應副錢糧。近歲漕司闕乏，始就諸州科撥，所以不能如約。今當戒漕司止就本司支。"故有是詔。

〔一〕元祐間嘗廢　"嘗"原作"常"，據文意改。

七月十八日，臣僚言："瀘、叙皆接蠻夷，叙州管下石門、馬湖生蠻許赴官中賣蠻馬，優支價直，本以恩結，而設官駐兵捍禦，乃爲威伏。蓋石門、馬湖生蠻所居巢穴皆在蠻江上源，通嘉、眉、瀘、叙、蜀江，常年中馬，操舟順流直抵叙州城下，朝廷爲蠻通水路，附近置橫江一帶寨，蠻江口置鑷水，巡檢控把。自叙至瀘南安撫司邊蜀江三百里，南溪縣置駐泊兵馬都監，江安縣、納溪寨皆置都巡檢。各有戍兵，上下相接把拓，慮防蠻人衝突作過，甚爲良法。比年以來，逐處正官往往避事，多是計會上司抽差，別兼優等職事，請給並皆帶行，候任滿就賞批罷，本州却差權官。既所請不給，不爲久計，代人負荷，又無賞典，是至職事弛廢。乞嚴賜指揮，不得輒有抽差，使常加意邊防，以備不測。其餘沿邊州軍，亦乞依此施行。"從之。

九年五月二十四日，詔知雅州宋德邁、榮經知縣馮儼並籍記姓名旌擢，王思恭特補進義副尉。以四川安撫制置使陳峴言："防閒榮經苦芍埧自乾道六年以蕃人郝索〔一〕、畜耶、出牙、嚴千、卜畜、波蘭、真結、銀擢等初爲砂平、巖州兩族爭鬧，潛入苦荍埧居住。後來節次增添，創開平路，栽種茶苗，占據險隘，起築碉囤、戰棚，藏畜弓箭，遂成巢穴，亦有漢人爲之佐助。臣照得雅州榮經縣西接沉黎，北連碉門，雖名極邊，其實近裏。昨來五部落等每至碉門互市，因有此爲隔，並從山後經行，迂回曲折〔二〕，易以關防。今郝索等乃於山間省地上鑿成小路〔三〕，橫亘二百餘里，停藏諸夷，往來不絕。若不措置，深恐囊橐既久，爲害實深。行下雅州並榮經縣相度，差人說諭撥遣前項蕃人歸部。續雅州申'乞出給委曲，付苦荍埧安邊把截將、借補進武校尉王思恭多方說諭，候起遣了日。特爲保奏給降真命，專一任責，把截苦荍埧一帶邊面'。臣遂從所申，給劄付王思恭，如果能撥歸部族，棧閉新路，當議保奏推恩。王思恭同共親兄子姪等起遣蕃人郝索歸部，實是宣力有勞，乞將王思恭補正名，給降付身。其雅州知州宋德邁，又榮經知縣馮儼，皆素有吏能，今其臨事不苟，措置詳密，亦乞籍記旌擢。"故也。

〔一〕防閑榮經苦荍埧自乾道六年以蕃人郝索 "防"當是"訪"之訛；"索"原作"素"，據下文改。
〔二〕迂回曲折 "迂"原作"遷"，據文意改。
〔三〕郝索 "郝"原作"赦"，據上下文改。

十一月十四日，三省言："田祖周家輒敢收買省地田産，藏匿向敏恭，不令出官，與譚汝翼節次讎殺，不伏安撫司追呼，理合依法窮治。今來爲能悔過，聽從母冉氏訓諭，將買過省地歸納。"詔帥、漕司曉諭田祖周，限指揮到日，將向敏恭解發赴安撫司，今後不得侵買省地，及與省民妄有爭競。如敢違犯，重作施行。其歸納到田土，特與給還元價。冉氏元封孺人，特加三等邑號，與封恭人。

十年四月五日，詔湖南、廣西帥憲相度〔一〕，其入溪洞小路非舊有者，從宜窒塞，所有移置巡檢約束征税，各從長措置。以全州奏："本州密邇溪洞，其民本無姦巧，特以平居無事，失於防閑。四方亡命萃爲淵藪，相與出沒，馴致變亂。如往歲民間武岡楊再興，近年桂陽陳峒，其始皆出於此。朝廷法禁非不嚴密，監司、州部非不奉行，而不能禁止者，蓋客旅苟避征稅，多取間道。遊手不逞之徒在外作過，自知無所逃避，及諸路強盜之貸命者例配廣南，或中道亡逸，或至配所，相與結黨逃竄，往往皆取小路亡入洞中。雖備坐條法禁止，然接連廣遠，私溪小徑非一。有自靜江府興安縣大通虛而入者，徑通楊再興舊峒〔二〕，正其頃年出沒之路。又有自邵州石限經武岡軍新寧盆溪洞而入者，又有自永州東安而入者，又有自武岡軍八十里山口而入者，皆可以徑至溪洞。既經涉鄰州地里，臣以一州約束，不能行於界外。乞措置窒塞，就附近巡檢司分差兵卒於路口屯戍，將閑慢巡檢移置路口駐劄，專一把截。"故有是命。

〔一〕詔湖南廣西帥憲相度　"憲"原作"縣"，按宋人聖旨處分、敕令所立法，凡及安撫、提刑司處，皆以"帥憲"爲稱，據改。

〔二〕徑通楊再興舊峒　"再"原脱，據上文補。

五月十六日，夔路安撫司言："楊炳乞承襲祖父楊文錫納土、初官修武郎，勿差充珍州遵義寨沿邊管界都巡檢職事。"從之。

十二月二十一日，夔路安撫司言："據珍州故秉義郎楊文奉男誠妻任氏稱：'文奉於大觀中，以所管播州五縣田土進納。文奉身亡，故夫誠於淳熙七年十二月內帶領家丁義軍巡邏，被主夷暗箭射死〔一〕。止有男霖見年三十歲，所管蕃籬守把九溪十洞五蕃夷獠，實是懃勞，乞照淳熙九年明堂赦，承襲文奉納土〔二〕、初官秉義郎。'"從之。

〔一〕被主夷暗箭射死　"主"當是"生"之訛。
〔二〕承襲文奉納土　"文"原作"衣"，據文意改。

同日，臣僚言："叙州既外控蠻夷，而城之內外棘夷〔一〕、葛獠又動以萬計，與漢人雜處。其熟戶居省地官莊者，多爲義軍子弟，而慶符一縣與來附一驛，迺是政和新納土，其夷人田地即不許與漢人私相交易。近來多是他州客遊或官員士庶因而寄居，貪併夷人之田。間有詞訟，豪民行賂，計囑上下，譯者從而變其情，誅求屈抑，無可赴訴。一旦不勝其憤，群起而爲盜賊。乞申嚴條法，不許漢人侵買夷人田地。及嚴責州縣，應夷人詞訴，務盡其情，無事之時，常加撫恤，勿令失所。"詔四川制置司及本路帥司、監司嚴行覺察，如州縣尚有違戾，按劾以聞。

〔一〕而城之內外棘夷　"棘"當是"棥"之訛。

十一年四月十一日，詔瀘州安溪寨故進士夷官承節郎王募弱孫男鎮許承襲，與補承信郎。以潼川府路安撫司奏請也。

十二月六日，詔承節郎、思州石南知堡田祖周轉一官，進士馮思免文解一次。以夔州路轉運司言："田汝彌男田祖周母子兄弟能聽馮思說，盡將買到黔江縣田土歸納入官，更不請領價錢，委見悔過自新，恭順可嘉。乞將田祖周及元說諭進士馮思少賜旌賞。"故有是命。

十二年七月七日，樞密院言："兵部申，湖南安撫司奏楊世俊乞承襲父楊進通初補承信郎官資。"詔楊世俊許承襲，與補承信郎。

二十八日，詔："知溪峒安副州田彥武男承政，特授銀青光祿大夫、檢校國子祭酒、忠順將軍、知溪峒安副州軍州事，充寧邊寨東路沿邊溪洞把截外夷都巡檢副使，兼監察御史、武騎尉。"以夔州路兵馬鈐轄、安撫司言，"施州保明：'夷官田彥武為衰老，不堪守把邊面，乞令承政生前承襲。'"故有是命。

十四年十二月三日，詔歸明官承信郎、就差茂州威戎軍把截一十七村蕃族邊面事董公純男忠義承襲官職。以茂州申："公純自陳承襲補官把截邊面已及二十餘年，別無透漏生事，兼年僅六十，竊慮管幹有失枝梧，乞令長男忠義承襲。"故有是命。

紹熙二年十一月二十七日，南郊赦："應荊湖、廣南、川峽等路溪洞頭首土人內有子孫，依條合承襲職名、差遣，及主管年滿人合得恩賜之類，並仰逐路帥司疾速取會詣實，保明聞奏。"

三年三月十八日，廣南西路經略、安撫、轉運、提點刑獄言："照對宜州蠻賊蒙令堂、莫文察等作過不一，逐司措置外，本路被邊州宜州尤為緊要，蓋緣西接南丹，北接安化、茅難、荔波五團，南接蝦水、地州、三旺諸洞，地勢介僻，蠻情狡詐，最艱控馭。自來朝廷給生料券，歲計鹽數萬斤，錢數千緡，按月支散，以維其心，隨山川險阻，列置隘栅五十餘處，土丁、將兵分番戍守，以扼其路。今蠻賊徒黨漸衆，圍打山寨，出没不時。竊見本路副總管、新兼知鬱林州沙世堅素有韜鈐，累有邊檄立功，群蠻畏服。曩歲，安化蠻酋蒙光漸等作過，破宜州思立等寨，經略司檄沙世堅收捕，當陣殺獲蠻酋，納劍請降，結立信誓，累年寧貼。本司相度，欲令世堅兼知宜州，不惟目前蠻賊可使退歸巢穴，向去措劃必能爲悠遠安邊之利。"從之。

五月一日，詔楊轍承襲，與補承信郎、南平軍播川城同巡檢。以夔州路安撫司奏："轍係楊逄嫡親姪，可以承襲。"故有是命。

四年七月二日，詔進勇副尉、權州河池縣尉吳琪〔一〕、思立寨將領吳宗孟各與轉兩資〔二〕。以廣西經略安撫司奏："琪、孟宗彈壓諸蠻，擒殺蠻賊，乞與補轉官資。"故有是命。

〔一〕詔進勇副尉權州河池縣尉吳琪　按《輯稿》方域七之二〇、《輿地紀勝》卷一二二《廣南西路·宜州》載，此河池縣屬宜州下，此處疑脱"宜"字。

〔二〕思立寨將領吳宗孟各與轉兩資　"宗孟"，下文作"孟宗"，未知孰是。

紹熙五年七月二十五日〔一〕，詔王天麟許承襲，與補承信郎、瀘州安谿寨南岸一帶巡檢。以潼川路安撫司言："天麟係王鑒的親長男，隨侍巡歷，諳知夷情，合係本人承襲。"故有是命。

〔一〕紹熙五年七月二十五日　"熙"原作"興"，按王鑒承襲在淳熙四年，已在紹興之後。"興"顯是"熙"訛，因改。

九月十四日，明堂赦："應荆湖、廣南、川峽等路溪洞頭首土人内有子孫，依條合承襲職名、差遣，及主管年滿人合得恩賜之類，並仰逐路帥司疾速取會詣實，保明聞奏。"自後，郊祀、明堂大禮赦亦如之。

慶元四年正月九日，廣西經略安撫司言："宜州猺賊蒙洞、袁康等出犯省地，奪劫官鹽作過，差發官兵丁效人等前去收捕并招降了當。一〔一〕，兩次立第一等功陳禮等二十七人，兩次立第一等、第二等功區先等三十人，兩次立第一等、第二等功楊璋等四人，一次立第一等功吳鉆等八十八人，乞推賞。"詔陳禮等各特與補轉一資。

〔一〕一　疑爲衍文。

嘉泰三年正月十二日，前知潭州、湖南安撫趙彥勵言："湖南九郡皆與溪洞相接，其地闊遠，南接二廣，北連湖右。其人狼子野心，不能長保其無事。或因飢饉，或因讎怨，或行劫掠，或至殺傷，州縣稍失隄防，則不安巢穴，越界生事，爲害不細。爲今日計，莫若平居無事之時，擇其土豪爲徭人所信服者爲總首，以任彈壓之責，潛以馭之。凡細微爭鬥，止令總首彈壓，開諭勸解，自無浸淫之患。蓋總首者，語言、嗜好皆與之同，朝夕相接，婚姻相通，習知其利害，審察其情僞，而其力足以惠利之。每遇饑歲，則糶粟以賑其困乏，徭人莫不感悅，而聽從其言。若先借補以小小名目，使得藉此以榮其身，而見重於鄉曲，彼必自愛惜而盡忠於公家。如此，則徭民之衆，可坐以制之〔一〕。然亦須五年彈壓，委有勞效，然後正補以所借之官，所捐者虛名，所得者實利。安邊之策，莫急於此。"

〔一〕可坐以制之　"制"原作"致"，據《宋史》卷四九四《西南溪峒諸蠻下》、《文獻通考》卷三二八改。

詔令本路諸司相度，措置條具。既而本路諸司言："趙彥勵奏請谿峒乞置總首，此控制蠻徭之上策也。所謂總首者，必擇其平日知慮出於群蠻之右者而爲之，無事則使之相安，有事則責之彈壓。今諸州所申谿峒亦各有長，惟其名之不同，或謂之首領，或謂之峒主，或謂之頭角官，或謂之防遏使、指揮使，不一而足。上件色目，近年以來不爲無弊，或有貪緣差，或以賄賂得，名存實亡。萬一狼子野心不安巢穴，竊恐爲總首者不足以鈐制。若非朝廷申明行下一新蠻徭之耳目，使爲之首者各知勉勵，以供其職。其有庸懦無能者，許從州郡擇衆所推服者易置之，保明申帥司核實，借補以小小官資。數年之後，委有勞效，所借之官，錫以真命。其身既榮，頗知自愛，邊陲有警，責之彈壓，彼必奔走奉命之不暇。所謂以蠻徭治蠻徭，其策莫急於此。趙彥勵所請，委是經久可行，乞下本路監司遵守施行。"從之。

四年六月十九日，臣僚言："竊見蜀之邊夷常爲邊患，而莅於提刑司者，在嘉定屬邑，曰峨眉，則有虛恨蠻；曰犍爲，則有夷董蠻[一]。嘉祐間，虛恨一再寇邊，歷治平、熙寧以迄紹聖[二]，入寇無虛歲。政和間，其酋以狀來乞博易，有旨弗許，寨將懼其侵邊，始創爲茶鹽等犒遺，蠻酋因以爲例，歲輒邀求，名曰年計。紹興之末，復因其寇掠，提刑司措置，令還所掠保護、籠蓬等四寨，支犒銀、布、茶、鹽、鍋鐺之屬各有差，謂之四寨貼補，間一給之，而寨將之私賂不與焉。然猶時有侵掠，迄今有酋崖烈尚未打誓。夷都、董蠻初以土豪侵據地險，朝廷命歲與之賂，名曰索稅，所給不過生紬、茶、鹽，歲持三印紙如券，乞取去稍不如意[三]，輒肆殺傷。其後邊寨苟欲無事，增給茶鹽、絹色等數益廣。然乾道間，寇利店、威寧，生聚之爲一空。淳熙間，寇籠鳩，頻年爲患，掠邊民以爲貨。臣嘗考其故，年計等支犒，官司歲給下寨收買，既弊於州郡之失時，又弊於寨將之侵用，因循欠闕，無以示信，以致蠻夷滯留寨下，動輒生釁。臣已行下嘉定府相度，勿給其錢，從本府先期計置當犒物色，發下諸寨，仍與蠻夷約定受犒之時，毋令久留境上，貽患邊民。不惟中國誠心可恃，抑足以陰折夷落猖獗之心。乞令嘉定府常切遵守。"從之。

〔一〕則有夷董蠻　"夷董蠻"，或係"夷都"與"董蠻"之合稱，或脫一"都"字，未知孰是。

〔二〕歷治平熙寧以迄紹聖　"聖"原作"熙"，按其歷數宋治平、熙寧，其後又稱政和、紹興年號，則此顯是哲宗紹聖，因改。

〔三〕乞取去稍不如意　其前原摻入"初在江南，其寨下所管田，膏腴接畛幾數千畝"至"爲今之計，莫若講明舊制，不失寓兵於農之意，坐省餽餉，而得備禦之實"近千字。"上古本"移至下文嘉定四年八月"乃知舊寨"後，與"令辰、沅、靖等州沿邊谿洞去處"相接。是。詳見彼處校記。

嘉定元年，郴州黑風峒猺人羅世傳寇邊，飛虎統制邊寧戰沒，江西、湖南驚擾，知隆興趙希懌、知潭州史彌堅共招降之。

二年，李元礪、羅孟二寇江西[一]，攻破龍泉縣，李再興戰敗，死之，江州駐劄都統制趙選亦戰死。初，吉州獲賊長七人繫獄，土豪黃從龍爲賊畫策[二]，賂吉守李綱，得縱還，賊遂無所忌。有侯押隊者，領兵戍龍泉境上，元礪復用從龍計，椎牛釃酒以犒官軍[三]。賊至，官軍皆醉，狼狽敗走。寇之初起甚微，賊伺知議論不一，故玩侮官軍。方江西力戰則求降湖南，

— 303 —

湖南戰則求降江西，牽制王師，使不得相應援。其後命工部侍郎王居安知豫章，擒獲之，溪峒略平。

〔一〕李元礪羅孟二寇江西　"西"字下原衍一"江"字，據《宋史》卷四九四《西南溪峒諸蠻下》刪。

〔二〕土豪黄從龍爲賊畫策　"黄"原作"王"，據《宋史》卷四九四《西南溪峒諸蠻下》改。

〔三〕椎牛釃酒以犒官軍　"椎"原作"推"，據《宋史》卷四九四《西南溪峒諸蠻下》改。

《會要》：嘉定三年二月五日，江西兵馬鈐轄司言："照得李元礪等聚衆結集作過，本司出榜勸諭上户充隅官，招集鄉丁，防拓鄉井，如能戮力向前，即與推賞，補綴官資。據贛州勘到，本州光孝寺僞僧陳法安受歸朝番僧李福興説誘，入湖南賊徒内招賊前來贛州，與牢城歸順重役人吕俊等圖爲内應作亂。未成間，陳法安道遇隅官劉天祐、劉國賢統率鄉丁到來，捉下陳法安，根問通説因依。經贛州陳論，追李福興下獄，皆有實跡，已等第處斷。若非劉天祐首獲陳法安，道敗其情，則一郡生靈實遭塗炭。方此兇賊未平，難從常格推賞，理宜旌異鄉民。本司借補劉天祐、劉國賢承節郎，乞給降真命祗受〔一〕。"詔劉天祐、劉國賢各特補承節郎，並差充江西兵馬鈐轄司準備差使，日後更不作闕。

〔一〕乞給降真命祗受　"祗"原作"祇"，據文意改。

三月十四日，詔劉禹特補承信郎，鄧鼎、鄧經、鄧拱、曹舟並特補進義校尉〔一〕。以廣東經略言禹等收捕韶州九峰洞賊首功，故有是命。

〔一〕進義校尉　"義"原作"乂"，據《輯稿》兵一三之四五改。

四月二日，詔："武功大夫、東南第六將〔一〕、贛州駐劄魏澄追五官勒停，送藤州編管寄理。承節郎〔二〕、贛州寧都縣青塘巡檢王有功追毀出身以來文字，除名勒停〔三〕，送賓州編管。以江西提刑李玨言，峒賊犯南安軍南康縣境，澄等臨敵曳兵先遯，以致陷没軍將，殘破縣邑。故有是命。

〔一〕東南第六將　"第"原作"等"，據《長編》卷三一一元豐四年二月己卯、《大典》卷一八二〇七引《墮甑》所述"東南諸路團結諸軍十三將"之制改。

〔二〕承節郎　"承"原作"陳",據宋官制改。
〔三〕除名勒停　"名"原作"各",據宋官制懲處常例改。

七月三日,詔江州都統制趙選特贈武翼大夫,與兩子恩澤,更與一名進義副尉[一]。以江西提刑李珪言,選捕峒賊鬥死。故有是命。

〔一〕更與一名進義副尉　原作"更與一各進乂付尉",據前文《會要》文字淳熙四年七月二十四日詔改。

嘉定四年八月七日,直秘閣、成都府路提刑李𬀩言:

照得董蠻、夷都兩部族今春前來作過,目下雖已退伏巢穴,然夷情狡獪,未易測量。竊恐秋冬復出侵犯,且前時殺掠官兵丁民,其數過多,罪亦不容輕赦。契勘夷都、馬湖部族上靠嘉定之犍爲,下連敘州之宣化。在嘉定則有請稅受犒之寨,在敘州則有中馬互市之場,故嘉定、敘州兩處邊事相關至切。若彼此一心,互爲救應,則雖有小警,亦可旋即底定。若一有乖剌,不相爲謀,則意外之慮,蓋未易言。紹興、乾道間,夷都兩寇利店,淳熙十三年九月,馬湖與夷都合寇籠鳩。照得兩蜀邊面舊來體例,凡遇蠻賊作過,必先止其歲犒,絕其互市,發兵增戍,或議戰守,或議攻討,或先令兩處夷將分明開喻。俾歸還所鹵人口,及陪還已死人骨價,屈膝請命,乃赦其罪,與邊吏歃血,申立信誓"自今以後,永不犯邊"。方與放行歲犒,及通互市,漸次撤警班師,各使夷、漢安於無事。蓋蠻賊生理所資,悉仰給於漢,若歲犒即止於嘉定,而互市又絕於敘南,則其部族之內,即自窘因,自然悔恨,懷不自安。前後官司區處之善,皆無出於此。淳熙十三年,趙汝愚任四川制閫日,凡所施行,案牘具在,猶可舉行。

今春制置大使司區處,亦是與趙汝愚已行過事宜一同。竊謂已見之效,所當先者,莫若止歲犒、絕互市之爲急。所有嘉定府諸寨歲犒,已令截日住行支給,似聞蠻賊已自怵迫。然若不絕其互市,則猶未足以制其死命。但互市之權,實在敘州,而敘州以不屬本路之故,便懷觀望,有秦越肥瘠相視之意,於互市一事,全然不肯任責,妄亂申陳,巧作推避。兼訪聞馬湖初破利店之時,即以所劫鹵之物公然將出,貿易於敘州之境。敘之邊民,利於贏掠十百之利,上下共享,故不樂於互市之絕,雖已累次移文叙州禁約，其本州終是奉行滅裂。近據關報稱，馬不來互市已久，不待而自絕。然本司遣人密往察視，則本州雖公言止絕，其實私下貿易交通，一切如舊。如是，則蠻賊何由悔罪，屈服請降，以歸所虜之人？欲乞速下叙州守臣，須得與嘉定府同照管邊事，協力一心，不可各分彼此，陰拱坐視，致失事機。仍委自守臣督責夷將前去蠻部明行開喻，俾歸所鹵人口並陪還骨價，及執首謀作過之人，以贖前來侵犯之罪。如不遵從，尚敢負固狼抗，則便須截日將公私互市悉嚴行禁絕，不得徒爲文具。仍訓勒義兵，揀選犀銳，與嘉定之兵相爲掎角。或當乘機進討，亦須必取萬全。庶幾中國之威一伸，小夷自然知畏，邊隅可保百年安靖，西南幸甚。

又契勘利店舊寨在婆籠江之南，今春董蠻、夷都兩族犯邊[一]，合力攻破焚蕩，殺掠爲虛甚慘，前來本司及嘉定府見得此寨已是殘毀，不欲復於故地修築，遂移建本寨於籠江之北。後來訪問，乃知舊寨初在江南，其寨下所管田，膏腴接畛幾數千畝。自舊寨攻破，新寨移築之後，土丁死亡潰散，存者皆無固志，於是向來耕墾之田，悉成荒野，極爲可惜。又思前人建寨於此，不爲無說，蓋欲接連籠鳩、沐川、威寧、白崖諸堡，互爲聲援，可相救應。今移築新寨於江北，固保目前之安，但便有一江之阻，其籠鳩諸寨不免形勢孤絕，氣脈間斷，緩急救應，比昔尤難。且小夷今春乘虛猝然豨突，攻破此寨，其氣方張，大言虛喝，殊有輕漢心。今移築新城於江北，舊城遂廢不修，似大示中國之怯形，益長醜類之驕氣。又夷心貪惏無厭，他時便指舊寨之地爲己有，或重有邀索，尤費應對。

今來措置將舊寨重行修築，其利有三：可以護江南之耕者，使恃以無恐，晝則力作田上，暮則入保塞中，數千畝之田，不至荒蕪，此其利一也。連接籠鳩諸堡，不失殊之勢[二]，互爲聲援，緩急可相策應，此其利二也。他時新、舊兩城對峙，相爲掎角，首尾相救，腹背擊敵，此正兵家之要策，又可以張中國之威，破小夷之膽，此其利三也。緣前來初得於傳聞，謂舊寨居南山之趾，蠻賊來攻，乘高下瞰，矢石雨注，則在兵家是爲死地，不容不移。及屢遣人審視，乃知寨地去山向遠，弓弩箭力所不能及，況蠻弓射不逮三四十步，尤不足畏。蓋今春此寨之破，緣城中守備太弛，旁寨又不應援，蠻賊伺間，併力攻破，乃將士之謬，非城之罪也。除已一面差官調兵前去興工修復，仍就委御前後軍統領劉雄專一提督點檢，務令工役堅壯，堪以守禦，約九月內一切了畢，其於邊面委爲有補。緣上件事實係西南備禦之要，不容不以上聞。欲乞下本路轉運司，自丁差注利店寨官〔三〕，令通管新、舊兩城，仍所入御〔四〕，庶責有所歸，兩城相維，不至隳壞，實爲長久之利。

從之。〔五〕

〔一〕董蠻夷都兩族犯邊　"兩"原作"西"，據上文改。

〔二〕不失殊之勢　"之勢"前當有脫文。

〔三〕自丁差注利店寨官　"自丁"於文意不通，當有脫誤。

〔四〕仍所入御　"御"應是"衛"之誤，"所"字後當亦有脫訛。

〔五〕"初在江南"至"實爲長久之利。從之"，原接於嘉泰四年六月十九日條"三印紙如券"下。按此段乃論嘉定"辛未利店之變"後措置利店新舊寨防務，與嘉泰四年六月條所論嘉定屬邑羈縻諸蠻"年計"弊政殊不相合，但正補此條"後來訪問，乃知舊寨"後之脫漏。"上古本"因移改，今從之。

五年，臣僚上言："辰、沅、靖等州舊嘗募民爲弓弩手，給地以耕，俾爲世業，邊陲獲保障之安，州縣無轉輸之費。比年多故，其制寖弛，徭蠻因之爲亂，沿邊諸郡悉受其害，比申朝廷調兵招捕，曠日持久，蠻夷習玩，成其猖獗之勢，其如楊晟臺、李金、姚明教、羅孟二、李元礪、陳廷佐之徒，皆近事之明驗也。爲今計者，宜講舊制，可紓饋餉之勞，而得備禦之實，其安邊息民之長策歟！"〔一〕

〔一〕此條《宋史》正文及附《會要》注文原錯簡繫於前嘉泰四年下，據《宋史》卷四九四《西南溪峒諸蠻下》移改至此。

《會要》：五年六月二十八日，臣僚言："恭聞祖宗盛時，於辰、沅、靖等州應近蠻徭谿洞去處，募民爲弓弩手，耕置其地，以爲永業，全藉捍禦蠻獠，縣官不費供億。厥後此制寖弛，不復耕墾，舊額空存，每遇蠻獠爲梗，沿溪諸郡皆被其害。迨及申奏，調發大兵，動經三兩月餘，而猖獗漸久，內地蕩然。故大者如楊晟台、李金、姚明教，及近者羅孟二、李元礪、陳廷佐之徒，劫掠平民，侵擾州縣，爲害不細。爲今之計，莫若講明舊制，不失寓兵於農之意，坐省餽餉，而得備禦之實。[一]令辰、沅、靖等州沿邊谿洞去處，委監司、守臣相度條具來上，通融財賦，招募壯勇之人充弓弩手，耕食其地，責以捍禦蠻獠，或官給室廬耕具，貸以種糧口食，仍於農隙教練兵事。此策一行，非惟邊陲寧謐，兩蠻獠之患熄矣。"從之。

〔一〕"會要五年六月二十八日"至"而得備禦之實" 原錯簡於嘉泰四年條"乞取去稍不如意"之前。按辰、沅、靖三州皆荆湖北路下，顯與"乞取去稍不如意"一段所論四川嘉定府事不合。"上古本"據《宋史》正文文意，將之與下文"令辰沅靖等州沿邊谿洞去處"至"兩蠻獠之患熄矣從之"合併。今從之。

八月二十五日，知興元府、充利路安撫、四川制置大使安丙言："黔州接境思州，係夷族世襲。近田氏互爭承襲，於黔州省地紛擾。本州兵額絕少，備禦單弱，夷蠻無所畏忌，以致殺傷省民。又叙州係通放夷蠻互市之地，漢、蕃雜揉，全藉兵官彈壓。又天水軍係新創州郡[一]，密邇對邊境[二]，所管關堡比他邊郡尤爲緊切，雖有出戍將佐守禦，例皆半年一更，各懷去替之意。今將內郡閑慢近上兵官遷於三州屯駐，以作聲援，以讋戎心，於官司別無侵損。竊見夔路所管兵馬都監一員在重慶府駐扎，重慶係內郡，又有提刑置司，都監絕無職事，乞令移司黔州，分重慶禁兵百名前去，以鎮夷俗[三]。成都等路第三付將一員榮州駐扎，近移屯嘉定府犍爲，今乞移屯叙州駐扎，專一彈壓漢、蕃互市，庶使有以和畏[四]，亦不失爲嘉定輔車之勢。利路兵馬都監一員見在隆慶府劍門關駐扎，止是譏察姦細，搜檢禁物。本處有駐泊都監二員，並劍門知縣幹當關事，兼有御前後軍屯駐，前有昭化縣，後有隆慶府，相去不遠，實非衝要地[五]。其兵馬都監乞遷於天水軍湫池堡駐扎，量帶本關禁兵五十名前去，更乞令湫池堡駐扎兵馬都監兼管把邊軍兵，用心教閱，照管邊面，實爲經久利便。所有官兵月糧請給，仍就元置司州郡支給[六]。"從之。

〔一〕天水軍係新創州郡 "新"原脫，據《輯稿》兵六之七補。
〔二〕密邇對邊境 "邇"原脫，據《輯稿》兵六之七補。
〔三〕以鎮夷俗 "夷俗"，《輯稿》兵六之七作"夷族"。
〔四〕庶使有以和畏 原脫，據《輯稿》兵六之七補。

〔五〕實非衝要地　"非"原脫，據《輯稿》兵六之七補。
〔六〕仍就元置司州郡支給　"元"原脫，據《輯稿》兵六之七補。

七年，臣僚復上言："辰、沅、靖三州之地多接溪峒，其居內地者謂之省民，熟戶、山猺、峒丁乃居外爲捍蔽。其初區處詳密，立法行事，悉有定制，峒丁等皆計口給田，多寡闊狹，疆畔井井，擅鬻者有禁，私易者有罰。一夫歲輸租三斗，無他繇役，故皆樂爲之用。邊陲有警，衆庶雲集，爭負弩矢前驅，出萬死不顧。比年防禁日弛，山猺、洞丁得私售田。田之歸於民者，常賦外復輸稅，公家因資之以爲利，故譙不加省。而山猺、峒丁之常租仍虛掛版籍，責其償益急，往往不能聊生，反寄命猺人，或導其入寇，爲害滋甚。宜敕湖廣監司檄諸郡，俾循舊制毋廢，庶邊境綏靖而遠人獲安也。"

《會要》：七年三月十六日，臣僚言："竊見辰、沅、靖三州，內地省民居其中，外則爲熟戶、山猺，又有號曰峒丁，接近生界，迤邐深入，團峒甚多。平時省民得以安居〔一〕，實賴熟戶、山猺與夫峒丁相爲捍蔽。創郡之初，區處詳密，隄防曲盡，故立法有谿峒之專條，行事有谿峒之體例，無非爲綏邊之策。一生界有警，侵擾省地，則團結熟戶、山猺與夫峒丁操戈挾矢以捍禦之，不費郡縣斗糧尺兵，冒萬死一生而樂爲用，蓋本朝成憲有以使之然也。夫熟戶、山猺、峒丁，有田不許擅鬻，不問頃畝多寡，山畲闊狹，各有界至，任其耕種，但以丁名係籍〔二〕，每丁量課米三斗，悉無他科配。熟戶、山猺、峒丁樂其有田之可耕，生界有警，極力爲衛，蓋欲保守田業也。近年以來，生界猺、獠出没省地，而州縣無以禁戢者，皆繇不能遵守良法，有以致之。谿峒之專條，山猺、洞丁田地並不許與省民交易，蓋慮其窮困而無所顧藉，不爲我用。今州郡譙不加意，山猺、洞丁有田者悉聽其與省民交易，利於牙契所得，而又省民得田輸稅，在版籍常賦之外，可以資郡帑泛用。而山猺、洞丁之米掛籍自如，催督嚴峻，多不聊生，往往奔入生界谿洞受顧以贍口腹，或爲鄉導，或爲徒伴，引惹生界出没省地，駸駸不已，害不勝言。臣所目擊者，三郡而已，其他湖廣邊蠻去處，未必不皆然。乞明敕湖廣監司行下諸郡，凡屬谿洞去處，山猺、峒丁不得擅與省民交易，犯者科以違制之罪，仍以其田歸之。庶幾山猺、洞丁有田可耕，各安生業，不致妄生邊釁，實綏靖遠民之長策。"從之。

〔一〕平時省民得以安居　"平"原作"年"，據《輯稿》刑法二之一三八改。

〔二〕但以丁名係籍　"名"原作"各",據《文獻通考》卷三二八《四裔考》改。

十一年八月二十九日,臣僚言:"嘗觀仁宗慶曆六年張方平言'西北二虜爲患,故於守禦用心,至於蠻猺作梗,衝突嶺外〔一〕,而交趾路接谿峒,理須經略',且言'唐室蕃戎之變,尋復寧定,其後安南蠻寇侵擾,因有龐勛之禍。則知事起細微,禍生所忽'。今言武備者,類於兩淮、荆襄介意,若夫二廣土曠人稀,州之大者,城池、甲兵僅足自保,小州荒僻,兵力單微,孰與爲守〔二〕?況嶺南山高海闊,盜賊、民猺雜處,中州姦民貸刑配隸於此,萬一饑荒相煽,州郡胡以待之?臣恐唐人每備西北,不知禍起東南。國朝以契丹、元昊爲憂,不知儂賊猖獗。臣近見淮甸版築荐興,更戍日增,北虜垂亡,淮漢義勇民兵當收制虜之功。獨廣南城隍摧圮不修,諸兵逃死不填,春秋教閱,一郡不及百人,皆平時役使奔走之人,設遇送迎押綱,所存無幾,雖有鄉兵、義丁、土丁,實不足用。若城內外民,未嘗以義丁、土丁法繩之,城不足守,民不知兵,緩急豈不誤事?乞於嶺南要害城當修者,葺理鄉井,民兵置籍,委官春秋教之,內外之民,或季或月點集,賞其能,罰其怠,使倉卒可以相衛。郡有城池,民兵又皆練習,可以息蠻猺侵掠之患,措四十州民於久安之域。"從之。

〔一〕衝突嶺外　《長編》卷一五九慶曆六年甲戌條作"衝突稍及嶺外"。
〔二〕孰與爲守　"孰"原作"熟",據文意改。

收稿日期:2022 年 3 月

呼和浩特市萬部華嚴經塔回鶻蒙古文題記

青格力　布日古德

摘　要：位於呼和浩特市東郊的萬部華嚴經塔內，現存自遼代以來的300餘條多文種墨書題記遺跡。自20世紀70年代我國學者首次進行全面考察並整理刊布其中漢文題記以來，國內外學者對其他一些文種也進行了相關研究。但對其中的蒙古文題記，至今尚未進行整理和研究。本文在梳理各種題記基本情況的基礎上，著力對回鶻蒙古文進行整理解讀，並做了初步的歷史背景考察。

關鍵詞：萬部華嚴經塔　白塔　明代蒙古　回鶻蒙古文

在内蒙古自治區呼和浩特市東郊白塔村有一座建於遼代的八角七層佛塔，當地人俗稱"白塔"。白塔主體結構厚實堅固，内部設計巧妙，塔身内部牆面上遺留有多條不同時代墨書題記。有關這些題記，最早有清代康熙年間張鵬翮、錢良擇等人的行紀中有相關記載和部分漢文附錄，也提及蒙古文題記的存在。[①] 1893年3月，俄國人阿·馬·波兹德涅夫途經呼和浩特時曾觀察白塔外部狀況並拍下了照片，[②] 他還在1895年首次介紹萬曆八年繪《俺答汗貢馬表圖》，其中有"豐州城"之白塔屬"林福寺"的畫面。[③] 20世紀三四十年代，日本人也曾對該塔進行過考察，也提及漢文題記。[④] 到了20世紀70年代，我國著名學者李逸友先生率考察組，對白塔題記進行了全面調查，統計出漢文、契丹文、女真文、回鶻蒙古文、

[①] 張鵬翮：《奉使俄羅斯日記》；錢良擇：《出塞紀略——附錄華嚴塔題名》。參見載忒莫勒、烏雲格日勒主編《北部邊疆卷〈奉使俄羅斯日記〉〈出塞紀略〉〈從西紀略〉（外八種）》，黑龍江教育出版社2014年版。

[②] ［俄］阿·馬·波兹德涅耶夫：《蒙古及蒙古人》（第二卷），劉漢明等譯，内蒙古人民出版社1983年版，第143—146頁。

[③] 參見［日］和田清《明代蒙古史論集》，商務印書館1984年版，第725—726頁。

[④] ［日］村田治郎：《厚和の塔と寺》，《東洋史研究》1939年第4—5期；［日］村田治郎：《厚和の佛塔追記》，《東洋史研究》1940年第2期；［日］羽田亨：《塞北行の一節》，《東洋史研究》1939年第4—5期。

回鶻文、八思巴文、藏文、叙利亞文、波斯文等多文種題記共 200 餘條，並就其中遼、金、元、明時期的 160 餘條漢文題記進行了抄錄整理，加以研究發表，向學界首次揭示了白塔題記的整體面貌。① 自此，先後有牛汝極（2006 年，2008 年）②、博爾波尼（P. G. Borbone，2008 年，2013 年）③、茨瑪（2015 年）④、白玉冬、松井太（2016 年）⑤ 等國内外學者對部分叙利亞文、回鶻文題記進行了解讀研究。然而，對其中八思巴文和回鶻蒙古文部分至今尚無整理研究。爲了彌補這一空白，我們在内蒙古文物研究所和呼和浩特市文物研究所等單位的支持和協助下，於 2020 年和 2021 年，對塔内進行兩次考察，並發表了對白塔八思巴文題記的整理研究成果。⑥ 本文將力圖對回鶻蒙古文題記進行整理解讀，並進行歷史文化相關的初步研究。爲了使人們能夠瞭解白塔題記形成的歷史背景和條件因素，我們也對各個時期所出現的題記整體狀況和歷史背景做簡單梳理。

一　白塔及其題記群

該白塔全稱"萬部華嚴經塔"，簡稱寶塔、聖塔、白塔等，當屬華嚴宗佛塔。今立於塔前石牌上的蒙古文爲"tümen boti čečeg-ün čimegtü sudur-un subury-a"，與漢文"萬部華嚴經塔"完全對應，而民間習慣稱"čaγan subury-a"，即"白塔"。白塔塔身建於遼代天德軍駐地豐州城内西北角，是一座寺院建築群的組成部分，但至今還没有發現能夠明確表明其建造年代的文獻記載。有關白塔及其所在豐州城的歷史演變，前人研究已有交代，可不必再贅述。⑦

結合前人研究以及我們的調查，塔内現有各時期的題記遺迹 300 餘條。就其

---

① 李逸友：《呼和浩特市萬部華嚴經塔金元明各代題記》，《内蒙古大學學報》1977 年第 3 期。

② 牛汝極：*Nestorian Inscriptions from China*（13th–14th Centueies），《文化的绿洲：絲路語言與西域文明》，新疆人民出版社 2006 年版，第 321—323 頁；牛汝極：《十字蓮花——中國元代叙利亞文景教碑銘文獻研究》，上海古籍出版社 2008 年版，第 103—106 頁。

③ Borbone, Pier Giorgio, Syroturcica 2,"The Priest Särgis in the White Pagoda", *Monumenta Serica* 56, 2008, 487–503; Borbone, Pier Giorgio,"More on the Priest Särgis in the White Pagoda", In: Li Tang / D. W. Winkler (eds.), 18 *From the Oxus River to the Chinese Shores*, Berlin et al., 2013, 51–65.

④ Zieme, Peter, *Altuigurische Texte der Kirche des Ostens aus Zentralasien*, Old Uigur texts of the Church of the East from Central Asia Hardcover – October 10, 2015, 188.

⑤ 白玉冬、［日］松井太：《フフホト白塔のウイグル語題記銘文》，《内陸アジア言語の研究》2016 年第 31 期。

⑥ 布日古德、青格力：《呼和浩特市萬部華嚴經塔八思巴文題記釋讀》，《内蒙古社會科學》（蒙古文）2022 年第 1 期。

⑦ 李逸友：《呼和浩特市萬部華嚴經塔金元明各代題記》，《内蒙古大學學報》1977 年第 3 期；［日］和田清：《關於豐州天德軍的位置》，《明代蒙古史論集》（下册），商務印書館 1984 年版，第 714—727 頁。

时代而言，目前除漢文題記外，在其他文種題記中尚未發現明確形成於遼代的題記，或許被金代大規模修繕工程所覆蓋。塔内雖發現有3條契丹文題記，但其紀年表明寫於金大定年間（1161—1189年）。至於這些契丹文的完全解讀仍需要等待契丹文研究的進展。① 金代漢文題記有近30條，其中金大安三年至金崇慶二年（1211—1213年）的有3條，其餘均爲大定年間題記。另外，金代修繕塔身後將刻有捐資人名録的九塊功德石碑嵌於塔身第一層的墻壁上，今仍存六塊。② 此外，還有女真文題記5條，漫漶嚴重，尚未完全辨認解讀。

蒙元時期，豐州城不再具有軍事基地功能，却逐漸發展成爲北方交通樞紐功能的城鎮，多文化聚集是其一大特色。元代豐州屬大同路，實際則爲汪古部封地。③ 根據《馬可波羅行紀》記載，至元十二年（1275年）前后天德（豐州）已是汪古部的一個中心城市，十分繁華，由其首領闊裏吉思（Giorge）進行管理。④ 至元二十四年（1287年），"復立豐州亦剌真站"。⑤ "亦剌真"，即使臣，受此冠名的驛站似乎只有這一處，比較特殊。由此可知，此時豐州的交通樞紐作用逐漸顯現，成爲大都、上都連結甘肅、哈密等通往西部或西北部以及更遠的西方諸汗國，也可通往嶺北哈拉和林以及西伯利亞吉爾吉斯區域的"納鄰站道"和"木鄰站道"的重要中轉站。

豐州地區自遼代以來佛教盛行，元代達到鼎盛。根據豐州出土碑刻銘文，元代豐州地區建有不少大型的佛教寺廟，並奉帝師法旨任命僧正，與燕京等地區寺院關係密切，汪古部趙王也給予扶植和資助，成爲佛教勝地。⑥ 白塔即是當時大宣教寺建築群之一組成部分。因是汪古部統轄地的原因，元代豐州地區基督教地位亦較顯赫。白塔内的十幾條帶有濃厚阿爾泰語共有詞彙特點的叙利亞文基督教祈禱文和隨記，爲元代基督教遺存文物中獨一無二者。元代豐州城交通發達，宗教興旺，族群融合，過往使臣、遠近巡禮者或旅行者絡繹不絶。這也是塔内元代多文種題記最爲豐富的原因。他們在這座城市停留，參觀或參拜壯美的白塔，留下了大量的漢文、古叙利亞文、回鶻文、回鶻蒙古文、八思巴文、波斯文及藏文題記。

塔内現存題記總體情況如下。

---

① 清格爾泰、劉鳳翥、陳乃雄、邢復禮：《契丹小字研究》，中國社會科學出版社1985年版，第624—625頁。
② 李逸友：《呼和浩特市萬部華嚴經塔的金代碑銘》，《考古》1979年第4期。
③ 蓋山林：《元代豐州佛教徒塔銘》，《呼和浩特史料》第8集，1989年，第355—359頁。
④ A. J. H. Charignon 注：《馬可波羅行紀》（上册），馮承鈞譯，中華書局1954年版，第265—266頁。
⑤ 《元史》卷一四《世祖十一》，中華書局1976年版，第298頁。
⑥ 參見蓋山林《元代豐州佛教徒塔銘》，《呼和浩特史料》第8集，1989年，第355—359頁。

（一）漢文題記

李逸友先生從金、元、明時期漢文題記中整理出 161 條，其中元代題記 90 多條，占一半多。從其紀年看，元代題記自至元元年至至正二十六年（1264—1366年），基本涵蓋了整個元朝時期。有來往哈拉和林的遠途使者的揮筆，也有大都及地方官吏的行程記錄，也有旅行者和朝聖者等各種身份的人寫下的留言。題記内容簡約，一般只簡單交代事由，大部分以登塔時間和人員名單爲主。題記中不少以"大朝""大朝國""大元國""大元"等開頭，應當是大蒙古國過渡到元朝時期歷史變遷的反映。

（二）叙利亞文題記

目前共確認 12 條。根據牛汝極研究，題記文有"願上帝賜福，阿門"等禱告語。其中 7 條與神甫薛裏吉思（sergis）的名字連在一起，並記載了他的話語。值得注意的是，這些題記基本爲叙利亞文回鶻語，但明顯受到了蒙古語影響。如其"上帝"一詞與阿爾泰語共有詞"騰格理"（tängri/tngri）對應，而其"洪福"與蒙古語"忽禿黑"（qutuq/qutuγ）對應。其他還有一些蒙古語借詞，顯然形成於蒙元時期，[1] 可能與汪古部語言文化關係密切。汪古部首領駐地在陰山北側黑水旁（今艾不蓋河），即今天的達茂旗敖倫蘇木故城，其境内遍佈豐富的基督教文物遺跡和叙利亞文遺存。[2] 佛教聖地白塔内出現諸多基督教信仰題記，與豐州地區爲汪古部政治經濟文化又一中心地位一致。

（三）回鶻文題記

現存近 30 條，白玉冬、松井太（2016 年）解讀了其中的 21 條。大多是來自西域天山以北彰八里、哈密、他古新等綠洲的畏兀兒人佛教信徒參拜白塔所留下的題記。元代畏兀兒族群一部分已經轉向信伊斯蘭教，但仍有相當規模的佛教信徒，他們不遠萬里巡禮各處佛教名勝，或者來往於西域和大都、上都之間，這在

---

[1] 牛汝極：《十字蓮花——中國元代叙利亞文景教碑銘文獻研究》，第 103—106 頁。
[2] 參見蓋山林《陰山汪古》，内蒙古人民出版社 1991 年版。

白塔題記中得到了反映。部分回鶻文題記是伊斯蘭教徒所寫,也被保存了下來。①

(四) 波斯文題記

經我們調查至少有6條以上,其字體比其他文種略小,大多已經漫漶不清,至今仍未被解讀。學者推測這些題記可能與西域的伊斯蘭教徒有關。②《馬可波羅行紀》也記載元初豐州城的管理層即有"基督教徒,然亦有偶像教徒及回教徒"。③另外,蒙古高原和大興安嶺地區多處也發現有波斯文碑刻銘文和摩崖題記,可見元代波斯文使用範圍之廣泛。

(五) 八思巴文題記

我們通過調查發現了5條八思巴文題記,其中2條爲八思巴字音譯蒙古語題記,3條爲八思巴字音譯漢語題記。④

(六) 回鶻蒙古文題記

經過我們的調查,目前已確認近30條回鶻蒙古文題記。根據字形特點和書寫內容,除了1條"tngri"(天)單字題記及少量可能屬於元末題記之外,其餘形成於15—16世紀,對此將在下節進行詳細討論。

二 回鶻式蒙古文題記釋讀

回鶻蒙古文題記主要形成於明代,與較長時期控制這一地區的漠南蒙古部落有關。白塔中有紀年爲"宣光三年八月"的漢文題記,即寫於北元昭宗愛猷識理答臘汗(Ayurširidara,1370—1379年)三年。⑤ 不久明太祖朱元璋對北方蒙古部落實施強大攻勢,並在陰山南麓設置東勝六衛,掌握着這一區域,但到了惠帝朱

---

① 白玉冬、[日]松井太:《フフホト白塔のウイグル語題記銘文》,《内陸アジア言語の研究》2016年第31期。
② 白玉冬、[日]松井太:《フフホト白塔のウイグル語題記銘文》,《内陸アジア言語の研究》2016年第31期。
③ A. J. H. Charignon 注:《馬可波羅行紀》(上册),承鈞譯,第265—266頁。
④ 參見布日古德、青格力《呼和浩特市萬部華嚴經塔八思巴文題記釋讀》。
⑤ 李逸友:《呼和浩特市萬部華嚴經塔金元明各代題記》,《内蒙古大學學報》1977年第3期。

— 315 —

允炆建文年間，東勝諸衛内遷，豐州地區仍由蒙古部落控制。① 白塔内明代漢文題記不太多，目前發現的有 12 條，分別爲洪武年間的 3 條，正統年間的 3 條（其中有 2 條是同一天寫成），隆慶、萬曆、崇禎年間各 1 條，還有年代不確定的 3 條等。其中嘉靖三十八年（1559 年）的一條涉及板升（呼和浩特）建設初期來到"北朝豐州"的漢人工匠（達兒漢）、木匠以及翻譯（通事）等人員。又，嘉靖四十年（1561 年）的題記記載了代州崞縣一家被蒙古軍俘虜至豐州後得到當地蒙古人幫助的事情。這與明朝實錄中，俺答汗率軍自大同北侵入到達山西五臺山一帶的記載吻合，對明廷與蒙古部落關係史研究具有史料價值，爲此曹永年先生做了一系列的專門研究。②

對於白塔内的明代回鶻蒙古文題記，李逸友先生簡略地提到："塔上現存的明代蒙古文題記有十多條，但多已漫漶不清，僅能從語法結構判斷其時代，其中有一條似提到土默特部阿勒坦汗，即明代史料所稱的俺答汗。"③ 我們兩次進入塔内進行調查，找到清晰或模糊不清的回鶻蒙古文題記近 30 條，多爲信衆前來禮佛朝拜白塔之後所留，但並没有發現帶有"阿勒坦汗"名字的題記。從書寫特點看，與元代或清代差異明顯，內容多爲發願文，少量事由記載文，文體使用了簡潔實用的格式。從整體書寫風格以及有紀年的題記關聯上可推斷，大多形成於 16 世紀。從字體和正字法角度看，多爲回鶻蒙古文草書風格，顯得古樸稚拙，不拘一格，書寫雖有較規範之作，但也存在字符結構不夠完整或未完全遵循正字法的現象。

在此，我們將從回鶻蒙古文題記中選取 21 條，逐一進行復原和描述其基本狀況，並作初步的整理和解讀。爲此，將書寫形態相似、內容相近，或者有着明確關聯的題記依次排列，逐一進行復原轉寫、對應直譯、翻譯以及相關問題的探討。在做復原時，將已損毀或褪色漫漶不清的部分用［...］表示，若有推測或需要補充詞句者也納入［ ］括弧内。所用釋讀表音轉寫符號，我們採用了學術界常用的回鶻蒙古文拉丁字音標符號。拉丁轉寫下方以小號字表示相對應的漢文直譯，標注了其蒙語辭彙基本意義。需要表明的蒙古文後綴及詞法意義，將置於（ ）括弧中。如："（複）"表示複數後綴，"（賓）"表示賓格後綴，"（從）"表示從比格後綴，"（造）"表示造格後綴，"（位）"表示向位格後綴，"（屬）"表示領屬格後綴，"（共）"表示共同格後綴，"（祈使）"表示祈使形態後綴，等等。對少量

---

① 趙現海：《明長城時代的開啓》，蘭州大學出版社 2014 年版，第 140—150 頁。
② 參見曹永年《明代蒙古史叢考》，上海古籍出版社 2012 年版。
③ 李逸友：《呼和浩特市萬部華嚴經塔金元明各代題記》，《內蒙古大學學報》1977 年第 3 期。

需要特別關注的語義或形態等做了簡單的注釋。整個題記均在白塔內部迴廊的墻面上，題記之間或者同一條題記內文字的大小粗細和長短不均勻，最短的單字題記只有4—5cm，最長的一行約有36cm，我們在較典型的題記中將涉及尺寸，其餘不一一做交代。

第一條：在白塔第二層發現回鶻蒙古文草體"tngri"一字，意爲"天"，字迹十分清晰，其周圍没有其他墨汁痕迹，顯然是單獨出現的。觀察其字形，所用筆尖較細，書寫風格與13—14世紀的寫法相一致。另，在第六層發現有單獨的八思巴蒙古文"天"字，可謂相互呼應，表現對天神的崇敬，斷定是同一時代形成，當是元代遺迹。"天"字，近現代口語發音爲"tengger/tenggeri"，但在回鶻蒙古文里始終遵循着"TNKRI"的字符結構方式，與回鶻文保持一致。拉丁文可轉寫tngri 或者 tegri，而八思巴文固定拼寫爲 dèŋri。這種不規則或者保持固定形態的書寫現象，往往與古代蒙古敬畏或者避諱等習俗有一定的關係。

第二條：此題記在第七層，共兩行，無題壁年月，字體工整，但上半部分已污損不清，釋讀如下。

第一行：[...] ǰayaɣatu γ[a]yiq[am]šiɣ čaɣan suburɣ-a ene büiǰ-e
　　　　　　 天命　　　　絶妙　　　　　白色　　塔　　道　是

第二行：[...] bi bičibe qutuɣtu baɣši nar [...]
　　　　　　 我　書寫了　有福德　經師　們（複）

譯文：此爲……擁有天命、殊勝的白塔。由我……書寫。有福德之經師們……

該題記似乎是宗教上層人士對白塔絶妙殊勝的型態和對其無量功德的讚美之詞。筆觸細膩，回鶻蒙古文短牙字符緊縮，如：詞中的"r"字符不突出，詞首"s"字符筆直，詞中的"i"字符伸長，詞尾不伸展等，與塔中其他回鶻蒙古文題記相比較，字迹略帶早期風格。但"i"字符並不像13世紀普遍表現的上揚下勾型，所以視作元末或明代初期題記，大致不會有誤。

ǰayaɣatu：ǰayaɣa，意爲"天命""降生""賜予"，佛教指"天命""命運""輪回"等；-tu，表示"具有""擁有"意義的名詞後綴。該詞早期意指受天或自然界意志所導致的結果，後在佛教信仰中指"命運""輪回"等觀念。該詞前面有模糊不清的文字痕迹，很可能是"tngri-eče"，合起來是"tngri-eče ǰayaɣatu"，即"依託天命",爲騰格理信仰者的常用語。《蒙古秘史》漢字音寫"札牙阿禿""札牙安",使用頻率極高。如,"騰格^舌理 額扯 札牙阿禿"(§001,§111),旁譯爲"天處命有的",總譯對應"生"(§001)、"命分"(§111)。"斡勤 古温訥 札牙安"(§066),旁譯爲"女人的命生了"(§066),總譯對應"大幾女孩兒生了"。"忙^中豁侖 察^黑札牙安 備者"(§194),旁譯爲"達達的時氣運有也者",總譯對應"天命"。"騰格理因 札牙阿^舌兒"(§197),旁譯爲"天的命裏",總譯對應"天命"。"騰格^舌理 額徹 札牙阿禿"(§201),旁譯爲"天行命有的",總譯對應"有天命的"。"騰格^舌里 ^中合札^舌刺察 札牙阿禿"(§281),旁譯爲"天地行命有的",無總譯對應詞,等等。①

γ[a]yiq[am]šiγ:意爲"神奇""絶妙""殊勝"等。正字法有錯誤,文字結構不完整,現做補充完善。

čaγan suburγ-a:白塔。suburγ-a,回鶻語用來指陵墓,借入蒙古語後指佛塔或塔式建築。另外,白塔回鶻文題記除了使用"suburγ-a",還用了來自梵文的 stupa 一詞。

büi ǰ-e:表示肯定的語氣詞。"büi",意爲"有""存在";"ǰ-e",強調語氣詞。《蒙古秘史》音寫"備者",旁譯"有也者"。如,"額亦木 備者"(§270),旁譯爲"這般有也者"。回鶻蒙古文摩崖題記也發現完全相同的書寫形態,② 可見在13世紀蒙古語中是極爲普遍的表示強調、肯定意義的手段。近現代只存在於書面語,並且主要爲表示推量意義的語氣詞。

bi bičibe:意爲"由我書寫了"。這裏詞中"či"的"č"字符略顯過度伸展。"由我書寫了"是文書結尾的一種慣用形式,顯然書寫者受過良好的文書或應用文格式訓練。

qutuγtu baγši nar:意爲"有福德之經師們",此處指佛教高僧法師。"qutuγtu"在蒙元時期指"幸福""洪福",也廣泛使用於人名。《蒙古秘史》漢字音寫"^中忽禿^黑禿",常與"完_勒澤禿"形成複合詞,出現頻率也較高。如,"完_勒澤禿^中忽禿^黑禿"(ölǰeitü qutuγtu),旁譯爲"吉慶、吉慶有的""福有的、吉慶有的"(§200;§204;§211)等。單獨的"^中忽禿^黑禿"(qutuγtu),旁譯爲"吉慶有的"(§200、§204),"qutuγ"旁譯爲"福神的"(§105、§231),"qutuγtai"旁譯爲"福有的"(§157)等。《華夷譯語》(甲種本)中"^丁完澤^中忽禿^黑"(öl ǰei qutuγ),漢譯爲"福禄"。佛教文獻中指"佛果""福德"。

---

① 參見額爾登泰、烏雲達來校勘《蒙古秘史校勘本》,内蒙古人民出版社1980年版。
② 青格力:《新發現阿爾山摩崖回鶻蒙古文題記釋讀》,《中央民族大學學報》2017年第5期。

"baγši",來自漢文"博士",蒙古語裏指師傅、師父,佛教指通曉經論或戒律之行者或法師。

第三條:該題記在白塔第二層,共五行,無題壁年月,文字較小,書寫規範,前三行墨迹較淡,經圖片色彩處理後方可辨認,釋讀如下。

第一行:erdem bilig-i kičiyeküi-iyer(-ber) büi
　　　　知識　智慧(賓)　　勤勉　　　(造)　有

第二行:bögesü
　　　　若果

第三行:ündüsün ügei üile ülü
　　　　根基　　無　事務　不

第四行:bütüm. üčügekün usun dalai
　　　　成就　　微小　　　水　海

第五行:-yin sang ülü bolum gele.
　　　　(屬)　倉　不　成爲　如此説

譯文:若想追求知識和智慧,[須記得]"沒有根基難成事業;滴滴小水不能成大海",如此常言。

這是一條格律名言,提醒或警示那些想追求學問和智慧的人們,必需打下牢固的基礎,小打小鬧則像小水潭一樣終不能成爲大海。其1—2行爲推量句,3—5行爲對稱句,後者使用了蒙古語詩詞的詞首押韻和詞尾押韻方式。從所表達意義及形式看,可能受類似《薩迦格言》等某種古典格言或哲理名言的影響而形成的。

kičiyeküi-iyer-ber:意爲"勤勉於……""學習於……"。該詞十分模糊且不完整,只能依據筆勢進行推測。

ülü bütüm... ülü bolum gele:詞根加"-m"後綴表示該動作的現在未來時態,"gele"表示引用,意爲"如此説道"。"-m"後綴或"-m gele"句子,在16—17世紀的《黃金史》《黃金史綱》《蒙古源流》等文獻中廣泛使用,而此後出現頻率逐漸減少。

dalai-yin sang:海的倉庫,即大海。"sang",當是源自漢語借詞"倉"。

第四條:該題記在第五層,共十五行,無題壁年月,是行字較少却行數最多的題記,寬度約24cm,大部分字迹已漫漶或損毀,需要從空間布局和墨汁痕迹以及上下文進行推斷補充才能够完善文意，釋讀如下。

第一行： dege[dü] mǒngke [tngri]
　　　　　　上　　　永恆　　　天

第二行：-yin ǰayaɣa[n-du] burqan
　　　　（屬）天命　　（位）　佛

第三行：čaɣan suburɣan-[dur]
　　　　　白　　　塔　　　（位）

第四行：mürgümü ene [ǰayaɣa-dur]
　　　　　膜拜　　道　　天命（位）

第五行：subur[ɣan-dur törükü]
　　　　　塔　　　（位）　投生

第六行：boltu[ɣai] [erlig nom]
　　　　成為(祈使)　　閻羅法[王]

第七行：-yin[-un] arbun naiman
　　　　（屬）　　十　　　八

第八行：tamudača toniltuɣai
　　　　地獄(離)　解脱(祈使)

第九行：ene biden [bügüde] [...]-un
　　　　道　我們　　全體　　　（屬）

第十行：-du törükü [boltuɣai]
　　　　（位）往生　成為(祈使)

第十一行：kičiyenggüi [...]
　　　　　　勤勉……

第十二行：[...]un ki [...]

第十三行：[..................]

第十四行：[..................]

第十五行：bičibe[...]bu[...]
　　　　　　書寫了

譯文：依託至高無上長生天之賜命，向白佛塔頂禮膜拜！祈願此天命投生至佛塔！祈願解脱閻羅王之十八層地獄！祈願我們全員投生至……！……書寫。

這是一條發願文題記。在整句之首記有經文或文章開篇符號,很顯然書寫者十分熟悉佛教功德發願文及經文之開篇格式。這條題記的第 13、14 行很可能是一連串的人名,可惜完全漫漶消失了。

dege[dü] möngke [tngri]:意爲"至高無上的天"。"degedü"本意爲"上",佛教名稱中表示"尊上","möngke tngri",即"長生天",來自蒙古人傳統的天神信仰。

ene [ǰayaγa-dur] subur[γan-dur törükü] boltu[γai]:意爲"祈願此天命能夠投生至塔"。"ene ǰayaγa",意爲"此天命"或者"此輪迴",即佛教用語"今生"。整句缺失的成分較多,可與與此相似的題記對照做補充。如此祈願投生佛塔的内容在白塔回鶻蒙古文題記中不止一次出現,可謂同一時期蒙古人對於佛教教理中的投胎至來世途徑的一種理解。

[erlig nom]-yin[-un] arbun naiman tamudača toniltuγai:意爲"祈願解脱閻羅法王之十八地獄"。"arbun","十",正字法應寫"arban",當是受了口語影響。

第五條:該題記在白塔第五層,只有一個長度爲 6cm 的"suburγan"(塔)一詞,字迹比較清楚,但筆觸不均勻——開頭纖細,尾部粗大,有草體風格,也和 16 世紀後期的題記相似。其旁有"大德十一年六月十五日"的元代題記,實際二者之間時間上毫無關聯性。

第六條:該題記在第二層,共五行,無題壁年月,字迹粗大,筆法嫻熟,十分醒目,釋讀如下。

第一行:qamuγ
　　　　所有

第二行:burqan-i γaǰar-a
　　　　佛的(賓)　地方

第三行:qurduqan törütügei
　　　　迅速　　降生(祈使)

第四行:toniltuγai
　　　　解脱(祈使)

第五行:[...] iwad čurbui
　　　　瓦第　楚爾普

譯文:祈願迅速往生至所有佛地!祈願解脱!……瓦第、楚爾普。

該題記字體比其他題記寬大，結構清晰，書寫風格與 16 世紀的題記風格一致。

qurduqan törütügei：意爲"祈願迅速投生"。此處"qurduqan"原文爲"qunduqan"，有誤。

törütügei：原意爲"願出生"，祈使式形態，此處爲佛教用語"往生"。

toniltuɣai：原意爲"願消失"，祈使式形態，此處爲佛教用語"解脫"。

...iwad čurbui：當是人名，由於墻面被後世修整，第一字前段已不完整。

第七條：該題記在第二層，共二字。書寫風格、墨色濃度均與第六條題記一致，顯然是同一人所寫，只是因靠近墻角的緣故被寫到了右面墻上，故作單獨一條處理，釋讀如下。

第一行：basakü
　　　　　再次

第二行：toniltuɣai
　　　　　解脫（祈使）

譯文：祈願再度解脫！

basakü："basa"，副詞"再度"，"kü"，强調語氣詞。爲 basa-kü 的陽性和陰性混合型寫法。

由此內容推測，第六、第七條很可能是爲逝者超度而祈福的題記。

第八條：該題記在第七層，可辨三行，有題壁月日，釋讀如下。

第一行：[...] bariɣsan [suburɣan]-du törütügei tabun sar[a]-yin
　　　　　建造的　　塔（位）　投生　　五　　月（屬）

第二行：arban dörben-e bičibe
　　　　　十　四日（位）　書寫了

第三行：[...] baɣši qurilan [...]
　　　　　　　經師　忽里藍……

譯文：祈願投生至……建造的佛塔！於五月十四日書寫……經師忽里藍……

類似祈願投生至佛塔的内容也出現於第四條題記和第十五條題記中。第三行之"baγši qurilan"的前後文字已消失，或許是另一題記的成分，暫不能斷定。

bičibe：意爲"寫了"，動詞過去時，題記或文書格式慣用結尾語。有時也寫成"bičibei"，書面形式，更爲莊重。

第九條：該題記在第七層，共十多行，無題壁年月，前段字迹較模糊，其中八行依稀可辨認，釋讀如下。

第一行：[..........................]

第二行：[...................]

第三行：[............] tayiǰi [...]
　　　　　　　　　　臺吉

第四行：[.........] boltuγai [...]
　　　　　　　　願成爲

第五行：[......] mürgübe [......]
　　　　　　　膜拜了

第六行：ene ba ǰayaγan [......]
　　　　這　我們　天命

第七行：[...][a]riγun č[..]čegči bu[yan] [...] bud[..]qul
　　　　　　聖潔　　　　？　　功德　　　　　　？

第八行：[...] metü ebedčin taqul-ača to[niltuγai]
　　　　　如同　疾病　　瘟疫（離）　解脱（祈使）

第九行：ene-e ǰayaγan-du arban naiman tamu-dača toniltuγai
　　　　這　天命（位）　十　　八　　地獄（離）　解脱（祈使）

第十行：burqan-u ulus-tur törel oltuγai
　　　　佛（屬）　國度（位）　投胎　獲得（祈使）

譯文：……臺吉……祈願……頂禮膜拜！［祈願］我們在此天命……聖潔……功德……！祈願解脱……般的疾病瘟疫！祈願在此天命解脱十八層地獄，投胎獲生至佛之國度！

此爲"臺吉"等蒙古貴族虔誠祈禱，祈願擺脱疾病痛苦，避免十八層地獄之災，祈求來世投生至極樂世界的祈願文。由於修繕工程的緣故，前部分不少文字被覆蓋，已不能斷定其具體行數。從文字排列形式看，該處很可能有兩條題記。

前一條題記內容有可能在"mürgübe"（膜拜了）處結束，而後五行爲另一條題記。

burqan-u ulus：直譯爲"佛國"，實際指極樂世界。"ulus"爲"國家"或"人們"。這可能是 16 世紀的蒙古族對於極樂世界的慣用譯名，近現代則用"burqan-u orun"，即"佛地"。

第十條：該題記在第七層，共九行，有題壁年月，與第九條題記平行，但其上段邊緣整體被抬高，其排列和書寫風格與第九條之間存在差異，因此可當作獨立題記，釋讀如下。

第一行：noqai ǰil-ūn tabun sara [......]
　　　　狗年（屬）　　五　　月

第二行：[.....................]

第三行：[......] baγši
　　　　　　　　經師

第四行：sečin. bayantögüs šabi
　　　　徹辰　伯顔帖古思　弟子

第五行：[......] šabi
　　　　　　　　弟子

第六行：emegi [...] edün kümün
　　　　艾米吉　　　這些（複）人

第七行：baraγun eteged-tür bičibe
　　　　右　　　側（位）　書寫了

第八行：oom mani bad mei qung
　　　　唵　嘛　呢　叭　咪　吽

第九行：[...................]

譯文：狗年五月……經師，徹辰、伯顔帖古思、弟子……、弟子……艾米吉……諸人書寫於右側。唵嘛呢叭咪吽！

該題記以日期、書寫人、六字真言構成。第九行筆墨較濃，類似簽名或畫押的文字符號，帶有紋飾邊緣，惜暫不能夠辨認。

noqai ǰil：意爲"狗年"。蒙元早期用單一十二生肖紀年法，元中期用皇帝年號紀年法，15—16 世紀除了十二生肖法，也用音譯漢文天干加蒙古語十二生肖法。該題記具有 15—16 世紀書寫風格，從白塔題記的年代總體特點考慮，應當是 16 世紀的某個狗年。

sečin：原文應該是 sečen，意爲聰慧。此處當是該詞口語化的書寫形式，今人多寫斯琴。

bayantögüs：人名，可音寫"伯顏帖古思"。此名在 16 世紀屬常用人名。如，朵顏部都指揮稱"伯顏帖忽思"。①

sabi：近現代寫 šabi，沙彌，源自梵文 śrāmaṇera，剛入佛門，尚未受具足戒的學徒。

emegi：當是人名，可音寫"艾米吉"。該題記中諸多人名已模糊不可辨認。

第十一條：該題記在第七層，有題壁月日，可辨認四行，多處模糊不清，釋讀如下。

第一行：dötüger sara-yin naiman […]
　　　　　四　　　月（屬）　　八

第二行：[…] aγui […]
　　　　　　　　洞穴

第三行：-tu büküdü
　　　　　在……時（位）

第四行：bičibei
　　　　　書寫了

譯文：四月八日，在……廊洞……時書寫。

在該題記下方有幾行較長的回鶻蒙古文題記，已無法辨認。二者風格十分相似，或許該題記與之同時寫成。

aγui：洞穴，可能是在指塔內迴廊或佛龕。該字還可以是"aqui"，即"在""有"，暫不能斷定。

dötüger sara：四月，只用於書面語。又稱"dörben sara"（四月）或"köküge sara"（杜鵑月）、"ǰun-u terigün sara"（初夏月）等。

büküdü：bükü（在）和詞綴 -dü（位格）連寫構成，意爲"於……時候"。

---

① 趙時春：《北虜紀略》，載薄音湖、王雄編輯點校《明代蒙古漢籍史料彙編》第一輯，內蒙古大學出版社 1993 年版，第 154 頁。

"bükü"一詞在 13—14 世紀有"bükü""bükün""büküi"等，分別有一般、複數、敬稱的含義。

第十二條：該題記在第七層，有題壁年月日，前幾行模糊不能辨認，六行可辨認，第三行長 36cm，是白塔回鶻蒙古文題記中最長的一行，釋讀如下。

第一行：[…]dur mürgümü.
　　　　　　（位）　膜拜

第二行：[…][ene] včir bariqu iǰaγur-ta
　　　　　　　此　　金剛　把持　　根本（?）

第三行：[…] -tur getülgegči degedü ündü[sün][…][d]ivanggar-a
　　　　　（位）　救度者　　尊上　根本　　　　　　燃燈佛

qutuγ-tur mürgümü. γurban čaγ burqan-dur mürgümü bi.
福德（位）　膜拜　　三　　時　　佛　（位）　膜拜　我

第四行：[…] -tur mürgümü. degedü ǰüg-tür vairuǰan-a burqan-dur mürgümü
　　　　　（位）　膜拜　　尊上　方向（位）毗盧遮那　　佛　（位）　膜拜

第五行：[…][bur]qan-dur mürgümü bi. dörben sarayin qorin tabun-a
　　　　　　佛　　（位）　膜拜　我　四　　月（屬）　二十　五（位）　書寫

bičibe bi. yi γaqai ǰil
我　　乙　豬　年

第六行：čörüke tayi ǰi
　　　　朝兒克　臺吉

譯文：向……頂禮膜拜！此金剛持根本……救度者尊上根本……向燃燈佛之福德頂禮膜拜！我向三世佛頂禮膜拜！向……頂禮膜拜！向尊上毗盧遮那佛頂禮膜拜！我向……佛頂禮膜拜！我於四月二十五日書寫。乙亥年。朝兒克臺吉。

該題記是向密宗諸佛敬禮爲內容，由蒙古貴族朝兒克臺吉所書寫。在整個回鶻蒙古文題記中爲唯一年代與人物關係明確的題記。

včir bariqu iǰaγur-ta：蒙古語也音譯稱 včirbani，梵文稱 Vajrapāṇi，也稱 Vajradhara，藏語爲 phyag rdor，也稱 rdo rje chang，指密宗金剛持菩薩，密宗稱他是佛祖釋迦牟尼的法身，故爲密宗之秘密主。

[d]ivanggar-a：該詞字頭模糊不清，根據整體結構推測，當是"divanggara"，

即燃燈佛之音譯名稱。蒙古文獻中除此之外也寫爲"divanggar""dibanggara"等等。梵文稱 Dīpaṃkara，用漢語燃燈佛或音譯寫"提洹竭"等，藏文稱 mar me mdzad，是三世佛之過去佛。

vairuǰan-a：該詞字尾模糊，根據整體結構推測，當是大日如來佛之音譯名稱。蒙古文獻中除此之外也寫作"vairaǰan-a""viruǰan-a""baruzana"等。此處寫法與1431年明朝編漢、梵、藏、蒙《諸佛菩薩妙相名號經咒》中的蒙古文寫法相似。① 梵文稱 Vairocana，漢文稱大日如來佛或音譯"毗盧遮那"等，藏文稱 rnam par snang mdzad，密宗謂法身佛。

yi γaqai ǰil，čörüke tayiǰi：年代和人名，即"乙亥年，朝兒克臺吉"。"yi"即是漢語的"乙"，"γaqai"即豬，"乙豬年"即乙亥年。留題記者"朝兒克臺吉"，當是明代蒙古部達延汗後裔。即，達延汗第三子是巴兒速孛羅，巴兒速孛羅長子是鄂爾多斯萬戶長袞·必里克·麥力艮吉囊，麥力艮吉囊的第三子是斡亦答兒麻，斡亦答兒麻之第四子便是朝兒克臺吉，也叫朝兒克·青·把都兒。根據《蒙古源流》記載，他的父親斡亦答兒麻生於癸未年（1523年）② 由此推測，作爲第四子的朝兒克臺吉當在其父親年齡二十多歲時出生，那麼，朝兒克臺吉生涯中能够遇到的乙亥年也只有在他三十多歲年齡段的1575年，這便是他寫下題記的時間。

第十三條：該題記在第七層，與第十二條題記並行，共五行，無題壁年月，第一行已不可辨認，釋讀如下。

第一行：[............]

第二行：[...] ene ǰayaγan-u qamuγ amitan-u
　　　　　　　　這　天命（屬）　所有　生物（屬）

第三行：[...] urtu bolγan sayitur ibegen soyurq-a qamuγ
　　　　　　　　長久　使成爲　極好地　護佑　賜予　所有

第四行：[e] le minü qamtubar ǰirγaqu boltuγai
　　　　　　　我的　共同（造）　過幸福　願成爲（祈使）

第五行：[...] qaγačaγulmui [...]
　　　　　　使脱離

譯文：……祈願使此天命之衆生延年益壽，並格外給予保佑！祈願全體

---

① 鄭堆、熊文彬主編：《諸佛菩薩妙相名號經咒》，中國藏學出版社2011年版，第34、89頁。
② 烏蘭：《〈蒙古源流〉研究》，遼寧民族出版社2000年版，第362—363頁。

與我共同幸福！……解脱……

該題記雖與第十二條題記並行，但字迹比較細，墨色濃淡差異明顯，所以分別看作兩條題記。另外，類似祈願長壽的内容也是白塔回鶻蒙古文題記主題之一。

[...]urtu bolγan：意爲"使變長久"。模糊處無疑是"amin nasun"即"生命"，合起來即"讓生命長久"。

qaγačaγulmui：意爲"使脱離"，但此處結構模糊不完整，僅作推測。

第十四條：該題記在第五層的方形佛龕的墙壁上，無題壁年月，大部分字迹已漫漶消失，只有兩行依稀可辨，釋讀如下。

第一行：[...] bičig bičibei
　　　　　　　文字　書寫了

第二行：[...] ubadini baγši bičibei
　　　　　　　鄔波陀耶　經師　書寫了

譯文：……書寫了文字……鄔波陀耶經師書寫。

ubadini baγši：意爲"鄔波陀耶經師"，即"ubadini"，爲貴族出身的僧人的尊稱，梵文稱 Upādhyāya，藏文稱 mkhan po 等。

第十五條：該題記在第七層，處於第九條題記下方，書寫風格亦比較相似，無題壁年月，共十一行，前六行已不可辨認，釋讀如下。

第一行：ene ǰayaγan-du amin
　　　　　此　天命（位）　生命

第二行：nasun urtu boltuγai
　　　　　壽命　長久　願成爲（祈使）

第三行：[............................]

第四行：suburγan-du
　　　　　塔　（位）

第五行：törütügei
　　　　　投生（祈使）

譯文：祈願此天命延年益壽！祈願投生至佛塔！

其内容與第十三條題記類似，是祈願長壽爲主題的題記。

第十六條：該題記在第二層，共三行，無題壁年月，筆墨略濃重，字迹較清晰，釋讀如下。

第一行：ene yirtinčü-dü yerü k[ü]se[g]sen k[ü]sel-i olqu boltuɣai
　　　　這　世界　（位）　總　期望的　　　願望（賓）獲得　成爲（祈使）

第二行：qoyitu-yin ǰayaɣan-du burqan-u qutuɣ-tu kü[r]kü boltuɣai
　　　　後世（屬）天命　（位）　佛的（屬）聖果（位）到達　成爲（祈使）

第三行：samkür šabi yedem altan bičibe
　　　　散穆苦爾　弟子　耶德穆　阿拉坦　書寫了

譯文：祈願在此天命能夠實現所期盼的願望！祈願再生之天命能夠證達佛果！散穆苦爾、弟子耶德穆、阿拉坦書寫。

該題記與第六和第七題記在同一墻面上，但字體差異十分明顯，所用筆比較細，字符結構也相對清晰，給人一種書寫很規整認真的印象。但是，正字法不嚴謹，存在多處錯別字現象。

k[ü]se[g]sen k[ü]sel：意爲"期待""期望"。原字寫"kseɣsen ksel"，二字均不符合正字法。

kü[r]kü boltuɣai：意爲"希望能夠到達"。"到達"的原文寫"kükü"，也不符合正字法。"boltuɣai"，"祈願成爲……"，該字的後半部分模糊不清。

samkür šabi yedem altan：這顯然是些人名，但難斷定是幾個人名。根據"šabi"（徒弟）一詞看，"samkür"爲師傅，而"yedem"和"altan"分別是兩個弟子，或者"yedem altan"爲一人名字，暫不能斷定。

第十七條：該題記在第五層，共兩行，無題壁年月，字迹較爲清晰，釋讀如下。

第一行：babudai čindaɣ-a qoyar
　　　　巴不歹　欽達噶　二[人]

第二行：mürgün abuba
　　　　膜拜　　得到

譯文：巴不歹、欽達噶二人頂禮膜拜並獲得[加持]。

这是夹在两行叙利亚文字中间的题记，叙利亚文字两行两句，意义相同，意爲"天命保佑，阿门"的祈祷文，① 此"天命"爲"tngri qutuγ"，借用了蒙古语，无疑是蒙元时期形成。然而，该回鹘式蒙古文很明显是较后期形成的，根据字体和书写风格，与其他15—16世纪回鹘蒙古文题记相同。

babudai činday-a qoyar：意爲"巴不歹、钦达噶二（人）"。činday-a 爲"兔子"（taulai）的美称，其"n"有字符标点，比较独特。这里虽然没有出现"人"一词，但从语法关系上可以明确判断"babudai činday-a qoyar"爲"巴不歹、钦达噶二人"。欧洲的一些学者在解读叙利亚文字时，顺便将"činday-a qoyar"视爲月份，即"兔子月"，认爲巴不歹此人在某个兔月二日来到此处，这显然过于牵强，当是误解。② "巴不歹"是这一时期常用人名，最有可能的是15世纪蒙古部伯颜猛可·孛罗忽吉囊之失乞儿太后所生的巴不歹。失乞儿太后是著名的达延汗（1473—1516年）之母，1476年时孛罗忽吉囊突遭伊斯满太师攻击，逃亡中被杀，失乞儿太后被掠走生下巴不歹和卜儿孩二子。1486年时，达延汗属下杀伊斯满太师夺回失乞儿太后时带回了二子。③ 从时间上推断，该题记与彼巴不歹年代应当相去不远，但要最终确定还需要其他可靠依据。出现巴不歹一名的题记一共有3条，后还将提到兔年和龙年题记，似乎是连续多年来到白塔膜拜，可知他是一名虔诚的佛教信徒。据记载，失乞儿太后终在"西拉·木伦河色尔莫格尔"去世，④ 有人认爲"西拉·木伦河"即今阴山北四子王旗锡拉木伦河，而不远处的敖伦苏木古城在明代也成爲了佛教盛行之地，⑤ 若果真如此，那么离丰州城不远，失乞儿太后身边的巴不歹到访白塔应当是经常的事了。

mürgün abuba：意爲"顶礼膜拜并得到了"。"mürgün"的"-n"词缀表示两个动作同时发生的联合副动词。"abuba"意爲"得到""拿到"等，具体所指不甚明朗，有可能与"mürgül abuba"相同，即获得顶礼膜拜之加持。前述西方研究叙利亚文题记的学者辨认该词爲"yabuba"（走），从副动词意义或关系看很是顺畅，但从字形和墨迹观察，应当是"abuba"无疑。

第十八条：该题记在第七层，不够清晰，有题壁之年，现可辨认三行，夹在

---

① 牛汝极：《十字莲花——中国元代叙利亚文景教碑铭文献研究》，第103—106页。
② 白玉冬、[日]松井太：《フフホト白塔のウイグル語題記銘文》，《内陸アジア言語の研究》2016年第31期。
③ 贾敬颜、朱风译：《汉译蒙古黄金史纲》，内蒙古人民出版社1985年版，第90页。
④ 贾敬颜、朱风译：《汉译蒙古黄金史纲》，第90页。
⑤ 札奇斯钦：《蒙古黄金史译注》，台北：联经出版社1979年版，第272页。

回鶻文和漢文之間，有與其他文字題記重疊之處，釋讀如下。

   第一行：yeke baγši nar γayiqa[mšiγ]
       大 經師 複數 殊勝

   第二行：［…］babudai mürgübe［…］
         巴不歹 膜拜了

   第三行：luu ǰil en-e
       龍 年 道

   譯文：巴不歹向諸位大師、殊勝……頂禮膜拜。……此龍年。

  這是與巴不歹相關的第二條題記。不能確定"龍年"具體爲哪一年。如果此巴不歹與前所述失乞兒太后所生巴不歹是同一人，那麼根據他是1476年以後出生確定無疑這一點，可推斷他能够遇到的龍年分別有十幾歲的1496年，二十多歲的1508年，三十多歲的1520年，四十多歲的1532年，五十多歲的1544年，六十多歲的1556年等，均屬於16世紀前半葉。

  第十九條：該題記在第七層，共確認四行，有題壁之年，第一行漫漶不清，每行上半部分墨迹褪色而不可辨認，釋讀如下。

   第一行：［……………………］

   第二行：［…………］utuγai
           願

   第三行：［…………］babudai
           巴不歹

   第四行：［…］［ta］ulai［ǰil］
          兔

   第五行：mürgübe
       膜拜了

   譯文：祈願……巴不歹……兔年頂禮膜拜！

  這是與巴不歹相關的第三條題記。此"兔年"極有可能是第十九條題記之"龍年"的前一年，即此巴不歹者連續兩年來到白塔進行了頂禮膜拜，並且都留下了題記，顯然是個虔誠的佛教徒。

第二十條：該題記在第七層，無題壁年月，第一行文字不可辨認，第二行第二字一部分因壁面脫落而文字略有缺損，釋讀如下。

第一行：[...]
第二行：ene tegüs ni ün sečin qatun
　　　　道　特古斯　尼溫　徹辰　妃子
第三行：čökegür sečen tayiǰi derile ǰi
　　　　朝庫兒　　扯臣　臺吉　依次
第四行：qutuγ-tu mürgügsen yosun ene büi.
　　　　福德　（與）膜拜的　　緣由　道　是

譯文：此便是特古斯尼温徹辰夫人、朝庫兒扯臣臺吉依次爲福德頂禮膜拜之緣由也。

該題記缺乏紀年，但所出現的"特古斯尼温徹辰夫人"和"朝庫兒扯臣臺吉"歷史人物關係比較清晰。

tegüs ni ün sečin qatun：尼温徹辰夫人，16 世紀蒙古王妃稱號。"tegüs"，意爲圓滿，該詞第一音節略有缺損。"ni ün"，尼温，當是音譯詞。"sečin"，意爲聰慧，按正字法應是"sečen"，此處依口語形式。"qatun"，可敦，即夫人、妃子。該名稱與其後的"朝庫兒扯臣臺吉"相關聯，應當是出現於第十二條中的鄂爾多斯萬户長袞·必裏克·麥力艮吉囊長子諾木塔爾尼之妃子。《蒙古源流》載"nom tarni γow-a tayiǰi-yin niγun tegüs sečen qatun"，清季譯文爲"諾木塔爾尼郭斡臺吉之尼袞特古斯徹辰福晉"，此處的"niγun tegüs sečen qatun"無疑與題記中的"tegüs ni ün sečin qatun"對應，[①] 而且"ni ün"應當是"niγun"的原型寫法和讀音。至於"ni ün"的詞源不甚清楚，不排除類似俺答汗妃子"ǰüngkün qatun"（鐘金可敦）一樣的外來稱號。其丈夫諾木塔爾尼 1524 年生人，十六歲之 1540 年生長子，即鄂爾多斯部著名的政治家、史學家庫圖克臺·切盡黃臺吉。由此可推斷，作爲庫圖克臺·切盡黃臺吉之生母，尼温徹辰夫人也應當與其丈夫年齡相仿。

čökegür sečen tayiǰi：朝庫兒·扯臣臺吉。前述尼温徹辰夫人生子庫圖克臺·切盡黃臺吉有子二人，長子稱完者允都赤·烏齊達爾罕巴特爾，出生於丙辰年（1556 年），後來繼承了父王"黃臺吉"稱號。次子爲石答答·朝庫兒·扯臣臺吉

---

① 烏蘭：《〈蒙古源流〉研究》，第 362—363 頁。

(šidatai čökegür sečen tayiǰi)，即是此題記中的朝庫兒·扯臣臺吉，也就是尼溫徹辰夫人之孫，蒙文史料中寫"čokegür tayiǰi"或"čoküger tayiǰi"等，明代漢文獻中稱"折答答""舍達臺""舍達達""舍打太""捨打太"等。① 根據其長兄之出生時間推算，他的出生年代也在明嘉靖三十五年（1556 年）後不久。② 萬曆二年（1574 年），約二十歲隨父切盡黃臺吉，在清水營與明廷互市。其父於 1587 年去世後，兄弟五人跟隨其母托爾罕珠拉徹辰福晉，即漢籍中的切盡妣吉夫人活躍於鄂爾多斯至凉州邊外之間。③

derileǰi：根據策伯勒著《簡明蒙古語詞典》，屬於副動詞，意爲"依次""相繼"。白塔內廊道狹窄，頂禮膜拜者只能依次進行膜拜前行，符合此語義，該詞今則較少使用。

第二十一條：該題記在第七層，與第二十條題記並列，共五行，有題壁年月日，後三行文字多處殘損，結構不夠完整。

第一行：bing mečin ǰil-ün ǰun-u segül sara-yin qorin yisün[-ü] edür
　　　　 丙　　猴　　年（屬）　夏季的　末尾　月（屬）　二十　九　　　日

第二行：erdeni čaɣan suburɣan[-du] ireǰi mürgübe
　　　　　寶貝　　白　　　塔　　　　　向　來到　膜拜了

第三行：bingli obaši [er]deni baɣši tayi ǰi kaɣ-a
　　　　 炳利　優婆塞　額爾德尼　經師　臺吉　喀噶

第四行：aɣayitu [...] [qutu]ɣtu baɣši [...]
　　　　 阿蓋圖　　　　聖者　　經師

第五行：qaɣtu [...] bodi
　　　　 哈黑圖……博迪

譯文：丙申年伏月二十九日來到白色寶塔頂禮膜拜！炳利優婆塞、額爾德尼經師、臺吉喀噶、哈黑圖……博迪〔等〕。

該題記有明確的干支搭配生肖紀年，但其人物關係不甚明確。值得關注的是

---

① 瞿九思：《萬曆武功錄》卷一四《切盡黃臺吉列傳·切盡妣吉列傳》，載薄音湖、王雄編輯點校《明代蒙古漢籍史料彙編》第四輯，內蒙古大學出版社 2007 年版，第 368—377 頁。
② 烏蘭：《〈蒙古源流〉研究》，第 362—363 頁。
③ 尚珩：《"國立中央圖書館"藏〈陝西四鎮圖説〉研究》，文化遺產研究與保護技術教育部重點實驗室編《西部考古》第 14 輯，2017 年，第 322—347 頁。

與並行的第二十條題記之筆墨濃度以及書寫風格相似，顯示關係密切，但二者在空間上有距離和分割，屬於兩條題記。

bing mečin ǰil：丙猴年，即丙申年，"bing"爲漢語天干"丙"的音譯。16世紀有1536年、1596年共兩個丙申年，從與前一條題記風格的關聯性考慮，應當也在朝庫兒扯臣臺吉生活年代形成，那麽最爲符合的只有1596年的丙申年。

erdeni čaγan suburγan：意爲"白色寶塔"。塔内回鶻蒙古文題記中所出現萬部華嚴經塔的名稱多爲泛稱"čaγan suburγan"，即白塔，而這"白色寶塔"隱含了佛塔敬稱意義。

bingli obaši：人名，"bingli"，意義不明，"obaši"，優婆塞，源自梵文 Upāsika，意譯"近善男、清信士"等，指皈依在家信徒。

tayiǰi kaγ-a：臺吉喀噶，人名，"kaγ-a"，意義不明。

aγayitu：人名，意義不明。

qaγtu[...] bodi：人名。"qaγtu"，文字殘缺，意義不明，"bodi"，音譯"菩提"，源自梵文 bodhi。

除了上述21條墨書題記，白塔内還有用堅硬的物體刻寫的若干回鶻蒙古文題記，有六字真言以及游人巡禮朝拜白塔的時間、姓名等簡單記録，形成時間可能更晚些，故暫不一一描述。

三　題記形成與歷史背景

第一，回鶻蒙古文題記形成時間。白塔題記多數無明確年代記載，根據文字書寫特徵和風格，第一條題記應該屬於元代無疑之外，第二條題記形成時間可推測在元末或明初。但也有一些題記提供了紀年的干支信息，通過比定所出現歷史人物，便可明確其年代和歷史背景等諸多基本問題。比如，第十二條"乙亥年朝兒克臺吉"題記，因能夠比定朝兒克臺吉爲鄂爾多斯萬户長袞·必裏克·麥力艮吉囊之後裔，從而可確定此紀年爲明萬曆三年之"乙亥年"，即1575年。第二十條題記則出現鄂爾多斯諾木塔爾尼郭斡臺吉之特古斯尼温徹辰夫人和其孫朝庫兒扯臣臺吉等，其人物關係比較清楚，從而題記年代自然能够限定在人物生活的年代。雖然朝庫兒扯臣臺吉生卒年無明確記載，但史書記載其兄長完者允都赤出生於明嘉靖三十五年（1556年），那麽朝庫兒扯臣臺吉生年也不會相去甚遠，推測題記時間也當在其成年之後的16世紀70年代以後，大致是合理的。而推測特古斯尼温徹辰夫人此時50~60歲，也合情合理。這樣一來，也與"乙亥年朝兒克臺吉"題記時間接近，恐怕是同一時期形成。也就是説相關人物同時或者同一歷史條件下從鄂爾多斯來到土默特，朝拜白塔，留下了題記。第二十一條"丙申年題記"與上述第二十條特古斯尼温徹辰夫人和其孫朝庫兒扯臣臺吉相關題記在風格上十分相似，可能是同一人所寫。但時間上有所不同，如前所考察，朝庫兒扯臣臺吉生年的丙申年只有1596年。由此可以斷定，這一年朝庫兒扯臣臺吉再次來到了這裏，或者前一次與他一起到達並寫下題記的人再次在同一處寫下了該題記。

不少題記出現僧俗人物名稱稱號，暫不能與歷史人物做比定或不能夠完全斷定其身份。比如，第十七條、第十八條、第十九條題記相關聯的是同一人"巴不歹"。按照年代推測，如前面所述，與伯顏猛可孛羅忽吉囊之失乞兒太后所生巴不歹為最接近者，那麼題記形成時間亦應當在他成年時期，即16世紀初至16世紀中葉，這可能是白塔內16世紀回鶻蒙古文題記中比較早的一種了。除了這些，白塔題記多無明確年代，部分雖有"狗年""兔年""龍年"等生肖紀年，但也無法確定其具體年代。整體而言，無年代紀年的回鶻蒙古文書寫風格，語法特徵基本接近，可謂同一時代形成。

由此可知道，白塔回鶻蒙古文題記大都是在16世紀形成，尤其年代較清楚的題記出現於16世紀中後期，且與鄂爾多斯部貴族相關聯。也就是說，鄂爾多斯貴族遊歷俺答汗（阿勒坦汗）所控制的土默特草原時寫成。從歷史背景而言，達延汗（1473—1516年）諸子分封之後，陰山、河套地區的蒙古右翼六部聯盟在俺答汗和衮·必裏克·麥力艮吉囊的強強聯合下崛起，向南與明廷之間經濟來往加深，同時也矛盾衝突不斷；向西則其勢力逐漸擴大到了河西走廊及青海地區，甚至到了中亞，並自元代以來再次與藏傳佛教有了密切聯繫。自16世紀30年代開始，俺答汗以豐州城漢人工匠為依靠，於明萬曆初在豐州灘始建蒙古人定居點，最後在70年代初具規模，80年代建成呼和浩特城。上述回鶻蒙古文題記正是在這一時期出現，與此歷史進程自然關係密切，而且包含了一些歷史的具體史料，顯得尤為珍貴。

第二，題記最突出特點在於它的內容，除了一些少見的至理名言，更多地反映了當時蒙古人的宗教心理以及朝拜佛塔的行為方式。比如，第三條題記，是一句提醒人們獲得知識和智慧，需要重視基礎學習的哲理名言，包含了文學藝術價值，這在所發現墨書題記中不多見，十分珍貴。從形式看，可能是受到了《薩迦格言》等格言詩的影響，但其句子結構具有濃郁的16世紀蒙古語表現特徵。其餘題記基本以對白塔的崇敬與膜拜內容為主，表現了佛教徒的虔誠之心。其中也有摻雜"依託騰格理"之言辭，說明書寫題記者或頂禮膜拜者也保持着蒙古族固有的天神信仰意識，將二者結合在了一起。白塔回鶻蒙古文題記中最多的是希望在此生擺脫疾病和死亡的苦難，能夠延年益壽，往生能夠避免十八層地獄之罪業，祈求脫胎於極樂世界等佛教輪迴思想意識。然而，其祈禱發願之言辭之間也存在細微差異。比如，"祈願往生佛地""祈願往生佛國""祈願往生佛果""祈願投生至白塔"等，所前往脫胎的世界在表現形式上有所不同，也和今日之成型的"祈願往生佛土"的一般蒙古語祈願語略有不同。這很可能反映了當時的蒙古地區人們對於極樂世界的認識尚不甚一致的意識狀態。特別是"祈願投生至佛塔"一句，將白塔作爲投生的目標，反映了人們對於佛塔宗教性質的理解與往生佛土途徑的認識。由此可看到，當時人們關心的一個中心是生死輪迴問題，爲此盡可能依照佛教依規進行膜拜祈禱，使今世來世都得到幸福和能夠延年益壽，這是白塔回鶻蒙古文題記最重要的主題。

第三，社會上層與宗教。題記書寫者或造訪者名單顯示，向白塔頂禮膜拜的人群相當龐大，爲數較多的有高僧大德、各類經師以及他們的出家或在家諸弟子等宗教人士和蒙古臺吉、王妃等貴族階層。他們的信仰活動不限於單純的膜拜舉止，還表現有遵循宗教依規的更深層面。例如，第十二條"乙亥年朝兒克臺吉"題記中依次向密宗諸本尊呈獻敬禮之詞，明顯是遵循了經文或者朝拜儀規。由此可看出朝兒克臺吉具有較高的宗教教義修養，其更深層面顯示了佛教滲透至蒙古貴族階層的程度。尤其朝兒克臺吉題記於1575年寫成，而這比1578年俺答汗和三世達賴喇嘛索南嘉措之青海仰華寺會面要早。這就說明在俺答汗將與格魯派聯合，即自元代以後第二次掀起藏傳佛教在蒙古高原傳播的高潮之前，佛教在蒙古地區已經流行並擁有一定的信徒規模。特別是，從特古斯尼溫徹辰夫人、朝庫兒扯臣臺吉等歷史人物特意參拜邊遠的佛教勝地看，在16世紀中葉，佛教在鄂爾多斯部貴族階層已經具有相當深厚的基礎，對於後來黃教更廣泛地在蒙古地區傳播起了最爲關鍵的作用。衆所周知的鄂爾多斯首領，《十善法白史》的編寫者庫圖克臺·切盡黃臺吉（1540—1587年），早在1571年時以"切盡爲人明敏而嫻於文辭，尤博通內典"被明朝所熟知。[①] 他對於漢籍佛典《佛說十王經》十分感興趣，爲此特意尋找有無藏文翻譯版等，可見他對於宣揚地獄、因果報應、世間輪迴思想的密宗之解脫法尤爲感興趣。這種關鍵人物之宗教思想無疑具有代表性和影響力，使鄂爾多斯地區早已成爲藏傳佛教傳播和實踐中心，形成了鄂爾多斯社會各層巡禮佛教聖地，提筆留下祈願題記的風氣。這也是庫圖克臺·切盡黃臺吉在蒙古勢力向青藏高原不斷擴展，與明廷加深關係的政治背景下促使俺答汗與格魯派聯合的一個重要方面。

綜上所述，呼和浩特市萬部華嚴經塔內遺存自遼代以來形成的墨書題記群，

---

① 瞿九思：《萬曆武功錄》卷一四《切盡黃臺吉列傳·切盡妣吉列傳》，第368—377頁。

包含了各個時期所使用的語言文字以及政治、經濟、宗教等諸多方面的史料信息，是古代多文種墨書題記較爲集中的歷史文化珍貴文物遺跡，是中國古代南北諸民族交流交往以及中西文明交流匯集並相互影響的歷史縮影。本文整理解讀回鶻蒙古文題記，發現其多爲16世紀中後期形成，恰恰是這一時期的蒙古文第一手文獻史料亦極爲稀見，使這些遺存更加顯得可貴，具有獨一無二的語言文字和歷史史料價值，也爲學界提供了俺答汗建設和經營呼和浩特以及再次將藏傳佛教導入蒙古地區之前夕罕見的相關歷史背景信息，能夠從側面補充傳統史料在這方面的嚴重缺失，也可加深人們對這一時期蒙古歷史和社會背景的認識。

本文爲國家社科基金重點項目"大興安嶺地區遺存多文種摩崖題記調查與研究"（20AZS019）階段性成果。

收稿日期：2022年9月

《元典章·户部·倉庫—錢糧》校釋

陳高華　張　帆　劉　曉

摘　要：本文是對《元典章》卷二一《户部七·倉庫—錢糧》進行的詳細校釋，包括原文標點、參考文獻、校注、解題四部分。

關鍵詞：元典章　户部　倉庫　錢糧

《元典章》卷二一《户部七》，包括"倉庫""錢糧"兩個單元。其中"倉庫"分倉庫、義倉兩門，收録文書12條；"錢糧"分收、支、不應支、押運、追徵、免徵、雜例七門，收録文書36目、39條（其中4條正文見於《元典章》其他卷次，本卷有目無文）。《元典章》新集不分卷。其《户部》的"倉庫"單元分倉庫、義倉兩門，收録文書2條；"錢糧"單元分關收、侵盗二門，收録文書3目、4條。全部相加，共有文書57條。爲校釋方便，對這些文書進行了編號。卷二一《户部七》按48個題目編爲户七·1、户七·2……直至户七·48。新集《户部》"倉庫""錢糧"兩單元，按5個題目分別編爲新户倉·1、2，新户錢·1—3。一題目下包含兩條或兩條以上文書的，在阿拉伯數字後以A、B字母排列。以下校釋，以臺北"故宫博物院"影印元刻本爲底本，參校清末以來通行的"沈刻本"，每條均先後注出元刻本、沈刻本的頁碼。校釋內容，除標點原文外，還包括"參考文獻""校注"和"解題"三部分。參考文獻是與正文史源相同、可資比較的其他文獻史料。校注一方面是文字的校勘，另一方面是特殊辭彙的注釋，包括職官、制度、地名、人名、元代習用語彙等，也有對文書來往關係的説明。凡删字，用小字體圓括號（）表示；增字，用方括號〔〕表示。另外《元典章》原文偶有小字夾注，則用複體方括號[[ ]]表示。爲節省篇幅，凡在已經發表的《户部一》（即《元典章·户部·禄廩》）、《户部二》（即《元典章·户部·分例》）、《户部三》（即《元典章·户部·户計》）、《户部四》（即《元典章·户部·婚姻》）、《户部五》（即《元典章·户部·田宅》）、《户部六》（即《元典章·户部·鈔法》）校釋中曾有注釋，而於《戶部七》再度出現、含義並無變化的辭彙，特別是一些公文術語和常見機構、官名，一般僅作簡單注釋，不再詳引出處。請參閱《〈元典章·戶部·祿廩〉校釋》（載《中國社會科學院歷史研究所學刊》第三集，商務印書館 2004 年版）、《〈元典章·戶部·分例〉校釋》（載《中國社會科學院歷史研究所學刊》第四集，商務印書館 2007 年版）、《〈元典章·戶部·戶計〉校釋》（載《暨南史學》第四輯，暨南大學出版社 2005 年版）、《〈元典章·戶部·婚姻〉校釋》（載《中國社會科學院歷史研究所學刊》第五集，商務印書館 2008 年版）、《〈元典章·戶部·田宅〉校釋》（載《燕京學報》新二十四期，北京大學出版社 2008 年版）、《元典章·戶部·鈔法》校釋（載《中國社會科學院歷史研究所學刊》第六輯，商務印書館 2009 年版）諸文。解題部分，則主要講述我們對該段文字的理解與認識。敬請讀者批評指正。

戶部卷之七　典章二十一　倉庫（21/1a，21/1a）

戶七·1　至元新格〈1〉（21/1a，21/1a）

諸出納之法，須倉庫官面視稱量檢數，自提舉〈2〉、監支納〈3〉以下，攢典〈4〉、合干人〈5〉以上，皆得互相覺察。有盜詐違法者，陳首到官，量事理賞。其有侵盜錢糧并濫偽之物，若犯人逃亡，及雖在無財可追者，並勒同界〈6〉官典〈7〉、司庫〈8〉、司倉〈9〉人等一體均陪。

諸支納錢糧一切官物，勘合〈10〉已到倉庫，應納者經十日不納，應支者經一月不支，並須申報元發勘合官司，隨即理會。其物已到倉庫未得勘合者，亦如之。

諸官物出給，先儘遠年。其見在數多，用處數少，不堪久貯者，速申當該上司，作急支發，毋致損敗，違者究治。

諸路〈11〉收受差發〈12〉，自開庫日爲始，本路正官〈13〉一員輪番檢察，並要兩平收受，隨時出給官戶朱鈔〈14〉，無使刁蹬〈15〉，停留〈16〉人難〈17〉。諸州〈18〉置庫去處並同。

諸倉收受米糧，並要乾（圍）〔圓〕潔净〈19〉。當該上司各取其樣，驗同封記〈20〉，一付本倉收掌，一於當司存留，仍須正官時至檢校〈21〉。其收支但與元樣不同，隨即究治。〔應償運〈22〉者，比驗樣料相同裝發。其至下卸，亦驗樣料相同交收。〕

諸庫藏并八作司〈23〉所收物內，其有名數而無用者，開申合干部分〈24〉勘驗是實，委官檢估〈25〉出賣。無人買者，量宜支遣，不致損敗。

諸倉庫錢物，監臨官吏取借侵使者，以盜論〈26〉。與者，其罪同。若物不到官而虛給朱鈔者，亦如之。仍於倉庫門首出榜，常川〈27〉禁治。

諸倉庫赤曆單狀〈28〉，當該上司月一查照。但開附不明，收支有差，隨事究問。

諸倉庫局院疎漏，速申修理。霖雨不止，常須檢視，隨宜備禦，不致官物損壞。若收貯不如法，防備不盡心，曝曬不以時，致有損敗者，各以其事輕重論罪。所壞之物，仍勒陪償。

諸倉庫局院，凡關防〈29〉、搜檢、巡宿〈30〉、禁治事理，其當該上司正官每月分輪點視，常須謹嚴，無致弛廢。

諸倉庫官新舊交代，在都，本管上司委官監視。在外，各路正官監視〔直屬省部州府〈31〉亦同〕。沿河倉分〈32〉，漕運司〈33〉官監視。凡應干收支文憑，合有見在官物，皆須照算交點明白，別無短少濫偽之數。舊官具數關發〈34〉，新官驗數收管，仍須同署申報合屬上司照會。既給交關〈35〉之後，若有短少濫偽之物，並於新官名下追理。

【參考文獻】

亦見《通制條格》卷一四《倉庫》"關防"至元二十八年條（方齡貴《通制條格校注》280條，中華書局2001年版，以下引此書簡稱《校注》），不具錄。

第一款亦略見《元史》卷一〇三《刑法志二·職制下》：

> 諸倉庫錢糧出納，所設首領官及提舉、監支納以下，攢典、合干人以上，互相覺察，若有違法短少，一體均陪。

第七、九款亦略見沈仲緯《刑統賦疏》"通例"引《至元新格》，不具錄。

【校注】

〈1〉至元新格　元前期頒布的行政法規。參見下文解題。

〈2〉提舉　元官名。元朝提舉一官設置十分普遍，此處所指係倉庫提舉，主要設於級別較高的倉庫。如戶部屬下萬億四庫，皆設都提舉（正四品）、提舉（正五品）、同提舉（從五品）、副提舉（正六品）之職，富寧庫亦設提舉（從五品）、同提舉（從六品）、副提舉（從七品），爲正副長官。宣徽院屬下大都、上都太倉皆設提舉（正六品），大都醴源倉亦設提舉（從六品），爲長官。見《元史》卷八五《百官志一》、卷八七《百官志三》。

〈3〉監支納　元官名，主要設於官倉。如戶部京畿都漕運使司所屬京師二十

《元典章·户部·倉庫—錢糧》校釋

二倉，都漕運使司所屬河西務十四倉、通州十三倉、河倉十七倉，均各設監支納一員，爲該倉長官，秩正七品至從八品不等。官庫亦偶有設置，如上都留守司所屬萬盈庫，亦設監支納一員。見《元史》卷八五《百官志一》、卷九〇《百官志六》。

〈4〉攢典　倉庫中負責統計數字的吏員。徐元瑞《吏學指南》"吏員"門"攢典"條："會計數目之吏也。漢曰倉庫吏，金、宋曰攢典。"

〈5〉合干人　簡稱"合干"，元朝倉庫和稅務機構中的雜役人員。

〈6〉同界　指同時在任者。界，意爲期，此處指任期。

〈7〉官典　指倉庫官與攢典。元朝倉庫官除上面提到的提舉、監支納外，還有提領、大使、副使等名目。

〈8〉司庫　官庫中的普通吏員，亦稱庫子。

〈9〉司倉　官倉中的普通吏員。文廷式輯《大元倉庫記》："其司倉，止是聽受倉官支使分辦之職。"

〈10〉勘合　官府開具的二聯文書，編立字號，蓋有騎縫印信，二聯各有半印，可供查驗以防僞。《吏學指南》"榜據"門"勘合"條："即古之符契也。"

〈11〉諸路　元朝地方建置。設於行省（或中書省）、宣慰司以下，統領州、縣。上路秩正三品，下路秩從三品，其管理機構稱總管府，設達魯花赤、總管、同知、判官等官。元朝後期，全國共有一百八十五路。

〈12〉差發　亦稱"科差"，指蒙元時期針對北方民戶徵收的一種戶稅，主要包括絲料、包銀兩部分。廣義上有時亦泛指賦役。

〈13〉正官　指一機構包括長官、佐貳官在內的主要官員，區別於統領吏員處理案牘的首領官。《吏學指南》"官稱"門"正官"條："謂諸司爲頭之官也。"此處指路的達魯花赤、總管、同知、判官等官。

〈14〉官戶朱鈔　"官"下疑脫"民"字。《元典章》卷二五《戶部十一·差發·驗貧富科赴庫送納》："其所納差發，並要兩平依理收受，畫時印押，給付官、民戶朱鈔各一紙。"朱鈔，指倉庫所開蓋有朱印的納稅收據。一聯開給納稅人保存，一聯開給所在官府備案，故云"給付官、民戶朱鈔各一紙"。《吏學指南》"榜據"門"鈔書"條："謂官取其物，給與照驗也。"清沈之奇《大清律輯注》卷七《戶律·倉庫》"虛出通關朱鈔"條："凡錢糧……倉庫截收，暫給紅批照票，爲朱鈔。""凡收受錢糧……逐日逐時零星截收，則出給印票爲照，謂之朱鈔。"

〈15〉刁蹬　刁難。

〈16〉停留　遲滯，阻礙。

〈17〉人難　令人作難，使人爲難。與"刁蹬"意近。

〈18〉諸州　元朝地方建置。設於路或府以下，亦有直屬行省或中書省者；其下統縣，亦間或不統縣而直接臨民。上州秩從四品，中州秩正五品，下州秩從五品。設達魯花赤、州尹（或知州）、同知、判官等官。元朝後期，全國共有三百五十九州。

〈19〉乾（圚）〔圓〕潔凈　據《通制條格》改。

〈20〉封記　封存，貼上封條。

〈21〉檢校　檢查。

〈22〉儹運　《通制條格》作"攢運"，即成批裝運。"儹"通"攢"，意謂聚集。

〈23〉八作司　元官署名。源於宋代，因其下分爲八"作"亦即八類營繕工種，故名。元八作司隸屬於工部，秩正六品，掌内府器物管理，及都城手工局院造作等事，設提舉、同提舉、副提舉等職。至元二十九年（1292年），以事務繁多，分爲左、右兩司。

〈24〉合干部分　猶言相關某部。

〈25〉檢估　核實價格。估是價格、物價之意，亦引申爲估價。

〈26〉以盜論　完全按照竊盜定罪。《吏學指南》"八例"門"以"條："罪同真犯謂之'以'。凡稱'以'者，悉同其法而科之。"

〈27〉常川　經常，長期。

〈28〉赤曆單狀　簡稱赤曆，是元朝倉庫或稅務部門的出納登記册，須定期報呈上級官署審核。其制源於宋代，因鈐蓋紅色印章，故名。

〈29〉關防　提防，防備，監督。

〈30〉巡宿　夜間巡查。

〈31〉直屬省部州府　指元朝中書省直轄區（腹裏）内由中書省直接統領、而非隸屬於路的州和府。州見上文注〈18〉。府，元朝地方建置的一種，級别在路以下，州之上，有隸屬於路者，亦有直屬行省或中書省者。因與路的管理機構總管府相區别，故亦稱散府。秩正四品，設達魯花赤、府尹（或知府）、同知、判官等官。元朝後期，全國共有三十三府。

〈32〉沿河倉分　猶言沿河諸倉。河，指運河。

〈33〉漕運司　元官署名。包括京畿都漕運使司、都漕運使司兩機構，分掌大都城内和城外運河沿岸倉儲出納、漕糧運輸等事，秩皆正三品，均設運使、同知、副使、運判等官。此處所指當係都漕運使司。

〈34〉關發　交代，轉交。

〈35〉交關　交接，引申爲交接文書。《元典章》卷二二《户部八·課程·契本·稅契用契本雜税鄉下主首具數納課》："仰各路行下合屬，禁約務官人等，今後應有交關文契，赴務投税，須要依例粘連契本，方許印押。"本條所謂"交關"，當即"交關文契"的簡稱。

【解題】

本條文書共十一款，是元前期行政法規《至元新格》中有關倉庫管理的具體規定。《至元新格》頒行於元世祖至元二十八年（1291年）五月，由中書右丞何榮祖主持編纂，共十篇。全書已佚，部分内容散見於《元典章》《通制條格》，尚存96條。據《吏學指南》"五科"門，《至元新格》十篇的篇目爲公規、選格、治民、理財、賦役、課程、倉庫、造作、防盗、察獄。本條文書顯然屬於其中的"倉庫"篇。《通制條格》卷一四《倉庫》"關防"至元二十八年條（《校注》280條）亦爲《至元新格》中的倉庫管理規定，共十二款。比本條多出的一款，是針對鈔庫（行用庫）管理的，《元典章》將其置於卷二〇《户部六·鈔法》，見該卷《昏鈔·至元新格》。

户七·2　關防錢糧事理〈1〉（21/1b，21/2b）

元貞二年七月，湖廣等處行中書省〈2〉：

准中書省〈3〉咨："先據御史臺〈4〉呈：'至元三十年九月二十一日奏准：錢糧欠少底人每，根脚裏〈5〉錢糧裏提調來底官人每錢物追不足呵，解由〈6〉休與者，別個勾當〈7〉裏休交遷轉。錢糧幾時追足了呵，他每底解由文字那時節交與者，遷轉委付〈8〉等事。欽此。'照得元貞元年五月内欽奉聖旨節該〈9〉：'今後不揀那個大小提調錢糧的，別個不揀誰，休借要係官〈10〉者。這般道了呵，借要的人每年月滿呵，算計，全交了呵，與解由文字者。不全交割呵，休與解由文字者，勾當裏也休委付者'道來。欽此。又於元貞元年七月二十五日欽奉聖旨條畫〈11〉内一款：'所在倉庫，親臨上司提調正官每季分輪計點。但有短少，隨即究問追理。違期不點或計點不實者，量事輕重斷罪。任滿之日，凡錢穀交割不完，照依已降聖旨事意施行。'欽此。擬定提調官姓名，移咨各省欽依施行，及劄付户部：遍行合屬所設倉庫去處，委自達魯花赤〈12〉、長官〈13〉，不妨本職〈14〉專一提調，所收錢糧如法收頓，不致損壞失陷。仍令正官收掌倉庫鑰匙，凡有收支，逐物旋關納〈15〉。仍令提調官輪番赴庫，牽照〈16〉一切勘合文憑，比對赤曆單狀，計點實有見在，但有侵欺、短少，即將當該庫官〈17〉、庫子〈18〉人等監鎖追陪。若提調官不爲用心，有失關防，計點不實，但有短少損壞，取問明白招伏〈19〉，欽依所奉聖旨事意施行。去後，切恐各處提調正官因循，有失關防。都省〈20〉除已差官前去，咨請取各處提調正官即目〈21〉如何設法關防，開具咨來。"准此。

【參考文獻】

元貞元年七月二十五日欽奉聖旨條畫內一款，亦見《通制條格》卷一四《倉庫》"計點"元貞元年七月條（《校注》，第287條），不具錄。

【校注】

〈1〉 關防錢糧事理　《元典章》全書卷首目錄作"關防倉庫事理"。

〈2〉 湖廣等處行中書省　元行省名。簡稱湖廣行省，統三十路、三府、十三州及十五安撫司，設治武昌路（治今湖北武漢武昌），轄境包括今湖北南部和湖南、廣西、貴州大部。

〈3〉 中書省　元朝宰相機構。秩正一品，設右丞相、左丞相、平章政事、右丞、左丞、參知政事等官。

〈4〉 御史臺　元最高監察機構。秩從一品，設御史大夫、御史中丞、侍御史、治書侍御史等官。

〈5〉 根腳裏　原本，在先。根腳，此處意為源頭。

〈6〉 解由　官員任滿時所在機構為其開具的證明文件，寫明官員個人履歷及任內政績，以供吏部審查，安排新職。《吏學指南》"牓據"門"解由"條："考滿職除曰解，歷其殿最曰由。"

〈7〉 勾當　事情，引申為公務、職務。

〈8〉 遷轉委付　自"錢糧欠少底人每"至此，是御史臺於至元三十年（1293年）九月二十一日向皇帝（元世祖）奏稟的內容。

〈9〉 節該　節文、大意。

〈10〉 係官　"係官錢糧"的簡稱。

〈11〉 條畫　即條例。元代由中書省、尚書省、樞密院等朝廷高級機構制定的具體政策、措施，奏報皇帝批准後分條頒行，稱條畫。

〈12〉 達魯花赤　元官名。蒙古語原意為"鎮守者"，是蒙古統治者在被征服地區廣泛設置的監臨官，位於當地原設行政長官之上，起監督作用，並對該地區有關事務有決定權，通常只能由蒙古人擔任。

〈13〉 長官　此處指地方行政機構中傳統的長官。包括路總管、府尹（或知府）、州尹（或知州）、縣尹等。

〈14〉 不妨本職　不影響本職工作。妨，意為妨礙、影響。

〈15〉 逐物旋關納　"物"字疑衍。

〈16〉牽照　翻查，檢索。有時寫作"捽照"。
〈17〉庫官　官庫中的官員。常見有提領、大使、副使等名目。
〈18〉庫子　官庫中的吏員。有些機構中稱爲"司庫"，二名時常混用。
〈19〉招伏　口供，認罪書。
〈20〉都省　指中書省。
〈21〉即目　目前，眼下。

【解題】

元朝統治者十分重視倉庫管理，一再發佈命令，凡倉庫必須由當地主管官員親自"提調"，定期檢查錢糧儲存和收支工作。如若出現錢糧短少、拖欠、挪借等現象，就要追究提調官員的責任，任滿不得領取解由及正常遷轉。本條文書是元成宗在位初年中書省發給各行省的咨文，重申以前的相關規定，並要求行省彙報具體落實情況。

户七·3　行用圓斛（21/2b，21/3a）

至元二十九年〈1〉，御史臺咨：

照得至元二十年四月十六日准御史中丞〈2〉牒："官司所用斛㮰〈3〉，底狹面闊。吏卒收受，概量之際，輕重其手，弊倖多端。亡宋行用文思院〈4〉斛，腹大口狹，難於作弊，今可比附式樣成造新斛，頒行天下。此不可但施於官，至於民間市肆，亦合准官斛制造，庶使奸偽不行，實爲公私兩利。"准此。五月二十五日，御前看過新斛樣製。欽奉聖旨："是有。説的有體例，交這般行者。"欽此。呈奉中書省劄付："令工部造到圓斛一十隻，較勘相同，每處擬發斛樣一隻，咨發各處行省〈5〉、宣慰司〈6〉依樣成造，較勘印烙，發下合屬行用。"咨請各道〈7〉、察院〈8〉嚴加糾察施行。

【參考文獻】

至元二十年五月二十五日……欽奉聖旨，《元史》卷一二《世祖紀九》有扼要記述：

（至元二十年五月）戊寅……頒行宋文思院小口斛。

同書卷一七三《崔彧傳》亦有記載：

（至元）二十年……又言："宋文思院小口斛，出入官糧，無所容隱，所宜頒行。"皆從之。

【校注】

〈1〉 至元二十九年　疑誤。《元典章》全書卷首目錄繫時爲至元二十年（1283年）。從下文內容來看，本條文書時間當在至元二十年下半年或二十一、二十二年。參見《元典章》卷五七《刑部十九·諸禁·雜禁·禁私斛斗秤尺》。

〈2〉 御史中丞　元官名。爲御史臺（或行御史臺）副長官，輔佐御史大夫統領臺內監察事務，秩正二品。此處係指當時中央御史臺的中丞崔彧（？—1298年），弘州（治今河北陽原）人，字文卿，至元十九年（1282年）任集賢侍讀學士，旋由刑部尚書拜御史中丞。成宗即位後，加平章政事。《元史》卷一七三有傳。

〈3〉 斛㮣　即斛，古代量器，主要用於稱量穀物。㮣，當指桶形斛的桶板。

〈4〉 文思院　宋官署名，屬少府監。掌製造、裝飾金銀犀玉等器物，並供應宮廷和各官署所需儀物、器仗、權量、輿服。南宋後期，標準量器皆由文思院製造頒行。

〈5〉 行省　即行中書省，由中書省派出機構演變形成的元朝地方常設最高行政機構。元世祖忽必烈在位後期，全國共設行省九處，即遼陽、甘肅、陝西、河南、江浙、江西、湖廣、四川、雲南。後又增設嶺北行省，共十個行省。秩從一品，設平章政事（有些行省在平章政事之上設有丞相）、右丞、左丞、參知政事等官。

〈6〉 宣慰司　亦稱宣慰使司，元朝統領路、府、州的地方監臨機構。通常設在行省內遠離行省治所，或腹裏遠離首都的地區，統領若干路、府、州，上對行省或中書省負責，宣達政令，承轉下情。秩從二品，設宣慰使、同知、副使等官。

〈7〉 各道　即各道提刑按察司，元初地方監察機構，秩正三品，設提刑按察使、副使、僉事等官。至元二十八年更名肅政廉訪司。此處指江南行臺屬下的各道提刑按察司。

〈8〉 察院　官署名。唐宋御史臺下設察院，爲三院（臺院、殿院、察院）之一，設監察御史，負責刺舉百官善惡，諷諫政治得失。元朝亦沿其名。此處指江南行臺屬下的察院。

【解題】

元朝初年，官府使用的量器大都口闊底窄，吏卒在徵收稅糧時易於作弊。因此在至元二十年，經御史中丞崔彧提議，世祖批准，仿照南宋"腹大口狹"的文思院斛統一製造並行用新的標準量器。新量器的優點是"出入之間，盈虧不甚相遠"（長谷真逸《農田餘話》卷上），稱量時輕重其手的餘地較小。本條文書是新量器頒行後御史臺發給江南行臺的咨文，要求地方監察部門監督其使用情況。根據其他史料來看，當時對包括"斛斗秤度"在内的度量衡用具都頒行了新的官方標準式樣，使用非標準度量衡用具者將會受到笞五十七的刑事處罰。但各地執行不很徹底，直到元仁宗時仍在重申相關禁令。參見《元典章》卷五七《刑部十九·諸禁·雜禁·禁私斛斗秤尺》《斛斗秤尺牙人》。

户七·4　收糧鼠耗〈1〉分例〈2〉(21/2b, 21/3b)

至元（三）〔二〕十三年〈3〉三月，中書省：

爲江浙行省〈4〉咨，擬到租稅帶收鼠耗糧米事，送戶部照擬得："江南民田稅石〈5〉，合依例每石帶收鼠耗、分例七升〈6〉。內除養贍倉官〈7〉、斗腳〈8〉一升（内）〔外〕〈9〉，六升與正糧〈10〉一體收貯。如有短折數目，擬依腹裹〈11〉折耗例，以五年爲則，准除四升。初年一升二合，次年二升，三年二升七合，四年三升四合，五年共破四升〈12〉，餘上不盡數目追徵還官。若有不及所破折耗，從實准算，無得多破官糧。外，官田〈13〉帶取鼠耗、分例，若依行省所擬，比民田減半，每石止收三升五合，却緣所破折耗糧米如五年之上，已是支破五升〈14〉，切恐侵破正糧。擬合每石帶收鼠耗、分例五升相應。"得此。議得，除民田稅石依准部擬外，據官田，擬依行省所擬，減半收受。咨請依上施行。

【參考文獻】

略見《通制條格》卷一四《倉庫》"糧耗"至元二十二年十月條（《校注》289 條），及《永樂大典》卷一五九五〇引《經世大典·收江南糧鼠耗則例》（中華書局 1986 年影印本，第 6976 頁。文廷式輯《大元海運記》卷下同），僅時間小異，不具錄。

【校注】

〈1〉鼠耗　元糧食附加稅名目，稅糧每石，加徵鼠耗三升。因彌補稅糧入倉後鼠、雀等盜食損耗而加徵，故稱鼠耗。

〈2〉分例　本義爲定例、常規，引申爲按定例發放的錢物。此處特指元朝糧食附加稅的一項名目，稅糧每石，加徵分例四升。支納糧倉官吏薪俸，似爲其加徵緣由之一。《元典章》卷九《吏部三·官制三·倉庫官·倉官貼補庫官對補》："倉官雖有分例，往往因而消折正糧，將分例陪納還官，少有得爲養廉之資者。"而據本條文書可知，每石稅糧雖加徵分例四升，實用於糧倉官吏薪俸者僅有一升，餘者仍與正糧一同入倉，以爲彌補其他損耗之用。

〈3〉至元（三）〔二〕十三年　據《元典章》全書卷首目錄改。

〈4〉江浙行省　元行省名。全稱江浙等處行中書省，統三十路、一府、二州，設治杭州路（治今浙江杭州），轄境包括今江蘇南部、安徽南部、浙江、福建。

〈5〉稅石　指稅糧，元朝主要賦稅名目之一，以徵收糧食爲主。北方根據户計類別不同或徵丁稅，或徵地稅；南方則沿用唐宋兩稅法，其性質主要是地稅。參閲陳高華《元代稅糧制度初探》，載氏著《元史研究論稿》（中華書局1991年版）。

〈6〉依例每石帶收鼠耗、分例七升　《元史》卷九三《食貨志一·稅糧》："每石帶納鼠耗三升，分例四升。"鼠耗、分例雖是兩種不同的附加稅名目，實則合併徵收，故此處統言其數。

〈7〉倉官　官倉中的官員。常見有監支納、大使、副使等名目。

〈8〉斗脚　官倉中負責稱量糧食的吏員，亦稱斗子。

〈9〉一升（内）〔外〕　據《通制條格》《永樂大典》改。

〈10〉正糧　指稅糧的正額部分。

〈11〉腹裏　元代中書省直轄區的別稱，意爲腹心之地、内地。具體包括今天的河北、山西、山東以及内蒙古南部，共有二十七路、八州。元武宗以前，漠北地區也屬於"腹裏"範圍。廣義上亦泛指北方地區，本處似即一例。

〈12〉五年共破四升　"破"字，《通制條格》《永樂大典》均作"報"，意近。破，意爲花費，消耗。

〈13〉官田　元朝的國有土地。其概念有廣義、狹義之分：狹義官田專指用於租佃的國有耕地，其地租收入由國家統一調撥支配，大都分佈在經濟發達的江南地區；廣義官田則泛指各類國有土地，其中包括狹義官田、屯田、職田、學田、牧地等。此處所指當係狹義。

〈14〉已是支破五升　據上文，倉糧以一石爲單位，五年間允許損耗四升，加上支付糧倉官吏薪俸的一升，共計五升。

【解題】

本條文書是元廷關於江南稅糧附加稅的規定。元代稅糧徵收南北異制，但附加稅的徵收原則相同，即每石稅糧加徵鼠耗三升，分例四升。從這條文書可以看出，鼠耗和分例兩種附加稅是合併徵收、通算支出的。總計每石七升，其中一升用於支付糧倉官吏薪俸，四升用於抵補糧食保管過程中的損耗，還有兩升没有明言用途，應當歸官府機動支配（據《元典章》卷四〇《刑部二・刑獄・繫獄・罪囚無親給糧》，凡是監獄中没有親屬的犯人，官府每日給米一升作爲口糧，即從官倉鼠耗内撥付。參見後文户七・24B 條）。關於南方官田的附加稅，江浙行省提出"比民田減半"的徵收方案，即每石稅糧加徵鼠耗、分例共三升五合。户部認爲這個數額無法滿足附加稅每石五升的基本支出標準，將會導致"侵破正糧"，但中書省仍然採納了江浙行省的建議。其原因，當係官田稅額大大高於民田，減半徵收附加稅是對官田耕種者的輕微補償。

户七・5　倉糧對色〈1〉准算（21/3a，21/4a）

元貞元年二月，行御史臺〈2〉：

准御史臺咨："來咨：'江南浙西道廉訪司〈3〉申：計點出嘉興〈4〉、松江〈5〉等處倉短少附餘〈6〉糧數，乞議擬。'本臺照得近據淮西江北道肅政廉訪司〈7〉申：開坐〈8〉到點出廬州路〈9〉軍諸倉庫〈10〉短少附餘各色糧數。看詳，一倉各敖〈11〉，互有增短，合行通行准算。呈奉中書省劄付：'送户部照擬得：上項短少附餘糧斛〈12〉，除小麥外，據粳米〈13〉，雖然各敖收貯，終是一倉，互相增短，（各）〔合〕依〈14〉御史臺所擬，對色准算。餘有短少粳米、小麥數目，移咨着落本界倉官人等追徵還官相應〈15〉。都省准擬。除有失短少〈16〉粳米等行下追理外，仰照驗。'承此。除外，今准前因，咨請依上施行。仍將准算不盡對色附餘糧數行移有司，别項作數支發。"准此。

【參考文獻】

略見《通制條格》卷一四《倉庫》"附餘短少"元貞元年二月條（《校注》292 條），不具録。

【校注】

〈1〉對色　不同品種各自對應。色，爲種類、品種之意。

〈2〉行御史臺　元朝御史臺的分支機構，秩從一品，設官同御史臺，共設江南、陝西兩處。《元典章》所載多指江南行臺，簡稱南臺，設治於建康路（治今江蘇南京），下統十道肅政廉訪司，其監察區包括江浙、江西、湖廣三行省。

〈3〉江南浙西道廉訪司　元廉訪司名，隸屬於江南行臺，設治於杭州路（治今浙江杭州）。廉訪司爲肅政廉訪司簡稱，參見前文户七・3"行用圓

— 349 —

〈4〉 嘉興　元路名，治今浙江嘉興。隸屬於江浙行省，爲上路。轄錄事司及一縣、二州。

〈5〉 松江　元散府名，治今上海松江。隸屬於江浙行省，轄二縣。

〈6〉 附餘　即多餘、多出。

〈7〉 淮西江北道肅政廉訪司　元廉訪司名，隸屬於中央御史臺，設治於廬州路。

〈8〉 開坐　開列。朝鮮《吏文輯覽》卷二"開坐"條："列書也。"

〈9〉 廬州路　元路名，治今安徽合肥。初由中書省直轄，後隸河南行省，爲上路。轄錄事司及三縣、三州。

〈10〉 軍諸倉庫　"軍"字疑衍，或"軍諸"爲"軍儲"之誤。

〈11〉 敖　通廒，指倉房。

〈12〉 糧斛　即糧食。斛是糧食的稱量單位。

〈13〉 粳米　粳稻碾出的米。粳稻是南方的一種晚稻品種。

〈14〉 （各）〔合〕依　據《通制條格》改。

〈15〉 追徵還官相應　自"上項短少附餘糧斛"至此，是户部給中書省呈文的内容。

〈16〉 除有失短少　"失"下疑脱"陷"字。

【解題】

元朝官倉的糧食都是分"敖"貯藏的，"敖"就是倉房。統計糧食儲存數量時，首先應當"對色"，即不同品種的糧食分別統計。其次，凡是同一品種，只要全倉總數不短缺即可，各"敖"之間可以用有餘抵不足，這就叫作"對色准算"。在本條文書中，御史臺根據江南行御史臺、淮西江北道廉訪司等機構的反映，向中書省提出上述建議，經户部討論通過。但不同品種的糧食之間，仍不可彼此抵補。參見《通制條格》卷一四《倉庫》"附餘短少"大德七年六月條（《校注》291條）。

户七·6　餘糧許糴接濟　（21/3a，21/4b）

大德三年八月，行臺准御史臺咨：先奉中書省劄付：

江浙省咨："大德二年九月十一日准中書省咨：'奏過事内一件節該：腹裏百姓每幾處缺食，更蝗虫生發，百姓饑荒，商量預備糧米。如今休教納錢，税糧〈1〉全教納米來者，行了文書也，奏知，麽道，説將來有。俺商量來，伴當〈2〉每的言語是的一般有〈3〉。奏呵,奉聖旨:那般者。欽此。'本省照得,見在糧斛除支持〈4〉外,餘上糧數,即目正是青黃不接之際,各處物斛湧貴,百姓艱糴,合無斟酌出糶,接濟貧民,不致失所。"都省除已移咨江浙行省,除支持糧斛外,餘有糧數,照依各處目今實直市□〈5〉挨陳〈6〉出糶,接濟貧民。仰行下合屬,體察〈7〉施行。

【校注】

〈1〉稅糧　見前文戶七·4"收糧鼠耗分例"條注5"稅石"。

〈2〉伴當　同伴。此處指同僚。

〈3〉是的一般有　自"腹裏百姓每幾處缺食"至此,是中書省向皇帝上奏的內容。

〈4〉支持　承受,供給。此處指上繳。

〈5〉目今實直市□　□字原文漫漶不清。疑係"估"字。市估,指市價。

〈6〉挨陳　依次發放陳穀。

〈7〉體察　監察,有針對性地監督。

【解題】

本條文書是御史臺向江南行臺轉發的中書省劄付,其內容是批准江浙行省將官倉餘糧出售救饑的請示,要求監察部門監督相關工作。

戶七·7　毋擅開收稅糧（21/3b, 21/5a）

江西行省〈1〉劄付:

准中書省咨:"自今已後,但有開收田土租稅,須要咨稟都省明降,然後收除,請常切〈2〉照勘"事。今後除水旱災傷已有定例,有必合續收田糧,依例申省〈3〉,仍於官倉收貯,取無欠通關〈4〉,別具備細緣由,繳申下年作收。及有合除糧數,亦於下年除豁,非奉省府許准明文,毋得擅自開收,亦不得開立續收續除名項〈5〉。如違,斷罪追陪。

【校注】

〈1〉江西行省　元行省名。全稱江西等處行中書省,統十八路、九州,設治龍興路（治今江西南昌）,轄境包括今江西大部、廣東大部。

〈2〉常切　經常而不放鬆。意即隨時,時刻。

〈3〉申省　此處"省"指江西行省。下文"省府"同。

〈4〉通關　此處指官倉徵收稅糧足額後開具的公文。《至正條格》斷例卷一〇《廄庫》"虛出通關"泰定四年五月條（韓國學中央研究院《〈至正

— 351 —

條格〉校注本》斷例第338條，2007年，以下引此書簡稱《校注本》）："隨州豐大倉使鄭興祖、副使暢益孫，因收受糧斛……又要訖譚陂屯權千戶趙全等中統鈔肆伯貳拾肆定壹拾柒兩、綾絹、銀器，及將敕牒貳道質當在家，虛出訖收糧柒伯叁拾伍石通關壹紙。"《大清律輯注》卷七《戶律·倉庫》"虛出通關朱鈔"條："各倉庫收受一應官錢糧等物，管收之監臨主守，必通完足備，然後出給通關與有司提調官吏，以爲照驗。""凡收受錢糧足備，全交與經管之人，出給印單爲照，謂之通關。"

〈5〉名項　名目，項目。

【解題】

本條是江西行省下發管內路、州的劄付，根據中書省的指示，禁止地方官府擅自開收稅糧。所謂"開收稅糧"似乎有兩層意思，一是對新開闢的土地征稅，二是因特殊原因（例如因災荒延期）在規定徵收時限以外的時間徵稅。凡"開收稅糧"，都必須經由行省上報中書省批准，其目的應當在於防範官吏借機苛斂入己。

戶七·8　庫院不設揀子〈1〉（21/3b，21/5a）

大德二年七月，行御史臺：

據監察〈2〉呈："據建康路〈3〉永興庫〈4〉收受各州司縣〈5〉人戶大德三年〈6〉夏稅〈7〉，除合設庫官、庫子、秤子〈8〉、攢司〈9〉外，多設揀絲一名高大、揀綿一名秦成。取問得本路照勘卷內，行下錄事司〈10〉，於織染局〈11〉差到上項絲、綿揀子作頭〈12〉二名，下庫勾當。看詳，腹裏路分設立收差庫子〈13〉，如遇取受差發，總府〈14〉封記綿絹樣製，下本庫依樣收受。今建康路永興庫別設揀子，揀選人戶絲綿色樣，中間刁蹬，情弊不無。若依腹裏路分，令建康路選定絲綿色樣，用印封記，發下官庫，令依樣收受，將濫設揀絲綿高大、秦成革去相應。即目正是收夏稅時月，其餘路分切恐亦有似此濫設之人，宜遍行禁革。"憲臺〈15〉除外，合下，仰依上禁革。

【校注】

〈1〉揀子　官庫中負責檢驗出納財物質量的雜役人員。其名主要見於宋代。

〈2〉監察　即監察御史，元官名。置於御史臺、行御史臺，秩正七品，掌監察刺舉之事。

〈3〉建康路　元前期路名。隸屬於江浙行省，治所在今江蘇南京，爲上路，轄錄事司及三縣、二州。文宗天曆元年（1328年），更名集慶路。

〈4〉永興庫　疑爲"永豐庫"之誤。《至正金陵新志》卷六《官守志·本朝統屬官制》："永豐庫，有印。省設監支納、大使，路差庫副。收支一應課程諸名項錢帛。"

〈5〉州司縣　州，見前文戶七·1"至元新格"條注〈18〉"諸州"。司縣，即錄事司和縣，同爲元朝最基層的臨民官府。縣分上、中、下，上縣秩從六品，中縣秩正七品，下州秩從七品。錄事司置於路治所、管理城區內民事，秩正八品。此處指建康路所轄錄事司及二州（溧陽州、溧水州）、三縣（江寧縣、上元縣、句容縣）。

〈6〉大德三年　疑爲"大德二年"或"大德元年"之誤。

〈7〉夏税　元朝在南方徵收的賦税名目。源於唐宋兩税法，每年夏季徵收，有的地區以徵收實物（糧食、絹、布、綿、木綿等）爲主，間徵部分錢鈔，有的地區全徵錢鈔。税額標準亦因地而異。

〈8〉秤子　倉庫中負責用秤的吏員。

〈9〉攢司　當係"攢典"別稱。參見前文戶七·1"至元新格"條注4。

〈10〉錄事司　元官署名。置於路治所，管理城區內民事，與縣同爲最基層的臨民官府。秩正八品，設達魯花赤、錄事、判官等官。

〈11〉織染局　元官署名，掌官用絹帛、布匹等織染之事。全國設有多處，此處所指爲建康織染局，隸屬於建康等處財賦提舉司，設大使、副使、相副官各一員，見《元史》卷八九《百官志五》。《至正金陵新志》卷六《官守志·本朝統屬官制》則載建康路有東、西二織染局。

〈12〉作頭　古代手工業組織中的工匠頭目。

〈13〉收差庫子　負責徵收差發（科差）的庫子。參見前文戶七·1"至元新格"條注〈12〉"差發"。

〈14〉總府　即路級管理機構總管府。參見前文戶七·1"至元新格"條注〈11〉"諸路"。

〈15〉憲臺　御史臺或行御史臺的別稱。此處指行御史臺。

【解題】

宋代官庫中設有負責檢驗出納財物質量的雜役人員，稱爲揀子。元代則由路級官府將標準樣品下發到官庫，使對照檢驗，不再專設檢驗人員。成宗大德初年建康路收取夏税時，從織染局差派兩名工匠頭目到官庫檢驗所收絲、綿的品質。此舉違反了朝廷規定，因而受到御史的揭發，江南行臺下文明令禁止。

户七·9　把壇庫子〈1〉（21/4a, 21/5b）

大德八年七月，江浙行省准中書省咨：

户部呈："諸路寶鈔都提舉司〈2〉備光熙行用庫〈3〉申：'依奉上司文字，於本庫兼設平准之法，別無存設辨驗金銀成色把壇司庫。合無照依舊例，存設把壇司庫二名。'本部參詳，既將平准庫〈4〉革去，權令行用庫兼設把壇司庫，准除存留一名，與昏鈔庫子〈5〉相兼倒換。外，餘者盡行革去。如蒙〔准〕呈〈6〉，其餘各處行省亦合一體施行。具呈照詳。"得此。施行間，湖廣行省咨："欽奉詔書内一款節該：'金銀開禁，聽從民便買賣。'欽此。除欽依外，將所轄各處平准行用庫見設把壇庫子革去。看詳，今後若有百姓自願赴官庫貨賣金銀，照依元定價直，差撥銀匠辨驗收買。中間慮恐未便，緣係通例，咨請定奪。"都省相度，凡赴官庫賣買金銀者，兼用見設司庫，照依已定價直元降對牌〈7〉收買。咨請依上施行。

【校注】

〈1〉把壇庫子　負責辨驗金銀成色的庫子，主要設於平准行用庫。《元典章》卷一五《户部一·禄廩》卷首表格列平准行用庫官吏俸禄，提領三十五兩，大使二十五兩，副使十五兩，"把壇"十五兩，攢典、庫子各五兩，合干人四兩。可知把壇庫子的地位高於普通庫子，大致與副使相當。

〈2〉諸路寶鈔都提舉司　元官署名。隸屬於户部，負責印造、發行紙鈔事務，秩正四品。設正副達魯花赤、都提舉、提舉、同提舉、副提舉等官。初名諸路交鈔都提舉司，至元二十四年（1287年）更名。

〈3〉光熙行用庫　即光熙平准行用庫，爲元大都在城六所平准行用庫之一，設於大都東北城門光熙門（參見《元典章》卷九《吏部三·官制三·倉庫官·平准行用庫窠闕》）。大德八年（1304年）去平准之名，稱光熙行用庫。

〈4〉平准庫　即下文提到的平准行用庫。參見解題。

〈5〉昏鈔庫子　鈔庫中負責倒換昏鈔的庫子。昏鈔，即紙面破損或字迹模糊不清、妨礙使用的紙鈔。按規定，昏鈔持有者在鈔庫繳納百分之三的成本費，即可將其换爲新鈔。

〈6〉如蒙〔准〕呈　據文義補。

〈7〉對牌　疑指官府頒佈的金銀成色標準。清代寶泉局收銅鑄錢，設有"銅色對牌"，"以八成、八五、九成、九五、十成，分爲五牌，凡銅觔到局，令解官與監督從公較對，除八成以下者不收外，八成以上者俱照成色秤收，核算價直"。見《清文獻通考》卷一五《錢幣考三》。

【解題】

元朝以紙鈔作爲唯一法定貨幣。起初，鈔庫設置分爲兩個級別：平准行用庫（簡稱平准庫）可以兌換金銀和倒換昏鈔，行用庫只能倒換昏鈔。禁止民間金銀交易，買賣金銀只能赴平准庫與紙鈔兌換。但由於紙鈔貶值，官定金銀與紙鈔的兌換比價逐漸脫離實際，兌換有名無實。成宗大德八年，元廷被迫開放金銀買賣之禁，聽從民間交易。平准行用庫兌換金銀的職能失去意義，故革去平准之名，僅稱行用庫。平准庫中原設"辨驗金銀成色"的把壇庫子，也因而面臨存廢的問題。在本條文書中，戶部提議將各平准庫原設的兩名把壇庫子保留一名，但中書省仍決定全部裁撤。實際上，由於鈔輕而金銀重，本條文書中所說"百姓自願赴官庫貨賣金銀"的情況幾乎不可能出現，把壇庫子的保留確實是沒有必要的。

戶七·10　短少糧斛提調官罪名（21/4a，21/6a）

大德七年八月十九日，江西行省准中書省咨：

御史臺呈："河東廉訪司〈1〉申：'近爲太原路〈2〉去歲災傷，貧民闕食，賑糶大備倉〈3〉大德三年、大德四年米二萬二千八百石三斗八升。令人監視，點數得大德三年倉官郭世忠元報見在米數，除已賑糶外，短少米四千八百五十一石八斗七升三合六勺二抄二撮二圭。大德四年倉官郭楫元報見在米，除賑糶外，短少米七百一十五石四斗七升八勺八抄五撮五圭。取到本路提調官達魯花赤塔海、總管〈4〉木撒、同知〈5〉六斤等不合不行親臨仔細計點，以致今次出糶短少上項米數招伏。'除另催督追徵外，本臺看詳，達魯花赤塔海等所招，合令合干部分定擬。外據總管木撒，回回〈6〉人氏，不識漢兒文字。使任掌判正官，專一提調錢糧，累次短少失陷，取招〈7〉罰俸，習以爲常，恬然不顧，難任牧民長官，擬令依例斷罪，選官奏代。具呈照詳。"送刑部，議得："達魯花赤塔海、總管木撒、同知六斤所招，俱係提調正官親臨本府倉庫，不行依例每季計點，以致短少官糧五千餘石情罪，擬合依例各決三十七下，標注過名〈8〉。外據總管木撒，回回人，不識漢字，提調錢糧，累次短少罰俸，難任牧民長官一節，合從御史臺所擬相應。"都省准擬，除已差官詣彼，與本道廉訪司一同斷決外，咨請遍行照會施行。

【參考文獻】

略見《至正條格》斷例卷一〇《廐庫》"計點不實"大德七年八月條（《校注本》斷例第336條），不具錄。

【校注】

〈1〉河東廉訪司　元廉訪司名，全稱河東山西道肅政廉訪司，隸屬於中央御史臺，設治於太原路（後更名冀寧路）。

〈2〉太原路　元初路名，治今山西太原。隸屬於中書省，爲上路，下轄錄事司及十縣、十四州。成宗大德九年（1305年）更名冀寧路。

〈3〉大備倉　太原路官倉名。其名源於金朝。元好問《遺山先生文集》卷二九《顯武將軍吳君阡表》："君諱璋，字器玉……（金章宗）明昌四年，調保州軍器庫使，改太原大備倉副使。"

〈4〉總管　總管府長官。此處所指係路總管府總管。參見前文户七·1"至元新格"條注〈11〉"諸路"。

〈5〉同知　元佐貳官名。此處所指係路同知。

〈6〉回回　元朝對中亞、西亞信奉伊斯蘭教諸國各族人的統稱（偶爾也用以泛指其他西域人），被列入四等人制中的第二等級色目人，以後逐漸形成回族。

〈7〉取招　"取問招伏"的簡稱。參見前文户七·2"關防錢糧事理"條注〈18〉"招伏"。

〈8〉標注過名　官員所受行政處分，意謂在檔案中記過，登載所犯過失的名目。

【解題】

前文户七·2"關防錢糧事理"條所引元貞元年七月二十五日聖旨條畫規定：各地倉庫均由正官"提調"，按季度輪流負責盤點。如果沒有按期盤點或盤點不實，就要"量事輕重斷罪"。本條文書提供了這方面的一個實例。因太原路發生災荒，官倉出米賑糶，發現大德三年、四年所儲糧米一共短少五千餘石。監察部門追究提調正官達魯花赤塔海、總管木撒、同知六斤的失察責任，報請中書省處理。經刑部擬議，三人均受到笞三十七和記過的處分。總管木撒由於不識漢字，"提調"倉庫期間多次出現錢糧短少情況，因此被解除現職，不准再擔任類似工作。

義倉

户七·11　設立常平倉〈1〉事（21/5a, 21/8a）

至元十九年，御史臺咨：

奉中書省劄付："至元八年奏准：'隨路常平倉收糴糧斛。'欽此。劄付户部，行下合屬，驗每月時估〈2〉，以十分爲率，添荅〈3〉二分，常川收糶，委各處正官不妨本職提點，並不得椿配〈4〉百姓。近年以來，有司減裂〈5〉，加之勢要人等把柄行市，積塌〈6〉收糶，侵公害私。除別行禁約外，都省今擬依舊設立，用官降一樣斛欖升斗，驗各處按月時估，依上添荅價直，常川收糶，畫便〈7〉支價，並無減剋。貧家闕食者，仰令依例出糶。委自本處正官不妨本職提調。據合設倉官、攢典、斗脚，就於近上〈8〉不作過犯內〈9〉公同選差，除免各户雜役〈10〉。仍按月將先發價鈔、已未收糶支納見在數目開坐，申部呈省。除劄付户部、各路、宣慰司依上施行外，慮中間作弊，仰行移各道按察司〈11〉體察施行。"

【參考文獻】

亦見《永樂大典》卷七五〇七引《元朝典章·設立常平倉事》，文字全同，不具錄。

【校注】

〈1〉 常平倉　古代官倉之一種。由官府出資充當本錢，糧賤時增價糴入，糧貴時減價糶出，用以平抑糧價，預防饑荒。

〈2〉 時估　時價。此處指穀物的市場價格。估，意爲物價。

〈3〉 添荅　添加。

〈4〉 椿配　附加攤派。《吏學指南》"徵斂差發"門"椿配"條："謂重疊科差也。"

〈5〉 減裂　破壞，違犯。猶言胡作非爲。

〈6〉 積塌　囤積。塌，意爲堆積、存放。

〈7〉 畫便　即便。畫，意爲截止、終止，引申爲即刻。

〈8〉 近上　上等、高等。

〈9〉 不作過犯內　"過犯"下疑脫"户"字或"人户"二字。

〈10〉 雜役　"雜泛差役"的簡稱。其中雜泛指力役，包括出人力或車牛爲官府承擔營造、運輸等勞動；差役指職役，即充當里正、主首等基層辦事人員或保管人員。

〈11〉 按察司　元初地方監察機構，全名提刑按察司。後更名肅政廉訪司。參見前文户七·3 "行用圓斛"條注〈7〉"各道"。

【解題】

早在憲宗蒙哥汗七年（1257年），蒙古統治者就已開始設置常平倉（王惲《秋澗集》卷八八《論鈔息復立常平倉事》）。世祖至元八年（1271年）再度下令各路建立常平倉，儲糧備荒。由於各地執行中弊端甚多，因此朝廷在至元十九年

— 357 —

繼續要求"依舊設立",並重申相關細則。但實際上,以後常平倉制度在地方上的落實情况仍然很不徹底,元朝後期官修政書《經世大典》即稱"今名雖存,而實廢焉"(《國朝文類》卷四〇《經世大典序錄·賦典·常平義倉》)。在前文户七·6"餘糧許糶接濟"條和户七·10"短少糧斛提調官罪名"條中,承擔賑糶任務的均係普通官倉而非常平倉,亦可爲證。

户七·12　義倉〈1〉驗口數留粟（21/5a,21/8b）

延祐元年五月,江西行省准中書省咨:

大司農司〈2〉呈:"皇慶二年七月二十一日奏:'世祖皇帝〈3〉時分,每一社〈4〉立義倉。好收呵,各家每口留粟一斗〈5〉,無粟納雜色〈6〉。不收呵,却與他每食。交廉訪司、管民〔官〕〈7〉提調整治着行呵,遇着凶年,百姓每得濟的一般。'奏呵,奉聖旨:'那般者。'欽此。具呈照詳。"送據户部呈:"檢會到至元七年二月内欽奉聖旨條畫内一款節該:'每社立義倉,社長〈8〉主之。如遇豐年收成去處,各家驗口數每口留粟一斗,若無粟,抵斗存留雜色〔物〕料〈9〉,以備儉歲〈10〉就給各人自行食用。官司並不得拘檢、借貸、動支,經過軍馬亦不得强行取要。社長明置文曆〈11〉,如欲聚集收頓,或各家頓放,聽從民便。社長與社户從長商議,如法收貯,須要不致損壞。如遇天災凶歲不收去處,或本社内有不收之家,不在存留之限。'欽此。除遵依外,今奉前因,本部議得,大司農司呈每社設立義倉,豐年蓄積,儉年食用,擬合欽依遍行相應。"都省咨請欽依施行。

【參考文獻】

至元七年二月内欽奉聖旨條畫内一款,亦見《元典章》卷三《聖政二·救災荒》、卷二三《户部九·農桑·立社·勸農立社事理》、《通制條格》卷一六《田令》"農桑"至元二十三年六月十二日條(《校注》324條)、《至正條格》條格卷二五《田令》"農桑事宜"至元二十三年六月十二日條(《校注本》條格第71條),不具錄。

【校注】

〈1〉義倉　古代設於民間的公共糧倉。由官府倡導或民間自發建立,其存糧來自民間,儲以備荒。

〈2〉大司農司　元官署名。管理農政,初秩正二品,後陞從一品。設大司農、大司農卿、少卿、丞等官。

〈3〉世祖皇帝　即忽必烈(1215—1294年)。元太祖(成吉思汗)鐵木真之孫、憲宗蒙哥之弟。1260年即汗位後，定都漢地，推行漢法，使大蒙古國轉變爲漢族模式的元王朝。遣將滅南宋，完成中國的統一。死後被追奉廟號世祖，蒙古語尊號爲薛禪（意爲"睿智"）皇帝。

〈4〉社　元社會基層組織。初爲勸農而設，以自然村爲基礎，原則上五十戶立一社，由社長督導進行生產互助，每社並設立義倉、學校。後來也推廣到城市，成爲全國範圍內的基層行政單位。參閱楊訥《元代農村社制研究》，《歷史研究》1965年第4期。

〈5〉各家每口留粟一斗　據下文，可知這是至元七年二月聖旨條畫（因立社而發佈，亦稱"立社條畫"）中的規定。《元史》卷九六《食貨志四·常平義倉》記載攤派倉糧的方法，則云"每親丁納粟五斗，驅丁二斗"，與此有異，當係至元六年義倉初設時的制度。

〈6〉雜色　此處指粟以外的其他各類穀物。色，意爲種類。

〈7〉管民〔官〕　據文義補。

〈8〉社長　元朝社的管理人員，由社衆推舉年高、通曉農事、家有兼丁者擔任，主要職責爲督促農業生產，亦兼及統計戶口、徵調賦役、維持治安等事。

〈9〉雜色〔物〕料　據《元典章·聖政二》《戶部九》及《通制條格》《至正條格》補。

〈10〉儉歲　《元典章·聖政二》《戶部九》、《通制條格》均作"歉歲"。

〈11〉文曆　文册，簿册。

【解題】

據《國朝文類》卷四〇《經世大典序錄·賦典·常平義倉》和《元史》卷九六《食貨志四·常平義倉》：元朝義倉始設於世祖至元六年（1269年），與稍後推行的社制相配合，要求每社設立，也稱社倉。然因管理不善，日久多趨荒廢，故而以後一再重申其制，本條就是仁宗初年的重申命令。

錢糧
收

户七·13　贓罰〈1〉開寫名件（21/6a，21/10a）

至大元年閏十一月，袁州路〈2〉承准江西廉訪〔分〕司〈3〉牒：

准總司〈4〉牒："近據書吏〈5〉王祚呈：'總房〈6〉專一掌管贓罰錢物數

目，不爲不重。責付龍興〈7〉府庫〈8〉收貯，少失鈐束，誠恐作弊，埋没係官錢物。呈乞施行。'得此。委奏差〈9〉郭天錫鈐束各房〈10〉管行貼書〈11〉、經手庫子、攢典，將贓罰文卷查勘到自前至大元年十月十五日終應收贓罰鈔物數目。除已起解數目相同外，照到合行事件，呈乞照驗〈12〉。得此。除逐一照勘施行外，於内查照出爭差〈13〉鈔數。切詳分司出巡各路，公事繁冗，收鈔別無定規，止是責付隨路庫子、州縣人吏〈14〉附簿，不過標附〈15〉厶人納鈔若干，分司但見數目相同而已，致使名項不同。今後莫若行移各處分司，遍行各路相應。收錢物須要明白開寫路分、官吏人等備細年月、事頭、鈔兩數目，仍將段疋等物照依續降事跡依式供報，庶使將來易於查照。當司〈16〉牒請依上施行。"准此。今將體式開坐前去，牒可照驗，今後應收贓罰錢物，依上明白開寫牒呈。

一，段疋、布帛等項：須要見幾疋，零者幾段，每疋長若干，每段長若干。

一，鹽貨：見幾件、幾袋，計斤重若干。

一，絲絹麻□：須要見斤兩。

一，金銀：若有帶物〈17〉者，須要是帶何物，共帶若干，其金銀是何名色。

一，珠子：須要見大小顆數、分兩。或帶他物者，計幾顆，帶何物，共重若干。

一，糧斛：須要見石斗升合。

一，屋宇、田地、山林、池塘：須要見間座條段頃畝。

一，孳畜：馬稱疋，牛稱隻，驢稱頭，豬、羊稱口，雞、鵝皆稱隻。

【校注】

〈1〉贓罰　即下文所謂"贓罰錢物"或"贓罰鈔物"，係元朝監察機構没收違法犯罪官吏的財物。

〈2〉袁州路　元路名，隸屬於江西行省，治今江西宜春，爲上路。下轄錄事司及三縣、一州。

〈3〉江西廉訪〔分〕司牒　據下文補。因下句有"總司"，則此處必係分司。當指江西湖東道肅政廉訪司的某處分司，袁州路屬其監治範圍。元制，各道肅政廉訪司均劃分若干管區，每年遣官分臨巡視，稱分司。

〈4〉總司　當指江西湖東道肅政廉訪司，隸屬於江南行臺，設治於龍興路。

〈5〉書吏　元吏員名，掌案牘文書。置於廉訪司、轉運司、中書省及行省檢校所、御史臺察院等機構。

〈6〉總房　廉訪司統屬的吏員辦事機構。元制，各機構吏員大多分房治事，如中書省左司下分六房，右司下分三房（參見《元史》卷八五《百官志一》），廉訪司當亦類似，然具體分房數目及名稱不詳。

〈7〉 龍興　元路名，治今江西南昌。隸屬於江西行省，爲上路。下轄錄事司及二州、六縣。

〈8〉 府庫　當指龍興路所設官庫。府，指路總管府。

〈9〉 奏差　元吏員名，掌彙報、傳達政務，置於六部、宣慰司、廉訪司、轉運司等機構。

〈10〉 各房　參見上文注〈6〉"總房"。

〈11〉 貼書　見習吏員。元朝各機構均有設置，多係民間子弟投充，不領俸祿，輔佐吏員處理事務，年久無過，可轉補領取俸祿的正式吏員。

〈12〉 呈乞照驗　此處指奏差郭天錫向廉訪司呈文。

〈13〉 爭差　差錯，歧異。

〈14〉 人吏　泛指吏員。

〈15〉 標附　記錄，登載。

〈16〉 當司　廉訪司自稱。

〈17〉 帶物　附帶物品。

【解題】

本條文書涉及贓罰錢物的管理問題。據文書中反映，江西廉訪司總司、分司沒收的贓罰錢物，都交給各路官庫保管。廉訪司僅通過文簿掌握一個大致的數目，並不瞭解具體的錢物類別和單項統計數字。因此行文各路，要求所在官庫將贓罰錢物登記入賬時，必須詳細寫明沒收時間、緣由、錢物類別以及各自的具體數量，以備核查，防止侵吞埋没。根據其他史料所記載，贓罰錢物通常是由監察系統單獨保管和支配的，設有專門的"贓罰庫"（參見魏初《青崖集》卷四《奏議·至元二十三年十二月十一日》、《元史》卷一九一《卜天璋傳》）。本條所載與此有異，原因不明，或許僅是江西地區的特殊情況。

户七·14　官錢不收軟鈔〈1〉（21/6b，21/11a）

延祐三年二月，行省准中書省咨：

江西福建道奉使宣撫〈2〉呈："會集江西省官、廉訪司官一同講議事內一件，官錢不收軟鈔事。累奉上司行下，鈔法務在流通，毋致澀滯。今來酒稅務〈3〉、賑糶官糧、折收輕齎〈4〉、官府一應贓罰錢物，及鹽場〈5〉、茶局〈6〉，並要交收好鈔。其通使市鈔中間，但有分毫損軟，刁蹬不與收受，於民甚不便當。合無令酒稅務、鹽場、茶局、賑糶官糧、折收輕齎、官府一應贓罰等項，鈔兩雖是損軟，但有貫伯〈7〉分明，邊欄〈8〉可驗者，與民一體行

— 361 —

用，商賈市民俱各利益。議得，鈔法頒行，乃國之大計，務要流通，以便民用。但有軟爛，官不收受，民間何以流轉，以致鈔法澁滯，交易不便。除咨行省，合令各處應收諸色課程〈9〉，如係可以行使者，即與受納。具呈照詳。"得此。送據户部呈："參詳，上項課程等鈔，如是堪中支持，依例收受相應。具呈照詳。"都省咨請依上施行。

【校注】

〈1〉官錢不收軟鈔 《元典章》全書卷首目錄作"官錢應收軟鈔"，於内容更爲符合。軟鈔，當係下文"損軟"之鈔的簡稱，指紙質軟化或有輕微破損的紙鈔。

〈2〉江西福建道奉使宣撫 元朝臨時派遣高級官員分區巡視地方，體察民間疾苦，瞭解官吏善惡，稱爲奉使宣撫。此處所指，係仁宗延祐二年（1315年）二月派出的奉使宣撫，分爲十二道（參見《元史》卷二五《仁宗紀二》），江西福建道當係其中之一。參閱李治安《關於元中後期的奉使宣撫》，載南開大學歷史系編《祝賀楊志玖教授八十壽辰中國史論集》（天津古籍出版社1994年版）。

〈3〉酒税務 酒務和税務。分别是元朝在地方上所設徵收酒税和商税的機構。

〈4〉輕賫 徵收實物時折納的紙幣。《吏學指南》"錢糧造作"門"輕賫"條："謂本納糧斛，而今納鈔者。"蓋因折納紙幣較之實物更便於攜帶運輸，故名輕賫。

〈5〉鹽場 元朝統轄鹽户（竈户）進行食鹽生産的管理單位。全國共設九處鹽運司（全稱都轉運鹽使司，或稱鹽課提舉司、茶鹽轉運司），分别統轄若干鹽場。商人向鹽運司購買鹽引（支鹽憑證），然後持引到鹽場領鹽。此處似泛指包括鹽運司在内的食鹽專賣系統。

〈6〉茶局 即批引局、茶由局，係元朝負責銷售茶引和茶由（均爲支茶憑證）的機構。在江州路（治今江西九江）設榷茶都轉運使司，下轄茶提舉司十六所，分佈於江南各主要産茶區。批引局、茶由局即隸屬於茶提舉司。

〈7〉貫伯 元朝紙鈔鈔面中部所印銅錢若干枚或若干串的圖案，代表鈔的面值。廣義上也包括圖案上方標明面值的文字。

〈8〉邊欄 元朝紙鈔的邊緣部分，根據面值不同印有不同的圖案或花紋。

〈9〉諸色課程 泛指各類工商、專賣税收。色，即種類。《吏學指南》"錢糧造作"門"課程"條："徵税之物曰課，額定其限曰程。"

【解題】

元朝紙鈔使用過程中，經常會出現面值破損或模糊不清的情况，妨礙使用，亦即所謂昏鈔。昏鈔無法流通，持有者只能赴鈔庫倒換新鈔，倒換時繳納一定的新鈔工本費。按照元廷頒發的鑒別標準，判定是否昏鈔主要看"貫伯"部分，如果"貫伯分明"，即屬好鈔，否則就是昏鈔（《元典章》卷二〇《户部六·鈔法·昏鈔·倒換昏鈔體例》）。但實際上，交易時賣方爲避免麻煩，對於那些僅是略微破損、尚不够昏鈔標準的紙鈔，也經常拒收。這顯然會嚴重影響紙鈔的信用，元廷曾予明令禁止（參見《元典章》卷二〇《户部六·鈔法·貫伯分明即便接受》）。而據本條文書所見，許多政府機構往往帶頭破壞規定，在因稅收等各種原因向私人收鈔時，仍然"並要交收好鈔"，"但有分毫損軟，刁蹬不與收受"，可謂有令不行、有禁不止。

户七·15　科徵包銀〈1〉(21/7a, 21/11b)

延祐七年□月□日，江西行省准中書省咨文内一款：

〔延祐七年四月二十一日奏：〕〈2〉"腹裏漢兒〈3〉百姓無田地的，每一丁納兩石糧〈4〉，更納包（艮）〔銀〕〈5〉、絲（綿）〔綿〕〈6〉有。江南無田地人户，是甚差發不當，各投下〈7〉合得的阿哈探馬兒〈8〉官司代支，也不曾百姓身上科要，好生偏負〈9〉一般。俺衆人商量來，便待依着大體例〈10〉，丁糧、包銀、絲（綿）〔綿〕全科呵，莫不陡峻〈11〉麽？如今除與人作佃傭作、賃房居住、日趁生理〈12〉單丁〈13〉、貧下小户不科外，但是開解庫〈14〉鋪席〈15〉、行船做買賣、有營運〈16〉殷實户計〈17〉，依腹裏百姓在前科（差）〔着〕〈18〉包（艮）〔銀〕例，每一户額納包（艮）〔銀〕二兩，折至元鈔〈19〉一十貫。本處官司驗各家物力〈20〉高下，品荅〈21〉均科呵，怎生？"奏呵，奉聖旨："依着恁衆人商量來的行（着）〔者〕〈22〉。"欽此。每〔歲〕五月十五日〈23〉爲頭開庫收受，〔八月中〕納足〈24〉通行起解，將科撥包（艮）〔銀〕數目，令當該掾史〈25〉馳驛〈26〉齎咨，發來呈報。

【參考文獻】

亦見《元典章》新集《户部·賦役·差發·江南無田地人户包銀》，内容略同，個别部分互有詳略，不具錄。

【校注】

〈1〉包銀　元朝北方民户繳納的一種賦稅名目，屬於户稅"科差"的一部分。

〈2〉〔延祐七年四月二十一日奏：〕　據《元典章》新集補。

〈3〉漢兒　即漢人，元朝民族等級制度"四等人制"中的第三等級，指北方原金統治區和四川、雲南等地居民。此處代指北方普通居民。

〈4〉每一丁納兩石糧　即下文所謂"丁糧"，指北方一般民户按丁税原則繳納的税糧，每丁每年二石。参見前文户七·4"收糧鼠耗分例"條注4"税石"。

〈5〉包（艮）〔銀〕　據上下文及《元典章》新集改，下同。

〈6〉絲（綿）〔綾〕　據《元典章》新集改，下同。絲綾，即絲料，與包銀同爲元朝北方民户所繳納户税"科差"的一部分。太宗窩闊台汗時規定，漢地民户每年每二户出絲一斤供於官，五户出絲一斤供於被分封的投下貴族。世祖即位後，改爲每二户、五户每年分别出絲二斤，合計每户每年納絲一斤六兩四錢（一斤爲十六兩），合稱二五户絲，作爲賦税亦稱絲料。

〈7〉投下　元朝諸王、貴族的封地或私屬人户，亦可指代受封的諸王、貴族。此處主要爲後一含義。

〈8〉阿哈探馬兒　蒙古語 Aqa Tamar 的音譯，本義爲"哥哥的戰利品"，引申爲元朝投下貴族從政府賦税收入中分割的一部分定額收益。在北方主要指"二五户絲"中的"五户絲"部分。此處係指南方的"户鈔"，是從南方百姓所納税糧中折價撥給投下的一筆錢鈔，平均每户鈔五百文，後升至二貫。這筆錢鈔並非直接向南方百姓徵收，而是由官庫從所收税糧中支付的，故云"官司代支，也不曾百姓身上科要"。

〈9〉偏負　偏向，不公平。

〈10〉大體例　國家法制。"大"有國家、國有的含義。

〈11〉陡峻　嚴峻，苛刻。

〈12〉生理　生計，謀生。

〈13〉單丁　《元典章》新集作"單身"。

〈14〉解庫　全稱"解典庫"，即當鋪。

〈15〉鋪席　鋪面，指經商的店鋪。

〈16〉營運　經營，指經商。

〈17〉户計　户籍。"計"指帳簿、籍册。元朝户籍根據職業、爲國家所承擔義務等因素區分爲許多不同類别，稱"諸色户計"。此處泛指人户。

〈18〉科（差）〔着〕　據《元典章》新集改。

〈19〉至元鈔　元朝在全國範圍内統一發行的第二種紙鈔，全稱"至元通行寶鈔"。因首度發行於元世祖至元二十四年，故名。

〈20〉物力　指資産。

〈21〉品荅　酌情搭配。"荅"通"搭"。

〈22〉行（着）〔者〕　據《元典章》新集改。

〈23〉每〔歲〕五月十五日　據《元典章》新集補。

〈24〉〔八月中〕納足　據《元典章》新集補。

〈25〉掾史　元吏員名，掌案牘文書，係中書省及行省令史的別稱。參見後文戶七·19"歲終季報錢糧"條注〈7〉"令史"。此處指行省掾史。

〈26〉馳驛　利用驛站兼程行進。元朝全國廣設驛站，爲因公出差人員提供交通工具（馬、船等）及食宿。

【解題】

元朝北方民戶要向官府繳納戶稅"科差"，其中包括絲料、包銀兩個部分，南方民戶則沒有這項負擔。延祐七年（1320年）英宗即位後，下令在南方徵收包銀，本條文書就是當時中書省向南方各行省發出的相關咨文。咨文中引述了經過皇帝批准的徵收方案，確定南方包銀的徵收對象主要限於沒有土地的商業、典當業、水上運輸業經營者，按照每年每戶銀二兩的平均標準，根據財產多少分攤。但實際上，南方各地執行過程中廣泛出現了擴大徵收範圍、增加徵收數額的現象，引起百姓的普遍不滿，到泰定二年（1325年）被迫取消。參閱陳高華、史衛民《中國經濟通史·元代經濟卷》（經濟日報出版社 2000 年版）第十五章第三節《江南的戶鈔與包銀》。

支

戶七·16　職役人〈1〉關〈2〉錢物（21/8a，21/13a）

至元二十年，御史臺咨：奉中書省劄付：

據戶部呈："照得樞密院〈3〉、御史臺、宣徽院〈4〉等支用錢物浩大，其差到人員，多係無職役、不知義理之人，或令關錢人自來關支，誠恐中間詐冒。本部看詳，今後應支錢物，擬合差委有職役信實人員，齎印信文憑，於本部總關前去，於各衙門官員當面給散。乞明降"事。得此。都省准呈施行。

【校注】

〈1〉職役人　有職務的人。此處可能指專職財務人員。

〈2〉關　從官府領取。《吏文輯覽》卷二"關領"條："關，從官支給物也。"

〈3〉樞密院　元代最高軍事機構。秩從一品，設知樞密院事、同知樞密院事、樞密副使、僉樞密院事等官。

〈4〉宣徽院　元官署名。掌朝會、宴享事務，並負責徵收漠北蒙古部衆賦稅，管理諸王怯薛、怯憐口名籍，撫恤蒙古部落，選進推薦怯薛人員。秩正三品，後累陞從一品，置院使、同知、副使、僉院等官。

【解題】

樞密院、御史臺、宣徽院是元代幾個不受中書省直接統轄的高級官署，它們與下屬機構間形成單獨的管理系統，相對獨立於中書省行政系統之外。但在支用錢物時，仍需到中書省下屬的户部辦理手續。在本條文書中，户部向中書省呈文，投訴上述官署派來領取錢物的人員往往身份不符合規定，存在詐偽作弊的可能。中書省因而通報這些官署，責令改正。

户七·17　考計收支錢物（21/8a，21/13a）

至元二十二年〈1〉，湖廣等處行省：

契勘〈2〉考計財賦，自有常制，催（辦）〔辦〕〈3〉給授，各有等務。近爲湖南等處收支體例不一，已下各處改正，多支數目追徵還官。外，今准中書省咨："照勘到本省〈4〉所轄去處，攢造〈5〉到至元十九年錢糧文册，體例不一。請依腹裏一體照勘，通行造册咨來。"省府擬議，區處前去，仰依坐去〈6〉事理。若各官任内給授有法，無損官物，委有廉能實跡，於解由内開寫，備咨都省，量加優用。如不以官物爲念，但有侵損失陷，追陪，依上移咨黜降施行。無得違錯。

一，應收課程、出産、茶鹽引價〈7〉、贓罰等名項係官錢物，本管官司依例科徵，發下合屬，明置文簿，編立號數，出給憑照，開寫是何年分、甚名項錢物。若收金銀，須見成色。疋帛，須要各色端疋〈8〉托數〈9〉。如法收貯，趁時曝曬，不致損害，聽候起運。

一，應支官物，當該官吏照勘常例，委有奉到上司許准明文，開寫始末、備細料例〈10〉，體覆〈11〉相應。先儘官有見在，然後（圍）〔圓〕押〈12〉勘合，行下合屬，擬定於是何錢内責領給付，無致互相動支別項錢物。如無許准文字，毋得擅自放支分文錢物。

一，仰各處置立文簿，編寫收支體例，常加檢舉。另置收辦鄉貢〈13〉出産、官房、田土、牛馬、租課等係官之物文簿，仍呈行省照驗。

一，各設倉庫，照勘舊管、新收、已支、見在〈14〉名項數目，每旬一次申覆本管上司，每月一次備申宣慰司，每上下半年開呈省府。仍仰各倉庫每季依上結附赤曆，申解上司印押。

一，收支官錢，各處專委首領官〈15〉一員，并選通書算廉潔人吏，掌管置定簿籍，以備年終照用。委定首領官、人吏，毋得擅自差故。

一，申除懸在〈16〉錢物，仰依已行，照勘元奉許支各項料例，體覆相應，依例除破〈17〉。若有不應支，或有侵欺〈18〉、移易〈19〉、借貸，立限追徵還官，合得罪犯〈20〉，量情究治。

一，另項寄收〈21〉錢物，每季開寫舊管、收、支、見在各項，開呈省府。

一，今後應起運錢糧諸物，合用打角〈22〉木櫃、繩索，須要牢壯，一就開申，另項收貯就用，無致重冒支破。

【校注】

〈1〉至元二十二年　《元典章》全書卷首目錄作"至元二十一年"。

〈2〉契勘　本義爲查問、查核。此處用爲公文中發端之語，意爲推究、參詳。

〈3〉催（辨）〔辦〕　據文義改。

〈4〉本省　此處指湖廣行省。

〈5〉攢造　匯總造册。攢，意爲積聚。《吏文輯覽》卷二"攢造"條："攢，聚也。謂類聚而造册也。"

〈6〉坐去　列出。參見前文户七·5"倉糧對色准算"條注〈8〉"開坐"。

〈7〉茶鹽引價　出售茶引、鹽引所得款項。參見前文户七·14"官錢不收軟鈔"條注〈5〉"鹽場"、注〈6〉"茶局"。

〈8〉端疋　布帛數量。古代以"端"指布帛長度，有六丈爲一端、兩丈爲一端等不同説法。後以一端代指一匹。洪邁《容齋隨筆·五筆》卷一〇"謂端爲匹"條："今人謂縑帛一匹爲壹端，或總言端匹。""疋"通"匹"。

〈9〉托數　布帛長度。古以成人兩臂平伸之長度爲一托。

〈10〉料例　一組（一批）物品的度量衡等單位。"料"指成批物品。

〈11〉體覆　覆核。《吏學指南》"體量"門"體覆"條："謂究覆虛實也。"

〈12〉（圍）〔圓〕押　據文義改。元朝各級官府發佈文件，主要官員皆須押字簽署，稱爲"圓押"，以示共同負責。《元典章》卷一三《吏部七·公規一·署押·凡行文書圓押》："今後應有大小公事，官員別無差故，自下至上，須要圓書圓押。"

〈13〉鄉貢　即土貢，地方向朝廷進貢的當地特産。

〈14〉舊管、新收、已支、見在　即下文所謂"舊管、收、支、見在"，相當於財務核算的四項基本指標——上期結存、本期收入、本期支出、本期結存，在古代有"四柱式"之稱。其用法始於唐代後期，宋元逐漸通行，其中"已支"一項後多稱爲"開除"。孔齊《至正直記》卷三

"出納財貨"條:"人家出納財貨者謂之掌事……計算私籍,其式有四:一曰舊管,二曰新收,三曰開除,四曰見在。蓋每歲、每月、每日各有具報事目,必依此式然後分曉,然後可校有無多寡之數。"《明史》卷七七《食貨志一》:"詔天下編黃册,以户爲主,詳具舊管、新收、開除、實在之數,爲四柱式。"

〈15〉首領官　元朝行政機構中位居正官以下、級别較低、統屬吏員辦理具體事務的幕職官。有經歷、知事、提控案牘、都目、吏目、典史等不同名目,因機構而異。參閱前文户七·1"至元新格"條注〈13〉"正官"。

〈16〉懸在　空懸而非見在。此處指已使用、已花費。

〈17〉除破　報銷支出。

〈18〉侵欺　侵佔,挪佔。《吏學指南》"錢糧造作"門"侵欺"條:"謂辦多納少,益己虧官也。"

〈19〉移易　倒换。《吏學指南》"錢糧造作"門"移易"條:"運動官物曰移,更改原數曰易。"

〈20〉罪犯　罪過,引申爲懲罰。

〈21〉寄收　寄放,委託代管。《吏學指南》"體量"門"寄收"條:"謂附留之物也。"

〈22〉打角　打捆包裝。

【解題】

本條是湖廣行省發給所轄路、府、州等機構的文書,要求按照中書省的指示,加强對基層財務工作的統一管理、監督。凡係官錢物的收入和支出,都要從首領官和吏員中指定專人負責,置立文簿隨時登記,以備檢查。收入文簿要寫明徵收時間、錢物名稱等細節。支出時,必須奉有上級機構的批文,從相應的錢物類别中撥付。倉庫儲存的錢物,要按照"舊管、新收、已支、見在"四項標準統計數目,定期分别上報當地官府、所在宣慰司和行省。財務報銷也要嚴格按照規定辦理。上述内容雖出自湖廣行省文件,但其制度應當是全國統一的。

户七·18A　至元新格 (21/8b, 21/14b)

諸應支錢糧,腹裹路分皆憑省部〈1〉勘合理算〈2〉,其有申准諸支明文〈3〉、例應倒除〈4〉者,每季照勘所支數目,抄連合用文憑,檢校一切完備,須要不過次季仲月中旬,開申合干部分照勘相應,隨即除破。各處行省所轄路分應申倒除者准此。

【校注】
〈1〉省部　中書省（或尚書省）屬下的六部。此處當指户部。
〈2〉理算　審計，查賬。
〈3〉諸支明文　疑爲"許支明文"之誤。參見後文户七·24B、24C"擬支年銷錢數"第二、三條。
〈4〉倒除　報銷。倒，意爲調換。

户七·18B　又 (21/9a，21/14b)

諸錢糧等物，户部立式，其使諸處每季一報到部，委官檢較〈1〉，但有不應，隨即追理。年終通行照算。務要實行，毋爲文具。行省准上咨省。

【校注】
〈1〉檢較　即檢校。"較"通"校"。參見前文户七·1"至元新格"條注21。

【解題】
以上兩條是《至元新格》中有關財務審計的規定。要求地方按季度上報財政收支情況和報銷賬目，腹裏地區上報户部，外地上報行省，接受審查，發現問題隨時追究相關責任。到年底，再就全年財務情況進行總體審核。

户七·19　歲終季報錢糧 (21/9a，21/14b)

至元三十年，行臺准御史臺咨：
〔江北淮東道肅政廉訪司申：〕〈1〉"〔准〕淮安廉訪〔分〕司〔牒〕〈2〉：'檢會到《至元新格》内一款：（請）〔諸〕照算〈3〉須勾人吏者，皆當官置局。自入局爲始，各以文字大小，斟酌立限。每五日考其次第，了則隨即發還。其攢報〈4〉有常，收支有例，可以立式取勘者，不須勾攝〈5〉人吏赴都。諸司於所屬亦准此〈6〉。近准淮安路〈7〉行卷〈8〉内：照得每季蒙宣慰司〈9〉勾攝本路司吏〈10〉送報錢糧文字，宣慰司令史〈11〉乘坐站船〈12〉，支取飲食分例〈13〉，就將〈14〉本路司吏赴省。比及〈15〉回還，次季文字須要差人依限供報，并年終通行考較，計往復四次。則是上下應管錢糧令史，一歲之間，殆無寧日，所掌事務何由辦集？況府吏〈16〉赴司，槃管州縣當該〈17〉司吏必須津貼〈18〉盤費，未免椿配里正、主首〈19〉，科斂及民。又往來勾追之人，需索搔擾，爲害非一〈20〉。當司參詳，錢糧文字既有定式，若令各路每季入遞申報，

— 369 —

宣慰司類呈省府，年終各道〈21〉首領官將引令史赴省通行考較，庶幾公事各不相妨，吏民稍得安帖。'准此。看詳，若准分司所言便益。"呈奉中書省，准擬施行。

【校注】

〈1〉〔江北淮東道肅政廉訪司申：〕 據文義補。下文云"若准分司所言便益"，可知爲廉訪司總司呈文。又提到"淮安廉訪司"，"司"前顯脫"分"字，可知係淮安所之廉訪司，則必爲江北淮東道肅政廉訪司無疑。江北淮東道肅政廉訪司，初隸屬於江南行臺，後改隸中央御史臺，設治於揚州路（治今江蘇揚州）。

〈2〉〔准〕淮安廉訪〔分〕司〔牒〕 據文義補。元無"淮安廉訪司"，據下文，係指設於淮安路的廉訪分司。參上注。

〈3〉（請）〔諸〕照算 據《至元新格》文書體例改。照算，意爲核算，審計。

〈4〉攢報 匯總稟報。

〈5〉勾攝 徵召。

〈6〉諸司於所屬亦准此 自"（請）〔諸〕照算"至此，係《至元新格》中的一款。

〈7〉淮安路 元路名，治今江蘇淮安。隸屬於河南行省，爲上路。下轄錄事司及三州、四縣。

〈8〉行卷 公文案卷。

〈9〉宣慰司 此處當指淮東宣慰司。屬河南行省，置司於揚州路，分管揚州、淮安二路和高郵府事務，轄境包括今江蘇江北地區大部和安徽江北地區一部。

〈10〉司吏 元吏員名，掌案牘文書，主要置於路、府、州、縣、錄事司等地方行政機構。

〈11〉令史 元吏員名，掌文書案牘，置於中書省、樞密院、御史臺、行省、行臺、六部、宣慰司等高級官署。

〈12〉站船 驛站的船隻。元朝驛站有馬站、水站兩個主要類別，水站提供的交通工具即爲站船。

〈13〉飲食分例 指驛站供應的飲食。分例，本義爲定例、常規，引申爲按定例發放的錢物。

〈14〉將 持、拿。引申爲帶領。

〈15〉比及 等到，待到。

〈16〉府吏　此處指路司吏。"府"即路總管府。

〈17〉當該　相關，有關。

〈18〉津貼　貼補，資助。

〈19〉里正、主首　元朝農村基層職役。農村一般分鄉、都二級，鄉設里正，都設主首，負責催辦差税，維護地方治安，均從應當差役的人户中輪流差充。

〈20〉爲害非一　自"照得每季蒙宣慰司勾攝本路司吏"至此，係淮安路行卷中的内容。

〈21〉各道　指宣慰司。

【解題】

《至元新格》中規定，户部（或行省）對管内路級機構財務進行審計時，如有必要，可以徵召路級機構主管吏員前去，當面瞭解情況，進行盤查。但地方上有時對這一原則執行過度，就會影響路級機構的日常工作。在本條文書中，淮安路就受到了這種困擾，其主管錢糧吏員每季度都被淮東宣慰司召去，偕同宣慰司吏員赴河南行省接受審計。一年往返四次，耗費大量時間，本職工作無法正常進行，而且還對地方百姓造成騷擾。因此淮安廉訪分司向淮東道廉訪司提議，一般情況下，路級機構每季度只將財務資料報送到宣慰司，宣慰司歸併後呈報行省，年底再由宣慰司首領官和吏員赴行省，就全年的財務情況統一接受審計。淮東道廉訪司同意這一意見，上呈御史臺，經中書省批准後下發執行。

户七·20　買物先支七分（21/9b，21/15b）

大德元年六月，江西行省：

爲修葺官舍、和買〈1〉諸物放支錢糧等事，省府議擬，自今後本路但有造作合用物料〈2〉、并和買諸物，本路估體〈3〉價錢相應，先支價錢七分，申省照會。餘上價錢，造作、和買完備，令不干礙〈4〉官司覆實，别無虧官損民，抄録勘准文憑，保結申省貼支〈5〉，同先支價錢通行申除。據此〈6〉。

【校注】

〈1〉和買　官府向百姓購買貨物。實際執行中往往强行攤派，少付錢、拖延付錢甚至不付錢，成爲變相的賦税。

〈2〉物料　材料，原料。

〈3〉估體　估算，估計。

〈4〉不干礙　無牽連，無關涉。

〈5〉貼支　補貼支出。此處指補足差價。

〈6〉據此　以下似有脫文。或係"承此"或"奉此"之誤。

【解題】

本條是江西行省給下屬某路（路名失載）的批復。凡有營建工程需要採購原材料，或是要向百姓"和買"貨物，在確定價格合理後，可以先支付物價的十分之七，報行省備案。剩餘的十分之三，事後經其他官府覆核無誤，申報行省補足，並將先付的十分之七一併報銷。根據魏初記載：元初大都地區的和買，"凡所給價，以十分爲率，必揹留一二分，俟估計體度定，然後破除放支"。與此制度小異。但實際上，官府付款總是"行移遷調，有數年不得足其價者"（《青崖集》卷四《奏議·至元十年六月二十一日》），甚至可能完全不付款。參閱陳高華《論元代的和雇和買》，載氏著《元史研究論稿》（中華書局1991年版）。

户七·21　准除錢糧事理〈1〉（21/9b，21/15b）

大德元年七月，湖廣行省：

照得近准中書省咨："户部呈：'考較課程〈2〉，照算收支錢帛，定奪科差〈3〉户額，行下各處，摘委提調正官、首領官，照勘一切文憑，撺照〈4〉完備。比及年終，須要倒除了畢。若違限，或限内到來但有文憑不完，將差來人吏痛行斷罪，局散別議〈5〉，及將元委首領官擬決二十七下，任滿降等任用，正官取招議決〈6〉，標注過名，解由内開寫。'剳付本部，依上施行。咨請照依年例〈7〉，摘委正官、首領官各一員，監督當該令史置局照算，撺憑查勘一切完備，依式攢造備細文册，令知首尾令史管限〈8〉次年八月終赴都。"准此。續准中書省咨："御史臺呈'行省年例照勘錢糧'。送户部照擬得：'合與腹裏一體。'將本省所轄去處，但奉上司文字及各路關文，應副軍人行糧、工匠口糧及造作、遞運、和雇〈9〉和買錢帛等名項，年終差撥人吏，齎所支數，抄連許支〈10〉，并下倉庫勘合關錢糧人收管一切文憑，於上使訖關防條印〈11〉，令照算人吏齎回，就分付各倉庫收貯照勘相應。"剳付各處，依上施行。

【校注】

〈1〉准除錢糧事理　《元典章》全書卷首目録作"關防錢糧事理"。

〈2〉課程　賦税，特指工商、專賣税收。參見前文户七·14"官錢不收軟鈔"條注〈9〉"諸色課程"。

〈3〉科差　元朝北方民户繳納的户税。參見前文户七·1"至元新格"條注〈12〉"差發"。

〈4〉撜照　即牽照。參見前文户七·2"關防錢糧事理"條注〈15〉。
〈5〉局散別議　局，指財務審計時臨時設立的機構。前文户七·19"歲終季報錢糧"引《至元新格》："（請）〔諸〕照算須勾人吏者，皆當官置局。"
〈6〉議決　擬議決罰。決，指笞、杖之刑。
〈7〉年例　每年的慣例。
〈8〉管限　保證期限。
〈9〉和雇　官府雇傭百姓從事某項工作。實際執行中往往強行攤派，少付錢、拖延付錢甚至不付錢，成爲變相的徭役。
〈10〉抄連許支　本句與下句不相銜接，當有脱文，以下至少脱漏"明文"二字。參見後文户七·24B、24C"擬支年銷錢數"第二、三條。
〈11〉條印　長條形的印章。

【解題】

本條所述，當即前文户七·18B引《至元新格》所謂"諸錢糧等物……年終通行照算"，户七·19"歲終季報錢糧"條所謂"年終通行考較"。按規定，腹裏各路每年均需從正官、首領官中委派專人整理財務資料，及時上報户部，保證在年底之前審計完畢。如果上報過期或是資料不全，就要追究有關官吏的責任，予以刑事或行政處分。外地各路則上報行省，行省審計後匯總造册，再於第二年八月底之前派遣主管吏員送往中書省。根據文書中所引中書省的第二段咨文（這段文字中有脱漏，不很連貫），似乎經行省（或户部）審計後的各地賬目，仍需發還各路倉庫保管備案。

户七·22　錢糧數目以零就整 （21/10a，21/16a）

大德十一年正月，江浙行省：

據本省檢校官〈1〉呈："會驗近奉省府劄付，准中書省咨：'户部呈：中統寶鈔〈2〉以貫爲兩〈3〉，以十文爲分，已下別無釐鈔〈4〉。至元寶鈔貫至（五）〔二〕貫爲止〈5〉。子母相權，通行流轉。今照得各道宣慰司、隨路官府各衙門申關，遇有收支，多係中統寶鈔，往往照依物價分例扣算，至有分以下釐、（毛）〔毫〕〈6〉、（系）〔絲〕〈7〉、忽、微、塵，不惟紊繁，實是虛文而已。擬自今後，凡有收支物折中統寶鈔，積算到總數。若至五釐，收作一分，五釐以下削去。如至元寶鈔，若至五（毛）〔毫〕，收作一釐，五（毛）〔毫〕以下亦以去除〈8〉。都省准呈，請依上施行。'除外，今檢校各處申呈一應收除錢糧卷宗内，往往紐折物價，於釐、毫之下，復有絲、忽、微、塵、抄、撮、圭、粒等數，不惟虛繁數目，抑且文繁。宜從省府再行合屬，照依元行事理，去零就整，庶望事體歸一，不致虛繁。"今據見呈，仰照驗施行。

【校注】

〈1〉檢校官　元官名，設於中書省和行省，秩正七品。負責審核行政案卷，檢查有無拖延及失誤。

〈2〉中統寶鈔　元朝在全國範圍內統一發行的第一種紙鈔，全稱"中統元寶交鈔"。因首度發行於元世祖中統元年（1260 年），故名。

〈3〉以貫爲兩　中統鈔以銀爲本，但面值仍以銅錢單位貫、文表示。與白銀"兩"相對應的中統鈔單位爲貫，鈔二貫同白銀一兩，故云"以貫爲兩"。

〈4〉釐鈔　與白銀"釐"單位相對應的小面額紙鈔。中統鈔單位貫與白銀"兩"相對應，百文與"錢"相對應，十文與"分"相對應。十文已是最小面額的中統鈔，沒有與白銀"釐"相對應的更小面額，故云"別無釐鈔"。實際上元廷在至元十二年（1275 年）曾印行"釐鈔"，面值有五文、三文、二文三種，但三年後即停印。

〈5〉至元寶鈔貫至（五）〔二〕貫爲止　據《元史》卷九三《食貨志一·鈔法》及其他資料改。至元寶鈔，見前文戶七·15"科徵包銀"條注〈19〉。至元鈔一貫准中統鈔五貫，其最大面值二貫，相當於中統鈔十貫。

〈6〉（毛）〔毫〕　據本條下文改。"毛"是《元典章》抄刻者使用的簡體字。下條同。

〈7〉（系）〔絲〕　據本條下文改。"系"是《元典章》抄刻者使用的簡體字。下條同。

〈8〉五（毛）〔毫〕以下亦以去除　自"中統寶鈔以貫爲兩"至此，是戶部向中書省所上呈文的內容。此段呈文亦可參見《通制條格》卷一四《倉庫》"錢糧去零"至元二十五年九月條（《校注》306 條），內容大旨相同。

【解題】

元朝行用鈔法，財務上有時要將實物折算爲鈔收取或支付。折算出的鈔數爲保證精確，通常就會出現十分細微的零頭，沒有什麽實際意義，徒然增加了記賬、核算的工作量。因此戶部提議，收支時凡遇以物折鈔，中統鈔只折算到分，至元鈔折算到釐（至元鈔一貫相當於中統鈔五貫，面值較大，故折算單位更小一級），以下的單位按照四捨五入的原則"去零就整"。中書省批准了這一方案，予以下發。在本條文書中，江浙行省檢校官在檢查地方呈報的財務卷宗時，發現許多卷宗並未照此執行，仍然折算並開寫出細微零頭，因而報告行省，予以禁止。

戶七·23　數目去零（21/10a，21/16b）

至大三年三月，江西行省准尚書省〈1〉咨：

照得數目去零，前省〈2〉累嘗遍行照會。今次報到錢糧文字，往往不行去其零數，致使文繁，妨礙類總，又且虛懸簿書，不得實用爲失。議得，今後至元鈔並以釐爲止，五毫以上收作一釐，五（毛）〔毫〕以下削而不用。至大銀鈔〈3〉並以毫爲止，五（系）〔絲〕以上收作一（毛）〔毫〕，五（系）〔絲〕以下削去。糧斛並以合爲（正）〔止〕〈4〉，五勺以上收作一合，五勺以下削而不用。斤兩並以分爲止，五釐以上收作一分，五釐以下亦行削去。丈尺並以寸爲止，五分以上收作一寸，五分以下削而不用。但凡收支數目文字，當該首領官並要依上照勘無差應報，如是似前不行去零，妨礙類總，定是取招究治。都省咨請依上施行。

【校注】

〈1〉尚書省　元以中書省爲宰相機構，但又曾三次短期設立尚書省，取代或架空中書省的宰相機構地位。此處爲第三次設立的尚書省，武宗至大二年（1309年）八月設，至大四年正月武宗崩，仁宗即位，罷之。

〈2〉前省　指以前的中書省。

〈3〉至大銀鈔　元武宗時短暫發行的紙鈔。至大二年九月開始發行，鈔面不用貫、文等銅錢單位，改以銀計值，自二兩至二釐共分十三等，故稱銀鈔。一兩准至元鈔五貫，相當於中統鈔二十五貫。至大四年四月被仁宗廢罷。

〈4〉糧斛並以合爲（正）〔止〕　據沈刻本改。

【解題】

本條文書與上條內容相近，仍然是重申財務收支"去零就整"的處理辦法。文書發佈於元武宗朝，當時發行了面值相當於至元鈔五倍的至大銀鈔，其最小折算單位被規定爲比釐更低一級的毫。中統鈔其時被廢罷，所以文書中沒有提到。除紙鈔外，還規定財務收支如涉及容量、重量、長度單位，也都按照四捨五入原則進行"去零就整"處理。

戶七·24A　擬支年銷錢〈1〉數（21/10b，21/17a）

至元五年四月二十三日，中書省左三部〈2〉：

— 375 —

據隨路〔申〕〈3〉中統四年八月〔至〕至元二年七月〈4〉終二周歲年銷祇應〈5〉，除將勘當定奪錢物行下各路勘當（圍）〔圓〕備〈6〉，別行呈覆外，擬到定例名項并應支、不應支錢物，若便行下各路追徵，誠恐未應。爲此，呈奉到中書省劄付，坐到本路年銷定例，擬到每年實合銷用數目該，除自中統四年八月爲頭至至元二年七月終本路已支過數目准算外，截自至元五年爲頭已後，依准所擬見定數目，行下本路照勘驗數支用，却不得因而多破官錢違錯。

聖節〈7〉：擬支不過貳定。

乙亥日〈8〉：支破香錢等鈔六兩。

祭丁〈9〉：每歲祭擬支不過破鈔二十兩。

祭社稷神〈10〉：擬支一周歲内不過破鈔二十兩。

立春〈11〉：擬支不過破鈔二十五兩。

祀風雨雷神〈12〉：一年内不過破鈔一十兩。

重午〈13〉、重九〈14〉拜天節〈15〉：擬支不過破鈔一十兩。

其餘定不盡名項，有須合致祭者，令本路預爲申覆，即聽明降。

【校注】

〈1〉年銷錢　亦即下文所謂"年銷祇應"，當指朝廷撥付地方的固定行政經費。

〈2〉左三部　元世祖即位之初，官制草創，六部並未完全分立，僅設左三部（含吏、户、禮）和右三部（含兵、刑、工）。至元元年（1264年），分爲吏禮、户、兵刑、工四部。三年，又合爲左三部、右三部。五年，又分爲吏禮、户、兵刑、工四部。七年，始分立六部。事見《元史》卷八五《百官志一》。

〈3〉據隨路〔申〕　據後文户七·24B條補。

〈4〉中統四年八月〔至〕至元二年七月　據本條下文及後文户七·24B條補。

〈5〉祇應　供應，支出。

〈6〉（圍）〔圓〕備　據文義改。圓備，即完備。

〈7〉聖節　皇帝的生日，元朝亦稱天壽節。此處指元世祖忽必烈的生日陰曆八月二十八日。

〈8〉乙亥日　元世祖忽必烈的"本命日"。古代稱與某人出生年干支相同的日期爲此人的"本命日"，忽必烈生於乙亥年（1215年），故以乙亥日爲本命日。

〈9〉祭丁　對孔子的祭祀。元朝沿襲前代之制，定於每年春、秋二仲月（即陰曆二月、八月）的上丁日（第一個丁日）祭祀孔子，稱祭丁或丁祭。

〈10〉社稷神　亦稱太社、太稷，是古代的土神和穀神。元朝定於每年春、秋二仲月（陰曆二月、八月）的上戊日（第一個戊日，仁宗時改爲中戊日即第二個戊日）祭祀社稷神。

〈11〉立春　二十四節氣之首。元承宋制，人們在每年立春日用泥土、紙、草等紮制"春牛"模型，地方官員用鞭敲擊春牛，象徵春耕開始。參見《元典章》卷三二《禮部五·學校二·陰陽學·春牛經式》。

〈12〉風雨雷神　亦稱風、雨、雷師，傳說中主掌風、雨、雷的神祇。元世祖至元七年（1270年）定制，每年立春後的丑日，祭風師於東北郊；立夏後的申日，祭雨師、雷師於西南郊。參見《元典章》卷三〇《禮部三·禮制三·祭祀·祭社稷風雨例》。

〈13〉重午　即端午節，每年陰曆五月初五日。

〈14〉重九　即重陽節，每年陰曆九月初九日。

〈15〉拜天節　金朝每年端午、中元（陰曆七月十五日）、重陽節，皇帝率百官行拜天之禮，並舉行射柳、擊毬等活動，稱拜天節。元初沿襲其制，至元九年（1272年）廢止。參見《元典章》卷三〇《禮部三·禮制三·祭祀·革去拜天》。

【解題】

本條是至元五年左三部下發的文件。因審查地方各路所報中統四年八月到至元二年七月兩年間的財務支出項目，擬定了各路每年在節日、祭祀活動方面的支出標準，經中書省批准，發佈執行。

户七·24B　又（21/11a, 21/18a）

至元五年八月，中書省左三部：

據隨路申中統四年八月至至元二年七月終年銷祇應錢物，省部委官分揀到所支名項，類攢〈1〉總計數目，呈奉到中書省剳付該，逐一區處前去，仰依上施行。

一項，成造信牌〈2〉、彩畫圖本〈3〉、淹藏菜蔬、印色心紅〈4〉幷諸名項雜支，今後年銷錢內遇有似此名項，少者就支，隨即申覆，多者預爲申禀明文動支，亦不得冒濫支用違錯。

一項，各路當館〈5〉鋪陳什物、修補館房廨宇酒庫〈6〉敖房〈7〉、成造儀從〈8〉置買諸物用訖錢物，擬將成造到諸物，本路點覷見數，明附文曆，責領當該人員相沿交割，無令損壞散失。今後遇有成造修補，須合動支錢物，少者就便支遣，多者申覆上司點覷，預爲申覆許支明文，方令支遣，無得冒濫支破違錯。

一項，囚糧〈9〉，今後年銷錢內無得支破。仰行下合屬，申覆制國用使司〈10〉，於鼠耗內關支。

一項，撥還上年祗應不敷借過錢物，今後非奉省部照算准除文面〈11〉，無得擅自撥還。

【校注】

〈1〉類攢　分類合併歸納。

〈2〉信牌　元朝官府差遣人員傳令、辦事時所持憑證。由官府統一製造，定立編號，發放時由長、次官員簽押，事畢繳回。參見《元典章》卷一三《吏部七・公規一・公事・公事置立信牌》。

〈3〉彩畫圖本　彩色的圖畫或圖表。此處似主要指畫圖顏料。官府書寫案卷、公文有時需要用彩圖表示某些內容。

〈4〉印色心紅　紅色的印泥。

〈5〉當館　指驛館、驛站。

〈6〉酒庫　元朝初年在地方上設置的酒類專賣管理機構，後撤銷。《元典章》卷二二《户部八・課程・酒課・私造酒麴依匿稅例科斷》："始立榷沽之時，官設酒庫，出備米麵工本造酒發賣，諸人皆不得私自醞造……已後廢榷沽之法，酒醋課程散入民間恢辦，諸人皆得造酒。"

〈7〉廒房　糧倉的倉房。參見前文户七・5"倉糧對色准算"條注〈11〉"廒"。

〈8〉儀從　禮儀活動的用具。

〈9〉囚糧　囚犯的口糧。元朝制度，凡囚犯無親屬或親屬貧窮不能供給者，由官府供應口糧，每日支米一升。參見《元典章》卷四〇《刑部二・刑獄・繫獄・罪囚無親給糧》。

〈10〉制國用使司　元初官署名。掌財政。世祖至元三年（1266年）置，以中書平章政事阿合馬兼領制國用使，下設同知、副使、僉事等官。至元七年罷，改立尚書省負責理財。參閱張國旺《元代制國用使司述論》，《史學集刊》2006年第6期。

〈11〉文面　文件。

【解題】

本條文書與上條內容相關，也是在審查各路中統四年八月到至元二年七月的財務支出項目之後發佈的。其中規定，各路必要的辦公開支，以及營建修葺係官房舍、置辦或修補相關物品等費用，少者可以自行支付，多者必須上報預算，經户部批准後方可支出（但並没有説明少和多的具體數量標準）。還規定支出經費不足時借用的錢物（應當是指向民間借用），未經户部批准不得自行償還。囚犯口糧須經制國用使司批准，從鼠耗内支付。

户七·24C 又 (21/11b，21/18b)

中書省户部：

近爲隨路年銷錢物内擅支破官錢，公議到下項事理。呈奉中書省劄付，逐一區處如後，就便行移右三部〈1〉照驗施行。

一，修造館驛廨宇。本部參詳，行下各路，若須修補添造，計料備細合該相應實直價鈔，保結申奉合干上司許支明文，然後支遣。若有緊急須合動支，不過五兩，就便支遣，隨即申覆等事。——前件，仰備坐，行移右三部，行下各路，照會依上施行。

一，各路總管府并所轄州縣當館鋪陳什物。今來參詳，合令總管府并經歷司〈2〉官、州縣官吏典史〈3〉人等常切鈐束，無得去失損壞。如委年深，不堪用度，申覆上司聽候明降修造等事。——前件，仰備坐，行下各路，照會施行。

一，起蓋橋樑、造船，於内有祇應，支訖錢物，本部別無奉到省府〈4〉許令修造明文，合令左三部預爲定奪施行。

一，制國用使司行下各路，起運絲料〈5〉、包銀等并成造軍器等打夾〈6〉，及熟皮柴草價直、人匠工糧，欽奉聖旨宣唤法師〈7〉人等起發衣裝，并諸王位下〈8〉年例取要皮囊，漢軍〈9〉鷹帽〈10〉、伍指〈11〉等物，合該錢數，亦應支錢糧内應副。本部參詳，於差發錢糧内支破，似爲不致重冒等事。——前件，除已劄付制國用使司，依准本部所呈，今後並於差發、官倉糧内放支外，仰照會施行。

一，制國用使司、右三部勾唤隨路司吏，并差人監押罪囚人等，及押運係官諸物赴都人，俱於年銷錢内支破盤纏。本部參詳，行下各管官司，遇有須合勾唤，定立人數，斟酌實住月日，擬定合支鈔數呈省。許令於是何錢内放支，似爲相應。——前件，據押囚人盤纏，於（差）〔年〕銷錢〈12〉内支破。其勾隨路司吏并押運諸物人員盤纏，合於差發錢内應副。除劄付制國用使司照勘體例，就便施行，仰行移右三部，如遇勾唤，擬定呈省定奪施行。

【校注】

〈1〉右三部　參見前文户七·24A條注〈1〉"左三部"。本條文書中户部與"右三部""左三部"同時出現，殊難解釋。或許表明設立左、右三部的某些時期，三部以下仍有更具體的部門劃分（如户部）；抑或本條文字有誤。

〈2〉 經歷司　指路總管府的僚屬機構，或稱首領官辦事機構。元制，路總管府僚屬（首領官）有經歷一員，知事一或二員，照磨兼承發架閣一員。

〈3〉 典史　元首領官名，設於縣及錄事司，爲流外職。參見前文户七·17"考計收支錢物"條注〈14〉"首領官"。

〈4〉 省府　此處指中書省。

〈5〉 絲料　見前文户七·15"科徵包銀"條注〈6〉。

〈6〉 打夾　當指包裝，包裹。

〈7〉 法師　僧侶。或術士。

〈8〉 位下　即投下。元朝諸王的投下，有時亦稱位下。參見前文户七·15"科徵包銀"條注〈7〉"投下"。

〈9〉 漢軍　元朝由北方漢人（包括契丹、女真）組成的軍隊。其徵發採用軍户制，即指定某些人户爲軍户，世代出人承擔軍役。

〈10〉 鷹帽　一種帽子，可能用皮製成。《元史》卷九〇《百官志六》載有雜造雙綫局，秩從八品，"造内府皮貨鷹帽等物"。

〈11〉 伍指　疑指手套。

〈12〉（差）〔年〕銷錢　據上文改。

【解題】

本條文書就内容來看，相當於上條户七·24B 的補充規定。要求各路在營建修葺係官房舍時，只有經費在中統鈔五兩以下，方可自行支出，五兩以上必須上報。置辦或修補相關物品，架橋或造船，都必須上報。文書中還反映出，作爲中央撥付行政經費的"年銷錢"，與地方徵收預備上繳中央的"差發錢（廣義上也包括稅糧）"，是各自單獨管理的。地方開支除"年銷錢"外，也可以從"差發錢"中支付一部分，但支出項目彼此劃分很嚴格，不容混淆。上條户七·24B 中關於囚糧的規定，也説明這一問題。

户七·25　添支各項祭錢 (21/12a)

[見禮部禮制門祭祀類〈1〉。]

【校注】

〈1〉 見禮部禮制門祭祀類　當即《元典章》卷三〇《禮部三·禮制三·祭禮·添祭祀錢》一條。

户七·26　各路週歲紙劄（21/12a，21/19b）

大德六年十一月，福建宣慰司〈1〉：

近爲福州〈2〉、汀州路〈3〉申，乞放支週歲合用紙劄價錢公事，呈奉到江浙行省劄付："近據本道呈各路公用紙劄，移准中書省咨：'〔來咨:〕〈4〉福建道宣慰司呈：汀州路申：江浙路分每年俱各放支公用紙劄價錢，福建各路自來不曾放支，止是各該人吏自備〈5〉。今本道併入江浙行省管領〈6〉，理合與浙東道宣慰司〈7〉并各路一體放支〈8〉。請希咨回示。送户部照擬得：江浙省大德三年錢帛册内已支項下，照到池州路〈9〉公用紙（到）〔劄〕〈10〉價錢，於本路課程錢内放支中統鈔一十定，即與汀州路所擬相同。本部參詳，隨路年銷公用紙劄，即係通例，合咨本省，就便照勘定擬相應〈11〉。都省咨請依上施行。'"使司帥府〈12〉相度，上項紙價即係通例，合下，仰照驗，更爲照勘本路合得紙劄價錢，比照汀州路，別無爭懸，從大德七年爲始，於年銷錢内依數放支施行。

【校注】

〈1〉福建宣慰司　元宣慰司名，屬江浙行省，全稱福建道宣慰使司都元帥府。置司於福州路，分管福州、建寧、泉州、興化、邵武、延平、汀州、漳州八路事務，轄境基本上包括今福建全省。

〈2〉福州　即福州路，元路名，治今福建福州。初隸屬於福建行省，後隸江浙行省。爲上路，下轄錄事司及二州、九縣。

〈3〉汀州路　元路名，治今福建長汀。初隸屬於福建行省，後隸江浙行省。爲下路，下轄錄事司及六縣。

〈4〉〔來咨:〕　據文義補。以下至"請希咨回示"，是江浙行省給中書省的咨文。

〈5〉止是各該人吏自備　自"江浙路分每年"至此，是汀州路給福建宣慰司的申文。

〈6〉本道併入江浙行省管領　元世祖至元十四年（1277年）於福建置行省，中間幾度置廢，至成宗大德三年（1299年）正式廢罷，改置福建宣慰司，歸江浙行省管轄。此處即言其事。

〈7〉浙東道宣慰司　元宣慰司名，屬江浙行省，全稱浙東道宣慰司都元帥府。置司於慶元路（治今浙江寧波），分管慶元、紹興、衢州、婺州、溫州、台州、處州七路事務，轄境包括今浙江省大部。

— 381 —

〈8〉各路一體放支　自"汀州路申"至此，是福建宣慰司給江浙行省的呈文。

〈9〉池州路　元路名，治今安徽貴池。隸屬於江浙行省，爲下路，下轄錄事司及六縣。

〈10〉紙（到）〔劄〕　據上下文及沈刻本改。

〈11〉就便照勘定擬相應　自"江浙省大德三年"至此，是戶部給中書省的呈文。

〈12〉使司帥府　福建宣慰司自稱。

【解題】

本條所述爲路級官府的辦公紙張經費問題。元朝前期各地制度不一，江浙行省各路均有專撥紙張經費，福建行省各路的辦公紙張則都是吏員自行解決。後來福建行省撤銷，改設宣慰司，劃歸江浙行省管轄，福建各路因而提出仿照江浙地區發放紙張經費。經宣慰司上呈江浙行省，轉送中書省，發戶部討論，同意比照江浙行省的標準發放。

戶七·27　軍人鹽錢〈1〉（21/12b，21/20b）

延祐四年正月，行省准中書省咨：

戶部呈："禮部關，奉省判，奉使宣撫呈：'會集省官、廉訪司官，講議軍人鹽錢事。廣東宣慰司〈2〉申：照得元貞三年，奉江西行省劄付：爲軍人鹽食，都省與各處行省官議得：鎮守去處離鹽場三百里之內，令軍人自行關取。三百里之外，依官定價鈔支付，願關鹽者聽〈3〉。比照得元貞二年議支軍人食鹽時分，每鹽一引〈4〉官價中統鈔一定二十五兩〈5〉，叩算〈6〉每鹽一斤該價鈔一錢六分二釐五毫，以此各處依例支給。在後至大三年，每鹽一引添作中統鈔二定〈7〉。延祐元年，每鹽一引又添作中統鈔三定〈8〉。其合支軍鹽，除近場三百里之內關取食鹽外，三百里之外軍人只依引定價鈔，每月支給中統鈔一錢六分二釐五（毛）〔毫〕〈9〉。參詳，鹽價累次增添，合支軍人食鹽價鈔止依舊價支給。今叩算即目官定鹽價，每一引四百斤，價鈔三定，每鹽一斤該中統鈔三錢六分九釐二毫〈10〉。如蒙照依即今官價支給，如或不避路途，願關鹽者，聽從軍便相應〈11〉。議得：軍人月支鹽一斤，元貞二年照依時價支中統鈔一錢六分二釐五（毛）〔毫〕。今一引增價三定，每斤已該三錢六分九釐二毫。若依舊例支鈔一錢六分二釐五毫，實爲不敷。況兼都省元議該，願關鹽者聽。擬合照依即今官價支給價錢，唯復〈12〉照依都省元擬事理，聽從軍人關領本色〈13〉相應。'——

《元典章·户部·倉庫—錢糧》校釋

前件,照得先奉中書省判送江浙行省咨:'饒州萬户府〈14〉軍人食鹽不敷,添支鹽價。'本部擬依河南行省〈15〉鎮守軍人已添鹽價例,每斤折支中統鈔二錢五分〈16〉,已呈都省,移咨本省放支去訖。今准前因,本部議得:江西廣東道〈17〉軍人食鹽添索價鈔,與江浙、河南行省鎮守軍人一體。以此參詳,合依先擬,每斤折支鹽價中統鈔二錢五分相應。具呈照詳。"得此。都省咨請依上施行。

【校注】

〈1〉軍人鹽錢　《元典章》全書卷首目錄作"添支軍人鹽錢"

〈2〉廣東宣慰司　元宣慰司名,屬江西行省,全稱廣東道宣慰使司都元帥府。置司於廣州路(治今廣東廣州),分管廣州、韶州、惠州、南雄、潮州、德慶、肇慶七路及英德州等八州事務,轄境包括今廣東省大部。

〈3〉願闕鹽者聽　自"爲軍人鹽食"至此,是廣東宣慰司收到的江西行省劄付。

〈4〉引　即鹽引,指官府賣給商人的領鹽和售鹽憑證。元朝食鹽的生產由官府統一管理,商人向官府納鈔,換取鹽引,然後持鹽引赴鹽場領鹽,轉運銷售。一道鹽引可領取並銷售食鹽四百斤。

〈5〉一定二十五兩　按此處有誤,當作"一定十五兩"。《元史》卷一九《成宗紀二》:"(元貞二年九月)甲戌,增鹽價鈔一引爲六十五貫。"同書卷九四《食貨志二·鹽法》:"元貞丙申(按即元貞二年),每引又增爲六十五貫。"元鈔一貫亦稱一兩,五十貫(兩)爲一定,故六十五貫即一定十五兩。再據下文每斤鹽價一錢六分二釐五毫,按四百斤計算,總價亦爲一定十五兩。

〈6〉叩算　推算。

〈7〉添作中統鈔二定　《元史》卷二三《武宗紀二》:"(至大二年十二月)庚申……尚書省臣言:'鹽價每引宜增爲至大銀鈔四兩。'制可。"至大銀鈔一兩相當於中統鈔二十五兩,四兩相當於中統鈔一百兩,亦即二定。

〈8〉又添作中統鈔三定　《元典章》卷二二《户部八·課程·鹽課·鹽價每引三定》引中書省延祐四年七月二十日奏事:"鹽引添價,則不是今遍,在先節續添做兩定鈔來。延祐元年整治軍人氣力錢物不敷的上頭,每引添了一定,做三定。"

〈9〉一錢六分二釐五(毛)〔毫〕　據上下文改。下同。

〈10〉每鹽一斤該中統鈔三錢六分九釐二毫　按以每引總價三定計算,每斤價格當爲三錢七分五釐,與此小有出入,未詳其故。

〈11〉聽從軍便相應　自"照得元貞三年"至此，是廣東宣慰司給奉使宣撫的呈文。

〈12〉唯復　還是。作爲連詞使用，置於句中，表示選擇疑問的語氣，意謂是這樣，還是那樣。

〈13〉本色　本類，本物。與"折色"即折價相對。此處指食鹽實物。

〈14〉饒州萬戶府　元萬戶府名。萬戶府爲元高級統軍機構，分上、中、下三等，秩正三品或從三品，下轄千戶所，長官稱萬戶。饒州萬戶府置於饒州路（治今江西鄱陽），在江浙行省轄區之內。

〈15〉河南行省　元行省名。全稱河南江北等處行中書省，統十二路、七府、一州，設治汴梁路（治今河南開封），轄境包括今河南省和湖北、安徽、江蘇三省的長江以北地區。

〈16〉每斤折支中統鈔二錢五分　這應當是以至大二年鹽引價格（每引二定）爲基礎算出的每斤價格。

〈17〉江西廣東道　指廣東宣慰司。因其隸屬於江西行省，故稱江西廣東道。

【解題】

元朝制度，各地鎮守軍人的食鹽由官府供給。如鎮守地點距離鹽場不足三百里，即由軍人自行領取；超出三百里，則由官府發給相應的價鈔。仁宗在位中期，軍人食鹽價鈔仍在按照成宗初年的官定鹽價發放，而實際官定鹽價已經上漲一倍有餘，軍人買鹽"實爲不敷"。經廣東宣慰司等機構提議，奉使宣撫上呈中書省，由戶部擬定了新的發放標準。但這個標準並不是按照當時官定鹽價（每引中統鈔三定）折算的，而是根據數年前武宗時的官定鹽價（每引中統鈔二定）發放，實際上是降低了軍人食鹽補貼方面的待遇。

戶七·28　應支軍人口糧（21/13a，21/1b）

［見兵務軍糧類〈1〉。］

【校注】

〈1〉見兵務軍糧類　當即《元典章》卷三四《兵部一·軍役·軍糧·兑支軍人口糧》。

戶七·29　預支人匠口糧（21/13a，21/21b）

［見工部造作類〈1〉。］

【校注】

〈1〉見工部造作類　當即《元典章》卷五八《工部一·造作一·段疋·預支人匠口糧》。

不應支

户七·30　免追去官不應支錢（21/14a，21/22a）

至元八年五月，尚書户部：

近奉尚書省〈1〉劄付，追徵游按察〈2〉擅支與平山縣〈3〉捕盗官〈4〉李世能羊酒錢鈔三兩五錢，仍取違錯招伏事。行據河北河南道按察司〈5〉申，游按察改受水軍副總管萬户〈6〉，軍前去訖。省府〈7〉議得，上項錢數，既爲捉獲盗賊，於停罰俸錢〈8〉内别職〈9〉，見於軍前，不須追徵。仰照驗施行。

【校注】

〈1〉尚書省　元朝曾三次短期設立尚書省，此處爲第一次。世祖至元七年（1270年）正月設，八年十二月罷。參見前文户七·23"數目去零"條注〈1〉。

〈2〉游按察　指游顯（1210—1283年），字子明，代州崞縣（在今山西原平）人。元世祖即位時授大名彰德等路宣撫副使，後歷任河北河南道提刑按察使、陝西四川道提刑按察使、浙西道宣慰使等職，官至江淮行省平章政事。參見姚燧《牧庵集》卷二二《榮禄大夫江淮等處行中書省平章政事游公神道碑》。此處叙其任河北河南道提刑按察使時事，故稱爲游按察。游顯此職任命於至元六年正月，見文廷式輯《大元官制雜記》"按察司官"條。

〈3〉平山縣　元縣名，爲真定路屬縣，在今河北平山。

〈4〉捕盗官　負責緝捕盗賊、維持治安的基層官員。元制，下州、録事司以判官兼掌捕盗，縣設縣尉、縣以下險要之地設巡檢，皆專掌捕盗。此處所云平山縣捕盗官，當指縣尉或巡檢。

〈5〉河北河南道按察司　元按察司名（後改肅政廉訪司），全稱河北河南道提刑按察司。直屬御史臺，置司於彰德路（治今河南安陽），後移治汴梁路（治今河南開封）。

〈6〉水軍副總管萬户　《牧庵集》卷二二《游公神道碑》稱游顯於至元八年由河北河南道提刑按察使"改總管水軍萬户"，無"副"字。元設萬户府爲高級軍事機構，分上、中、下三等，秩正三品或從三品，以萬户、副萬户爲正副長官。參見《元典章》卷九《吏部三·官制三·軍官·定奪軍官品級》。元初，亦設總管萬户府，其制大略相同。

〈7〉省府　此處指尚書省。

〈8〉停罰俸錢　當指對有過失官員扣罰的俸錢。據本條文書來看，罰俸一事係由監察部門執行，所罰俸錢亦歸監察部門掌握。

〈9〉別職　當係"別支"之誤。

【解題】

本條文書涉及元初一起官員違制支付官錢的案例。河北河南道按察使游顯在任時，向轄區内捉獲盜賊的平山縣捕盜官李世能發放一筆獎金，這筆錢是從監察系統掌握的"停罰俸錢"中支付的。但此舉違反了相關規定（具體細節和緣由不詳），故而受到上級機關追查，要求游顯退賠已支款項，并寫"招伏"承認錯誤。因游顯已調離按察司，到南方對宋軍事前綫任職，尚書省指示免予退賠。

户七·31　多支官錢體覆不實斷罰（21/14a，21/22a）

至元二十一年七月，行臺：

據監察御史〈1〉申屠承事〈2〉呈："承奉行臺劄付該：'爲來呈，察知建康路和買造船鐵貨，多支價錢。仰照依行省第一次坐下〈3〉真州〈4〉價錢每斤一錢八分，瓜鐵〈5〉餘上每斤多支九分，荒帖〈6〉每斤多支四分，依上追徵數足還官施行。仍取本道按察司官當元〈7〉體覆不實招伏呈臺。'承此。移准江東建康道按察司〈8〉牒：'移准副使〈9〉高承直〈10〉牒該：爲省記〈11〉得節次〈12〉建康路總管府牒請體覆章太等中過鐵價〈13〉，當該書吏覆説，依例判送奏差周濟、冀元去後，回申保結體覆相同，請就問元委奏差周濟等，便見不實情由。然此終是有失覺察罪犯，招伏是實〈14〉。又准簽事〈15〉馬奉訓〈16〉牒該：省記得當職自至元二十年十月内差出，今年四月内纔方還司。有當該書吏羅士安覆説，准建康路總管府牒，爲體覆章太等中過鐵價，有副使高承直掌管司事，依例判押過奏差周濟、冀元體覆，當職亦行簽押。回據逐人狀申，體覆相同，保結是實，備牒了當〈17〉。然此終是有失覺察，招伏是實〈18〉。牒請照驗。'准此。照得元體覆鐵貨奏差，除冀元告閑〈19〉去訖外，責得奏差周濟狀稱：'於至元二十一年三月内，蒙使司〈20〉判送建康路總管府牒文：章太等中訖成造鼓兒船隻〈21〉打造釘綫〈22〉瓜鐵每斤價鈔二錢七分，仰濟等從實體覆是否相應呈司〈23〉事。承此。濟依奉體問得牙人〈24〉吴〔文〕悳〈25〉稱：正月分、二月分瓜鐵每斤時直價鈔二錢七分。以此就取訖吳文憲重甘執結文狀〈26〉，粘連呈司上當〈27〉。至五月内，蒙監察御史將體覆過前項鐵貨，止合於不干礙行人〈28〉體問，却不合元估計牙人吳文憲處體覆，招伏是實。'"憲臺議得：副使高承直體覆鐵貨價錢有失覺察罪犯，若便擬罰，却緣先爲本官因病告閑。今據所招，權且擬免。外，據簽事馬奉訓所招，有失覺察，以致中鐵人等多支官錢，量罰俸鈔半月。奏差周濟體察不實情罪，量情擬決二十七下，省會〈29〉罷役。除已行下江東道按察司依上斷罰〈30〉。

【校注】

〈1〉 監察御史 參見前文户七‧8"庫院不設揀子"條注2。此處所指係江南行御史臺的監察御史。

〈2〉 申屠承事 複姓申屠，散官承事郎，秩正七品下。

〈3〉 坐下 開列下發。

〈4〉 真州 元州名，隸屬於河南行省揚州路。治今江蘇儀徵，爲中州，下轄二縣。

〈5〉 瓜鐵 疑指熟鐵。《元史》卷九四《食貨志二‧歲課》："凡鐵之等不一，有生黃鐵，有生青鐵，有青瓜鐵，有簡鐵。"《弘治徽州府志》卷三《食貨二‧財賦》"歲辦新安衛軍器物料"條下，以"瓜鐵""生鐵"並列。明唐順之《武編》前集卷四《陣‧煉飛刀法》："其法，取庚申日煉净好瓜鐵十二斤，三人打渾鋼，如斬人刀樣者六口。"

〈6〉 荒帖 "帖"當係"鐵"字之俗寫。荒鐵，疑指生鐵。瞻思《河防通議》卷下《輸運》"荒净鐵斤重"條："荒鐵一秤，收净鐵七斤四兩五錢。"明魏大中《藏密齋集》卷一四《上王太蒙》："且訪之晋中，云荒鐵一勀止值一釐，熟鐵之價以産鐵之地遠近爲差，有三釐者，有四釐者。"明張萱《西園聞見録》卷六九《車站》、《大清會典則例》卷一三九《盛京工部》均以荒鐵、熟鐵對舉。

〈7〉 當元 當初，起初。

〈8〉 江東建康道按察司 元提刑按察司名（後改肅政廉訪司），全稱江東建康道提刑按察司，屬江南行御史臺，置司於寧國路（治今安徽宣城）。

〈9〉 副使 元官名。此處指按察司副使。每司設二員，正四品。

〈10〉 高承直 姓高，散官承直郎，秩正六品下。

〈11〉 省記 記憶，回憶。

〈12〉 節次 陸續，先後。

〈13〉 中過鐵價 買鐵的價格。中，此處指中買，即官府購買。

〈14〉招伏是實　自"爲省記得節次"至此，係副使高承直給江東建康道按察司的牒文。

〈15〉簽事　元官名。此處指按察司簽事。每司通常設四員，正五品。

〈16〉馬奉訓　姓馬，散官奉訓大夫，秩從五品下。

〈17〉了當　完畢，結束。

〈18〉招伏是實　自"省記得當職"至此，係簽事馬奉訓給江東建康道按察司的牒文。

〈19〉告閑　離職。

〈20〉使司　指江東建康道按察司。

〈21〉鼓兒船隻　船的一種，可能因形狀（中間寬，兩頭窄）似鼓而得名。馬臻《霞外詩集》卷四《渡御河用少陵日轉東方白風來北斗昏爲韻》："御河出天津，浩浩流水急。質哉鼓兒船，一站過三日。"

〈22〉釘綫　釘子。《金史》卷五七《百官志三》："鍍鐵院，都監二員，管勾生熟鐵釘綫。"《元史》卷九〇《百官志六》"上都留守司"條："器物局，秩從五品，掌造鐵器、內府營造釘綫之事。"

〈23〉是否相應呈司　自"章太等中訖成造鼓兒船隻"至此，係江東建康道按察司發給奏差周濟等人的命令。

〈24〉牙人　古代雙方交易時的中介、擔保之人。

〈25〉吳〔文〕愿　據下文補。

〈26〉重甘執結文狀　保證書。其中有"具結（保證）""如有不實甘當重罪"等語句，故名重甘執結文狀，亦簡稱"甘結""重甘結狀"。《吏學指南》"狀詞"門"甘結"條："所願曰甘，合從曰結，謂心肯也。"《吏文輯覽》卷四"重甘結狀"條："謂甘受重罪之結狀也。"

〈27〉上當　應係"了當"之誤。

〈28〉行人　某行業的人員。此處當指"牙行人"，即牙人行業中的有關人員。《元典章》卷二六《戶部十二·科役·和買·和買諸物對物估體支價》："所有今歲和買、計置物色，科派到行省、腹裏下項路分各該數目，擬合令路府州縣見在爲長正官色目、漢兒各一員，親對物主，令牙行人相視堪中諸物，照依街市實直兩平收買。"似可爲證。

〈29〉省會　知會，曉諭。

〈30〉除已行下江東道按察司依上斷罰　以下當有脫文。

【解題】

元朝制度，和買物品時要先由地方官府估價，再由"不干礙官司"體覆，保證"別無虧官損民"，然後付款。如果事後發現價格不實，就要追究估價和體覆官員的責任（參見前文户七·20條"買物先支七分"及《元典章》卷二六《户部十二·科役·和買·和買諸物估體完備方許支價》）。本條文書提供了這方面的一個實例。建康路和買造船用鐵，估價後報請按察司體覆，按察司派遣奏差周濟等二人處理此事。周濟等並未按照規定去找"不干礙行人"諮詢，而是只向參與最初估價的牙人吳文蕙核實，這樣體覆結果自然就與估價相同。事後，江南行臺的監察御史發現估價過高，請示行臺查辦。奏差周濟被笞決二十七下。按察司相關官員也因"有失覺察"受到處分，和買付款多估的部分追回。本條文書中，承擔和買價格體覆工作的是按察司。後來制度變化，體覆工作改由宣慰司負責，按察司（後改名廉訪司）只在必要的時候進行有針對性的"體察"。參見《元典章》卷二六《户部十二·科役·和買·體察和買諸物》。

户七·32　祈雨不得支破官錢（21/14b，21/23a）

[見禮部祭禮類〈1〉。]

【校注】

〈1〉見禮部祭禮類　當即《元典章》卷三〇《禮部三·禮制三·祭禮·祈風雨不得支破官錢》一條。

押運

户七·33　糾察運糧擾民（21/15a，21/24a）

至元二十四年六月，行御史臺咨：據監察御史呈：

察知饒州路〈1〉差常治中〈2〉并司縣官一員，裝運米二萬石，前去鄂州〈3〉支持。本路遍勾各縣官吏赴府裝發，又別發印批〈4〉，令各縣每米伍伯石差上户〈5〉一名充押運頭目，勒要訖鈔三百五十餘定，才方放還。又爲起運淮西軍糧，援此爲例，搖擾百姓。除已取訖各縣官典〈6〉招伏，別呈行御史臺照詳追問外，卑職切詳，江南税户〈7〉自歸附以來，日益凋瘵〈8〉。除水旱站赤〈9〉、牧馬〈10〉、淘金〈11〉、打捕〈12〉、醫〈13〉、儒〈14〉諸項占破〈15〉等户外，其餘户計應當里正主首、和買和雇一切雜泛差役〈16〉，已是靠損〈17〉。其各路并司縣牧民之官不爲用心存恤，因緣爲奸，比比受害。若不遍行禁治，切恐其餘去處亦有此弊，深爲未便。呈乞遍行禁治，仍令各道按察司糾察施行。

【校注】

〈1〉 饒州路　元路名，隸屬於江浙行省，治所在今江西鄱陽，爲上路。下轄錄事司及三縣、三州。

〈2〉 治中　元官名，設於上、中路及若干專門性質的總管府，爲佐貳官，品秩由正四至從五不等。

〈3〉 鄂州　即鄂州路，元初路名，爲湖廣行省設治之地，治所在今湖北武漢武昌，爲上路。下轄錄事司及七縣。後更名武昌路。

〈4〉 印批　蓋有官印的批文。

〈5〉 上户　户等居於上等的人户。元朝實行户等制，以資產爲主，兼及丁口等因素，將人户劃分爲三等九甲，即上、中、下三等，每等内又分上、中、下三甲。

〈6〉 官典　官員和典史。參見前文户七·24C 條注〈3〉。也可能泛指官吏。

〈7〉 稅户　納稅户的簡稱。泛指有產業的人户。

〈8〉 凋瘵　凋零，破落。瘵，意爲困頓，勞敝。

〈9〉 水旱站赤　即站户，元朝諸色户計之一種，承擔驛站服役。站是蒙古語"驛"之意，站赤即蒙古語"司驛者"。驛站的兩個主要類別爲陸路的馬站和水路的水站，故概稱"水旱站赤"。參見前文户七·15"科徵包銀"條注〈17〉"户計"。

〈10〉 牧馬　牧馬户，可能指站户中專門負責養馬的人户。參見馬祖常《石田集》卷一《六月七日至昌平賦養馬户》。

〈11〉 淘金　淘金户，元朝諸色户計之一種，在產金地承擔淘金之役，通常隸於淘金總管府、淘金提舉司等機構。

〈12〉 打捕　打捕户，元朝諸色户計之一種，負責爲皇室、諸王捕獵禽獸，以供祭祀、食用或提供羽毛、皮張之用。

〈13〉 醫　醫户，元朝諸色户計之一種，以遣子弟一人入醫學讀書爲義務。

〈14〉 儒　儒户，元朝諸色户計之一種，以遣子弟一人入儒學讀書爲義務。

〈15〉 占破　佔據，分割。

〈16〉 雜泛差役　見前文户七·11"設立常平倉事"注〈10〉"雜役"。

〈17〉 虧損　受損，受害。

【解題】

本條是至元二十四年江南行臺監察御史給行臺的呈文，揭發饒州路官員以運糧爲名騷擾百姓、勒索錢財的罪行，要求對江南地方官吏在常規賦役之外盤剥百姓的現象予以禁止。

户七·34 請俸人〈1〉解錢物（21/15a，21/24b）

至元二十四年，湖廣行省准中書省咨：

照得先爲各處行省并隨路解納金銀、疋帛、寶鈔〈2〉諸物到來大都〈3〉，檢覷得多有水濕浥變損壞短少數目，蓋是各處押運人員選委不常，以致如此。都省除外，移咨：今後起運一切錢物，公選能幹請俸人員，同當該庫官人等如法打角管押，前來大都交納，毋致上漏下濕。如是到來，但有浥變損壞短少數目，着落差來人員追陪，再行斷罪施行。

【校注】

〈1〉請俸人　領取俸禄的人。指有定額編制的官員和吏員。

〈2〉寶鈔　指元朝政府發行的紙幣中統元寶交鈔和至元通行寶鈔。參見前文戶七·15"科徵包銀"條注〈19〉"至元鈔"、戶七·22"錢糧數目以零就整"條注〈2〉"中統寶鈔"。

〈3〉大都　元朝都城，今北京。

【解題】

本條是中書省發給各行省的咨文，要求對押運錢物赴都的工作予以充分重視，派遣能幹的正式工作人員，認真包裝，沿途細心保護。如果所運錢物出現短少損壞，就要勒令押運人員賠償，並追究刑事責任。類似的規定，亦見《元典章》卷三六《兵部三·驛站·押運·押運官須要根逐官物》，《至正條格》條格卷二三《倉庫》"起運官物"至元二十九年正月條、泰定三年正月條（《校注本》條格第21、22條），斷例卷一〇《廐庫》"押運官物損壞"延祐七年四月條（《校注本》斷例第359條）。

户七·35 押運錢糧官例（21/15b，21/24b）

大德元年十月，湖廣行省准中書省咨：

御史臺呈："河東道廉訪司申：'照得中書吏部奉中書省劄付節該：契勘國家庶務，全藉各路府州司縣〈1〉辦集。今知各路官司每遇差遣，正官常是闕員，其府州司縣官員因而亦懷苟且，致有失誤公事。都省議得，今後府州司縣長官專一署事，永不差遣〈2〉等事。承此。切詳府州司縣，掌管軍民差役一切事務，責任非輕，累蒙省部約束，長官不得差遣，捕盗官亦不得差占。今各路官司滅裂元行〈3〉，每遇押運官物，不分長次差遣，遠者一年，近者半年之上，不得回還。有終任三年，計其在職月日不及期年〈4〉者。以致妨奪治理民訟、催辦錢糧，政事廢弛，實由於此，欲望責成，斯以難矣。且造作局院務〈5〉、平准庫官俱有受敕員數，差發庫〈6〉官亦受省部文憑，各人前程、家產，敢不愛重？今後合無令局院庫務官自行押送，州縣差撥弓兵〈7〉防送，亦不疏虞，唯復止令州縣官接各〈8〉防送，庶幾兩不相妨，官民便益。'具呈照詳。"得此。都省議得：今後赴都送納官物，除各路府州司縣達魯花赤、長官、捕盜官、辦課官〈9〉不得差占外，其餘應合差使官員，明置印押文簿，通行標附。遇有差使，自下而上輪差，務要均平。若但有看循〈10〉不均，正官取招，首領官嚴行治罪。

【校注】

〈1〉路府州司縣　元朝地方行政機構名。參見前文戶七·1"至元新格"條注〈11〉"諸路"、注〈18〉"諸州"、注〈31〉"直屬省部州府"，戶七·8"庫院不設揀子"條注〈5〉"州司縣"。

〈2〉永不差遣　自"契勘國家庶務"至此，係吏部收到中書省剳付的內容。

〈3〉元行　原來的規定。"元"通"原"。

〈4〉期年　周年。

〈5〉造作局院務　指官手工業和稅務機構。造作局院指官手工業機構，院務指稅務機構。

〈6〉差發庫　似即普通官庫。收納並存放差發是其主要職責之一，故名差發庫。參見前文戶七·1"至元新格"條注〈12〉"差發"。

〈7〉弓兵　元基層捕盜職務，亦稱弓手。由官府僉發的弓手戶充任。

〈8〉接各　依次，各自。

〈9〉辦課官　指稅務官員。

〈10〉看循　照顧，徇情。

【解題】

本條文書的內容是押運官員的選派原則。各路接到押運錢糧任務時，往往派遣屬下府州司縣正官充任其職，影響了地方日常行政工作的順利進行。中書省曾經下發規定，府州司縣長官必須在崗位上署事，不得充任押運之類出差工作。但地方執行不力，仍然"不分長次"亂加差遣。御史臺向中書省轉呈河東廉訪司的建議，提出兩個改革方案：或是完全由庫官、院務官等負責押運事務；或是州縣官員僅負責境內押運，彼此輾轉遞送。中書省對此未作正面回應，只是重申并細化了以前的規定，要求各地方機構的達魯花赤、長官、捕盜官、辦課官均不得差占，押運官從其他官員中輪流派遣，并置簿記錄，保證機會公平。

户七·36 州縣官伴送例（21/15b，21/25b）

大德四年，湖廣行省劄付：准中書省咨：

户部呈："奉省判：'刑部侍郎〈1〉呈：欽齎詔書，前去福建等路開讀問民疾苦〈2〉等事。欽此。據衢州路〈3〉備常山縣〈4〉申：福建等處起運海外諸番進呈寶物，諸色綱運〈5〉，自有長押官〈6〉，將引庫官、庫子人等親行管押。經過州縣，又有鎮守軍官頭目將引軍人、弓兵，相沿交割，接各護送。其長押官到縣，勒要正官伴送。本縣路當驛程，迎接祗待〈7〉上位〈8〉官員，支持忙併〈9〉。長押官多方刁蹬，將官典司吏取招打罵，圖求賄賂。若稍不從，便行拖扯凌辱，以致本縣常時闕官，妨廢公務〈10〉。得此。照得常山縣路當驛程，南連閩廣海外諸蕃，北接京都衝要去處。本縣官三員〈11〉，專一往來遞送不敷。卑職參詳，既有長押官員，經過縣分止合應副防送弓兵，伴送正官擬合革去相應〈12〉。批奉都堂鈞旨，送户部議擬施行。'奉此。本部議得，江南起運錢物，既有元差長押官員，各處又有防護軍官人等，其州縣正官合依所擬，革去相應。具呈照詳。"得此。都省准呈，咨請依上施行。

【參考文獻】

"本部議得"以下，亦見《永樂大典》卷一五九五〇引《通制》（第6981頁），不具録。

【校注】

〈1〉刑部侍郎　元官名，刑部副長官，佐尚書理刑部政事，共設二員，正四品。

〈2〉開讀問民疾苦　《元史》卷二〇《成宗紀三》："（大德）三年春正月……庚寅，詔遣使問民疾苦。"本條所言當即此事。

〈3〉衢州路　元路名，隸屬於江浙行省，治所在今浙江衢州，爲上路。下轄録事司及五縣。

〈4〉常山縣　元縣名，爲衢州路屬縣。在今浙江常山。

〈5〉綱運　成批運輸。運輸隊伍以若干車或船編爲一組，共分若干組，一組即稱一綱。

〈6〉長押官　負責長途押運的官員。

〈7〉祗待　接待。

〈8〉上位　上面的，上級。

〈9〉忙併　繁忙。

〈10〉妨廢公務　自"福建等處起運"至此，是衢州路向問民疾苦官（刑部侍郎）轉呈的常山縣申文。

〈11〉本縣官三員　指常山縣的達魯花赤、縣尹、主簿三位正官。元制，上縣正官四員（除上述三職外還有縣丞，不包括專掌捕盜的縣尉），中、下縣正官三員。參見《元史》卷九一《百官志七》。常山爲下縣。

〈12〉擬合革去相應　自"欽齎詔書"至此，是問民疾苦官（刑部侍郎）給中書省的呈文。

【解題】

本條文書反映了押運隊伍干擾地方政務的情況。由福建運往大都的海外珍寶和各種物資，在專門委派"長押官"負責押運的情況下，還要求所過州縣的正官在境内"伴送"。長押官恃勢刁難，索取賄賂；州縣官員送往迎來，疲於奔命。位於運輸道路上的常山縣官員，通過衢州路向朝廷派來的"問民疾苦官"控訴了上述問題。"問民疾苦官"因而向中書省提議取消正官"伴送"押運的制度，經户部討論，得到採納。押運官物的隊伍對所過地方造成騷擾，在元代是一個普遍現象。參見《元典章》卷一六《户部二·分例·官吏·差劄内開寫分例草料》、卷三六《兵部三·驛站·押運·不須防送麄重物件》。

户七·37　正官押運事理（21/16a，21/26a）

大德四年十月，湖廣行省劄付：准中書省咨：

御史臺呈："准行臺咨：'據監察御史呈：爲在職官員提調錢糧造作、雜泛差使〈1〉，又有押運物貨前去大都，往回萬里，動輒一年，糜費盤纏。使廉者典錢做債，貪婪者百端擾民，未便。行省自有宣使〈2〉，宣慰司自有奏差，可任諸雜泛差使之責。呈乞照詳〈3〉。又據浙東道廉訪司〈4〉申，亦爲前事。咨請照詳。'准此。本臺具呈照詳施行。"得此。都省議得，行省今後應合起運赴都諸物，當該提調正官與所委押運官眼同〈5〉點檢足備，如法打角。除金銀寶鈔、精細物貨、絲綿匹帛，依例輪流差遣州縣以次官、宣使管押，其餘木綿〈6〉、土布、造作等項麄重物件，止差宣使，將引元經手并庫子人等解納。外，據諸項軍器，須差色目〈7〉官員與局官〈8〉押運。其常課段疋〈9〉，亦差宣使與局官起納，却不得因而別差無俸及求仕人等押運。咨請依上施行。

餘條見驛站押運類〈10〉。

【參考文獻】

"都省議得"以下，亦見《永樂大典》卷一五九五〇引《通制》（第6981

頁），不具錄。

【校注】

〈1〉雜泛差使　疑當作"雜泛差役"，因下文有"雜泛差使"而致誤。

〈2〉宣使　元吏員名，掌宣讀詔書，傳達長官命令，押運貨物等事，置於中書省、樞密院、御史臺、行省、行臺等高級衙署。其工作性質，與置於六部、宣慰司、廉訪司、轉運司等機構的奏差相似。參見前文戶七·13"贓罰開寫名件"條注〈9〉"奏差"。

〈3〉呈乞照詳　自"爲在職官員"至此，是監察御史給江南行御史臺的呈文。

〈4〉浙東道廉訪司　元廉訪司名。全稱浙東海右道肅政廉訪司，隸屬於江南行御史臺，置司於婺州路（治今浙江金華）。

〈5〉眼同　共同過目，共同監督參與。《吏文輯覽》卷二"眼同驗出"條："眼同，一同看見也。"

〈6〉木綿　棉花。

〈7〉色目　即色目人，元朝民族等級制度"四等人制"中的第二等級，指元朝除蒙古人以外的西北、西域各族人。元朝制度，禁止漢人、南人持有兵器，故押運兵器須委派色目官員負責。

〈8〉局官　指相關的手工製造機構官員。局，即造作局院。參見前文戶七·35"押運錢糧官例"條注〈5〉"造作局院務"。

〈9〉常課段疋　官營織造機構按照固定期限、數額生產並上繳的紡織品。《元史》卷八五《百官志一》："右司……工房之科有六……二曰常課段匹。"《至正條格》斷例卷三《職制》"織作不如法"至治二年二月條（《校注本》斷例第70條）："今後織造常課段疋，各處提調官常切嚴督局官、頭目人等，依期計撥絲金顏料，須要一一盡實分俵人匠，監看織造……提調官必須辦驗委的依樣迭就，差官管押，依期起解。"

〈10〉餘條見驛站押運類　指《元典章》卷三六《兵部三·驛站·押運》所收四條文書。題目分別爲"押運官須要根逐官物""押運不得梢帶私物""斟酌起運鋪馬""不須防送麁重物件"。

【解題】

本條內容與前文戶七·35條"押運錢糧官例"近似，主要講的是各行省運輸錢物赴都時的押運人選。由於經常派遣地方在職官員押運，引起種種弊端，監察機構因而提議僅派遣行省宣使或宣慰司奏差即可。中書省的批復則要求區分所運物品的不同情況，根據其重要或貴重程度分別委派相應人員押運。

追徵

户七·38　格前克落錢糧稟例〈1〉（21/17a，21/27a）

至大元年，行臺准御史臺咨：承奉中書省劄付：
來呈稟議內一款，都省仰照驗施行。
一，已關出倉庫，合給散軍匠〈2〉口糧、物料〈3〉、衣裝、賞錢、窮暴錢〈4〉，竈户〈5〉工本〈6〉，和買物價，和雇脚力，外降官錢，百姓出過首思〈7〉、馬疋草料等錢，其有侵借、克落、（除）冒名支請〈8〉，除事發到官已承伏者，罪遇原免，錢物合無徵給？未承伏者，合無追理？刑部照得大德五年五月十二日、大德六年六月二十九日承奉中書省劄付："御史臺呈，定奪上項事理。蒙都省議得：人匠口糧、軍人口糧、窮暴賞錢，如已關出倉庫，官吏人等侵欺，全未給散者，罪經釋免，依例追給給散。中間克落之數，即係彼此通知〈9〉，比同取受〈10〉。格前已有承伏〈11〉，追徵給主。未經承伏，欽依革撥〈12〉。"今來本部再行議得：已關出倉庫，合給散軍匠口糧、物料錢、衣裝、賞錢、窮暴錢，竈户工本，和買物價，和雇脚錢，外官降百姓出過首思、馬疋草料等錢，俱係各主合得錢物，難作比同取受。其有侵欺、借貸、克除、冒名支請，事發到官，已、未承伏者，罪遇原免，錢物擬合徵給各主。今後合無各依前例施行？本部議得：凡已關出庫，應合給散諸人錢物，監臨主守〈13〉官吏人等侵欺、克除者，若已承伏，罪經原免，依例追給。未承伏者，革撥相應。——前件，議得：已關出倉庫，合給散軍匠等口糧、物料、衣裝等錢，官吏人等侵欺，全未給散者，罪經釋免，依例追給給散。中間克除之數，已有承伏，追徵給主。未承伏者，欽依革撥。

【校注】

〈1〉格前克落錢糧稟例　《元典章》全書卷首目錄作"格前追徵錢糧稟例"。格爲分界、限斷之意，此處"格前"意謂赦前。克落，即克扣入己。《吏學指南》"錢糧造作"門"剋落"條："謂支多給少，贏取其餘也。"

〈2〉軍匠　指軍户和匠户，元朝兩種重要的諸色户計。軍户的義務是承當軍役。匠户隸屬於官手工業機構，爲國家承擔指定工役。

〈3〉物料　下文作"物料錢"，當指軍户的軍需物資、匠户的生產原料或其經費。參見前文户七·20"買物先支七分"條注〈2〉。

〈4〉窮暴錢　下文作"窮暴賞錢"。此處指發給貧困軍户、匠户的撫恤金。窮暴，意即貧困。

〈5〉竈户　或稱鹽户，元代諸色户計之一種，轄於各處鹽場，以燒竈煎鹽爲業，向國家繳納鹽課。

〈6〉工本　即工本費，官府發給某些專業勞動者的生產報酬。此處係指發給竈户的工本費。

〈7〉首思　蒙古語"湯汁"的音譯，引申爲驛站向乘驛者提供的飲食和生活必需品。此處似指驛站以外普通百姓臨時向因公過往人員提供的飲食等物。

〈8〉（除）冒名支請　"除"據文義删。

〈9〉通知　完全知曉。

〈10〉取受　指受賄。《吏學指南》"贓私"門"取受"條："因事受財謂之取受。"

〈11〉承伏　即招伏。意爲口供或認罪書。參見前文户七·2"關防錢糧事理"條注〈18〉"招伏"。

〈12〉革撥　免除、原免，引申爲赦免。

〈13〉監臨主守　領導、主管、負責。《吏學指南》"統屬"門"監臨"條："統攝案驗，謂之監臨。又，以尊適卑也。""主守"條："躬親保典，謂之主守。雖職非統攝，臨時監主亦是。"《大明律》卷一《名例律》"稱監臨主守"條："凡稱'監臨'者，内外諸司統攝所屬，有文案相關涉，及雖非所管百姓，但有事在手者，即爲監臨。稱'主守'者，該管文案吏典，專主掌其事，及守掌倉庫、獄囚、雜物之類官吏、庫子、斗級、攢攔、禁子，並爲主守。其職雖非統屬，但臨時差遣、管領、提調者，亦是監臨主守。"

【解題】

本條與下條所述均係遇赦之後如何處理赦前犯罪的問題。本條所涉及赦前犯罪，主要是主管官吏在從倉庫領取錢物向有關人户發放過程中加以侵吞的行爲。經討論，中書省定議如下：如果錢物被全部侵吞，完全沒有發到有關人户手裏，儘管罪犯因赦免於刑事處罰，但侵吞的錢物一定要追回發放。如果錢物只是被部分侵吞，有一部分已經發到有關人户手裏，那就要看罪犯在赦前是否已經招認罪行。如已招認，即將侵吞的錢物追回發放；如未招認，就不再追究。

户七·39　格後〈1〉追徵錢糧稟例（21/17b，21/28a）

至大元年，行臺准御史臺咨：承奉中書省劄付：

來呈稟議内一款，都省仰照驗施行。

一，侵欺、盜用、移易、借貸、失陷、短少、冒支係官錢糧，已、未發覺，合無追徵？刑部照得大德五年五月十二日、大德六年六月二十九日承奉中書省劄付："御史臺呈，俱爲此事。送本部照擬得：'侵欺、盜用、移易、借貸、冒支係官錢糧，欽遇詔赦、做好事〈2〉疏放〈3〉，即係官物，已、未承伏者，例俱合追理。又短少係官錢糧，本部議得：倉庫人等所管錢糧，其金銀錢帛，如不係侵使移借，何以短少，中間謂有不足之數，擬合着當該人等依數陪納。外據糧斛，若有短少數目，合行取問短少緣故明白，臨事定奪。若欽遇疏放，罪經原免，應合依上追理。'都省議得，侵欺、移易、借貸、冒支錢糧，謂已到倉庫并係官正數〈4〉，餘准部擬。"奉此。今承見奉，亦合依上施行。外據失陷之數，擬合臨事照勘區處。今次若有侵欺、盜用、移易、借貸并冒支係官錢糧，除無可徵，准折〈5〉不敷之數，欽依詔條施行外，如可徵者，合無依上例追理？失陷、短少，雖經體覆，若無明白顯跡，合無依例追徵？本部議得：應監臨主守人等侵欺、盜用、移易、借貸（外）〔并〕冒支〈6〉係官錢糧者，罪免，其已、未承伏之數，俱合欽依追理。外據失陷、短少者，若無明白顯跡，合准御史臺所擬，追徵相應。——前件，議得：應監臨主守人等侵欺、盜用、移易、借貸并冒支係官錢糧，謂已到官倉庫并係官正數，其罪雖經原免，已、未承伏之數，俱合追理。無可徵者，依例准折不敷之數，欽依釋免。失陷、短少，如無明白顯跡，臨事照勘區處。

【校注】

〈1〉格後　意即赦後。參見上條"格前克落錢糧稟例"注〈1〉。

〈2〉好事　宗教儀式和活動。在元朝主要指宮廷中舉行的喇嘛教祈禱儀式和活動。《元史》卷二〇二《釋老傳》："若歲時祝釐禱祠之常，號稱'好事'者，其目尤不一……又每歲必因'好事'奏釋輕重囚徒，以爲福利。"

〈3〉疏放　釋放。

〈4〉係官正數　以下似有脫文。正數，即正額。

〈5〉准折　折算，推算。

〈6〉借貸（外）〔并〕冒支　據下文改。

【解題】

本條是與上條同時頒佈有關處理赦前犯罪的文件。本條所涉及赦前犯罪，主要是主管官吏侵佔、挪用、借貸、冒領倉庫錢糧，或因工作失誤導致倉庫錢糧損失短少。經討論，中書省定議如下：如係侵佔、挪用、借貸、冒領倉庫錢糧，儘管罪犯因赦免於刑事處罰，但私占的錢糧一定要追回。祇有在因特殊原因確實無法全部追回的情況下，方可將不足的部分豁免。如係因工作失誤導致倉庫錢糧損失短少，只要確實没有故意侵吞的證據，則酌情具體處理。另外需要指出，本條和上條文書的題目"格後追徵錢糧稟例""格前追徵錢糧稟例"並不準確。兩條文書所言犯罪内容的差異，並非"格前""格後"之別，而是所侵吞短少錢物"不係官"和"係官"之別，亦即所侵吞短少係出庫待散發錢物、抑或庫存錢物之別。

免徵

户七·40　百姓拖欠錢糧聽候（21/19a，21/30a）

御史臺：

承尚書省〈1〉劄付："至元二十四年五月十二日奏過事内一件：'前界〈2〉伴當每管着時分，積年〈3〉官吏、百姓拖欠的錢糧多有，侵欺了的也有。俺商量來，百姓拖欠的，這其間裏且不追徵聽候，官吏拖欠、侵欺錢物，教追徵呵，怎生？'奏呵，'那般者。'麼道，聖旨了也。欽此。已經遍行照會，欽依施行。外，都省〈4〉議得：百姓拖欠錢糧，欽依聖恩聽候，切恐各處官吏勾當人等，因而作弊，將自己拖欠、侵欺錢物，詭名妄作百姓欠少住徵，深爲未便。若有百姓拖欠錢物已徵在主典〈5〉手者，依數納官。"承此。

【校注】

〈1〉尚書省　元朝曾三次短期設立尚書省，此處爲第二次。世祖至元二十四年（1287年）設，二十八年罷。參見前文户七·23"數目去零"條注〈1〉。

〈2〉前界　前任。參見前文户七·1"至元新格"條注〈6〉"同界"。

〈3〉積年　多年。

〈4〉都省　此處指尚書省。

〈5〉主典　主管人員。

【解題】

本條所述實爲元世祖在位後期桑哥當政後推行的鈎考錢穀措施。至元二十四年閏二月，元世祖復立尚書省，以桑哥爲平章政事，不久升右丞相，主持理財工作。桑哥理財的一個主要措施是鈎考錢穀，也就是對各機構財政狀況進行審計，追徵有關官吏在任時短少或侵佔的係官錢糧。如本條文書所言，桑哥鈎考的對象是官吏而非民，百姓拖欠的錢糧可以暫不追究，但要防範官吏將短少或侵佔的錢糧假冒百姓拖欠，以逃避鈎考。後來桑哥聲稱鈎考"未嘗斂及百姓"（《元史》卷二〇五《桑哥傳》），就是從這個角度説的。然而實際上，桑哥的鈎考雖非直接針對百姓，百姓間接受害的情况仍然十分嚴重。參閲王頲《"斂財"之臣與元世祖》，載《元史及北方民族史研究集刊》第五期（《南京大學學報》專輯，1981年8月）；李治安《元世祖朝鈎考錢穀述論》，載氏著《元代政治制度研究》（人民出版社2003年版）。

户七·41　免徵錢糧體例（21/19a，21/30a）

元貞二年四月，行省准中書省咨：

據所委官等呈："近欽奉聖旨節文〈1〉：'元貞元年五月初八日已前係官錢糧，侵使來的、短少的、拖欠的、取受的，但有合追陪的舊錢糧，住罷者，休尋者。'欽此。近奉差委大同〈2〉，取問宣慰司〈3〉各倉五月初八日已後短少糧斛，因事追問出大同前和糴倉〈4〉監納〈5〉劉希祖等五月初八日已前侵使盜少糧一萬八千餘石，事發未曾追徵，欽遇釋免。於劉希祖名下追到諸人轉借米帖子，該米五千餘石。及平地縣〈6〉舊界〈7〉倉官火者〈8〉等供報，諸人借訖本倉已免官糧四千七百餘石，俱有各人元借文帖，却將所盜官錢轉爲私債，暗行取索。甚者，及有倒換作（二）〔五〕月初八日〈9〉已後新借文契，俱填權要豪勢之家，計構〈10〉有司追徵。具呈照詳。"得此。送户部議得："倉庫官侵盜、失陷、短少錢糧，既已欽遇聖恩釋免，其見收諸人借欠錢糧文帖，如委係已免係官錢糧數内，依准省委官所擬，一體革撥相應。具呈照詳。"都省准呈。

【校注】

〈1〉欽奉聖旨節文　《元史》卷一八《成宗紀一》："（元貞元年）五月……甲申，詔自元貞元年五月以前逋欠錢糧者，皆罷徵。"本條所言當即此事。甲申，爲是月十一日。

〈2〉大同　即大同路，元路名，治今山西大同。隸屬於中書省，爲上路，下轄録事司及五縣、八州。

〈3〉宣慰司　當指河東宣慰司，全稱河東山西道宣慰司。直屬中書省，置司於大同路，分管大同、冀寧、晋寧三路事務，轄境包括今山西全境和内蒙古一部。

〈4〉和糴倉　儲存和糴所得糧食的官倉。和糴，指官府向民間徵購糧食或其他實物。元朝和糴糧食付給錢鈔或鹽引，所得主要用以供應上都及漠北、西北等邊疆地區。

〈5〉監納　當即監支納。《元典章》卷七《吏部一·官制一·職品·內外文武職品》"正八品·外任·諸職"條下有和糴倉監支納。參見前文戶七·1"至元新格"條注〈3〉。

〈6〉平地縣　元縣名，爲大同路屬縣。在今內蒙古集寧南。

〈7〉舊界　舊任，原任。

〈8〉火者　人名。

〈9〉（二）〔五〕月初八日　據上文改。

〈10〉計構　誘使，誘騙。

【解題】

元成宗於即位次年亦即元貞元年下詔，截至是年五月初八日，凡侵佔、拖欠、短少係官錢糧者，均予豁免，不再追究。大同路及其下屬平地縣的倉官此前都侵佔短少了大批官糧，並將其中相當一部分借給他人。中書省派到大同路視察的官員發現，這些倉官仍在將外借的官糧作爲私債追討，還有的將契約日期改到五月初八日之後，藉以敲詐陷害借糧者。戶部議定，倉官私下借給他人的官糧，只要屬於五月初八日以前的豁免範圍，其借糧契約無效，一律不得再加追討。

戶七·42　舊錢糧休追 (21/19b, 21/31a)

中書省劄付：

至大三年十二月二十二日奏："在先世祖皇帝登寶位〈1〉時分，將蒙哥皇帝〈2〉時分拖下的錢糧不交追徵，住罷了來。後頭完澤禿皇帝〈3〉登寶位呵，將世祖皇帝時分拖下的錢糧追徵呵，爲百姓生受〈4〉的上頭，完澤丞相〈5〉爲頭省官人每奏了，不交追徵，都住罷了來〈6〉。如今將在先舊拖欠下的錢糧，交中書省官人每提調着，奉聖旨追徵有。可憐見呵，依在先體例，自完澤篤皇帝以來中書省裏應合追的舊錢糧，交住罷了，百姓也不生受，皇帝根底也得福的一般有。"麼道，奏呵，"是也。依在先體例，中書省裏提調着，應合追徵的舊錢糧等，都休交追徵者。以及斯年，交行文書，都交免放了者。"麼道，聖旨了也。欽此。

【校注】

〈1〉寶位　指皇位。

〈2〉蒙哥皇帝　即大蒙古國第四任大汗蒙哥（1209—1259年）。元太祖（成吉思汗）鐵木真之孫、世祖忽必烈之兄。1251至1259年在汗位。死後被追奉廟號憲宗。

〈3〉完澤禿皇帝　下文作"完澤篤皇帝"，即元成宗鐵穆耳（1265—1307

年)。元世祖忽必烈之孫,1294年世祖死後即帝位。蒙古語尊號爲完澤禿(或完澤篤,意爲"吉祥的")皇帝。

〈4〉生受　受罪,吃苦。

〈5〉完澤丞相　(1246—1303年),元朝前、中期大臣。蒙古土別燕氏,世祖至元二十八年拜中書右丞相,成宗時加太傅、錄軍國重事。卒封興元王,謐忠憲。《元史》卷一三〇有傳。

〈6〉不交追徵,都住罷了來　即上條"免徵錢糧體例"所述元貞元年規定。

【解題】

本條文書是元武宗在位末期中書省奏准的聖旨,仿照世祖、成宗即位初年的做法,宣佈對侵佔、拖欠、短少係官錢糧者予以豁免。武宗於次年正月初八日去世,距這道聖旨的奏准只有半個月,估計此舉與武宗病重有關。這道聖旨的正式頒佈,可能已到武宗去世前夕。《元典章》卷三《聖政二·貸逋欠》:"至大四年正月,欽奉祀南郊詔書内一款:'至大四年正月初五日以前,應民間逋欠係官錢糧,並行免徵。其侵欺盜用,失陷短少,已有文案者,亦行除免。'"與本條所述當係一事。

雜例

戶七·43　察出米糧支與軍食 (21/20a, 21/32a)

至元十八年七月,御史臺:

准行臺咨:"各道按察司追到官見在糧斛,誠恐渴變,請定奪"事。准此。至元十八年六月初七日,皇太子〈1〉根的〈2〉,本臺官每當面啓:"相威〈3〉奏將來,按察司察出來的糧有四萬八千餘石,那裏田地下濕,經夏爛了的一般。就支與那裏軍每喫了呵,怎生?"啓呵,奉令旨〈4〉:"上頭〈5〉奏者。"敬此。六月十二日〈6〉,本臺官奏:"相威奏將來,按察司察出來的糧有四萬八千餘石,那裏田地下濕,經夏爛了的一般。就支與那裏軍每喫了呵,怎生?"奏呵,"那般者。"麽道,聖旨了也。欽此。

【參考文獻】

《元史》卷一一《世祖紀八》有扼要記述:

(至元十八年)六月……丁丑,以按察司所劾羡餘糧四萬八千石餉軍。

【校注】

〈1〉皇太子　即真金（1242—1286年），元世祖忽必烈次子。世祖即位後封燕王，守中書令，兼判樞密院事。至元十年（1273年）立爲皇太子。十六年，受詔參決朝政。後因與世祖政見不同產生矛盾，憂病而卒。謚爲明孝太子，後追奉廟號裕宗。

〈2〉根的　當係"根底"之誤。

〈3〉相威　（1241—1284年），元前期大臣。蒙古札剌兒氏，世祖時參與平宋戰爭有功，至元十四年（1277年）拜江南行臺御史大夫，卒於江淮行省左丞相。《元史》卷一二八有傳。

〈4〉令旨　元朝文書中，皇太子、諸王的命令或旨意稱爲令旨。

〈5〉上頭　上面。此處指皇帝。

〈6〉六月十二日　《元史·世祖紀八》繫其事於六月丁丑，丁丑係十三日。

【解題】

元朝統治者對地方官府的財政控制很嚴，"公府之出納，無容復有餘羨"（虞集《道園學古錄》卷一四《知昭州秦公神道碑》）。在本條文書中，江南行臺因下屬諸道按察司查出各地羨餘糧食四萬八千餘石，不便保管，向御史臺徵詢如何處理。御史臺認爲應當就地發給屯駐的軍隊作爲軍糧，先後向皇太子真金和元世祖請示獲准，下發執行。《元史·世祖紀八》載此事。籠統言"按察司所劾羨餘糧"，沒有說明其事發生在江南，不夠準確。

戶七·44　察出來馬牛米糧教賣做鈔（21/20a，21/32a）

至元二十三年六月，行御史臺〔准御史臺〕咨該〈1〉：

至元二十三年五月初八日奏過一件："這裏〈2〉察出來的馬牛，上位〈3〉奏過，禿禿哈根前分付有〈4〉。外頭有的按察司察出來的馬牛米糧，怕'動着呵，頭口每死了有，米也絕爛了有'麼道，如今對着管民官〈5〉，教做證見，賣做鈔送將這裏來，怎生？"奏呵，奉聖旨："那般者。"欽此。

【校注】

〈1〉行御史臺〔准御史臺〕咨該　據文義補。以下是御史臺發給行臺的咨文。

〈2〉這裏　指朝廷。

〈3〉上位　上面，指皇帝。與上條注〈6〉"上頭"意同。

〈4〉禿禿哈根前分付有　禿禿哈，當即土土哈（1237—1297年），元朝前、中期大臣。欽察人，襲父職爲怯薛哈剌赤（制黑馬奶者）長，官至同知樞密院事。卒封延國公，謚武毅，後加封昇王。據《元史》卷一二八《土土哈傳》，土土哈於至元十九年至二十二年歷任同知太僕院事、同知衛尉院事兼領群牧司二職，其職掌與牧養官牛馬有關。因此本條文書所謂"禿禿哈根前分付"，當指此前頒佈的制度，北方地區"察出來的馬牛"均交由官牧場飼養。

〈5〉管民官　指地方行政官員。

【解題】

本條文書內容與上條接近，應當也是指江南行臺所清查地方羨餘財物的處理問題，主要說的是牲畜和糧食。這些物資本應上交中央，但考慮到運輸不便，經御史臺向世祖奏准，決定就地變賣，所得款項解送朝廷。

户七·45　禁約下鄉銷糧鈔〈1〉(21/20b, 21/32b)

至元二十四年五月，福建行省〈2〉准本省參知政事〈3〉魏奉國〈4〉咨該：近體知得各處州縣司吏、鄉司〈5〉人等，遞年〈6〉以來，每遇節朔〈7〉，科斂追節錢物不少。無由而行，以徵糧爲名，各分都保〈8〉，給引〈9〉催徵。或户名爭差，或升合懸欠〈10〉，或自鈔在佃客之家，未及取回，或元無苗額〈11〉，妄行飛射〈12〉，一勾到官，便即枷禁決撻，恣意騙脅，以供餽節之費。民户驚怕，不得安居。緣各處人户送納苗糧，將所納糧數獲到官鈔，已赴合屬州縣銷照〈13〉，自有明白數目。合行下各路，禁約司縣官吏人等，今後毋得假此名色差人下鄉。如中間委有合欠米數，釐勒〈14〉司縣，承催鄉司驗數填納，並不許妄説，就人户名下亂行勾徵騙擾。似望徵官糧有歸，庶革前弊，人户亦得安心住坐。咨請照驗施行。

【校注】

〈1〉糧鈔　官府發給納糧百姓的收據。即下文所謂"送納苗糧……獲到官鈔"。參見前文户七·1條"至元新格"注〈14〉。

〈2〉福建行省　元前期行省名。世祖至元十四年（1277年）始置，設治福州，又曾移治泉州、漳州。幾度併入江西行省，至成宗大德三年（1299年）正式廢罷，併入江浙行省。元末又曾復設。

〈3〉參知政事　元官名，設於中書省（或尚書省）、行省，輔佐丞相、平章等官處理省務，與右、左丞同稱"執政"而地位次之，秩從二品。

〈4〉魏奉國　當即魏天祐，元前期大臣。福建人，號容齋。至元十三年由宋降元，授管軍總管兼知邵武軍事，後陞福建行省參知政事。奉國，指武散官奉國上將軍，秩從二品上。

〈5〉鄉司　宋朝基層職役，掌書寫鄉村賦稅帳册。元朝許多地方仍存其名。孔齊《至正直記》卷二"廣德鄉司"條："廣德小民錢鄉司者，專與鄉里大家理田畝丈尺稅賦等則出入，謂之鄉司，至賤之職也。"

〈6〉遞年　連年，累年。

〈7〉節朔　節日，節令。

〈8〉都保　農村基層組織。宋神宗時立保甲法，以十户（後改五户）爲一保，五保爲一大保，十大保爲一都保，保内犯罪連坐。元朝農村基層管理組織爲鄉、都，保甲制僅存在於局部地區。也可能此處應讀爲"都、保"，即用都、保兩個概念泛指農村社區。

〈9〉給引　簽發文書。引，指官府的文書、命令。

〈10〉懸欠　不足，拖欠。

〈11〉苗額　苗糧稅額，即應承擔的稅糧。

〈12〉飛射　强行分攤。

〈13〉銷照　注銷。

〈14〉鏊勒　約束。

【解題】

本條是至元二十四年福建行省參知政事向行省提出的建議，要求禁止官府吏員和鄉村基層管理人員以注銷"糧鈔"即核實百姓繳納稅糧數額爲名，下鄉勒索錢財。

户七·46　禁取要納事錢〈1〉（21/20b，21/33a）

至元二十九年，江西行省：

據龍興路申："准廉訪司〈2〉牒該：'副使〈3〉牒：江西行省所轄一十二路〈4〉内，江州〈5〉係下路〈6〉。上年商稅、酒務〈7〉恢（辨）〔辦〕〈8〉課程，其各務多收用錢，供指江州大盈庫〈9〉官因解課程，收要納事鈔兩。其經官轉打〈10〉江西行省典吏〈11〉并省庫及江西運司〈12〉庫子人等取要鈔數别行外，其餘路分，即係一體，省庫取受一分，各路取至十倍，上行下效，舊弊未除。照得官司起解錢物，自有應副脚力分例〈13〉，若不行移改正，誠恐擾民〈14〉。牒請施行。'准此。申乞施行。"除外，仰禁治施行。

【校注】

〈1〉納事錢　下文作"納事鈔兩"。指辦事時有關機構收取的附加費用。

〈2〉廉訪司　指江西湖東道肅政廉訪司。參見前文户七·13"贓罰開寫名件"條注〈4〉。

〈3〉副使　指江西湖東道肅政廉訪司副使。參見前文户七·31"多支官錢體覆不實斷罰"條注〈9〉。

〈4〉江西行省所轄一十二路　按江西行省下轄十八路，九州，其中廣東地區的七路、八州分設廣東道宣慰司統領（參見前文户七·27"軍人鹽錢"條注2）。此處所謂"一十二路"，疑指江西行省直轄的十一路、一州而言。

〈5〉江州　即江州路，元路名，隸屬於江西行省，治所在今江西九江，爲下路。下轄録事司及五縣。

〈6〉下路　元朝的路分爲上、下兩個級別。至元二十年定制，十萬户以上者爲上路，十萬户以下者爲下路。如位居衝要之地，不足十萬户亦爲上路。參見《元史》卷九一《百官志七》。

〈7〉商税、酒務　指徵收商税的税務和徵收酒税的酒務。參見前文户七·14"官錢不收軟鈔"條注〈3〉"酒税務"。

〈8〉恢（辨）〔辦〕　據文義改。恢辦，即規劃辦理。《吏學指南》"錢糧造作"門"恢辦"條："規畫曰恢，備具曰辦。"

〈9〉大盈庫　元江西行省官庫名。本條中大盈庫在江州路，另外撫州路亦有大盈庫，參見《元典章》卷九《吏部三·官制三·倉庫官·倉庫官陞轉》。

〈10〉轉打　當指轉收。

〈11〉典吏　元吏員名，掌文書收發、啓緘、保管等事，中央到地方各級機構中普遍設置，屬於地位較低的吏職。

〈12〉江西運司　即設於江州路的榷茶都轉運司，掌管江南地區茶葉專賣事務，秩正三品，設轉運使、同知、副使等官。因設於江西行省境内，故亦稱江西運司。

〈13〉脚力分例　指運輸費用。

〈14〉誠恐擾民　自"江西行省所轄一十二路"至此，係江西湖東道肅政廉訪司副使寫給廉訪司的牒文。

【解題】

本條是江西行省根據龍興路申文下發的禁令。江州大盈庫官以解送税課之需爲名，向相關地方税務機構收取附加費用，税務機構又將這筆費用轉嫁給納税人。江西道廉訪司查獲這一情況，指出官府運送錢物已有專門經費，江州大盈庫的行爲屬於非法斂財，因此行文龍興路，呈報行省明令禁止。

户七·47 變賣官物（21/21a，21/33a）

至大三年四月，行省准中書省咨：

御史臺備監察御史呈："照刷〈1〉出河南行省文卷一宗内一件：'大德十一年七月十七日，(安)〔汝〕寧府〈2〉申：解到賊人棄下馬七疋。發下汴梁路〈3〉，變賣作鈔解省。回據本府〈4〉申：馬七疋賣到鈔一十八定三十八兩，内高平章〈5〉宅買馬四疋，崔參政〈6〉宅買馬三疋。'照得馬價多者每疋不過三定，少者一定之上，校之市價，至甚虧官。其有司(佑)〔估〕體〈7〉不實，本省官不應收買，事在革前〈8〉。似此虧官，若不禁革，深爲未便。參詳，今後凡賣官物，須令有司估體時直，别無高擡少估，再令不干礙官司重行覆實相應，方許貨賣。聽從百姓交易，其見任官吏不得收買，違者究治，庶望少革奸弊。具呈照詳。"送據刑部呈："參詳，今後諸衙門凡有變賣官物，合准監察御史所擬，從實估價，聽從百姓交易，見任官吏不得收買，誠爲允當。具呈照詳。"都省准擬。

【校注】

〈1〉 照刷　亦稱刷卷，指檢查官府案卷文牘，覆核其中有無奸弊違錯，是元朝監察機構一項重要的職掌。《元典章》卷六《臺綱二·體察·察司合察事理》："諸官府文卷，上下半年照刷。但有違錯，依理決罰。"

〈2〉 (安)〔汝〕寧府　據《元史》卷五九《地理志二》改。汝寧府，元散府名，隸屬於河南行省，治所在今河南汝南，下轄四州、五縣。元初爲蔡州，隸汴梁路，至元三十年（1292年）更名，陞爲散府，直隸行省。

〈3〉 汴梁路　元路名，爲河南行省設治之地，治所在今河南開封，爲上路。下轄録事司及五州、十七縣。元初名南京路，至元二十五年（1288年）更名。

〈4〉 本府　指汴梁路總管府。

〈5〉 高平章　平章，即平章政事，元官名，設於中書省（或尚書省）及行省，與丞相同稱"宰相"而地位次之，秩從一品。高平章，當即高興（1245—1313年），字功起，蔡州（今河南汝南）人，元前、中期大臣。初爲宋將，至元十二年（1275年）降元，積功陞管軍萬户，歷任行省、樞密院等要職。成宗末年，任河南行省平章政事。卒封梁國公，諡武宣。《元史》卷一六二有傳。

〈6〉 崔參政　參政，即參知政事。參見前文户七·45"禁約下鄉銷糧鈔"條

— 407 —

注〈3〉。此處指河南行省參知政事。崔參政名不詳。

〈7〉（佑）〔估〕體　據沈刻本改。估體，即估計、估算，引申爲估價。

〈8〉革前　同"格前"，亦可理解爲"革撥之前"，意即赦前。參見前文户七・38"格前克落錢糧稟例"條注〈1〉、注〈12〉。

【解題】

本條的内容是變賣官物。在此場合官府爲賣方，與"和買"中作爲買方的角色正好相反，但在管理制度上類似，即應當先由官府合理估價，再經其他機構核實價格，方可交易。而且還禁止現任官吏購買，以防他們利用權力圖謀私利，使官府利益受損。在本條文書中，汴梁路賣馬時被河南行省的高平章和崔參政低價購買，監察御史在進行例行公文檢查時發現了這一情況，因而通過御史臺向中書省提議重申相關規定。經刑部討論，採納了這項提議，發佈有關規定，要求嚴格執行。高平章、崔參政低價買馬一事則因事在赦前而免予追究。

户七・48　別里哥〈1〉索錢糧（21/21a，21/34a）

至大三年八月，江西行省准尚書省咨：

至大三年四月初二日奏："中都留守司〈2〉官人每説有：'支請錢糧是大勾當有。如今諸衙門應索錢（物）〔糧〕諸物〈3〉，無奏奉聖旨，又無尚書省文字，口傳言語，白文字別里哥行着要有。俺不與呵，怕有。與呵，干礙着錢糧大體例，俺也怕有。'"奏呵，奉聖旨："今後諸衙門但要索錢糧，没明白印信文書呵，休與者。"麽道，聖旨了也。欽此。

【校注】

〈1〉別里哥　蒙古語，意爲"符驗""證明"，在元朝通常泛指文符證件。此處指各種非正式的函件。

〈2〉中都留守司　元中期官署名。武宗至大元年（1308年），因計劃在隆興路（治今河北張北）興建中都，故設中都留守司於其地，兼開寧路（隆興路更名）都總管府，置達魯花赤、留守等官。至大四年武宗卒，中都停建，留守司亦罷。

〈3〉錢（物）〔糧〕諸物　據上下文改。

【解題】

本條是元武宗時尚書省發佈的文件。中都留守司稟報，許多官府（應當主要指從怯薛組織中發展出來的近侍機構）在没有正式憑據的情況下前來索要錢糧，疲於應付。尚書省奏請武宗的聖旨，予以查禁。

新集·户部·倉庫

新户倉1 倉庫巡防盜賊火燭（倉/1a，新户/10a）

延祐六年二月　日，江西行省准中書省咨：

延祐六年正月二十五日，亦列赤平章〈1〉、買奴郎中〈2〉根底，野里牙國公〈3〉傳奉聖旨："但有的倉庫裏，好生計較〈4〉火燭者！裏頭、外頭好生着緊巡捕盜賊者！"麽道，傳聖旨來。欽此。都省咨請欽依施行。

【校注】

〈1〉亦列赤平章　平章，見前文户七·47"變賣官物"條注〈5〉。此處所指係中書省平章政事。亦列赤，氏族不詳，仁宗延祐五年（1318年）至七年曾任中書平章政事，見《元史》卷一一二《宰相年表》。

〈2〉買奴郎中　郎中，元官名，置於中書省（或尚書省）及行省左右司、六部，統領吏員，輔佐省、部正副長官處理政務。此處所言爲中書省右司郎中，秩正五品，主要職掌爲輔佐宰相處理兵、刑、工三部上報政務。買奴，字德卿，哈剌魯人，由怯薛寶兒赤（厨師）入官，仁宗延祐後期任中書省右司郎中，後官至翰林學士承旨。事迹見黄溍《金華黄先生文集》卷二四《宣徽使太保定國忠亮公神道第二碑》。

〈3〉野里牙國公　國公，元爵名。野里牙（？—1330年），又譯也里牙，拂林（今叙利亞）人，元前、中期大臣愛薛之子，仁宗時權相鐵木迭兒之婿。仁宗初，襲父爵封秦國公。歷任崇福使、太醫院使等職，文宗時因怨望咒詛被處死。參見韓儒林《愛薛之再探討》，載氏著《穹廬集》（上海人民出版社1982年版）。

〈4〉計較　考慮，提防。

【解題】

本條文書的内容是保證倉庫安全。仁宗派人向中書省官員傳旨，提醒倉庫管理注意防火、防盜。中書省因而將旨意咨發各行省。

義倉

新倉2 點視義倉有無物斛〈1〉（倉/1a，新户/11a）

至治元年二月　日，江西廉訪司奉江南行臺劄付：

監察御史呈："會驗元欽奉條畫内一款〈2〉〔云義倉驗口數留粟〕。欽此。欽詳每社設立義倉，驗口數留粟，以備（愉）〔儉〕歲〈3〉，寔欲黎元樂養生之福。各處農事官不體朝廷恤民之意，將義倉視爲泛常。今（漂）〔溧〕水州〈4〉申報延祐四年五年六年三周物斛數目，稻三千八百五十三石六斗，米七千五百九十石七斗。卑職親詣附郭〈5〉上元等鄉〈6〉撞點〈7〉得，里正〈8〉劉文富不曾設置倉所，見在稻米又不如法收貯，及里正宋翊侵食舊管稻穀，旋將今歲新收物斛抵搪〈9〉。官司取訖里正劉文富、宋翊并提調官達魯花赤〈10〉、知州〈11〉招伏斷罰。外，其餘鄉分不無一體。今本州提調農事官親詣各鄉，逐一從實點視前項米稻，如有短少，就便着落主典之人追徵還倉。仍於各鄉依例設義倉一所，於門首竪立綽屑〈12〉，大書雕刊'義倉'二字，以表眉目。更置粉壁〈13〉，開寫某年厶鄉厶人糧米若干。官司另置文簿二扇，依上開寫，用印關防。官司收掌一扇，里正收掌一扇，里正每季將見在稻米開申本州。如里正役滿，將文簿當官明白交割，倉門并米稻令提調官并里正、社長眼同關防封記。如此，少革侵漁之弊。除令本州行移提調官依上施行，具點訖糧數、義倉處所并里正姓名保結開申外，又慮各路州縣官司提調正官不爲用心點檢，亦有似此不立義倉去處，或有義倉，却無收到物斛。切詳，義倉誠爲拯荒之要。今主典之人多有侵食借用，虛申數目，其當該提點正官置之不問。又今歲南北俱有水旱災傷，即目秋成猶可過遣，來年春首必有饑貧。其饑貧之家，比及申明賑濟以來〈14〉，先賴義倉稻米以療其餒。若各處義倉罄然虛空，百姓必致流移。呈乞照詳。"得此。憲臺仰行移有司，欽依施行。仍常加點視，務在必行。

　　【校注】

　　〈1〉物斛　以斛稱量之物，即糧食。與"糧斛"意同。參見前文户七・5"倉糧對色准算"條注〈12〉。

　　〈2〉元欽奉條畫内一款　即前文户七・12"義倉驗口數留粟"條所引至元七年二月聖旨條畫。

　　〈3〉（愉）〔儉〕歲　據前文户七・12"義倉驗口數留粟"條改。

　　〈4〉（漂）〔溧〕水州　據《元史》卷六二《地理志五》改。溧水州，元州名，爲江浙行省建康路（參見前文户七・8"庫院不設揀子"條注〈3〉）屬州，治今江蘇南京溧水，爲中州。元初爲縣，成宗元貞元年（1295年）陞州。

　　〈5〉附郭　指治所所在地。

　　〈6〉上元等鄉　元溧水州下轄十七鄉，上元鄉在州治東南三十里。參見《至正金陵新志》卷四《疆域志・坊里》。

〈7〉撞點　抽查，突擊檢查。

〈8〉里正　元朝農村中鄉一級職役。參見前文户七·19"歲終季報錢糧"條注〈18〉。

〈9〉抵搪　抵换，搪塞。

〈10〉達魯花赤　見前文户七·2"關防錢糧事理"條注〈11〉。此處指溧水州達魯花赤，秩正五品。據《至正金陵新志》卷六《官守志·題名》，時任溧水州達魯花赤者爲闊闊帖木兒。

〈11〉知州　州長官。此處指溧水州知州，秩正五品。據《至正金陵新志》卷六《官守志·題名》，時任溧水州知州者爲石抹進。

〈12〉綽屑　亦作"綽楔"。本指古代住户門前所樹立表示身份或旌表的牌匾，引申爲一般的牌匾。

〈13〉粉壁　經過粉刷的牆壁。

〈14〉比及申明賑濟以來　在賑濟以前。比及……以來，意爲在……以前。

【解題】

元朝仿前代之制，於世祖至元六年（1269年）下令在民間廣設義倉，儲糧備荒。以後屢次重申其制，直到仁宗皇慶二年（1313年）尚在發佈整頓義倉的命令（參見前文户七·12條"義倉驗口數留粟"）。本條文書所述義倉弊端出現於仁宗後期，距皇慶二年不過數年，足見相關命令多爲具文。江南行御史臺監察御史至溧水州上元鄉檢查義倉儲糧情況，發覺已爲里正所侵吞。責任人雖被處罰，但這種情況顯然具有普遍性，因此御史呈文行臺，建議再次重申義倉規定，令地方官嚴加督察。行臺予以採納。義倉因屬民辦，通常皆由里正之類基層管理人員負責其事，里正侵吞倉糧遂成爲常見現象，元末南戲《琵琶記》第十六出亦有生動反映，可與本條參看。

新集·户部·錢糧
關收

新錢1　萬億庫〈1〉收堪中支持鈔（錢/1a，新户/13a）

至治元年二月　日，江西行省准中書省咨：

户部呈："萬億寶源庫〈2〉申：'奉符文：奉省判，爲甘肅〈3〉和糴〈4〉價中統鈔二十萬定，令本庫揀擇料鈔起運〈5〉。承此。於應有諸名項并寄庫鈔内揀擇起運，又行起運二十萬定。爲此，照得本庫先收各行省、鹽運司〈6〉并諸路諸名項鈔内，多有與街市行使鈔樣一體，不堪支持。今兩淮鹽運司〈7〉解到中統鈔一百五十餘萬定内，已起上都〈8〉八十萬定，又撥換起運和林〈9〉五十萬定。今於見收諸名項鈔内，選起甘肅二十萬定。若不申覆，誠恐各處依前將課程并諸名項錢，不行委官監臨提調收受，依前起解不堪支持鈔定前來卑庫，難以支持。申乞施行。'得此。本部議得：萬億寶源庫申，各處行省與鹽運司、諸路解到諸名項鈔定，多與街市行使一體鈔樣，不堪支持。蓋是各處提調正官不為用心親臨監收，以致如此。參詳，今後各處凡收課程諸名項鈔定，須要提調正官親臨監收堪中支持無昏爛〈10〉鈔定，赴都交納相應。具呈照詳。"得此，咨請依上施行。

【校注】

〈1〉 萬億庫　元官庫名。户部屬下有萬億四庫，秩正四品，皆設都提舉、提舉、同提舉、副提舉等官，分別為萬億寶源庫、萬億綺源庫、萬億廣源庫、萬億賦源庫，各自貯存不同類型的財物。此處所指為萬億寶源庫。

〈2〉 萬億寶源庫　元萬億四庫之一，負責貯存紙幣及玉器。

〈3〉 甘肅　指甘肅行省，元行省名。全稱甘肅等處行中書省，統七路、二州，設治甘州路（治今甘肅張掖），轄境包括今甘肅、寧夏大部、内蒙古西部以及青海東北部。

〈4〉 和糴　見前文户七·41"免徵錢糧體例"條注〈4〉"和糴倉"。

〈5〉 令本庫揀擇料鈔起運　自"奉省判"至此，係萬億寶源庫收到的户部符文。料鈔，指新鈔。

〈6〉 鹽運司　即鹽轉運司，元朝負責食鹽專賣事務的機構。

〈7〉 兩淮鹽運司　元鹽轉運司之一，全稱兩淮都轉運鹽使司，置司於揚州路（治今江蘇揚州）。秩正三品，設轉運使、同知、副使等官。

〈8〉 上都　元朝兩都之一，在今内蒙古正藍旗東，皇帝通常每年夏天在此駐蹕。元於此置上都路，設上都留守司，兼本路都總管府事。

〈9〉 和林　元朝前身大蒙古國都城，全稱哈剌和林，在今蒙古國哈爾和林。元於此置和林宣慰司都元帥府。中期改設和寧路，為嶺北等處行中書省治所。

〈10〉 昏爛　模糊、破損。

【解題】

本條是元英宗初年中書省發往行省的咨文。户部屬下萬億寶源庫呈報，因支付甘肅和糴糧價，需用紙面完好的"料鈔"二十萬定。清點庫存紙鈔時，發現其中許多已經殘損，難以使用。因此請求朝廷明下指令，各地收稅時一定要嚴加檢查，拒收殘損紙鈔。户部附議後呈送中書省，發佈執行。本條與前文户七·14"官錢不收軟鈔"講的是同一問題的兩個方面，文書年代也十分接近。官府在因税收等各種原因向私人收鈔時，如果過於挑剔，就可能對紙鈔的正常流通產生影響；而若不認真檢查，又會使官府蒙受損失。

侵盗

新錢 2　教授〈1〉直學〈2〉侵使學糧〈3〉（錢/1a，新户/14a）

延祐三年十一月□日，江西廉訪司奉行臺劄：准御史臺咨：

來咨："湖北廉訪司〈4〉申，慈利州〈5〉儒學教授張子仁、直學史直諒等，權官〈6〉醫學正〈7〉鄧濟等，侵用訖本學延祐元年學糧，及取受訖學佃户〈8〉郝再海等鈔定。取訖招伏，除醫學正鄧濟斷訖外，所據張子仁侵使係官錢糧，依十二章不枉法例〈9〉，決杖八十七下，恐涉太重。如將張子仁量決四十七下，解見任，別行求仕，直學史直諒、司吏黄嗣先決三十七下，革去，伏慮未當。咨請照詳。"准此。呈奉中書省劄付："送據刑部呈：'照得元貞元年三月十二日承奉中書省劄付：御史臺呈，程夢符告提舉〈10〉陳臧侵使學糧，取到招詞，欽遇詔赦。送本部議擬得，儒學提舉陳臧所招，除輕罪外，止據不合將至元二十九年上半年本司〈11〉合該紙劄錢〈12〉、稻穀一百石支要入己，又將理問所〈13〉給付到元追本司侵使南陽書院〈14〉贍學錢鈔二十三定，并蕭英發等處元收管錢鈔七定四兩五錢，計中統鈔三十定四兩五錢入己，即係枉法，已是贓滿〈15〉，罪經原免〈16〉，擬合依例罷職，除名不敘〈17〉，標附過名〈18〉。都省准呈，仰依例標附施行〈19〉。奉此。又照得延祐二年十一月二十七日欽遇詔赦〈20〉，除欽遵外，奉此。本部議得，各處廟學〈21〉錢糧，供給師生廪膳〈22〉、朔望春秋祭祀〈23〉。其主領教官人等，往往恣意冒濫支破，侵盗入己，雖有禁條，別無定例〈24〉。若依枉法不敘，難同係官倉庫錢糧。如解見任別敘，是又大啓倖門，助滋奸弊。以此參詳，慈利州儒學教授張子仁所招，不合與直學史直諒等節次將本學錢糧通同冒破、侵使入己罪犯，合依行御史臺所擬，除輕罪外，止據一節不合將支用未盡錢糧中統折至元鈔五十貫侵使入己爲重〈25〉，依不枉法例，二十貫以上至五十貫，五十七下，殿三年〈26〉，注邊遠一任〈27〉。罪經釋免，擬合依上殿叙。外據直學史直諒等，革去不敘相應。具呈照詳。'都省仰依上施行。"

【校注】

〈1〉教授　元學官名，主要設於較高級別的地方學校（州以上），爲一校之長，主管教學事務。中央的蒙古國子學及太史院等官署亦有設置。本條所言爲中州儒學教授，秩正九品。

〈2〉直學　元學官名，設於各級地方儒學，主管學校後勤、總務之事，爲流外職。

〈3〉學糧　指學田的地租。元各級地方學校大都配有學田，出租後收取地租，以充學校經費。

〈4〉湖北廉訪司　元廉訪司名，全稱江南湖北道肅政廉訪司。隸屬於江南行御史臺，置司於武昌路（治今湖北武漢武昌）。

〈5〉慈利州　元州名，隸屬於湖廣行省澧州路（治今湖南澧縣），爲中州。在今湖南慈利。元初爲縣，成宗元貞元年（1295年）升州。

〈6〉權官　代理官員。

〈7〉醫學正　元學官名。元朝地方路、府、州、縣皆置醫學，州醫學置學正一員，主管學校事務。爲流外職。

〈8〉學佃户　當指租種學田的佃户。參上文注〈3〉。

〈9〉十二章不枉法例　指元成宗大德七年（1303年）頒佈的"贓罪條例"十二款，其中枉法五款，不枉法七款。見《元典章》卷四六《刑部八·諸贓一·取受·贓罪條例》。

〈10〉提舉　元官名，設於各類提舉司，此處所言爲儒學提舉司提舉。元制，各行省皆置儒學提舉司，統領省內各級儒學教育、祭祀、錢糧供應等事，並負責考核士人呈進著述。秩從五品，設提舉、副提舉各一員。

〈11〉本司　即提舉陳臧任職的儒學提舉司。下文提到"本司侵使南陽書院贍學錢鈔"，南陽書院設在武昌，因而可推斷"本司"即湖廣行省儒學提舉司。參下文注〈14〉。

〈12〉紙劄錢　購買紙張的經費。

〈13〉理問所　元行省下屬機構，掌司法刑獄之事，秩正四品。設理問二員，副理問二員。

〈14〉南陽書院　元書院名。書院是北宋以來的私立學校，在元朝逐漸被納入官學系統。元南陽書院有二所：其一系南宋後期將領孟珙所建，在武昌；其二系元武宗時河南行省平章政事何瑋所建，在南陽。本條文書提到的南陽書院出現於成宗元貞元年文書中，可知必爲設在武昌的第一所。

〈15〉即係枉法，已是贓滿　據大德七年頒佈的"贓罪條例"十二款，枉法贓定罪最高標準爲至元鈔二百貫以上，杖一百零七下。此處陳臧貪污鈔數爲中統鈔三十定四兩五錢，折合共一千五百零四貫五百文，相當於至元鈔三百貫九百文，已超出枉法贓定罪的最高標準，故云"已是贓滿"。參見《元典章》卷四六《刑部八·諸贓一·取受·贓罪條例》。

〈16〉罪經原免　指因赦免於刑事處分。

〈17〉除名不敘　開除公職，永不敘用。根據大德七年"贓罪條例"，凡枉法受贓，一律除名不敘。

〈18〉標附過名　在人事檔案中記過，登載官員所犯過失的名目。參見《元典章》卷一一《吏部五·職制二·給由·官員給由開具過名》。自"程夢符告"至此，係御史臺向中書省呈文的內容。

〈19〉仰依例標附施行　自"御史臺呈"至此，是元貞元年三月十二日刑部收到中書省劄付的內容。

〈20〉延祐二年十一月二十七日欽遇詔赦　事見《元史》卷二五《仁宗紀二》："（延祐二年）十一月……辛未，以星變赦天下，減免各路差稅有差。"

〈21〉廟學　即儒學。因儒學皆建有孔廟，故稱廟學。

〈22〉廩膳　食糧。引申爲生活費用。

〈23〉朔望春秋祭祀　指儒學中祭祀孔子的典禮。按制度，儒學應在每月的初一（朔）、十五（望）兩日祭祀孔子。同時每年春二月、秋八月的第一個丁日，還要舉行更大規模的祭孔活動（參見前文戶七·24A"擬支年銷錢數"條注8"祭丁"）。合稱"朔望春秋祭祀"。

〈24〉雖有禁條，別無定例　意謂只有籠統的禁令，而沒有具體的懲罰量刑標準。

〈25〉爲重　古代法律規定，二罪以上俱發，須區分重、輕，以最重者量刑。本案中張子仁等的貪污款項不止一筆，比較贓數，以將"支用未盡錢糧"折合至元鈔五十貫貪污入己爲最重，應當根據此數目量刑，故云爲重。

〈26〉殿三年　指殿選三年，即三年內不得參加銓選。根據大德七年"贓罪條例"，凡不枉法受贓初犯者，一律殿選三年。

〈27〉注邊遠一任　下一次銓選安排到邊遠地區任職。根據大德七年"贓罪條例"，凡不枉法受贓初犯者，贓數在至元鈔二十貫到五十貫之間，殿選三年之後，皆注邊遠一任。

【解題】

本條內容的主體是元仁宗時查處的一起教官貪污學糧案件。湖北慈利州儒學教授張子仁等將本學延祐元年的學糧侵吞入己，江南行臺就其處理結果請示御史臺。報到中書省後，交由刑部擬議。根據成宗時頒佈的"贓罪條例"十二款（見《元典章》卷四六《刑部八·諸贓一·取受·贓罪條例》），官員贓罪區分爲枉法、不枉法兩大類。除各按贓款數量處以多少不等的笞杖刑外，枉法者一律除名不叙，不枉法者停職三年後另行銓叙（贓款特別多者亦除名不叙）。就廣義而言，所謂枉法，"凡於法有違礙者皆是"（《大清律輯注》卷二三《刑律·受贓》"官吏受財"條）。以此標準來看，教官貪污學糧影響教學正常進行，應屬枉法。刑部擬議中引用了此前成宗元貞元年的一件類似案例，即按枉法判決。但對本案的意見，却是學糧"難同系官倉庫錢糧"，如以枉法贓罪論處未免偏重，應當"依不枉法例"處斷。實際上，此案關鍵之處不在"枉法"與否，而在"係官"與否。學糧出自學田，其來源或爲政府撥賜，或係承自前代，或出於私人捐助，因此其所有權性質比較複雜，既非私人所有，又不是嚴格意義上的國有。刑部的判決是以這樣一個判斷爲基礎：學田和學糧不完全等同於"係官"財產，對與其相關的貪污行爲亦應稍輕發落。因此本屬"枉法"的罪行就按照"不枉法"標準進行了處理。

新錢 3A　延祐七年革後〈1〉稟到錢糧（錢/2a，新户/15a）

延祐七年八月□日，江西廉訪司奉〔行〕臺劄〈2〉，准御史臺咨，奉中書省劄付：

來呈延祐七年三月十一日革後稟例，送刑部照擬到下項事理。都省准呈，仰依上施行。

一，關出倉庫合給散軍匠等口糧、物料錢、衣裝，窮暴〔錢〕〈3〉、竈户工本，和買物價，和雇脚錢，并官降百姓出過首思、馬疋草料等錢，其侵借剋落、冒名支給事發到官已承伏者，罪遇原免，錢物合無徵納給散？未承伏者，合無追給？——刑部照得延祐四年二月十二日呈准中書省劄付："已關出倉庫應合給散軍匠口糧、物料錢、衣裝，窮暴〔錢〕、竈户工本，和買物價，和雇脚錢，并官降百姓出過首思、馬疋草料等錢，官吏人等冒名支請，全未給散者，既係已出倉庫合給散百姓錢物，難同係官正數。擬合追徵散給中間剋落之數，已有承伏者追徵給主，未承伏者欽依革撥。"已經照會。今承見奉，本部議得，上項事理，合依前例一體施行相應。

一，各站支持〈4〉，頭目人等查照出各年不應虛捏使臣起數，經過作宿〈5〉，以從作正〈6〉，冒支過首思、米麪等錢物，追徵之際，欽遇詔赦免罪，合無着落理？未經查照者，未審合無挨照〈7〉接站〈8〉理算追徵，唯復止將革後數目照刷？——刑部議得，各站官降支持錢物、祗應〈9〉，頭目人等虛捏使臣起數，及經過作宿，以從作正，冒支首思、米麫等物，既是係官錢糧，已未承伏，俱合查照追理相應。

一，諸局院〈10〉頭目尅落織造段疋、絲料價錢，罪經原免，合無追理？——刑部議得，諸局院頭目尅落織造段疋、絲料價錢，既是係官錢物，擬合欽依追問徵理相應。

一，諸官吏人等，延祐七年三月十一日已前冒破、多估、欺隱、尅落入己係官錢物，合無依例追問？——刑部議得，延祐七年三月十一日已前官吏人等冒破、多估、欺隱、尅落入己係官錢物，比之短少，情犯尤重。既是係官之數，已未承伏，俱各欽依追問徵理斷罪相應。

【校注】

〈1〉革後　指赦後。參見前文户七·47"變賣官物"條注〈8〉"革前"。
〈2〉奉〔行〕臺劄　據文義補。
〈3〉窮暴〔錢〕　據前文户七·38"格前克落錢糧稟例"條補。下同。
〈4〉各站支持　指驛站的開銷。支持，意爲供應。
〈5〉經過作宿　指驛站將路過並未住宿的乘驛人員虛報爲曾經住宿。
〈6〉以從作正　指驛站將乘驛人員中的"從人"虛報爲"正使"。元朝制度，乘驛人員有正、從之分，驛站對"從人"的供給標準低於"正使"（參見《元典章》卷一六《户部二·分例·使臣·定下使臣分例》）。如將"從人"虛報爲"正使"，與"虛捏使臣起數"和"經過作宿"一樣，皆可多報開支，損公肥私。
〈7〉挨照　比照，參照。
〈8〉接站　相鄰的驛站。
〈9〉祇應　供應。在元朝往往特指驛站爲乘驛者提供的飲食和生活必需品。
〈10〉局院　官手工業管理機構。參見前文户七·35"押運錢糧官例"條注〈5〉"造作局院務"。

【解題】

本條性質與前文户七·38、户七·39條近似，亦係遇赦之後如何處理赦前犯罪的問題。時元英宗即位，大赦天下，御史臺就赦前四種經濟犯罪行爲的處理方案提出請示，經刑部討論，擬定了相關補充規定，由中書省發佈。四種經濟犯罪分別是：（1）國家在因各種原因向有關人户發放錢物或支付報酬時，被官吏侵吞或冒領。（2）驛站虛報接待費用，多領錢糧。（3）官手工業機構官員克扣生產經費。（4）官員虛報、冒領、侵吞公款和公糧。對於後三種犯罪，刑部強調指出，其所貪污都是"係官"財產，因此雖經大赦，不管犯罪嫌疑人是否認罪，都要繼續嚴格追查。第一類犯罪則有所不同，所貪污錢物是國家發放給百姓的，一旦支出倉庫，既已不再"係官"。對官吏的侵吞或冒領行爲，雖然也要繼續追查，但力度有所鬆動。赦前已認罪者，即將贓款贓物追回，給付原主。如到大赦爲止尚未伏罪，即不再追究。

新錢3B　又（錢/2b，新户/16a）

至治元年九月□日，福建廉訪司〈1〉奉江南行臺劄付：

近據來申，爲稟通例事，移准御史臺咨，開到各項事理，已經遍行去訖［云云，見贓賄例〈2〉］。

一，諸人告發倉官人等結攬輕齎、飛走官糧〈3〉，革前招伏，已、未徵贓，或對證未有招伏，不見合無追斷？——前件，照得延祐七年三月十一日欽遇詔赦〈4〉節該："侵盗、短少係官錢糧不赦外"，欽此。又照得延祐七年十二月初一日欽奉詔書内一款〈5〉："諸人侵欺盗用［云云，至］已徵入主典之手者，不在此限。"欽此。今承見奉，本部〈6〉議得，諸人告發倉官人等結攬輕齎、飛走官糧，擬合欽依詔書事意施行。

【校注】

〈1〉福建廉訪司　元廉訪司名，全稱福建閩海道肅政廉訪司，隸屬於江南行御史臺，設治於福州路（治今福建福州）。

〈2〉見贓賄例　當指《元典章》新集《刑部·贓賄·雜例·延祐七年革後稟到通例》。

〈3〉結攬輕齎、飛走官糧　指管倉人員在徵收税糧時折收紙幣，據爲己有。結攬，意爲包攬、兜攬。輕齎，指紙幣，見前文户七·14"官錢不收軟鈔"條注〈4〉。折收的紙幣既被侵吞，實無税糧入倉，故云"飛走官糧"。

〈4〉延祐七年三月十一日欽遇詔赦　指元英宗即位詔。全文見《元典章》新集《國典·詔令·今上皇帝登寶位詔》。

〈5〉延祐七年十二月初一日欽奉詔書内一款　"欽奉詔書"指元英宗至治改元詔。全文見《元典章》新集《國典·詔令·至治改元詔》。該款内容爲："諸人侵欺盗用失陷短少減駁合追係官錢糧，如在延祐七年三月十一日詔書已前，已有追理文案者，先將奴婢財產盡數准折入官，不敷之數，體覆明白，並從釋免。若有不盡不實，從監察御史、肅政廉訪司體察。已徵入主典之手者，不在此限。"

〈6〉本部　據上條,當指刑部。

【解題】

本條是江南行御史臺向所屬廉訪司轉發的御史臺指示,内容仍屬赦前犯罪在赦後的處理問題,具體犯罪行爲則是倉官徵收税糧時折收紙幣入己。文件規定,此種犯罪行爲屬於侵盗或短少係官錢糧,英宗即位和至治改元兩次詔書中均有相關處理規定,對照執行即可。

收稿日期:2022年10月

鼎革之際：明代白銀貨幣化與清朝早期近代化進程

萬 明

摘 要：本文聚焦明代白銀貨幣化對於清朝建立的影響，以期對明清早期近代化歷史進程的連續性形成相對完整的新認識。指出明代白銀貨幣化是中國早期近代化歷史進程的起源，中國近代化歷史進程可以劃分爲兩個階段，清朝是中國早期近代化歷史進程的延續；中國早期近代化進程是全球近代化大合流的一部分，但不是西方經驗的復製；明清鼎革之際，在經濟全球化第一波中，清承明制，"死的沒有拖住活的"，清朝重建了君主專制中央集權政治體制的王朝國家，以回歸與重建，繼承了傳統，也承繼了變革：中國國家與社會的近代轉型——中國早期近代化發展進程仍然在延續；中國與全球近代化發展大合流的趨向，也沒有發生分流。既往中外學界的認識，應該有所修正。

關鍵詞：明清鼎革　清朝　白銀貨幣化　早期近代化進程　延續

引　言

在 2015 年第 22 屆歷史科學大會"全球視野下的中國"主題會議上，筆者發表《白銀貨幣化：明朝中國與全球的互動》一文[①]，評議人美國彭慕蘭教授提出了"白銀貨幣化對清朝影響"的問題。這正是本文探討的緣起。鑒於有關明清鼎革方面的研究不勝枚舉，學界往往聚焦政治史或文化史，在經濟上主要關注明朝一條鞭法與清朝的聯繫，對於白銀貨幣化與清朝的關係，沒有先行的研究。鑒於筆者在既往研究中提出明代開啓了傳統中國從賦役國家向賦稅國家的近代轉型的

[①] Wan Ming, "The Monetization of Silver in China: Ming China and Its GlobalInteractions", in *China's Development from a Global Perspective*, María Dolores Elizalde and Wang Jianlang ed., Cambridge Scholars Publishing, 2017.

觀點，因此循此考察鼎革之際白銀貨幣化對於清朝的影響。

從全球史視野出發，在空間上是全球範圍，在時間上聚焦與17世紀全球危機相同時間段的明清鼎革，中國是17世紀全球危機的一部分。在這一歷史時期，中外變革同時發生，國內國際不是兩張皮，而是相互糾結在一起的中外變革與近代轉型的歷史進程。在這一進程中，中國經歷了四個政權的輪番出現——明朝、李自成大順朝、張獻忠大西朝，直至清朝建立了穩固的政權。

明代白銀貨幣化，顯現的是時代特徵，為明清鼎革提供了嶄新的整體性思維，中外聯通的分析與研究視角。明代白銀貨幣化源起於市場，是市場/社會與國家博弈勝出的產物，是市場經濟的萌發，中國由此以內生原發性變革走向海外，將中國市場與全球市場連接起來。[①] 中國積極引領並參與了16世紀經濟全球化開端的建構，帶來了市場經濟發展的百年繁榮。重要的是，張居正順時應勢，以財政為改革核心，推動白銀貨幣化完成於財政貨幣化，市場"看不見的手"與國家"看得見的手"協同運作下，促使兩千年傳統財政體系從實物與力役為主到白銀貨幣為主的近代財政體系轉型，標誌中國與全球化趨同的傳統國家與社會向早期近代轉型的啟動。從西方新財政史的角度來看，西方國家經歷了從領地國家到稅收國家的近現代轉型，國家和社會治理模式發生了重大變化；在明代中國國家與社會的近代趨向型轉型中，經歷了從傳統賦役國家向近代賦稅國家的轉型，國家與社會治理模式也發生了重大變化。財政貨幣化，傳統財政體系史無前例地向以白銀貨幣為主急劇轉型，激發了王朝財政（包括皇室財政與國家財政）對於白銀貨幣需求的日益增長。明神宗親政以後，財政治理新形態——内官稅收體制出臺，國家與市場/社會的博弈白熾化，皇權強力干預市場的結果，是市場由此全面衰退，而國家也由此一蹶不振，迅速走向衰亡。無獨有偶，置於世界銀產量下降的17世紀全球危機，以及國際貿易競爭戰加劇的背景下考察，彼時中國市場衰退成為17世紀全球危機的一部分，國內外危機合力形成諸多明朝滅亡綜合因素的樞紐，促使中國回歸傳統王朝循環型道路——回歸傳統君主專制中央集權政治體制，這決定了繼承明朝建立的是又一個王朝國家。

讓我們回到明清鼎革之際的時代主題：國家與市場/社會的博弈。筆者認為，17世紀全球危機是一個現實存在，中國是全球危機的一個組成部分。中國市場的大衰退自16世紀末開始啟動期，從萬曆二十四年（1596年）直到崇禎十七年（1644年）明朝滅亡，仍沒有結束，持續時間遠在半個世紀以上，至清朝康熙年間，即17世紀結束才逐漸緩和與消解，其間充滿了國家與市場/社會的博弈，而

[①] 參見萬明《明代白銀貨幣化：中國與世界連接的新視角》，《河北學刊》2004年第2期。

在博弈之中，有回歸，也有重建。清朝究竟繼承了明朝什麼？清承明制的基本内涵是什麼？明代白銀貨幣化開啓的中國走向早期近代化的歷史進程，在明清鼎革之際是斷裂了，還是在延續？以下就此展開探討，以就教於學界。

一　博弈中的回歸

明清鼎革之際，探討清朝如何能夠成功地接受明朝的歷史遺産，汲取其治理經驗和衰敗教訓，在17世紀全球危機中如何起承轉合的曲折歷程，這裏有一個我們需要釐清而且繞不過去的問題，即清朝建立，首先面臨的不是"新清史"討論的所謂焦點"民族""文化"問題，而是政權生存問題——財政是政權建立的重要經濟基礎。探討白銀貨幣化之初，翻開明朝典制文獻《大明會典》發現没有"銀法"，因此筆者開始從民間契約文書追尋白銀不同尋常的貨幣化過程；① 而翻開清朝典制文獻《清朝文獻通考》，映入眼簾的首先是"田賦考"和"錢幣考"，② 這並非是清人的獨創，而是沿襲馬端臨《文獻通考》體例"二十四門以田賦爲首"，可見歷代王朝對於田賦的重視非同一般，清朝概莫能外。清朝對於傳統田賦與錢幣的重視，來自歷朝歷代的治理傳統，這促使筆者思考：清朝是如何從恢復傳統入手，通過田賦與錢幣的治理重整天下的？"賦税是政府機構的經濟基礎"③，清入關以後，面臨的是一片蕭條的市場和民窮財匱的社會，恢復財政治理成爲王朝亟待解決的首要問題。清朝之所以能夠避免明朝和李自成、張獻忠政權敗亡的覆轍，渡過了開國的危機，並在開國後延續二百多年統治，"田賦"確實是王朝至關重要的命脈。我們知道，1644年連續發生一系列事件：三月明亡，四月李自成在北京即帝位，隨後撤離北京；五月清多爾袞入北京，七月即宣佈取消明朝正額外一切加派。九月，清世祖順治帝入北京，十月重申以《萬曆會計録》原額徵税，廢除明朝末年加派賦税，確切表明繼承明朝中央集權財政定賦原則，整頓明後期財政從集權到分權的紛亂局面，穩定田賦，以達到穩固政權的目的。清承明制，這無疑是一種傳統的回歸。

（一）清初諭旨的表述

清朝入關後，對於"錢糧徵派"的依據，表述有三種：一是"前期會計録原

---

① 萬明：《明代白銀貨幣化的初步考察》，《中國經濟史研究》2003年第2期。
② 《清朝文獻通考》，首列《田賦考》，次列《錢幣考》，浙江古籍出版社1988年版。
③ 《馬克思恩格斯選集》第3卷，人民出版社1972年版，第22頁。

額",二是"萬曆四十八年則例",三是"萬曆年間則例",均可證明清初汲取明朝和張獻忠、李自成政權的失敗教訓,解決新王朝稅收無所依據,陷於混亂局面,首先明確了清承明制,回歸傳統;但剔除明末弊政,比較理性地把田賦稅收提上了規範化日程。下面依序將繼承明朝舊制的表述簡略羅列於此,以爲證明。

順治元年(1644年)清朝入關後,七月,攝政王諭軍民人等令旨云:

> 至於前朝弊政,厲民最甚者,莫如加派遼餉,以致民窮盜起。而復加剿餉,再爲各邊抽練,而復加練餉,惟此三餉,數倍正供,苦累小民,剝脂刮髓。遠者二十餘年,近者十餘年,天下嗷嗷,朝不及夕。①

十月初一,順治帝入京,頒佈即位詔云:

> 地畝錢糧俱照前朝會計録原額,自順治元年五月初一日起按畝徵解,凡加派遼餉、新餉、練餉、召買等項,悉行蠲免。②

這裏首次明確規定"地畝錢糧俱照前朝會計録原額,自順治元年五月初一日起按畝徵解",此"前朝會計録",應是確指《萬曆會計録》。

順治二年(1645年)六月,清朝頒佈恩例,重申:

> 河南、江北、江南等處人丁地畝錢糧及關津稅銀,各運司鹽課,自順治二年六月初一日起,俱照前朝會計録原額征解。官吏加耗重收,或分外科斂者,治以重罪。凡各派遼餉、剿餉、練餉、召買等項,永行蠲免。即正項錢糧以前拖欠在民者,亦盡行蠲免。③

順治三年(1646年)四月,順治皇帝頒詔于户部:"國計民生首重財賦,明季私徵濫派,民不聊生",特遣大學士馮銓前往户部,與公英俄爾岱查覈内外錢糧:

> 嚴核詳稽,擬定《賦役全書》,進朕親覽,頒行天下。務期積弊一清,民

---

① 《清世祖章皇帝實録》卷六,順治元年七月辛丑,鈔本。引自愛如生數據庫,《實録》下同。
② 《清世祖章皇帝實録》卷九,順治元年十月甲子。
③ 《清世祖章皇帝實録》卷一七,順治二年六月己卯。

生永久稱朕加惠元元至意。①

由此，明末没有條件編制完成的旨在全國強化中央集權財政稅收的《賦役全書》，在清朝政權尚未穩定的情況下，已經開始推動實施了。

此後，順治四年（1647年）的兩道諭旨，不同於以前，出現了"俱照前朝萬曆四十八年則例徵收"②，"通照前朝萬曆四十八年則例徵收"③。查閱明代文獻，並無一個"萬曆四十八年則例"，這曾經困擾了許多研究者。

順治五年（1648年）十一月，在表述上又有變化。順治帝宣佈"派徵錢糧，俱照萬曆年間則例，其天啓、崇禎年加增，盡行蠲免"④。云通行已久，如有違犯重處。這裏僅提"俱照萬曆年間則例"，並于其後順治十一年六月，順治十四年三月，順治十七年正月，總共三次重申"俱照萬曆年間則例"，這不僅可以證實上述明朝並無一個成文的萬曆四十八年則例的推測，而且也使我們更加確認清朝"派徵錢糧"所依憑的萬曆則例是截止于萬曆年間，不包括其後的天啓、崇禎加派。萬曆年間明朝與後金的戰事，導致遼餉的出現，包括萬曆四十六年（1618年）、四十七年（1619年）、四十八年（1620年）畝加九厘，通計全國加徵520萬兩白銀。清朝依據萬曆年間則例，實際上繼承了遼餉加派，形成了清朝的九厘稅收。周遠廉先生認爲這是"爲了不激起民憤，不背負繼承明代'遼餉'弊政的駡名，所以，第四、五、六道恩詔，乾脆取消了"遼餉""剿餉""練餉"的名詞，只寫照萬曆四十八年則例徵收"⑤。這種看法是頗有道理的。順治六年（1649年）七月十五日，巡按江西監察御史王志佐題本是遼餉徵收的證明，特錄於下：

> 案查明季萬曆四十八年間，江西布政司奉文，每田一畝加派遼餉銀九厘，共該銀三十六萬一千三十六兩一錢四分四厘。至崇禎年間又加練、新二餉，内多取給抽扣、裁節、髒罰、稅契等銀。至順治三年歸附之後，據布政司通行造册奏報，謂此三餉俱在蠲免之列矣。後奉部文，通行省道，内開派徵錢糧照萬曆年間則例，其天啓、崇禎年加增盡行蠲免。蓋以前項遼餉在萬曆年間加派，故復照舊派征耳。⑥

---

① 《清世祖章皇帝實錄》卷二五，順治三年四月壬寅。
② 《清世祖章皇帝實錄》卷三〇，順治四年二月癸未。
③ 《清世祖章皇帝實錄》卷三三，順治四年七月甲子。
④ 《清世祖章皇帝實錄》卷四一，順治五年十一月。
⑤ 周遠廉：《清朝興亡史》第2卷，北京燕山出版社2016年版，第65頁。
⑥ 故宫博物院明清檔案部編：《清代檔案史料叢編》第1輯，中華書局1978年版，第152頁。

順治十一年（1654年）六月二十九日，欽差總督湖廣等處地方軍務監理糧餉兵部尚書兼右副都御史祖澤遠的題奏，也即湖廣徵派遼餉的又一證明。

> 以上民藩田共加玖厘遼餉，除陸千叁百肆拾捌兩零另議外，實得銀伍拾貳萬伍千壹百貳拾兩零壹錢叁分捌厘捌毫，未免與部數有差。但楚當冰火之餘，冊籍無存，民多窮苦，既經詳請前來，不得不據以上聞，冀皇恩于萬一也。①

到順治十四年（1657年），清朝刊定《賦役全書》，皇帝再一次重申：

> 錢糧則例，俱照明萬曆年間，其天啟、崇禎時加增，盡行蠲免。地丁則開原額若干，除荒若干，原額以明萬曆年刊書爲准……至若九厘銀，舊書未載者，今已增入。②

綜上所述，清朝正是在繼承明朝萬曆年間舊制基礎上，建立了王朝財政稅收制度。

（二）清初繼承的《萬曆會計錄》《賦役全書》内涵辨析

早在順治元年（1644年）十一月，山東道監察御史寧承勳奏言：

> 賦役之定制未頒，官民無所遵守。祈敕部於《賦役全書》外，無藝之徵，盡行裁革。如恩詔内有全免者，有半免者，有免三分之一者，著定書冊，刊布海内，令州縣有司遵照規條，户給易知由單，庶愚民盡曉而永遵良規矣。③

當時此奏下户部議，可見清帝甫入關，已經有人提出依據《賦役全書》與賦役定制的問題。

《清朝文獻通考》卷一《田賦考》云：

---

① 故宮博物院明清檔案部編：《清代檔案史料叢編》第1輯，第158頁。
② 《清世祖章皇帝實錄》卷一一二，順治十四年十月丙子。關於清初不僅遼餉，還有其他明末加派的徵收，參見陳鋒《清初"輕徭薄賦"政策考論》，《武漢大學學報》1999年第2期；何平《從李之芳〈賦役詳稿〉看清代賦税征課額的構成》，《學術研究》1997年第6期。
③ 《清世祖章皇帝實錄》卷一一，順治元年十一月庚戌。

凡任土定賦之規，多仍明舊，而其隨意損益者，皆因時度地而酌協於中。世祖初並宇内，即除明季加派私增之弊，訂定《賦役全書》，頒行天下。①

這裏表明，田賦徵派"多仍明舊"後，是訂定《賦役全書》，頒行天下。"《賦役全書》關乎一代之制度"，順治朝編制的《賦役全書》，是在明朝舊籍基礎上訂正而成，其繼承性不言而喻。康熙《大清會典》將順治三年（1646年）以後編制的《賦役全書》直接稱爲"訂正全書"②。更説明清朝中央集權財政體制建立以此爲基點，將全國賦役税收納入了常規化的軌道。

值得注意的是，山西道監察御使張懋熺奏云：

前朝有《賦役全書》《會計録》二書，通行天下，匯藏户部，財賦出入之數纖悉備具。今府縣之籍存、去不可考，户部所藏者，現在雖經兵火，未聞焚毁，但取其册，一加披閲，條款原明。除三餉之濫加者一筆勾注外，其原額、起解、存留一定之規，無容增减，則數已清十之八九矣。其餘微有不同者，不過因革損益之間、通融參差之數耳。如昔有九邊之餉，而今無也，昔有京營之餉，而今無也，昔有宗禄之費，而今無也，昔有帽靴之賜、器皿之造，而今無也。此問之在内該衙門而可知者也。如屯衛之租，昔屬之軍而今屬之有司也，圈撥之地，或以他縣抵補，或虚懸竟未抵補也，荒熟地畝之不同也，蠲免分數之不一也，此問之在外各督撫按而可知者也。③

清朝入關後，幾乎立即宣佈遵行明朝《會計録》財政税收的定額，明朝萬曆年間的會計録只有一部，即《萬曆會計録》；隨後，在明末户部尚書畢自嚴規劃編制的《賦役全書》基礎上，④ 編制訂正《賦役全書》，重建了中央集權財政税收的堅實基礎。順治十四年（1675年）清朝頒佈《賦役全書》云：

---

① 《清朝文獻通考》卷一《田賦一》，考4855。
② 康熙《大清會典》卷二四《户部·賦役一·奏報》。日本學者高鳩航在《清代的賦役全書》（《東方學報》京都第72册，2000年）一文，提出《賦役全書》至順治二年六月已奉命編成。陳鋒先生則認爲當時極有可能是指初步議定了《賦役全書》的編造原則，認爲順治三年（1646年）奉旨編撰《賦役全書》，當年即有一個修訂的本子編成。見陳鋒《清代財政政策與貨幣政策研究》（第2版），武漢大學出版社2013年版，第150頁。
③ 張懋熺：《請定經制以清積蠹疏》，《皇清奏議》卷二，鳳凰出版社2018年版，第35頁。
④ 關於晚明畢自嚴編纂《賦役全書》及其意義，參見李華彦《財之時者：户部尚書畢自嚴與晚明財税（1628—1633年）》，臺北：花木蘭文化出版社2012年版，第161—164頁。

綱舉目張，匯成一編，名曰《賦役全書》，頒佈天下，庶使小民遵玆令式，便於輸將；官吏奉此章程，罔敢苛斂。爲一代之良法，垂萬世之成規。①

因此，如果説清朝首先是以承襲明朝賦税定制而穩定了政權，也不爲過。以往學界集中于清初賦役政策與制度，尤其是清朝"一條鞭法"改革的研究已經相當深入。② 但是，清朝所承襲的明朝賦税定制之内涵的重要變化，却往往被不經意地忽略了：明代張居正財政改革的關節點在於從賦役制向賦税制的轉變，是制度變遷，也是財政體系轉型，更是國家從傳統賦役國家向近代賦税國家的轉型，這是中國早期近代化進程的重要内容。

下面讓我們從文本的解讀開始分析。這裏的關鍵問題，當時張懋熺没有察覺，他在上奏中將《賦役全書》與《會計録》的次序顛倒了。根據上述清初一系列諭旨，清朝是依循明朝《會計録》《賦役全書》的綫索，建立起中央集權財政税收管理制度的。因此，我們有必要追溯《會計録》（即《萬曆會計録》）和《賦役全書》的由來及其内涵。以往我們對於《萬曆會計録》的整理與研究證明，張居正審時度勢的財政改革，基本點有二：一是以白銀作爲統一的財政會計計算單位；二是以白銀作爲統一的税收形態；形成了走向貨幣財政的兩個統一，明代中國遂發生了傳統財政體系以實物和力役爲主向以貨幣爲主的近代轉型，至《賦役全書》在全國落實，是中國近代貨幣財政的開端，也是中國近代貨幣財政管理的開端，標誌着中國從傳統賦役國家向近代賦税國家的轉型。③《會計録》是張居正改革的直接産物，經皇帝批准後，一體頒行，具有國家法令賦税定制的重要意義，這一點已由清初諭旨表述的格外清楚；而《賦役全書》是張居正改革以後明朝地方財政體制貨幣財政管理開始運作的産物，開創了具有較長期執行效力的法規性税收册籍。從共時性來看，二者均爲明朝財政改革的産物，看似無涉，却是内藴相通；從歷時性來看，《會計録》與《賦役全書》不是同時出現，而是先後有序。雖然《會計録》之前曾有個别地方編纂《賦役全書》，但是没有形成統一規劃，從留存

---

① 《清世祖章皇帝實録》卷一一二，順治十四年十月丙子。
② 主要研究成果有，徐士圭：《中國田賦史略》，商務印書館1935年版；陳登原：《中國田賦史》，商務印書館1936年版；馬大英、江土傑、劉國明、王延超：《田賦史》下（《田賦會要》第3編），正中書局1944年版；陳支平：《清代賦役制度演變新探》，廈門大學出版社1988年版；袁良義：《清一條鞭法》，北京大學出版社1995年版；何平：《清代賦税政策研究》，中國社會科學出版社1998年版；陳鋒：《清代財政政策與貨幣政策研究》，武漢大學出版社2008年版。
③ 參見萬明《明代財政體系轉型：張居正改革的重新詮釋》，《中國社會科學報》2012年7月4日，《新華文摘》2012年第18輯全文轉載；萬明、徐英凱：《明代〈萬曆會計録〉整理與研究·緒論（萬明）》，中國社會科學出版社2015年版；萬明：《明代白銀貨幣化的總體視野：一個研究論綱》，《學術研究》2017年第5期。

於世的册籍來看，主要是在《會計錄》之後由地方編制而成。① 崇禎初户部尚書畢自嚴曾有編制全國《賦役全書》的規劃，却值王朝末年没有實現的前提條件。關鍵的是，《會計錄》和《賦役全書》是明朝財政改革不同層面和不同層次的體現：不同層面反映在一是中央册籍，一是地方册籍；不同層次則反映在後者是前者的後續發展，顯示出明朝財政改革推進的不同階段，後者是明朝財政貨幣化的制度化過程。明代白銀貨幣化，導致財政白銀化，晚明中國開始出現從中央到地方的大規模貨幣財政，這是一個史無前例的歷史事實。

　　明代《會計錄》是一部中央户部的財政會計總册，是綜合財務報告，是國家治理的基礎和重要支柱。《賦役全書》統計各地賦役數額，作爲徵收賦税的依據。萬曆初年中央户部財政會計總册《會計錄》中，只有賦而没有役，以田賦爲主，但是顯示了實物與貨幣二元結構，體現了改革的過渡階段形態。② 顧名思義，《賦役全書》是賦與役的彙編，由地方各省直官方編纂，這一地方財政册籍的出現，是張居正改革進入貨幣化突進發展階段的標誌，在明朝地方編制的《賦役全書》中，已形成以白銀作爲統一的財政會計核算單位，更以白銀作爲統一税收形態的記録，既包括賦，也包括役，體現了賦役合一，統一征銀原則，在實物與力役名目下，均以"該銀若干"統一記録，從而形成了財政貨幣化的標準化表述。重要的是，這標誌着白銀貨幣化完成於財政貨幣化，推動形成了明初原本不存在的地方財政體制及其編制地方財政管理册籍的職能。在《賦役全書》中，原本不在國家會計核算管理範圍之内的徭役，其作爲國家徵發的超經濟强制本質特徵被白銀貨幣消解了，賦役合一，統一徵銀，以銀核算，也以銀徵收，貨幣税收納入地方財政體制運作，以銀代役，收銀雇役形成地方財政經費運作的新常態，這也就是編制《賦役全書》的由來。國家從隨意徵發力役到徵銀雇役，從賦役到賦税，這是一個劃時代的重大變化，反映了明朝財政體系的貨幣化轉型，從整體上啓動了中國從傳統不需要而且也不可能實現統一財政會計核算管理的賦役國家，向以白銀貨幣進行財政會計核算管理的近代賦税國家的轉變。明朝從折銀到徵銀，財政體系結構貨幣化，市場機制由此嵌入國家財政過程，給王朝財政管理提出了新的

---

① 現在保存下來的明朝《賦役全書》，所見主要有：萬曆三十九年（1600年）《江西賦役全書》；萬曆四十八年（1620年）《蘇州府賦役全書》；泰昌元年（1620年）《徽州府賦役全書》。

② 萬明、徐英凱《明代〈萬曆會計錄〉整理與研究》在全面系統整理的基礎上，根據《會計錄》中的資料，對於16世紀明代財政體系及其發生的變化，國家財政收支從實物税向貨幣税的轉變究竟達到了什麽程度，國家財政的總量規模、結構、貨幣化比例等問題，進行了研究。以白銀統一計算以後，得出16世紀末明朝財政總收入的貨幣化比例達到41.93%，財政總支出的貨幣化比例已達到49.41%。由此看來，朝廷增加白銀貨幣收入迫在眉睫，改革必須加速進行。並提出中國從傳統賦役國家向近代賦税國家轉型的觀點。上書《緒論》，第37頁。

要求，並推動財政治理模式的轉型。貨幣財政的開端，帶來貨幣財政管理的開端，地方財政體制形成及其管理運作，編制《賦役全書》就是一個典型例證。就此而言，《賦役全書》是明朝財政改革深化，將貨幣財政大規模推向全國的歷史見證。① 清初人特別看重《會計錄》《賦役全書》，啓示我們在明代還遠不足以反映出來的《會計錄》《賦役全書》的特殊地位，在清初被充分顯示了出來。重要的是，這表明清朝急於"照着做"，清承明制，從繼承《萬曆會計錄》，再到編制訂正全國《賦役全書》，在繼承明朝財政稅收定額的同時，也全面繼承了明朝財政貨幣化改革的結果，並進一步將賦役整編形成賦稅，形成的賦稅徵收基本原則具有相對穩定性，直至乾隆以後，才被《奏銷册》所替代。重要的是，這意味着清朝中央集權財政稅收制度的全面建立，正是建立在繼承了明朝財政改革的貨幣化趨勢，即從賦役向賦稅的轉型取向，歸根結底是沿襲了明朝開端的向近代賦稅國家轉型的近代化歷史進程。

清朝的選擇無異於告訴我們，具有市場嵌入特色的"傳統"並未隨着明王朝的滅亡而結束，改革仍在延續，轉型也仍然在延續。明清歷史發展的連續性清晰可見。

清朝繼承明朝改革傳統，重整賦稅的結果，保證了王朝財政貨幣化收入的逐年增長。從財政收入結構來看，主要包括田賦（地丁）、鹽課、關稅和雜賦四大項。有學者統計清代前期財政收入比重變化：

順治九年（1652年）總額2,428萬兩，地丁銀2,126萬兩，占87%；鹽課銀212萬兩，占9%；關稅銀100萬兩，占4%。

道光二十一年（1840年）總額4,125萬兩，地丁銀2,943萬兩，占71%；鹽課銀747萬兩，占18%；關稅銀435萬兩，占11%。②

從《清朝文獻通考·田賦考》記載的田賦數字來看：③

順治十八年（1661年）　銀21,576,006兩，糧6,479,465石。

康熙二十四年（1685年）　銀24,449,724兩，糧4,331,131石。

雍正二年（1724年）　銀26,362,541兩，糧4,731,400石。

無論是財政收入分類統計，還是田賦收入統計，均顯示出以貨幣爲主的財政統一核算單位和以白銀貨幣爲主的財政結構已經確立，並穩步上升。這正説明清

---

① 參見萬明《傳統國家近代轉型的開端：張居正改革新論》，《文史哲》2015年第1期。
② 參見何本方《清代户部諸關初探》《南開學報》1983年第3期；彭澤益《清代財政管理體制與收支結構》，《中國社會科學院研究生院學報》1990年第2期；何平《從李之芳〈賦役詳稿〉看清代賦稅征課額的構成》，《學術研究》1997年第6期。
③ 根據《清朝文獻通考》卷一、二、三《田賦考》統計。

沿明制不是表面文章，而是一種切實的繼承關係。①

由此路徑，清初建立起卓有成效的財政賦稅制度，中央集權程度遠遠超過明朝。在君主專制政治體制下，清朝財政治理重建以户部爲中樞，全國統一的中央集權統收統支財政體制，户部依照定例管理國家財政，定期向皇帝奏報。同時以内務府掌管皇家事務，即掌管皇室財政，户部與内務府分别管理内外財政事務，從而建立與健全了中央集權賦稅體制。

然而，清初建立中央集權財政治理的過程是曲折的，國家與市場/社會的博弈始終存在。爲了鎮壓抗清力量，對外貿易的基本停頓，也成爲清初財政相當拮据的主要原因之一。張玉書《紀順治年間錢糧數目》記載，在順治八年、九年（1651—1652年），户部每年赤字達875000餘兩，十三年（1656年）以後上升到400萬兩。②順治十七年（1660年）户部銀庫僅有16萬餘兩白銀。由此可見，清初户部財政窘迫的程度。根據清朝檔案《軍機大臣遵旨查明康雍乾年間户部銀庫存銀數目奏片》，可知户部銀庫實在存銀數額：康熙六年（1667年）實在銀僅爲248萬餘兩，十一年（1672年）增爲1809萬餘兩，十二年更增至2135萬餘兩，康熙十六、十七年（1677年、1678年）處於低谷，是因爲三藩之亂影響而下降至530萬餘兩，更至333萬餘兩，至康熙二十五年（1686年），則增長到2605萬餘兩，康熙三十年（1691年）高達3184萬餘兩，至三十三年（1694年）更達到4000萬兩以上，在康熙此後的大多數年代中，基本上維持在這個數額上。③貨幣財政爲清朝消解危機和政權穩定奠定了堅實的基礎。

（三）破解困局：清朝推進貨幣化財政改革到新的階段

相對明朝，清朝貨幣財政的奠定，依憑的是進一步的改革舉措：攤丁入畝，表明清朝對於明朝不僅"照着做"，而且"接着做"，將明朝開端的賦役合一，統一徵銀，也即貨幣化賦稅改革推進到了一個新的階段。

清朝田賦一如既往，主要内容是"地丁錢糧"。地是出自田畝的田賦，而丁則是丁銀，地丁銀是沿襲明朝賦役均徵收白銀的改革而形成的。關於人丁，順治元

---

① 申斌對清初田賦科則又變回實物與白銀並列的科則形式進行了細緻探討，指出田賦運作方式，即官府採取向百姓徵銀，交付里長或差役買本色送倉上納的做法，並未因王朝鼎革而改變。清初的改變是中央集權强化，《賦役全書》記載重點從州縣實徵轉向入倉入庫，新科則從用於實徵的稅率變爲册籍上的派徵率。見《清初田賦科則中本色米復歸的新解釋——兼論明清賦役全書性質的轉變》，《中國經濟史研究》2019年第1期。
② 張玉書：《文貞公集》卷七，光緒刻本。
③ 吕堅：《康雍乾户部銀庫歷年存銀數》，《歷史檔案》1984年第4期。

年（1644年），御史衛周祚上疏："請亟行編審之法，使丁地稅糧得符實數。"①五年（1648年），戶部以"清朝定鼎，臣部久行文編審，尚多未報"，下令將州縣人丁，查照舊例，"凡六十以上，即以年老開除，十六以上，即以成丁入冊，逐一細加編審。某里某甲原額人丁若干，死絕逃亡若干。在冊舊丁若干，新收壯丁入冊若干，徵收規則具各仍舊，歲該丁銀若干，備造清冊送部。如有匿丁壯捏報逃亡者，依律治罪"。當時對人丁編審標準、冊籍登載內容、隱匿壯丁的處理方法等都作了詳細規定。這一年，清朝大多數地區都進行了新政權建立以來的第一次人丁編審。②順治十一年（1654年），規定三年編審："逐里逐甲，查審均平，詳載原額、新增、開除、實在四柱，每名徵銀若干，造冊報部。"③ 一般認為，清修《明史》概括張居正將"一條鞭法"推行全國，影響廣泛，但是實際上張居正從未頒佈將"一條鞭法"推行全國的法令，④ 因此全國各地實行的賦役整編合一，統一徵收白銀的情況各異，具體到役銀併入田賦，在許多地方實行不一，就是缺乏統一政令的最好證明。至清朝重建君主專制中央集權政治體制，隨之建立中央集權財政治理體制，改變了明朝伴隨白銀貨幣化完成形態——財政貨幣化出現的從集權到分權的紛亂局面，通過《賦役全書》的編制，全面整頓全國地方財政稅收體制，推行大一統治理頗見成效，康熙年間宣佈"滋生人丁，永不加賦"，到雍正年間"攤丁入畝"，貨幣財政納入制度化管理，大一統王朝國家對於市場的管控以及貨幣化賦稅管理制度的形成與完善，也達到了一個新的階段。事實上，清朝政權的穩定實有賴於此。

按田畝徵稅和按人戶派役，"有田則有賦，有丁則有役"，是中國歷代王朝長期採用的徵課辦法，賦役是王朝財政收入的主要來源。明朝通過一系列賦役—財政改革，田賦與徭役合併徵銀，役銀不由戶丁分派，而由地畝承擔，開啓了廢除徭役和人頭稅的貨幣財政重大改革，但是直至明亡，仍然是在進行時，新的貨幣財政管理還沒有制度化。清朝繼續了明朝的這項改革，進入18世紀以後，康熙五十一年（1712年），宣佈以康熙五十年的全國人丁數作為定額，不再增減。康熙五十一年二月二十七日，康熙皇帝頒發諭旨：

---

① 《清朝通志》卷八三《食貨略三》，商務印書館1935年影印版，第7241頁。
② 《順治朝題本戶口類》，順治十年十月蔡士英奏編審人丁事檔案，轉引自聶紅琴《清代戶籍制度初探》，載周育民、侯鵬編《晚清國家與社會關係論例》，上海社會科學院出版社2014年版，第3頁。
③ 《欽定大清會典事例》卷一五七《戶部·戶口·編審》，《續修四庫全書》史部第800冊，上海古籍出版社2002年版，第545頁。
④ 萬明：《傳統國家近代轉型的開端：張居正改革新論》，《文史哲》2015年第1期。

> 今海宇承平已久，戶口日繁，若按見在人丁加徵錢糧，實有不可。人丁雖增，地畝並未加廣，應令直省督撫，將見今錢糧冊內有名丁數勿增勿減，永爲定額。其自後所生人丁，不必徵收錢糧。編審時，止將增出實數察明，另造清冊題報。①

這就是所謂的"滋生人丁，永不加賦"。人丁數和丁銀額的固定，爲雍正時推行攤丁入畝的改革準備了條件。雍正二年（1724 年）開始的攤丁入畝改革，將人丁銀併入田賦，地丁合一，這一改革進行了半個多世紀，到乾隆十八年（1753 年）才在全國基本上完成。如果說從 15 世紀初年宣德年間周忱改革算起，明朝以白銀貨幣化開端的賦役改革——這一不同於歷朝歷代賦役改革特徵的改變，開啓了兩千年財政體系的改革，②是中國改革走向早期近代化進程的第一波，這一改革在清朝繼續下去，並於 18 世紀中葉最後完成，總時長達三個多世紀。攤丁入畝于雍正後在全國推行，遵循的是明朝啓動的從賦役到賦稅演變的發展態勢，却不是一般認爲的是"中國古代賦役制度不斷發展演變水到渠成的結果"，而應該是明代白銀貨幣化，中國從農業經濟向市場經濟轉型引領的古代賦役制向賦稅制轉變的結果，是與全球化開端近代化轉型合流的中國早期近代化歷史發展進程。

由此可知，清初改革有其深刻的淵源及其重大的意義，即明朝賦役制向賦稅制改革的延續，是中國從傳統賦役國家向近代賦稅國家轉型的延續。以往單方面强調"一條鞭法"的繼續，是極大地忽視了劃時代的早期近代化發展大趨向的背景。清初，户部的收入主要還是來自田賦，這一點相對明朝没有改變，但是繼承的是從傳統實物和力役爲主轉變爲以白銀貨幣爲主的財政體系，這是貨幣化的結果，也是市場化的結果。總的發展趨勢明清改革一致，是以銀代役，按田（糧）派徵，逐漸將丁役攤入田賦之中，從而實現"丁銀—户役"向土地的轉變，達致賦役合一，統一徵銀（由於清朝建立起銀銅複本位的貨幣制度，因此部分賦稅以銅錢形態出現，下面還將提及），財政貨幣化這一重大變革在明朝滅亡時還没有實現管理制度化，各地實行不一，清朝建立以後大力推行，最終實現"攤丁入畝"，人丁編審與派徵賦役之間從此脱離了關係，賦役的徵派也不再依據人丁編審的結果，於是賦役達到了真正的合一，統一徵收貨幣最終落實到土地上，這是貨幣財政制度化的歷史過程，也是中國從賦役國家向賦稅國家轉型的早期近代化歷史過程。

---

① 《清聖祖仁皇帝實録》卷二四九，康熙五十一年二月壬午。
② 萬明：《白銀貨幣化視角下的賦役改革》（上、下），《學術月刊》2007 年第 5、6 期。

无獨有偶，在康熙元年（1662年）被譽爲英國古典政治經濟學之父的配第（William Petty）撰寫了著名的《賦稅論》，全名《關於稅收與捐獻的論文》，其中提到賦稅加重的第二個原因是："政府強迫國民必須在一定時期内以貨幣形式繳納稅款，而不允許他們在實物收穫的季節以實物的形式繳納稅款。"① 由此看來，中國與英國在同一時間段，遇到的曾經是相同的問題。

貨幣化是反映一個歷史時期自然經濟解體、市場經濟發展程度的尺度。從明至清前期，貨幣化改革在不斷深化，使得國家賦稅制度臻于完善，賦稅總額定額化，財政收支結構調整，並長期處於相對穩定狀態，呈現出稅制統一數位化管理的鮮明特點，是歷史的進步，證明了貨幣財政是中國財政數位化管理的開端，保證了國家的正常運轉。更重要的是，表明傳統中國歷時長達三個多世紀之久、艱難曲折的賦役—財政改革，即中國從傳統賦役國家向近代賦稅國家轉型進入了新的發展階段。鴉片戰爭前的清朝可以視爲中國早期近代化歷史進程的一個階段，這正是明代白銀貨幣化帶來的經濟和政治影響，並啓示我們：歷史不是斷裂的，中外變革不是分隔的，肇始於明代中國的早期近代化歷史進程是曲折的，但在清前期從未停頓。

二　博弈中的重建

（一）"錢法"的建立

明代白銀貨幣化，從賦役向賦稅的轉變，焦點是在貨幣；清朝博弈中的重建，主要體現在"錢法"的建立。順治年間（1644—1661年），處於明清鼎革之際，戰事頻仍，軍費驟長，立足未穩，時局動蕩。清朝財政極端困難："方今創立之始，大工崇興，百姓復業，又值三空四盡之時，不無乏用。"② 當時巨額的軍費開支，主要來自以白銀爲主的"錢糧"："因錢糧數目過大，以致民窮財盡，所得之處亦枯矣。錢糧不足，饑兵力窮，功豈能成？"③ 解救清初財政的極端困難處境，無疑成爲清朝的當務之急。明清鼎革之際，清帝入主明宮，却得不到白銀遺産，原因很簡單，伴隨日本、美洲、歐洲三大白銀來源的減少乃至阻斷，明朝末年財

---

① ［英］威廉·配第：《賦稅論》，邱霞、原磊譯，華夏出版社2017年版，第7頁。
② 順治元年七月，户部侍郎鄧長春啓本，《清代檔案史料叢編》第13輯，中華書局1990年版，第77頁。
③ 順治十年八月，户部尚書車克等奏，《清初内國史院滿文檔案譯編》（下），光明日報出版社1989年版，第271—272頁。

政早已捉襟見肘，哪裏還有白銀儲備，而明宮藏銀之説也是無根的傳説。① 因此，留給清朝當時的選擇，事實上只有大力發展鑄造銅錢一途。清初的決策將鑄幣重新提上日程，具有必然性，這一審時度勢的務實決定，反映了新王朝建立新的貨幣制度的特殊需求。

實際上，導致清朝政權穩定的諸因素中，成功地建立銀錢並行的複本位貨幣制度極爲突出。清朝對於錢幣的重視程度遠超明朝，自建立全國性政權開始，就立即進行了鑄錢活動。《清朝文獻通考·錢幣考》云："我朝銀錢兼用，實爲上下通行之幣""銀與錢相爲表裏，以錢輔銀，亦以銀權錢，二者不容畸重。"② 説明清朝建立的是銀錢兼行的雙本位貨幣制度。有學者認爲"清軍入關後，基本沿用明代貨幣制度，即銀銅平行本位制，銀錢兼用，大數用銀，小數用錢，只是白銀的地位愈發重要了。清政府基本奉行以銀爲本的政策，國家財政收支始終以銀兩爲結算單位"③。上述説法是有問題的，首先，明朝從無銀法，到默認白銀爲主幣，再到以白銀作爲税收主要形態，一直是民間市場形成的非制度或非體制内貨幣體系佔據主導地位，明朝從未建立銀銅平行本位貨幣制度，更何來清朝的"沿用"？其次，稱在清朝"白銀的地位愈發重要了"，實際上明朝白銀貨幣化，已形成事實上的白銀本位制，清初又如何"愈發重要"？再次，説"清政府基本奉行以銀爲本的政策"，這與上述"銀銅平行本位制"是自相矛盾的。上述所云只有"國家財政收支始終以銀兩爲結算單位"，是清承明制的歷史事實。在清朝，確實建立起了銀銅複本位制度，清後期包世臣云："今法爲幣者，惟銀與錢，小民計工受值皆以錢，而商賈轉輸百貨皆以銀。"④ 何平研究指出："清承明制，在貨幣制度的選擇上，逐漸形成了貨幣主體上的'大數用銀，小數用錢'的雙層貨幣結構。但由於在這兩種貨幣形式之外，民間自發地創造出自律的貨幣形式（如會票之類），實際承擔着經濟生活中特定領域和特定時空的貨幣職能，所以，清代的貨幣

---

① 明宮是否有大量白銀儲藏，由於記載歧出，因此學界爭議紛紜，莫衷一是。主要有蒿峰《明宮藏銀之謎》（《故宮博物院院刊》1991 年第 3 期）做出梳理：郭沫若《甲申三百年祭》中根據一些資料斷定明亡時皇宮中存有大量金銀。姚雪垠則認爲是"誤信了宮中藏銀的傳説"，當時宮中不會有大量藏銀（姚雪垠：《評〈甲申三百年祭〉》，《文匯月刊》1981 年第 2 期）；顧誠認爲郭沫若的説法可靠，明亡時宮中藏有相當多銀兩（顧誠：《如何評價〈甲申三百年祭〉》，《中國史研究》1981 年第 4 期）。近年李寶臣《甲申之變的白銀情結——大順追贓與崇禎内帑解析》（王崗主編：《北京歷史文化研究》，人民出版社 2013 年版）；李寶臣：《甲申之變白銀神話》（《北京觀察》2016 年第 6 期），認爲明宮已没有白銀，稱爲"白銀神話"。筆者考證明末庫藏處於枯竭狀態，明朝是在内外危機夾攻下覆没，如果認爲明末宮中尚藏有大量白銀，從邏輯上推理，也難以令人置信。詳見萬明《全球視野下的明朝覆没：基於白銀貨幣化的分析》，《河北學刊》2021 年第 5 期。
② 《清朝文獻通考》卷一三《錢幣考一》，考 4965；卷一六《錢幣考四》，考 5002。
③ 黃天華：《中國財政制度史》第 4 卷，上海人民出版社 2017 年版，第 2285 頁。
④ 包世臣：《庚辰雜著》二《安吳四種》卷二六，同治刊本。

結構僅僅從貨幣形態上而言,應當稱作多元的復合的貨幣結構。"① 筆者贊同"雙層貨幣結構"的看法,以此清初才真正阻止了白銀貨幣主體的獨大,而逐漸形成了"大數用銀,小數用錢"的銀錢複本位元貨幣制度結構,這是清初貨幣制度選擇重建的結果,也是清朝財政治理的重要方面,彰顯了清朝通過鑄造製錢奠定了王朝貨幣制度,同時也對穩定政局具有特殊重要作用和積極意義。日本學者上田裕之著《清朝支配與貨幣政策——清代前期製錢供給政策的展開》一書,② 是系統研究清前期製錢供給的一部力作,梳理和論證了清朝在130年間從主要用白銀狀態向銀錢並用狀態轉換的全過程,是一部頗見功力的專著。

鑄錢是由國家政權掌握的重要的經濟槓杆。順治元年(1644年),清朝在中央設立寶泉和寶源兩局,前者歸戶部管理,後者歸工部管理,不相統屬,各省可以隨時奏准設局鑄錢。這是清廷調控貨幣的重要舉措。③ 清朝鼓鑄錢數,例於戶、工二部按年奏報。根據文獻記載:

> 國初京局鑄錢尚無一定額數。順治元年以後,每年自數萬串遞加,鑄至數十萬串不等。十五年以後以製錢改重,故鑄額中減。十七年以後,數復加增。寶泉局歲鑄錢二十八萬餘串,寶源局歲鑄錢十八萬餘串。康熙初年兩局錢數又稍減,二十三年以後分定卯數。嗣後銅鉛辦解有遲速,故鑄卯有增減,局錢仍復盈縮隨時。大抵寶泉局每年為二十八九萬餘串,或二十三萬餘串不等;寶源局每年為十七萬餘串,或十二萬餘串不等;五十年以後,兩局卯數銅觔遞經增定。④

據學者統計,實錄所載清朝鑄錢,始自順治元年(1644年),每年鑄造統計如下(單位:文):

順治元年(1644年)71,663,900;
二年(1645年)443,751,760;
三年(1646年)624,823,960;
四年(1647年)1,333,384,794;

---

① 何平:《清代前期多元複合貨幣結構下的困惑與對策》,《清史研究》2016年第3期。
② [日]上田裕之:《清朝支配と貨幣政策清代前期制錢供給政策の展開》,汲古書院2009年版,第35—327頁。
③ 彭澤益:《清代寶泉寶源局與鑄錢工業》,載《中國社會科學院經濟研究所集刊》第5輯,中國社會科學出版社1983年版。
④ 《清朝文獻通考》卷一四《錢幣考二》,考4980。

五年（1648年）1,449,494,200；

六年（1649年）1,096,910,000；

七年（1650年）1,682,424,510；

八年（1651年）2,430,509,050；

九年（1652年）2,097,632,850；

十年（1653年）2,521,663,740。①

在10年間，鑄錢基本上呈現穩步上升的趨勢。當時戰亂未息，社會動盪，自順治元年五月至年底時候，已鑄出71,663,900文銅錢；而自順治元年至五年，鑄錢數目一直呈直綫上升，二年鑄成443,751,760文，比元年增加約6倍；三年爲624,823,960文，是元年的8倍多；四年更上升爲1,333384,794文，已經接近元年的19倍；五年達到1,449,494,200文，竟達元年的20倍。韋慶遠先生認爲"此説明，不論公帑私用，各方面都迫切需用錢文"②。進一步説，這是清朝應對17世紀白銀危機卓有成效的選擇，也是國家應對與市場/社會博弈成功之舉措。銀錢複本位貨幣制度的建立，可視爲清朝中央集權財政治理掌控貨幣，也即掌控市場的歷程，產生三個結果：一是緩解了白銀供給的不足；二是銅錢形成民間市場日常支付的主要手段，平穩了物價；三是防止了全球危機對中國影響的進一步深化。然而，還應該説明的是，有清一代銅錢始終不能替代白銀的市場流通主幣和國家税收主要形態的地位，明代白銀貨幣化形成的不可逆發展趨勢，在清朝没有根本改變，中國一直不能完全擺脱對貴金屬白銀的依賴，直至20世紀30年代以後中國受到國際金本位的影響，白銀才退出貨幣流通領域。這也正是市場/社會與國家長期博弈的結果。

（二）中外銅源的開闢

鑄錢需要銅礦產的開發與治理。清初一開始就致力於從國内外來源獲取大量的銅材。從順治二年（1645年）開始，朝廷下令京師崇文門、直隸天津關、山東臨清關、江蘇龍江關、西新關、滸墅關、淮安關、揚州關、安徽蕪湖關、鳳陽關、浙江北新關、南新關、江西湖口關、贛關、湖北荆州關、廣東太平橋關，共16關差辦銅材。③各關動支税額銀以辦銅，大多解往户部寳源局。同年，下令"凡商

---

① 彭信威：《中國貨幣史》（下册），群聯出版社1954年版，第533—534頁。
② 韋慶遠：《順治朝鑄錢及其存世的問題》，載雲南大學歷史系編《紀念李埏教授從事學術活動五十周年史學論文集》，雲南大學出版社1992年版，第313頁，
③ 《清朝文獻通考》卷一四《錢幣考二》，考4976。

買有挾重資願航海市銅者，官給符爲信，聽其出洋，往市于東南、日本諸夷。舟回司關者，按時值收之，以供官用。有餘，則任其售於市肆，以便民用"①。事實上，清初鑄錢的銅源主要依靠國内供給。一般認爲，由於海禁遷界，海外白銀貨幣輸入受阻，造成市場一片蕭條。對此中外學者均有論述，日本學者岸本美緒有專文論述"康熙蕭條"，主要指對外貿易停頓，引發白銀危機。② 因此，大多數學者都没有關注銅源問題。

　　銅錢的鑄造需要大量的銅，當時國内的主要銅礦産是在雲南。而滇銅産量遠遠不能滿足鑄幣需求。何況當時除了鑄幣，銅還廣泛應用於鑄炮等活動中。而且滇銅地處西南邊陲，交通不方便，運輸維艱。此時日本銅礦凸顯，海上運輸方便。因此，清朝初年大量進口日本銅礦的銅。康熙二十二年（1683 年）開放海禁，設立海關，不僅有白銀的流通，而且"洋銅即已流通内地"③。從此大部分取之外洋的洋銅，幾乎都來自日本。無獨有偶，明清鼎革之際中國國内的需求與當時日本礦産開發金銀不足，輔以銅礦開發出口的狀況一拍即合。當時日本不斷發現不少新的銅礦，同時，從朝鮮和中國引進了當時先進的冶煉技術，使日本銅業有了進一步發展。日本著名的住友集團就是在 16 世紀靠經營銅礦起家，在 1690 年開始採掘日本第一大銅山——别子銅山之後，迅速發展起來的。當時，一駄銅在日本可換絲 2 斤，在中國可換絲 8 至 10 斤，銅絲交易獲利極高，商人有着很大的積極性。由此，大量的日本銅輸入中國，日本成爲 17 世紀晚期銅的主要供應商，爲清朝提供了鑄錢洋銅的主要來源。據日本學者統計，在 17 世紀最後的一些年裏，中國每年平均從日本進口 350—400 萬斤銅，至 18 世紀後半葉有所減少。

表1　　　　　　　　　　　　　　日本銅産輸入中國數量④

時間（年）	日本銅輸入（斤）	每年平均輸入（斤）
1684—1690	24739111	3534163
1691—1700	41203039	4120303
1761—1770	17405358	1740535
1771—1780	15247219	1524721
1781—1790	16023768	1602376
1791—1795	5748300	1149660

---

　　① 《清朝文獻通考》卷一六《錢幣考四》，考4999。
　　② ［日］岸本美緒：《康熙蕭條與清代前期的地方市場》，沈欣譯，載《清史譯叢》第十一輯《中國與十七世紀危機》，商務印書館2013年版。
　　③ 《清朝文獻通考》卷一七《錢幣考五》，考5011。
　　④ ［日］山脇悌二郎：《長崎の唐人貿易》，東京吉川弘文館1964年版，第219—220頁。

事實上，康熙初年，清朝進口日本銅早已開始。在日本購買"倭銅"的貿易，從根本上解決銅料的問題，是在康熙朝實現的。請見表 2。①

表 2　　　　　　　　　　　康熙年間進口日本銅的數量

時間（年）	清朝紀年	日本紀年	輸入額（斤）
1664	康熙三年	寬文四年	283800
1665	康熙四年	寬文五年	343700
1666	康熙五年	寬文六年	526400
1667	康熙六年	寬文六年	748200
1672	康熙十一年	寬永十二年	1158100
1673	康熙十二年	延寶元年	1096650
1674	康熙十三年	延寶二年	1032600
1675	康熙十四年	延寶三年	1935400

從日本進口銅原料，在康熙十一年（1672），得到了大幅增長，突破 100 万斤，3 年以後，接近 200 万斤。中國市場與海外市場的連接，爲建立銀銅複本位制貨幣體制，爲王朝成功掌控市場物價，以及社會經濟逐漸復蘇，奠定了重要前提與基礎。

此後，康熙三十八年（1699 年），令蕪湖、滸墅、湖口、淮安、北新、揚州六關銅歸內務府商人承辦。② 這是京局仰給於洋銅的開始，由此建立了官商辦銅制度。"國朝以採買紫銅鑄錢之故，由內務府招徠官商……初隻一商，乃先帑後銅，每石發價銀十六兩二錢，繼而有巨力者呈府，乃請先銅後帑。且減價爲十二三兩四錢。"遂二商並列，一曰官局，一曰民局。③ 對於外來市場進口銅的掌控權，直接掌握在清廷內務府，保證了清朝中央集權主導下，確立銀銅雙本位貨幣制度，建立起國家支配的貨幣體制。

清朝成功地大量鑄錢，是清朝平衡明代白銀貨幣化以後白銀貨幣失控局面的根本舉措。就此意義而言，這也是王朝國家重新獲得喪失的貨幣掌控權的關鍵措施。以此爲基礎，建立銀銅雙本位貨幣體制，在全國成功地推行銀錢並用的雙本位貨幣制度，意味着將明朝如脫韁野馬般的白銀貨幣失控局面部分扳回，從根本

---

① 參見［日］岩生成一《關於近世日中貿易數量の考察》，《史學雜誌》第 62 編第 11 號，1953 年。
② 《清朝文獻通考》卷一四《錢幣考二》，考 4976。
③ 道光《蘇州府志》卷一七《錢法》，道光四年刻本。

上改變了王朝國家不能掌控主導貨幣作用的狀況。清朝國家鑄造的製錢形成民間主要流通的一種貨幣,百姓日常使用的是國家製錢,而白銀是國家財政核算單位和稅收徵收主要形態,清朝真正實現了日本學者黑田明伸研究所表述的,在市場層次不同從而存在服務於不同層次市場的貨幣體系的狀況。① 這與明朝白銀形成流通領域主幣,官方幾乎不能主導民間市場的局面已經完全不同了。

經歷了明清鼎革,在市場/社會與國家的博弈中,清朝吸取明朝教訓,建立銀銅複本位貨幣制度,運用國家權力主導調控銀錢關係,實際上是國家主導調節與市場的關係。在生產方面,根據市場上銀錢比價的波動,不斷增加或減少鑄幣的數量,從而控制流通中總的貨幣量;在流通方面,通過增加銅錢的投放量來平衡銀錢比價。清朝採取隨着市場的變化而變化的政策策略,審時度勢管控市場調節,保障貨幣穩定以及王朝貨幣流通體制的運行。需要說明的是,清朝建立起銀錢雙本位貨幣制度,其意義重大,是18世紀清朝大一統中央集權政治體制做到的。有學者以18世紀的清朝質疑16世紀的明朝歷史,是以清凖明的時代倒置。實際上,經濟規律是任何統治者無法根本改變的,在清朝,白銀仍然是主幣的貨幣體系不可逆態勢無法根本改變,受到國內銀礦儲藏量少的制約,清朝也依然長期沒有鑄造統一的銀幣,而以稱量貨幣流通的白銀,具有自由銀性質,其數量變化和流向,直接受到國內外市場的影響,因此國家調控白銀貨幣和調控市場的能力仍然有限。正因為如此,清朝實際上發揮了中央集權大一統國家治理控制力優勢,力圖壟斷鑄幣權,通過調整製錢數量和使用範圍,調節市場銀錢比價,讓製錢發揮最大作用,達到王朝調控市場上貨幣的效果,為王朝財政從賦役制向賦稅制的平穩過渡創造了有利條件。

(三) 錢法通行與賦稅制度安排

以上論述說明,國家與市場的博弈焦點是在貨幣上,而白銀貨幣來自市場,是市場經濟的萌發,清朝將主要精力放在建立銀銅複本位貨幣制度上,着意于錢法,是極有眼光的選擇,而立錢法,就要行錢法,這又是一個關鍵的決策點。

清初任源祥《製錢議》云:

> 錢法有二:曰鑄,曰行。鑄錢之法,不惜銅,不愛工,古人言之,今人固無以易之。行錢之法,則惟曰錢糧納錢。此古人所不待言而不言,今人屢

---

① 參見〔日〕黑田明伸《貨幣制度的世界史》,何平譯,中國人民大學出版社2007年版。

言之而未能行之者也。古者賦出於田，曰糧，其折徵而納以銅錢，故謂之錢糧。錢糧納錢，其來已久，有不必見之於議論者。自明季以來，錢糧課程，盡數納銀不納錢，錢於是鑄而不行。故順治中有錢糧納錢之議，有銀七錢三之令，如是，則錢可以行矣，而錢卒不行。何也？錢三准存留，不准起運，則錢糧終不納錢也。銀七錢三，非不載在編册，以示必行，然皆紙上空文，未見有實在納錢者，從好不從令也。是故錢之行必自錢糧始，錢糧納錢必自起運始。①

他記述了清朝銀錢不能並行納稅的癥結所在，是國家財政稅收一以徵銀的現實。繼之又云：

> 錢之爲物，寒不可衣，饑不可食。但制之上，陽以大一統之名號，陰以操天下之輕重，故曰權也……今不以錢爲通寶，而以銀爲通寶，豈以其更便於持齎而行遠耶？不知銀之爲物，民不能生之，君不能制之，徒使豪猾得以擅其奸，貪墨得以營其私，利權倒持，非國之福也。②

在這裏，他將國家與白銀、製錢的關係講得非常透徹：白銀具有"君不能制之"的特性，而只有錢是可以"制之上"的。對照明朝時期，他所說的這一套道理，早已爲諸多明朝士大夫所論及，問題是明朝却始終没有辦法解決，直至清代仍然是難題。

清朝以鑄造銅錢爲首選，大量鑄幣之後，就是錢幣的通行問題，這與清朝的賦稅制度安排有着緊密聯繫。清朝採取調劑製錢流通的慣用辦法是搭收搭放。

首先是搭放。順治十二年（1655 年），户部議："製錢日廣，請於每年二月八月以局錢半成配給官俸及兵餉。其直省兵餉等項亦合以製錢按成搭放。"搭放，形成清代財政用語。"凡兵丁之口糧、餉銀，或其他俸餉，可以搭配發放，謂之搭放。例如：八旗兵丁俸米，例以粳米、稉米、粟米分成搭放；八旗兵丁餉銀，可以適當搭放製錢。另外，亦可以將某項收入之款，或某地區收納之糧，留於某地，歸入應發俸餉内支放，亦稱之搭放。例如：盛京銀庫每年支放俸餉及各處工程等扣留平餘銀，除開支外，均歸入公項，搭放俸餉。"③ 康熙六十一年（1722 年），

---

① （清）賀長齡、魏源等編：《清經世文編》中，卷五三《户政》二八《錢幣下》，中華書局 1992 年版，第 1321—1322 頁。
② 《清經世文編》中，卷五三《户政》二八《錢幣下》，第 1321—1322 頁。
③ 李鵬年等編著：《清代六部成語詞典》，天津人民出版社 1990 年版，第 121 頁。

户部議："八旗給發月餉，暫以銀錢各半搭放。俟錢價稍平，即行停止。"① 關於搭放方面，變更很多。清代俸禄的支給形態，雖說是"銀米兼支"，但主要是以支給白銀爲主，也主要以白銀作爲俸禄衡定的標準。② 清初建立白銀、製錢並用的複本位制，國家調整與市場關係，掌控市場銀錢比價，規定銀1兩合製錢1000文。但在市場上，這個比價不可能長期保持不變，比價必然伴隨市場波動而變化。清朝以銀錢搭放，穩定錢價，以達到整合與穩定市場秩序的目的。

其次是搭收。依據《清朝文獻通考》，順治十四年（1657年），户部議："直省徵納錢糧，多係收銀。見今錢多壅滯，應上下流通。請合銀錢並收，以銀七錢三爲准。銀則盡數起解，其錢充存留之用，永爲定例。"③ 這就是朝廷下令民間可以以"銀七錢三"比例，向地方政府繳納田賦之令。此令清初已經制定，但這在執行上往往有名無實。因爲這一命令有著附加規定，即占三成田賦的銅錢是存留給地方，而中央所要的仍然是占七成田賦的白銀，顯然是不合理的。兩年後，順治十六年（1659年），户科給事中王啓祚已有回饋，揭示出地方官員並沒有按照中央規定的田賦折收製錢：

> 乃邇來銀不加賤，錢不加貴，而錢法未見疏通者，則以銀七錢三之法甚善，而有司未之實行者，以於有司不便耳。既無戥頭之折，即無羡餘之入，以儲私囊；則攜取不便，以敬上官，則餽納維艱，所以由單則照例分派，而收時則不用錢而用銀，是名雖銀一兩派錢一千，而其實錢一千仍收銀一兩也，與不派錢無異矣。甚有巧于立法，自設錢桌數張，每錢一文，必得銀二厘，然後換給。若非官桌所發之錢則不收，是納錢一千，用錢四千，較之用銀反一倍而二倍矣。銀七錢三之法，至此不幾窮乎？是欲以疏通而反以壅滯，此所以錢日賤銀日貴，欲寶源之流行無礙也，不可得矣。④

正如奏摺中所云，雖然稅收通知"由單"注明"銀七錢三"的繳納辦法，地方官員却是依舊收銀；對繳納銅錢的稅户，地方官要求他們繳納的銅錢必須是從

---

① 《清朝文獻通考》卷一四《錢幣考》，考4980。楊端六編著：《清代貨幣金融史稿》，生活·讀書·新知三聯書店1962年版，第197頁。

② 黄惠賢、陳鋒《中國俸禄制度史》云："俸禄支給形態，清代的俸禄雖説是'銀米兼支'，但主要以支銀爲主，既克服了明朝俸禄折色帶來的諸多弊端，又避免了在銀、錢雙本位制下由銀、錢比價的波動而導致官員利益受損，使官員能夠獲得實際俸禄標準的收入。也可以認爲，清代俸禄主要以貨幣銀兩爲支給形態，已標示出傳統俸禄制度向現代薪金制度的轉型。"武漢大學出版社2012年修訂版，第482頁。

③ 《清朝文獻通考》卷一三《錢幣考》，考4968。

④ 王啓祚：《足民裕國二事疏》，《清經世文編》卷二六《户政一》，中華書局1992年版，第658頁。

官府兌换而來，也就是稅户必須以銀换錢，這樣經過一番周折，所費反而更多。王啓祚還揭露了地方官吏收納白銀以"火耗"作爲附加稅的弊病。這裏問題出自製錢的市場價值低，中央拒絶回收製錢，地方自然也出於同樣理由而拒絶製錢。由此説明清朝國家與市場/社會的博弈始終存在，而關於銀錢的博弈也反映在中央和地方的關係上。

蒲松齡晚年出貢，有《辨銀七錢三呈乞孔老師》的呈文，可以説明康熙年間地方實行"銀七錢三"的真實狀況。特録於下：

> 竊照銀七錢三之例，當其行時，官以此徵糧，即以此支發。迨後，銀益貴，官惡其害已，遂廢而不行。至今四十餘年，官不復收，因亦不復發。縱間有發時，或發製錢，或照市價，亦未有以小錢一百僅值銀四分有零，而抵銀錢者。俞老父師乍履淄境，習俗未諳，該房妄造往例。諸生中四十以下者，並不知銀七錢三是何典故，因而駭疑。猶之今日設有執錢投櫃者，則官吏之叱罵所不免矣。無論巍然人上者，增此數金，不益富；即貧如生等，損此數星，亦不益貧。寧屑較算錙銖，自喪品節？但該房之蒙蔽，不可不明。懇乞老師，據呈轉牒，代爲剖析。以召杜之清苦，遠攝淄篆，即每人各損些須，以助行李，實愜本懷。但求後此給發，不必聽該房妄造之名目，俾成定例，永壞舊規矣。①

另外他在《無題》中也直接反映出"四十年來，並錢流水而無之。如有以錢投櫃者，不惟官怒收，役亦笑之矣"的現狀。②

清朝銀七錢三的徵收令確實存在，但是執行結果一直不太理想。至乾隆年間，這一問題仍然存在。《清實録》記載發生於乾隆十六年（1751年）的事例：

> 户部議覆：雲南巡撫愛必達奏稱："滇省地丁一槩以銀徵解，而奏銷時又以銀七錢三捏報，請嗣後一以銀數造册。再一錢以下之小户，及大户一錢以下之尾欠，並折欠短封，請照放餉例，每銀一分收錢十二文，其五厘以下者，每銀一厘收錢一文，易銀支解。如情願完銀者聽。倘地方官以該省錢價之賤，勒收銀兩及重戥浮收，即行參處。"應如所請。從之。③

---

① 盛偉編：《蒲松齡全集》第2册《聊齋文集》，學林出版社1998年版，第235—236頁；林小軍：《新見蒲松齡的〈聊齋呈稿〉》，《文獻》1980年第3期。
② 林小軍：《新見蒲松齡的〈聊齋呈稿〉》，《文獻》1980年第3期。
③ 《清高宗純皇帝實録》卷三九八，乾隆十六年九月丙寅。

迄至道光二十五年（1845年），銀價高漲，御史劉良駒《請飭定銀錢劃一章程疏》云："竊維銀價之昂，未有甚於今日者，京中紋銀每兩，易製錢幾及二千文，外省則每兩易製錢二千二三百文不等，其勢日增加，尚無底止。"疏中道出了財政稅收仍然是以銀爲主，製錢不能代替的箇中奧秘：

> 竊考唐宋以前，中國數千年上下通行之寶惟錢耳。明初用銀猶爲厲禁，至中葉始定稅糧折納白金之令。相沿至今，民間輸官之物皆用銀，而猶謂之錢糧，是其明證。若銀七錢三，銀盡數起解，錢只充留支，是起運皆銀，留支安肯收錢耶？此今日一體納銀所由來也。"①

他再一次提出重視製錢，規定銀錢比價，用錢作爲官府收支，擴大錢的使用範圍，解決銀貴錢賤的問題。

其後，奉上諭：

> 穆彰阿等奏遵旨會議御史劉良駒條奏銀錢畫一章程一摺，銀錢並重，本係制用常經，果能隨時酌核，不使輕重相懸，裕國便民，兩有裨益，未可輒稱窒礙，不思設法變通。著該督撫等各就地方情形詳細體察，悉心妥議具奏。務使法立可以推行，不致滋弊，毋得任聽屬員巧爲推諉，稍存畏難苟安之見，僅以一奏塞責。②

隨後李星沅上《籌議搭放銀錢章程摺子》，奏爲銀錢輕重不均，酌議搭放章程，以資補救。③

清朝繼承明朝，進入的是一個白銀時代，財政貨幣化是明朝遺留的歷史遺產。爲了重新獲得明朝喪失殆盡的貨幣壟斷權，清朝不遺餘力地建立了銀兩與製錢並用的貨幣制度。由此，清初規定"每十文准銀一分，永著爲令"④，力圖掌控白銀與銅錢的固定比價，以國家法令來確定銀錢之間的比價。彭信威《中國貨幣史》認爲："清朝政府的政策，既是極力維持銀錢間的比價，而實際上在清初的百多年間，白銀一兩所換得的製錢的數目自七八百文到八九百文。""大體上說來，清初的百多年間，錢價比價穩定。銅錢雖每年鑄造，但因銅的供給有限，不能大量增

---

① 劉良駒：《請飭定銀錢劃一章程疏》，《清朝經世文續編》卷五八。
② 《清宣宗成皇帝實錄》卷四二六，道光二十六年二月丁亥。
③ 李星沅撰，王繼平校點：《李星沅集》一，嶽麓書社2013年版，第244頁。
④ 《清朝文獻通考》卷一三《錢幣一》，考4967。

加,全國每年鑄造數目,平均大概有三十萬萬文,趕不上人口的增加,所以銅錢多少有一點緊縮的現象。"① 楊端六《清代貨幣金融史稿》中歸納:"從順治元年到嘉慶十二年(1644—1807年)一百六十四年間,在封建王朝統治之下,表現出相當的長期穩定。製錢的重量,從一錢到一錢四分,而以一錢二分爲久,銀錢比價雖不能完全穩定在一千文之上,而始終動搖于一千文上下,幅度不很大。"② 貨幣史專家採用一種高度概括的論述,自然會與歷史事實存在較大差距。事實上,市場上的銀錢比價變化無常,波動難以控制。王宏斌全面系統地考察了有清一代的銀錢比價:順治與康熙初年的"銀貴錢賤"(1644—1681年),康熙中期銀價暴跌(1674—1690年),康熙後期銀價再度上漲(1690—1705年),康熙晚期到乾隆中期銀價的再度下跌(1706—1770年),乾隆中後期銀價第三次上升(1771—1797年);嘉慶初年銀價有一次暴跌(1797—1805年),嘉慶道光時期的銀錢比價波動(1805—1853年);咸豐同治年間銀價暴跌(1853—1866年),同治中後期銀價增昂情況(1866—1874年),光緒時期銀價下落與幣制改革(1875—1905年),直至光宣之際銀價增昂與製錢制度的終結(1905—1911年)。他認爲:"實際上,清代前一百年的銀錢比價波動同晚清一百年一樣,始終處在上漲與下跌的激烈變化之中。即使某一時期銀錢比價表面看來相對穩定,而實際上是金屬價格與貨幣品質和重量改變和作用的結果。"③

道光、咸豐時人陳崑《擬貴錢賤銀疏》云:"銀貴錢賤,至今日爲已極已。臣竊見十餘年來,中外臣工爲此籌畫者,不下百餘奏,部臣皆以窒礙難行,議駁。"他議及當時奏疏:"一曰,改銀徵錢,一曰,請停銅運鼓鑄。改銀徵錢,意在減銀之用,以殺其勢,其説得之。至若請停銅運鼓鑄,則意在縮錢之數,以昂其直,蓋有斷斷不可者。"於是,循環考述三代未有用銀,當世全面用銀狀況:

> 試思今之世,其歲入也,地丁以銀,關稅以銀,鹽蘆課以銀,田房雜稅以銀,歲捐、封典、貢監及品官職銜以銀,現開大捐與捐輸又以銀。其歲出也,滿漢兵餉以銀,職官廉俸以銀,兩河歲修以銀,廩餼與各衙役食以銀,而且朝廷之賞賚、宗室之禄糈亦以銀。國家大計一以銀爲出入,而錢不與焉。總計今天下大局,銀之數只有其三,錢之數乃有其七;而銀之用已有其八,錢之用則僅有其二。以有限之銀,而供無限之用,其勢必不給,勢不給,無

---

① 彭信威:《中國貨幣史》,上海人民出版社1958年版,第570—571頁。
② 楊端六:《清代貨幣金融史稿》,第192頁。
③ 王宏斌:《清代價值尺度貨幣比價研究》,生活·讀書·新知三聯書店2015年版,第7頁。

怪乎其日貴也。

他的建議又進入了循環：

> 請以民輸於官者盡改徵錢，如地丁、雜税是也。商賈輸於官者，銀錢各半，如關税、鹽蘆課是也。富豪大族輸于官者，錢三銀七，如常捐，與現在大捐，及各捐輸是也。而其出也，亦以是爲差，如兵役需錢不需銀，其兵餉、役食與廩餼，則請盡放錢也。河工需銀，亦需錢，其兩河歲修則請銀錢各半，兼放也。職官需銀多，而需錢少，其文武各官廉俸，則請以銀七錢三搭放也。推之朝廷之賞賚、宗室之禄糈，亦可以用錢。由是則銅禁不可不嚴，銅礦宜開，鼓鑄亦宜廣也。去歲言官請禁銅，已蒙俞允，先試于京師矣，請即雷厲風行，頒誡天下，有犯者懲。①

其疏不異老生常談，却真實反映了有清一代一直存在銀錢博弈，國家與市場之博弈，即深寓其中。鄧亦兵從清朝貨幣政策出發研究，得出的結論是清代貨幣流通量以市場調節爲主，以政府調控爲輔。從時間上來説，在清代前期政府的干預手段強硬一些，嘉慶、道光時期開始減弱，逐漸被國際市場所左右。② 這是頗有道理的論斷。

三 結論：清朝建立是中國早期近代化歷史進程的延續

讓我們回到本文論述的主旨，明代白銀貨幣化對於清朝的影響。筆者認爲，通過實證研究，可以明確以下問題和認識：

（一）明代白銀貨幣化是中國早期近代化歷史進程的起源

中國傳統社會的近代轉型，是中外學術界長期關注的話題。③ "近代"與"近

---

① 陳崑撰，曾毅等點校：《小桃溪館文鈔》，四川大學出版社2018年版，第246—247頁。
② 鄧亦兵：《清代前期政府的貨幣政策——以京師爲中心》，《北京社會科學》2001年第2期。
③ 近代與現代，詞出同源，即"modern"一詞。近代與現代是否可通用，史學界一直存在分歧。吳承明先生認爲"現代化"與"近代化"爲同義語。講歷史多用"近代化"；涉及當代和21世紀，用"現代化"。二者可互用，他提出"16世紀以來的變遷，實即我國的現代化因素的出現"（《現代化與中國十六、十七世紀的現代化因素》，《中國經濟史研究》1998年第4期）。在《晚明社會變遷：問題與研究》一書中，筆者提出現代化與工業化是同義詞，晚明最可與早期工業化相聯繫，因此採用近代來表述（《緒論》，商務印書館2005年版，第2頁）。

代化"是兩個不同的概念。"近代"是時間概念,根據中國歷史分期,以1840年鴉片戰爭作爲中國近代史的開始。而"近代化"則是一個動態過程的概念,起源可以發生在更早的時候。就所述明與清前期而言,可以視爲早期近代化的歷史進程。"近代化"與"現代化"時常混用,那麼這一過程則更加漫長。這裏採用"早期近代化"一詞,是有意區別於鴉片戰爭以後的中國近代化歷史進程。

在探討明代白銀貨幣化過程及其影響的研究中,筆者認爲,明代白銀貨幣化源自市場的萌發,啓動了中國傳統農業經濟向市場經濟的轉型,引領全球化開端時期中國社會的近代轉型。[①] 因此,白銀貨幣化過程,是中國社會早期近代化轉型歷史進程的起源。需要特別說明的是,明代社會轉型處於過渡期,是一種"進行時",而非"完成時"。

關於《萬曆會計錄》的探究表明,中國並不是在鴉片戰爭之後,才開始出現超出傳統的一系列深刻變革,晚明中國不僅發生了社會變遷,而且國家也呈現出向近代轉型的態勢,由此,筆者提出了中國從傳統賦役國家向近代賦税國家轉型的新觀點。這是特指的國家轉型,也需要特別説明的是,明代開啓國家轉型,處於過渡期,是一種"進行時",而非"完成時"。

(二) 清朝是中國早期近代化歷史進程的延續

從白銀貨幣化切入,探討對清朝的影響,這是一個討論明清鼎革的新視角,應該說影響是多方面的,而其中最重要的,莫過於明代開啓的中國走向早期近代化的歷史進程,在清朝並没有斷裂,而是在延續。

明末,中國早期近代化轉型一度遭遇了挫折。國家與市場/社會博弈白熾化,萬曆親政以後的財政治理新形態内官稅收體制出臺,馬克思基本原理所説上層建築對於經濟基礎的反作用充分表現出來,更表明明末中國社會仍然缺乏對於皇權的制衡力量,無從建立起對皇權進行强有力制衡的近現代政治體制。因此,在明朝滅亡以後,在中國必然建立起一個新的王朝國家。李自成嘗試了,張獻忠也嘗試了,皆以失敗告終,而清朝則以回歸與重建成功地完成了新舊王朝的鼎革。

清朝建立的是傳統中國君主專制中央集權政治體制的最後一個王朝。對於清朝之所以能夠成功取代舊王朝,統治中國長達200多年,迄今學界一直爭議紛紜,莫衷一是。筆者認爲從中國長時段的歷史發展進程大趨勢來看,清朝建立和奠定統治,

---

[①] 參見萬明《白銀貨幣化與中外變革》,載萬明主編《晚明社會變遷:問題與研究》,商務印書館2005年版,第143—246頁。

首先主要表現在兩個方面：回歸與重建，簡言之，清朝全面承繼了明朝開啓的轉型取向而破除了困局，重建了新王朝。這裏重要的歷史啓示是："死的沒有拖住活的"，中國早期近代化的歷史進程在明清鼎革之際沒有斷裂，而是形成了一個新的發展階段。

具體來說，清承明制，中國傳統君主專制中央集權政治體制的傳承存續，成爲清朝"正統性"與"合法性"的必然選擇。新王朝建立之初，中國歷代傳統治理的重中之重——田賦與錢幣，關乎政權生死存亡問題。清初的回歸具有特殊的意涵，這是問題的關鍵所在。晚明白銀貨幣化完成於財政貨幣化，中國兩千年以實物和力役爲主的傳統財政體系向以白銀貨幣爲主的近代財政體系轉型，明清之際已出現農業經濟和市場經濟並存的二元經濟結構，建立在自給自足農業經濟基礎上的舊的貨幣制度與財政制度，已被破壞殆盡，這是清朝建立的重要前提。認真辨析清朝回歸文本的内涵，我們可以認識到清朝回歸的已是從農業經濟向市場經濟轉型中，建立在可以稱爲二元經濟基礎上的從賦役制向賦稅制演變的回歸，就此而言，清朝重建的也必然不是一個完整的農業經濟基礎上的傳統賦役制度，而是一個處於經濟轉型過渡階段的賦稅制度。清朝審時度勢的制度選擇，就建立在這樣一個基本前提之上，我們看到清朝建立了從賦役制向賦稅制繼續改革前行的貨幣財政制度，同時建立了銀錢複本位的二元貨幣制度，二者相輔相成，標誌清朝妥當處理了國家與市場/社會的博弈，延續了明朝開始啓動的經濟轉型過程，也即朝向近代化的歷史進程。

通過對於清朝建立過程的探討，我們可以得出的結論是中國的近代化轉型歷史進程沒有斷裂，而是在延續發展之中。存在即選擇，清朝的選擇是在當時國情發展框架内做出的合理選擇，更重要的是，清朝沒有脱離全球近代化的歷史進程。康熙帝重新對外開放，中國市場與全球市場連接，以往我們局限於白銀資源問題的探討，而沒有看到銅材資源問題，是在經過明末短暫的與全球市場分流之後，清代中國仍然參與到全球近代化大合流之中，在對内對外事務中，極大地發揮了傳統大一統中央集權政治體制的優勢，在市場與國家的博弈中強調了國家主導，平衡市場比價以掌控市場，使得中國在全球市場中仍然占據重要地位。

（三）中國早期近代化發展進程是全球近代化大合流的一部分

全球化首先是經濟全球化，是全球近代化的歷史變革，是全球走向近現代的歷史進程。全球化百川匯流，是人類從農業經濟向市場經濟轉型劃時代的大變局。一般認爲，16世紀是全球化開端，而突出的是西方大航海的作用。實際上，這是

19世紀西方工業革命以後，建立了西方主導的全球經濟貿易體系後形成的霸權話語。在全球化開端之時，可稱爲全球化第一波，是人類共同建立了全球第一個經濟貿易體系，搭建了從傳統向近現代歷史發展進程的全球化平臺。明代中國憑藉在全球化前夜本土內部發生的變革，積極引領並主動參與了全球第一個經濟貿易體系的建構，即全球近代化歷史進程的大合流。①

明清鼎革的歷史，是市場與國家、社會互動的歷史，也是中國與全球互動的歷史。全球處於近代轉型期，轉型期的特色，就是新舊混雜，糾結在一起。因此，歷史上所有的轉型都不可能是一蹴而就的，新舊制度的糾結與市場和國家的殊死博弈是在意料之外、情理之中，合乎歷史發展的內在邏輯的。仔細辨析清朝回歸與重建的具體內涵，其沒有脫離明朝開啓的早期近代化歷史進程的軌道，就此而言，清朝也沒有脫離全球近代化的歷史進程。

（四）中國本土的早期近代化發展進程不是西方經驗的復製

財政對國家和社會的歷史轉型演進過程，具有決定性的影響。西方國家財政在從中世紀到近代轉型過程中，具有重要作用。熊彼特說過："稅收不僅有助於國家的誕生，也有助於它的發展。"② 他認爲稅收不但有助於現代國家的誕生，更是現代國家發展的推動力量，所指是中世紀晚期西歐從家財型國家轉向了稅收國家。在此基礎上，劉守剛從財政類型進行分析，認爲"從西歐歷史來看，現代國家的成長過程，實際上伴隨着財政從家財型向稅收型的轉型；而從'財政社會學'的觀點來看，家財型財政向稅收型財政的轉型，也推動了從傳統國家向現代國家的轉型"。③ 筆者認爲，中國原發內生型的變革，開啓於白銀貨幣化，推動了中國傳統農業經濟向市場經濟的轉型，形成了傳統國家從賦役國家向賦稅國家的轉型，這是中國早期近代化歷史發展的進程。當中國市場與全球市場掛鈎，中國與全球近代化掛鈎也就是邏輯之必然了。爲什麽清朝可以摧枯拉朽，坐穩江山？解開長期以來不解的謎團，不是"新清史"所謂的"民族""文化"，不只是一以貫之的傳統王朝賡續，更是中國不斷前行的早期近代化歷史進程的延續。清朝首選的更新重建，正是接續了明朝開啓的傳統中國向早期近代中國轉型重建的過程。

---

① 萬明：《全球史視野下的明代白銀貨幣化》，《光明日報》2020年8月3日理論版。
② Joseph A Schumpet, "The Crisis of Tax State", in *International economical Papers*, New York: Macmilan, 1958, p. 4.
③ 劉守剛：《國家成長的財政邏輯：近現代中國財政轉型與政治發展》，天津人民出版社2009年版，第10頁。

"市場經濟"概念來自西方經濟學,產生于資本主義經濟充分發展的19世紀末、20世紀初。這裏提到的市場經濟,是特指早期近代市場經濟,或稱早期市場經濟。與早期市場經濟對稱的是傳統自然經濟。自然經濟的産品不是爲了交換,或者説主要不是爲了交換,而是爲了滿足生産者本身需要而生産的經濟。市場經濟的産品則是爲市場交換而生産,交換的媒介是貨幣。明代張居正改革,全面推行貨幣稅收,農民必須將農産品帶到市場上去賣掉,換回白銀以繳納賦稅。物物交換是傳統自然經濟,貨幣經濟是使用貨幣進行交換的經濟。交換是在市場上完成的,從這個意義上説,貨幣經濟就是市場經濟。明代白銀貨幣化的發展過程,突出了貨幣化——市場化現象和市場的重要作用,因此這裏稱爲向市場經濟的轉型。清朝建立以後,雖然存在政治體制不變的種種局限性,但是發揮了大一統中央集權制度的優勢,進一步推動中國從農業經濟向市場經濟轉型,從傳統賦役國家向賦稅國家轉型,從而奠定了一個强盛中國的基石,這是中國獨特的早期近代化歷史經驗,值得我們汲取。

(五) 修正以前的認識

白銀貨幣化不僅在於提供了一個新的歷史解釋範式——中國近代化歷史進程的起源,更重要的是作爲一個解讀轉型期歷史的切入點。通過這個切入點,明清鼎革的歷史映射到傳統財政體系的變遷之中,以財政體系的近代轉型特點定義歷史時期,拓展思路,提出明代中國從傳統賦役國家向近代賦稅國家轉型,這一國家與社會轉型論,是以向市場經濟轉型爲引導的劃時代的中國早期近代轉型。

清朝推進財政與貨幣結構的調整和改革,建立和健全中央集權財政與貨幣制度,是清朝穩定政權的不二法門。清代繼續賦役貨幣化改革,符合張居正財政改革兩個基本點:一是白銀作爲統一的財政會計計量單位,二是以白銀作爲財政稅收的徵收形態。同時建立銀錢複本位制以調控市場,從白銀貨幣的失控到穩定貨幣到複本位,君主專制中央集權貨幣制度和財政制度重建,回歸與重建形成兩條主綫,相輔相成,改革進程沿着這兩條主綫在不斷深化,結果是實現賦役制向賦稅制的平穩過渡,改革在延續,没有斷裂。《賦役全書》實爲傳統賦役國家向近代賦稅國家過渡的標誌性成果,既宣告了賦役制度的終結,也標誌着近代賦稅管理的新開端。重建國家權威,建立平穩發展的雙軌制度,是一種合理的平衡理念。轉型的新舊雙重性,决定了清朝的實用理念,一方面拓展和延伸了貨幣化改革,另一方面力圖管控市場,在市場與國家的博弈中取得國家主導的協調發展。清朝統治者對於物價關注和管控,是國家與市場/社會博弈和協調的産物。清代貨幣財政和複本位貨幣制度的建立，一環扣一環，成爲支撐清朝建立的穩定基石。就此而言，筆者認爲在此可以回答林甘泉先生提出的國家與社會轉型二者之間的關係問題：① 清朝的建立，蘊含着中國國家與社會的近代轉型仍在進行之中，二者並没有完全分道揚鑣。

沿着貨幣與財政稅收制度一系列改革的路徑，傳統賦役體系逐步向近代賦稅體系嬗變，在管理體制、徵收制度等方面呈現出複雜面相。明代傳統財政集權制向財政分權制轉變，地方財政體制逐步形成。清朝接續了財政體系的轉型，首先確立了中央集權政治與財政體制，户部爲全國財政稅收的主體地位；爲應對17世紀全球危機與貨幣財政的困難重重，清朝對外開放，與全球市場連接，並建構了銀錢複本位貨幣制度，形成了新的發展格局，進入中國早期近代化轉型新的階段，在國家與市場/社會和中國與全球多種關係的交織博弈中，清朝既深受傳統中央集權王朝制度依賴路徑的影響，也深受經濟轉型期財政貨幣化改革發展的影響。發覆新意，有裨於深刻理解中國歷史上近代化發展歷程的曲折性和複雜性。

質疑以往長期以來的中國社會近代轉型研究範式，還原明清鼎革之際的歷史，聚焦國家與市場/社會的博弈和協調發展，白銀形成國家財政所依存的稅收主體，這一從實物和力役爲主向白銀爲主的財政體系轉換，成爲市場經濟凸顯的一個標誌，具有中國劃時代變革和不可逆的近代發展趨向的意義。財政體系貨幣化，是向貨幣意向的市場經濟轉型作用的結果。轉型期的市場本身具有多層次性，也具有多種貨幣存在的土壤。問題在於國家如何控制市場中的貨幣。在國家與市場的博弈中，清朝成功地利用大一統中央集權統治優勢，重新確立了國家鑄幣權，意味着重新獲得貨幣的部分壟斷權。這是明朝人所一直響往而不能企及的掌控貨幣的權力。雖然作爲稱量貨幣的白銀，在清朝一直保持自由銀的多樣化特性，但是，清朝確立了王朝賦役到賦稅的財政體制轉型，建立了符合轉型過渡期國情二元經濟的銀錢雙本位貨幣制度，保證了王朝的財政基礎之穩定，也就保證了王朝統治的穩固建立。

進一步思考，中國近代化歷史進程可以劃分爲兩個階段，第一個階段，是中國早期近代化階段，自明代白銀貨幣化起源，中國積極主動引領並推動了經濟全球化開端的建構過程，這是全球化的第一波；到1840年以後進入第二個階段——近代化階段，中國才被動地納入了西方工業革命後主導的全球化第二波。在經濟全球化第一波中，中國明清鼎革之際，"死的没有拖住活的"，從明清鼎革的中國

---

① 萬明、徐英凱：《明代〈萬曆會計録〉整理與研究》，林甘泉序《發掘式創新性整理與研究的碩果》，第4頁。

本土，可以發覆傳統中國的早期近代化歷史進程，無關"新清史"的"民族""文化"，也無關西方民族國家的形成之路。古代中國走的是自身獨特的近代化發展道路，清承明制，清朝重建了君主專制中央集權政治體制的王朝國家，繼承了傳統，也承繼了變革。重要的是，中國國家與社會的近代轉型過程並沒有斷裂，中國早期近代化發展進程仍然在延續，中國與全球近代化發展大合流的趨向，也沒有發生分流。既往中外學界的認識，應該有所修正。

說明：此稿在筆者《明代白銀貨幣化研究：中國早期近代化歷史進程新論》一書出版前投稿，與書中內容略有差異。

收稿日期：2022 年 3 月

王陽明的致良知說

汪學群

摘　要：《大學》講格物致知，孟子講良知，王陽明揚棄這兩個概念提出致良知，顯然是思想上的一次重要創新。他的致良知說體現了本體與工夫的一致，尤其強調了良知的實踐性，並與心結合，反映其心學的特徵，即其心學也稱爲良知心學。而對致良知與天理的辨析，則突顯了致良知的核心地位，它貫穿於陽明心學始終，王陽明正是在致良知的視野之下解讀包括心即理、格物、知行合一等思想。致良知說的價值在於高揚了人的道德主體性，主體內在的自主與自覺對塑造理想化的人格具有不可替代的作用。

關鍵詞：致良知　心學　天理

王陽明良知心學的核心是良知，他在闡釋良知時也使用致良知，這兩個概念側重點、角度有所不同，如果説良知傾向於觀念層面，那麼致良知偏於實踐層面，但它們的內涵一致，而經常交互使用以表述同樣的內容。良知屬於人內心固有，是心有良知，心與良知天然地結合在一起，致良知之學從心開始。王陽明講致良知，又講體認天理，他對二者關係的討論突顯致良知的內在自覺性，同時也進一步完善了心學的內省特徵。

一　致與良知

致良知由致和良知兩個概念構成。良知源自孟子，王陽明對良知的分析，最基本的特點是先天性，指其不慮而知、不學而能的特徵。如他所説："蓋良知之在人心，亘萬古、塞宇宙，而無不同。'不慮而知'，'恒易以知險'，'不學而能'，

'恒簡以知阻'，'先天而天不違'，'天且不違，而況於人乎？況於鬼神乎？'"①良知由人心所發出，在時空上綿延廣大，這裏引《孟子·盡心上》的"人之所不學而能者，其良能也。所不慮而知者，其良知也"，《周易·繫辭上》的"德行恒簡以知阻"，及《乾·文言》"先天而天弗違，後天而奉天時。天且弗違，而況於人乎？況於鬼神乎"，皆說明良知這一不慮而知、不學而能的特色，及良知與生俱來的本能，突顯其超驗性、先天性。另外，良知既簡易又能知險阻，貫通先後且與天地並存而相互協調，可謂神秘莫測，此段話概括了良知豐富而深邃的內涵。致則源自《大學》講的"格物致知"中的致知。良知與致知的關係是良知也是致知，所謂"良知之外，更無知；致知之外，更無學。外良知以求知者，邪妄之知矣；外致知以爲學者，異端之學矣"②。良知與致知、學一致，說明知與學並非單純知識而應包括道德，是知識與道德的統一體。

王陽明在良知前面加上致，是因爲"人孰無是良知乎？獨有不能致之耳"。致"是良知而行，則所謂'天下之達道'也"③。致即實現良知，爲良知的展現，此爲"天下之達道"。踐履良知則天地以位，萬物以育，富貴貧賤、患難夷狄，一切問題迎刃而解。致與良知的結合，即致良知是人惟一的本性，如他在談及珍惜光陰時提出："用致我良知，毋忝恒性。"④ 要時刻致良知，不要有愧於這一永久的本性。致良知是致知，有自知之明就是良知，致此良知以求自慊，就是致知。⑤ 致也是培養，良知自知，致而養之，不待學慮，千變萬化，皆由此出。⑥ 從某種意義上說知就是致，致良知中的知即是一，知本神，知之不昧，就是致。⑦ 致使知具有實踐性，致良知強調了良知的實踐價值，也是一切善行的創生動源。王陽明自謂：他所講的良知二字是從萬死一生中體悟出來的，其中有多少積累在，學者看得太容易却不肯致良知，如同反把黃金作頑鐵用了。⑧ 如果不致，良知恐怕失去其作用。有人說他"除了致良知一句，更無伎倆"。他也自認"我原只有這些伎倆"⑨。對發明闡釋致良知十分得意。

致良知說明良知的潛在性。顧璘致書認爲，"道之大端易於明白"，即是所謂

---

① 王陽明：《傳習錄中·答歐陽崇一》，載吳光、錢明、董平、姚延福編校《王陽明全集（新編本）》，第一冊，浙江古籍出版社 2010 年版，第 80 頁。
② 王陽明：《與馬子莘（丁亥）》，載《王陽明全集（新編本）》，第一冊，第 232 頁。
③ 王陽明：《書朱守乾卷（乙酉）》，載《王陽明全集（新編本）》，第一冊，第 297 頁。
④ 王陽明：《言行錄匯輯上》，載《王陽明全集（新編本）》，第五冊，第 1628 頁。
⑤ 王陽明：《與王公弼（乙酉）》，載《王陽明全集（新編本）》，第一冊，第 211 頁。
⑥ 王陽明：《言行錄匯輯下》，載《王陽明全集（新編本）》，第五冊，第 1686 頁。
⑦ 王陽明：《言行錄匯輯下》，載《王陽明全集（新編本）》，第五冊，第 1691 頁。
⑧ 王陽明：《言行錄匯輯下》，載《王陽明全集（新編本）》，第五冊，第 1662 頁。
⑨ 王陽明：《言行錄匯輯下》，載《王陽明全集（新編本）》，第五冊，第 1661 頁。

"良知良能，愚夫愚婦可與及者"。王陽明答道："'道之大端易於明白'，此語誠然。顧後之學者，忽其易於明白者而弗由，而求其難於明白者以爲學"，良知之道簡易明白，而後學者舍易求難、捨近求遠。又引《孟子・離婁上》"道在邇而求者遠，事在易而求諸難"，《告子下》"夫道若大路然，豈難知，人病不由耳"等語，予以批評。在他看來，良知良能，"愚夫愚婦與聖人同。但惟聖人能致其良知，而愚夫愚婦不能致，此聖愚之所由分也"①。也就是説良知良能内在於心，凡人與聖人皆有，所不同的是聖人能致其良知，凡人不能致，在這裏突顯"致"的重要意義。致良知是其良知應有之義，良知之學實際上是致良知之學。他又説："'惟天下至聖，爲能聰明睿知'，舊看何等玄妙，今看來原是人人自有的。耳原是聰，目原是明，心思原是睿知，聖人只是一能之爾。能處正是良知，衆人不能，只是個不致知，何等明白簡易！"②《中庸》講的"聰明睿知"並不神秘，而是人人内在固有的本能，只是衆人不知不能窮盡體悟發揮出來，使良知得不到再現，聖人則充分展現良知這一本能。良知是潛在的，需要後天的唤起，致知即是發見良知的重要手段。

致良知是本體與工夫的一致，致良知作爲工夫重在體認，王陽明對門人提及：講致良知自有其原來的味道，却被你們敷衍，意思是説你們今天講良知明天講良知就無味了，而且招人厭惡，希望你們今後務求體認，不要空談詞説。③ 凡是"看古人書，只提掇良知二字，略爲轉語，便自分曉。"如精義入神是致良知之用，利用安身是崇良知之德，良知以外無所謂知，窮神知化是良知到熟處即德之盛。如好仁不好學，學個什麼？好仁而不在良知上學，其蔽爲愚。精義入神、利用安身、窮神知化、好仁等都在良知上進行，不費詞説而自明。④ 他認爲，該抛棄富貴就立即抛棄富貴，只是致良知；該遵從父兄之命就立即遵從父兄之命，也只是致良知，其間權量輕重稍有私意於良知便是自身不安。凡是認賊作子的人，其原因在於不知在良知上用功，如果在良知上體認，就會像《大學》所説"雖不中，不遠矣"⑤。這裏指接近終極道德關懷。嘉靖六年（1527年），弟子朱得之準備回鄉，臨行前向王陽明請教。後者認爲，以前有幾個樸實的學生倒能反己自修，當有人問時，却不肯多説，只説"我聞得學問頭腦只是致良知"，不論食息語默、有事無事，良知之心時刻炯然不昧，不受絲毫私欲干涉，這就是必有事、慎獨、集義、

---

① 王陽明：《傳習錄中・答顧東橋書》，載《王陽明全集（新編本）》，第一册，第54頁。
② 王陽明：《傳習錄下》，載《王陽明全集（新編本）》，第一册，第120頁。
③ 王陽明：《言行錄匯輯上》，載《王陽明全集（新編本）》，第五册，第1635頁。
④ 王陽明：《言行錄匯輯下》，載《王陽明全集（新編本）》，第五册，第1663頁。
⑤ 王陽明：《與王公弼（丙戌）》，載《王陽明全集（新編本）》，第一册，第229頁。

致中和等工夫。又有一種人淵默躬行,不言而信,與人並立而人自化,這才是善學者,才是爲己之學。①

對於夜氣,弟子陸澄認爲,想要不思善惡而使心之良知清靜自在,只有睡覺方醒之時,這正是孟子"夜氣"之説。王陽明答道:"今欲'善惡不思,而心之良知清靜自在',此便有自私自利,將迎意必之心,所以有'不思善、不思惡時用致知之功,則已涉於思善'之患。孟子説'夜氣',亦只是爲失其良心之人指出個良心萌動處,使他從此培養將去。今已知得良知明白,常用致知之功,即已不消説'夜氣'。"②想不思善惡而良知清靜自在,已包含着自私自利、主觀臆斷之心,所以有不思善不思惡時用致知之功,這已涉及思善之病,意思是説良知自然而然,不是"欲""思"即而完成的,此一"欲""思"已經是主觀或參雜私念。孟子説的夜氣也只是爲失去良心之人指出良知萌動處,希望在此培養,知得良知明白,常用致知之功就無需説夜氣。否則如《韓非子·五蠹》所説:"宋人有耕田者,田中有株,兔走觸株折頸而死。因釋其耒而守株,冀復得兔,兔不可復,而身爲宋國笑。"這裏以守株待兔喻指不應拘泥於"夜氣"之説(守株),而應常用致知之功(得兔),因爲致良知比夜氣更加明白。

良知屬於德性之知,德性與聞見相聯,王陽明談及良知與聞見關係時突顯致的重要性。他寫道:"至於'多聞多見',乃孔子因子張之務外好高,徒欲以多聞多見爲學,而不能求諸其心,以闕疑殆,此其言行所以不免於尤悔,而所謂見聞者,適以資其務外好高而已。蓋所以救子張多聞多見之病,而非以是教之爲學也。夫子嘗曰:'蓋有不知而作之者,我無是也。'是猶孟子'是非之心,人皆有之'之義也。此言正所以明德性之良知,非由於聞見耳。若曰'多聞擇其善者而從之,多見而識之',則是專求諸見聞之末,而已落在第二義矣,故曰'知之次也'。夫以見聞之知爲次,則所謂知之上者果安所指乎?是可以窺聖門致知用力之地矣。夫子謂子貢曰:'賜也,汝以予爲多學而識之者歟?非也,予一以貫之。'使誠在於'多學而識',則夫子胡乃謬爲是説以欺子貢者邪?'一以貫之',非致其良知而何?"③施邦曜評道:"見聞豈可廢得?只是不可逐於聞見。先生此言,亦爲逐外忘内者發,學者毋以辭害意。"④ "以闕疑殆",出自《論語·爲政》"多聞闕疑""多見闕殆",是孔子針對子張騖外好高,即只以多聞多見爲學而不求於心以闕疑提出的,也即旨在救子張多聞多見之病,並非以此教之爲學。《論語·述而》

---

① 王陽明:《稽山承語》,載《王陽明全集(新編本)》,第五册,第 1614 頁。
② 王陽明:《傳習録中·答陸原靜書》,載《王陽明全集(新編本)》,第一册,第 73 頁。
③ 王陽明:《傳習録中·答顧東橋書》,載《王陽明全集(新編本)》,第一册,第 55—56 頁。
④ 王曉昕、趙平略點校,施邦曜輯評:《陽明先生集要》,中華書局 2008 年版,第 217 頁。

— 455 —

講的"蓋有不知而作之者,我無是也",《孟子·告子上》"是非之心,人皆有之",是説孔子不是那種有不知而作的人,一定是有良知才做,良知就是孟子講的是非之心,人都有德性之良知。"多聞多見",即《論語 述而》"多聞,擇其善者而從之;多見而識之;知之次也"。追求聞見則淪爲第二義即"知之次也",但不等於抛棄聞見,如果抛棄聞見,那麼知之上者即德性之良知恐怕變爲空疏。《論語·衛靈公》"賜也,汝以予爲多學而識之者歟?非也,予一以貫之",孔子强調"一以貫之",此一"貫"字即貫通,就是把致良知與聞見打並歸一。

王陽明進一步寫道:"良知不由見聞而有,而見聞莫非良知之用,故良知不滯於見聞,而亦不離於見聞。孔子云:'吾有知乎哉?無知也。'良知之外,別無知矣。故'致良知'是學問大頭腦,是聖人教人第一義。今云專求之見聞之末,則是失却頭腦,而已落在第二義矣。近時同志中蓋已莫不知有致良知之説,然其功夫尚多鶻突者,正是欠此一問。大抵學問功夫只要主意頭腦是當,若主意頭腦專以致良知爲事,則凡多聞多見,莫非致良知之功。蓋日用之間,見聞酬酢,雖千頭萬緒,莫非良知之發用流行,除却見聞酬酢,亦無良知可致矣。故只是一事,若曰致其良知而求之見聞,則語意之間未免爲二,此與專求之見聞之末者雖稍不同,其爲未得精一之旨,則一而已。'多聞,擇其善者而從之,多見而識之',既云'擇',又云'識',其良知亦未嘗不行於其間,但其用意乃專在多聞多見上去擇識,則已失却頭腦矣。"① 良知不因見聞而有,良知不拘泥於見聞,但不離見聞,見聞爲良知之用。引《論語·子罕》"吾有知乎哉?無知也",以證良知之外無知。致良知是學問的主幹,是聖人教人第一義,因此反對求見聞之末,此爲第二義。就工夫而言,一定要有"主意頭腦",指致良知,在致良知與聞見的關係上,致良知爲主,控制聞見,在致良知上用功,見聞也即致良知之功,見聞無非是良知之用。但離開見聞良知無法致,致離不開見聞,致良知與見聞統一,可視爲同一認知的兩個層面。施邦曜評道:"此書首段説良心不滯見聞,亦不離見聞。所以要博學審問。"② 王陽明引《尚書·大禹謨》"人心惟危,道心惟微,惟精惟一,允執厥中",精一本意是不雜形氣之私而專一依義理,這裏指致良知與聞見一致。《論語·述而》"多聞,擇其善者而從之",其中的"擇"與"識"表面看與聞見相關,而其背後則是致良知在起作用,如果僅理解爲聞見上的"擇"與"識",那麼就否定良知的主導作用。如果以多聞多見爲知,則屬於次一等的認知,

---

① 王陽明:《傳習録中·答歐陽崇一》,載《王陽明全集(新編本)》,第一册,第77—78頁。
② 施邦曜:《陽明先生集要》,第201頁。

天然是非之心才是真知。① 這實際上是説真知超越感性而是天所賦予且内在於人心的認知，它能分辨是非，屬於價值判斷。在人們的認知體系中致良知占有絶對至尚的地位。

二　致良知的心學特徵

鄒守益曾請教致良知，王陽明回答道：致知是致吾心之良知於事事物物，致吾心之良知於事事物物，則事事物物皆得其理。致吾心之良知是致知，事事物物皆得其理是格物，獨即是良知，慎獨是所以致其良知，戒謹恐懼是所以慎其獨，《大學》與《中庸》宗旨一致。鄒守益聽後大悟，當即拜他爲師。② 致良知當然内涵於心，其道只是致良知，感應皆起於吾心，没有自外至者。③ 這表明致良知其實是致吾心之良知，一個心字道出王陽明致良知的心學特徵。

致良知在於擴充是非之心，王陽明説：「所謂良知，即孟子所謂'是非之心，知也'。是非之心，人孰無有？但不能致此知耳。能致此知，即所謂充其是非之心，而知不可勝用矣。」④ 以是非之心釋良知，而且此心爲人生來固有，以致釋擴充其是非之心，致良知就是把生來固有的是非之心擴充或光大變爲現實，這是發揮孟子有關良知的主張。針對周道通來書説「良心發見」，又説「不能辨理欲於疑似之間」，王陽明反問道：「良心發見」是什麽？「良心發見」即是良知無所不知，因此不存在上述所説的「疑似」問題。自謂：「吾平生講學，只是'致良知'三字。仁，人心也；良知之誠愛惻怛處，便是仁，無誠愛惻怛之心，亦無良知可致矣。」⑤ 據陳九川回憶：「致良知」三字是先師平素教人不倦者，所説「誠愛惻怛之心」就是「致良知」。王陽明也期望繼子王正憲在「致良知」上宜加猛省，敬守訓誡。鄒守益稱，這是以繼志述事期望於仲蕭（即正憲字）。王陽明晚年獨標致良知告誡門人，屢屢在家書中提及，可見對家侄叮嚀告誡之誠心。

致良知能辨别心之善惡，也能知恥。鄒守益認爲，凡我同志都不應該忘記師訓，即好善如好好色，惡惡如惡惡臭，是能致其良知，君子自求多福。知善而著之，知不善而掩之，是不能致其良知，小人自作孽。⑥ 僅限於知，把善惡限制在認

---

① 王陽明：《陽明先生遺言録上》，載《王陽明全集（新編本）》，第五册，第1601頁。
② 王陽明：《言行録匯輯上》，載《王陽明全集（新編本）》，第五册，第1631頁。
③ 王陽明：《周道通問學書批語》，載《王陽明全集（新編本）》，第五册，第1860頁。
④ 王陽明：《與道通書四》，載《王陽明全集（新編本）》，第五册，第1581頁。
⑤ 王陽明：《寄正憲男手墨二卷》，載《王陽明全集（新編本）》，第三册，第1039頁。
⑥ 王陽明：《言行録匯輯下》，載《王陽明全集（新編本）》，第五册，第1676—1677頁。

知範圍之内而不去踐履,即不致良知則屬於空談。王陽明强調,獨知之知至靜而神,没有不良知的,也就是說其中包含着良知。我順其自然之知,知善知惡爲良知,因其所知而爲善以去惡,實踐良知就是致良知。《中庸》講"知恥近乎勇",所謂知恥,"只是恥其不能致得自己良知耳"。現在的人常以言語不能屈服得人爲恥,意氣不能陵軋得人爲恥,憤怒嗜欲不能直意任情得人爲恥,而不知這些都是蔽塞自己良知所造成的。以不能蔽塞自己良知爲恥,正是恥非其所當恥而不知恥其所當恥,則是君子真正感到深恥的地方,這難道不是一件很悲哀的事情嗎?恥的内容除了不能實踐良知之外,並無他意。

致良知有克服内心情緒的作用,在王陽明看来,人在仕途與退處山林相比,其工夫要難上十倍,必須要有朋友時時警發相互砥礪,平日的志向才不至於潛移默奪,鬆弛頹靡。他曾與黄宗明談及在京師熟人較少,希望黄宗明與黄宗賢預先相互約定,彼此要見稍微有動氣處,就必須提起致良知話頭互相規切。提起致良知,則能使"人言語正到快意時,便截然能忍默得;意氣正到發揚時,便翕然能收斂得;憤怒嗜欲正到騰沸時,便廓然能消化得:此非天下之大勇者不能也"①。致良知起到調節情欲的作用。見得良知親切之時,致良知的工夫並不困難,只是因爲情欲等影響,情欲等爲良知自身本無,只因良知被昏昧蔽塞以後才出現,一旦良知提醒,通過致良知,情緒等因素立即消失,如白日一出,魍魎自然消除。

致良知工夫的目的是重見心之本體。王陽明在安徽滁州督馬政時每天與諸生游玩,夜裏有數百人環龍潭座談,期間歌聲振穀,他則隨時隨地教育諸生。如見他們只爲口耳同異之辯而無益於得便教靜坐,一時好像是有所領悟,但有的漸漸喜靜厭動流入枯槁之病,他有針對性的指出:"故邇來只指破致良知工夫。學者真見得良知本體昭明洞徹,是是非非,莫非天則,不論有事無事,精察克治,俱歸一路,方是格致實功,不落却一邊。故較來無出致良知。話頭無病,何也?良知原無間動靜也。"② 反對動靜的片面化,教諸弟子致良知工夫以見良知本體。此本體爲天所賦,因此與天一致純潔無暇,良知自身無是非却能辨明是非而在於致,以此達到良知與天理的統一。

黄直問:您的格致之說,隨時格物以致其知,則知是一節之知而不是全體之知,何以到得《中庸》所說"溥博如天,淵泉如淵"的地位?意指智慧廣大而深邃。王陽明說:"人心是天、淵。心之本體,無所不該,原是一個天,只爲私欲障礙,則天之本體失了。心之理無窮盡,原是一個淵。只爲私欲窒塞,則淵之本體

---

① 王陽明:《與黄宗賢(丁亥)》,載《王陽明全集(新編本)》,第一册,第234頁。
② 王陽明:《傳習録拾遺》,載《王陽明全集(新編本)》,第五册,第1555—1556頁。

失了。如今念念致良知，將此障礙窒塞一齊去盡，則本體已復，便是天、淵了。"① 人心是天淵，心之本體無所不包，只爲私欲障蔽窒塞，天淵之本體不見了，通過致良知將障礙窒塞一齊去盡，本體復見便是天淵，看來知肯定是全體之知。

考慮到受朱熹後學趨於訓詁的片面影響，王陽明提出"致良知"試圖加以矯挽，涉及致良知與學的關係。當時一些學者對此產生過懷疑，以爲過於執着，他則認爲，良知是未發之中，常人不能發而中節在於未發之中也非全是，因此有待於學，通過學習才能達到良知。② 近時一些朋友相互講論良知之説也有一段時間，但還有迷惑未定處。聶豹開口便能使人相信，其資質真是超過一般人，只是見得尚淺未能達到洞徹，雖然有所成就，仍不免爲書見舊聞所困惑，然而其胸中渣累很少，又有識得良知的頭腦，加上篤信好學，終究會達到洞徹。③ 湛若水回憶曾同方獻夫、王改齋過江弔喪，王陽明當面説："我此學，途中小兒亦行得，不須讀書。"想必可能是一時之言，後來也曾聽到一些學者説到此，於是他又説："吾與爾説好了，只加學問思辯篤行，如此致之便是了。"④ 不須讀書是反對只讀書、死讀書而不及其他，致包括學問思辯篤行，是實踐的學問，通過踐履讀書所得，使所學落到實處。

論學下手處就是致良知，王陽明説："聖賢論學，無不可用之功，只是致良知三字，尤簡易明白，有實下手處，更無走失。"⑤ 關鍵在於實踐良知而非僅限於空談"致良知"這三個字。當時一些志同道合者也都知曉致良知之説，但能真正務實用功的却不多，其原因在於未能真正獲得良知，同時又把致字看的太容易了，因此未能有得力之處。空論良知雖然比支離之説稍有頭緒，嚴格地説，也不過只是五十步笑百步罷了。致知要適度，要各隨分量所及，如樹只有些小萌芽，澆水灌溉時不要浸壞了它。⑥ 聖賢垂訓固然有書不盡言、言不盡意的情況，但"凡看經書，要在致吾之良知，取其有益於學而已。則千經萬典，顛倒縱橫，皆爲我之所用"⑦。讀經書如拘執比擬則反爲所縛，雖然不乏有特見妙詣，發揮一時之義，但此類意見流注潛伏，反而會成爲良知的障蔽而自己却没有發覺。

致良知也要循序漸進。甘于盤問：學終日只依良知而行，不覺常有出入之病。

---

① 王陽明：《傳習録下》，載《王陽明全集（新編本）》，第一册，第105頁。
② 王陽明：《言行録匯輯上》，載《王陽明全集（新編本）》，第五册，第1630頁。
③ 王陽明：《與歐陽崇一》，載《王陽明全集（新編本）》，第五册，第1824頁。
④ 王陽明：《言行録匯輯上》，載《王陽明全集（新編本）》，第五册，第1619—1620頁。
⑤ 王陽明：《與陳惟浚（丁亥）》，載《王陽明全集（新編本）》，第一册，第236—237頁。
⑥ 王陽明：《言行録匯輯下》，載《王陽明全集（新編本）》，第五册，第1693頁。
⑦ 王陽明：《答季明德（丙戌）》，載《王陽明全集（新編本）》，第一册，第228頁。

王陽明答道：這只是不懇切。如以附近的樓臺爲喻：如你登樓，剛登時只看到樓的外貌，登的過程中則看見樓的形制，坐在樓中則見到樓製作的精粗及其中的器物，一會兒又見到器物的精粗，但也還有没見未知的。至於外人聽説此樓，想見不過是遠遠望一望而已，如何知道其中的委曲？致良知之學也是如此。雖然對良知的體認淺深自有所得，但不可能完全窮盡其底藴，一定要盤桓精察，日久日見，日得其樂，達到左右逢源，才是良知用事。① 也就是説依良知行事非一蹴而就，而是一個循序漸進的積累過程。程顥説："所見所期不可不遠且大，然行之亦須量力有漸。志大心勞，力小任重，恐終敗事。"② 學者既然樹立做聖人的志向，"只消就自己良知明覺處樸實頭致了去，自然循循日有所至，原無許多門面摺數也"③。對於外面的是非毀譽，只把它當成警切砥礪而不能因此稍動己心，如果動摇了心志，則將流於心勞日拙而不自知。

王陽明甚至强調致良知本身就是學，如説："心之良知是謂聖。聖人之學，惟是致此良知而已。自然而致之者，聖人也；勉然而致之者，賢人也；自蔽自昧而不肯致之者，愚不肖者也。愚不肖者，雖其蔽昧之極，良知又未嘗不存也。苟能致之，即與聖人無異矣。此良知所以爲聖愚之同具，而人皆可以爲堯舜者，以此也。是故致良知之外無學矣。"④ 心存良知就是潛在的聖人，關鍵在於致即實現或達成良知，良知存在於人心中，聖人賢人與一般的區別在於致，聖人自覺致良知，良知自然而然流出，賢人則需要勸勉，愚及不肖蔽昧而不肯致，即使是這種人也存在良知，如果致良知，那麽與聖人没有什麽差別。就良知而言，人所共有，從其可能性來説人都能成爲堯舜。在他看來，良知之學自孔、孟以後失傳千餘年重新揭出後，諸同道把它視爲開啓人心本善的鑰匙，無不歡心鼓舞，也可以驗良知之同然。當然有人對此懷疑，那不過是久溺於支離之習，堅持固有舊見，對自己缺乏信心，如此應平氣闡釋良知學説，領會後無不幡然悔悟。

以致良知爲學，此爲學之根本。顧璘致書王陽明説："至於節目時變之詳，毫釐千里之謬，必待學而後知。"他回答道："'節目時變'，聖人夫豈不知？但不專以此爲學。而其所謂學者，正惟致其良知，以精審此心之天理，而與後世之學不同耳。吾子未暇良知之致，而汲汲焉顧諟之憂，此正求其難於明白者以爲學之蔽

---

① 王陽明：《稽山承語》，載《王陽明全集（新編本）》，第五册，第1613頁。
② 程顥語見朱熹《近思録》，載朱傑人、嚴佐之、劉永翔主編《朱子全書（修訂本）》，第13册，上海古籍出版社、安徽教育出版社2010年版，第181頁。
③ 王陽明：《答劉内重（乙酉）》，載《王陽明全集（新編本）》，第一册，第210頁。
④ 王陽明：《書魏師孟卷（乙酉）》，載《王陽明全集（新編本）》，第一册，第297—298頁。

也。"① 所謂"節目時變"十分詳細，不能有一點差錯，凡此需要通過學習而後掌握。"節目時變"聖人知曉，但不專門以此爲學，所謂學即致良知，審視心之天理。如不致良知而以未能"節目時變"爲憂，這是求難而違背簡易。致良知對於"節目時變"，如同規矩尺度對於方圓長短，前者更爲根本，後者服從於前者。"節目時變"不可預定，如同方圓長短不可勝窮，但規矩確立後方圓必須服從，如此則天下之方圓不可勝用，尺度確立後長短同樣必須服從，如此天下之長短不可勝用。也就是說良知一旦確立，"節目時變"必須服從，如此天下之節目時變不可勝應。毫釐之差、千里之繆，應以吾心良知一念之微處審察，學才有用，如果不以規矩而想確定天下之方圓，不以尺度而想盡天下之長短，必然乖張謬戾，白費功夫。

三　致良知與體認天理

王陽明講致良知又講天理，對於二者的關係，他既有正面的討論，也有與湛若水的爭辯。

既然天理與心相聯，心的核心内容是良知，因此天理與良知是一致的，王陽明與弟子問答說明這一點。問："聲、色、貨、利，恐良知亦不能無。"答說："固然。但初學用功，却須掃除蕩滌，勿使留積，則適然來遇，始不爲累，自然順而應之。良知只在聲、色、貨、利上用功，能致得良知精精明明，毫髮無蔽，則聲、色、貨、利之交，無非天則流行矣。"②"天則"即天理。聲色貨利等物欲是客觀的存在且常常誘惑人們的心志，關鍵在於初學用功，掃除蕩滌這些誘惑而不使之累積。適然即偶然遇到聲色貨利也不會爲其所累而是自然順應，這就需要良知在聲色貨利等誘惑上用功。"致"即實踐良知精明無蔽，如此則不爲聲色貨利所左右而自然符合天理。再看另一段問答。問："孔子所謂'遠慮'，周公'夜以繼日'，與'將迎'不同。何如？"答："'遠慮'不是茫茫蕩蕩去思慮，只是要存這天理。天理在人心，亙古亙今，無有終始；天理即是良知，千思萬慮，只是要致良知。良知愈思愈精明，若不精思，漫然隨事應去，良知便粗了。若只着在事上茫茫蕩蕩去思教做'遠慮'，便不免有毀譽、得喪、人欲攙入其中，就是'將迎'了。周公終夜以思，只是'戒慎不睹、恐懼不聞'的功夫，見得時，其氣象與

---

① 王陽明：《傳習錄中·答顧東橋書》，載《王陽明全集（新編本）》，第一册，第54頁。
② 王陽明：《傳習錄下》，載《王陽明全集（新編本）》，第一册，第134頁。

'將迎'自別。"① 對於《論語·衛靈公》所説的"遠慮",不是放浪去思慮,這樣的思慮無目的、無意義,而是要遠慮存天理,天理非外在而自在人心,良知在人心,天理就是良知,這是把天理與良知看成一致。劉宗周對此評道:"又攝在天理二字内。天理即良知,是先生前後打合指訣。又曰,'良知愈思愈精明',蓋言天理愈精明也。思即是良知之柄,説不得個思良知。凡言思,不必説良知;言良知,不必又言思了。人心中容不得許多名目。"② 如果説天理與良知有所不同,那麽良知是人這個主體發動的思,《中庸》之"千思萬慮",即是要致良知,良知愈思愈精明,如果不精思就會漫然隨事應去。放浪之思慮指在事物上思或者説逐物而思,只在事物上思是要不得的,如《莊子·知北游》所説的"將迎",即以事物來將迎容易出現私意。《孟子·離婁下》有關周公思兼三王,以施四事之"夜以繼日以思",這種思就是《中庸》所謂"戒慎不睹、恐懼不聞"功夫,如此才是正途。意思是説思慮不要跟着事物走,而要以良知爲主軸思慮並下工夫,如此才能符合天理,達到整合世道人心的目的。

王陽明提出良知即是天理,致良知即是當理。良知即天理,也即未發之中。他開始教人存天理去人欲時,有一天對弟子説:什麽是天理?弟子則反問,他説:心之良知是天理。又一天説:什麽是良知?門弟子反請問,又説:是非之心是良知。程顥説:"吾學雖有所受,然天理二字,却是自家體認出來。""良知即是天理",所謂的體認,"實有諸己之謂耳,非若世之想像講説者之爲也。"③ 自我踐履、親身實踐才是體認。發明良知之後,接受良知的人不在少數,但大多流於口頭而未能真正實踐體認,因此難免出現各種疑惑。如有人認爲良知不足以盡天下之理,必須借助於窮索以增益體認,又有人以爲光憑致良知未必能合於天理,必須以良知講求其所謂的天理並把這視爲一定的規則,由此出發然後才能無弊。在他看來,這些説法並不是務實體認之功,也未能透見良知真諦,似是而非之説不值得一辯。

湛若水在南京做官時,曾致書在浙江的王陽明,辯論良知與天理的同異。王陽明不予回答,認爲兩人都需要有一段時間静下心來,無意中因事指發,必然有沛然融釋之處。如果執筆書劄,還會引起爭端。④ 後來王陽明在兩廣對湛若水的門人説:"隨處體認天理,與致良知一般。"又與别人説:"隨處體認天理,是義襲

---

① 王陽明:《傳習録下》,載《王陽明全集(新編本)》,第一册,第120—121頁。
② 劉宗周:《陽明傳信録》三,載吴光主編《劉宗周全集》,第五册,浙江古籍出版社2007年版,第83頁。
③ 王陽明:《與馬子莘(丁亥)》,載《王陽明全集(新編本)》,第一册,第232頁。
④ 王陽明:《言行録匯輯下》,載《王陽明全集(新編本)》,第五册,第1683頁。

而取之。"黄淑問："前後有所不同，如何理解？"湛若水聽後只是默然，没有表態。① 兩人就這個問題曾發生過辯論。

湛若水以隨處體認天理取代致良知，王陽明認爲，在患難艱苦之中，工夫極費力之時，"因見得良知兩字比舊愈加親切。真所謂大本達道，舍此更無學問可講矣"②。"隨處體認天理"之説也未嘗不是，只要根究下落未免捕風捉影，即使鞭辟向裏，也與聖門致良知之功尚隔了一層，如果再失之毫釐則謬之千里。在他看來，當務之急是：對於四方所來的志同道合者應以良知提攜，使他們有所省悟發揮，只是對於良知有著實透徹工夫者却不易得到。世間無志之人大都爲聲利詞章之習所驅使，中間雖然有個别知曉從自己性分上追求的人，又被一種似是而非之學所羈絆而終身不能出頭。其根本原因在於没有真爲聖人之志，難免挾雜欲速之私見，如此爲學當然流於表面。因此，雖然是豪傑之士也任重道遠，而意志稍有薄弱安頓其中的人不在少數。

對王陽明而言，湛若水的"隨事體認天理，即戒慎恐懼功夫，以爲尚隔一塵，爲世之所謂事事物物皆有定理而求之於外者言之耳"。王陽明以爲，如果這裏説的是致良知之功，則此語也没有什麽危害，不然則難免失之毫釐謬之千里。湛若水有關"今之謂聰明知覺，不必外求諸經者，不必呼而能覺"一句，似乎是急於立言而未能細察王陽明的意思，後世學術不明並不是後人聰明識見不及古人，而大多是由勝心爲患不能取善相下，明明其説已是而又發明另一説以抬高它，導致其説愈多惑人愈甚。當今學術不明使後學無所適從以至於人多言，皆由自相求勝之罪。今良知之説，"已將學問頭腦説得十分下落，只是各去勝心，務在共明此學，隨人分限，以此循循善誘之，自當各有所至。"自立門户，外假衛道之名而内行求勝之實，不顧正學因此而益荒，人心因此而愈惑，黨同伐異，覆知爭長，以成其自私自利之謀，仁之心有所不忍。③ 對學術界虛假提出批評。

湛若水以"隨處體認天理"六字爲自己治學的宗旨，在答聶雙江書表達了不同的看法，如説："或疑隨處體認恐求之於外者殊未見此意。蓋心與事應，然後天理見焉。天理非在外也，特因事之來，隨感而應耳，故事物之來，體之者心也。心得中正，則天理矣。""宇宙内無一事一物，合是人少得底""人與天地萬物一體，宇宙内部與人不是二物，故少不得也"。④ 意思是説，隨處體認並非求之於外

---

① 王陽明：《言行録匯輯上》，載《王陽明全集（新編本）》，第五册，第1619頁。
② 王陽明：《寄鄒謙之（丙戌）》，載《王陽明全集（新編本）》，第一册，第214頁。
③ 王陽明：《寄鄒謙之（丙戌）》，載《王陽明全集（新編本）》，第一册，第220頁。
④ 湛若水：《答聶文蔚侍御》，載《湛甘泉先生文集》卷七，廣西師範大學出版社2014年版，第272—273頁。

而是心與事應，然後天理才顯見。肯定天理不在外，所謂事來隨感而應是其心在起作用，心得中正就是天理，這樣人與天地萬物一體、天人合一。湛氏自以爲這種説法與王陽明的致良知之説大體一致，然而在後者看來，以物字爲理字則仍是舊説，指受朱熹即物窮理説的影響，比自己的觀點還差一層。王陽明致毛古庵書寫道："凡鄙人所謂致良知之説，與今之所謂體認天理之説，本亦無大相遠，但微有直截迂曲之差耳。"① 接著他以種植比喻致良知與體認天理之間的關係，致良知是培其根本的生意而達之於枝葉，體認天理是茂其枝葉之生意而求以復之於根本。然而培其根本之生意本身已固有以達之枝葉，要使枝葉之生意茂盛則不可能捨棄根本而另有生意，也就是説培植根本與生長枝葉這兩者是一而二、二而一的統一關係，以此説明致良知與天理密不可分。體認天理與致良知立腳點不同或者説進路不同，相較而言，致良知比體認天理更爲根本，這是王陽明自詡比湛若水更高明的地方。

　　季本對兩人的觀點有以下評論：王陽明與湛若水爲友，而二人之教各立一家。王陽明主於致良知，湛若水則主於隨處體認天理，議者或認爲致良知之説近於虛，體認天理之説近於實，殊不知良知即本心之明自然而動。致是復其本體，中間有多少工夫節次，其言簡易直截而徹上徹下一貫無遺。但恐學者從自然上説知，不本其發端之善則虛而無主，將不以生爲性而混是非之本心。天理即良知，天之明命其本體有何倚著，身體力行而省察以認其是處，所謂體認並不實，只講隨處則未免物物刻雕，此下學未見頭腦之事。如果説致良知如《論語》中的"一貫"，可以直超上達，那麼隨處體認天理如《論語》中的"忠恕"，乃隨事精察之功。但著於聲色則不免於實。② 歸根到底王陽明講致良知比湛若水隨處體認天理更高明，或者説形而上，其思想更爲深刻。另外，就影響而言，致良知之學大大超過隨處體認天理之説，這也是王陽明得意之處。

　　前面提及，良知概念的提出要歸功於孟子，其《盡心上》説："人之所不學而能者，其良能也。所不慮而知者，其良知也"，致知則源自《大學》"格物致知"，把這兩個概念結合在一起則是王陽明的發明。王陽明的貢獻在於不把致良知當成處理某一思想問題的具體概念，而是把它置於自己思想的制高點，闡釋並構築思想體系，致良知爲其思想的建構提供基礎。具體而言，致良知之學揭示了良知的先天性，指其不慮而知不學而能的潛在特徵，凸顯良知與致良知的一致性，

---

① 王陽明：《與毛古庵憲副書》，載《王陽明全集（新編本）》，第一册，第233頁。
② 季本：《陽明致良知之學》，載黄琳點校，嚴壽澂審訂《説理會編》之十六，天津古籍出版社2017年版，第9—10頁。

即良知的實踐品格。致良知由心之所發，談良知必然與心、性、情等相聯，涉及真誠惻怛、戒慎恐懼、意必、未發已發等概念，通過比較，深化自己對致良知的認識，致良知成爲貫穿其思想的一條紅線。理學向心學轉變的一個重要標誌，就是由外在的天理轉向內在的良知，道德意義上的他律轉向主體的自律，也就是說致良知之學的價值在於高揚了人的道德主體性，主體內在的自主與自覺對塑造理想化的人格具有不可替代的作用。另外，在解讀良知時王陽明廣泛利用經書經注語句發明其要義，豐富其內涵，也使其心學更加完善。總之，王陽明心學與其他心學的區別在於致良知，心的核心內容是致良知，因此他的心學被稱爲致良知之學。

收稿日期：2022 年 3 月

以正統儒家思想立國是清朝和李朝共同治國理念

朱昌榮

摘　要： 明清易代，在中朝兩國均是天翻地覆式的劇變。李氏朝鮮以"小中華"自居，始終以正統儒家思想立國，既在"事大"焦慮下保持了文化上的自我認可，又在政權穩固中發揮了關鍵作用。清初統治者深刻認識時代矛盾，選擇正統儒學作爲政權指導，迅速在中原站穩脚跟，並實現全國統一。以正統儒家思想立國是兩國共同治國理念。

關鍵詞： 清前中期　正統儒家思想　治國理念

明清易代，在中朝兩國均是天翻地覆式的大事件。明朝遺民視爲"天崩地解"，乃是"亡天下"。朝鮮士大夫則認爲是"神州陸沉"，"幽燕一帶，數千里地，淪没腥膻"。出於現實考量，李朝對清朝採取"事大"政策。但從文化認同的角度講，他們始終視清朝爲"夷狄"，[①] 而自己則是中華文華的當然繼承者。對清"事大"，對明"義理"兩手並舉，是相當長時期裏李朝的基本政策。孟森曾敏鋭指出，"朝鮮之於明歷久而不渝其忠愛，於清則始終以胡目之"[②]。爲實現其對明"義理"，李朝採取了系列舉措。突出表現在，軍事上主張對清"北伐"的興起，政治上圍遶"大報壇"的創設爲核心。[③]

因此，在清前中期的中朝兩國出現了一個極爲特殊的現象：一方面是清朝最高統治者出於解决清初紛繁複雜的社會問題的需要，採取了選擇正統儒家思想爲治國理念，並進而推動程朱理學"復興"的政策。[④] 另一方面是李朝以中華文化

[①] 區分華夷的根本標準，不在於種族的區分，而是在是否爲中華文化的繼承者。
[②] 孟森：《明清史論著集刊》，中華書局1959年版，第156頁。
[③] 詳參拙作《清前中期李朝對明奉行"義理"思想新探——基於〈朝鮮王朝實録〉的考察》，《史學集刊》2012年第5期。
[④] 詳參拙作《清初程朱理學研究》，中國社會科學出版社2019年版。

當然繼承者的身份繼續施行正統儒家思想立國的國策。這就爲兩國在思想文化領域的合轍提供了可能，進而推動李朝對清認識觀的改變。① 兩國以正統儒家思想立國主要表現在"崇儒重道"和"正君心"兩方面。要特別强調的是，所謂以正統儒家思想立國，從實質上講，就是以程朱理學（或稱朱子學）爲政權的指導思想。就區別角度講，清朝確立程朱理學獨尊地位較之李朝要晚得多。大體經歷清入關前政權時期的初步吸收和借鑒儒家文化，到入關後歷順治、康熙兩帝最終確立程朱理學的獨尊地位。

一 "崇儒重道"

清軍入關，定鼎中原，以滿洲貴族爲主體的清政權基本完成了建國大業。但是建國，不代表立國。立國的關鍵在，從紛繁複雜的社會形勢出發，準確分析和判斷重大時代命題。回顧清初歷史，擺在統治者面前最關鍵的問題是激劇的滿漢文化衝突和對立，而重中之重則是確立何種理念來治國。當時，可供選擇的治國理念主要有滿洲的家法祖制、明末已經醖釀並成長起來的新思潮以及宋元以來具深厚執政基礎且呈體系化特色的正統儒家思想。實踐表明，最高統治者最終選擇了正統儒家思想。爲達成目標，統治者採取了"崇儒重道"基本國策，"臨雍釋奠""表彰孔孟和程朱理學名儒"是關鍵兩手。

清初，軍事活動頻仍，各項事務繁劇，朝廷未遑文化建設。圍繞用滿洲"家法祖制"，還是向中原漢族政權學習治國，久議未決。經順治、康熙兩朝，在漢族官僚數十年的不懈努力下，父子兩帝接續學習中原治道，"崇儒重道"最終被確立爲基本國策。世祖親政後，文化建設提到重要日程。九年，順治帝"臨雍釋奠"，勉勵國學師生學習孔孟之道，"講究服膺，用資治理"。② 又賜衍聖公、五經博士、四氏子孫等袍帽。③ 最高統治者以"臨雍釋奠"方式明確宣示推尊孔孟，這是清軍入關後的首次。十二年，順治帝諭禮部："帝王敷治，文教是先；臣子致君，經術爲本。自明末擾亂，日尋干戈，學問之道，闕焉未講。今天下漸定，朕將興文教，崇經術，以開太平。"④ 這段話很值得玩味。就核心意思來看，主要有：一是

---

① 肅宗四十年三月，使者向肅宗禀報：清朝皇帝"專尚文華，若朱子升祔事可見矣。又自作皇清會典，而郊祀祭天，皆以三代典禮爲準則，蓋多讀古書，明習國家事者也"（《肅宗實錄》二，卷五五，日本學習院東洋文化研究所 1953 年版，第 349 頁）。
② 《世祖章皇帝實錄》卷六八，順治九年九月辛卯，中華書局 1985 年版，第 539 頁。
③ 《世祖章皇帝實錄》卷六八，順治九年九月癸巳，第 539 頁。
④ 《大清十朝聖訓》，《清世祖聖訓》卷五，"興文教"，順治十二年三月壬子，文海出版社 1965 版，第 134 頁。

從君主實施國家治理角度講，居核心和關鍵位置的是文教。二是從臣子服務君主角度講，要以經術爲根本。三是易代之際，社會形勢動蕩，國家如何治理，朝廷上下未暇顧及，可以理解。目前，天下大勢已趨穩定，朝廷當務之急就是興起文教，尊崇經術，以開啓太平。概括講，立足國家治理，無論是對君主還是臣子言，文教、經術都是根本。但是，終順治一朝，以何種理念爲治國指導並未最終解決。

根本的轉變在康熙朝。聖祖親政，繼承順治遺志，"臨雍釋奠"，敕諭國子監祭酒、司業、監生等："聖人之道，如日中天，講究服膺，用資治理，爾師生其勉之。"① 反觀順治帝對國學師生的勉勵，父子帝王用心和表態如出一轍，核心就是要學習孔孟之道以服務國家治理。康熙十六年十二月，他親撰《日講四書講義序》，提出要以正統儒學爲施政指導：

> 萬世道統之傳，即萬世治統之所繫也……孔子以生民未有之聖，與列國君、大夫及門弟子論政與學，天德王道之全，修己治人之要，具在《論語》一書。《學》《庸》皆孔子之傳，而曾子、子思獨得其宗。明新止善，家國天下之所以齊治平也；性教中和，天地萬物之所以位育，九經達道之所以行也。至於孟子繼往聖而開來學，辟邪説以正人心，性善仁義之旨著明於天下。此聖賢訓辭詔後，皆為萬世生民而作也。道統在是，治統亦在是矣。歷代賢哲之君，創業守成，莫不尊崇表章，講明斯道。朕紹祖宗丕基，孳孳求治，留心問學。命儒臣撰爲講義，務使闡發義理，裨益政治，同諸經史進講，經歷寒暑，罔敢間輟。兹已告竣，思與海內臣民共臻至治，特命校刊，用垂永久。爰制序言，弁之簡首。每念厚風俗，必先正人心，正人心，必先明學術。誠因此編之大義，究先聖之微言，則以此爲化民成俗之方，用期夫一道同風之治，庶幾進于唐、虞三代文明之盛也夫！"②

這篇序言具有綱領性意義。它是清政權，更是康熙帝第一次正式且明確地提出要以正統儒學（尤其是程朱理學）作爲施政綱領。其中蘊含的最突出内涵則是，只有通過講明"道統"，合膺"治統"，才能確立政權的正統性，最終實現政權合法性的理論論證。

康熙帝對孔子、孟子極盡表彰之事。二十三年，清廷剛剛完成統一全國的戰爭，聖祖即親自奔赴闕里，命大學士王熙宣諭："至聖之道，與日月並行，與天地

---

① 《聖祖仁皇帝實錄》卷二八，康熙八年四月丁丑，第393頁。
② 《康熙起居注》第1册，康熙十六年十二月庚戌，中華書局1984年版，第339—340頁。

同運。萬世帝王，咸所師法，下逮公卿士庶，罔不率由。"爲表示對孔子的特別推尊，康熙帝親書"萬世師表"。並決定，將"所有曲柄黄蓋，留供廟庭，四時饗祀陳之"以示尊聖。① 又作《過闕里詩》《至聖先師孔子廟碑》。② 上述舉措，歸結起來講，就是要向全社會宣示將遵循孔子之教，用儒家理論"承天治民"的治國宣言。二十六年，頒孟子廟碑，聖祖制文，御書勒石，文曰：

  自王迹熄於《春秋》，聖人之道，或幾於泯滅，卒之晦而復明，歷千百世而不敝者，惟有孔子也。孔子没百有餘年，浸假及於戰國。楊、墨塞路，禍尤烈於曩時。子輿氏起而闢之，於是天下之人，始知誦法孔子，率由仁義。斯道之有傳，至於今賴之……不有孟子，使楊、墨濫觴於前，釋、老推波於後，後之人雖欲從千載之下，探尼山之遺緒，其孰從而求之？③

  康熙三十二年，聖祖御制《重修闕里孔子廟碑》，再次重申以正統儒學爲治國理念的思想，他說："朕惟大道昭垂，堯、舜啓中天之聖，禹、湯、文、武紹危微精一之傳，治功以成，道法斯著。至孔子雖不得位，而贊修删定，闡精義於六經，祖述憲章，會衆理於一貫，爲往聖繼絶學，爲萬世正人心。使堯、舜、禹、湯、文、武之道，燦然丕著於宇宙，與天地無終極焉。"④

  孔孟之道，至程朱而發揚光大。判斷的關鍵在，孔孟學説，經過程朱理學諸人的建構而體系化，並在南宋後期成爲國家主流意識形態。此後，經數百年而不衰。表彰程朱理學名儒，無疑就是强調政權要以其思想要義爲指導。康熙二十四年，康熙帝"以周公承接道統，功德茂著，授後裔五經博士，撥給祀田修葺廟宇"。三月，聽從張可前之請，康熙帝御書"萬世師表"匾額，勒石頒給各省府州縣學懸掛。⑤ 次年十月十六日，康熙帝發出宋儒周敦頤、張載、程顥、程頤、邵雍、朱熹祠堂及白鹿洞書院、嶽麓書院匾額共八面，皆親書"學達性天"四字；定海山匾額一面，親書"定海山"三字，命轉交禮部。⑥ 一日之内，對創建理學體系的核心人物同時進行表彰，彰顯並清楚傳達了康熙帝的政治選擇。四十一年，

---

① 《大清十朝聖訓》，《清聖祖聖訓》卷一二，"文教"，康熙二十三年十一月己卯，第257頁。
② 《聖祖仁皇帝御制文集》第2集，卷三二，《幸魯盛典序》，文淵閣《四庫全書》第1298册，臺灣商務印書館1982年版，第640頁。
③ 《聖祖仁皇帝實録》卷一三〇，康熙二十六年五月癸巳，第399頁。
④ 《聖祖仁皇帝御制文集》第2集，卷三四，《碑文·重修闕里孔子廟碑》，文淵閣《四庫全書》第1298册，第651頁。
⑤ 蔣良騏：《東華録》卷一三，康熙二十四年二月至三月，中華書局1980年版，第208頁。
⑥ 《康熙起居注》第2册，康熙二十五年十一月丙申，第1563頁。

禮部議覆五經博士程衍祀請撥給程子祭田。聖祖諭該部官員："程子，宋之大儒，祀典不可有缺。但給與祭田，或爲其子孫不肖者變鬻，則祀典仍缺。其令該巡撫藩司善爲酌處，務令程氏子孫世世奉祀，永遠無缺。"① 四十四年，御書"程氏正宗"額懸楊時祠，"奧學清節"額懸羅從彥祠，"中和氣象"額懸李侗祠，"霜松雪柏"額懸胡安國祠，"紫陽羽翼"懸蔡元定祠，"學闡圖疇"額懸蔡沈祠，"力明正學"額懸真德秀祠。② 康熙帝對朱熹推崇備至，稱：

> （朱子）集大成而繼千百年絶傳之學，開愚蒙而立億萬世一定之規。窮理以致其知，反躬以踐其實……文章言談之中全是天地之正氣，宇宙之大道。朕讀其書，察其理，非此不能知天人相與之奧，非此不能治萬邦于衽席，非此不能仁心仁政施於天下，非此不能外內爲一家。③

在康熙帝看來，朱熹集孔孟大成而繼絶學。四個"非此不能"連用，一氣呵成，從天人之際的奧秘，講到治國安邦的道理，無不蘊含在朱子的學問中。乃至晚年，康熙帝在和大學士等談話時再次重申對朱熹的推崇，他説："朕自冲齡篤好讀書，諸書無不覽誦。每見歷代文士著述，即一句一字於理義稍有未安者，輒爲後人指摘。惟宋儒朱子，注釋群經，闡發道理，凡所著作及編纂之書，皆明白精確，歸於大中至正，經今五百餘年，學者無敢疵議。朕以爲孔、孟之後，有裨斯文者，朱子之功，最爲弘鉅。"④ 且稱"讀書五十載，只認得朱子一生行事"⑤。五十一年，朱熹升配大成殿東序爲十一哲。⑥ 至此，清廷對程朱理學，尤其是對朱熹的推崇達到了頂峰。

推動"崇儒重道"國策，不僅僅要在最高統治者層面進行。同時，還要形成社會共識，這就需要在國家層面以朝廷功令形式進行引導，主要通過科舉考試和學校中規定以正統儒學（尤其是程朱理學）爲標準來達成。

取士之法，在歷代人才培養和選拔中均有指揮棒意義，所謂"國家重典莫如取士之法，凡天下人才之盛衰，士人學術之邪正，俱本於此"。順治三年，頒科場條例，規定"第一場四子書三題，《五經》各四題，士子各占一經"⑦。"《四書》

---

① 《大清十朝聖訓》，《清聖祖聖訓》卷一二，"文教"，康熙四十一年五月丁亥，第260頁。
② 王先謙：《東華録·康熙七十六》，康熙四十四年十二月己卯，上海古籍出版社2007年版，第406頁。
③ 《聖祖仁皇帝御制文集》卷二一，《朱子全書序》，文淵閣《四庫全書》第1299冊，第534—535頁。
④ 《聖祖仁皇帝實録》卷二四九，康熙五十一年二月丁巳，第466頁。
⑤ 《聖祖仁皇帝御制文四集》卷二一，《朱子全書序》，文淵閣《四庫全書》第1299冊，第535頁。
⑥ 《聖祖仁皇帝實録》卷二四九，康熙五十一年二月丁巳，第467頁。
⑦ 昆岡編輯：《欽定大清會典事例》卷三三一《禮部·貢舉·命題規則》，新文藝出版股份有限公司1976年版，第9504頁。

主朱子《集注》，《易》主程《傳》、朱子《本義》，《書》主蔡《傳》，《詩》主朱子《集傳》，《春秋》主胡安國《傳》，《禮記》主陳澔《集說》。"① 顯然，這就是要向全國宣布以程朱理學爲科舉取士的標準。順治去世後，儘管以鰲拜等輔政大臣爲首的一部分保守勢力，試圖"率循祖制，咸復舊章"。但到康熙七年，重新又回到原來的辦法，鄉、會試仍用八股文取士。②

"崇儒重道"也是李朝的國策，所謂"我國之治，專尚儒術，郁郁盛際，莫如中、宣二聖之朝。而我先王崇儒重道之誠，不啻若二聖之勤，招延柄用之人，盡是學術之士，有志于道德者也。成周之化，庶幾復見於東方"③。重視學習理學經典、推崇理學名儒是重要表現。

第一，重視學習理學經典，闡明"義理"。

仁祖二十二年正月戊申，"咸鏡監司金世濂以北方書籍稀罕，至於性理文字，得見者尤尠，刊出若干書，印布列邑，仍進《近思錄》、小學、性理字義、《讀書錄》"④。顯宗六年十月丁巳，咸鏡監司閔鼎重馳啓，"請以《龍飛御天歌》《五禮儀》《大明律》《大典》等書及四書、三經、《朱子大全》、《性理大全》、《通鑒》，先儒文集，多數印送，頒佈本道，使本道士子習知國朝故實及典禮，且知誦法經傳，以爲興起之地。"疏上，"從之"。⑤ 從咸鏡司官員所列必讀書看，主要包括：（1）理學經典類。比如，《近思錄》《讀書錄》《朱子大全》《性理大全》等。（2）制度類。比如，《大明律》《大典》《五禮儀》。當然還有詩歌集、四書、三經、《通鑑》等。居核心位置的是理學經典。

第二，推崇理學名儒。

清前中期，李朝數代君王對理學名儒都予以推崇，這包括中國的和李朝的理學名儒兩個群體。孝宗即位，御晝講，讀至朱熹《中庸》序的時候，出於尊重，"諱其名"，講官遂建言"自今講官進講時亦諱之"，得到了孝宗的認可。⑥

文廟祀典從來都是極其重要的政治活動。顯宗九年，館學儒生多次上疏朝廷請建啟聖廟，並以理學名儒李侗從祀孔廟。顯宗九年五月丁酉，"館學儒生洪受瀗等一百七十餘人上疏請建啟聖廟，又升先儒李侗于文廟從祀之列"。疏上，顯宗答復："斯誠重舉，今難猝行，爾等退修學業。"⑦ 六月丙寅，館學儒生申應澄等再

---

① 趙爾巽等撰：《清史稿》卷一〇八《選舉三·文科 武科》，中華書局1976年版，第3148頁。
② 昆岡編輯：《欽定大清會典事例》卷三三一《禮部·貢舉·命題規則》，第9505頁。
③ 《顯宗實錄》一，卷三，顯宗元年十二月癸卯，日本學習院東洋文化研究所1953年版，第84頁。
④ 《仁祖實錄》二，卷四五，仁祖二十二年一月戊申，第427頁。
⑤ 《顯宗實錄》一，卷一一，顯宗六年十月丁巳，第284頁。
⑥ 《孝宗實錄》一，卷二，孝宗即位年十月丁未，第31頁。
⑦ 《顯宗實錄》一，卷一四，顯宗九年五月丁酉，第378頁。

次上疏請立啓聖廟，且請升先儒龜山楊時、豫章羅從彦、延平李侗于文廟從祀之列，以舉闕典。顯宗答以"當令該曹禀處焉"①。要注意的是，李侗、楊時、羅從彦，無一不是理學家。發生在肅宗朝升配宋朝六賢（即周敦頤、程顥、程頤、邵雍、張載、朱熹）于文廟大成殿一事更是引起了當時朝廷官員的激烈爭論。肅宗四十年甲午七月辛酉，司果李順晚上疏討論宋朝六賢升陪事曰：

> 文廟之制，悉仿皇朝典禮：四聖從享於殿內，十哲分配於左右，是皆親炙孔門聖堂入室之人。從古及今，未敢增損。而東西廡所餕食諸賢坐次，一循世代先後，定其位次，此豈後代之所敢定議者哉？雖以《考事撮要》中所錄者見之。程伯子、邵康節，在於韓愈之下；周濂溪以下四賢列于范寧之後，則固未嘗追論道德高下，變定其位次也，明矣。顧此六賢之學問道德，方諸十哲，未或有等差之可言。而其並列廡位，不躋殿內者，豈非世代懸遠，有間於親炙聖門之人而然耶？聖廟祀典，至嚴至重，惟當一意敬遵，率由舊章而已，何敢創立新規，輕改舊章哉？且念祖宗朝以來，三百年間名賢宏儒，非不多也。曾未聞有此等議論。而至於今日，猝有是舉，臣未知其果合于禮制義理耶？側聞曩歲，有諸臣獻議之事云，而聖廟莫大之禮，皇朝以前所無之制，豈可以一時義起。率爾更變，以貽後世之譏議乎？仍請更詢于大臣宰臣三司諸臣。

概括來説，李順晚反對朝廷升配宋朝六賢于文廟的作法。理由在於孔廟祀典，至嚴至重，當遵循舊章，不可輕易變動。所謂"舊章"，即中國歷朝和李朝前代君王所定祀典。結果，此疏呈上後，肅宗進行了駁斥，他認爲："今兹六賢之躋配殿內，允合于禮制義理，而實是斯文之慶也，寧容異議於其間耶？成命之下，已過卅載。予方以至今遷就爲歉然矣。爾疏中亦曰：'六賢之學問道德，方諸十哲，未或有等差之可言'，而強爲立異，抑獨何哉？昨年彼中有朱子升配之舉，而未有異議。此等沮戲之論，反出東國，極可慨惋也。"②肅宗這段文字，主要包括以下四層意思：第一，以宋朝六賢躋身配殿，合乎禮制義理，乃斯文盛事，此點毋庸置疑。第二，六賢非但應當躋身配殿，且早應落實。第三，六賢學問道德可媲美十哲。第四，作爲鄰居的清廷已經把朱熹升配文廟，而無異議，李朝更應積極推動。最終，當年八月完成了宋朝六賢升配文廟大成殿的典禮。具體情况是：道國公周

---

① 《顯宗實錄》一，卷一四，顯宗九年五月丙寅，第380頁。
② 《肅宗實錄》三，卷五五，肅宗四十年七月辛酉，第353頁。

敦頤，奉于魏公卜商之下；預國公程顥奉于潁川侯顓孫師之下；洛國公程頤奉于道國公周敦頤之下；新安伯邵雍奉于預國公程顥之下；郿伯張載奉于洛國公程頤之下；徽國公朱熹奉于新安伯邵雍之下。殿宇不爲改造，而稍降低床椅之制。推移奉安，平明陳賀頒教。①

同時，李朝士人還積極推動實施將國内的理學名儒從祀文廟。肅宗四十三年丁酉五月癸酉。"以贈領議政文元公金長生從祀于文廟西廡。頒教八方。"② 同年十一月己巳。全羅道儒生鄭敏河等上書，請以宋時烈、宋浚吉從祀文廟。③ 而金長生、宋時烈、宋浚吉無一不是朱子學信徒。

二 正君心：以經筵日講爲主要手段

清朝和朝鮮都極爲重視"正君心"。原因很簡單，在傳統社會，最高統治者的文化選擇一定程度上決定政權的選擇。所謂"君心正則天下治，如天樞之運衆星"④。國家"根本切要之地，端在我皇上之一身。蓋皇躬者，又萬機之所受裁，而萬化之所從出也"⑤。在推動皇帝學習儒學問題上，理學官僚意見高度一致，視其爲當今"第一要務"⑥。

清軍入關不久，在朝官員中就出現了要求滿洲勳貴學習儒學的呼聲。順治元年十一月，詹事府少詹事李若琳建言："滿洲勳臣子弟有志向學者，宜令奏送國學讀書，一體講習。"⑦ 此後，圍繞帝王學習問題，漢官們展開了數十年的不懈努力。概括講，主要圍繞爲什麼學、學什麼、怎麼學三方面展開。

第一，爲什麼學？學習是帝王治理天下的頭等大事，"上古帝王奠安天下，必以修德勤學爲首務"⑧。皇帝的品德修養取決於學問，"聖德學問爲先"⑨。更重要的是，隨帝王年齡的增長，各種欲望滋生並擴充，加強學習就顯得尤爲重要。康熙五年，工科給事中魏裔介的奏疏就講得很好，他説："年歲既盛，則嗜欲日開。嗜欲既開，則聰明日涽。雖神明生知之聖，非愚賤下臣可管窺蠡測，然少而勤學，

---

① 《肅宗實録》三，卷五五，肅宗四十年八月戊寅，第356頁。
② 《肅宗實録》三，卷五九，肅宗四十三年五月癸酉，第471頁。
③ 《肅宗實録》三，卷六〇，肅宗四十三年十一月己巳，第504頁。
④ 《碑傳集》卷一六，彭紹升作湯斌事狀，中華書局1993年版，第460頁。
⑤ 《碑傳集》卷一一，彭紹升作熊賜履事狀，第267頁。
⑥ 《碑傳集》卷一一，彭紹升作熊賜履事狀，第269頁。
⑦ 《清世祖實録》卷一一，順治元年十一月乙酉，第105頁。
⑧ 《清世祖實録》卷一五，順治二年三月乙未，第132頁。
⑨ 《清世祖實録》卷一九，順治二年七月戊寅，第173頁。

古人比之日出之光，與壯而努力者，勞逸相倍蓰也"，請求清廷重視皇帝教育問題。①

第二，學什麼？學習內容根本在帝王修身治人的道理，載體在六經、四書等。大學士馮銓、洪承疇稱："帝王修身治人之道，盡備於六經。一日之間，萬機待理，必習漢文，曉漢語，始上意得達，而下情易通。伏祈擇滿漢詞臣朝夕進講，則聖德日進，而治化益光矣。"② 八年，内翰林秘書院編修曹本榮應詔上《聖學疏》，稱："皇上得二帝、三王之統，則當以二帝、三王之學爲學。誠宜開張聖聽，修德勤學，舉'四書''五經'及《通鑑》中有神身心要務、治平大業者，内則深宫燕閑，朝夕討論，外則經筵進講，敷對詳明。"③

第三，怎麽學？漢官們提出了以經筵日講爲核心的皇帝學習制度。順治二年八月，禮科給事中梁維本奏請"隆聖學以光典禮，御經筵以精學問"④。八年，刑科給事中魏象樞上疏提出了加强皇帝儒學修養的具體措施："凡遇親臨便殿，或駕御午門，即召滿、漢輔臣二員，講説帝王用人行政之本，人心道心之微，以弼盛德；仍擇滿、漢詞臣、文學雅重者六員或八員，以備顧問，並注起居。再請退朝以後，節膳却慮，潛心治道，以圖勵精。皇城以外，命駕勿輕，保護必慎。"⑤ 這道奏疏對於講官的遴選、講説的内容、時間和地點等都做了描述。

應當説，由漢官群體所推動的"正君心"實踐在順治朝取得了重大突破：一是對帝王加强儒學素養的重要性有諸多闡論，尤其是他們已經敏鋭意識到順治帝作爲幼年登基的皇帝，具有可塑性强的特點；二是對加强帝王儒學素養的舉措也提出了思考，尤其是他們反復建議的早開經筵日講的主張最終爲最高統治者所接納，並作爲一種制度被後來諸帝所延續；三是以魏裔介、魏象樞等爲代表的程朱理學名臣的積極參與，爲正統儒學（尤其是程朱理學）最終被最高統治者所認可奠定了更爲堅實的基礎。毋庸諱言，終順治一朝，由於朝政牢牢把握在固守滿洲家法祖制的守舊勢力手中，再加上其自身的漢語水準和儒學素養都很有限，用何種學説作爲政權指導思想的問題未能得到有效解決。但堅冰畢竟已經鑿開，漢官群體的"正君心"實踐很快即迎來新的轉折，並最終在康熙朝得以完成。⑥

順治去世以後，康熙繼位，在帝王教育問題上一波三折。其中，最爲關鍵的

---

① 《魏文毅公奏議》卷一《崇講學以弘聖德疏》，叢書集成初編，商務印書館1936年版，第1頁。
② 《清世祖實録》卷一五，順治二年三月乙未，第132頁。
③ 李元度：《國朝先正事略》卷二九《名儒·曹厚庵先生事略》，嶽麓書社1991年版，第856頁。
④ 《清世祖實録》卷二〇，順治二年八月庚辰，第175頁。
⑤ 《寒松堂全集》卷一《聖德勤修日懋等事疏》，中華書局1996年版，第13頁。
⑥ 詳參拙作《試析清初漢官群體"正君心"實踐三部曲》，《史學月刊》2019年第5期。

問題是，清廷內部滿漢文化衝突再次開始變得尖鋭起來。四大輔臣在政務處理上，主張"率循祖制，咸復舊章"①，但堅持以正統儒學，尤其是程朱理學爲治國理念的漢官，再次將正君心的希望寄託在皇帝身上。順治帝去世不久，工科給事中王曰高即疏請舉行經筵大典，"以光盛德，以端化源"②。康熙四年，太常寺少卿錢綎又以"君德關於治道，聖學尤爲急務"，提出"將滿漢諸臣中老成耆舊，德性温良，博通經史者，各慎選數員，令其出入侍從，以備朝夕顧問。先將經史中古帝王敬天勤民，用賢納諫等善政，採集成書，分班直講，每日陳説數條，行之無間，必能仰裨聖德"。③ 顯然，就陳奏的内容而言，與順治在位期間，漢官們説的那些話没什麽發明，無非是舉行經筵日講，慎重選擇講官。但是，在任何朝代，皇帝教育均是頭等大事。對於以少數族爲主體入主中原的清政權來講，讓其放棄"家法祖制"，轉而接受中原政權治國理念，就可行性講，難度更大。康熙帝以幼年登基，以正統儒學爲主要學習内容，既要遭受鰲拜等輔政大臣的堅決反對，也不爲其祖母孝莊皇太后所接受。④

康熙親政，掃除鰲拜等守舊勢力，清政權向中原學習的最大障礙被掃除，在朝官員中要求皇帝學習儒學的呼聲再次高漲。吏科給事中蘭挺達上《奏爲敬陳新政之首務請行講讀以隆聖學以端治本事》中説："臣惟自古帝王首出御世，必先勤於學問，以講求治理，成就君德，開一代太平之運。我太祖、太宗開創大業，既重武功，尤昭文德。世祖統一天下，懋勤聖學，討論經史，年不釋卷，以求治安天下之道。故能立綱陳紀，紹述貽謀，啓兹萬年有道之長。今者恭遇皇上親躬大政，百度維新……自非講求經史，窮究義理，深知前代興衰治亂之原以及人情物理稼穡艱難之事，則凡揆務審幾，用人行政之際，何由盡歸於至當，以法天下而垂後世耶！"⑤ 蘭挺達奏疏的核心内容包括兩點：一是建議康熙帝如同"開一代太平之運"的古帝王那樣，"必先勤於學問，以講求治理"爲急務；二是勉勵康熙帝以"開創大業"的清太祖、太宗，尤其是統一天下的世祖爲榜樣，勤聖學，討論經史，以求治安天下之道。在蘭挺達看來，唯有如此，皇帝才能洞悉前代治亂興衰的根源以及用人行政的根本道理；也唯有如此，才能實現國家大治的根本目的。弘文院侍讀熊賜履在康熙朝"正君心"進程中發揮舉足輕重作用。六年六月，

---

① 《清聖祖實録》卷三，順治十八年六月丁酉，第73頁。
② 《清聖祖實録》卷四，順治十八年閏七月庚辰，第80頁。
③ 《清聖祖實録》卷一四，康熙四年三月丙午，第221—222頁。
④ 吳晗輯：《朝鮮李朝實録中的中國史料》，第9册，中華書局1980年版，第3938頁。
⑤ 《吏科給事中臣蘭挺達奏爲敬陳新政之首務請行講讀以隆聖學以端治本事》，康熙六年，載陳湛綺編輯《清五朝監察御史給事中等條陳密奏》第1册，全國圖書館文獻縮微復製中心2010年版，第195—197頁。

他上《萬言疏》。在疏中，熊賜履立足理學立場，從多方面批評政治現狀，並提出改進舉措。就其要點，包括"政事紛更而法制未定""職業隳廢而士氣日靡""學校廢弛而文教日衰""風俗漸侈而禮制日廢"等。所以出現這些弊端，關鍵在作爲治亂本原之地的朝廷出了問題，解決的根本渠道在加强皇帝儒學素養。他説："慎選耆儒碩德，置之左右，優以保衡之任，使之從容閑宴，講論道理，啓沃宸衷，涵養聖德。又妙選天下英俊，陪侍法從，以備顧問，毋徒事講幄虚文。若夫《大學衍義》一書，叙千聖之心傳，備百王之治統，伏願皇上朝夕講貫，證諸六經之文，通諸歷代之史，以爲敷政出治之本。"① 康熙七年，熊賜履借撰寫《恭擬大清孝陵聖德神功碑文》機會，對順治遺詔進行了平反。在碑文中，熊賜履站在康熙帝的角度盛讚順治帝的治功堪比唐虞三代之盛："秦漢以後，均不得與于唐虞三代之盛也。我皇考以道統爲治統，以心法爲治法。稟天縱之資，加日新之學。宜其直接乎帝王之傳而允躋於三五之隆也。猗歟休哉，御極十有八載，至仁厚澤淪洽萬方，爲之頌無疆，祝萬壽無何，奄忽上賓，猥遺藐躬，以艱大也。"② 康熙朝漢官們提出的學習理學經典主張，以及對順治帝遺詔所做出的平反，都大大推動了漢官群體要求帝王以程朱理學教義作爲政權指導的進程，相比此前漢官群體泛泛以讀儒學書、早開經筵日講來加强帝王儒學素養等主張要大大推進了一步。這在清入關前政權的儒學化和清初政權的理學化問題上劃出了一道分界綫。

"正君心"不僅是清初理學官僚的重要政治主張，也是李朝官僚的共識。孝宗三年十月，文學洪葳上疏曰："萬事之本，在於人主之一心，而正心之本，又在於講學。"③ 孝宗四年正月，前領議政李景奭上劄曰："天下萬事，有大根本；根本不立則萬事何做。所謂大根本，唯在殿下一心耳。"④ 所謂"人主之一心""殿下之一心"，强調的都是君德，關鍵則是其政治主張。政治主張合乎天道，能維護百姓利益，就能推動國家向好的方向發展。反之，則會天降災異以示警。六年，憲府以災異應旨，上劄重申"正君心"在國家治亂、生民休戚中的重要作用，説："天下之事，千變萬化，皆由於人主之一心。國家治亂，生民休戚，欲爲堯舜、欲爲湯武，何莫非殿下之一心乎？"⑤

經筵講學是"正君心"的根本渠道。李朝自仁祖以降數代君王皆重視經筵講

---

① 《清聖祖實錄》卷二二，康熙六年六月甲戌，第310頁。
② 熊賜履：《代言恭擬大清孝陵聖德神功碑文》，《經義齋集》卷二，《四庫全書存目叢書》第230册，第243—244頁。
③ 《孝宗實錄》一，卷九，孝宗三年十月辛酉，第219頁。
④ 《孝宗實錄》一，卷一〇，孝宗四年正月癸酉，第243—244頁。
⑤ 《孝宗實錄》一，卷一四，孝宗六年六月戊申，第348頁。

學。仁祖二十六年正月，諫院以天變上疏，強調應當正君心，解決的辦法就是開經筵。疏云："殿下以今日之天災爲緣何而出，以今日之民怨由誰而起，蓋王心日非而國事日非之故也……天心之向背，人心之離合，只在殿下之一心，可不敬哉，可不慎哉……繼自今，請開經筵，以講治心之書，載道之文。"① 顯宗九年十月辛酉，顯宗引見大臣備局諸臣、禁府諸宰、三司等，禮判趙復陽建言道："殿下長在未寧中，故久廢經筵，事勢固然。而近來在外儒臣來會，勸講冑筵，固是急務。而經筵是古昔帝王之所急也。"② 實際上，經筵只是個途徑。解決君民關係，挽回天心的根本在於勤研學問，從中體悟治國的道理。孝宗元年六月甲午，右議政趙翼上劄論學問與政事，曰："學問者，乃爲治之本源也。非此，則致治無本。"進而，他明確提出應當以孔孟之道，以四書五經爲根本，所謂"伏惟殿下，志切求道，勤于講學，自在青宮，書筵所講，實以孔孟之書。近日經席，又以《尚書》進講，而或至一日三講，聖志之篤，聖功之敏，雖閭閻匹夫，有所難及，此可見東方當太平之運矣。爲學功夫，求之五經，則恐未免有博而寡要之弊也。伏願殿下，雖讀他書之時，以其餘閒，更取四書，循環熟復，溫繹不輟，以爲一生功夫"③。

當然，要求君王長時間堅持通過"經筵"講學的方式"正君心"，在操作層面確實存在一定困難。據史料記載，仁祖、顯宗、肅宗等身體狀況時有不好，更是需要採取其他的方式作爲補充。大臣們提出除了"經筵"講學外，還可以採取引見、召見等更爲靈活的方式學習儒家經典。仁祖二十六二月乙巳，司諫朴吉應上疏曰："殿下不聽臣言，久廢經筵，雖緣玉候之不寧，而第于稍安之日，每引儒臣，相親相近，有若家人父子，使之各陳所懷，以釋疑阻，且講經書以明義理，且講《史記》以鑑興亡。"④ 閏三月乙酉，都承旨南銑等以天變上言，要求仁祖："坐卧便殿，引入臣僚，論難世務，講究治道。"⑤ 至於孝宗朝，廷臣更是對其即位以來雖常開經筵，但經數年仍"未見實效"深表不滿。究其原因，他認爲是孝宗"實心未孚，虛名是尚，日御經筵而不下吃緊之功，講說義理而未見存養之功"，"君臣之間，嚴敬太過，誠實不足，有非上下相孚之義"。既然如此，如果"于萬幾之暇，勿拘儀文，不時召見政院、玉堂及他闕內在直諸臣"，則能達致堯舜之治。⑥

---

① 《仁祖實錄》二，卷四九，仁祖二十六年正月甲子，第572頁。
② 《顯宗實錄》一，卷一五，顯宗九年十月辛酉，第391頁。
③ 《孝宗實錄》一，卷四，孝宗元年六月甲午，第69—70頁。
④ 《仁祖實錄》二，卷四九，仁祖二十六年二月乙巳，第573頁。
⑤ 《仁祖實錄》二，卷四九，仁祖二十六年閏三月乙酉，第578頁。
⑥ 《孝宗實錄》一，卷七，孝宗二年八月甲寅，第142頁。

皇儲是未來的繼承者，更是治國理念的傳承者，重視皇儲教育當然是"正君心"的必然延續。從根本上來説，要加强對皇儲的教育：一是慎選師傅；二是精心選定教育内容。

第一，慎選世子師傅。仁祖年間，大臣以世子方儲嗣之位，宜講聖賢之學，使之心志事爲，一如古之帝王。而其中關鍵在於慎重選擇春坊進講之官，"不拘職秩高下及草野之人，苟有經學者，皆取之以備講官之列，與之朝夕講劘，如閭閻士人朋友講習之事，則其裨益必多"①。孝宗三年，司書李尚真以元子入學事上疏稱，元子入學，大禮也；博士講説，師道也。而"博士之職，不輕而重明矣……自古教導元子之道，必要左右前後皆正人者，使元子見正事行正道也"②。綜合上述史料看，選擇師傅的標準主要看是否爲"正人"，能否傳播正事、行正道。而判斷正與不正的關鍵在是否飽讀經書，通曉其中義理。至於品秩高下、在朝在野則不是關鍵。要注意的是，儘管李朝官員常年呼籲要加强對儲君的培養。但直到肅宗朝時仍未得到根本解决。肅宗二十九年十一月，侍讀官李晚成以王世子春秋鼎盛，學問日就，建議肅宗於"此時勸講之任，不可不慎簡"，若經學之士不易得，則"擇稍嫻經史者，久任責成，則其所裨益，必不淺尠。宜令該曹，就議于師傅，抄選以啓，使被選一二人，長侍胄筵，以責其效"。疏上，"上善之。命吏曹舉行"。後因銓曹以拘格難行，事竟寝"③。第二年，慎選世子師傅的建議再次被提出。輔德尹憲柱等，聯名陳疏曰：

朱子之言曰："夫立太子而不置師傅，無以發其尊德樂義之心。"蓋以帝王儲貳，上托宗社之重，下系兆庶之望。前有祖宗創業之艱，後有子孫長久之計。其重若此。則其輔翼之道，不可不慎。故必立師傅，使之出入教誨，朝夕與處，自然有薰陶涵養之益。師傅之設，豈偶然哉？惟我王世子玉質純茂，睿性夙成……而第念輔翼之道，猶有所未盡者。書筵會講，實是莫大之盛舉。師傅賓僚，咸侍一席，討論經學，講究義理。既有博問明辨之效，且寓隆師親友之義。不可與常時開筵，徒以備數者，同日語矣……伏願聖明，特命自今定式，師傅中如有一員無故，則書筵會講，一依日次設行，俾盡輔翼之道焉。④

---

① 《仁祖實録》二，卷四六，仁祖二十三年十一月丙辰，第504頁。
② 《孝宗實録》一，卷八，孝宗三年四月甲辰，第179頁。
③ 《肅宗實録》二，卷三八下，肅宗二十九年十一月丙寅，第532頁。
④ 《肅宗實録》二，卷四〇，肅宗三十年九月丙寅，第587—588頁。

第二，精心選定教育內容。重視理學經典的學習，闡明"義理"是李朝皇儲教育的"家法"，所謂"終始典於學，此三代聖王居敬之要，而邸下相傳之家法也"①。因此，李朝統治者尤其重視在講學中闡明"義理"。仁祖二十三年十一月，前知中樞府事趙翼上疏討論世子講學内容，他說："經傳所載，聖人所言，為學之方，唯舜禹授受危微精一之言，最爲首出。而群聖賢之學，皆原於此也。"② 孝宗三年壬辰十月癸亥，領中樞府事李敬輿以"講學之要，居敬而明理，克己而復禮是也"爲教。③ 肅宗朝，要求最高統治者學習"義理"的主張再次被大臣們提出。左議政趙泰采說："邸下聽政之初，聖上以'敬'之一字勉勵。夫敬者，主一無適之謂，雖匹夫，修身之工，必主於敬，況帝王乎？宋臣眞德秀曰：'持心以敬，爲修身第一先務。'蓋善惡邪正之分，安危治亂之機，實系此心上敬不敬之如何。而敬字功夫，必待講學而後能之。"疏上，世子答以："大臣縷縷陳達，誠甚切至。當留意焉。"④

三 餘論

回顧清前中期歷史，順治、康熙二帝所以反覆表達對孔子、孟子的推崇，關鍵就是孔孟以道統而傳堯、舜、禹、湯、文、武聖王治統。所以反覆致敬程朱名儒，關鍵在其將孔孟學說體系化並上升爲政權指導思想。作爲帝王，尤其是以少數族入主中原取得天下的帝王，要贏得佔人口絕大多數的漢人的認可，最重要的就是要樹立政權的合法性，實現治統和道統的合一。"崇儒重道"和"正君心"兩者，一體兩面。前者是從國家層面，向全社會宣示政權要以儒家思想爲治國方略；後者則是從影響和規範最高統治者的角度，以經筵日講、君臣奏對等形式，向其灌輸和講解治國理政的道理。而自程朱理學在南宋末年被確立爲意識形態主導後，"正君心"的核心內容顯然是理學所著重闡釋和建構的正統儒學。李氏朝鮮經明清鼎革，如何處理好表面的對清"事大"和內在的視清爲"夷狄"之間的關係關乎國運，更彰顯政權領導層的極致內心焦慮。從初衷講，李朝以"小中華"自居，始終以正統儒學立國，既在"事大"焦慮下，保持了文化上的自我認可，又在政權穩固中發揮了關鍵作用。而清初統治者深刻認識時代矛盾，選擇正統儒學作爲政權指導思想，迅速在中原站穩腳跟，並實現全國統一。可結果是，"正統

---

① 《肅宗實錄》三，卷六〇，肅宗四十三年十一月乙亥，第505頁。
② 《仁祖實錄》二，卷四六，仁祖二十三年十一月丙辰，第504頁。
③ 《孝宗實錄》一，卷九，孝宗三年十月癸亥，第220頁。
④ 《肅宗實錄》三，卷六〇，肅宗四十三年十一月乙亥，第505頁。

儒學"架起了紐帶，從文化認同的角度，推動了李朝對清的認同。歷史充滿悖論，啓迪人的思維！

    本文是 2020 年度國家社科基金中國歷史研究院重大研究專項"歷史經驗研究專題"委託項目"中國歷史上國家主流意識形態建構"（批准號：20@WTH009）階段性成果。

    感謝匿名審稿專家提出的修改意見，謹致謝忱！

收稿日期：2022 年 4 月